Steuerarbitrage bei Umsatz- und Verbrauchsteuern im Europäischen Binnenmarkt

Schriften des Instituts für Finanzen
Universität Leipzig

Herausgegeben von Prof. Dr. Udo Hielscher und Prof. Dr. Thomas Lenk

Band 6

PETER LANG
Frankfurt am Main · Berlin · Bern · Bruxelles · New York · Oxford · Wien

Friedrich Vogelbusch

Steuerarbitrage bei Umsatz- und Verbrauchsteuern im Europäischen Binnenmarkt

Eine empirische Untersuchung

PETER LANG
Europäischer Verlag der Wissenschaften

Bibliografische Information Der Deutschen Bibliothek
Die Deutsche Bibliothek verzeichnet diese Publikation in der Deutschen Nationalbibliografie; detaillierte bibliografische Daten sind im Internet über <http://dnb.ddb.de> abrufbar.
Zugl.: Leipzig, Univ., Diss., 2002

15
ISSN 1439-4936
ISBN 3-631-39846-8

www.peterlang.de

Statt einer Widmung

S.D.G.

Nun lob' mein Seel den Herren,
was in mir ist, den Namen sein.
Sein Wohltat tut er mehren,
vergiss es nicht, oh Herze mein.
Hat Dir Dein Sünd vergeben
und heilt Dein Schwachheit groß.
Erret' Dein armes Leben,
nimmt Dich in seinen Schoß.
Mit reichem Trost beschüttet,
verjüngt, dem Adler gleich;
Der Herr schafft Recht, behütet,
die leidn in seinem Reich.

Johann Gramann (um 1530)
Rektor der Thomasschule in Leipzig

Danksagung

Die vorliegende Arbeit wurde im Juni 2000 abgeschlossen und im Sommersemester 2002 von der wirtschaftswissenschaftlichen Fakultät der Universität Leipzig als Dissertation angenommen.

In dieser Monographie findet sich der Niederschlag meiner langjährigen empirischen Untersuchungen zu einem die Finanztheorie und -politik brennend interessierenden Problem, nämlich der Höhe, der Zusammensetzung und der Bestimmungsgründe der Ausweichhandlungen der Endverbraucher angesichts von Differenzen bei den indirekten Steuern in Europäischen Binnenmarkt. Diese Ausweichhandlungen der privaten Endverbraucher werden hier als „Steuerarbitrage bei Umsatz- und Verbrauchsteuern" bezeichnet.

Angeregt wurde diese Arbeit vom Arbeitskreis Europäische Integration unter Leitung von Professor Dieter Biehl in Lohmar im Jahre 1988. Begonnen wurde sie in Bonn, nicht unwesentlich unterstützt von der Rheinischen Friedrich-Wilhelms-Universität Bonn und dem Rheinisch-Westfälischen-Institut für Wirtschaftsforschung. Im Rahmen eines Forschungsvorhabens zu „EG-Steuerharmonisierung und grenznahe Regionen" (Vorsitzender des Hochschullehrerarbeitskreises war Paul Klemmer von der Ruhr-Universität Bochum) konnten Drittmittel zur Finanzierung der Software und Hardware sowie für Sondererhebungen bei den statistischen Landesämtern genutzt werden. Dank gebührt dem Ministerium für Wissenschaft und Forschung des Landes Nordrhein-Westfalen für die großzügige Unterstützung. Das Institut für Mittelstandsforschung hat mir während meiner Dissertation über eine Stelle als freier Mitarbeiter zusätzlich die Möglichkeit gegeben, Erfahrungen in der empirischen Wirtschaftsforschung zu sammeln. Dafür gilt Gunter Kayser mein ausdrücklicher Dank.

Besonderer Dank gilt meinen akademischen Lehrern Thomas Lenk (Universität Leipzig) und Christian Scheer (Universität Hamburg und Lehrbeauftragter an der Rheinischen Friedrich-Wilhelms-Universität Bonn), die diese Arbeit stets konstruktiv und wohlwollend unterstützt haben. Thomas Lenk (und seinem Team am Lehrstuhl für Finanzen der Universität Leipzig) gebührt größter Dank für seine zielführende Betreuung, kollegiale Mithilfe und stete Motivation. Christian Scheer verdanke ich einen Einblick in die schier unermessliche Fülle der finanzwissenschaftlichen steuertheoretischen Literatur, wobei ich sicher bin, dass ich bis heute noch nicht alle Winkel seiner Kenntnisse ausleuchten konnte. Neben den beiden genannten Gutachtern möchte ich mich beim dritten Gutachter, Klaus Lange (Universität Leipzig), für seine konstruktive Kritik und weiterführenden Kommentare bedanken. Wohl dem Dissertanten, der solche Betreuung genießen kann!

Da die von mir unternommene Untersuchung wegen des sehr speziellen Fokus sich nicht auf veröffentlichte Daten stützen konnte, mussten in erster Linie Sondererhebungen für vorhandene Statistiken vorgenommen bzw. neue Datenquellen erschlossen werden. Bei diesem Unterfangen haben mich zahlreiche

Praktiker aus statistischen Ämtern bzw. Verbänden und Unternehmen unterstützt, ohne die der in dieser Arbeit letztendlich zusammengetragene Erkenntnisgewinn nicht aufzudecken gewesen wäre.

Das Bundesministerium der Finanzen, namentlich die Herren Klezath, Rieck, Schneider und Sohn, hat mich durch Daten zum Schmuggelgeschehen im Zusammenhang mit Anfang der 80er Jahre des letzten Jahrhunderts vorgenommenen Steueranhebungen, die bisher nicht veröffentlicht waren, unterstützt. Daneben wurden mir vom Verbrauchsteuerreferat Informationen zu den Preisen der Tabakwaren dies- und jenseits der Grenzen gegeben, ohne die eine Schätzung für das homogene Gut „Zigaretten“ nicht möglich gewesen wäre. Zu danken ist dem Organisationsreferat, namentlich den Herren Dacho und Voigt. Für die Prüfung der Frage, ob auch an den Landesgrenzen der neuen Bundesländer ein ähnliches Steuerarbitrage- und Schmuggelgeschehen zu beobachten sei, wie an den Grenzen der alten Bundesländer, war ich auf die Unterstützung des hiesigen Staatsministeriums der Finanzen angewiesen. Wertvolle Hilfe habe ich von Herrn Vinmans von der OFD Chemnitz erhalten.

Bei der Vornahme von Sondererhebungen haben mich zahlreiche Statistische Landesämter unterstützt: Im einzelnen ist deshalb vom Statistischen Landesamt Schleswig-Holstein den Mitarbeitern Schäfer und Hinrichsen-Kroymann, vom Niedersächsischen Landesverwaltungsamt - Statistik - Frau Warnecke und Herrn Eichhorn, vom Landesamt für Datenverarbeitung und Statistik (NRW) den Herren Wingendorf und Graven, vom Baden-Württembergischen Statistischen Landesamt Frau Binder und vom Bayerischen Statistischen Landesamt den Herren Weidl und Thurner für ihre freundliche Unterstützung zu danken. Die Bibliothek der Bundesforschungsanstalt für Landeskunde und Raumordnung hat mir immer wieder tatkräftig mit Rat und Tat bei der Beschaffung von Veröffentlichungen der Statistischen Landesämter zur Seite gestanden; besondere Dank gebührt der Bibliotheksleiterin Frau Campenhagen.

Vom Mineralölwirtschaftsverband habe ich Daten zur Verfügung gestellt bekommen, die für die Steuerarbitrage bei der Mineralölsteuer wertvolle Ergebnisse ermöglicht haben, hierfür ist Herrn Dr. Kraft und Herrn Werner zu danken. Die Gesellschaft für die Nebenbetriebe der Bundesautobahnen (heute Tank und Rast AG) hat mich ebenfalls mit Daten zum Tankgeschehen im Transitverkehr ausgestattet, namentlich möchte ich Herrn Mohr meinen Dank aussprechen.

Die Datenrecherche wäre ohne die Unterstützung zahlreicher studentischer Hilfskräfte nicht möglich gewesen. Ich möchte mich bei folgenden Studenten ganz herzlich bedanken: Michael Brandkamp, Michael Breuer, Volker Gillhaus, Wolfgang Heer, Philipp von Hochberg, Christoph Kleinen, Melchior von Peter und Erik Prochnow.

Mein Freund und Kommilitone Hans-Georg Helmstädter hat diese Arbeit von der ersten bis zur letzten Minute mit großen und kleinen Hilfestellungen begleitet, ihm sei ausdrücklich für seine Tatkraft und Unterstützung gedankt. Für die Korrektur des Manuskriptes ist meinen Eltern Gertrud und Karl-Ernst Vogelbusch sowie Andreas Brosch zu danken.

Meinem Arbeitgeber, der Wirtschaftsprüfungsgesellschaft Warth & Klein, ist herzlich für die gewährte Unterstützung und Freistellung für die Endfertigstellung dieser Arbeit Dank auszusprechen.

Schließlich möchte ich meiner Familie Dank sagen für die nicht wieder gut zu machenden entbehrten Stunden, Tage und Wochen im Arbeitszimmer. Meiner Frau Ingrid, meinen Kindern Jonathan, Charlotte, Rebekka und Franziska werde ich in Zukunft hoffentlich mehr zur Verfügung stehen!

Weistropp, den 8. Juli 2002

Vorwort

Die Abschaffung der bis zum 3.12.1992 bestehenden Steuergrenzen bei der Verbrauchbesteuerung (Mehrwertsteuer und Steuer auf spezifische Güter) war eines der zentralen Elemente des Einheitlichen Europäischen Binnenmarktes.

Nach längerem Hin und Her und diversen durch die Kritik des Ministerrates veranlassten Änderungen der Pläne der EU-Kommission wurde Anfang der Neunziger Jahre bei der Mehrwertsteuer eine zeitlich befristete Übergangsregelung nach dem Muster des in den Benelux-Staaten praktizierten deferred-payment-systems eingeführt. Dieses System wurde um spezielle Maßnahmen, z.B. für den Versandhandel bzw. für die Nachversteuerung von „neuen" Gebrauchtfahrzeugen, flankiert. Nach der zunächst bis 1997 vorgesehenen „Übergangsregelung" sollte in der „endgültigen" Phase zum Ursprungslandprinzip übergegangen werden. Bei den spezifischen Verbrauchsteuern wurden Steuerlager eingeführt, die eine körperliche Erfassung der grenzüberschreitenden Gütertransaktionen überflüssig gemacht haben.

Neben diesen in der Finanzwissenschaft viel diskutierten Besteuerungsprinzipien steht eine Frage mit besonderem Gewicht im Raum: Wie reagieren die Konsumenten auf die geöffneten Binnengrenzen?

Es ist das Verdienst der Untersuchung von Friedrich Vogelbusch, diese Frage präzisiert und mittels eigener empirischer Untersuchungen erste Erkenntnisse zur Lösung folgender Fragen zusammengetragen zu haben:

- Können die Binnengrenzen für private Endverbraucher geöffnet werden, ohne dass sich erhebliche „Verwerfungen" durch cross-border-shopping insbesondere im grenzbenachbarten Raum ergeben?
- Für welche Güterkategorien sind Ausweichhandlungen der Konsumenten zu erwarten?
- Welche Höhe hat die Elastizität der Nachfrage im Bezug auf Einflussfaktoren wie die Höhe der Steuerdifferenzen bzw. die Entfernung zur Grenze?

In seiner sehr eloquent vorgetragenen Bestandsaufnahme über das theoretische und empirische Schrifttum geht Friedrich Vogelbusch umfassend auf die seit Beginn des europäischen Einigungsprozesses vorgelegten Untersuchungen ein. Hilfreich ist der Blick „über den großen Teich", denn für den US-amerikanischen Binnenmarkt bzw. für Kanada liegen seit ca. 30 Jahren regressionsgestützte Untersuchungen zu den dort auf Ebene der einzelnen Bundesstaaten traditionell unterschiedlichen Umsatzsteuersätzen vor. Hinsichtlich der o.g. empirischen Fragestellung ist eine Lücke für den Europäischen Binnenmarkt festzustellen: Zwar liegen seit Anfang der Neunziger Jahren auf Untersuchungen für die EU vor, diese sind jedoch in erster Linie als Befragungen und Fragebogenstudien konzipiert. Mit der hier vorgelegten Untersuchung hat Friedrich Vogelbusch nicht nur die aufgezeigte Erkenntnislücke zu wesentlichen Teilen geschlossen sondernd auch methodisches Neuland beschritten, insofern er die empirische Untersuchung von regional disaggregierten Statistiken hinsichtlich der sich ergebenden Probleme aus der Datenbasis und der Datenquellen im einzelnen analysiert und kritisch dargestellt hat. Auch die Frage der Übertragbarkeit der Schätzgleichungen, die aus Beobachtungen des Zeitraumes 1970 – 1990 stammen, auf den Zeitraum ab dem 1.1.1993 ist mit der erforderlichen Sorgfalt behandelt worden, so dass diese Arbeit ein wichtiger grundlegender Beitrag für weitere finanzwissenschaftliche Untersuchungen zu steuerlichen Wirkungen im grenznahen Raum darstellt.

Professor Thomas Lenk
Leipzig, den 15. August 2002

Inhaltsverzeichnis

Anlagenverzeichnis

Abbildungen

Verzeichnisse

Synopsen

Tabellen

Abkürzungsverzeichnis

ABl EG	Amtsblatt der EG
adj.R^2	korrigiertes Bestimmtheitsmaß
AO	Abgabenordnung
Art.	Artikel
B	Belgien
bf	Belgische Francs
BGBl.	Bundesgesetzblatt
BLP	Bestimmungslandprinzip
BRD	Bundesrepublik Deutschland
CH	Schweiz
D	Bestandsänderung
Dän	Dänemark
Dk	Dieselkraftstoff
DKr	Dänische Kronen
DM	Deutsche Mark
DPS	Deferred Payment Scheme
DTV	durchschnittliche tägliche Verkehrsstärke
ECOFIN	Europäischer Rat der Wirtschafts- und Finanzminister
EG	Europäische Gemeinschaft(en)
EGKS	Europäische Gemeinschaft für Kohle und Stahl
endg.	endgültige Fassung
EWG	Europäische Wirtschaftsgemeinschaft
ESRI	ECONOMIC AND SOCIAL RESEARCH INSTITUTE
ECU	Europäische Währungseinheit
EVS	Einkommens- und Verbrauchstichprobe
F	Frankreich
ff	Französische Francs
GATT	General Agreement on Trade and Tariffs
GfN	Gesellschaft für Nebenbetriebe der Bundesautobahnen
GP	Gemeinschaftsprinzip
HGZ	Handels- und Gaststättenzählung
hrg.v.	herausgegeben von
IEA	Internationale Energie Agentur
IfM	Institut für Mittelstandsforschung
IR £	Irisches Pfund
k.A.	keine Angabe
kg	Kilogramm
KOM	Kommission
Lux	Luxemburg
luxf	Luxemburgische Francs
MwSt	Mehrwertsteuer
MWV	Mineralölwirtschaftsverband
NBER	National Bureau of Economic Research
NF	Neue Folge
NL	Niederlande
OFD	Oberfinanzdirektion
o.Jg.	ohne Jahrgangsangabe
OLS	Ordinary-Least-Square-Methode (Kleinstquadrate-Schätzmethode)
o.O.	ohne Ortsangabe
Ö	Österreich

öS	Österreichische Schilling
RB	Regierungsbezirk
ROLP	Restricted Origin Principle (ULP innerhalb der EU, BLP zum Rest der Welt)
sF	Schweizer Franken
SFB	Sonderforschungsbereich
SMSA	Standard Metropolitan Statistical Area
sign.	Signifikanzniveau
ST £	Pfund Sterling
SYPRO	Statistik im Produzierenden Gewerbe
t	Tonnen
ULP	Ursprungslandprinzip
USt	Umsatzsteuer
UStG	Umsatzsteuergesetz
UStRL	Umsatzsteuer-Richtlinie
Vk	Vergaserkraftstoff
VerbrSt	spezielle Verbrauchsteuer
WiSt	Wirtschaftswissenschaftliches Studium

Verzeichnis der in den Schätzgleichungen im Textteil und im Anhang 2 verwandten Symbole

A	Affluence (Wohlstand)
ASt	Arbeitsstätten
b	Schätzkoeffizienten
b	Bestand an Benzin-Pkw
Besch	Beschäftigte
C	Konsum
d	Bestand an Diesel-Pkw
D	Dichte einer Stadtregion
D_i	Dummy-Variable
D.W.	Wert aus dem Durbin-Watson-Test
E	Exit (Wanderungsvariable)
e	Elastizität
Entf	Entfernung
Einw	Bevölkerung
Konk	Entfernung zur nächsten Konkurrenztankstelle
n	Anzahl von Beobachtungen
p	Preis
Pkw	Bestand an zugelassenen Kraftfahrzeugen
R	Retail Price Level
S	Umsatz
Stpf	Steuerpflichtige
t	indirekter Steuersatz
T	direkter Steuersatz
TrKo	Transportkosten
u	Zufallsterm
V	Vermögen
X	Menge
Y	Einkommen

Vorwort

Diese Arbeit hat die Direktimporte und ihre besondere Rolle bei der Harmonisierung der Umsatz- und Verbrauchsteuern im Europäischen Binnenmarkt zum Thema.

Im ersten Teil sind in einem Vorspann zunächst die in dieser Arbeit verwendeten Grundbegriffe zu klären, und es ist das Thema abzugrenzen. Die Direktimporte, die wegen anzutreffender Differenzen bei den indirekten Steuern von Endverbrauchern vorgenommen werden (engl. Cross-Border Shopping) werden als Steuerarbitrage bei Umsatz- und Verbrauchsteuern bezeichnet. Dabei geht es nur um Direktimporte von Endverbrauchern – nicht um Ausweichhandlungen aus dem unternehmerischen Bereich.

Im Hauptteil des ersten Teils soll dargestellt werden, in welchem Rahmen der europäischen Integration diese Steuerarbitragehandlungen stehen. Die Finanzpolitik der Europäischen Gemeinschaft ist von ihren Wurzeln her auf den Abbau von Binnengrenzen gerichtet gewesen. Die zum 31.12.1992 mit dem Abbau der Grenzkontrollen eingeführte vollständige Freizügigkeit für Privatreisende verändert unmittelbar die institutionellen Bedingungen für private Direktimporte. Mit dem zu Beginn des Jahres 1993 eingeführten Mischsystem (mit „in die Bücher" verlagertem Grenzausgleich für den unternehmerischen grenzüberschreitenden Handel innerhalb der EU und mit den abgeschafften Grenzausgleich für private Direktimporte) hat die Steuerarbitrage eine neue Qualität gewonnen. Von Seiten der Finanzpolitik und der Finanzwissenschaft bleibt die Frage offen, welche Rolle die Direktimporte für die Steuerharmonisierung im Binnenmarkt spielen werden. Dementsprechend sind die Direktimporte immer wieder Bestandteil der Überlegungen in der jüngeren finanzpolitischen Debatte und in neueren theoretischen Modellen. Inhaltlich beschränken sich die theoretischen Arbeiten auf die Untersuchung der allgemeinen Umsatzsteuer. Hier gilt es, die finanzpolitischen und -theoretischen Überlegungen nachzuzeichnen. Diese Überlegungen lassen eine Erkenntnislücke erkennen, die durch die eigenen empirische Untersuchungen geschlossen werden soll.

Im zweiten Teil sollen die vorliegenden empirischen Arbeiten zur Problematik der Steuerarbitrage dargestellt werden: Im US-amerikanischen Schrifttum ist eine langjährige und breitgefächerte empirische Literatur zum Cross-Border Shopping festzustellen. Es liegen sowohl Fragebogenstudien und Interviews vor, welche hier als „mikroökonomische Untersuchungen" bezeichnet werden, als auch regressionsanalytische Studien auf der Basis gesamtwirtschaftlicher Aggregate – hier: „makroökonomische Untersuchungen". Seit Mitte der Neunziger Jahre lassen sich auch für Europa empirische Studien zum hier behandelten Problemkreis finden. Diese sind von ihrer Methodik her allerdings in erster Linie als Befragungen bzw. Fragebogenstudien gefaßt.

Die genannten Studien werden mit den jeweils angewandten Methoden und Ergebnissen in einer vergleichenden Übersicht zusammengefaßt. Für den Europäischen Binnenmarkt zeigt sich, dass hinsichtlich direkter Erhebungen an der Grenze und hinsichtlich der makroökonomischen Untersuchungsmethodik eine Lücke in der empirischen Forschung besteht.

Der dritte Teil beinhaltet darauf aufbauende eigene Untersuchungen. Zunächst werden Fragestellung, Erhebungsmethoden und Problembereiche einer empirischen Untersuchung der Steuerarbitrage erörtert. Aus den ermittelten Anforderungen an die erforderliche Differenzierung der Daten für die abhängigen und unabhängigen Variablen ist auf den ersten Blick ersichtlich, dass deren Verfügbarkeit, genauer die Qualität des verfügbaren Datenmaterials, sich zum Gegenstand der vorliegenden Arbeit entwickelt. Nur auf der Basis exakt zusammengestellter Daten können verlässliche Aussagen zu tatsächlichen Verhältnissen gegeben werden. Nicht zuletzt erwarten die Entscheidungsträger in Politik und Wirtschaft zu Recht verlässliche Abschätzungen und fundierte Voraussagen für die Entscheidungen, die in der gegenwärtigen europäischen Entwicklung anstehen. Es ist deshalb erforderlich, das zur Verfügung stehende Datenmaterial bzw. die durch Sonderauswertungen eigens für diese Arbeit zusammengestellten Daten darzustellen und zu bewerten.

Schließlich werden diejenigen direktimportierten Gütergruppen, für die wegen der doppelten Belastung mit Umsatz- und Verbrauchsteuern z.T. erhebliche Steuersatzdifferenzen zu beobachten sind – es handelt sich i.w. um Tabak, Benzin und Diesel, Alkohol, Kaffee und Tee –, mit verschiedenen statistischen Methoden untersucht.

Im Mittelpunkt der empirischen Untersuchung stehen das Ausmaß und die Bestimmungsgründe der Steuerarbitrage in den Jahren von 1970 – 1990, seitdem sich eine teilweise Freizügigkeit für privatreisende Endverbraucher eröffnet hat, ohne dass die Steuersatzunterschiede beseitigt wurden. Aus der Analyse des Verhaltens der Endverbraucher während dieses Zeitraumes können nicht unwesentliche Anhaltspunkte für die derzeit sich ergebende Steuerarbitrage im Europäischen Binnenmarkt gewonnen werden. Für den Zeitraum 1991 bis 1996 wurde darüber hinaus die Steuerarbitrage an den Ostgrenzen der Neuen Bundesländer untersucht. Da sich für die Zollaufgriffe allerdings eine hohe Volatilität zeigt, erfolgen hierzu keine weiteren regressionsanalytischen Studien. Der Möglichkeit der Übertragung der Untersuchungsergebnisse aus dem Zeitraum von 1970 – 1990 auf den ab dem 1.1.1993 eröffneten Binnenmarkt ist im übrigen ein eigenes Untersuchungsfeld.

In den hier vorgenommenen Untersuchungen bestätigt sich das Ergebnis einiger Befragungen, wonach bei den Gütern, die mit speziellen Verbrauchsabgaben besteuert sind, die Steuerarbitrage eine wichtige Rolle spielt. Unterschiede bei den allgemeinen Umsatzsteuern sind nur im Ausnahmefall (Nordeuropa) relevant. Die eingangs erwähnte Erkenntnislücke wird mit den eigenen Untersuchungen nicht zur

Gänze geschlossen. Dies ist einmal darin begründet, dass die herkömmlichen amtlichen Statistiken über Güterströme (Handels- und Gaststättenzählung, Umsatzsteuerstatistik) nicht in der erforderlichen regionalen und branchenmäßigen Differenzierung bis zum einzelnen besteuerten Gut vorliegen. Für Zahlungsbilanzstatistiken, die die Steuerarbitrage von der Geldebene her erfassen könnten, gilt ebenfalls, dass keine Daten für das einzelne Gut vorliegen; dort sind die monetären Größen (Sorten und Devisen) aus Einkaufsfahrten und anderen Aktivitäten untrennbar miteinander verwoben. Zum anderen könnten weitere direkte Erhebungen nur mit einem hohen finanziellen und personellen Aufwand erstellt werden, der sich im Rahmen einer Dissertation nicht bewerkstelligen lässt.

Insofern in dieser Arbeit die vorhandenen Statistikquellen systematisch auf ihre Verwendbarkeit zur Erforschung des Steuerarbitragephänomens hin untersucht werden, ergibt sich jedoch ein nicht unerheblicher Erkenntnisgewinn. Damit kann eine grundlegende Basis für weitere empirische Forschungen gegeben werden, die dann für fundierte Entscheidungen in der Finanzpolitik nützlich sein mögen.

Teil 1:

Steuerarbitrage bei Umsatz- und Verbrauchsteuern im Europäischen Binnenmarkt als steuerpolitisches Problem
-
Die Rolle der Direktimporte für die Steuerharmonisierung im Europäischen Binnenmarkt

1. Überblick: Vorgehensweise im Teil 1

Für die finanzpolitische Entwicklung und die sie begleitende finanzwissenschaftliche Theorie ist auf dem Gebiet der Steuerharmonisierung in Europa, vielleicht wie für kein anderes finanzpolitisches Forschungsobjekt, eine wechselseitige Befruchtung festzustellen. Einerseits wird durch die voranschreitende politische Integration immer wieder ein Anstoß für finanzwissenschaftliche Erörterungen gegeben. Andererseits werden in der Theorie entwickelte Vorschläge von der Finanzpolitik aufgegriffen.

In Teil 1 soll nach einem einführenden Überblick (Kapitel 1) eine begriffliche Abgrenzung in Kapitel 2 erfolgen. Anschließend wird in Kapitel 3.1 die mit voranschreitender Integration sich ergebende Entwicklung der institutionellen Regelungen, insbesondere auf dem Gebiet der indirekten Besteuerung, betrachtet werden. Mit Einrichtung des Europäischen Binnenmarktes zum 1.1.1993 bei den Umsatz- und Verbrauchsteuern haben sich grundlegende Neuregelungen ergeben, die nicht zuletzt die steuerlich bedingten Direktimporte von Endverbrauchern (= Steuerarbitrage bei Umsatz- und Verbrauchsteuern) betreffen.

In Kapitel 3.2 und 3.3 soll eine Motivation für die eigenen empirischen Untersuchung über den Umfang und die Bestimmungsgründe dieser Steuerarbitrage vorgelegt werden. Dafür wird ein Überblick über die vorliegenden theoretischen Arbeiten zur Steuerharmonisierung gegeben werden, aus dem die Notwendigkeit weiterführender empirischer Untersuchungen ersichtlich ist.

In einem ersten Schritt sind die seit Beginn des Integrationsprozesses vorgenommenen theoretischen Untersuchungen darzustellen. Diese haben sich zunächst mit dem Begriff der Harmonisierung befaßt. Anschließend wird die Einführung eines wettbewerbsneutralen Umsatzsteuersystems und nicht-diskriminierender Verbrauchsteuern theoretisch erörtert. Die Arbeiten, die noch nicht explizit die Steuerarbitrage berücksichtigt haben, werden hier als ältere theoretische Untersuchungen bezeichnet.

Die – schrittweise seit 1970 sich erhöhende – Freizügigkeit im Reiseverkehr erlaubt dem Privatreisenden, bestimmte großzügig bemessene Mengen an Waren ohne steuerlichen Grenzausgleich bei Reisen mit sich zu führen. Dabei hat von vornherein der Hintergedanke Pate gestanden, dass so die voraussichtliche Integration Europas gefördert werden sollte. Insbesondere nach Vorlage des Weißbuchs der EG-Kommission im Jahre 1985, in dem die Direktimporte explizit als Mechanismus zur Steuerangleichung genannt wurden, rückt die Steuerarbitrage in das Blickfeld des theoretischen finanzwissenschaftlichen Schrifttums. Diese neuere theoretische Literatur ist im zweiten Schritt darzustellen.

Dabei ist der Fokus der theoretischen Erörterungen auf die allgemeine Umsatzsteuer gerichtet. Die Frage, welches System für die Besteuerung der grenzüberschreitenden Güter- und Dienstleistungsströme gelten soll, und die Modellierung der spieltheoretischen Situation von zwei (oder mehr) benachbarten Steuerstaaten im Wettbewerb um die Bemessungsgrundlage für die allgemeine Umsatzsteuer spielen dabei eine zentrale Rolle.

In jüngster Zeit werden von theoretischer Seite Vorschläge für ein endgültiges Besteuerungssystem unterbreitet, nachdem sich das derzeitige Übergangssystem vielfacher Kritik ausgesetzt sah. Es ist deshalb nach Auffassung des Verfassers an der Zeit, die empirische Analyse der Steuerarbitrage stärker in den Mittelpunkt der finanzwissenschaftlichen Forschung zu stellen.

2. Zum Begriff der Steuerarbitrage bei Umsatz- und Verbrauchsteuern im Europäischen Binnenmarkt

Mit der Bezeichnung des Gegenstandes dieser Arbeit *als „Steuerarbitrage bei Umsatz- und Verbrauchsteuern im Europäischen Binnenmarkt“* wird der Begriff des „Direktimportes“ präzisiert: Direktimporte bezeichnen das grenzüberschreitende Verbringen einer Ware durch einen Endverbraucher. Wenn dies deswegen geschieht, weil die indirekte Steuer auf diese Ware in dem Kaufland niedriger ist als im Wohnsitz/Konsumland des Verbrauchers, liegt eine Steuerarbitrage vor. Im Schrifttum wird diese präzise Begrifflichkeit nicht in allen Fällen durchgehalten.

Die hier verwendete Bezeichnung soll den steuerlich motivierten Direkteinkauf im niedriger besteuernden Nachbarland vom Direktimport aus anderen Gründen unterscheiden. Der Begriff der Arbitrage deutet speziell auf die Ausweichhandlung des Steuerpflichtigen hin.

2.1 Arbitrage

Unter *Arbitrage* versteht man in der Wirtschaftswissenschaft allgemein die auf die Gewinnerzielung oder Kostenminimierung gerichtete Ausnutzung von Preisunterschieden für ein homogenes Gut. Dabei wird ausgenutzt, dass es zu einem Zeitpunkt auf mindestens zwei Teilmärkten unterschiedliche Preise gibt[1].

Üblicherweise wird der Begriff der Arbitrage auf Zinsdifferenzen auf dem Kapitalmarkt angewandt. Dort bezeichnet Arbitrage ein Bündel aus Transaktionen, mit dessen Hilfe eine Zinsdifferenz auf zwei oder mehr Untermärkten des Kapitalmarktes

---

[1] Vgl. BENDER (1977) Arbitrage, in: Handwörterbuch der Wirtschaftswissenschaften (hrg. v. ALBERS et. al.), 1. Band, Stuttgart et. al., S. 325.

ausgenutzt werden kann. Die Differenzierung des Kapitalmarktes ist nach mehreren Hinsichten möglich, es können zwei oder mehr räumlich oder zeitlich getrennte Märkte sein. Es ist sogar der Fall denkbar, dass zwischen zwei verschiedenen Personen differenziert wird, die unterschiedliche Informations- oder Erwartungsstände aufweisen. Nach Abschluß und Abwicklung von Geschäft und Gegengeschäft ist der Arbitrageur bezüglich des zugrundeliegenden Basisgeschäfts „glatt gestellt", d.h. er streicht den Arbitragegewinn ein, ohne dass sich seine Vermögensposition verändert hätte.

2.2 Steuerarbitrage

Der Begriff der *Steuerarbitrage* findet vornehmlich für Ausweichhandlungen auf dem Gebiet der direkten Besteuerung Verwendung. In dieser Arbeit steht er im Zusammenhang mit indirekten Steuern.

Die Unterscheidung zwischen direkten und indirekten Steuern ist ein traditionelles Unterscheidungskriterium, das auch in dieser Arbeit verwendet wird. Direkte Steuern sind danach Steuern, die nicht überwälzbar sind. Bei direkten Steuern fallen Steuerzahler und Steuerträger zusammen. Indirekten Steuer sind dagegen überwälzbare Steuern, bei denen der erhebende und entrichtende steuerpflichtige Unternehmer die Steuer nicht selber trägt, sondern vom Konsumenten, auf den sie überwälzt werden kann, zu tragen ist. Es ist darauf hinzuweisen, dass die finanzwissenschaftliche Überwälzungslehre gezeigt hat, dass diese traditionelle Annahme der Überwälzung bzw. der Nicht-Überwälzung nicht unproblematisch sind[2]. Dennoch wird die traditionelle geprägte Begriffsbildung für diese Arbeit verwendet.

2.2.1 Steuerarbitrage bei direkten Steuern

Bei direkten Steuern bezeichnet die Steuerarbitrage eine Ausweichhandlung des Steuerpflichtigen, die seine Vor-Steuer-Einkommens- und Vermögensposition unverändert lässt.

Zum Beispiel kann ein gutverdienendes Individuum, das Einkommen aus verschiedenen Ländern bezieht, seinen Wohnsitz in ein Land mit niedrigeren direkten Steuersätzen (Steueroase) verlagern, wenn über Doppelbesteuerungsabkommen gesichert ist, dass für die Besteuerung seiner Einkünfte das Wohnsitzlandprinzip gilt[3].

---

[2] Für weitere Begriffsabgrenzungen und Inzidenzüberlegungen sei auf Nowotny/Scheer (1996), S. 246 und 476 ff verweisen.

[3] Vgl. für eine ausführliche Darstellung: DEBATIN (1983) Probleme der internationaler Einkommen, in: Handbuch der Finanzwissenschaft, 4. Band, 3. Aufl., Tübingen.

Die Bemühungen zum Aufbau eines wettbewerbsneutralen Steuersystems sind in einem wesentlichen Schwerpunkt auf den Bereich der Besteuerung der grenzüberschreitenden Güterströme gerichtet. Die Harmonisierung der direkten Steuern[4] wird hier nicht weiter verfolgt.

2.2.2 Steuerarbitrage bei indirekten Steuern

Bei indirekten Steuern wird dann von Steuerarbitrage gesprochen, wenn eine zum Konsum im Inland bestimmte Ware nicht im Inland, sondern aus steuerlichen Gründen im niedriger besteuernden Nachbarland gekauft und anschließend ins Inland überführt wird[5].

Die gewählte Begriffsbildung folgt dem ökonomischen Denken in Opportunitätsentscheidungen insofern, als das Gegengeschäft zum Kauf im Ausland der unterlassene Kauf im Inland ist.

2.3 Steuerarbitrage im Binnenmarkt

Die Steuerarbitrage bei den indirekten Steuern spielt im derzeitig gültigen institutionellen Regime eine besondere Rolle. Wie weiter unten im einzelnen ausgeführt wird, sind für die *Direktimporte von privaten Endverbrauchern* im Binnenmarkt nahezu alle bestehenden Hemmnisse abgebaut worden.

---

[4] Zu Entwicklung und Stand der Harmonisierung der direkten Steuern vgl. KREBS (1990) Die Harmonisierung der direkten Steuern für Unternehmen in der EG, in: Betriebsberater 45, S. 45 ff, KRAWITZ (1993) Stand der EG-Steuerharmonisierung, in: Steuer und Studium, S. 97 ff, HERZIG (Hrg.) (1994) Harmonisierung der Körperschaftsteuersysteme in den EU-Staaten, Köln, PESMATZOGLOU (1996) Die Harmonisierung der Kapitaleinkommensbesteuerung in der Europäischen Union, Europäische Hochschulschriften, Reihe V, Bd. 1970, Frankfurt/M., GADDUM (1998) Zur Reform des Einkommensteuerrechts mit Blick auf die Europäische Währungsunion, DStZ 86, S. 195 ff, MÜLLER (1998) Was ist „fairer" Steuerwettbewerb und welche Regeln braucht er?, in: Konjunkturpolitik 44, S. 313 ff. Für die von Seiten der EU vorgenommenen Harmonisierungsmaßnahmen vgl. KOMMISSION DER EG (1992) Mitteilungen der Kommission an den Rat und das Europäische Parlament im Anschluß an die Schlußfolgerungen des unabhängigen Sachverständigenausschusses über die Leitlinien für die Unternehmensbesteuerung im Rahmen der Vertiefung des Binnenmarktes, RUDING-KOMMITEE (1995) Bericht des unabhängigen Sachverständigenausschusses zur Unternehmensbesteuerung, Luxemburg, EUROPEAN COMMISSION (1997) A Package to Tackle Harmful Tax Competition in the EU, Brüssel.

[5] Für eine ähnliche Begriffsbildung vgl. SIEBERT (1989) Perspektiven zur Vollendung des europäischen Binnenmarktes, in: Kyklos 42, S. 189. Dort zieht SIEBERT den Analogieschluß von unternehmerischen Standortentscheidungen angesichts von Unterschieden der direkten Steuern im Binnenmarkt auf private Kaufentscheidungen angesichts von Unterschieden bei den indirekten Steuern.

Nur für den unternehmerischen Warenaustausch ist der Grenzausgleich (in die Bücher verlagert) beibehalten worden. Die Abschaffung der Grenzkontrollen zum 1.1.1993 stellt einen Endpunkt der Entwicklung der völligen Freizügigkeit der Verbraucher in diesem Bereich dar, die schon mit Beginn des europäischen Integrationsprozesses eingesetzt hatte.

Finanzwissenschaftlich interessant sind der Umfang, die Zusammensetzung und die Bestimmungsgründe dieser Steuerarbitrage, die in ihren Wirkungen die zukünftige Steuerpolitik in der Europäischen Union nicht unwesentlich prägen wird.

3. Institutioneller und theoretischer Kontext der Steuerarbitrage bei Umsatz- und Verbrauchsteuern im Europäischen Binnenmarkt

Der Europäische Binnenmarkt ist zum 1.1.1993 zwischen den Mitgliedsländern der Europäischen Gemeinschaft (EG) bzw. seit dem Maastrichter Gipfel zwischen den Mitgliedsländern der Europäischen Union (EU) errichtet worden. Für das allgemeine Verständnis des hier behandelten Themas und die Beurteilung der Relevanz der hier zu ermittelnden empirischen Grundlagen der Steuerarbitrage wird im folgenden ein kurzer Überblick über den Stand der institutionellen Integrationsentwicklung (Kapitel 3.1) und über die finanzpolitische Debatte seit Beginn der Europäischen Integration (Kapitel 3.2) sowie über die Beiträge im finanzwissenschaftlichen Schrifttum (Kapitel 3.3) gegeben. Die überblicksartige Darstellung der Theoriebeiträge zur Steuerharmonisierung erfolgt im Hinblick darauf, dass für nicht wenige theoretische Beiträge das tatsächliche Ausmaß und die Bestimmungsgründe/Abhängigkeiten der Steuerarbitrage eine – nur z.T. geklärte – Variable sind.

3.1 Steuerharmonisierung im Kontext der bisherigen institutionellen Entwicklung

Seit Beginn des Europäischen Integrationsprozesses stehen die Angleichung der Definition der Bemessungsgrundlagen und der Struktur und Höhe der Steuersätze im Mittelpunkt der finanzpolitischen und -theoretischen Diskussion. Die Vereinheitlichung bzw. Harmonisierung der Besteuerungsparameter wird als Steuerharmonisierung bezeichnet.

Die Steuerharmonisierung ist eingebettet in die allgemeine finanzpolitische Integration, für die sich folgende Elemente nennen lassen:

- Einheitliches Mehrwertsteuersystem,
- Harmonisierungsbemühungen bei den Verbrauchsteuern,
- Harmonisierungsbemühungen bei direkten Steuern,
- Erhöhung der Freizügigkeit für Privatreisende,
- Erhöhung der Freizügigkeit für Gewerbetreibende,
- Schaffung einer einheitlichen Währung.

Derzeit ist die finanzpolitische Integration für Verbraucher, Kapital und Dienstleistungen in dem Sinne abgeschlossen, dass Personen und Waren ohne Beschränkungen zwischen den Mitgliedsländern ausgetauscht werden können und ein Anhalten an der Grenze (für Steuer- oder Zollformalitäten) grundsätzlich[6] nicht mehr verlangt

[6] Dass im Ausnahmefall, z. B. wenn eine Fahndung nach einem flüchtigen Verbrecher unternommen wird, eine Personen- bzw. Gepäckkontrolle an der Binnengrenze stattfinden

wird. Um den derzeitigen Stand der Steuerharmonisierung und der finanzwissenschaftlichen Debatte zu verstehen, ist ein Blick in die jüngste Entwicklung der letzten Jahrzehnte im einzelnen erforderlich:

Die Initiative zur weiteren wirtschaftlichen Integration der Mitgliedsländer stammt aus dem Beginn der 80er Jahre des letzten Jahrhunderts. Der Binnenmarkt erweiterte den mit dem Zusammenschluß der Europäischen Wirtschaftsgemeinschaften (EWG) geschaffenen Gemeinsamen Markt um die Freizügigkeit von Personen, Arbeit, Kapital und Gütern. Die noch bestehenden Binnengrenzen zum 1.1.1993 abzuschaffen war das spezifische Ziel des Binnenmarktprogramms der Kommission.

> „Die Gemeinschaft trifft die erforderlichen Maßnahmen, um bis zum 31. Dezember 1992 ... den Binnenmarkt schrittweise zu verwirklichen. Der Binnenmarkt umfaßt einen Raum ohne Binnengrenzen, in dem der freie Verkehr von Waren, Personen, Dienstleistungen und Kapital ... gewährleistet ist" (Art. 8a EWG-Vertrag).

Das von der EG-Kommission vorgelegte Weißbuch (1985) schlug einen detaillierten Katalog von zu treffenden Maßnahmen vor und einen präzisen Zeitplan für die drei Hauptbereiche

1. materielle Schranken,
2. technische Schranken und
3. Steuerschranken.

Die Beseitigung der Steuerschranken war erforderlich, wenn Waren im Binnenmarkt genauso frei wie innerhalb eines Mitgliedstaates fließen sollen. Sichtbarste Änderung war die Abschaffung von Grenzkontrollen zum 1.1.1993.

Nicht verwirklicht wurde mit dem Binnenmarkt eine vereinheitlichte „Euro-Mehrwertsteuer" bzw. eine „Euro-Steuer" auf Alkohol, Mineralöl oder Tabak. Die Bestimmung der Bemessungsgrundlage, des Steuerpflichtigen, des Erhebungsverfahrens und der Steuersätze erfolgt (wenn auch im Rahmen der jeweiligen Europäischen Richtlinien) weiterhin durch den nationalen Gesetzgeber. Ebenfalls beibehalten wurde die Steuerhoheit der einzelnen Mitgliedsstaaten.

---

kann, hindert nicht, von einer grundsätzlichen Freizügigkeit zu sprechen. Auf vorübergehend noch gültige Sonderregelungen an der dänischen, griechischen und (irischen) Grenze wegen noch bestehender hoher Verbrauchsteuerdifferenzen wird weiter unten in Kapitel 3.2.3. „Abbau der fiskalischen Grenzen" eingegangen.

3.2 Steuerarbitrage bei Umsatz- und Verbrauchsteuern im Europäischen Binnenmarkt im finanzpolitischen Kontext

3.2.1 Abbau der Binnenzölle

Zu Beginn des europäischen Einigungsprozesses verhinderte ein fein gesponnenes Netz von Zöllen einen ungestörten Warenaustausch zwischen den europäischen Staaten[7]. Gleichzeitig aber war die Nachkriegsordnung durch die zunehmende Bedeutung der weltwirtschaftlichen Liberalisierung gekennzeichnet[8].

3.2.1.1 Montanunion

Die institutionelle Entwicklung zur Europäischen Union nahm ihren Anfang, als sich am 18. April 1951 sechs europäische Länder[9] zu einer Wirtschaftsgemeinschaft für Kohle und Stahl (EWGKS) zusammenschlossen.

Ziel war die gegenseitige Grenzöffnung, insbesondere der Abbau der Binnenzölle.

> Die Europäische Gemeinschaft für Kohle und Stahl „beruht auf einem gemeinsamen Markt, verfolgt gemeinsame Ziele und hat gemeinsame Organe" (Art. 1 Montanunion-Vertrag).
>
> Der gemeinsame Markt für Kohle und Stahl sah folgende Eingriffe als unvereinbar mit dem Vertrag an (Art. 4 Montanunion-Vertrag):
>
> (a) Ein- und Ausfuhrzölle sowie mengenmäßige Beschränkungen des Warenverkehrs;
>
> (b) diskriminierende Maßnahmen;
>
> (c) Subventionen oder Beihilfen;
>
> (d) Wettbewerbsbeschränkungen

Der Abbau der Binnenzölle in der Kohle- und Stahlbranche bedeutete einen ersten wichtigen Schritt auf dem Weg zur europäischen wirtschaftlichen Integration.

---

[7] Zu den wirtschaftlichen Rahmenbedingungen vgl. MUSGRAVE (1961) Fiscal Systems, New Haven/London, S. 276.

[8] Eine besondere Rolle kam hier dem General Agreement on Trade and Tariffs (GATT) zu. Neben dem Abbau der Zollschranken regeln die Art. III und XVI den steuerlichen Grenzausgleich mit Obergrenzen für die Einfuhrbesteuerung und dem Verbot, Ausfuhren durch erhöhte Exporterstattungen zu subventionieren.

[9] Bundesrep. Deutschland, Frankreich, Belgien, Niederlande, Italien und Luxemburg.

3.2.1.2 Europäische Wirtschaftsgemeinschaften

Im Jahre 1957 begründeten die Römischen Verträge eine auf alle Wirtschaftszweige ausgedehnte Europäische Wirtschaftsgemeinschaft (EWG). Der Vertragstext setzte der EWG eine neue integrationspolitische Zielstellung:

> „Aufgabe der Gemeinschaft ist es, durch die Errichtung eines Gemeinsamen Marktes und die schrittweise Annäherung der Wirtschaftspolitik der Mitgliedsländer eine harmonische Entwicklung des Wirtschaftslebens innerhalb der Gemeinschaft, eine beständige und ausgewogene Wirtschaftsausweitung, eine größere Stabilität, eine beschleunigte Hebung der Lebenshaltung und engere Beziehungen zwischen den Staaten zu fördern, die in dieser Gemeinschaft zusammengeschlossen sind" (Art. 2 EWG-Vertrag).

Für die Umsetzung der Ziele des EWG-Vertrages gab es einen Dreistufenplan. Am Ende einer jeden Stufe sollten die Mitgliedsländer über den Beginn des nächsten Integrationsschrittes entscheiden. Nach Ablauf dieses Stufenprozesses etablierte sich ein Gemeinsamer Markt ohne Binnenzölle. Die Mitgliedsländer können zu gleichen Bedingungen Waren miteinander austauschen. Nachdem in den 70er Jahren und zu Beginn der 80er Jahre fünf weitere Mitglieder in die EWG aufgenommen worden waren[10], unternahm die europäische Gemeinschaft mit dem Programm „Binnenmarkt 1992" einen weiteren Schritt zur ökonomischen Integration[11]. Mit der Einführung einer gemeinsamen Währung (dem EURO) in drei Stufen ab dem 1.1.1999 wurde ein weiteres Kapitel zur vertieften Integration aufgeschlagen[12].

3.2.2 Wettbewerbsneutrales indirektes Steuersystem

Schon in den Anfängen der Montanunion entstand zwischen Deutschland und Frankreich der sog. Steuerstreit um die Frage, wie die umsatzsteuerliche Behandlung von grenzüberschreitend gehandelten Gütern, die aus unterschiedlichen Steuersystemen stammen, geregelt werden soll. Über diesen Steuerstreit wurde auf europäischer Ebene ein nach seinem Vorsitzenden TINBERGEN benannter Ausschuß einberufen[13].

---

[10] Großbritannien, die Republik Irland, Spanien, Portugal und Griechenland.

[11] Parallel zur ökonomischen Integration vollzog sich eine monetäre Integration (Europäische Währungsschlange, Europäisches Währungssystem bis hin zur einheitlichen Währung). Auf diese, für die Integration Europas ebenfalls wichtigen, Fortschritte kann hier nur hingewiesen werden.

[12] Vgl. hierzu den Übersichtsartikel von: DEHMER/BATKE-SPITZER (1998) Die Einführung des Euro zum 1.1.1999, in: DStR 36, S. 36 ff.

[13] HOHE BEHÖRDE DER EUROPÄISCHEN GEMEINSCHAFT FÜR KOHLE UND STAHL (1953a) Bericht über die durch die Umsatzsteuer aufgeworfenen Probleme auf dem gemeinsamen Markt, Luxemburg (zit. als TINBERGEN-Bericht).

Der Ausschuß hatte sich mit den Konsequenzen der Anwendung eines einheitlichen Grenzausgleichs (bestimmt nach der Höhe der offen ausgewiesen Umsatzsteuer der letzten Handelsstufe vor dem Grenzübertritt) bei unterschiedlicher Umsatzsteuersysteme zu beschäftigen[14].

Der Ausschuß besaß einen eng begrenzten Prüfauftrag und konnte sich deswegen nicht grundsätzlich mit einer Reform der auseinanderklaffenden Umsatzbesteuerung in den beiden Mitgliedstaaten befassen. Im Rahmen seiner Befugnisse konnte der Ausschuß nur empfehlen, dass der steuerliche Grenzausgleich nicht über die Sätze der letzten ausgewiesenen Umsatzsteuer hinaus gewährt wird.

Mit der Ausdehnung des gemeinsamen Marktes auf alle Branchen durch die Römischen Verträge (1957) verschärfte sich die ungelöste institutionelle Divergenz im Bereich der Umsatzsteuern auf innergemeinschaftliche Handelsströme. Im April 1960 wurde eine Gutachterkommission eingesetzt – ebenfalls benannt nach ihrem Vorsitzenden Fritz NEUMARK - und mit einem weitgehenden Auftrag ausgestattet[15]. Nunmehr war nämlich ausdrücklich zu prüfen, inwiefern „Unterschiede in den öffentlichen Finanzwirtschaften" das Funktionieren des Gemeinsamen Marktes mit „binnenmarktähnlichen Bedingungen" stören können und wie diese gegebenenfalls zu beheben seien[16].

Dieser Ausschuß unterbreitete zwei wichtige Empfehlungen, einmal den Vorschlag für ein *einheitliches* Umsatzsteuersystems in der gesamten EWG, das die derzeitigen Verzerrungen bei der innergemeinschaftlichen Umsatzbesteuerung beenden würde, und zum anderen das Plädoyer für das Ursprungslandprinzip, das als einziges internationales Besteuerungsverfahren ohne Steuergrenzen auskomme.

---

[14] In Frankreich galt eine Allphasen-Nettoumsatzsteuer, in Deutschland eine Allphasen-Bruttoumsatzsteuer. Wenn beide Länder den Grenzausgleich mit der Steuerlast der letzten Handelsstufe vornehmen, entsteht eine Ungleichbehandlung: Frankreich entlastet seine Exporte mit 19,55% heimischer USt, Deutschland seine Importe mit einem Umsatzsteuersatz von 4%. Umgekehrt entlastet Deutschland seine Exporte mit 4% und Frankreich belastet seine Importe mit 19,55%. Solange Deutschland nicht denselben Steuersatz für die Exporterstattung bzw. die Importbesteuerung anwendet wie Frankreich, entsteht eine Ungleichbelastung.
Grund ist, dass im Nettoumsatzsteuersystem die indirekte Steuerlast kumulativ offen ausgewiesen wird. D.h. auf der Handelsstufe kann die Umsatzsteuer der Vorstufen insgesamt ausgeglichen werden. Dagegen weist die Bruttoumsatzsteuer nur die Belastung der letzten Stufe offen aus. Wenn die Umsatzsteuern auf den vorangehenden Produktionsstufen überwälzt werden, müssen deutsche Produkte teurer sein als französische Produkte.

[15] KOMMISSION DER EUROPÄISCHEN WIRTSCHAFTSGEMEINSCHAFT (EWG) (Hrg.) (1962) Bericht des Steuer- und Finanzausschusses, Brüssel (zit. als NEUMARK-Bericht); vgl. dazu NEUMARK (1963) Möglichkeiten und Grenzen einer Steuerangleichung im Gemeinsamen Markt, in: Steuerkongreß-Report, München/Berlin, S. 29 ff. Vgl. für eine Übersicht, auch über die theoretischen Vorarbeiten NEUMARKS: HOMBURG (1997) Allgemeine Steuerlehre, München, S. 182 ff.

[16] Im Bericht ist nicht von einer Vereinheitlichung der Besteuerung die Rede, sondern von der Zurückführung der Unterschiede auf ein „unerlässliches Minimum", aaO, S. 89.

3.2.2.1 Einheitliches Umsatzsteuersystem

Die Europäische Kommission setzte im wesentlichen die Empfehlungen des NEUMARK-Ausschusses um. Im Jahre 1967 legte sie einen Dreistufenplan zur Harmonisierung der Umsatzsteuern vor.

- Auf der ersten Stufe wurde als Kernstück eine einheitliche Allphasen-Nettoumsatzsteuer vom Mehrwertsteuertyp mit Vorsteuerabzug eingeführt. Für die grenzüberschreitenden Warenströme sollte mittelfristig weiterhin das Bestimmungslandprinzip angewandt werden.
- Auf der zweiten Stufe sollte die Bemessungsgrundlage in den Mitgliedsländern vereinheitlicht werden.
- Auf der dritten Stufe sollten die Steuersätze harmonisiert werden.

Langfristig strebte nunmehr die Finanzpolitik an, in der Besteuerung der innereuropäischen Handelsströme vom Bestimmungsland- zum Ursprungslandprinzip überzugehen. Eine erste Stufe der Umsatzsteuerharmonisierung ist mit den beiden ersten Umsatzsteuerrichtlinien zu Beginn der 70er Jahre umgesetzt worden[17]. Die seither geübte Grenzausgleichspraxis ist nach formalinzidenztheoretischen Erwägungen[18] als wettbewerbsneutral gekennzeichnet worden[19]. Die vollständige Verwirklichung der zweiten und dritten Stufe der Umsatzsteuerharmonisierung stehen dagegen noch aus[20]. Es bleibt jedoch nach Auffassung des Verfassers jedoch fraglich, ob in einem Binnenmarkt eine vollständige Uniformität im Bereich der indirekten Besteuerung verwirklicht werden muss[21].

---

[17] ANDEL hat diesen ersten Schritt als ersten großen Durchbruch im europäischen Steuerharmonisierungsprozess bezeichnet (vgl. ANDEL in G/B/T/E Kommentar zum EWG-Vertrag, Art. 99, Rz. 14) – Dem ist zuzustimmen, wenn man von zeitlichen Verzögerungen bei der Umsetzung absieht; vgl. die Erste Umsatzsteuer-Richtlinie vom 11.4.1967, ABl EG Nr. L 71/1301 vom 14.4.1967 und die Zweite Umsatzsteuer-Richtlinie vom 11.4.1967, ABl EG Nr. L 71/1303 vom 14.4.1967.

[18] Zur Kritik vgl. GIERSCH (1962) Zur Frage der Anwendbarkeit des Ursprungs- oder Bestimmungslandprinzips bei der Umsatzsteuer im Gemeinsamen Markt, in: Schriftenreihe der Wirtschaftsvereinigung Eisen- und Stahlindustrie, H. 1, Düsseldorf oder PEFFEKOVEN (1975) Zur Theorie des Steuerexports, Tübingen, S. 55 ff.

[19] Nunmehr sind die Ausgleichssätze verbindlich festgelegt, der fakultative Grenzausgleich ist somit durch den obligatorischen Grenzausgleich abgeschafft. Bei der Allphasen-Nettosteuer ist die formale gesetzliche Belastung immer offen ausgewiesen, so dass der Grenzausgleich nach Durchschnittssätzen überflüssig geworden ist.

[20] Lediglich weil für das neugeschaffenen Finanzsystem der EG die Bemessungsgrundlage der MwSt herangezogen worden ist, sind in der 6. UStRiLi einige Harmonisierungsvorschriften für die Bemessungsgrundlage den Mitgliedsstaaten aufgegeben worden; vgl. Sechste Umsatzsteuer-Richtlinie vom 17.5.1977, ABl EG Nr. L 145/1 vom 13.6.1977. Vgl. für eine Übersicht über noch nicht umgesetzte Regelungen in diesem Bereich EG KOMMISSION (1996), aaO, S. 18.

[21] Vgl. SCHEER/VOGELBUSCH (1990) Fiscal Policies, in: The Federal Republic of Germany and EC Membership Evaluated (hrg. v. SCHWEITZER/CARSTEN), London, S. 33 ff.

3.2.2.2 Nicht-diskriminierende Steuern auf spezielle Verbrauchsgüter

Für die Verbrauchsteuern wurde im gleichem Zug mit dem Plan hin zum einheitlichen Mehrwertsteuersystem ein Zweistufenplan aufgestellt, der auf der ersten Stufe die Vereinheitlichung der Verbrauchsteuerstrukturen und der Definition des Steuergegenstandes und auf der zweiten Stufe eine Angleichung der Steuersätze vorsieht.

Das Bestimmungslandprinzip mit Exportentlastung und Einfuhrbesteuerung soll bei den Spezialverbrauchsteuern beibehalten werden, um dem Fiskus des Landes, in dem die Ware konsumiert wird, die Autonomie oder Steuerhoheit in fiskalpolitischer Sicht zu erhalten. Z.B. ist es bei bestimmten Verbrauchsteuern, die der Internalisierung externer Effekte dienen, wünschenswert, dass diese Steuerhoheit für das Land des Konsums aufrechterhalten bleibt.

Es muss einschränkend angemerkt werden, dass die meisten Akzisen nur aus historischen Gründen erklärt werden können und heute vornehmlich wegen ihrer hohen Ergiebigkeit bei niedriger „Merklichkeit" fortgeführt werden[22]. Darüber hinaus wird die Internalisierung externer Effekte, z.B. im Bereich des Konsums gesundheitsschädlicher Effekte, bei der Besteuerung des Alkohol- und Tabakkonsums denkbar[23]. Bei der Mineralölsteuer wird das Argument angeführt, dass die Autofahrer über die Mineralölsteuer die externen Effekte des Autofahrens abgelten könnten. In jüngerer Zeit ist die sog. „Ökosteuer" in Deutschland ein weiteres Beispiel für den Einsatz von Verbrauchsteuern zur Lenkung des Verbrauchs.

Die Verbrauchsteuerharmonisierung wurde als erstes für die Tabaksteuer[24] zu Beginn der 70 Jahre des vorigen Jahrhunderts in einer Richtlinie verwirklicht. Bei Steuern auf Bier, Wein und Spirituosen sowie bei der Mineralölsteuer wurden dagegen lange Jahre nach Beginn der Steuerharmonisierung nur geringe Fortschritte erzielt, obwohl die EG-Kommission eine ganze Reihe von Richtlinien-Vorschlägen vorlegte[25]. Die Harmonisierungsbemühungen, die im wesentlichen darauf gerichtet waren, die diskriminierende Struktur der einzelnen nationalen Verbrauchsteuerregelungen abzubauen, welche vornehmlich die heimischen Erzeuger gegenüber An-

---

[22] Vgl. zu diesen Begründungen FOLKERS (1987) Wandlungen der Verbrauchsbesteuerung, in: Wandel der Besteuerung (hrg. v. HÄUSER), SchdVfS NF 160, S. 107 ff.

[23] Vgl. zur Internalisierung externer Effekte durch Verbrauchsteuern PIGOU (1932) The Economics of Welfare, 4. Aufl., London, S. 172 ff und DERS. (1947) A Study in Public Finance, 3. Aufl., London, S. 94 ff.

[24] Vgl. die Erste Tabaksteuer-Richtlinie vom 19.12.1972, ABl EG Nr. L 303/1 vom 31.1.2.1972 und die Zweite Tabaksteuer-Richtlinie vom 18.12.1978, ABl EG Nr. L 10/8 vom 16.1.1979; zur Entstehungsgeschichte und Problematik der Tabaksteuerharmonisierung sei auf die ausführliche Darstellung bei CAESAR/GOETZKE/MACKSCHEID (1983) Finanzwissenschaftliche Analyse der Tabaksteuerharmonisierung in der Europäischen Gemeinschaft, Finanzwissenschaftliches Forschungsinstitut an der Universität zu Köln, Finanzwissenschaftliche Forschungsarbeiten NF 53, S. 16 ff und auf SCHRÖER-SCHALLENBERG, S. (1995) Harmonisierung der sonstigen Verbrauchsteuern, in: Handbuch des Europäischen Steuer- und Abgabenrechts (hrg. v. BIRK), Berlin, S. 709 ff verwiesen.

[25] Vgl. Weißbuch (1985), aaO, S. 40.

bietern aus anderen Mitgliedsländern begünstigen[26], wurden vom Europäischen Gerichtshof mit einigen Entscheidungen unterstützt[27].

Dennoch bestehen weiterhin sowohl von der Struktur als auch vom Niveau der Besteuerung her erhebliche Unterschiede gerade bei den Spezialakzisen[28]. Immerhin wurden für den Bereich der speziellen Verbrauchsteuern auf dem Rat der Wirtschafts- und Finanzminister am 19. Oktober 1992 acht Richtlinien[29] verabschiedet, die die Strukturen und Sätze der Verbrauchsteuern auf Alkohol, Mineralöl und Tabak weiter vereinheitlichten[30]. Für die hier anstehenden Fragestellung ist jedoch beachtlich, dass auch nach Umsetzung dieser Richtlinien in nationales Recht nicht unerhebliche Steuersatzunterschiede weiter bestehen.

Da nur für den Bereich des gewerblichen Handels ein steuerneutralisierendes Verfahren (Steuerlager) vorgesehen ist, gibt es für Endverbraucher weiterhin Anreize zur Einfuhr von im benachbarten EU-Mitgliedsland/Ausland niedriger besteuerten Waren ins Inland.

---

[26] In traditionellen Weinanbauländern ist z.B. Bier relativ hoch besteuert und vice versa in den Ländern, die keinen Weinanbau aufweisen, Bier günstig und Wein ungünstig besteuert. In Italien, das eher ein Erzeuger- und Verbraucherland von Weinbrand ist, wurden Spirituosen aus anderen Ausgangsstoffen (Whisky, Gin oder Wodka) mit sehr viel höheren Abgaben belegt. Vgl. KAY/KEEN (1987) Alcohol and Tobacco Taxes: Criteria for Harmonisation, in: Tax Coordination in the European Community (hrg. v. CNOSSEN), Deventer, S. 85 ff oder CNOSSEN (1987) Tax Structure Developments, in: Tax Coordination in the European Community (hrg. v. CNOSSEN), Deventer, S. 32.

[27] Etwa durch den Auftrag, die Besteuerung aller als unmittelbare Konkurrenzprodukte anzusehenden Spirituosen anzugleichen (Europäischer Gerichtshof, Urteile 168-171/1978). Oder in der Auflage für das Vereinigte Königreich, für eine Gleichbehandlung von Wein und Bier zu sorgen (Europäischer Gerichtshof, Urteil 170/1978), als Richtschnur hierbei sei der Alkoholanteil zu verwenden. Zit. nach CNOSSEN (1987), aaO, S. 32 f.

[28] Vgl. die Übersicht 3.6 „Excise Taxes in the EC“ bei SCHEER/VOGELBUSCH (1990) Fiscal Policies, in: The Federal Republic of Germany and EC Membership Evaluated (hrg. v. SCHWEITZER/CARSTEN), London, S. 38.

[29] Vgl. die Richtlinien ABl. EG Nr. L 316 vom 31. Oktober 1992. Änderungen erfolgten durch die Richtlinien 92/108/EG des Rates vom 14. Dezember 1992 (ABl. EG Nr. L 390 S. 124) und 94/74/EG des Rates vom 22. Dezember 1994 (ABl. EG Nr. L 365 S. 46). Zur Umsetzung der EU-Richtlinien in Deutschland sei auf das Verbrauchsteuer-Binnenmarktgesetz (BGBl. 1992 I, S. 2150 ff) verwiesen, das zum 1. Januar 1993 in Kraft getreten ist. Vgl. zur Umsetzung in deutsches Recht: BEERMANN (1993), Das Verbrauchsteuer-Binnenmarktgesetz, DStZ 81, S. 257 ff und KRAWITZ (1993), aaO, S. 96 f.

[30] Zum 1.1.1993 wurden folgende Einzelregelungen vorgesehen:

- Alkohol: Mindeststeuersatz von 550 ECU/hl;
- Wein: insoweit Wein nicht in allen Ländern mit spezieller Verbrauchsteuer belegt ist, wird das BLP durch Einbezug des gewerblichen Weinversands in das innergemeinschaftliche Beförderungsverfahren gesichert.
- Tabakwaren: harmonisierte Strukturen und Sätze, proportionaler Mindestsatz für Tabakwaren beträgt 57% des Einzelhandelspreises (inkl. aller Steuern) für Zigaretten der gängigsten Preisklasse.
- Mineralöl: Mindestsatz für Benzin (bleifrei): 287 ECU/1.000 l, Diesel: 245 ECU/1.000 l.

3.2.3 Abbau der fiskalischen Grenzen

Der Abbau der Steuergrenzen wurde im Zuge der europäischen Integration schon seit Einrichten des einheitlichen Umsatzsteuersystems gefordert[31]. Immer wieder wurde gegen die Regeln des steuerlichen Grenzausgleichs eingewandt, dass sie wider den Integrationsgedanken stünden. Diese über viele Jahre sich hinziehende Diskussion um eine einvernehmliche Regelung bei den Binnensteuergrenzen sei im folgenden kurz wiedergegeben.

Ein Unterausschuß zum NEUMARK-Komitee befasste sich 1960 mit alternativen Umsatzsteuerverfahren und administrativen Regelungen, die die physische Kontrolle des Grenzübertritts einer Ware nach der herrschenden Grenzausgleichspraxis ersetzten können[32]. In einer vervielfältigten Note schlug der Leiter der Arbeitsgruppe A, der Niederländer TUK, vor, die Kontrollen an der Grenze abzuschaffen und sie durch verwaltungsmäßige Überprüfungen von Steuereintreibungen, Steuerrückvergütungen oder -befreiungen bei denjenigen Unternehmen zu ersetzen, die innerhalb der Gemeinschaft aus- oder einführen. Das Rechnungswesen der beteiligten Unternehmen müßte die Grundlage des neuen Systems sein[33]. Im Bericht des Unterausschusses A wurde dieses administrative Verfahren näher erläutert:

> "For the import of goods ... the payment of turnover tax and the inspection connected with it currently made on crossing the frontier, are replaced by a declaration that the purchaser in the importing country is obliged to make periodically (a declaration, fehlend wg. Übersetzungsfehler? der Verf.) of the good imported by him ... ; the purchaser pays at the same time the turnover tax due on the import of these goods. The tax authorities of the importing country verify this declaration with the help of the accounts of the importer; to this end the authorities can also use as far as needed, information that the tax authorithies in the other Member countries can extract from the accounts of the exporter" (Zitat, ebenda, S. 14).

In der Diskussion wurde zunächst die unterschiedliche Besteuerungspraxis in den einzelnen Mitgliedsländern dargestellt. Es zeigte sich ein uneinheitlich weit gehender Steuerdurchgriff der Finanzverwaltungen, so dass die gegenseitige Anerkennung von Unterlagen der Partnerländer schwierig ist. Wenn die physischen Grenzkontrollen aufgehoben wären, könnten zudem private Direktimporte in niedriger besteuernde Nachbarländer nicht unterbunden werden:

---

[31] Hier sei speziell auf Ausführungen des NEUMARK-Bericht (1962) verwiesen: Aus „politischen" und „psychologischen" Gründen sei es unerläßlich, „die mit Aufhebung der *Zoll*grenzen beabsichtigte und bewirkte Freizügigkeit des Waren- und Kapitalverkehrs" auf einem Gemeinsamen Markt mit binnenmarktähnlichen Verhältnissen durch die „Aufhebung der *Steuer*grenzen" zu ergänzen (Zitat ebenda, S. 123).

[32] Der Bericht liegt in einer inoffiziellen Übersetzung von THURSTON (1960) General Report of the Sub-Groups A, B, and C, International Bureau of Fiscal Documentation, Amsterdam, vor.

[33] Diese „vervielfältigte Note" liegt dem Verfasser nicht vor; das Zitat stammt von einem Delegationsmitglied COSCIANI (1963) Gemeinsamer Markt: Besteuerung im Ursprungsland oder im Bestimmungsland?, in: Weltwirtschaftliches Archiv 90, S. 224.

„Imports made by private persons will escape tax. This provision would carry with it an incentive to buy goods in Member countries with recourse to the possibility of achieving delivery under a provision for exemption and eventually for rebate of tax. Mail order houses ... would raise serious objections to this point of view." Die Ausschussmehrheit sprach sich dagegen aus, die Grenzkontrollen abzuschaffen und die Steuergrenzen in die Bücher der Unternehmen zu verlagern: „The majority of the subgroup think, moreover, that if there is no move towards a large measure of harmonization of rates and exemptions, the advantage possesed by the scheme will not balance out the disadvantages" (Zitate ebenda, S. 23)

Da sich zum Tagungszeitpunkt die EWG noch nicht für das Mehrwertsteuersystem entschieden hatte, lag das Schwergewicht der Ausschußarbeit weniger bei diesem ersten Unterausschuß A, sondern eher beim Abwägen der Vor- und Nachteile der möglichen Umsatzsteuerarten (Unterausschüsse B und C)[34].

Im Schrifttum findet sich der Hinweis, dass in einigen Ländern im kommunalen Bereich und bei zwischenstaatlichen Wirtschaftsgemeinschaften eine Verlagerung der Grenzkontrollen in die Bücher der Unternehmen schon in den 60er Jahren erfolgreich angewendet werde[35].

Erst in den 80er Jahren des letzten Jahrhunderts wurden die von der Mehrheit des Unterausschusses A des NEUMARK-Komitees verworfenen Vorschläge einer größeren Freizügigkeit des Grenzübertritts durch Verlagerung des Grenzausgleichs von der Grenze weg wieder aufgegriffen. In der tagespolitischen Debatte fand die „Steuerharmonisierung 1992" vornehmlich Beachtung,. Es wurde die Angleichung der Steuer*sätze* der Mehrwertsteuer und der speziellen Verbrauchsteuern auf Tabak, Alkohol und Mineralölerzeugnisse diskutiert. Die verschiedenen Vorschläge der EG-Kommission zur Anpassung der Mehrwert- und Verbrauchsteuersystems an die Abschaffung der Grenzkontrollen dagegen wurden nur unter Experten diskutiert[36].

---

[34] Im wesentlichen wurden folgende Umsatzsteuersysteme behandelt (die Seitenangaben beziehen sich auf den „General Report"):

- einstufige Grossistensteuer, evtl. kombiniert mit einer Einzelhandelsteuer (Sub-Group B, S. 30-44)
- ein- und mehrstufige Produktionsteuer, evtl. mit einer Groß- bzw. Einzelhandelsteuer (S. 45-60)

Mehrwertsteuer im Produktions- und/oder Handelssektor (Sub-Group C, S. 61-76).

[35] In Italien bestehe „für kommunale Verbrauchsteuern eine gewisse Kontrolle der Warenbewegungen" zum Zwecke der Ent- und Belastung beim Kommunenübertritt, ohne dass es deswegen jemandem einfiele „zu behaupten, dass der italienische Markt wirtschaftlich kein einheitlicher nationaler Markt sei". Im BeNeLux-Raum geschehe es „in manchen Fällen", dass ein Land „beim Erzeuger eine Steuer auf ein ausgeführtes und in einem anderen Land konsumiertes Gut eintreibt (und) dieses entsprechende Steueraufkommen zugunsten des Staatshaushalts des Verbrauchslandes einzahl(t)" (Zitate bei COSCIANI (1963), aaO, S. 223 ff).

[36] Vgl. für eine Übersicht über die Steuerharmonisierungsdebatte: HAHN (1988) Steuerpolitische Willensbildungsprozesse in der Europäischen Gemeinschaft, Frankfurt a. M., HAUFLER (1993) Commoditiy Tax Harmonization in the European Community: a General Equilibrium Analysis of Tax Policy Options in the Internal Market, Physika, Heidelberg, S. 11 ff sowie RATZINGER (1998) Die Bedeutung privater Direktimporte für die Güterbesteuerung in der Europäischen Union, ifo-Studien zur Finanzpolitik 65, München, S. 22 ff.

Das von der EG-KOMMISSION ursprünglich vorgeschlagene Deregulierungsprogramm „Europäischer Binnenmarkt 1992" war von seinem Regelungsanspruch her weit gefaßt. Das Programm umfasste neben der Beseitigung der technischen und materiellen Schranken ausdrücklich auch den Abbau der Steuergrenzen[37]. Allerdings ist die Kommission mit ihrem Vorschlag, die Steuergrenzen endgültig abzubauen und das *Gemeinschaftsprinzip* einzuführen, über die Verlagerung der Steuergrenzen hinaus gegangen.

- An die Stelle des Grenzausgleichs sollte nach dem Vorschlag der EG-Kommission ein grenzüberschreitender Vorsteuerabzug treten. Die Definitionen der Bemessungsgrundlagen sollten weitgehend vereinheitlicht werden.
- Bezüglich der Harmonisierung der Umsatzsteuersätze war eine Bandbreite für den allgemeinen Satz von 14 - 20% und von 4% - 9% für den ermäßigten Satz sowie die Abschaffung von Nullsätzen und Luxussteuersätzen vorgesehen.
- Für die Harmonisierung der Verbrauchsteuersätze war eine punktgenaue Angleichung dieser indirekten Besteuerung auf durchschnittliche Sätze vorgesehen. In der Diskussion dieser Vorschläge wurden die Harmonisierung der Sätze und die damit verbundene Beschneidung der Autonomie der Mitgliedsländer nicht akzeptiert[38].

Mit dem Übergang vom Bestimmungslandprinzip zum Gemeinschaftsprinzip hätte sich jedoch die Verteilung der Steueraufkommen aus der Mehrwertsteuer geändert. Um diese wieder auszugleichen, wäre ein aufwendiges Clearingverfahren einzurichten gewesen[39]. Das Clearingverfahren wurde wegen des hohen Verwaltungsaufwandes und wegen der Unsicherheit des zugrundeliegenden Datenmaterials kritisiert[40]. Die Einführung des Gemeinschaftsprinzips konnte daher nicht weiter verfolgt werden.

Hinsichtlich der Steuersatzharmonisierung wurden von der Kommission 1989 und 1990 weniger weit gehende Harmonisierungsvorschläge unterbreitet[41]:

---

[37] Vgl. KOMMISSION DER EG (1985), aaO, S. 9-38.

[38] Dies würde zu einem nicht hinnehmbaren Verlust der nationalen Besteuerungsautonomie führen und individuelle umwelt- und gesundheitspolitische Eingriffe nicht mehr ermöglichen; Vgl. PARSCHE/MEYER-SCHARRENBERG/OCHEL (1990) Umsatzsteuer und Sonderverbrauchsteuern im EG-Binnenmarkt ab 1993: die steuerliche und technische Abwicklung des innergemeinschaftlichen Warenverkehrs, ifo-Institut, München, S. 132 und JATZKE (1993) Das neue Verbrauchsteuerrecht im EG-Binnenmarkt, in: Betriebsberater 48, S. 41.

[39] Vgl. das Arbeitspapier der KOMMISSION Vorschlag zur Vollendung des Binnenmarktes: Einführung eines Clearingmechanismus für die Mehrwertsteuer im innergemeinschaftlichen Handelsverkehr (KOM (87) 323 endg./2).

[40] Vgl. SCHEER/VOGELBUSCH (1990), aaO, S. 33 ff. Insbesondere weil das Clearingverfahren auf makroökonomischer Basis beruhen sollte und die dafür erforderlichen Grundlagen der volkswirtschaftlichen Gesamtrechnung in den einzelnen Mitgliedsstaaten nicht die erforderliche Bestimmtheit für die Berechnung der multilateralen Steueransprüche aufwiese.

[41] Vgl. EUROPÄISCHE GEMEINSCHAFTEN - KOMMISSION (1989) Vorschlag für eine Richtlinie des Rates über die Vollendung des internen Marktes und die Annäherung der indirekten Steuerraten (KOM (89) 269), Brüssel, und DERS. (1990) Vorschlag für eine Änderung des Vorschlags für eine Richtlinie des Rates zur Ergänzung des gemeinsamen MwSt-Systems

Für den Normalsteuersatz bei der Mehrwertsteuer wurde statt der zunächst im Weißbuch vorgeschlagenen Bandbreite, innerhalb derer sich der Steuersatz bewegen sollte, nur ein Mindestsatz vorgesehen, der jedoch noch nicht festgelegt wurde. Für den ermäßigten Satz wurde wiederum eine Bandbreite (4% - 9%) vorgeschlagen. Nullsteuersätze sollten nur noch für eine sehr begrenzte Zahl von Erzeugnissen und eine Übergangszeit gelten. Statt der von den Mitgliedsstaaten abgelehnten fixen Verbrauchsteuersätze wurden nunmehr Mindestsätze für alkoholische Getränke, Tabakwaren und für Benzin, Dieselkraftstoff und Heizöl Bandbreiten vorgeschlagen. Darüber hinaus sollten verbindliche Zielsätze den Mitgliedstaaten für zukünftige Steueränderungen eingeführt werden.

Die revidierten Vorschläge der Kommission fanden jedoch weiterhin nicht die erforderliche einstimmige Zustimmung durch die Mitgliedsstaaten. Insbesondere das Festhalten an dem Ursprungslandprinzip erwies sich – trotz des als Ausgleichsmechanismus vorgesehenen Clearingverfahrens – wegen der nicht absehbaren Steueraufkommensverschiebungen als ausweglose Sackgasse. Diese Sackgasse wurde erst unter dem zeitlichen Druck des nahen Termins der Abschaffung der Grenzkontrollen im weiteren Verlauf der Debatte durch den Kompromißvorschlag des ECOFIN verlassen[42]. Der ECOFIN orientierte sich an den dreißig Jahre alten Vorschlägen aus dem Unterausschuß A: die Verlagerung des Grenzausgleichs in die Bücher nach dem Zahlungsaufschubverfahren (Deferred-Payment-Scheme)[43], das sich im übrigen im Binnenmarkt der Benelux-Staaten seit vielen Jahren bewährt hatte[44].

Ende des Jahres 1992 verabschiedete der Ministerrat ein Richtlinienpaket, bestehend aus einer Systemrichtlinie, drei Strukturrichtlinien und vier Steuersatzrichtlinien, das weitgehend den Vorschlägen des ECOFIN folgt.

- In der Systemrichtlinie wurde statt des umstrittenen Gemeinschaftsprinzips ein Deferred-Payment-Scheme (Bestimmungslandprinzip mit „in die Bücher“ verlagertem Grenzausgleich, z.T. im deutschen Schrifttum auch als „Zahlungsaufschubsystem“ bezeichnet) als vorläufiges Grundprinzip für die grenzüberschrei-

---

und zur Änderung der Richtlinie 77/388/EWG, Steuerliche Übergangsregelung im Hinblick auf die Errichtung des Binnenmarktes, KOM (90) 182, Brüssel.

[42] MICK schreibt den Vorschlag der französischen Regierung zu, vgl. MICK (1995) Harmonisierung der Umsatzsteuer, in: Handbuch des Europäischen Steuer- und Abgabenrechts, aaO, S. 691 ff. Die deutsche Seite, die den zusätzlichen Aufwand für die Unternehmen und die Verwaltung negativ bewertete, stimmte der Regelung nur zu, weil in Art. 28 des Richtlinientextes der Übergangscharakter der Regelung (bis zum 31.12.1996) festgeschrieben wurde, vgl. KLEZATH (1992) Umsatzsteuer und Binnenmarkt – Die Übergangsregelung zum 1.1.1993, in: UR 41, S. 61 ff.

[43] Vgl. KOMMISSION DER EUROPÄISCHEN GEMEINSCHAFTEN – RAT (1992) Richtlinie 92/77/EWG des Rates zur Ergänzung des gemeinsamen Mehrwertsteuersystems und zur Änderung der Richtlinie 77/388/EWG (Annäherung der MwSt-Sätze), Amtsblatt der Europäischen Gemeinschaften L 316.
Eine Darstellung der Besteuerungsverfahren im einzelnen finden sich weiter unten in Kapitel 3.3.1 „Überblick: Besteuerungsprinzipien im internationalen Handel“.

[44] Vgl. MICK (1995) aaO, S. 681 f und HAHN (1988) Steuerpolitische Willensbildungsprozesse in der Europäischen Gemeinschaft, Finanzwissenschaftliche Schriften, Bd. 37, Frankfurt a.M. S. 30 ff.

tende Besteuerung des Güter- und Warenverkehrs in der zunächst bis Ende 1995 terminierte Übergangszeit festgeschrieben.

- In den Strukturrichtlinien finden sich Regelungen zur Vereinheitlichung der Bemessungsgrundlage.
- Die Steuersatzrichtlinien legen die Mindestsätze und mögliche Befreiungen fest.
- Für den Normalsteuersatz der Mehrwertsteuer wurde ein Mindestsatz von 15% festgelegt. Für genau definierte Güter des täglichen Bedarfs wurden ein oder zwei ermäßigte Steuersätze vorgesehen. Darüber hinaus darf, wenn schon vor dem 1. Januar 1991 ein Nullsteuersatz oder ein ermäßigter Satz unter 5% bestand, dieser für den Zeitraum der o.g. Übergangsregelung beibehalten werden, wenn hierdurch keine Wettbewerbsverzerrung bedingt ist. Schließlich sind die Luxussteuersätze abzuschaffen.
- Für die Verbrauchsteuern folgt die Richtlinie den Vorschlägen aus dem Jahre 1990: Mindestsätze bzw. Bandbreiten. Darüber hinaus wurden Bagatellsteuern grundsätzlich abgeschafft. Ein gewisser Raum für nationale Regelungen bleibt jedoch bestehen, wenn hierdurch keine mit dem Überschreiten der Grenze verbundenen Formalitäten einhergehen[45].
- Dagegen wurden die von der Kommission vorgeschlagenen verbindlichen Zielsätze nicht in die Richtlinie aufgenommen, sie gelten statt dessen nur als sog. Orientierungswerte mit niedrigerer Verbindlichkeit.

Verglichen mit den ursprünglichen Harmonisierungsvorschlägen lässt sich das derzeitige Besteuerungsprinzip als „Prinzip der Harmonisierung auf dem kleinsten gemeinsamen Nenner" kennzeichnen[46].

Die in der Systemrichtlinie vorgesehene Übergangslösung hat inhaltlich folgende wesentliche Bestandteile[47]:

1. Hinsichtlich der Exporte und Importe wird zwischen innergemeinschaftlichem Handel und dem Außenhandel mit Drittstaaten unterschieden. Für den gewerblichen Warenverkehr wird der Grenzausgleich in den Büchern anhand spezieller administrativer Sonderregeln (UID-Nr., zusammenfassende Meldungen) einge-

---

[45] In Deutschland etwa die Leuchtmittel-, Salz-, Zucker- und Teesteuer. Die Kaffeesteuer und die Verbrauchsteuer auf Erdgas dagegen bleiben bestehen, vgl. KRAWITZ (1993), aaO, S. 90, SCHRÖER-SCHALLENBERG (1995) Harmonisierung der sonstigen Verbrauchsteuern, in: Handbuch des Europäischen Steuer- und Abgabenrechts, aaO, Berlin, S. 729 ff.

[46] Vgl. KNUDSEN/SWITALLA (1992) Harmonisierung der Verbrauchsteuern, in: ZfZ o.Jg., S. 220 und SCHRÖER-SCHALLENBERG (1995), aaO, S. 716 ff.

[47] Vgl. für eine Darstellung der Übergangslösung etwa: LANGER (1992) Umsatzsteuer im Binnenmarkt, Herne/Berlin, NOLL/RÖDDER (1992) Das neue Umsatzsteuerrecht des Exports und Imports, Düsseldorf, AUJEAN/VIS (1992) VAT in the Single Market: the Transitional Arrangement Explained, EC Tax Review 2, S. 117 ff, LOYENS/LEFEBVRE/RÄDLER - European Tax Network (1994) VAT: the 1993 Experience, IBFD & Editions Francis Lefebvre, Amsterdam, BIRKENFELD/FORST (1994) Das Umsatzsteuerrecht im Europäischen Binnenmarkt, 2. Auflage, Schmidt, Bielefeld, TIPKE/LANG(1996), aaO, S. 555 ff, RATZINGER (1998), aaO, S. 41 ff.

führt[48]; für private Direktimporte dagegen wird kein Grenzausgleich durchgeführt, es bleibt bei der Belastung mit dem Steuersatz des Einkaufslandes.

2. Um sicherzustellen, dass auch nicht steuerpflichtige Unternehmer für ihre gewerblichen Einkäufe den Grenzausgleich durchführen, werden Sonderregelungen für die sog. Halbunternehmer eingeführt, die den Direktimport bzw. -export nach dem Ursprungslandprinzip von diesen Gewerbetreibenden unterbinden.
3. Für Versandhandelsumsätze innerhalb des Binnenmarktes und für den innergemeinschaftlichen Handel mit Pkws und bestimmten anderen Fahrzeugen wird eine „Use-Tax-Regelung" eingeführt, die sicherstellt, dass bei Neuanschaffungen die Umsatzsteuer des Landes bezahlt wird, in dem das Fahrzeug zugelassen wird.
4. Auch für die Verbrauchsteuern gilt im gewerblichen Handel weiterhin das Bestimmungslandprinzip. Weiterhin wird ein Grenzausgleich durchgeführt. Technisch werden dafür sog. Steuerlager eingeführt[49], die einen unbesteuerten Warenverkehr auf der Produktions- und Großhandelsstufe und eine Besteuerung mit den Sätzen des Landes, in dem die Entnahme aus dem Steuerlager erfolgt und in dem der Verbrauch angenommen wird, ermöglichen. Für bestimmte mit Verbrauchsteuern belegte Güter (Tabakwaren) ist eine Beteiligung am Versandhandel untersagt[50].
5. Für die Unterscheidung zwischen gewerblichem Handel und nicht kommerziellen innergemeinschaftlichen Verbringen von Waren durch Privatpersonen für ihren Eigenbedarf ist nach Art. 9 Abs. 2 der System-Richtlinie geregelt, dass verschiedene Kriterien zur Anwendung kommen können (handelsrechtliche Stellung des Besitzers, Art der Beförderung, mitgeführte Unterlagen sowie die Menge der mitgeführten Waren). Darüber hinaus sind die Kontrollmöglichkeiten des Zolls erweitert worden[51].
6. Für einige Grenzabschnitte ist die volle Freizügigkeit der Konsumenten bzw. Reisenden durch befristete Sonderregeln noch nicht verwirklicht worden[52].

Das nur übergangsweise vorgesehene institutionelle Regime des in die Bücher verschobenen Grenzausgleichs[53] blieb länger als ursprünglich vorgesehen[54] in

---

[48] Vgl. die Verordnung (EWG) Nr. 218/92 über die Zusammenarbeit der Verwaltungsbehörden auf dem Gebiet der indirekten Besteuerung (MwSt) vom 27.1.1992 (ABl. EG Nr. L 24 vom 1.2.1992, S. 1).

[49] ABl. EG Nr. L 316 vom 31. Oktober 1992. Änderungen erfolgten durch die Richtlinien 92/108/EG des Rates vom 14. Dezember 1992 (ABl. EG Nr. L 390 S. 124) und 94/74/EG des Rates vom 22. Dezember 1994 (ABl. EG Nr. L 365 S. 46). Vgl. zu der Ausgestaltung der Steuerlager die Ausführungen bei SCHRÖER-SCHALLENBERG (1995), aaO, S. 747 ff. Zur Umsetzung der EU-Richtlinien in deutsches Recht sei auf das Verbrauchsteuer-Binnenmarktgesetz (BGBl. 1992 I, S. 2150 ff.) verwiesen, das zum 1. Januar 1993 in Kraft trat. Vgl. STOBBE (1993) Die Harmonisierung der speziellen Verbrauchsteuern in der Europäischen Gemeinschaft (Teil 1 und 2), in: ZfZ o.Jg., S. 194 und BEERMANN (1993) Das Verbrauchsteuer-Binnenmarktgesetz, in: DStZ 81, S. 257 ff.

[50] Siehe § 19 TabStG. Vgl. hierzu SCHRÖER-SCHALLENBERG (1995), aaO, S. 721.

[51] So ist z.B. in Deutschland für Mineralölerzeugnisse in § 20 Abs. 1 S. 2 MinÖStG festgelegt, dass nur der Inhalt des Tanks und Reservekanisters steuerfrei über die Grenze transportiert werden darf. Vgl. SCHRÖER-SCHALLENBERG (1995), aaO, S. 719 f.

[52] Vgl. die Darstellung bei RATZINGER (1998), aaO, S. 60 (sog. 36 Std.-Regelung für Dänemark). Ähnliche übergangsweise vorgesehene Regelungen wurden auch für Griechenland und Irland festgelegt.

[53] Für eine Erläuterung des „Deferred-Payment-Scheme" im einzelnen: siehe das Kapitel 3.3.1 „Überblick: Besteuerungsprinzipien im Internationalen Handel".

[54] In diesem Zusammenhang ist zu beachten, dass Entscheidungen über die Besteuerung betreffende Richtlinien einstimmig getroffen werden müssen. Ursprünglich war vorge-

Kraft. Von den Steuerpflichtigen, der Finanzverwaltung und -politik liegen mittlerweile kritische Stellungnahmen vor. In einer Kommissionsstellungnahme[55] wurde bspws. auf die hohen administrativen Kosten für Unternehmer und Verwaltung (Compliance Costs) und die Möglichkeiten zur Steuerhinterziehung hingewiesen.

Im Schrifttum wird angemerkt, dass die 6. EG-Richtlinie zur Umsatzsteuer eine Verwirklichung des Ursprungslandprinzips fordert[56]. Für die MwSt wurde im Jahre 1996 von der EG-Kommission[57], nicht zuletzt aufgrund deutscher Initiative, vorgeschlagen, den im Übergangssystem für den gewerblichen Handel noch gültigen Grenzausgleich abzuschaffen und zum „Ursprungslandprinzip"[58] überzugehen[59].

Es erscheint jedoch zweifelhaft, dass die Mitgliedsstaaten in diesem wichtigen Bereich auf ihre Steuerhoheit verzichten und die verbleibenden Unsicherheiten aus dem Clearingmechanismus zur Neuverteilung des Steueraufkommens[60] akzeptieren werden.

---

sehen, dass der Rat bis Ende 1994 Vorschläge für ein endgültiges System der indirekten Besteuerung vorlegen sollte, um bis Ende 1995 zu der Feststellung zu gelangen, dass die Bedingungen für den Übergang zu einer endgültigen Regelung erfüllt sind. Die Regelungen sollten dann ab Beginn 1997 greifen. Bis zum Ende des Jahres 1999 sind jedoch keine Änderungen der entsprechenden Richtlinien erfolgt, es liegen lediglich Vorschläge vom 17.6.1998 für einen (partiellen) grenzüberschreitenden Vorsteuerabzug (AblEG 1998 Nr. C 219 S. 16 und S. 20) und ein Vorschlag vom 30.11.1998 für die Festschreibung der derzeit geltenden Bandbreite für den Normalsteuersatz (15 % bis 25%) vor (Vorschlag der Kommission für eine Richtlinie des Rates zur Änderung der Richtlinie 77/388/EWG über das gemeinsame Mehrwertsteuersystem in Hinblick auf den Normalsteuersatz, AblEG Nr. C 409, S. 13 (BR-DS 1020/98), vgl. hierzu HÜSCHENS (1998) Die Entwicklung des EG-Umsatzsteuerrechts im Jahre 1997, in: EuZW 9, S. 357/362 und DERS. (1999) Die Entwicklung des Mehrwertsteuerrechts im Jahre 1998, in: EuZW 10, S. 357 ff.

[55] Vgl. z.B. zu positiven und negativen Aspekten EUROPÄISCHER WIRTSCHAFTS- UND SOZIALAUSSCHUSS (1996) Stellungnahme zum Thema „Direkte und indirekte Steuern", Amtsblatt der Europäischen Gemeinschaften, C 82, S. 50 ff.

[56] In Art. 28 Abs. I 6. EG-Richtlinie, vgl. RATZINGER (1997), aaO, S. 470.

[57] Vgl. Dok-KOM (1996) 328 endg. (BR-DS 637/96).

[58] Zur Verwirklichung eines endgültigen Systems für den Binnenmarkt wird von verschiedenen Seiten der Übergang zum Ursprungslandprinzip favorisiert. Bei der Mehrwertsteuer, die auf allen Produktions- und Handelsstufen erhoben wird, wird das Ursprungslandprinzip als Gemeinschaftsprinzip bezeichnet. Dies ist technisch dadurch zu verwirklichen, indem der bisher nur im Inland mögliche Vorsteuerabzug auf das Gemeinschaftsgebiet ausgeweitet werden soll. Vgl. z.B. BIEHL (1969) Ausfuhrland-Prinzip, Einfuhrland-Prinzip, Gemeinsamer-Markt-Prinzip, Köln et. al. S. 132 ff; KRAUSE-JUNK (1990) Ein Plädoyer für das Ursprungslandprinzip, in: Finanzwissenschaft im Dienste der Wirtschaftspolitik (hrg. v. BEA und KITTERER)/FS Pohmer, Tübingen, S. 253 ff. Aus Sicht des Verfassers bewirkt jedoch ein Durchlaufen *weiterer* Handelsstufen im Inland, dass letztendlich doch wieder die Besteuerung nach dem Bestimmungslandprinzip verwirklicht wird.

[59] Strenggenommen kann man bei den der Umsatzsteuer unterworfenen Waren nur im Bezug auf den nichtunternehmerischen Bereich oder die speziellen Verbrauchsteuern vom ULP sprechen. Diese Betrachtung wird diesem Beitrag zugrundegelegt, weil Direktimporte nur von Privatpersonen getätigt werden.

[60] Vgl. zu Zweifeln am Funktionieren des Datenaustausches etwa FALTHAUSER (1991) Der aktuelle Stand der Harmonisierung der MwSt in der EG, in: Steuer und Wirtschaft 68,

Interessanterweise stammt ein – nach Auffassung des Verfassers weiterführender – Vorschlag für ein endgültiges institutionelles Regime aus dem finanzwissenschaftlichen Schrifttum. KEEN/SMITH (1996)[61] schlugen ein als VIVAT (Viable Integrated Value Added Tax) bezeichnetes System zur endgültigen indirekten Besteuerung im Binnenmarkt vor. Nach diesem Vorschlag sollte für alle innereuropäischen gewerblichen Leistungen ein gemeinschaftsweit einheitlicher Steuersatz erhoben werden, unabhängig davon, ob es sich um eine inländische oder innergemeinschaftliche Transaktion handelt. Für Ausfuhrlieferungen sollte unverändert eine Steuerbefreiung gelten. Die einheitliche Besteuerung im gewerblichen Bereich sollte ergänzt werden durch eine Einzelhandelsteuer, deren Steuersatz von den Mitgliedsstaaten zunächst in unterschiedlicher Höhe zu bestimmen sei[62]. Die im Übergangssystem geltenden „Use-Tax-Sonderregeln" sollen prinzipiell bestehen bleiben. Allerdings ist es auch bei diesem Alternativvorschlag erforderlich, zum Verteilen des Steueraufkommens die Warenströme durch Meldungen bzw. makroökonomische Statistiken zu erfassen.

Dieser für die aktuelle finanzpolitische Debatte nicht unbedeutende Vorschlag für ein endgültiges Besteuerungsregime kann nicht zuletzt als ein weiterer Beleg für die im einleitenden Kapitel aufgestellte These der wechselseitigen Befruchtung von Theorie und Praxis auf dem Gebiet der Steuerharmonisierung angeführt werden.

Ähnliche zweistufige Regelungen (Harmonisierung auf Bundesebene und individuelle Ergänzung auf Landesebene) werden seit Mitte der Neunziger Jahre des letzten Jahrhunderts in Kanada, nicht ohne praktischen Erfolg, verwirklicht[63].

S. 324 ff, S. 331, MEYDING (1991) Umsatzbesteuerung im Europäischen Binnenmarkt, Baden-Baden, S. 171.

[61] KEEN/SMITH (1996) The Future of Value Added Taxation in the European Union, in: European Policy 23, S. 375 ff, vgl. auch STEHN (1999) Perspektiven für die Umsatzbesteuerung, in: Wirtschaftsdienst 79, S. 243 ff und RATZINGER (1999) Perspektiven für die Umsatzbesteuerung – eine Erwiderung, in: Wirtschaftsdienst 79, S. 238 ff.

[62] RATZINGER (1998), aaO, S. 51 f., charakterisiert die VIVAT als ULP mit Vorsteuerabzug (= GP in der hier verwendeten Terminologie) und völliger Satzharmonisierung. Ratzinger wendet gegen dieses Prinzip kritisch ein, dass zwar eine vereinheitlichte Behandlung grenzüberschreitender Vorgänge mit der Verwirklichung des VIVAT verbunden sei, allerdings auf einem höheren Niveau des Verwaltungshandeln. Darüber hinaus würden vom VIVAT keine Impulse für eine binnenmarktkonforme Besteuerung ausgehen, vgl. RATZINGER (1997), aaO, S. 471.

[63] Vgl. hierzu auch die Ausführungen zur ähnlich gelagerten Debatte in Kanada; dort wurde eine zwischen den Bundesstaaten harmonisierte Umsatzsteuer (Harmonized Sale Tax, HST) eingeführt unter zusätzlich möglichen Bundesstaatensteuern: BOSVERT/THIRSK (1994) Border Taxes, Cross-Border Shopping, and the Differential Incidence of the GST, in: Canadian Tax Journal 42, S. 1276 ff und auch GENDRON/MINTZ/WILSON (1996) VAT Harmonization in Canada: Recent Developements and the Need for Flexibility, in: International VAT Monitor 7, S. 332 ff und BIRD/GENDRON (1998) Dual VATs and Cross-Border Trade: Two Problems, One Solution? in: International Tax and Public Finance 5, S. 429 ff.

Für den hier untersuchten Gegenstand der Steuerarbitrage ist die Frage der Verlagerung bzw. des Aufhebens der Steuergrenzen jedoch unerheblich, weil diese Frage ausschließlich den unternehmerischen Binnenhandel und die nationalen Fisci als Steuerempfänger betrifft. Hier zählen allein die - schon im Unterausschuß A im Jahre 1960erwähnten - steuerlich bedingten Direktimporte von Endverbrauchern.

3.2.4 EXKURS: Neue Entwicklung durch neue technische Möglichkeiten (Internet)

Durch die Entwicklung der Medien und speziell des Internets ist in einem kurzen Zeitabschnitt eine neue Möglichkeit für Direktimporte entstanden, auf die in dieser Untersuchung am Rande hinzuweisen ist[64].

Die steuerliche Abwicklung grenzüberschreitender Warenströme ist kein besonderes Problem, wenn körperliche Waren (visible Goods) bestellt werden. Die steuerliche Behandlung entspricht der Besteuerung von Geschäftsvorfällen im Versandhandel. Denn eine per e-mail aufgegebene Bestellung an z.B. einen Versender in den USA unterscheidet sich nicht von einer Bestellung per Postkarte.

Anders zu beurteilen sind jedoch sonstige Leistungen, wenn z.B. ein inländischer Nutzer aus einer ausländischen Datenbank Leistungen gegen Entgelt bezieht. Technisch erfolgt eine Entnahme der Leistungen aus dem Server des Anbieters (Providers). Ort der sonstigen Leistung ist der Ort, wo die Leistung erbracht wird. Wenn ein inländischer Dienstleister z.B. in den USA eine virtuelle Steuer- oder Rechtsberatungskanzlei errichtet und von dort aus Leistungen an inländische Mandanten erbringt, sind diese Leistungen nach den bisherigen steuerlichen Grundsätzen nicht im Inland, sondern nur in den USA steuerbar. Da dort jedoch nur eine Einzelhandelssteuer existiert und Dienstleistungen nicht erfaßt werden, wäre die im Inland steuerbare Leistung somit nicht mehr von der Steuer erfaßt. Es wären in der Terminologie STRUNKS „weiße Flecken der Besteuerung" gegeben.

---

[64] AMMAN (1999) Einige Gedanken zum evolutionären Einfluß elektronischer Kommunikation auf die Besteuerungsrealität - Das Ende der Steuern auf Einkommen und Ertrag?, in: IStR 8, S. 449 ff mit weiteren Zitaten, MCLURE (1997) Electronic Commerce, States Sales Taxation, and Intergovernmental Fiscal Relations, in: National Tax Journal 50, S. xx, STRUNK (1997) Grenzüberschreitende Geschäftsaktivitäten durch das Internet als weißer Fleck der Besteuerung, in: Internationales Steuerrecht 6, S. 257 ff, BLEUEL/STEWEN (1998) Grundlegende Probleme der Besteuerung von Internet-Transaktionen, in: Wirtschaftsdienst 78, S. 1 ff, WALDENBERGER (1999) Electronic Commerce: Der Richtlinienvorschlag der EG-Kommission, in EuZW 10, S. 296 ff, PINKERNELL (1999) Ertrag- und umsatzsteuerliche Besonderheiten des grenzüberschreitenden Softwarevertriebs über das Internet, StuW 76, S. 281 ff.

Den neuen technischen Möglichkeiten entsprechend, finden sich Vorschläge, Transaktionen über das Internet grundsätzlich nicht zu besteuern bzw. elektronische Impulse als neue generelle (nationale bzw. internationale) Besteuerungsbasis heranzuziehen (BIT-Steuer)[65]. Von verschiedenen supranationalen Einrichtungen bzw. Behörden liegen Vorschläge für eine Umsatzbesteuerung vor[66].

Neu an dieser Steuerarbitragemöglichkeit ist, dass ein Cross-Border-Shopping zwischen Ländern möglich wird, die überhaupt keine gemeinsame Grenze haben! Daher kann sich ein Druck zur Steuerharmonisierung nicht nur bilateral zwischen unmittelbar benachbarten Mitgliedsländern ergeben, sondern auch multilateral zwischen allen Mitgliedsländern. Deferred-Payment-Scheme",

3.2.5 Abbau der Währungsgrenzen

Mit dem Maastricht-Gipfel wurde zum 1.1.1999 der EURO in den Mitgliedsländern der nunmehr Europäischen Union unumkehrbar eingeführt.

Mitte 1998 wurden elf Teilnehmerländer für den Beginn der ersten Stufe zum 1.1.1999 ausgewählt, die bestimmte institutionelle und politische Voraussetzungen erfüllt hatten.

Für die in den vorangegangenen Abschnitten dargestellte Debatte um ein endgültiges Besteuerungsprinzip für den grenzüberschreitenden Handel ist die Abschaffung der Währungsgrenzen insofern von nicht unerheblicher Bedeutung, als nach Einführung einer einheitlichen Währung (ob als Nominalgröße zum 1.1.1999 oder als Zahlungsmittel im ersten Halbjahr 2002, wäre noch zu diskutieren) die Transaktionskosten verringert und gleichzeitig die Transparenz für einen innergemeinschaftlichem Preisvergleich erhöht werden[67]. Einmal werden Unterschiede zwischen Preisen dies- und jenseits einer Binnengrenze offenkundiger, und zum anderen entfallen die Umtauschgebühren, die anfielen, solange das im Nachbarland gekaufte Gut in der Währung des Nachbarlandes bezahlt werden soll.

---

[65] NOWOTNY/SCHEER (1999), aaO, S. 401.

[66] OECD COMMITTEE ON FISCAL AFFAIRS (1998) Electronic Commerce: A Discussion Paper on Taxation Issues 17.9.1998; EU-Kommission (1998) Vorschlag für eine Richtlinie über bestimmte rechtliche Aspekte des elektronischen Geschäftsverkehrs im Binnenmarkt Dok. KOM (1998) 586 endg. vom 18.11.1998, Abl. EG C vom 5.2.1999, S. 4 ff; World Trade Organisation (1999) Electronic Commerce and International Taxation, The Hague/London/Boston.

[67] GENSER (1997) Auf der Suche nach einer föderativen Finanzverfassung für Europa, in: Zentrum und Peripherie - Zur Entwicklung der Arbeitsteilung in Europa (hrg. v. VOSGERAU), SchdVfSocPol NF Bd. 250, Berlin, S. 115, erwähnt explizit die Senkung der Transaktionskosten durch die Währungsunion.

Darüber hinaus ist zu beachten, dass die in der Vergangenheit gegebene Möglichkeit zur Abfederung von unterschiedlichen Fiskalpolitiken in den einzelnen Mitgliedsländern durch anpassungsfähige Wechselkurse in Zukunft zwischen den „Euroländern" nicht mehr gegeben ist[68].

Sinkende Transaktionskosten, eine höhere Preistransparenz und die nicht mehr gegebene Möglichkeit, Unterschiede im Belastungsniveau der allgemeinen Umsatzsteuer durch Anpassung der Währungsparitäten auszugleichen, dürften tendenziell zu höheren Direktimporten von Endverbrauchern führen.

3.3 Steuerarbitrage bei Umsatz- und Verbrauchsteuern im Europäischen Binnenmarkt im finanztheoretischer Kontext

Aus der Vielzahl der theoretischen Ansätze, die die europäische fiskalpolitische Integration begleitet haben, können hier nur die wesentlichen Erwähnung finden. Eine vollständige Wiedergabe kann im Rahmen dieser Arbeit nicht gegeben werden, alleine schon wegen der Breite der vorliegenden Literatur. MÜLLER weist darauf hin, dass die europäische „Harmonisierungsliteratur" kaum zu überblicken ist[69]. Mit der systematischen Darstellung der Harmonisierungsliteratur soll einmal die Relevanz der Steuerarbitrage für die Modelle dargestellt werden, in denen die Steuerarbitrage explizit berücksichtigt wird. Zum anderen soll kenntlich gemacht werden, in welchem Zusammenhang ein jeweils vorgetragenes Argument über die Relevanz der Steuerarbitrage für die Steuerharmonisierung steht.

Zunächst sollen die in der Harmonisierungsdebatte gängige Begriffsdefinition und die zur Debatte stehenden Besteuerungsprinzipien erläutert werden.

Das theoretische Schrifttum der Steuerharmonisierung hat in den 50er, 60er, 70er und 80er Jahren des letzten Jahrhunderts von der Steuerarbitrage an den Binnengrenzen wenig Kenntnis genommen. Das Problembewußtsein stellte sich nur schrittweise ein – so wie die Freizügigkeit im Reiseverkehr zu immer mehr Reisemitbringseln und Direktimporten von Privatreisenden führte.

Dies hat sich erst mit Diskussion um die Verwirklichung des Programmes „Binnenmarkt 1992" geändert. Nunmehr ist die Steuerarbitrage in den Mittelpunkt des Interesses gerückt. Die neueren theoretischen Ansätze modellieren seit der Einrichtung des Binnenmarktes die institutionellen Rahmenbedingungen des Mischsystems, d.h. das fortgeltende Bestimmungslandprinzip bei der unternehmerischen grenzüber-

---

[68] MÜLLER weist in diesem Zusammenhang darauf hin, dass in Zukunft weniger Instrumentvariablen (z. B. Faktorpreise) zur Anpassung vorhanden sind, vgl. MÜLLER (1998) Was ist „fairer" Steuerwettbewerb, und welche Regeln braucht er? in: Konjunkturpolitik 44 , S. 322,.

[69] Vgl. MÜLLER (1998), aaO, S. 321, Fn. 25.

schreitenden Handelstätigkeit und das durch die Freizügigkeit von Endverbrauchern verwirklichte Ursprungslandprinzip. In Folge der modellierten Freizügigkeit der Endverbraucher und der weiter fortbestehenden Steuersatzdifferenzen ergibt sich die explizite Formulierung der Steuerarbitrage als eigene Größe.

Dieses Wechselspiel zwischen gesellschaftlicher und institutioneller Entwicklung einerseits und finanzwissenschaftlichen Überlegungen andererseits kann als Beleg gelten für die eingangs angeführte These von der wechselseitigen Befruchtung von Finanztheorie und -politik gerade auf dem Gebiet der Steuerharmonisierung.

3.3.1 Überblick: Besteuerungsprinzipien im Internationalen Handel

Wie im einleitenden Kapitel über die institutionelle Entwicklung auf dem Feld der Steuerharmonisierung schon angesprochen, sind für indirekte Steuersysteme grundsätzlich das

- **Bestimmungslandprinzip (BLP) und das**
- **Ursprungslandprinzip (ULP)**

als Besteuerungsprinzip für den grenzüberschreitende Handel denkbar[70]. Diese Unterscheidung gilt für auf einer Transaktionsstufe erhobene indirekte Steuern. Auch für *mehrstufige Umsatzsteuersysteme* (z.B. die MwSt in der EU) sind grundsätzlich das BLP und das ULP denkbar, zusätzlich muss geregelt werden, wie beim grenzüberschreitenden innergemeinschaftlichen Handel die Belastung der Vorstufe des liefernden Landes auf den weiteren Transaktionsstufen des empfangenden Landes ausgestaltet sein soll. Denkbar sind neben der im internationalen Handel – und auch in der EU bis zum 1.1.1993 angewandten – Freistellung der Exporte z.B. ein innergemeinschaftlicher Vorsteuer- bzw. Vorumsatzabzug. Im Schrifttum wird deswegen bezüglich der Besteuerungsverfahren bei der Mehrwertsteuer bisweilen von

[70] Vgl. für einen Überblick ANDEL (1976), aaO, S. 75 ff, PEFFEKOVEN (1983) Probleme der internationalen Finanzordnung, in: Handbuch der Finanzwissenschaften, Bd. IV, 3. Aufl., Tübingen, S. 221 ff, MEYDING (1991), Umsatzbesteuerung im Europäischen Binnenmarkt, Baden-Baden, S. 27 ff, HAUFLER, A. (1993) Commodity Tax Harmonization in the European Community: a General Equilibrium Analysis of Tax Policy Options in the Internal Market, Heidelberg, S. 7 ff, KRAUSE-JUNK (1990) Ein Plädoyer für das Ursprungslandprinzip, in: Finanzwissenschaft im Dienste der Wirtschaftspolitik (hrg. v. BEA und KITTERER)/FS Pohmer, Tübingen, S. 262 ff, RATZINGER (1998) Die Bedeutung privater Direktimporte für die Güterbesteuerung in der Europäischen Union, ifo-Studien zur Finanzpolitik 65, München, S. 9 ff, STEHN (1999), aaO, S. 233 ff. Für das Gemeinschaftsprinzip ist charakterisierend, dass die sich hiernach ergebende Steueraufkommensverteilung zwischen den Mitgliedsländern als binnenmarktadäquat akzeptiert und nicht durch ein Clearing wieder – z.B. zum status quo des BLP – korrigiert wird, vgl. RATZINGER (1997) Perspektiven für die Umsatzbesteuerung in der Europäischen Union, in: Wirtschaftsdienst 77, S. 465.

zusätzlichen „Besteuerungsprinzipien“ gesprochen[71]. Tatsächlich handelt es sich jedoch nur um spezielle Erhebungstechniken, die für die mehrstufig zu erhebende Umsatzsteuer die beiden Grundprinzipien ULP und BLP verwirklichen helfen sollen.

- **Gemeinschaftsprinzip (GP):**

Das GP weitet den inländischen Vorsteuerabzug auf die internationale Transaktion aus[72]. Der Export wird wie ein inländischer Verkauf besteuert. Der Importeur kann die an den Lieferanten gezahlte Vorsteuer von seiner Umsatzsteuerschuld abziehen. Die Steuerbelastung setzt sich nun aus der Steuer auf den Umsatz der Exportstufe und der inländischen Steuer auf den zusätzlichen Umsatz (die Wertschöpfung) zusammen. Da auf den ersten Blick die Steuer *des* Landes getragen wird, aus dem das Gut stammt (anteilig je nachdem, wie sich die Wertschöpfung auf die Produktions- und Handelsstufen verteilt), kann das GP als eine Ausprägung des ULP bezeichnet werden[73].

- **Deferred-Payment System (DPS):**

Beim DPS wird ein Zahlungsaufschub in dem Sinne gewährt, dass der Grenzausgleich nicht an der Grenze, sondern „in den Büchern“ der beteiligten Unternehmen erfolgt. Der bei einer rein inländischen Transaktion bei einer mehrstufigen Steuer erfolgende Vorsteuerabzug erfährt beim grenzüberschreitenden Handel folgende Behandlung:

> Der Export von Waren wird beim DPS – wie auch beim BLP – steuerfrei gestellt. Verkauft der Importeur die Ware im Einfuhrland weiter, fällt die Umsatzsteuer des Landes, in dem der zweite Einkauf getätigt wurde, auf den gesamten Warenwert an. Der Importeur kann nicht die Vorsteuer, die er bei einem inländischen Kauf seinem Lieferanten gezahlt hätte, von seiner Umsatzsteuerschuld abziehen. Im Ergebnis ergibt sich beim DPS eine gleiche Umsatzsteuerbelastung für den Konsumenten und eine gleiche Steueraufkommensverteilung für den inländischen und ausländischen Fiskus wie im Fall des BLP.

Traditionell und nach den Bestimmungen des GATTs wird international den jeweiligen Staaten die Hoheit zugestanden, den heimischen inländischen Konsum mittels

---

[71] Vgl. etwa KRAUSE-JUNK (1992) Die europäische Mehrwertsteuer und das Ursprungslandprinzip, in Finanzarchiv 49, S. 141 ff, HOMBURG (1997), aaO, S. 305.

[72] Wenn der grenzüberschreitende Vorsteuerabzug ergänzt wird um eine einheitliche Definition der Grundlagen der Besteuerung und um einheitliche Sätze (und wenn ggfs. die Steuer zunächst an die supranationale Ebene fließen würde), wäre in letzter Konsequenz sogar eine europäische Einheitssteuer (Euro-VAT) denkbar.

[73] Es wird hier nicht weiter untersucht, wie sich die Höhe der Belastung verändert, wenn die Ware eine weitere Transaktionsstufe im Inland durchläuft. Es sei nur angemerkt, dass die sog. Nachholwirkung der mehrstufigen Umsatzsteuer mit Vorsteuerabzug die Belastungshöhe der ersten Importstufe verändert. Vgl. BIEHL (1969) Ausfuhrland-Prinzip, Einfuhrland-Prinzip, Gemeinsamer-Markt-Prinzip, Köln et.al., S. 150 ff sowie aus neuester Zeit KRAUSE-JUNK (1991) aaO, S. 25 .

indirekter Steuern zu besteuern. Um Verzerrungen durch Doppel- oder Nicht- Besteuerung zu vermeiden, wird das Bestimmungslandprinzip angewandt[74].

- **Außenhandel mit dem Rest der Welt:**

Bisher wurde neben dem inländischen Leistungsaustausch der innergemeinschaftliche Handel betrachtet. Wenn zusätzlich der Leistungsaustausch zur restlichen Welt in Betracht gezogen wird, ergeben sich weitere Prinzipien aus der Kombination der nach den Bestimmungen des GATTs außerhalb der Europäischen Union angewandten BLP und den innerhalb der EU und für den Außenhandel zwischen der EU und dem Rest der Welt vorgesehenen Ausgleichsprinzip:

- ROP (Restricted Origin Prinzip): Innerhalb der EU wird das ULP angewandt. Zum Rest der Welt gilt das BLP. Für den Grenzausgleich wird der individuelle Steuersatz des Import- bzw. Exportlandes verwandt. Dieses Prinzip hatte schon SHIBATA (1967) vorgeschlagen[75].
- NROP (Non-Reciprocal Restricted Origin Prinzip): Innerhalb der EU gilt das ULP, zum Rest der Welt wird das BLP angewandt, dieses Prinzip ist von LOCKWOOD/DEMEZA/MYLES (1994a) in die Debatte eingebracht worden[76].
- UROP (Unified Restricted Origin Prinzip): Innerhalb der EU wird das ULP angewandt. Zum Rest der Welt gilt das BLP. Für den Grenzausgleich wird ein einheitlicher Steuersatz verwandt. Dieses Prinzip, das ursprünglich ebenfalls schon bei SHIBATA (1967) erörtert wurde, wird bei GENSER (1996), (1997) und (1998) neu in die Debatte eingebracht[77].

- **Besteuerungsprinzipien im Europäischen Binnenmarkt ohne Grenzkontrollen:**

HAUFLER spricht in seinen theoretischen Beiträgen auf der einen Seite von „Generellen Besteuerungsprinzipien“ (ULP und BLP bis zum 31.12.1992) und auf der anderen Seite von „nicht generell durchführbaren Besteuerungsprinzipien“ (Restricted

---

[74] Vgl. Art. III GATT (Einfuhrgrenzen für die Einfuhrumsatzsteuer) und Art. XVI und Anhang 1 zu Art. XVI GATT (Verbot, Ausfuhren zu subventionieren). Diese Vorgaben sind durch Gesetz vom 10.8.1951 in bundesdeutsches Gesetz umgesetzt worden (BGBl. II, S. 173). Vgl. zu den damaligen ökonomischen Rahmenbedingungen MUSGRAVE (1961) Fiscal Systems, New Haven/London, S. 276. ANDEL weist im übrigen darauf hin, dass es sich bei den Vorschriften des GATT um ein „fakultatives Bestimmungslandprinzip“ in dem Sinne handelt, dass nur Obergrenzen für den Grenzausgleich vorgeschrieben werden. Eine Verpflichtung zum Grenzausgleich ist nicht kodifiziert. Vgl. ANDEL (1998) Finanzwissenschaft, 4. Aufl., Tübingen, S. 539.

[75] Vgl. SHIBATA (1967), aaO, S. 145 - 264.

[76] LOCKWOOD/DEMEZA/MYLES (1994b) The Equivalence Between Destination and Non-Reciprocal Restrictes Origin Tax Regimes, in: Scandinavian Journal of Economics 96, S. 311 ff.

[77] Vgl. GENSER (1996) A Generalized Equivalence Property of Mixed International Tax Regimes, in: Scandinavian Journal of Economics 98 (2), S. 253 ff, DERS. (1997) Auf der Suche nach einer föderativen Finanzverfassung für Europa, in: Zentrum und Peripherie – Zur Entwicklung der Arbeitsteilung in Europa (hrg. v. VOSGERAU), SchdVfSocPol NF Bd. 250, Berlin, S. 101 ff, DERS. (1998), Patterns of Tax Arbitrage and Decentralized Tax Autonomy, in: Topics in Public Economics, Cambridge (hrg. v. PINES/SADKA/ZILCHA), S. 262 ff, S. 262 ff.

Destination Principle bzw. Restricted Origin Principle) ab dem 1.1.1993, da die Direktimporte der Endverbraucher für jedes Besteuerungsprinzip zu einer partiellen Durchbrechung führen[78]. Im finanzwissenschaftlichen Schrifttum wird diese Begriffsbildung HAUFLERS nicht generell übernommen. Parallel wird der Begriff des „Mischprinzips" für das Besteuerungsprinzip im Binnenmarkt ab dem 1.1.1993 ohne Grenzkontrollen verwendet.

3.3.2 Überblick: Theoretische Beiträge zur Steuerharmonisierung

Durch die beginnende Europäische Integration wurde eine theoretische Debatte angestoßen, ob *innergemeinschaftlich* das international gültige Bestimmungslandprinzip noch zeitgemäß sei. Ein zeitlich erster Diskussionshöhepunkt der theoretischen Steuerharmonisierungsdebatte ist in den 60er und frühen 70er Jahren des letzten Jahrhunderts[79] festzustellen.

Ende der 80er und verstärkt in den 90er Jahren ergibt sich der zweite Höhepunkt in der theoretischen Debatte: Angestoßen durch die Fortentwicklung der institutionellen Einigung (Weißbuch der EG-KOMMISSION, Programm „Binnenmarkt 1992"), haben verschiedene finanzwissenschaftlichen Autoren die in den 60er und 70er Jahren begonnene Diskussion wieder aufgegriffen und mit Vorschlägen für ein endgültiges System der allgemeinen Umsatzbesteuerung im Binnenmarkt um eine weitere zu klärende Fragestellung erweitert. In diesen jüngsten Beiträgen finden sich regelmäßig Modellüberlegungen, in denen die Direktimporte mehr oder weniger explizit behandelt werden.

Spezielle Verbrauchsteuern standen dagegen nur im Ausnahmefall im Vordergrund der Betrachtungen. Dies ist erstaunlich, da sich in der empirischen Wirklichkeit das Aufkommen aus den speziellen Verbrauchsteuern als gewichtig dargestellt hat und die Unterschiede in den Steuersätzen größer sind als zwischen den Umsatzsteuersätzen[80].

Entsprechend gliedert sich der folgende Überblick in zwei Teile: Kapitel 3.3.2.1. „Ältere theoretische Beiträge zur Steuerharmonisierung" und Kapitel 3.3.2.2 „Neuere theoretische Beiträge zur Steuerharmonisierung".

---

[78] Vgl. HAUFLER (1993), aaO, S. 21 ff.

[79] Naturgemäß haben grundsätzliche und tiefschürfende Arbeiten einen etwas längeren Produktionsprozeß, vgl. etwa die Habilitationsschrift von PEFFEKOVEN aus dem Jahre 1975.

[80] Vgl. die Übersichtstabellen in Teil 3 dieser Arbeit, Kapitel 2.1 „Steuersätze".

3.3.2.1 Ältere theoretische Beiträge zur Steuerharmonisierung

In der älteren theoretischen Steuerharmonisierungsliteratur ist über den Begriff und Ansatz der Steuerharmonisierung sowie über Neutralitätseigenschaften verschiedener Systeme diskutiert worden.

3.3.2.1.1 Begriffsbildung und Harmonisierungskonzepte

Nachdem das NEUMARK-Komitee für die EWG die Harmonisierung der Steuern vorgeschlagen hatte[81], befasste sich eine internationale Forschergruppe in der von SHOUP herausgegebene Studie „Fiscal Harmonization in Common Markets" aus einem grundsätzlichen Blickwinkel mit dem Problem der Steuerharmonisierung. Der einleitende Aufsatz DOSSERS hat die Begriffsbildung „fiskalische Harmonisierung" zum Thema[82]: Auf der einen Seite leitet er verschieden weit gehende Harmonisierungskonzepte aus (normativer) ökonomischer Sichtweise ab; er spricht erstens vom „Equalization"[83] und zweitens vom „Differentials Approach"[84], je nachdem ob eine

---

[81] Vgl. Kapitel 3.2.2 „Wettbewerbsneutrales Steuersystem" oben.

[82] Vgl. DOSSER (1967) Economic Analysis of Tax Harmonization, in: SHOUP (1967) Fiscal Harmonization, aaO, Bd. 1, S. 32 f.

[83] Wörtlich genommen meint „Equalization" i.e.S. die Harmonisierung hin zu einem einheitlichem Steuersystem. I.w.S. können auch gleiche effektive Belastungswirkungen oder unter Einschluß der Ausgabenseite gleiche Nettobelastungen gemeint sein. Dieser Ansatz fordert allokative Neutralität („'competition on equal terms' must imply all producers facing the same tax schedule") und entspricht einer weitgehenden Integration: „It is in favor of those who see economic union merely as a preliminary to much more important political union. For equalized tax rates are part and parcel of the apparatus of a unitary state" (Zitate aaO, S. 31).
Aus dem Kriterium der allokativen Neutralität folgert DOSSER in seiner Analyse der Steuerunion, dass für die beiden im Gemeinsamen Markt der EWG diskutierten Prinzipien - Ursprungsland versus Bestimmungsland - die Änderung der Handelsströme innerhalb der Steuerunion und gegenüber Drittländern und die Verschiebung des Steueraufkommen betrachtet werden müssen. Auf die Darstellung der Übertragung der Instrumente und Untersuchungsmethoden der Zollunionstheorie (Trade Creation, Trade Diversion) auf die Bildung von Steuerunionen wird hier verzichtet. Zudem ist die DOSSER-Analyse sehr eng, da die Annahmen an die Handelsströme im 3-Länder-Modell (volle Spezialisierung der Produktion) einstufige Produktionsteuern zu Quasi-Zöllen werden lässt (vgl. aaO, S. 41 ff).

[84] Der „Differentials-Approach" billigt der Steuerpolitik der Mitgliedsländer damit gegenüber der Vereinheitlichung eine eigenständige Rolle zu. Neben dem Effizienzkriterium werden Gleichheits-, Wachstums- und Stabilitätsziele berücksichtigt. Die verschiedenen Ziele der drei Abteilungen des öffentlichen Sektors werden in einer Wohlfahrtsfunktion bewertet. Die Frage lautet nicht mehr „Do equalized taxes increase welfare?", sondern „What set of differentials optimize welfare?" Zur Beantwortung schlägt DOSSER eine Matrix über die an der Steuerunion beteiligten und nicht beteiligten Länder (Spalten) und Kriterien (Zeilen) vor, die nach quantitativer Analyse mit "plus" und "minus" zu füllen und nach einer bestimmten Gewichtung zu aggregieren seien, um für die höchste Entscheidungsebene ein Ergebnis für die Steuerharmonisierungsfrage abzuleiten (aaO, S. 34).
Die Ergebnisse des Vergleichs Ursprungslandprinzip versus Bestimmungslandprinzip gelten nur noch abgeschwächt, weil bei einer teilweisen Annäherung der Steuersätze es nicht

Punktharmonisierung auf einen einzigen Wert für die gesamte Gemeinschaft oder eine Bandbreitenharmonisierung, also eine Verminderung der Steuersatzunterschiede auf eine vorgegeben Bandbreite, angestrebt wird. Aus positivtheoretischer Sicht ordnet er drittens die meist in der Politik vorherrschende Harmonisierung ein, die deduktiv aus übergeordneten Zielsetzungen oder Verträgen bestimmte Harmonisierungsstandards ableitet; für diese dritte Kategorie prägt er den Begriff der „Standardization“[85].

Die Steuerharmonisierung ist kein Ziel an sich – so wird schon im älteren Schrifttum festgestellt –, sondern eine Instrumentvariable, die die Verwirklichung der Ziele des EWG-Vertrages über den Aufbau einer Wirtschaft- und Währungsunion mit Gemeinsamen bzw. Binnenmarkt gewährleisten soll[86].

Um den jeweiligen Inhalt des Begriffs „Harmonisierung der Steuern“ in der Europäischen Gemeinschaft zu bestimmen, muss der Stand der Integration beachtet werden, da auf der jeweils erreichten Harmonisierungsstufe der Begriff „Harmonisierung“ mit einem unterschiedlichen Inhalt gefüllt ist.

3.3.2.1.2 Analyse der allokativen Effekte der Besteuerungssysteme für die grenzüberschreitenden Warenströme

Ansätze in der Tradition der MEADE-Außenhandelsmodelle[87] schätzten ein Umsatzsteuersystem als allokativ neutral ein, wenn die relativen Preise zwischen im Austausch befindlichen Ländern weder im Produktions- noch im Konsumbereich verzerrt werden. Vertreter dieser Ansätze sind[88]: unter besonderer Berücksichtigung der

---

immer zu Umkehrungen der Handelsströme kommen muss. Die Effekte bzgl. des Steueraufkommens sind analog zum Equalization Approach.

[85] Es werden einzelne „ideale“ Gleichheits- und Effizienzvorgaben getroffen. Der Standardization Approach werde von der Politik in praxi angewandt. Auch in der Literatur herrsche er vor: Beispielsweise ordnet DOSSER einen breiten Strom derjenigen Literatur unter dieses Konzept ein, der von den Zielen des EWG-Vertrages ausgeht und versucht, dementsprechende Konzepte zu entwickeln (S. 39). Der ökonomischen Analyse komme dagegen eine „less agnostic role“ zu.

[86] Vgl. NEUMARK-Komitee (1962), aaO, S. 7, S. 13 ff; oder die Handbuchartikel ALBERS', (1965) Steuer- und Finanzprobleme in einem Gemeinsamen Markt, in: Handbuch der Finanzwissenschaft, 2. Aufl., 4. Bd., Tübingen, S. 349 ff, und PEFFEKOVENS (1983) Probleme der internationalen Finanzordnung, in: Handbuch der Finanzwissenschaften, Bd. IV, 3. Aufl., Tübingen, S. 220 ff.

[87] Diese Modelle waren auf die damals üblichen fiskalischen Instrumente im Außenhandel, nämlich die Zölle, bezogen. Vgl. MEADE (1955a) The Theory of International Economic Policy, Vol. II: Trade and Welfare, London/New York/Toronto und DERS. (1955b) The Theory of International Economic Policy, Vol. II: Trade and Welfare – Mathematical Supplement, London/New York/Toronto.

[88] Diese Aufzählung erfaßt nur die wesentlichen Arbeiten. Ein vollständiger Überblick über sämtliche Arbeiten zu dieser Fragestellung würde den Rahmen dieser Arbeit sprengen. Auch ist die Einteilung nach den untersuchten Themen nicht immer eindeutig vorzuneh-

Staatsausgabenseite MUSGRAVE/RICHMAN (1964), ANDEL (1965), MEYER (1967); unter Betonung speziell der Mobilität der Produktionsfaktoren SCHULTE (1961)/(1963), MÖLLER (1968), SIEVERT (1963) und unter dem Einfluß von Einkommenstransfers ALBERS (1965), SHOUP (1966) und BIEHL (1969).

Neben dem Kriterium der unverzerrten relativen Preise auf den Weltmärkten wurde die Zahlungsbilanz als Maßstab für ein neutrales Umsatzsteuersystem vorgeschlagen worden: Ein internationales Besteuerungsprinzip ist danach dann allokativ neutral, wenn die Belastung bzw. Entlastung von Exporten und Importen im Grenzausgleich das mengen-/(wert)mäßige Gerüst der Zahlungsbilanz unverzerrt lässt. SHIBATA (1967) deckte die möglichen Arbitrageströme auf, die sich ergeben würden, wenn innerhalb des Gemeinsamen Marktes der EWG das ULP und zum Rest der Welt weiterhin das BLP gälte. GIERSCH (1962) und PEFFEKOVEN (1975) betrachteten die effektive Überwälzung einer indirekten Steuer im Zusammenhang mit dem Grenzausgleich des BLP. Wenn die Steuer nicht voll auf den dem Grenzübertritt vorangehenden Stufen überwälzt worden ist, bedeutete eine Exporterstattung in Höhe der nominellen Steuerlast eine indirekte Subvention der Unternehmen des Ausfuhrlandes. Von ihrem Standpunkt aus sollte ein internationales Besteuerungsprinzip eine Neutralität in dem Sinne erreichen, dass die Handelsbilanz der beteiligten Länder nicht verändert wird[89]: Steuererstattungen dürfen also nur in Höhe der ökonomischen Inzidenz gewährt werden.

Zu Beginn der 70er Jahre des letzten Jahrhunderts wurde der Ansatz der Second-Best-Theorie auch auf die Besteuerung von Gütern im Außenhandel übertragen. Nach der „Optimal-Taxation-Theorie" wurde für das Gebiet der indirekten Besteuerung eine explizite Wohlfahrtsfunktion aufgestellt, die Interdependenzbeziehungen zu Komplementär- und Substitutionsmärkten sowie der Arbeits-Freizeit-Entscheidung abbildet. Die Optimierung der Wohlfahrtsfunktion ergab ein gering verzerrendes Umsatzsteuersystem unter Berücksichtigung der betrachteten Komplementaritäts- und Substitutionsbeziehungen. Hier können die Arbeiten von BOADWAY/MAITAL/PRACHOWNY (1973), DASGUPTA/STIGLITZ (1974) und DIXIT (1985) angeführt werden, die – mit dem bei dieser Theorieschule verbundenen formalen

---

men, da die Autoren neben dem Argumentationsschwerpunkt oft auch Nebenaspekte betrachten. Die hier vorgenommene Einteilung erfolgt nach dem Schwerpunkt der Argumentation. BIEHL (1969) behandelt z.B. neben den Einkommenstransfers, die den originären Beitrag seiner Dissertation darstellen, auch Faktorwanderungen.

[89] In diesem Zusammenhang kann auf eine die Besteuerung transatlantischer Außenhandelsströme betreffende Literaturdebatte hingewiesen werden: LINDHOLM, LEONTIADES versus MCLURE und MUSGRAVE: LINDHOLM (1966) National Tax System and International Balance of Payments, in: National Tax Journal 19, S. 163 ff; LEONTIADES (1966) The Logic of Border Taxes, in: National Tax Journal 19, S. 173 ff, insbes. S. 176; MCLURE (1968) Taxes and the Balance of Payments: Another Alternative Analysis, in: National Tax Journal 21, S. 57 ff; MUSGRAVE/RICHMAN (1964) Allocation Aspects, Domestic and International, in: The Role of Direct and Indirect Taxes in the Federal Revenue System, NBER/Brookings, Princeton, S. 130.

Aufwand - im Optimalsteuermodell zusätzlich internationale Handelsbeziehungen berücksichtigt haben[90].

Bei der Außenhandelsmodellierung ist es üblich, zwischen kleinen und großen Ländern zu unterscheiden. Denn letztere können unter dem Regime des ULP durch Veränderung der relativen Preise im Außenhandel (dies sind die Terms of Trade) Teile der inländischen Steuerlast auf Ausländer abwälzen. Dies gelingt etwa bei einer gegebenen Monopolstellung.

Wie die Standardergebnisse der Optimal-Taxation-Betrachtung im hier anstehenden Zusammenhang der Analyse der Besteuerungswirkungen bei im Außenhandel stehenden Ländern lauten, sei am folgenden Beispiel dargestellt:

ROSE (1987)[91] analysierte mit Instrumenten der Optimal-Taxation-Theorie speziell die Kommissionsvorschläge des Weißbuchs (1985). Er verglich zwei grundsätzliche Optimierungen, einmal die autonome Wohlfahrtsmaximierung der einzelnen Mitgliedsstaaten und zum anderen die gemeinsame Maximierung der Gesamtwohlfahrt der Europäischen Gemeinschaft. Bei der autonomen Wohlfahrtsmaximierung ergab sich aus der theoretischen Modellanalyse eine Möglichkeit zur Diskriminierung innerhalb der Bestimmungslandprinzipes. Es werden nämlich Importüberschußgüter mit einem höheren Steuersatz belegt, wodurch der Excess-Burden den Produzenten aus dem Ausland auferlegt wird. Da bei der autonomen Maximierung die Effekte einer inländischen Steuerpolitik auf das Ausland nicht betrachtet werden, ergibt sich notwendigerweise ein nicht optimales Ergebnis für die Gesamtheit aller Länder. Dieser Excess-Burden verschwindet bei der Maximierung der Gemeinsamen Wohlfahrtsfunktion[92]

Die ermittelten optimalen Besteuerungsregeln lassen sich jedoch nur dann anwenden, wenn bezüglich der Steuerbasis trennscharf zwischen in- und ausländischer Nachfrage unterschieden werden kann. Ist dies nicht der Fall, werden von höheren Steuern sowohl In- als auch Ausländer betroffen. Werden Inländer belastet und hat der inländische Fiskus die Möglichkeit, unelastische Basen im Inland zu besteuern, wird er diese den auch international gehandelten Basen vorziehen. Dabei kann der Fiskus auch noch - wenn bekannt - zwischen Gütern mit hohem und niedrigem Auslandskaufanteil diskriminieren.

---

[90] Vgl. BOADWAY/MAITAL/PRACHOWNY (1973) Optimal Tariffs, Optimal Taxes, and Public Goods, in: Journal of Public Economics 2, S. 391 ff; DASGUPTA/STIGLITZ (1974) Benefit-Cost-Analysis and Trade-Policies, in: Journal of Political Economics 82, S. 1 ff; DIXIT (1985) Tax Policy in Open Economies, in: Handbook of Public Economics (hrg. v. AUERBACH/FELDSTEIN), S. 313 ff.

[91] ROSE (1987) Optimal Taxation Perspektive on Tax Coordination, in: Tax Coordination in the European Community (hrg. v. CNOSSEN), Deventer et. al., S. 113 ff.

[92] Vgl. ROSE (1987), ebenda, S. 120 ff.

Für das Gebiet der speziellen Verbrauchsteuern findet sich eine Reihe von Modellentwürfen, die auf die Modellierung von FRIEDLAENDER/VANDENDORPE (1968) zurückgehen. Diese untersuchten die Wirkung von Verbrauchsteuern, die wie Zölle zur „Verbesserung" der internationalen relativen Preise (Terms-of-Trade) und damit zu weiteren Manipulation der Handelsbilanz eingesetzt werden[93]. Hier können Arbeiten von KAY/KEEN (1987), KEEN (1987)/(1989) und ABE/OKAMURA (1989)[94] genannt werden.

3.3.2.1.3 Harmonisierungsstrategie (Normative vs. Positiv-ökonomische Analyse)

Neben der allokativen Fragestellung, welche Wohlfahrtswirkung das Gelten des Mischprinzips nach sich zieht, ist für die Steuerharmonisierung im Europäischen Binnenmarkt ein weiteres Themengebiet von direktem Interesse.

In der Tradition der Theorie des Finanzföderalismus trafen zwei Sichtweisen aufeinander, welche Gestalt die fiskalische Aktivität in einer Staatengemeinschaft mit mehreren autonomen Regierungsebenen haben soll. Bezogen auf die Steuerharmonisierung im europäischen Binnenmarkt lässt sich diese Diskussion in die beiden Antipole „Ex-ante Harmonisierung" und „Ex-post Harmonisierung" einteilen[95].

- Die *Ex-ante Harmonisierung* steht für die Angleichung der Steuersätze, *bevor* die Binnengrenzen für private Direktimporte geöffnet werden.
- Die *Ex-post Harmonisierung* postuliert, dass sich die Höhe der Besteuerung als Ergebnis eines Steuerwettbewerbs finden lässt. Es sind zunächst die Grenzkontrollen abzuschaffen und die Wechselkurse freizugeben, um eine ungehinderte Steuerarbitrage anzustoßen. Als Folge der Steueraufkommensverluste beim Fiskus und der Umsatzverluste des Einzelhandels in den Hochsteuerländern, wird ein politischer Druck zu Steuersenkungen führen. *Nach* Öffnung der Grenzen und nach den erfolgten Anpassungen stelle diese Ex-Post Harmonisierung analog des Preiswettbewerbs in der Privatwirtschaft effiziente Steuersätze in der Europäischen Gemeinschaft ein.

---

[93] FRIEDLAENDER/VANDENDORPE (1968) Excise Taxes and the Gains from Trade, in: Journal of Political Economy 76, S. 1058 ff. Die Äquivalenz von Zöllen und indirekten Steuern ist schon in den Dreißiger Jahren gezeigt worden: LERNER (1936) The Symmetry Between Import and Export Taxes, in: Economica 11, S. 306 ff und WHITTLESY (1937) Excise Taxes as a Substitute for Tariffs, in: American Economic Review 27, S. 667 ff. Vgl. für eine Übersicht DIXIT (1985), aaO, S. 313 ff.

[94] Vgl. KAY/KEEN (1987) Alcohol and Tobacco Taxes: Criteria for Harmonization, in: Tax Coordination in the European Community (hrg. v. CNOSSEN), Deventer et. al., S. 113 ff, KEEN (1987) Welfare Effects of Commodity Tax Harmonization, in: Journal of Public Economics 33, S. 107 ff, DERS. (1989) Pareto-Imporving Indirect Tax Harmonisation, in: European Economic Review 33, S. 1 ff und ABE/OKAMURA (1989) The Welfare Effects of International, Tax Harmonization, The Economic Studies Quarterly o.Jg., S. 203 ff.

[95] Dieses Begriffspaar ist im übrigen nicht zu verwechseln mit der von FRATIANNIE/CHRISTIE (1981) geforderten *Prä-Harmonisierung* der Steuerstruktur.

Die erste Sichtweise lehnt eine Harmonisierung der Steuersätze in einem „Wettbewerb der Steuersätze" ab, weil die güter- und marktmäßigen Gegebenheiten eine ex-ante Harmonisierung der Besteuerung erfordern.

Der Diskussion im jüngeren Schrifttum über den einzuschlagenden Harmonisierungsweg ging eine etwas länger zurückliegende Debatte um das sog. *Tax-Assignment* in föderativen Staaten voraus[96]. Nordamerikanische Finanzwissenschaftler beschäftigten sich damit, wie die unterschiedliche Mobilität von Bemessungsgrundlagen (gedacht ist in erster Linie an die Mobilität des Kapitals sowie an Wohnsitzverlagerungen) auf Effizienz und Gerechtigkeit eines föderativen Steuersystems wirken[97]. Im Vordergrund der Erörterung standen meist nur eine oder wenige Steuerarten - und zwar meist eine Kapitalsteuer. Dann war schon allein durch die Auswahl der fiskalischen Instrumente determiniert, dass in einer dezentralen Steuerordnung auf Ebene der Provinzen die Kapitaleigner, wenn sie durch Kapitalexport auf die Kapitalbesteuerung reagieren, nicht belastet werden können und eine koordinierte Besteuerung auf gesamtstaatlicher Ebene vorzunehmen ist[98].

MUSGRAVE/MUSGRAVE (1989) übertrugen die Ergebnisse des Tax-Assignments auf die Steuerharmonisierungsstrategie im europäischen Binnenmarkt: Gemäß ihrem Ex-Ante-Ansatz sind zunächst die Steuersätze einander anzunähern, bevor die Grenzkontrollen fallengelassen werden können[99].

Die zweite Sichtweise der Ex-Post-Harmonisierung fand Anfang der 80er Jahre des letzten Jahrhunderts Eingang in die Steuerharmonisierungsliteratur[100]: Ein Artikel FRATIANNI/CHRISTIES (1981) zeigte erstmals die beiden verschiedenen Harmonisierungsstrategien auf. FRATIANNI/CHRISTIE analysieren die Harmonisierungschancen im Bereich der indirekten Steuern von einem positiven Ansatz aus, der die gegebenen Steuersysteme der Mitgliedstaaten als gewachsenen Kompromiß zwischen Zensiten und Regierungen auf nationaler Ebene interpretiert. Um einen in der Realität gangbaren Weg zur Steuerharmonisierung zu finden, müssen neben rein ökonomi-

---

[96] Vgl. als einen Vorläufer dieser Debatte den sehr originellen Beitrag von TIMM (1964) Finanzpolitische Autonomie untergeordneter Gebietskörperschaften und Standortverteilung - Ein Beitrag zur ökonomischen Beurteilung des Finanzausgleichs, in: Kommunale Finanzen und Finanzausgleich (hrg. v. TIMM/JECHT), SchdVfS NF 32, S. 9 ff.

[97] Für eine Übersicht über die Local Public Goods Literatur in diesem Zusammenhang vgl. MCLURE (1986) Tax Competition: Is What's Good for the Private Goose Also Good for the Public Gander?, in: National Tax Journal 52, S. 341 ff und WILSON (1999) Theories of Tax Competiton, in: National Tax Journal 39, S. 269 ff.

[98] Vgl. etwa MUSGRAVE (1982) Who Should Tax, Where, and What?, in: Tax Assignment in Federal Countries (hrg. v. MCLURE), Canberra,/London, S. 2 ff; SCOTT (1987) Tax Harmonization in the Comparison of Federal and other States, in: European Journal of Political Economy 3, S. 219 ff und MUSGRAVE/MUSGRAVE (1989) Fiscal Coordination and Competition in an International Setting, Paper Presented on the VIIIth Munich Symposium on International Taxation, Verein für Internationale Steuern und Finanzen, München, S. 7.

[99] Vgl. MUSGRAVE/MUSGRAVE (1989), aaO, S. 1 ff.

[100] Vorläufer in der Fiscal Federalism-Theorie sind BUCHANAN (1950) und TIEBOUT (1956).

schen Kriterien die Verhandlungs- und Einigungskosten berücksichtigt werden. FRATIANNI/CHRISTIE unterschieden grundsätzlich zwei verschiedene Harmonisierungsstrategien (S. 411):

- „The first strategy is that of harmonising indirect taxes item by item so that all such taxes have been brought into near equality with one another before fiscal frontiers are abolished.
- The second strategy is to abolish fiscal frontiers without prior harmonisation of indirect taxes, relying on exchange rate changes to offset indirect tax differences."

Eine Möglichkeit zum Ausgleich unterschiedlicher Belastungsniveaus der allgemeinen Umsatzsteuer bietet eine Anpassung des Wechselkurses. Voraussetzungen für diese gewünschte Wirkung des Wechselkurses sind eine gewisse – nicht mit den beiden Harmonisierungsstrategien (ex-post und ex-ante) zu verwechselnde – Prä-Harmonisierung des Steuersystems[101] und der Steuersätze[102]. Des weiteren ist die Prä-Harmonisierung hin zu einer angeglichenen Steuersatzstruktur (Zuordnung von Steuerbemessungsgrundlage und Steuersätzen) innerhalb jedes Mitgliedslandes[103] notwendig.

Unter Berücksichtigung der hohen Einigungskosten auf supra-nationaler Ebene und angesichts starker nationaler Interessengruppen versprachen sich FRATIANNI/

---

[101] FRATIANNI/CHRISTIE (1981), aaO, S. 413 ff. Sie gehören zu den wenigen Autoren, die den Unterschied zwischen Vorsteuer- und Vorumsatzabzug beachten und nur dann für einen Übergang zum Ursprungslandprinzip plädieren, wenn der von BIEHL (1969), aaO, vorgeschlagene kombinierte Vorsteuer-Vorumsatzabzug vorgesehen wird.

[102] Wenn die Steuersätze für z.B. Alkohol in Dänemark nicht auf ein durchschnittliches Niveau herabgesenkt wären, drohten „Windfall Gains" auf Seiten der deutschen Alkoholindustrie (S. 415).

[103] Der Wechselkurs kann nur gleiche proportionale Brutto-Preisdifferenzen ausgleichen, vgl. FRATIANNI/CHRISTIE (1981), aaO, S. 216: „In other words, since the exchange rate changes have the effect of raising or lowering tax-inklusive prices across the board, they could compensate for international differences in the mean of tax-inklusive prices but not for international differences in the distribution about the mean. Thus exchange rate changes could prevent there being impact effects on production and trade when fiscal frontiers were abolished only if the percentage difference between U.K. prices and German prices were the same in case of every tradeable commodity." Vgl. folgende Figures 1a+b.

FIGURE 1a

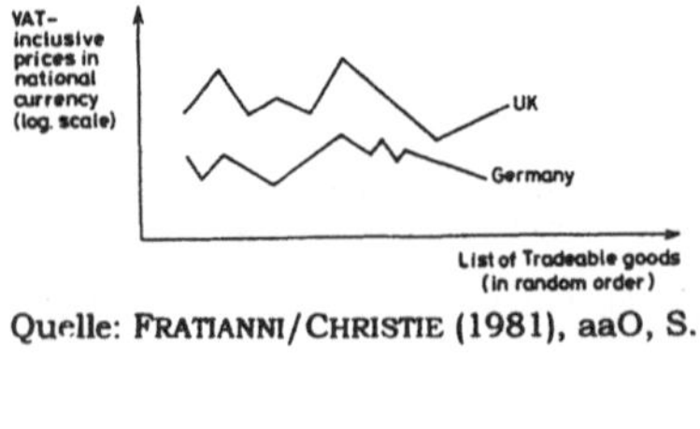

FIGURE 1.b

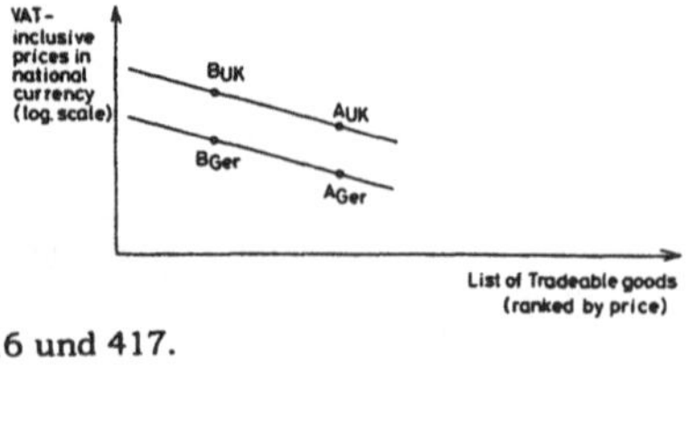

Quelle: FRATIANNI/CHRISTIE (1981), aaO, S. 416 und 417.

CHRISTIE für die Wechselkursanpassung eine höhere Realisierungschance als für einen mühsamen Kompromiß aller Beteiligter auf europäischer Ebene.

Vergleicht man die theoretischen Ansätze, die den Weg hin zu harmonisierten Steuersätzen im Europäischen Binnenmarkt modellieren, stellt sich heraus, dass die Autoren die Rolle des Staates in der öffentlichen Finanzwirtschaft unterschiedlich interpretieren: Entscheidend für den bezüglich der Steuerharmonisierung präferierten Weg ist die a-priori-Festlegung, ob der Staat sich wie ein wohlfahrtsoptimierender Staatslenker verhält oder als „Leviathan“ interpretiert wird, als das legendäre alles verschlingende Ungeheuer. Neben diesen beiden theoretisch denkbaren polaren Fällen ist in der Realität ein breites Band an gemischten Verhaltensweisen anzutreffen.

Aus der Sicht des Staates als Wohlfahrtsmaximierer (normative Sicht) kamen MUSGRAVE/ MUSGRAVE (1989) zu einer von FRATIANNI/CHISTIE abweichenden Wertung der möglichen Harmonisierungsstrategien. Sie stellten die Art der als Besteuerungsgrundlage dienenden Güter in den Vordergrund (z.B. ist international mobiles Kapital ohne internationale Koordination nur unzulänglich zu besteuern) und betonten, dass immer dann eine zentrale fiskalische Hoheit erforderlich sei, wenn aus der Charakteristik der von einer Gebietskörperschaft angebotenen Güter (wenn für ein Gut z.B. externe Effekte festzustellen sind) her ein Eingreifen des Staates wünschenswert sei. Gleiches gilt für distributive Ziele, die nur für das gesamte Staatsgebilde verfolgt werden können, und die keinen Steuerwettbewerb zulassen[104].

Modelle des Finanzföderalismus betonen dagegen eher die Vorteile der dezentral aufgebauten öffentlichen Finanzwirtschaft[105]: Aus positiver Sicht wird das Instrument des Wettbewerbs zwischen Staaten angelegt, um das Leviathan-Verhalten der Staaten zu begrenzen. Seit Beginn der 70er Jahre des letzten Jahrhunderts wird in der Neuen Politischen Ökonomie das auf das eigene Interesse gerichtete Verhalten

---

[104] Vgl. als Standardreferenz für den internationalen Zusammenhang MUSGRAVE (1969), aaO, S. 243 ff (Steuerkoordination) bzw. S. 292 ff (Ausgabenkoordination) und aus jüngster Zeit MUSGRAVE/MUSGRAVE (1989), aaO.

[105] In seiner Monographie (1969) „Fiscal Systems“ übertrug Richard MUSGRAVE im angelsächsischen Sprachraum als erster den Ansatz TIEBOUTS (1956) Pure Theory of Local Expenditures, in: Journal of Political Economy 64, S. 416 ff, auf die internationale Koordination: Wenn sich nämlich Bürger mit gleichen Präferenzen für öffentliche Güter in einzelnen Kommunen zusammenfinden, könnte ein solcher Wahlmechanismus als „substitute for the auction mechanism of the market“ dienen. Allerdings schränkte MUSGRAVE diesen Analogieschluß von lokalen öffentlichen Gütern und einem Wettbewerb unter diesen Kommunen auf nationale öffentliche Güter und einen interstaatlichen Wettbewerb ein: „These considerations, to be sure, are more important in the setting of local finance, where fiscal factors may carry substantial weight in the choice of suburbs, than at the national or international level, where other considerations will be more important.“
Gleichwohl gelte diese Einschränkung nur für die gegenwärtige soziale Mobilität:
„Nevertheless, with increasing mobility fiscal considerations may come to enter even at that level“. Alle Zitate bei MUSGRAVE (1969), aaO, S. 299.

von Bürokraten, Politikern und Regierungen betont[106]. Im nationalen Zusammenhang setzen die Bürger gegen dieses Verhalten das Übersiedeln in eine andere Kommune (oder Ausweichen in Schattenwirtschaft) oder politische Betätigung[107] oder das Auswandern in „Steueroasen" im internationalen Rahmen.

Von FREY (1989) stammt eine Synthese zwischen den normativen und positiven Ansätzen einer effizienten und gerechten internationalen Steuerordnung[108]: Teilt man auf der einen Achse Besteuerungsfälle nach der normativen Blickrichtung (Marktversagen: spillovers, externe Effekte, Umverteilung) und auf der anderen Achse die positive Blickrichtung (Staatsversagen: Leviathan, Bürokratie) auf, ergeben sich reine Anwendungsfälle für den Steuerwettbewerb (rechts unten) und für die Steuerharmonisierung (links oben). Im oberen rechten Feld ist keine Harmonisierung erforderlich, und im unteren linken Feld besteht ein nicht lösbarer Konflikt Steuerwettbewerb vs. Steuerharmonisierung:

		Ökonomische Externalitäten (Marktversagen)	
		Reine öffentliche Güter	Private Güter keine Umverteilung
Politische Externalitäten (Staatversagen)	wohlmeinende Regierung	Harmonisierung	keine Harmonisierung erforderlich
	Leviathan usw.	Konflikt Steuerwettbewerb vs. -harmonisierung	Steuerwettbewerb

Die von FREY vorgeschlagene Synthese der beiden Antipoden der Debatte um die Harmonisierungsstrategie für den Europäischen Binnenmarkt ist nach Auffassung des Verfassers nicht in allen Zuweisungen in die Felder der Matrix zwingend; sie zeigt jedoch, dass es sich grundsätzlich um zwei Seiten einer Medaille handelt.

In neueren Arbeiten wird – in gewissem Sinne als Zwischenform – zudem das Konzept des fairen Steuerwettbewerbs diskutiert[109].

[106] Für einen Überblick vgl. BRENNAN/BUCHANAN (1980) The Power to Tax: Analytical Foundations of a Fiscal Constitution, New York; MÜLLER (1998), aaO, S. 318 ff.

[107] Vgl. HIRSCHMAN (1970) Exit, Voice, Loyality, Cambridge (Mass.).

[108] FREY (1989) Intergovernmental Tax Competition, Paper presented at the VIIth Munich Symposium on International Taxes, July 3 (unveröff. Manuskript).

[109] Vgl. die Darstellung bei MÜLLER (1998), aaO, S. 322 f mit Verweisen auf WATRIN (1997) Europa der Einheit oder der Vielfalt? in: Umbruch und Wandel: Herausforderungen zur Jahrhundertwende (hrg. v. CLAUSSEN), (FS ZIMMERER), München et.al., SIEBERT/KOOP (1996) Institutional Competition, A Concept for Europe?, in: Außenwirtschaft 51, S. 439 ff. BEI EDWARDS/KEEN (1996) Tax Competition and Leviathan, in: European Economic Review 40, S. 113 ff findet sich eine theoretische Analyse der beiden polaren Sichtweisen. Die beiden Autoren versuchen eine Synthese der Sichtweisen, indem sie die einzelnen zugrundeliegenden Werturteile bezüglich der Rolle der Regierung modellieren. Je nachdem, wie stark

In dieser Arbeit erfolgt keine a-priori-Festlegung darauf, wie der Staat zu beurteilen ist. Interessant ist jedoch festzustellen, dass die Steuerarbitrage als „ökonomischer Hebel“ für beide Sichtweisen die entscheidende Rolle spielt.

3.3.2.2 Neuere theoretische Beiträge zur Steuerharmonisierung

Zeitlich den jüngst erschienenen theoretischen Aufsätzen im finanzwissenschaftlichen Schrifttum vorgelagert sind eher institutionell orientierte Verfasser, die Ende der 80er Jahre bzw. Anfang der 90er Jahre des letzten Jahrhunderts das optimale Besteuerungsprinzip für den Binnenmarkt erörtern. Nachdem Ende 1992, kurz vor dem Wegfall der Grenzkontrollen, die institutionellen Rahmenbedingungen des Binnenmarktes ab dem 1.1.1993 endgültig festgelegt worden waren, wurden die neugefassten Regelungen, die die weitgehende Freizügigkeit für die privaten Endverbraucher zum Direkteinkauf im niedriger besteuernden Mitgliedsland auf der einen Seite und das Fortgelten des Bestimmungslandprinzips für den unternehmerischen Außenhandel auf der anderen Seite festschrieben, modelltheoretisch abgebildet und diskutiert. Neben der Untersuchung der Wirkungen dieses „Mischsystems“ lässt sich eine Vielzahl von Übertragungen anderer Modelltechniken auf das Sujet der Steuerharmonisierung finden[110]. Am Ende dieses Abschnitts sollen die „Computable General Equilibrium Modelle“ oder „Angewandte Generelle Gleichgewichtsmodelle“ (AGGM), die sich komplex mit den Wirkungen der Steuerharmonisierung und der Verwirklichung des Binnenmarktprogrammes beschäftigen, dargestellt werden. Für die hier analysierte Steuerarbitrage ist zu fragen, welche Rolle die Steuerarbitrage für die jeweilige allokationstheoretische Bewertung der Kommissionsvorschläge bzw. des zwischenzeitlich gesetzlich fixierten Übergangssystems spielt.

Aus dem Literatursurvey ergibt sich zum einen, dass der Focus der meisten theoretischen Untersuchungen auf die Probleme der Harmonisierung der allgemeinen Umsatzsteuer gerichtet ist. Diese Focussierung ist erstaunlich angesichts der weiter unten im empirischen Überblickskapitel festzustellenden Zusammensetzung des Arbitragestromes: Es zeigt sich dort ein Schwerpunkt bei den mit speziellen Verbrauchsteuern belegten Gütern.

Es ist zum zweiten festzustellen, dass im jeweiligen Schlußwort nahezu jedes Literaturbeitrages empfohlen wird, weitere (empirische) Erkenntnisse über Höhe und

---

die auf der einen Seite wirkende Allokationseffizienz bewertet wird gegenüber der Tendenz der Politiker zum eigensüchtigen Verhalten, umso stärker ist die Steuerharmonisierung bzw. der Steuerwettbewerb wünschenswert (ebenda, S. 130 f).

Zusammensetzung sowie Bestimmungsgründe der Steuerarbitrage zusammenzutragen.

Schließlich sei darauf hingewiesen, dass hier kein eigenes Modell zu den bereits im Schrifttum vorhandenen Darstellungen hinzugefügt werden oder eine Empfehlung für den einen oder anderen der in der finanzpolitischen Debatte diskutierten kontroversen Vorschläge gegeben werden soll. Vielmehr soll hier ein Überblick zusammengetragen werden über die Relevanz der später empirisch untersuchten Steuerarbitrage.

3.3.2.2.1. Optimales Besteuerungsprinzip für den Binnenmarkt

Zunächst wurde - in Fortsetzung der älteren Literaturdebatte - gefragt, ob nicht anläßlich der Verwirklichung des Binnenmarktprogrammes der EG-Kommission endgültig zum „Ursprungslandprinzip“[111] übergegangen werden soll. Den Argumenten für einen solchen Übergang (der grenzüberschreitende Vorsteuerabzug entspräche dem Gemeinschaftsgedanken usw.)[112] wurden administrative Einwände gegenübergestellt[113]. Negativ sei dem Ursprungslandprinzip anzukreiden, dass bei Fortgelten unterschiedlicher Steuersätze ein Anreiz insbesondere für multinationale Unternehmen entstünde, die Wertschöpfung durch Manipulation der innerbetrieblichen Verrechnungspreise (Transferpreise) in Länder mit niedrigen Steuersätzen zu

---

[110] Wobei sich der Verfasser nicht in allen Fällen dem Eindruck entziehen kann, dass der eine oder andere Literaturbeitrag in erster Linie vom Versuch her motiviert ist, ein weiteres Anwendungsfeld für ein bestehendes Untersuchungsinstrument zu finden.

[111] Vgl. zu den Besteuerungsprinzipien die obigen Ausführungen im Kapitel 3.3.1 dieses Teiles „Überblick: Besteuerungsprinzipien im internationalen Handel“.

[112] Für den Übergang zum Ursprungslandprinzip sprechen sich u. a. aus: SIEBERT (1990) The Harmonization Issue in Europe: Prior Agreement or Competitive Process?, in: The Completion of the Internal Market (hrg. v. SIEBERT), Tübingen, S. 53 ff, KRAUSE-JUNK (1992), aaO, S. 141 ff, LOCKWOOD/DE MEZA/MYLES (1995) On the European Union VAT Proposals: The Superiority of Origin over Destination Taxation, in: Fiscal Studies 16, S. 1 ff. Die Autoren zeigen als Auswege bezüglich der Nachholwirkung der MwSt auf, dass ein fiktiver Grenzausgleich möglich sei. Hierbei wird statt des bei innergemeinschaftlichen Lieferungen tatsächlich gezahlten Vorsteuerbetrages gegenüber der nationalen Finanzverwaltung ein fiktiver Vorsteuerbetrag deklariert, der sich nach der Höhe des heimischen Steuersatzes richtet. So wird die Belastung des Importgutes demjenigen Gut angeglichen, das zur Gänze im Inland hergestellt und zum gleichen Bruttopreis erworben worden wäre.

[113] Vgl. etwa ANDEL (1986) Sollte man in der EG im Rahmen der Mehrwertsteuer zum Ursprungslandprinzip übergehen?, in: Finanzarchiv N.F. 44, S. 484 ff, CNOSSEN/SHOUP (1987) Coordination of Value Added Tax, in: Tax Coordination in the European Community hrg. v. CNOSSEN), Deventer, S. 59 ff, SINN (1990) Tax Harmonization and Tax Competition in Europe, in: European Economic Review 34, S. 497. GENSER (1996) A Generalized Equivalence Propoperty of Mixed International Tax Regimes, in: Scandinavian Journal of Economics 98 (2), S. 259 f, stellt zu dem Argument, dass die Einführung des ULP insbesondere wegen der Einführung eines Vorumsatzabzuges, der das bisherige Vorsteuerabzugsverfahren ersetzen müßte, praktisch nicht zu verwirklichen sei, heraus, dass der grenzüberschreitende Vorsteuerabzug zum selben Ergebnis führe. Zuletzt fand zwischen RATZINGER und STEHN eine solche Debatte im Wirtschaftsdienst statt: RATZINGER (1997), aaO, und STEHN (1999), aaO, RATZINGER (1999), aaO.

verlagern[114]. Nicht zuletzt sind bei einem Systemwechsel Steueraufkommensverschiebungen zu beachten. Soll die derzeitige Steueraufkommensverteilung beibehalten werden, ist ein Clearingsystem erforderlich.

Von der EG-Kommission war nach dem Beispiel der BeNeLux-Staaten[115] in den Steuerharmonisierungsvorschlägen ein Clearingverfahren für die Mehrwertsteuer vorgeschlagen worden, was auch nach Ersatz des BLP durch das GP die Verteilung der Steueraufkommen nach dem BLP sichert[116].

Von der sog. URSPRUNGSLANDKOMMISSION beim Bundesfinanzministerium wurde im Jahre 1993 ein Gutachten vorgelegt, das die Vor- und Nachteile der Besteuerungsprinzipien erörtert, letztendlich für das „Ursprungslandprinzip" als endgültiges Besteuerungsprinzip im Binnenmarkt plädiert und Vorschläge für ein einfaches Clearingverfahren unterbreitet. Hauptargument für das „Ursprungslandprinzip" ist die apostrophierte Binnenmarktadäquanz[117].

---

[114] Vgl. CNOSSEN/SHOUP (1987) Coordination of Value Added Taxes, in: Tax Coordination in the European Community (hrg. v. CNOSSEN), Deventer et. al., S. 73 bzw. LOCKWOOD/DE MEZA/MYLES (1995), aaO, S. 13. Bezüglich dieses Argumentes ist auf die Replik von GENSER/SCHULZE (1995) Transfer Pricing Under an Origin-Based VAT System, Diskussionsbeiträge des SFB 178, Serie II, Nr. 271, Universität Konstanz, hinzuweisen, die betonen, dass empirisch die Umsatzsteuersätze und die Gewinnsteuersätze negativ korreliert seien und somit der umsatzsteuerliche Anreiz zur Verlagerung der Wertschöpfung in das Land mit den niedrigsten MwSt-Sätzen durch einen entgegengesetzt orientierten Anreiz bei den direkten Steuern gedämpft bzw. ausgeglichen wird.

[115] Seit Beginn wird in diesem binnenmarktähnlichen Gebiet bezüglich der gemeinsamen Umsatzbesteuerung zwischen den BeNeLux-Ländern auf Basis eines solchen Clearingverfahrens erfolgreich gearbeitet, vgl. CNOSSEN (1983), aaO, S. 235 f, TERRA (1988) Sales Taxation. The Case of Value Added Tax in the European Community, Kluwer, Deventer, S. 120 ff und v.d. ZANDEN/TERRA (1987) The Removal of Tax Barriers: the White Paper from the Commission to the European Council, in: Intertax 6, S. 135 ff.

[116] Vgl. das Arbeitspapier: Vorschlag zur Vollendung des Binnenmarktes. Einführung eines Clearingmechanismus für die Mehrwertsteuer im innergemeinschaftlichen Handelsverkehr, KOM (87) 323 endg./2. Hinsichtlich der Datenbasis für das Clearingverfahren wird zwischen einem makroökonomischen und einem mikroökonomischen Clearing unterschieden. Die 1987er Vorschläge der Kommission sahen zunächst vor, das GP verbunden mit einem makroökonomischen Clearing einzuführen. Der jüngste Vorschlag aus dem Jahre 1996 sieht dagegen das mikroökonomische Verfahren vor. Vgl. hierzu LEE/PEARSON/SMITH (1988) Fiscal Harmonization: an Analysis of the European Commission's Proposals, Institute for Fiscal Studies, London, PARSCHE /SEIDEL/TEICHMANN (1988) aaO, S. 436 ff., HAUFLER (1993), aaO, S. 15 ff, METTE (1994) Europäischer Binnenmarkt und Mehrwertsteuerharmonisierung Entscheidungsprozesse in der Europäischen Gemeinschaft, Nomos, Baden-Baden, Kapitel V, PARSCHE/STEINHERR/WALLER (1996) Ursprungslandprinzip und Clearing bei der Mehrwertsteuer - ein makroökonomischer Ansatz, ifo-Studien zur Finanzpolitik 61, ifo-Institut für Wirtschaftsforschung, München.

[117] URSPRUNGSLANDKOMMISSION (1994) Ausarbeitung der endgültigen Regelung für die Umsatzbesteuerung des innergemeinschaftlichen Waren- und Dienstleistungsverkehrs und für ein funktionsfähiges Clearingverfahren, Schriftenreihe des Bundesministeriums der Finanzen, Heft 52, Bonn.

3.3.2.2.2. Neutralitätseigenschaften und Äquivalenzeigenschaften unterschiedlicher Steuerregime bei Auftreten von Direktimporten

Die theoretisch orientierten Arbeiten aus den 90er Jahren des letzten Jahrhunderts analysierten allokative Wirkungen[118]. Naturgemäß stehen die im Mischsystem nicht gleich behandelten grenzüberschreitenden Handelsaktivitäten des privaten und des unternehmerischen Bereichs im Mittelpunkt der Betrachtung.

Ob das Mischsystem verzerrungsfrei ist, kann daran beurteilt werden, ob und inwieweit das relative Preisgefüge durch das seit dem 1.1.1993 angewandte Regime der indirekten Besteuerung internationaler Warenströme verzerrt wird[119].

- Dabei kann zurückgegriffen werden auf die bekannten allokationstheoretischen Grundüberlegungen, die für ein Land (d.h. für das Inland ohne Berücksichtigung des Außenhandels) aufgestellt worden sind. Wenn die relativen Preise durch diskriminierende Steuern nicht verzerrt werden, bleibt es im Idealfall des theoretischen Modells (vollkommener Wettbewerb auf Anbieter- und Nachfragerseite, vollkommene Information, sofortige Anpassung usw.) bei der Effizienz der Allokation. Wenn gilt, dass die Grenzraten der Substitution und die Grenzrate der Transformation für jeweils zwei Güter durch Anpassung der jeweiligen relativen Preise vor und nach Steuern zum Ausgleich gebracht werden, ist ein Regime indirekter Steuern steuerneutral. Bei einer allgemeinen Umsatzsteuer ist diese Neutralität gegeben[120]. Wenn zusätzlich der Außenhandel betrachtet und ein allgemeiner Grenzausgleich eingeführt wird, bleibt dieses Ergebnis ebenfalls gültig. Diese Neutralitätseigenschaft, so kann gezeigt werden, gilt auch für mehrstufiges Umsatzsteuersystem und bei Einführung von Zwischenprodukten und Investitionsgütern[121].

---

[118] Diese allokativen Wirkungen werden von einigen Autoren in Neutralitätseigenschaften und Äquivalenzeigenschaften weiter unterteilt. Unter der allokativen Neutralität einer indirekten Steuer ist der Fall ungestörter Ausrichtung der Konsumenten- und Produzentenentscheidungen an einem *unverzerrten* Preissystem zu verstehen. Unter dem Postulat der Äquivalenz wird gefordert, dass ein Wechsel des Besteuerungsregimes keine Einkommens- und Substitutionseffekte hervorrufen dürfe. Diese von RATZINGER (1997), aaO, S. 468, und DERS. (1998), aaO, S. 62 ff, geprägte Begriffsbildung ist von STEHN (1999), aaO, S. 236, kritisiert worden. Bei der Äquivalenz handele es sich um ein K.o.-Kriterium, das nicht zu verwenden sei. Immer seien Steuerreformen mit Änderungen der relativen Preise und Allokationen verbunden. Wenn man fordert, dass Änderungen des Steuersystem nicht zu Einkommens- und Substitutionseffekten führen dürfe, kämen überhaupt keine Reformen mehr zustande. Nach Auffassung des Verfassers könnte jedoch eine Lösung dieses Konfliktes darin liegen, dass man versucht, das *Ausmaß der Verzerrung* gegenüber einem Idealzustand als Maßstab für ein vorziehenswürdiges Besteuerungssystem zu verwenden. Mithin dürfte es auch nach der Kritik von STEHN möglich sein, in diesem Abschnitt die allokative Debatte nach der von RATZINGER vorgenommenen Unterscheidung darzustellen.

[119] Vgl. die im Exkurs am Ende dieses ersten Teiles dargestellten Überlegungen von GENSER für den einfacher Fall des ULP und BLP sowie das DPS und Mischsystem.

[120] Es ist von einer einfachen Modellierung einer Umsatzsteuer mit einheitlich definierter Bemessungsgrundlage und nur einem Steuersatz auszugehen, in der keine Überwälzungseffekte und Rückflüsse der Steuer auf die Staatsausgabenseite berücksichtigt werden.

[121] Vgl. zu diesen Standard-Neutralitätsüberlegungen SHIBATA (1967), aaO, S. 145 ff, WHALLEY (1979), aaO, S. 213 ff, BERGLAS (1981), aaO, S. 377 ff, CNOSSEN/SHOUP (1987), aaO, S. 59 ff aus der älteren Literatur und SINN (1990), aaO, S. 489 ff, KRAUSE-JUNK (1992) Die

Die Diskussion erfolgt (1) in Erweiterung der Standard-Neutralitätsüberlegungen um die zusätzlich möglich gewordenen Direktimporte von Endverbrauchern, für die immer das Ursprungslandprinzip verwirklicht ist, im Konsumsektor (1.1) und darüber hinaus über mittelbare Wirkungen auch im Produktionsbereich (1.2) und (2) hinsichtlich der zusätzlichen Berücksichtigung der nicht am Binnenmarkt teilnehmenden Länder (Rest der Welt). (3) Besonders anspruchsvoll sind Modellerweiterungen, die sowohl die Entstehung (Produktion) als auch die Verwendung (Konsum) des Volkseinkommens analysieren; diese Modelle werden hier als „Theoretische Generelle Gleichgewichtsmodelle" bezeichnet. Schließlich werden (4) Modellerweiterungen (z.B. unvollkommene Märkte, Erhebungskosten, direkte und indirekte Steuern usw.) dargestellt.

(1.1) Konsumsektor: Einmal ist offensichtlich, dass für Endverbraucher, die einerseits im Inland zum inländischen Steuersatz und andererseits im Ausland zum ausländischen Steuersatz Waren einkaufen können, notwendigerweise die Neutralitätsbedingungen verletzt sind, wenn die Steuersätze voneinander abweichen. In das Arbitragekalkül der Verbraucher fließen mit den Direktimporten verbundene Transaktionskosten ein, die nicht zuletzt von der zurückgelegten Entfernung abhängig sind. Hieraus ergeben sich Entfernungszonen entlang Grenzen, in denen je nach Güterart und jeweiliger Steuerdifferenz unterschiedliche Verzerrungen („Steuerkeile") zu beobachten sind[122].

In der neueren Literatur wurde nunmehr erörtert, ob diese allokative Neutralität auch im Mehrländerfall unter den speziellen institutionellen Bedingungen des Mischsystems gelten (eine generelle Durchsetzung des Bestimmungslandprinzips ist nicht mehr möglich, statt dessen kann nur noch ein „Restricted Destination Principle" (Beschränktes Bestimmungslandprinzip) durchgesetzt werden).

Die wohlfahrtsökonomischen Implikationen sind ebenfalls klar: Die zusätzlichen Transaktionskosten (Zeit- und Ressourcenverbrauch durch den Transport usw.) verursachen einen Wohlfahrtsverlust, der dem Mischsystem negativ anzukreiden ist. Ein reines Bestimmungslandprinzip und ein durchgängiges Bestimmungslandprinzip (ohne Freizügigkeit für Steuerarbitrageure) sind günstig im Sinne der gesamt-

---

europäische Mehrwertsteuer und das Ursprungslandprinzip, in Finanzarchiv 49, S. 141 ff aus der älteren Literatur und HAUFLER (1993), aaO, S. 29 ff, GENSER (1994) Das Problem der Steuerharmonisierung aus allokativer Sicht, in: Europäische Integrationsprobleme aus wirtschaftswissenschaftlicher Sicht (hrg. v. GAHLEN/HESSE/RAMSER) Tübingen, S. 65 ff, GENSER/HAUFLER/SØRENSEN, (1995) Indirect Taxation in an Integrated Europe: Is there a Way of Avoiding Trade Distortions Without Sacrifying National Tax Autonomy, in: Journal of Economic Integration 10, S. 178 - 205 aus der neueren Literatur.

[122] Für die Besteuerung von Kapitaleinkünften ist im internationalen Zusammenhang hierzu der Begriff der Steuerkeile (Tax wedge) geprägt worden Vgl. BAGHWATI (1971) The Generalized Theory of Distortions and Welfare,: in: Trade, Balance of Payments and Growth (hrg. v. BHAGWATI/JONES), Amsterdam, S. 69 ff.

wirtschaftlichen Wohlfahrt. Ein Ursprungslandprinzip für eine einstufige Einzelhandelssteuer bzw. eine auf Produzentenseite erhobene Verbrauchsteuer ist ebenfalls allokativ neutral, da der Konsument für beide Einkaufswege die gleichen relativen Preise berücksichtigt.

Grundsätzlich werden die Ergebnisse der komparativ-statischen Analyse durch einen Terms-of-Trade-Effekt (i.f. auch kurz ToT-Effekt) und einen Steueraufkommenseffekt bestimmt.

- Der Terms-of-Trade-Effekt spiegelt die geänderte Produktionsstruktur wider, die sich nach Öffnung der Grenzen zwischen einem Hoch- und einem Niedrigsteuerland ergibt.
- Der Steueraufkommenseffekt wird alleine durch die Steuerarbitrage verursacht, indem nämlich die Bemessungsgrundlage der indirekten Steuern von einem Land ins andere verlagert wird.

Sind beide Effekte gegenläufig, muss die Höhe der beiden Effekte empirisch ermittelt und der letztendlich überwiegende Gesamteffekt bestimmt werden.

Von HAUFLER (1990) stammt eine Wohlfahrtsanalyse der diskutierten Modelle (BLP, ULP, DPS und ULP mit Vorumsatzabzug, unter ausdrücklicher Berücksichtigung der Direktimporte, die zu einer Durchbrechung der reinen Prinzipien führen)[123]. Er wendete dabei die Methodik der Zahlungsbilanzmodelle in der Tradition FRIEDLAENDER/VANDENDORPES (1968) an. HAUFLER berücksichtigt für die verbale Interpretation seines 1990er Modells des Europäischen Binnenmarktes zusätzlich administrative Kosten der beiden Besteuerungsprinzipien DPS und ULP, die er jedoch nicht modellmäßig abbilden kann. Dem DPS sind gegenüber dem ULP nachteilige allokative Verzerrungen durch die Direktimporte von Endverbrauchern zur Last zu legen. Der Übergang zum ULP mit Vorumsatzabzug verursacht dagegen zusätzlichen Aufwand der Verwaltungsumstellung:

> „Weighting these arguments against each other, it seems rather safe to conclude that the introduction of the substraction method (Ursprungslandprinzip mit Vorumsatzabzug, der Verf.) poses more new problems than it solves old ones. This implies that the non-neutralities associated with a different tax treatment for intermediate goods on the one hand and final consumers on the other cannot be avoided unless national tax rates are equalized“ (Zitat, S. 25).

Unter dem Blickwinkel der geforderten Äquivalenz des Besteuerungsregimes im Europäischen Binnenmarkt können weitere Beiträge dargestellt werden. Die Wir-

---

[123] HAUFLER (1990) General Consumption Taxes and International Trade: A Duality Approach, Diskussionsbeiträge des SFB 178, Nr. 112, Universität Konstanz, veröffentlicht als Kapitel 3 und 4 seiner Dissertation (HAUFLER (1993), aaO, S. 47 ff).

kungsanalyse für den Übergang von einem System zum anderen erfolgt unter drei Gesichtspunkten[124]:

- Wie verändern sich die Allokationen? (Gibt es geänderte relative Preise, Einkommen, mithin Einkommens- und Substitutionseffekte?)
- Wie verändern sich die Steueraufkommen?
- Welche Effizienzverluste gibt es wegen der Steuerarbitrage?

Es wurde im Ausgangsmodell zunächst eine einfache Modellwelt zugrundegelegt (2 Länder, 2 Güter, 1 repräsentativer Konsument, unelastisches Faktorangebot, vollständiger Wettbewerb, flexible Wechselkurse, ausgeglichener Handel, landeseinheitliche Besteuerung und vollkommene Überwälzung der indirekten Steuern auf die Konsumenten). In dieser einfachen Modellwelt entspricht ein BLP-Besteuerungsregime einer Steuer auf den Konsum, ein ULP-Regime einer Steuer auf die Wertschöpfung. Es lässt sich - in Übereinstimmung mit den unter den Äquivalenzeigenschaften dargestellten Modellen - zeigen, dass bei ausgeglichener Handelsbilanz die beiden Prinzipien einander äquivalent sind. Unterschiede im nationalen Besteuerungsniveau können durch Anpassung des Wechselkurses ausgeglichen werden[125]. Wenn sich die relativen Preise nicht ändern, verändert sich auch die Allokation nicht, und Äquivalenz zwischen den Regimen ist gegeben.

Diese Vereinfachungen sind in der neueren theoretischen Literatur in verschiedensten Hinsichten aufgelockert worden[126]:

- So können in einer weitgehenden Lockerung Transportkosten und unvollständiger Wettbewerb zugelassen werden[127].
- Die Handelsbilanz muss nicht statisch *in einer* Periode ausgeglichen sein, es reicht wenn die Gegenwartswerte aller betrachteten Perioden ausgeglichen sind[128].
- Wenn mobile Produktionsfaktoren zugelassen werden, gilt die Äquivalenz nicht mehr[129].

---

[124] Vgl. z.B. GENSER (1998), aaO, S. 271.

[125] Vgl. KEEN/SMITH (1996) The Future of Value Added Taxation in the European Union, in: European Policy 23, S. 395.

[126] Vgl. für einen Literaturüberblick: RATZINGER (1998), S. 69 ff.

[127] Vgl. LOCKWOOD/DEMEZA/MYLES (1994a), aaO, die zeigen, dass durch einen Systemwechsel vom generellen BLP zum gemischten Prinzip (BLP nach außen und ULP im Binnenmarkt) keine realen Allokationsverschiebungen sich ergeben müssen. Dieses Ergebnis bleibt sogar bestehen, wenn Transportkosten für den Handel in den Außenhandelsgleichungen berücksichtigt werden müssen bzw. wenn unvollständiger Wettbewerb zugelassen wird. LOCKWOOD/DEMEZA/MYLES (1994b), aaO, S. 11 ff analysieren den Fall, dass alle Mitgliedsländer eine ULP-basierte Umsatzsteuer erheben und alle anderen Länder bei der BLP-basierten Ust bleiben. Dieses Ergebnis ist ein offener Widerspruch zu den bisherigen Neutralitätspostulaten von WHALLEY (1979)(1981) und BERGLAS (1981).

[128] KEEN (1993) The Welfare Economics of Tax Co-Ordination in the European Community: A Survey, Fiscal Studies 14/2, S. 15 - 36, hier S. 20.

[129] Vgl. GENSER/HAUFLER/SØRENSEN (1995), aaO, S. 190 ff.

- Ebenfalls nicht allokationsneutral sind Besteuerungssysteme mit verschiedenen Steuersätzen bzw. abweichenden -strukturen[130].

Der zum 1.1.1993 vorgenommene Systemwechsel wurde wegen seiner Wirkungen auf Nachfrage und Steueraufkommen als verzerrend eingestuft. Nach GENSER (1998)[131] sind bei vollständiger Steuerarbitrage die relativen Preise zwar für die Produzenten wegen der Möglichkeit des Angebots der Waren im jeweils niedrigst besteuernden Land und für die Konsumenten wegen der Möglichkeit zum Direkteinkauf in eben diesem Land nicht verzerrt, dafür wandert jedoch im Extremfall nicht vorhandener Transaktionskosten die gesamte Nachfrage – und damit auch das Steueraufkommen – in das Niedrigsteuerland. Allerdings ist der Extremfall wegen der in praxi damit verbundenen Transaktionskosten weder für Anbieter noch Nachfrager realistisch, von dem intermediären Groß- und Einzelhandel ganz abgesehen.

(1.2) Produktionssektor: Für eine mehrstufige Umsatzsteuer, wie sie in der EU gesetzlich vorgegeben ist, ist grundsätzlich zu beachten, dass die sog. Nachholwirkung dafür sorgt, dass ohne spezielle technische Korrekturen die Belastung des Bestimmungslandes auf der ersten Handelsstufe nach dem Grenzübertritt wieder hergestellt wird und somit für über den Handel eingekaufte Güter das BLP mit den o.g. unerwünschten Nichtneutralitäten gilt[132]. Gleichzeitig ergibt sich für direktimportierte Güter das Ursprungslandprinzip, es ist also für die Belastung der Direktimporte ohne Bedeutung, ob es sich um ein- oder mehrstufige Umsatzsteuern handelt.

Zu fragen ist desweiteren, wie es sich mit der allokativen Neutralität im unternehmerischen Sektor im Mischsystem verhält: Mit dieser Fragestellung beschäftigte sich SINN (1990). Nach seiner Analyse ergab sich, dass die Neutralität im unternehmerischen Sektor nicht mehr gilt[133]: Im Unternehmensbereich besteht die Möglichkeit, ein identisches Vorprodukt über das Inland oder das Ausland zu beziehen. Der Nettopreis fällt unter Vernachlässigung der Transportkosten bei allen Einkaufswegen in gleicher Höhe an. Ein unterschiedlicher Steuersatz bewirkt eine unterschiedlich hohe Vorsteuererstattung. Ein Unternehmer wird nach der Aussage dieser einfachen Modellüberlegung das Vorprodukt immer über das Land beziehen, in dem die Vorsteuererstattung am höchsten ist. Durch diese Arbitrage gleichen sich die Investitionsgüterpreise an. Endverbraucher können sich die Vorsteuer nicht erstatten lassen. Deshalb gleichen sich die Preise für Konsumgüter nicht an. Somit ergeben sich allokativ nicht wünschenswerte Verzerrungen. Zu diesen Überlegungen ist anzumerken, dass SINN und in seiner Nachfolge auch HOMBURG (1997)[134] stark vereinfa-

---

[130] Vgl. FRATIANNIE/CHRSTIE (1981), aaO, S. 414 ff. und FRENZEL/RAZIN/SADKA (1991) International Taxation in an Integrated World, Cambrigde, S. 35 ff.

[131] Vgl. GENSER (1998), aaO, S. 17.

[132] Vgl. zu diesen Überlegungen etwa das Gutachten der URSPRUNGSLANDKOMMISSION (1993) mit weiteren Literaturverweisen.

[133] So bei SINN (1990), aaO, S. 493 ff.

[134] Vgl. HOMBURG (1997), aaO, S. 302 f.

chend davon ausgingen, dass die Direktimportgüter auch im Kaufland produziert werden. Daraus folgt dann, dass die notwendigen Pareto-Bedingungen für ein gesamtgesellschaftliches Optimum (GRT = GRS) verletzt werden. Diese vereinfachende Annahme ist jedoch nicht haltbar. Denn es lässt sich in dem gewählten einfachen theoretischen Rahmen unter der Annahme kostenloser Arbitrage (insbesondere keine Transportkosten) zeigen, dass auch die Konsumenten eine Arbitragemöglichkeit haben, die zu einem einheitlichen Konsumentenpreis führen kann: Diese Arbitragemöglichkeit stellt der Einzelhandelssektor dar. Es muss lediglich ein in einem Hochsteuerland erworbenes Gut durch Zwischenversand ins Niedrigsteuerland durch einen Direktimport wieder auf den niedrigsten Preis arbitriert werden[135].

Allerdings ist ein weiterer Aspekt dieser Arbitrageüberlegungen in den Blick gerückt: Eine vollständige Arbitrage, d.h. der Kauf der Güter im hochbesteuernden Produktionsland im gewerblichen Sektor und Export unter Inanspruchnahme des Steuerausgleichs in den Büchern, der anschließende Kauf durch einen Endverbraucher im Niedrigsteuerland und der anschließende Re-Import ohne Grenzausgleich, würde dazu führen, dass das Steueraufkommen des Hochsteuerlandes (unerträglich bzw. unerwünscht) reduziert wird. Bei GENSER steht nicht die Wettbewerbsverzerrung im Vordergrund, sondern die Auswirkung auf das Steueraufkommen (der Steueraufkommenseffekt)[136].

(2) Ändern sich die Neutralitätseigenschaften, wenn nicht nur die Besteuerung des Binnenhandels zwischen den Mitgliedsländern der Europäischen Union betrachtet, sondern auch noch der Handel zum Rest der Welt modelliert wird? Dieser Mehr-Länder-Fall war bereits von SHIBATA (1967) untersucht worden. Damals hatte sich SHIBATA ausgesprochen für ein internes ULP und einen Grenzausgleich zum Rest der Welt[137]. Dieses Besteuerungsprinzip ist allerdings nicht neutral, wenn innerhalb der EU unterschiedliche Steuersätze angewandt werden.

LOCKWOOD/DEMEZA/MYLES (1994a) entwickelten aus der um den Rest der Welt erweiterten Betrachtung der indirekten Besteuerungsverfahren im Binnenmarkt das sog. *Unrestricted Origin Principle*[138]:

---

135 Wenn z.B. in Deutschland gerösteter Kaffee in Deutschland durch die deutsche Kaffeesteuer und die Umsatzsteuer höher besteuert wird als in Luxemburg, können die deutschen Konsumenten nach Luxemburg fahren und im dortigen Einzelhandel den in Deutschland hergestellten Kaffee ohne Kaffeesteuer und zu einem niedrigeren Umsatzsteuersatz kaufen; vgl. zu diesem Arbitrageargument GENSER (1994), aaO, S. 73.

136 Vgl. GENSER (1997) aaO, S. 117 und DERS. (1999) Ist der Verlust der Besteuerungsautonomie der Preis für die Europäische Integration?, in: Probleme der Besteuerung II, (hrg. v. ANDEL) SchrdVfSocPol, Berlin, NF Bd. 259 II, S. 15 ff.

137 Vgl. WHALLEY (1979) aaO, und Berglas (1981) aaO. Sie hatten darauf hingewiesen, dass ein ULP innerhalb der EG und ein Gatt-konformes BPL zum Rest der Welt nicht verzerrungsneutral sei, vgl. oben Fn. 121 bzw. GENSER (1997), aaO, S. 119.

138 Vgl. LOCKWOOD/DEMEZA/MYLES (1994a) When are Origin and Destination Regimes Equivalent?, in: International Tax and Public Finance 1, S. 5 ff.

Es ist dadurch gekennzeichnet, dass Handelsströme nicht mehr gegenseitig reziprok (durch einen Grenzausgleich) behandelt werden. Es sieht vor, dass die EU-Länder intern und nach außen das ULP anwenden. Damit sind Exporte nicht mehr freigestellt. Der Rest der Welt wendet weiter das BLP an, es ergibt sich eine Doppelbesteuerung der Exporte aus der EU ins Drittland. Da jedoch Wechselkursanpassungen möglich sind, sorgt die Arbitragegleichung (bezogen auf die Handelsbilanz) für eine das unterschiedliche Besteuerungsniveau neutralisierende Wechselkursanpassung. Dieses Prinzip ist aufgrund von Wechselkursanpassungen dann neutral, wenn innerhalb der EU ein einheitlicher Steuersatz angewandt wird.

Alternativ wurde von GENSER (1996)(1997)(1998) – entsprechend dem alten Vorschlag von SHIBATA (1967) – das *Unilateral Restricted Origin Principle* neu in die Diskussion eingebracht[139]. Dieses System ist wegen des nach außen einheitlichen Grenzausgleichssatzes ebenfalls allokativ neutral, weist jedoch gegenüber dem ROLP den Vorteil auf, dass es leichter aus dem BLP zu entwickeln ist.

GENSER (1998)[140] wies im Zusammenhang mit der Besteuerung des Warenhandels zum Rest der Welt darauf hin, dass der Übergang vom allgemeinen BLP zum beschränkten ULP (ROLP) bzw. beschränkten ULP mit einheitlichem Außensteuersatz (UROLP) bei entsprechenden flexiblen Preisen im Sinne der Äquivalenz nicht verzerrend ist, da keine Substitutions- und Einkommenseffekte auftreten.

(3) In Erweiterung der partiellen Modellierung entweder des Konsum- oder des Produktionssektors werden beide Sektoren umfassende Generelle Gleichgewichts-Modelle formuliert: In seiner Dissertation analysierte HAUFLER (1993)[141] den Produktions- und Konsumsektors mit mehr als zwei Ländern und Gütern (Drei-Länder-Drei-Gütermodell). Im Rahmen dieses Modelles können das Restricted-Origin-Principle (ROP) und das Restricted-Destination-Principle (RDP) einer wohlfahrtsanalytischen Betrachtung unterzogen werden. Der Betrachtungsrahmen wurde von ihm als „Duale Modellierung" bezeichnet, da er Produktion und Konsum abbildet. Maßstab zur Beurteilung der zur Diskussion stehenden Besteuerungsprinzipien war die Wohlfahrt jeweils eines repräsentativen Individuums.

- Basis ist ein einfaches Handelsmodell nach DIXIT/NORMAN (1980), das wegen der Abbildung der Produktions- und Konsumseite als generelles Gleichgewichtsmodell bezeichnet

---

[139] Vgl. GENSER (1995 = 1998) Patterns of Tax Arbitrage and Decentralized Tax Autonomy, EPRU Working Paper 1995-8, Copenhagen Business School, in: Topics in Public Economics, (hrg. v. PINES/SADKA/ZILCHA), Cambridge, S. 262 ff, DERS. (1996) A Generalized Equivalence Property of Mixed International Tax Regimes, in: Scandinavian Journal of Economics 98 (2), S. 253 ff; DERS. (1997) aaO, S. 101 ff., DERS. (1998) Wieviel Umsatzsteuerautonomie bleibt im EU-Binnenmarkt?, in: Zur Zukunft der Staatsfinanzierung (hrg. v. HENKE) Berliner Abhandlungen zur Staatswissenschaft, Berlin, S. 1 ff.

[140] Vgl. GENSER (1998), aaO, S. 278 ff.

[141] HAUFLER (1993) Commodity Tax Harmonization in the European Community, A General Equilibrium Analysis of Tax Policy Options in the Internal Market, Heidelberg, Kap. 5. Vgl. auch DERS. (1996) Tax Coordination with Different Preferences for Public Goods: Conflict or Harmony of Interests?, in: International Tax and Public Finance 3, S. 5 ff.

werden kann, insoweit die Einflüsse von nationalen und internationalen Steuern auf Einkommensentstehung und Konsum abgebildet werden können.

- Als Besteuerung wurden einstufige Konsum- und Produktionssteuern zugelassen. Der Vorsteuerabzugsmechanismus wird nicht abgebildet.
- Indem HAUFLER ein handelbares und ein nicht handelbares Gut definierte, das einmal zum ULP durch den Endverbraucher direkt importiert werden kann bzw. das als Zwischenprodukt im gewerblichen Sektor nach dem BLP belastet wird, bildete er das Mischsystem bei den indirekten Steuern aus Sicht des Endverbrauchers ab. In seiner Modellanalyse überträgt er die Überlegungen von DIXIT (1985), der ebenfalls die Wirkungen von Gütersteuern auf internationale Handelsströme betrachtete und dabei Export- und Importsteuern und handelbare und nicht handelbare Güter unterschied, auf den Europäischen Binnenmarkt. Da durch die Einführung von unterschiedlichen Steuersätzen in den betrachteten Ländern sich die relativen Preise aus Sicht des Konsumenten gegenüber der Situation ohne Steuern verändern, ergab sich eine allokative Verzerrung. Hierbei handelt es sich um den o.g. „Steuerkeil", der bereits bei BAGHWATI (1971) zur Argumentation verwendet wurde.
- Darüber hinaus wurde von HAUFLER die Wirkung der Steuerarbitrage auf das staatliche Budget explizit eingeführt. Wenn der Konsument das als Direktimport handelbare Gut im Niedrigsteuergebiet einkauft, ergibt sich eine Steueraufkommensverschiebung zulasten des Hochsteuerlandes.
- Die beiden Effekte (Allokationseffekt und Steueraufkommenseffekt) wurden von HAUFLER in einer Wohlfahrtsanalyse für zwei (Kapitel 4) und drei Länder (Kapitel 5) untersucht. Wenn das dritte Land (neben zwei EG-Mitgliedsländern noch der Rest der Welt) eingeführt wird, ergeben sich zusätzlich die schon bei SHIBATA (1967) beschriebenen Handelsumlenkungseffekte. In Abhängigkeit von der Elastizität des ökonomischen Verhaltens überwiegt der eine oder andere Effekt, und Aussagen zur Vorteilhaftigkeit des beschränkten ULP bzw. beschränkten BLP sind möglich[142].

Weitere Versuche der generellen Abbildung der allokativen Situation sowohl im Konsum- als auch im Produktionssektor stammen von FEHR/ROSENBERG/WIEGARD. Dieses Autorenteam stellte im theoretischen Teil seiner Aufsätze aus den Jahren (1991) und (1993) bzw. in der Monographie aus dem Jahre 1995 die Umsatzbesteuerung im Europäischen Binnenmarkt unter besonderer Berücksichtigung der mehrstufigen

---

142 HAUFLER erweiterte seine theoretische Analyse in mehreren Folgeaufsätzen. In dem 1996 erschienen Artikel DERS. (1996b) Tax Coordination with Different Preferences for Public Goods: Conflict or Harmony of Interests?, in: International Tax and Public Finance 3, S. 5 ff, lässt er unterschiedliche Präferenzen für das Niveau an staatlicher Aktivität zu. Diese unterschiedlichen Präferenzen gehen in die Wohlfahrtsbetrachtung mit ein, so dass ein gesamtgesellschaftliches Optimum durch Annäherung der indirekten Steuersätze möglich wird, das nicht in einer Harmonisierung auf dem Niveau des Niedrigsteuerlandes besteht. Vgl. die Darstellung im folgenden Kapitel „Steuerwettbewerb". Darüber hinaus betrachtete er – z.T. in Zusammenarbeit mit anderen Autoren – strategische Aspekte im Rahmen einer spieltheoretischen Modellierung (HAUFLER/NIELSEN (1997) Dynamic Effects of an Anticipated Switch from Destination- to Origin-Based Commodity Taxation, in: Journal of Economics/Zeitschrift für Nationalökonomie 66, S. 43 ff) sowie den Zusammenhang zwischen Harmonisierung der direkten und indirekten Besteuerung GENSER/HAUFLER (1996) On the Optimal Tax Policy Mix when Consumers and Firms are Imperfectly Mobile, in: Finanzarchiv N.F. 53, S. 411 ff und GENSER/HAUFLER (1998) Tax Policy and the Location Decision of Firms, in: Trade, Growth, and Economic Policy in Open Economies (hrg. v. JÄGER/KOCH), Berlin et. al.

Erhebung der Umsatzsteuer (Vorsteuer- bzw. Vorumsatzabzugsmechanismus) dar[143]. Durch eine solche explizite Darstellung der institutionellen Gegebenheiten des Umsatzsteuersystems und seiner möglichen Alternativen wurde eine modellgestützte Aussage zur Bewertung des bis zum 31.12.1992 geltenden Besteuerungssystems und der möglichen Alternativen im Europäischen Binnenmarkt angestrebt. Diese wirklichkeitsnahe Darstellung für die Umsatzsteuer wurde jedoch für die speziellen Verbrauchsteuern nicht weitergeführt, wodurch - wie sich im empirischen Teil dieser Arbeit zeigen wird - ein wesentliches Element der Frage der Harmonisierung bei den indirekten Steuern im Binnenmarkt ausgeblendet wird.

Als Ergebnis der theoretischen Vorüberlegungen ergab sich, dass die ermittelten Effekte (ToT-Effekt, Steuerbasis-Effekt) nicht gleichgerichtet sind, so dass eindeutige Aussagen zur Vorziehenswürdigkeit des einen oder des anderen Systems nicht möglich sind[144]. Bei den ermittelten Steuerbasiseffekt spielt die Steuerarbitrage eine unmittelbare Rolle: Je höher die Reagibilität der Endverbraucher auf Steuersatzdifferenzen zwischen zwei Mitgliedsländern ist, desto stärker sind die Steuerbasiseffekte, wenn Steuersatzdifferenzen nach dem Wegfall der Grenzkontrollen für Endverbraucher verbleiben.

Die theoretische Analyse wurde von FEHR/ROSENBERG/WIEGARD jeweils anhand empirischer Daten aus den Außenhandelsstatistiken auf aggregierten Ebene überprüft[145].

(4) Es kam im Laufe der Literaturdebatte zu Erweiterungen der grundlegenden Modellüberlegungen[146]:

---

143 FEHR/ROSENBERG/WIEGARD (1991) Quantitative Aspekte einer Harmonisierung der Umsatzsteuern in der EG, Vortrag, gehalten vor der 34. Tagung des Finanzwissenschaftlichen Ausschusses des Vereins für Socialpolitik in München, 22.-24. Mai 1991, DERS. (1991) A Multi-Country Applied General Equilibrium Model for the Examination of VAT-Harmonization Proposals in the European Community. Modelling, Calibration and Construction of a Microconsistent Dataset, Universität Regensburg, Diskussionspapier 236, DERS. (1993) Value Added Tax in the EC after 1992. Some Applied General Equilibrium Calculations, in: European Economic Review 37, S. 1483 ff, DERS. (1994) Should the EU Adopt the Origin Principle for VAT after 1997? in: Finanzarchiv N.F. 51, S. 1 ff, DERS., W. (1995) Welfare Effects of Value-Added Tax Harmonization in Europe. A Computable General Equilibrium Analysis, Berlin et.al.

144 Wobei die Grundaussage eine Verteidigung der Entscheidung des ECOFIN, das RBLP beizubehalten, ist, vgl. HAUFLER (1993), aaO.

145 Für eine Darstellung dieser „Computable General Equilibrium Models" sei auf Kapitel 3.3.2.5 „Angewandte Generelle Gleichgewichtsmodelle" zu den Effekten des Abbaus der Binnengrenzen dieses Teils verwiesen.

146 Dabei ist festzustellen, dass mit voranschreitender Zeit die Grundaussagen durch Analyseverästelungen in den Modellbildungen und den zugelassenen Variablen detailliertere und umfassendere Kenntnisse gewonnen werden. Nach Auffassung des Verfassers ist der über die Grundaussagen hinaus gewonnene Erkenntnisgewinn jedoch eher dürftig.

- Es wurden die Kosten für die Umlenkung der Handelsströme betrachtet.
- Neben indirekten Steuern wurden auch direkte Steuern zugelassen[147].
- Es wurden i.d.R. damit zusammenhängend Arbeits- und Kapitalangebot flexibel modelliert.
- Es wurden Rückflüsse der Steuereinnahmen auf das öffentliche Güterangebot modelliert.

Auf eine Darstellung der Modellerweiterungen im einzelnen wird hier verzichtet, insofern sie keine neuen Erkenntnisse für die Bedeutung der Steuerarbitrage beitragen.

Es ist auch für diese theoretischen Modellen festzustellen, dass sie sich ausschließlich in einer Welt mit einer allgemeinen Umsatzsteuer bewegen. Damit können die speziellen Wirkungszusammenhänge und Abhängigkeiten der in der institutionelle Wirklichkeit vom Umfang her dominierenden Steuerarbitrageströme bei den mit speziellen Verbrauchsteuern belegten Güter nur unzureichend abgebildet und analysiert werden.

Als Zwischenergebnis der allokationstheoretischen Debatte im Schrifttum sei festgehalten, dass keine eindeutige wohlfahrttheoretische Empfehlung für das eine oder andere Steuerregime gegeben werden kann.

Die zusätzlich berücksichtigten Faktoren (Faktorangebot, Rest der Welt, Marktunvollkommenheiten) sorgen für eine empirisch wirklichkeitsnähere Modellspezifikation, andererseits können wegen der Vielzahl von sich verstärkenden bzw. neutralisierenden Wirkungszusammenhänge keine klaren Ergebnisse mehr abgeleitet werden, wie dies im zunächst dargestellten Idealfall bei weitgehender Abstraktion noch möglich war.

In diese Richtung geht das Schlußwort der Analyse von GENSER/HAUFLER/SØRENSEN (1995), das neben den theoretischen Modellüberlegungen auch praktische Umsetzungsschwierigkeiten berücksichtigt. Danach unterscheiden sich die diskutierten

---

[147] GENSER/HAUFLER (1996) formulierten hierzu ein Güterbesteuerungsmodell mit gleichzeitigen Faktorsteuern. Gegen eine ursprungsland-basierte Steuer spricht, dass bei Berücksichtigung von direkten Steuern in einem Mehrländermodellrahmen eine solche ursprungsland-basierte Gütersteuer keinen eigenen Spielraum gegenüber einer Kombination von Lohn- und Gewinnsteuer lässt (es herrscht Äquivalenz zwischen beiden). Eine bestimmungsland-basierte Gütersteuer ist vorteilhaft. Vgl. GENSER/HAUFLER (1996) On the Optimal Tax Policy Mix when Consumers and Firms are Imperfectly Mobile, in: Finanzarchiv 53, S. 411 ff.

Prinzipien letztendlich nicht wesentlich - es sei denn, das Ausmaß der Steuerarbitrage nimmt zu[148]:

> „Summing up these Arguments, no clear-cut choise emerges between the different tax regimes which are feasible and desirable under the conditions of the European Community's Internal market. Given the *present fairly limited amount* of distortionary direct cross-border consumer trade, the present restricted destination principle may be preferable on practical and political grounds, but if consumer trade assumes increasing importance as economic intergration proceeds, the option of switching to the origin principle and the national tax credit schemes seems to deserve serious attention by policy makers (Hervorherbung durch den Verf.).

Schon BIEHL (1969) stand am Ende seiner in die Tiefe gehenden und weitverästelten Analyse vor dem Problem, eine Empfehlung für das eine oder andere Prinzip abgeben zu müssen. Er bewertete die Prinzipien in der älteren Literaturdebatte anhand einer Strichliste, in der die damals diskutierten Besteuerungsverfahren nach einem vorgegebenen Kriterienkatalog eingestuft werden[149].

3.3.2.2.3. Explizite Berücksichtigung von privaten Direktimporten in Optimal-Taxation-Modellen

In den bisher in Kapitel 3.3.2.1.2. „Analyse der allokativen Effekte der Besteuerungssysteme für die grenzüberschreitenden Warenströme" dargestellten Modellen zur optimalen Besteuerung wurden solche Außenhandelsmodelle dargestellt, die indirekte Steuern im internationalen Zusammenhang *allgemein* berücksichtigten, ohne speziell auf die Steuerarbitrage einzugehen. In den in diesem Abschnitt darzustellenden Modellen werden private Direktimporte explizit betrachtet. Beispielhaft für eine solche Optimal-Taxation-Analyse unter expliziter Modellierung der privaten Direktimporte ist die Modellierung von CHRISTIANSEN (1994). Darüber hinaus hat RATZINGER (1998)[150] das allgemeine Modell von ARNOTT/GRIESON (1981)[151] auf die Verhältnisse des Binnenmarktes ab dem 1.1.1993 und die Direktimporte übertragen.

- Exemplarisch können die Vorgehensweise und die Ableitung von theoretischen Resultaten am Modell von CHRISTIANSEN (1994)[152] dargestellt werden. Von der institutionellen Situation ist das Mischprinzip abgebildet. Für den gewerblichen grenzüber-

---

[148] GENSER/HAUFLER/SØRENSEN (1995) Indirect Taxation in an Integrated Europe: Is there a Way of Avoiding Trade Distortions without Sacrifying National Tax Autonomy, in: Journal of Economic Intergration 10, S. 178 ff genaues Zitat letzte Seite.

[149] Vgl. Übersicht 12 bei BIEHL (1969), aaO, S. 352 f.

[150] Vgl. RATZINGER (1995), aaO, S. 73 ff.

[151] Vgl. ARNOTT/GRIESON (1981) Optimal Fiscal Policy for a State or Local Government, in: Journal of Urban Economics 9, S. 23 ff.

[152] Vgl. CHRISTIANSEN (1994) Cross-Border Shopping and the Optimum Commodity Tax in a Competitive and in an Monopoly Market, in: Scandinavian Journal of Economics 96, S. 329 ff.

schreitenden Handel gilt das BLP, für den privaten Handel das ULP. Die steuerliche Situation wird so modelliert, dass das Inland (= D) Hochsteuerland ist, mithin die Inländer z.T. Waren im Ausland (= F) einkaufen. Es entstehen Arbitragekosten, die progressiv steigen mit der Einkaufsmenge (x_F), es gilt: ($k'(x_F) > 0$ und $k''(x_F) > 0$). Die zusätzliche Nachfrage im Ausland erhöht den dortigen Produzentenpreis nicht. Der inländische Fiskus maximiert den Nutzen seiner Einwohner, der vom Konsum aus den privaten Gütern und den vom Staates angebotenen öffentlichen Gütern abhängen.

- Als Ergebnis zeigt sich eine standardmäßige optimale Steuerregel, die einen inversen Zusammenhang zwischen dem inländischen Steuersatz t und der Preiselastizität der inländischen Nachfrage (ε_D) im Besteuerungsoptimum abbildet: $(t_D/q_D) = 1/\varepsilon_D\ (1-\alpha/\lambda)$, mit q = Bruttopreis und α, λ = const.
- Für ein Gut, das sowohl im Inland als auch von Arbitrageuren durch Direktimporte aus dem Ausland nachgefragt wird, ergibt sich eine inverse Elastizitätenregel mit der Ergänzung, dass die Gesamtnachfrage durch die inländische Nachfrage ersetzt wird.
- Das Modell von CHRISTIANSEN ist als partielle Betrachtung zu charakterisieren. Der inländische Fiskus optimiert nur über die Elastizität der inländischen Nachfrage, weil nur dieses in der Wohlfahrtsfunktion als Argument modelliert wird. Die Steuererhöhung im Inland hat einen Nachfragerückgang zur Folge. Die Kompensationsmöglichkeit über Direktimporte im Nachbarland wirkt sich nicht auf die Besteuerungsregel des inländischen Fiskus aus.
- Darüber hinaus verändert sich der optimale Steuersatz mit der Elastizität der Nachfrage. Denn die Elastizität der inländischen Nachfrage steigt mit steigendem Steuersatzniveau im Ausland an[153].
- Bezogen auf die spezielle institutionelle Situation in skandinavischen Ländern erweiterte er seine Modellierung auf den Fall, dass das im Inland angebotene Produkt von einem ausländischen Gesellschaftern gehörenden Unternehmen angeboten wird. Je nach dessen Marktstellung (z.B. wird er als Monopolist angenommen) ergibt sich die Möglichkeit für den heimischen Fiskus, mehr oder weniger seiner Steuerlast auf den ausländischen Gesellschafter, der über eine Gewinnminderung von der inländischen Umsatzsteuer betroffen ist, zu überwälzen.
- Die Möglichkeit der Steuerarbitrage führte bei CHRISTIANSEN zu einer ausgeweiteten Elastizität der Nachfrager. Dies ist im Optimierungskalkül des inländischen Fiskus zu berücksichtigen (es ergibt sich eine angepasste inverse Elastizitätenregel). Je höher die Neigung der Inländer zur Arbitrage ist, desto geringer setzt der heimische Fiskus die Steuer auf den inländischen Umsatz. Im Schlusswort betont CHRISTIANSEN, dass seine Modellierung von einheitlichen Ländern ausgegangen ist und für praktische Anwendungen auf die speziellen räumlichen Gegebenheiten hin erweitert werden muss[154].

RATZINGER (1998) erweitert ein allgemeines von ARNOTT/GRIESON aufgestelltes Aussenhandelsmodell mit Steuern wie folgt um die Direktimporte:

- Aus Sicht des inländischen Fiskus ist eine optimale indirekte Besteuerung unter expliziter Berücksichtigung privater Direktimporte bzw. Re-Importe zu ermitteln. Ein ursprünglich über den unternehmerischen Sektor exportiertes Gut wird unter dem

[153] Vgl. CHRISTIANSEN (1994), aaO, S. 333 ff.

[154] „In the analysis above, each country has been treated as homogenous. In practice there may be spatial price discrimination within a country, and price repercussions from abroad could mainly affect border regions. One way to interpret many of the effects in the model would be to perceive them primarly as border region effects.“ Zitat ebenda, S. 340. Über die Größe einer solchen Grenzregion stellt CHRISTIANSEN keine Überlegungen an.

neuen Mischsystem von Ausländern im Inland erworben und über die Grenze verbracht.

- Aus einem Standardoptimierungskalkül, in dem die Regierung den Nutzen des repräsentativen inländischen Konsumenten maximiert, ergibt sich als Optimalitätsbedingung folgende Marginalbedingung: ein Steuersatz für ein Gut ist dann optimal gewählt, wenn die – jeweils in Nutzeneinheiten übersetzten – Kosten, die ein Inländer aus einer weiteren marginalen Steuersatzerhöhung hat, gerade gleich hoch sind wie die Steuermehreinnahmen des Fiskus[155].
- Anders interpretiert kann die Bedingung für einen effizienten Steuerexport gezeigt werden: Die Verschiebung der Steuerstruktur hin zu einer stärkeren Besteuerung handelbarer Güter minimiert die Mehrbelastung (Excess Burden) aus der Besteuerung inländischer Konsumenten. Denn bei dieser Strategie tragen ausländische Konsumenten zum inländischen Steueraufkommen bei.

Hier zeigt sich exemplarisch die Abhängigkeit des erzielten Ergebnisses von der Art und Weise der gewählten Modellierung. Wenn nur die inländische Wohlfahrt optimiert wird und das Steueraufkommen z.T. von Ausländern erzielt werden kann, ist es nicht überraschend, dass eine Ausnutzung der Ausländer vorhergesagt wird.

Desweiteren ist zur Praxisrelevanz des Modells von RATZINGER anzumerken, dass die Wahlentscheidung des Konsumenten, ein Gut sowohl im Inland als auch im Ausland zu kaufen (je nachdem, wo der Steuersatz niedriger ist), nicht modelliert werden kann. Vielmehr muss durchgängig angenommen werden, dass ein Käufer nur das eine betrachtete Gut erwirbt. Damit ist ein wesentliches Bestandteil der institutionellen Gegebenheiten nicht darstellbar: Denn gerade das Ausweichen der Zensiten als Reaktion auf relativ höhere Steuern im Nachbarland sollte ja modelliert werden!

Auch für diese Gruppe von Modellen gilt, dass die tatsächliche Zusammensetzung der Arbitrageströme aus Gütern, die mit der allgemeinen Umsatzsteuer und aus Gütern, die mit speziellen Verbrauchsteuern belegt sind, nicht sachgerecht problematisiert wird.

3.3.2.2.4. Private Direktimporte in Modellen zum Steuerwettbewerb bei Güterbesteuerung

Zunächst soll ein kurzer Überblick über die allgemeinen Steuerwettbewerbsmodelle gegeben werden. Anschließend werden die Modelle dargestellt, die speziell für die indirekten Steuern und die institutionelle Situation des Binnenmarktes ab dem 1.1.1993 erarbeitet worden sind.

---

[155] Diese Marginalbedingung kann unter Vernachlässigung von Kreuzpreiseffekten weiter vereinfacht werden: Je nachdem wie hoch der Anteil an in- und ausländischer Nachfrage ist, ergibt sich folgende modifizierte inverse Besteuerungsregel: Die Besteuerung sollte um so höher ausfallen, je unelastischer die Nachfrage von in- und ausländischen Konsumenten und je größer der Anteil der ausländischen Nachfrage an der Gesamtnachfrage ist.

3.3.2.2.4.1 Allgemeine Steuerwettbewerbsmodelle für einen föderativ aufgebauten Staat

Für dezentrale Volkswirtschaften gibt es – wie im oben dargestellten Abschnitt über Steuerharmonisierungsstrategien gezeigt – Modellüberlegungen, die an die Modelle des Fiscal Federalism und der Theorie lokaler öffentlicher Güter[156] anknüpfen. Charakteristisch für diese Modelle ist das Nebeneinander von mehreren gleichberechtigten Gebietskörperschaften. In diesem Zusammenhang wird untersucht, welche Effekte ein „Steuerwettbewerb" zwischen den Gebietskörperschaften hat[157].

Im Schrifttum wird bezüglich der Anwendung dieser Finanzföderalismusüberlegungen auf das Sujet des Steuerwettbewerbes zwischen Steuerwettbewerb i.w.S. und i.e.S. unterschieden[158].

- Unter *Steuerwettbewerb i.w.S.* versteht man die Handlungen eines Landes, mit denen es durch Justieren seiner nationalen Instrumente der Steuerpolitik aus den allgemeinen wirtschaftlichen Beziehungen zu anderen Ländern Nutzen zieht.
- Beim *Steuerwettbewerb i.e.S.* stehen die nationalen Steuerpolitiken in ihrer direkten Wechselwirkung im Vordergrund: Land 1 versucht, durch seine Steuerpolitik, einen möglichst hohen Anteil eines Produktionsfaktors oder Gutes für sich als Bemessungsgrundlage zu gewinnen. Mobiles Angebot bzw. Nachfrage führen zu einer unmittelbaren Konkurrenzsituation bezüglich einer insgesamt fixen Steuerbasis.
- Steuerwettbewerb ist das Ergebnis institutionellen Wettbewerbs und bezeichnet strategische Situationen zwischen zwei Steuerstaaten.
- Zentral sind Beggar-Thy-Neigbour-Steuerstrategien und Spillover-Effekte, die sich negativ in den Wohlfahrtsfunktionen niederschlagen[159].

---

156 Vgl. für eine Übersicht ATKINSON/STIGLITZ (1980) aaO, Kap. 17, S. 519 ff; und im einzelnen: (z.T. zit. nach MINTZ/TULKENS (1985) Commodity Tax Competition Between Member States of a Federation: Equilibrium and Efficiency, in: Journal of Public Economics 29, S. 134):
- BOSKIN (1973) Local Government Tax and Product Competition and the Optimal Provision of Public Goods, in: Journal of Political Economy 81, S. 203 ff;
- STARRET (1980) On the Method of Taxation and the Provision of Local Public Goods, in: American Economic Review 70, S. 380 ff;
- ARNOTT/GRIESON (1981) Optimal Fiscal Policy for a State or Local Government, in: Journal of Urban Economics 9, S. 23 ff;
- GORDON (1983) An Optimal Taxation Approach to Fiscal Federalism, in: Tax Assignment in Federal Countries (hrg. v. MCLURE), Canberra et. al., S. 26 ff;

157 Vgl. LARBIG (1998) Perspektiven des europäischen Steuerwettbewerbs, in: Wirtschaftsdienst 78, S. 743 ff, Müller (1998), aaO, WILSON (1999) Theorie of Tax Competition, in: National Tax Journal 52, S. 269 ff., KRAUSE-JUNK (1999) Preisdumping und Steuerdumping – wie weit reicht die Parallele? in: Finanzarchiv 57, S. 86 ff. und für einen allgemeinen Überblick z. B. WELLISCH (1995) Dezentrale Finanzpolitik bei hoher Mobilität, Tübingen, S. 1 73 ff.

158 Vgl. auch GENSER (1992) Tax Competition and Tax Harmonization in Federal Economies, in: European Integration in the World Economy (hrg. v. VOSGERAU), Heidelberg, S. 204, DERS (1995), aaO, S. 3 - 7

159 Vgl. als einen spieltheoretisch ausgerichteten Vertreter der sog. Stadtökonomie: WILSON (1986) A Theory of Interregional Tax Competition, Journal of Urban Economics 19,

- Für den Export der Steuerlast wird der Begriff des *Steuerexportes* verwendet[160]. Ein Bestimmungsgrund für solche Steuerexporte sind die Angebots- und Nachfragebedingungen, die für die miteinander konkurrierenden Institutionen gelten. Monopolmacht auf der Anbieterseite z.B. im Güterhandel bzw. im grenzüberschreitenden Faktorfluß ermöglicht, die exportierten Güter/Faktoren zu belasten und so die Ausländer mit zur Zahlung inländischer Steuern heranzuziehen. Oder bei mobiler Nachfrage (hoher Elastizität) wird die optimale Steuer auf immobile Faktoren/Güterarten gelegt. Die sich ergebenden Gleichgewichtslösungen (Nash-Gleichgewichte, das sind Situationen, wo die Reaktion des Staates 1 in die Aktion des Staates 2 einbezogen ist) sind gekennzeichnet durch ineffizient niedrige Steuersätze bzw. suboptimal niedriges Angebot öffentlicher Güter.

In den bisherigen auf die allokative Neutralität ausgerichteten theoretischen Beiträgen wurde regelmäßig auf die Verzerrungswirkungen und Mehrbelastungen (Excess Burden) durch die Steuerarbitrage hingewiesen. Unter dem Blickwinkel der Steuerwettbewerbsmodelle kann die Steuerharmonisierung eine effizienzsteigernde Gegenstrategie zum übermäßig ausufernden Staat (als der Leviathan karrikiert) darstellen.

Oder es wird aus regionalökonomischem Blickwinkel[161] eine Seitenblick auf die Güterbesteuerung geworfen[162] [163]. Diese Modelle werden hier nicht weiter dargestellt.

S. 296 ff und WILDASIN (1989) Interjurisdictional Capital Mobility: Fiscal Externality and a Corrective Subsidy, in: Journal of Urban Economics 25, S. 193 ff.

160 Die Übertragung dieses im Schrifttum der Vereinigten Staaten von Amerika geprägten Begriffes auf die europäische Steuerharmonisierung geht zurück auf PEFFEKOVENS Habilitationsschrift aus dem Jahre 1975, vgl. die Darstellung im Survey über die ältere theoretische Literatur. Als Literaturquelle für das neuere Schrifttum, vgl. WILDASIN (1986) Urban Public Finance, Chur et. al., S. 125, GENSER (1992, S. 205), vgl. RATZINGER (1998), aaO, S. 73 ff.

161 Ohne Anspruch auf eine vollständige Auflistung: BUCOVETSKY (1991) Asymmetric Tax Competition, in: Journal of Urban Economics 24, S. 167 ff, BUCOVETSKY/WILSON (1991) Tax Competition with Two Instruments, in: Regional Science and Urban Economics 21, S. 333 ff, DEPATER/MYERS (1994) Strategic Capital Tax Competition: A Pecuniary Externality and a Corrective Device, in: Journal of Urban Economics 36, S. 66 ff, BAYINDIR-UPMANN (1995) Interjurisdictional Tax Competition, Provision of Public Goods, and Environmental Policy, in: Finanzarchiv NF, Bd. 52, S. 380? ff, INMAN/RUBINFELD (1996) Designing Tax Policy in a Federalist Economy. An Overview, in: Journal of Public Economics 60, S. 307 ff, SINN (1996) The Subsidiarity Principle and Market Failure in System Competitions, NBER Working Papers 5411, WREDE (1996) Vertical and Horizontal Tax Competition. Will Un-Coordinated Leviathans end up on Wrong Side of Laffer Curve? in: Finanzarchiv N.F. 53, S. 461 ff, DERS. (1998) Tax Competition and Federalism, in: Finanzarchiv N.F. 55 ?, S. 500 ff?,

162 RICHTER (1997) überträgt Second-Best-Modellüberlegungen der Regionalökonomie auf die Theorie der Besteuerung Gegenstand seiner Überlegungen ist es, durch Personen und Firmen verursachte Zuwanderungskosten (regionale Stauungskosten) durch Steuern zu internalisieren. Als steuerliche Instrumente für die einzelnen Regionen werden folgende Steuern betrachtet: eine Kopf-Steuer, eine Ertragsteuer und Produktions- und Gütersteuern. Als zweitbeste Lösung – wenn Kopfsteuern ausgeschlossen sind - wird eine Kombination aus Konsum- und Ertragsteuern abgeleitet. Diese Kombination aus Konsum- und Profitsteuern ist einem Mix aus Produktions- und Profitsteuern überlegen, weil sich über die Konsumsteuer direkt in die Parameter der Wohlfahrtsfunktion eingreifen lässt. Vgl. RICHTER (1997) An Efficiency Analysis of Consumption and Production Taxes with an Application to Value Added-Taxation, Universität Dortmund, mimeo.

163 TRANDEL entwarf in zwei Aufsätzen (1992)/(1994) für die der Güterbesteuerung im Binnenmarkt ähnliche institutionelle Situation in den Vereinigten Staaten von Amerika raumökonomische Modelle. In diesen Modellen wird berücksichtigt, dass Individuen im

3.3.2.2.4.2 Spezielle Steuerwettbewerbsmodelle für die Güterbesteuerung im Europäischen Binnenmarkt

Grundlegende Steuerwettbewerbsmodelle, die sich speziell mit strategischen Verhalten der Steuerstaaten bei *der Güterbesteuerung* befassen – HAUFLER charakterisiert diese als „Modelle der Theorie der strategischen indirekten Besteuerung" –, stammen von MINTZ/TULKENS (1986), COMBRUGGHE/TULKENS (1990)[164] sowie von MÄSTLE (1987)[165]. Auf die speziellen Fragestellungen des Europäischen Binnenmarktes sind die Modellüberlegungen von LOPEZ-GARCIA (1996)[166], KANBUR/KEEN (1993) und HAUFLER (1996) zugeschnitten, die explizit die institutionelle Situation des Mischprinzips, die seit dem 1.1.1993 in der Europäischen Union gilt, modellieren[167].

- Ein Steuerwettbewerb wird in den grundlegenden Steuerwettbewerbsmodellen auf der einen Seite als Konkurrenzsituation abgebildet, in der jedes Land bestrebt ist, durch Absenken der eigenen Steuersätze Steueraufkommen aus dem Nachbarland zu attrahieren. Auf der anderen Seite ist Steuerharmonisierung die koordinierte Steuersatzanhebung mit dem Ziel, die Wohlfahrt der betrachteten repräsentativen Konsumenten zu erhöhen. Grenzüberschreitende Direktimporte sind in diesen Modellen zur Güterbesteuerung von MINTZ/TULKENS (1986) und COMBRUGGHE/TULKENS (1990) nicht explizit enthalten.

Raum elastisch reagieren. Solche raumökonomischen Betrachtungen gehen auf Modelle von STAHL (1982) und WEINBERG (1985) zurück. Neben den hier im Vordergrund stehenden Steuerwettbewerbsmodellen für allgemeine indirekte Steuern sind in den Neunziger Jahren eine kaum noch überschaubare Vielzahl von Modellen zum Steuerwettbewerb im allgemeineren Zusammenhang (z. B. unter Berücksichtigung von Kapitaleinkommen-Steuern, von Staatsausgaben, von öffentlichen Gütern usw.) des Finanzföderalismus veröffentlicht worden, vgl. TRANDEL (1992) Evading the Use Tax on Cross-Border Sales: Pricing and Welfare Effects, Journal of Public Economics 49, S. 313 ff, DERS. (1994) Interstate Commodity Tax Differentials and the Distribution of Residents, Journal of Public Economics 53, S. 435 ff. Zu den Vorgängermodellen vgl. STAHL (1982) Location and Spatial Pricing Theory With Nonconvex Transportation Cost Schedules, in: Bell Journal of Economics 13, S. 575 ff und WEINBERG (1985) Bertrand Oligopoly in a Spatial Context: The Case of Quantity Independent Transportation Costs, in: Regional Science and Urban Economics 15, S. 263 ff.

[164] MINTZ/TULKENS (1986) Commodity Tax Competition Between Member States of a Federation: Equilibrium and Efficiency, in. Journal of Public Economics 29, S. 133 ff sowie DE COMBRUGGHE/TULKENS (1990) On Pareto Improving Commoditiy Tax Changes Under Fiscal Competition, in: Journal of Public Economics 41, S. 335 ff.

[165] MÄSTLE (1987) Die Steuerunion - Probleme der Harmonisierung spezifischer Verbrauchsteuern, Frankfurt/Main. Im Gegensatz zu den bisher dargestellten Modellen, die jeweils eine allgemeine Umsatzsteuer betrachtet haben, ist die Modellierung von MÄSTLE (1987) auf die mit speziellen Verbrauchsteuern belegten Güter gerichtet. Das Modell von MÄSTLE befaßt sich allerdings nicht mit Direktimporten und wird daher hier nicht weiter dargestellt.

[166] LOPEZ-GARCIA (1996) The Origin Principle and the Welfare Gains from Indirect Tax Harmonization, in: International Tax and Public Finance 3, S. 83 ff. Zur Modellierung von LOPEZ-GARCIA ist anzumerken, dass er nicht das Mischsystem, sondern das reine ULP und das reine BLP darstellt.

[167] Vgl. RATZINGER (1995), aaO, S. 73 ff.

KANBUR/KEEN (1993) modellierten unter der Zielstellung, die institutionelle Situation des Europäischen Binnenmarktes abzubilden, ein partielles Gleichgewichtsmodell für 2 Länder[168].

- Ein (einziges) privates Gut wird von den Konsumenten jedes Landes entweder aus dem Inland oder durch Direktimporte aus dem Ausland bezogen. Die Konsumenten sind insofern heterogen, als sie in unterschiedlicher Entfernung zur Grenze wohnen. Die Bevölkerung ist innerhalb jedes Landes gleichverteilt, die Länder unterscheiden sich aber durch ihre Größe. Der Staat maximiert nicht die Wohlfahrt der Individuen, sondern direkt seine Steuereinnahmen. Ein öffentliches Gut wird nicht betrachtet, das Faktorangebot ist konstant und immobil, die Produzentenpreise sind in beiden Ländern identisch. Steuerunterschiede spiegeln sich nur in den Konsumentenpreisen wider. KANBUR/KEEN interpretierten ihr Modell u.a. für das institutionelle Regime des Europäischen Binnenmarktes ab dem 1.1.1993: Nach dem Mischprinzip gilt im gewerblichen Bereich das BLP, für Direktimporte gilt das ULP. Direktimporte werden in der einfachsten Form modelliert, d.h. ein Gut aus Land 1 wird auch in diesem Land hergestellt, ein Re-Import wird nicht zugelassen.

Die Modellierung der räumlichen Arbitrage lehnt sich an das HOTELLING-Modell aus dem Jahre 1929 an[169].

- Neu eingeführt wird neben der Entfernung des Einwohners zur Grenze die Bevölkerungsdichte, die sich im Raum unterscheiden kann. Arbitragekosten werden als Transportkosten berücksichtigt, da die Konsumenten unterschiedlich weit von der Grenze weg wohnen, fallen individuelle unterschiedliche Kosten an, je nachdem, wie weit ein Konsument von der Grenze entfernt wohnt. Von der Höhe der Steuerdifferenz hängt es ab, wie hoch der Anteil der Inländer ist, die sich an Direktimporten beteiligen. Zusammengenommen hängt die absolute Zahl der Arbitrageure von der Bevölkerungsdichte in der jeweiligen Region und von dem Anteil der Direktimportsbeteiligung ab.

Der Konsument entscheidet nach folgendem Kalkül:

- Jeder Konsument fragt eine Einheit des privaten Gutes nach, er variiert dabei den Ort des Einkaufs (Direktimport oder inländischer Einzelhandel). Der Preis eines Gutes liegt unterhalb eines gewissen Reservationspreises. Er kauft das Gut durch einen Direktimport im Ausland, wenn die eingesparte Steuer $t^D - t^F$ größer ist als die auftretenden Transportkosten. Die Transportkosten betragen je Entfernungseinheit δ und errechnen sich als Produkt aus der Entfernung s und δ. Solange also

$$t^D - t^F > \delta\, s \Leftrightarrow$$
$$(t^D - t^F)/\delta > s$$

gilt, decken die Konsumenten ihren Bedarf im Inland, andernfalls erwerben sie das Gut durch einen Direktimport. Es gibt also eine Entfernung $Entf^* = (t^D - t^F)/\delta$, ab der die Konsumenten alle Güter im Inland erwerben. Diese Modellierung entspricht einer konvexen und speziell quadratischen Kostenfunktion[170].

---

168 Vgl. KANBUR/KEEN (1994) Tax Competition and Tax Coordination when Countries Differ in Size, in: American Economic Review 83, S. 877 ff.

169 Vgl. hierzu TRANDEL (1994) Interstate Commodity Tax Differentials and the Distribution of Residents, in: Journal of Public Economics 53, S. 438, Fn. 6).

170 Vgl. hierzu RATZINGER (1998), aaO, S. 85.

- Die Transportkosten für ein im Inland erworbenes Gut werden als 0 angenommen. Als weitere gesamtwirtschaftliche Variable ist die Bevölkerungsdichte zu beachten: Das Direktimportvolumen unterscheidet sich für zwei benachbarte Länder, die ansonsten eine gleiche Steuerdifferenz und eine gleiche Entfernung zur Grenze aufweisen, nur durch die Bevölkerungsdichte.

- Die Zielfunktion der Steuerstaaten besteht in der Maximierung der Staatseinnahmen. Da die Konsumenten auf die gesetzten Steuersätze reagieren, hängt das Steueraufkommen T^D vom Steuersatz des Nachbarstaates ab:

$$\max_t T^D (t^D, t^F) = t^D h^D (1 - (t^D - t^F)/\delta), \quad \text{wenn} \quad t^D \geq t^F$$
$$\max_t T^D (t^D, t^F) = t^D h^D + t^D h^F (t^D - t^F)/\delta, \quad \text{wenn} \quad t^D \leq t^F$$

mit h^D, h^F = Anzahl der Inländer, Ausländer.

- Da jeder Konsument immer fest 1 Einheit des privaten Gutes kauft, entspricht die gesamtwirtschaftliche Nachfrage der Zahl der Konsumenten. Liegt der inländische Steuersatz über dem ausländischen ($t^D \geq t^F$), dann kaufen nur die Inländer das Gut im Inland, die so weit von der Grenze entfernt leben, dass sich eine Steuerarbitrage wegen der damit verbundenen Kosten nicht mehr lohnt. Je größer die Steuerdifferenz $t^D - t^F$ wird, desto kleiner wird die Zahl der Konsumenten, die noch im Inland einkaufen. Im umgekehrten Fall ($t^D \leq t^F$) kaufen zusätzlich zu allen Inländern auch noch einige Ausländer im Inland ein.

Die Reaktionsfunktion $t^D = f^D (t^F)$ der inländischen Regierung hängt nun davon ab, ob das Land klein oder groß ist. Denn wenn ein Land seinen Steuersatz ändert, ergeben sich aus zwei Effekten Änderungen in der Bemessungsgrundlage: 1. durch Änderung des Aufkommens aus dem inländischen Konsum und 2. aus dem Aufkommen der ins Inland gelockten Ausländer.

Ein gegenüber seinem Nachbarland kleines Land ($h^D < h^F$) weist in seiner Reaktionsfunktion eine Sprungstelle auf, so dass der Raum für mögliche Steuersatzreaktion wie folgt unterteilt werden kann:

- Bei einem niedrigen ausländischen Steuersatz ist es günstig, t^D höher als t^F zu setzen. Zwar verliert das Inland einige Arbitrageure, dennoch ist die Gesamtbemessungsgrundlage höher als wenn t^D so abgesenkt würde, dass keine Inländer ins Ausland verloren gehen würden. Im unteren Wertebereich steigt die Reaktionsfunktion mit steigendem Steuersatz t^F an, da der Arbitrageanreiz für die Konsumenten jeweils gleich bleibt. In diesem unteren Abschnitt erhöht sich die inländische Steuerbasis.
- Ab einem gewissen Niveau t^F kann das Inland sein Steueraufkommen durch zwei verschiedene Strategien weiter erhöhen: Einmal durch eine weitere Erhöhung von t^D, zum anderen jedoch durch eine Absenkung von t^D unter t^F, so dass ab diesem Punkt die Steuerarbitrageströme ihre Richtung ändern würden.
- Bei einem weiter steigendem Niveau t^F kann das Inland durch weitere Erhöhung von t^D weitere Einnahmengewinne erreichen. Dabei würde das Inland seinen Steuersatz t^D immer etwas geringer ansteigen lassen als das Nachbarland seinen Steuersatz t^F anhebt.

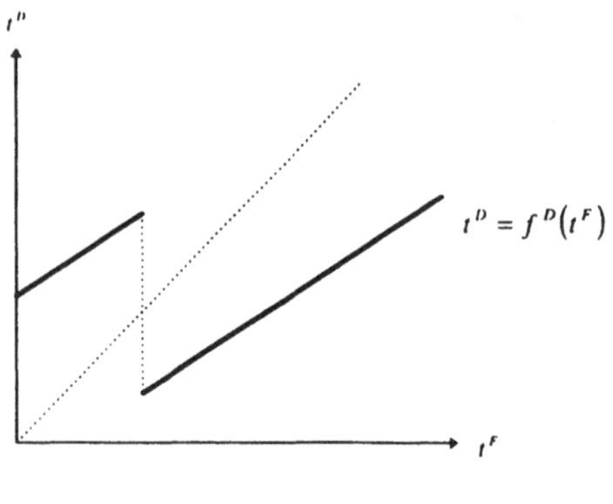

Abbildung KANBUR/KEEN (1993), aaO, S. 881:

Die Reaktionsfunktion eines <u>großen Landes</u> ($h^D > h^F$) hat dagegen folgende Gestalt:

- Ein großes Land optimiert sein Steueraufkommen, wenn es seinen Steuersatz t^D durchgängig mit t^F steigen lässt. Es gibt keine Sprungstelle.
- Verringert das Nachbarland seinen Steuersatz t^F, reagiert das Inland durch Erhöhung seines Steuersatzes. Zwar verliert das Inland einen Teil seines Steueraufkommens durch Abfließen einiger Inländer ins Nachbarland. Der Verlust an Steuer ist jedoch niedriger als bei einer stärkeren Senkung unter das Niveau von t^F (die 45 Grad-Linie), weil von den nicht ins Ausland abströmenden Inländern über den höheren Steuersatz mehr Steuerertrag erzielt wird (Steigung ist niedriger als t^F).
- Erhöht das Nachbarland seinen Steuersatz t^F , folgt dem das Inland mit zunächst im gleichen Maße steigendem t^D (Bewegung auf der 45 Grad-Linie).
- Ab einem gewissen hohen Steuersatzniveau t^F ist es für die inländische Regierung optimal, ihren Steuersatz nicht mehr so stark steigen zu lassen wie das Ausland. Ab diesem Punkt werden mehr Ausländer attrahiert, als an Steuerertrag je inländische Bemessungsgrundlage gewonnen werden kann.

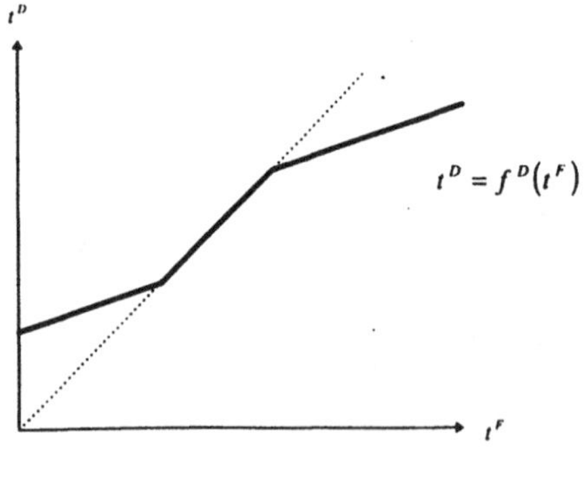

Abbildung KANBUR/KEEN (1993), aaO, S. 881:

Im Ergebnis sprachen KANBUR/KEEN (1993) den Steuerbasiseffekt an. Der ToT-Effekt wurde dagegen vernachlässigt. In der Zielfunktion der Regierungen spielten nur die Steueraufkommen, nicht jedoch der Nutzen der Konsumenten, der u.a. auch durch die ToT beeinflußt wird, eine Rolle. Dies begründeten die Autoren damit, dass beim Übergangssystem des Binnenmarktes ein Land seine Monopolmacht im Außenhandel nicht dazu nutzen kann, Steuerexport über die Veränderung der ToT zu betreiben. Denn Konsumenten können ein Gut statt im Ursprungsland immer auch im heimischen Einzelhandel kaufen[171]

Nunmehr lassen sich die Wohlfahrtseffekte des Steuerwettbewerbs und der Harmonisierung ermitteln:

- Im Gleichgewichtszustand wählt das kleine Land einen geringeren Steuersatz als das große. Es sieht sich nämlich einer unterschiedlichen Preiselastizität (im Vergleich zum großen Land) gegenüber. Sie entspricht der Preiselastizität der grenzüberschreitenden Nachfrage (Steuerarbitrage). Bei gleich hohen Ausgangssteuersätzen kann ein Land nach Öffnung der Grenzen das Steueraufkommen durch Absenken seines Steuersatzes ausweiten. Das entstehende Gleichgewicht ist wohlfahrtstheoretisch ineffizient, da durch die vom kleinen Land strategisch gesenkten Steuersätze ein gegenüber dem First-Best-Optimum zu niedriger Steuerertrag eingenommen wird[172]. Die Besiedlungsdichte spielt als weiterer Faktor eine Rolle: Für ein dünn besiedeltes Land besteht ein Anreiz, die Steuersätze zu senken, wenn dadurch vom Nachbarland mehr Steueraufkommen gewonnen werden kann. Im Gleichgewicht erzielt das dünn besiedelte Land ein höheres Pro-Kopf Aufkommen [173].
- Eine Steuerharmonisierung ist wohlfahrtsverbessernd (aus Sicht der Steueraufkommen maximierenden Staaten).
- Als weitere Option betrachteten die Autoren die Möglichkeit, die Kosten für die Direktimporte zu erhöhen. Hierdurch wird es beiden Ländern ermöglicht, ein höheres Steueraufkommen zu erzielen. Hierdurch ergibt sich eine Pareto-Verbesserung gegenüber dem Ausgangszustand (Vgl. Proposition 6) [174].

Die Betrachtung von KANBUR/KEEN kann in dem hier zu analysierenden Zusammenhang der Rolle der privaten Direktimporte in mehrfacher Hinsicht als herausragend eingestuft werden:

- Die Steuerarbitrage wird explizit als eigenständiger Untersuchungsgegenstand eingeführt.
- Die Steuerarbitrage wird bestimmt durch die Höhe der Steuerdifferenz (den möglichen Ertrag) und die Kosten eines Direktimportes. Die Transportkosten eines Direktimportes sind als abhängig von der Menge (Zahl der transportierten Güter) und der Entfernung zur Grenze modelliert worden.

---

[171] Dieser Argumentation kann zugestimmt werden, die Möglichkeit, ein Gut – wenn erforderlich - zu re-importieren, wird im Schrifttum als „Cross-Hauling" bezeichnet.

[172] Vgl. KANBUR/KEEN (1993), aaO, S. 883 ff.

[173] Ebenda, S. 885 ff.

[174] Ebenda, S. 884 f.

- KANBUR/KEEN ermittelten für ihr spieltheoretisches Modell, dass die optimale strategische Steuerpolitik die Transportkosten in das optimale Steuerkalkül einbeziehen muss.
- Für strategische Überlegungen, ob ein Land ein „Tax Haven" werden kann, spielt die relative Größe eine entscheidende Rolle.
- Darüber hinaus ist die institutionelle Abhängigkeit der strategischen indirekten Steuerpolitik wirklichkeitsnah abgebildet. Dies zeigt sich an den hier erstmalig berücksichtigten Variablen Bevölkerungsdichte und relativer Größe eines Landes.

Allerdings werden mit dem Modell von KANBUR/KEEN auch nicht alle Aspekte der institutionellen Situation, die für die Steuerarbitrage wichtig sind, abgebildet:

- Nicht unterschieden wird zwischen der allgemeinen Umsatzsteuer und den speziellen Verbrauchsteuer, obwohl gerade im Bereich der speziellen Verbrauchsteuern die größten Differenzen bei den indirekten Steuern festzustellen sind (vgl. 3. Teil Kapitel 2.1 „Steuersätze".
- Der Warenwert (z.B. in Bezug zu dem Gewicht bzw. der Transport- und Lagerfähigkeit) spielt keine Rolle.
- Kaufverbundenheiten von der Nachfragerseite bzw. Produktions- und Distributionsverbundenheiten von der Anbieterseite sind nicht dargestellt.
- Die Modellierung ist in erster Linie auf die komplexen spieltheoretischen Zusammenhänge ausgerichtet, wie ein Land in Reaktion auf die Steuersätze des anderen Landes reagiert. Dies erfordert bspws. bei der Darstellung der Kaufentscheidung eine stark vergröbernde Skizzierung: Jeder Konsument erwirbt nur eine Einheit des besteuerten Gutes entweder im Inland oder im Ausland. Eine differenzierte Darstellung der für ein jeweiliges Gut gegebenen Angebots- und Nachfragebedingungen würde den Rahmen des Modelles sprengen. Insoweit sind keine Aussagen möglich, wie eine in dieser Arbeit ermittelte Elastizität (immer benannt für ein spezielles Gut) der Direktimportsnachfrage sich auf die Modellergebnisse auswirken würde.

In einem späteren Aufsatz, der in erster Linie eine nochmalige theoretische Überprüfung der Modellergebnisse von KANBUR/KEEN (1993) und MINTZ/TULKENS, (1986) vornimmt, betrachtete HAUFLER (1996) Einflußfaktoren für die Steuerarbitrage im einzelnen (Transaktionskosten, institutionelle Kosten, Use Tax Regelung etc.)[175]:

HAUFLER deutete das institutionelle Setting auf den speziellen Fall der Steuerarbitrage um: Die Endverbraucher aus dem Hochsteuerland können eine im Hochsteuerland produzierte Ware durch Direktimport im Niedrigsteuerland kaufen, wenn dies vorher vom Handel des Niedrigsteuerlandes importiert worden war (Cross-Hauling).

---

175 HAUFLER (1994) Tax Coordination in a Cross-Hauling Model: Conflict or Harmony of Interests?, in: Diskussionspapier SFB Papier, veröffentlicht als HAUFLER (1996b) Tax Coordination with Different Preferences for Public Goods: Conflict or Harmony of Interests?, in: International Tax and Public Finance 3, S. 5 ff.

Für die Produzenten ist es egal, wo sie die Güter anbieten, da die Transportkosten – nach der nicht unplausiblen Annahme von HAUFLER - zum Handel dies- oder jenseits der Grenze sich nicht unterscheiden. Damit ergeben sich keine allokativen Verzerrungen im Produktionssektor. Damit hängen die Auswirkungen der Steuerarbitrage allein von konsumseitigen Effekten ab.

Hinsichtlich der von KANBUR-KEEN (1993) nicht generell nachgewiesenen Existenz eines Nash-Gleichgewichtes zeigte HAUFLER, dass in einer Reihe von allgemeineren Situationen immer ein Nash-Gleichgewicht existiert: wenn die Transportkostenfunktionen der Direktimporteure eine spezielle Form haben und die Präferenzen für öffentliche Güter in den betrachteten Ländern nicht stark voneinander abweichen[176]

- Die zentrale Arbitragegleichung lautet für das Individuum, dass die Ersparnis durch den Einkauf im Niedrigsteuerland mindestens so hoch sein muss wie die Transaktionskosten. Durch die tatsächlichen Parameter der Kostenfunktion und der Steuersatzdifferenz ergibt sich im Umkehrschluß für jedes Land ein Niveau an Steuerarbitrage.
- Wegen seiner speziellen Modellformulierung der Transaktionskostenfunktion für ein repräsentatives Individuen wird bei HAUFLER die steigende Nachfrage nach einem Gut angesichts steigender Steuersatzdifferenzen nicht durch die zunehmende absolute Zahl der Bevölkerung, die in weiterer Entfernung zur Grenze wohnt, erklärt, sonder durch die geringer werden Schwierigkeit des Transportes (bzw. des Einkaufs durch den Versandhandel).
- Die Reaktionsfunktionen beinhalten wie bei MINTZ-TULKENS (1986) einen Public Consumption Effect (= Tax Base Effect) und einen Privat Consumption Effect.
- Für spezielle (nämlich in der Steuerdifferenz quadratische) Kostenfunktionen ergeben sich Ergebnisse für die strategische Reaktion des einen Landes auf Steuererhöhungen des anderen Landes (Siehe für Details: Proposition 3, ebenda, S. 14).
- HAUFLER konnte nun unter weiteren Annahmen (z.B. homothetische Präferenzen) Aussagen zur Veränderung der Wohlfahrt bei Harmonisierungen auf einen Minimumsteuersatz bzw. zu Anhebungen der Direktimportskosten (stärkere Use Tax Regelungen, Unterbindung des Versandhandels usw.) treffen (S. 15 – 20). Für die Ergebnisse im einzelnen (ob eine Steuerharmonisierung auf ein Mindestniveau die Wohlfahrt in beiden Ländern anhebt oder ob die Anhebung der Direktimportskosten die Wohlfahrt steigert) spielt die Substitutionselastizität eine entscheidende Rolle. Denn die nicht von vornherein in die selbe Richtung weisenden Public und Privat Consumption Effekte müssen eine eindeutige Richtung bekommen.
- Die theoretische Modellierung ist bei HAUFLER – wie schon bei seiner 1993 er Monographie – um eine numerische Illustration ergänzt worden. Ohne den Anspruch, in der empirischen Wirklichkeit zu findende Parameter zu verwenden, nimmt Haufler eine CES-Nutzenfunktion an, gibt im Hochsteuerland ein Verhältnis von 1:4 für öffentlichen zu privaten Güterkonsum und im Niedrigsteuerland von 1:7 an. Hinsichtlich der Substititutionselastizitäten geht HAUFLER von für alle Güter und Länder identischem Wert von 0,15 und 0,4 an. Zweiter Einflußfaktor ist die ursprünglich im Ausgangsgleichgewicht gegebene Substitutionselastizität eine Rolle.

Die Analyse der Steuerarbitrage unter besonderer Berücksichtigung des Cross-Hauling fasste HAUFLER wie folgt zusammen[177]:

---

[176] Siehe für Details: Proposition 1 und 2, ebenda, S. 12.

[177] HAUFLER (1996b), aaO, S. 23.

„Both, a mandated increase in its own tax rate and a coordinated rise in the costs of cross-border shopping will lower welfare in the low-tax country if the tax rate in the high-tax country falls as a result of tax coordination. This is likely to be the case if one of the following conditions are fullfilled:

(1) fiscal competition is moderate in the initial equilibrium due to relative high costs of cross-border shopping, and

(2) the elasticity of substitution between privat and Public Consumption (or, equivalently, between alternative resources of tax revenues) is low in the high-tax country due to largely fixe revenue requirements.

Both of these parameters should be accessible to empirical investigation in order to determine whether low-tax countries have an incentive to agree to coordination measures in a specific regional and institutional setting."

Angesichts des hier untersuchten Ausmaßes und der Bestimmungsgründe der Steuerarbitrage stellt sich die Frage, inwieweit die gefundenen empirischen Elastizitäten eine Rolle für die Interpretation der theoretischen Modelle spielen. Diese Frage lässt sich bisher nicht befriedigend beantworten.

Besonders interessant wäre es zu analysieren, welche Änderungen in den Modellergebnissen sich ergäben, wenn nicht die theoretisch angenommene sondern die empirisch ermittelte Steuerdifferenzelastizität gilt. , Diese Analyse ist jedoch aus folgenden Gründen nicht ohne weiteres möglich:

- Es wird nur ein Gut je Land untersucht.
- Für dieses Gut wird ein partieller Markt und nur ein partielles Gleichgewicht betrachtet.
- Die Modellierung soll den strategischen Aspekt betonen, dass die Aktion des einen Landes eine Reaktion des anderen nach sich zieht. Anders als zum Beispiel bei den CGE-Modellen ist nicht beabsichtigt die empirische Wirklichkeit abzubilden.

Somit ist festzustellen, dass sich die bisherigen Modelle einer empirischen Überprüfung weitgehend entziehen. Dennoch ist es am Schluß und für alle Strategiemodelle insgesamt sinnvoll, auf die Bedeutung der Preis-/resp. Steuersatzelastizität hinzuweisen:

- Denn auch wenn die theoretisch-allokative und die spieltheoretische Modellierung sehr stark vergröbern muss (nur weniger Güter oder nur ein repräsentativer Konsument, oder nur zwei Länder), ist die Relevanz der gegenseitigen Beeinflussung der Finanzpolitik in der Realität von nicht zu vernachlässigender Bedeutung. Und wenn die hier vorgenommene Analyse einen Beitrag dazu leistet, um das Ausmaß und die Bestimmungsgründe der Steuerarbitrage empirisch zu ermitteln, werden die für die Abbildung der Realität erforderlichen strategischen Aspekte nur unterstrichen.

- Bei HAUFLER (1996) hängt explizit die Voraussage der Vorteilhaftigkeit von Steuerharmonisierungsmaßnahmen oder von diskretionären Maßnahmen zur Erhöhung der Direktimportsbarrieren von der Höhe der Substitutionselastizität ab. Allerdings kann nicht ohne weiteres die hier gefundenen Abhängigkeit der Nachfrage nach speziell besteuerten Verbrauchsgütern auf die Modellierung von HAUFLER (1996) übertragen werden, da Haufler nur ein Gut und nur eine allgemeine Umsatzsteuer betrachtet. Weiter unten wird sich aus den vorliegenden empirischen Befragungen ergeben, dass für einzelne Güter die Direktimporte eine besondere Rolle spielen.

Kritisch ist zu den speziellen Steuerwettbewerbsmodellen anzumerken, dass zwar die Steuerarbitrage als solche berücksichtigt und damit ein wichtiger Teilaspekt des derzeitig institutionell anzutreffenden Besteuerungssystems nicht mehr vernachlässigt wird. Als wichtige Einflußgrößen werden die Transaktionskosten des Direktimports und die bevölkerungsbedingten Randbedingungen für die Steuerstaaten als strategisch Handelnde ermittelt. Dennoch fehlt die Abbildung der tatsächlichen institutionellen Gegebenheit, insofern nur allgemeine Umsatzsteuern betrachtet werden. Die Besonderheiten, die sich aus der Steuerarbitrage bei den speziell besteuerten Verbrauchsgütern ergeben, bleiben unberücksichtigt.

3.3.2.3 Angewandte Generelle Gleichgewichts-Modelle zu den Effekten des Abbaus der Binnengrenzen

Mit den immer konkreter werdenden Vorschlägen für den Abbau der Grenzkontrollen und einer Annäherung der Steuersätze, ergab sich eine weitere Literaturrichtung, die mittels „Angewandter Genereller Gleichgewichts-Modelle" (AGGM)[178] für die Europäische Gemeinschaft die Auswirkungen des Programms "Europa 1992" abschätzen wollten. Grundsätzlich stehen in allgemein ausgerichteten AGGM die gesamtwirtschaftlichen Effekte der Absenkung der Grenzüberschreitungskosten im Mittelpunkt. Darüber hinaus lassen sich daneben speziell auf die indirekte Besteuerung ausgerichtete makroökonomische Schätzungen zu den unterschiedlichen Besteuerungsprinzipien für den grenzüberschreitenden Binnenhandel finden[179].

---

178 Die verwendeten makroökonomischen Modelle sind wieder "reale Außenhandelsmodelle", Wechselkursanpassungen und Geldpolitik werden nicht explizit betrachtet.

179 Die in diesem ersten Teil dargestellten AGGM unterscheiden sich von den im zweiten Teil dargestellten „Schätzmodellen auf makroökonomischer Basis" dadurch, dass die Modelle des ersten Teiles auf das gesamtwirtschaftliche Aggregat ausgerichtet sind, während die Schätzmodelle im dritten Teil Partialmodelle sind, die insgesamt verfügbare makroökonomische Daten verwenden. Es handelt sich um Partialmodelle insofern, als dass nur Teilaspekte für ökonomische Handlungen im grenznahen Raum analysiert werden. So wird der Einfluß einiger Einflußfaktoren (z.B. der Steuersatzunterscheide und der Entfernung zur Grenze) betrachtet. Eine Generelle Gleichgewichts-Analyse in dem Sinne, dass die Entstehung und Verwendung von Volkseinkommen bzw. anderen gesamtwirtschaftlichen Aggregaten untersucht wird, erfolgt nicht.

Grundlegend für die allgemein ausgerichteten AGGM war der CECCINI-Bericht (1988) der die Kosten „Nicht-Europas" schätzte und einen wesentlichen Anstoß für die Euphorie des Gemeinsamen Marktes begründete. Dieser Bericht ist von mehreren Unterauftragsnehmern (Unternehmensberatern, Wirtschaftsprüfern etc.) in Teilgebieten (Branchen, Personen- und Warenkontrollen, öffentliches Auftragswesen) erstellt worden. In die Befragungen wurden ca. 500 Unternehmen aus sechs EG-Ländern einbezogen. Die ermittelten Kosten des „Non-Europe" wurden für den internen Verwaltungsaufwand auf 7,5 Mrd. ECU beziffert, für Wartezeiten an den Grenzen auf 415 - 830 Mio. ECU. Dies entspricht ca. zwei Prozent des gehandelten Warenwerts der Mitgliedstaaten[180].

- Angestoßen durch die Voraussage des CECCINI-Berichts (1988) nahmen sich weitere empirischen Forschungsvorhaben der Integrations- und Deregulierungswirkungen eines größeren und wettbewerbsintensiveren Marktes an[181].
- Empirische Untersuchungen über die ökonomischen Effekte des Abbaus der fiskalischen Grenzen und der Annäherung der Steuersätze richten das Hauptaugenmerk der betrachteten Modelle auf Transaktionskosten (im wesentlichen Grenzabfertigungskosten)[182], Steueraufkommens- und Wohlfahrtseffekte und administrative Kosten.
- Direktimporte, die Reaktion der Konsumenten also auf geöffnete Grenzen und den Ausfluß dieser Handelsströme an den bisherigen Steuerhoheiten vorbei auf die Steueraufkommen werden nicht betrachtet.

Zu den speziell auf die indirekte Besteuerung ausgerichteten angewandten Generellen Gleichgewichtmodellen gehören die Arbeiten von PARSCHE/SEIDEL/TEICHMANN (1988)[183], SYMONS/WALKER (1988)[184], VON WATZDORF (1989)[185], FEHR/ROSENBERG/

---

[180] Vgl. CECCINI (1988) Europa '92: Der Vorteil des Binnenmarktes, Baden-Baden 1988, S. 28. Daneben gibt es einen ausführlichen Bericht von ERNST & WHINNEY (1988) The „Cost of Non-Europe": Border Related Controls and Administrative Formalities ... Research on the „Cost of Non-Europe" Basic Findings Vol 4. Document. Commission of the European Communities, Luxemburg.

[181] Vgl. z.B. zur Übersicht MOLLE (1990) The Economics of European Integration (Theory, Practise, Politics), Aldershot/Brookfields; im einzelnen sei auf folgende Untersuchungen verwiesen: SMITH/VENABLES (1988) Completing the Internal Market in the European Community, in: European Economic Review 32, S. 1501 ff; NORMAN (1989) EFTA and the Internal European Market, in: Economic Policy 9, S. 423 ff.

[182] In erster Linie ist für die verringerten Transaktionskosten nochmals der CECCINI-Bericht (1988) anzuführen: Die wesentlichen Kosten des "Nicht-Europas" beruhen auf Stillstandszeiten im gewerblichen Güterverkehr und auf administrativen Kosten bei Steuerverwaltungen und Unternehmern; CECCINI (1988) Cost, aaO, S. 28 schätzt diese beiden Kostenkategorien auf 16,5 Mrd. ECU, das sind 2 % des gehandelten Warenwertes. Nach weiteren Untersuchungen (zit. nach CLEMENS/PAULINI (1991)) VAHRENHORST (1988) und HOHE (1988) kann auch die Höhe der Kosten der Grenzabfertigung je Transaktion beziffert werden: eine Einfuhr kostet ca. 100 DM, die Ausfuhr ca. 200 DM.

[183] PARSCHE/SEIDEL/TEICHMANN (1988) Die Beseitigung von Steuergrenzen in der Europäischen Gemeinschaft. Vorteile und Probleme einer Harmonisierung von Mehrwertsteuer und Verbrauchsteuern im europäischen Binnenmarkt, DIW, Beiträge zur Strukturforschung 88, München.

[184] SYMONS/WALKER (1988) The Revenue and Welfare Effects of Fiscal Harmonisation for the UK, in: The Institute for Fiscal Studies (London), Working Papers Series 88/8.

WIEGARD (1991)/(1993)/(1994)/(1995)[186], GENSER/HAUFLER/SØRENSEN (1995), HAUFLER (1990)/(1993)[187] und VAN LEUWEN/TANG (1995)[188]. In diesen Modellen werden die Effekte der Vorschläge zur Harmonisierung der indirekten Steuern berechnet, z.T. unter Berücksichtigung der privaten Direktimporte.

PARSCHE/SEIDEL/TEICHMANN (1988) wandten mehrere Modelltypen an, um für die Bundesrepublik Deutschland und ausgewählte EG-Mitgliedsländer die fiskalischen und gesamtwirtschaftlichen Auswirkungen aus der Harmonisierung der indirekten Steuern zu untersuchen.

PARSCHE/SEIDEL/TEICHMANN analysieren, wie sich verschiedene Steuer*satz*angleichungen bei der Mehrwertsteuer auf die Verteilung der Steueraufkommen der Mitgliedsländer auswirken. Sie gehen von der Annahme aus, dass die Produktions- und Konsumstrukturen, die sich unter Berücksichtigung von Ausgaben, Eigen- und Kreuzpreiselastizitäten aus Inzidenzanalysen der Literatur für jeweilige Verbrauchsteuersatzänderungen der Vergangenheit und plausible Annahmen für Überwälzung für das Steuerharmonisierungsprogramm ergeben, das Verhalten auch in Zukunft zutreffend beschreiben[189].

SYMONS/WALKER (1988) gingen methodisch einen Schritt weiter und schätzten Wohlfahrts- und Steueraufkommenswirkungen für das Vereinigte Königreich unter Berücksichtigung der Reaktionen von Konsumenten auf die verschiedenen Steuerharmonisierungsvorschläge. Zur Modellierung der Direktimporte ist anzumerken, dass diese zu der Zeit der Untersuchung noch nicht im Mittelpunkt des Interesses standen und daher von SYMONS/WALKER (1988) nicht berücksichtigt wurden.

VON WATZDORF (1989) untersuchte mit einem 5-Sektoren umfassenden Generellen Gleichgewichts-Modell[190] die Wohlfahrtseffekte einer Annäherung des österreichischen Umsatzsteuersystems an die Ende der 80er Jahre von der KOMMISSION DER

---

185 VON WATZDORF (1989) Wohlfahrtseffekte einer Mehrwertsteuersenkung in Österreich: Analyse mit Hilfe eines 5-Sektoren-Gleichgewichtsmodells, Institut für Höhere Studien, Wien.

186 FEHR/ROSENBERG/WIEGARD (1991) Quantitative Aspekte einer Harmonisierung der Umsatzsteuern in der EG, Vortrag, gehalten vor der 34. Tagung des Finanzwissenschaftlichen Ausschusses des Vereins für Socialpolitik in München, 22.-24. Mai 1991, DERS. (1993) Value Added Tax in the EC after 1992. Some Applied General Equilibrium Calculations, in: European Economic Review 37, S. 1483 ff, DERS. (1994) Should the EU Adopt the Origin Principle for VAT after 1997? in: Finanzarchiv NF 51, S. 1 ff, DERS. (1995) Welfare Effects of Value-Added Tax Harmonization in Europe. A Computable General Equilibrium Analysis, Berlin et.al.

187 HAUFLER (1990), aaO, DERS. (1993), aaO.

188 VAN LEUWEN/TANG (1995) Consequences of Harmonization of Indirect Taxes for Luxembourg, Journal of Policy Modelling 17, S. 121 ff.

189 Vgl. das dritte Kapitel der DIW-Studie VON PARSCHE/SEIDEL/TEICHMANN (1988), aaO.

190 Vgl. zu der Modellgrundlage: SHOVEN/WHALLEY (1984) Applied General-Equilibrium Models of Taxation and International Trade - An Introduction and Survey, in: Journal of Economic Literature 22, S. 1007 ff und KEUSCHNIGG (1987) Ein kleines numerisches Gleichgewichtsmodell für Österreich, in: Finanzwissenschaftliche Diskussionsreihe 4, Institut für Finanzwissenschaft der Universität Innsbruck.

EUROPÄISCHEN GEMEINSCHAFT vorgeschlagenen Umsatzbesteuerung. Insbesondere die Abschaffung der erst 1978 eingeführten Luxussteuer hätte nach seiner Analyse erhebliche Wohlfahrtsgewinne zur Folge[191].

Die bisher genannten makroökonomischen Modelle aus den späten 80er Jahren des 20. Jahrhunderts betrachteten die Steuerarbitrage nicht explizit.

FEHR/ROSENBERG/WIEGARD (1991)/(1993)/(1994)/(1995) untersuchten im Rahmen eines generellen Gleichgewichtsmodell mit verschiedenen Gütergruppen die Auswirkungen der verschiedenen Systeme der internationalen Besteuerung auf die Höhe des Sozialprodukts und des Steueraufkommens der beteiligten Länder. Preis- und Allokationsänderungen wurden mit der Hicksschen Äquivalenten Variation bewertet. Grundsätzlich wurden die Wirkungen in Substitutions- und Einkommenseffekte unterschieden, wobei es sich hierbei um die Terms-of-Trade-Effekte und Steueraufkommensverschiebungen handelt.

Die Autoren berücksichtigten bei ihrer Analyse die mehrstufige Umsatzsteuer in der EU, indem sie den umsatzsteuerlichen Vorsteuerabzugsmechanismus adäquat in ihrem Modell abbilden. Die speziellen Verbrauchsteuern wurden nicht einbezogen.

In einem disaggregierten Input-Output-Modell versuchten sie, die Außenhandelsverflechtungen im Europäischen Binnenmarkt und zum Rest der Welt zu beschreiben. Sie legten eine Produktionsverflechtung aus einem Input-Output-Modells LANGERS (1987)[192] für die Europäische Gemeinschaft und einen steuerrechtlichen Datenkranz aus dem Jahre 1981 zugrunde.

- In ihrem ersten Beitrag aus dem Jahre 1991, der inhaltlich weitgehend identisch ist mit der Veröffentlichung aus dem Jahre 1993, untersuchten sie die Effekte der Abschaffung der Steuergrenzen zum 1.1.1993.
- Im Zeitschriftenaufsatz aus dem Jahre 1994 analysierten sie, welche ökonomischen Effekte sich in den beteiligten Ländern ergeben, wenn das Besteuerungsprinzip innerhalb der Europäischen Gemeinschaft gewechselt (vom BLP zum DPS bzw. zum ULP – mit Vorumsatzabzug bzw. mit Vorsteuerabzug) wird.
- In einer Monographie aus dem Jahre 1995 verglichen sie das Mischprinzip und das GMP mit Vorsteuerabzug sowie das GMP mit Vorumsatzabzug[193]. Darüber hinaus wurden der

---

[191] Zu den Ergebnissen vgl. VON WATZDORF (1989), aaO, S. 46 ff. Bemerkenswert ist die Datenbasis, die für die Republik Österreich vorliegt, aus der Umsatzsteuerstatistik sind die Aufkommen der Einfuhrumsatzsteuer getrennt ablesbar! Somit kann eine Aussage über den Umfang der deklarierten (privaten) Direktimporte aus Deutschland und den anderen Nachbarländern gegeben werden. Dies ist für die bundesdeutsche Statistik nicht möglich.

[192] LANGER (1987) Produktionsverflechtung in der EG. Ein interregionales Input-Output Modell für die Staaten der Europäischen Gemeinschaft, HWWA, Hamburg.

[193] Oben wurde in Kapitel 3.3.1 "Überblick: Besteuerungsprinzipien im Internationalen Handel" darauf hingewiesen, dass das sog. GMP mitunter als eine Ausprägung des Ursprungslandprinzips bei mehrstufigen Steuern bezeichnet wird. Das Mischprinzip bezeich-

1987 von der Kommission vorgeschlagene Clearingmechanismus und das 1994 von der deutschen Ursprungslandkommission vorgeschlagene bilaterale Clearingsystem betrachtet.

Bei ihrer Analyse ließen sie ausdrücklich steuerlich bedingte Direktimporte von Endverbrauchern zu.

> FEHR/ROSENBERG/WIEGARD unterstellten in ihrem theoretischen Modell und in den späteren empirischen Untersuchungen, dass die Letztverbraucher in EG-Ländern die für sie günstigste Option wählen. „Für Verbraucher in Niedrigsteuerländern bedeutet dies, dass sie Waren aus Hochsteuerländern der EG nur ... (nach dem BLP, der Verf.) ... beziehen werden". „Umgekehrt werden Konsumenten in Hochsteuerländern die Versandhandelsregelung (DPS im Versandhandel, der Verf.) zu umgehen versuchen, um zu den günstigsten steuerlichen Bedingungen der Niedrigsteuerländer einkaufen zu können" [194].

Bei der Modellierung der institutionellen steuerlichen Verhältnisse im Europäischen Binnenmarkt spielte die Erfassung der Direktimporte eine entscheidende Rolle. Da FEHR/ ROSENBERG/WIEGARD keine statistischen Informationen zu der tatsächlichen Höhe bzw. zu zugrundeliegenden Wirkungszusammenhängen vorlegten, trafen sie behelfsweise Grobannahmen über die Direktimporte.

Dabei mussten sie einräumen, dass Ihnen keine verläßlichen Parameterinformationen vorliegen. Anstelle von solchen empirisch ermittelten Werten wurden bestimmte Parameter durch freie Schätzung festgelegt:

> „Sometimes, however, we had no information at all and inevitably had to use best guesses obtained in „*coffee table conversation*" (Hervorhebung durch den Verf.). Hence, there is a large degree of uncertainty concerning the „true" values of key model parameters." (Zitat S. 207).

Diese Grobannahmen („Best Guesses") seien beispielhaft im folgenden dargestellt.

- Die 1991er Fassung verwendete die gröbste Schätzung. Sie beruht auf einer auf die Gütercharakteristik abstellenden Schätzung. FEHR/ ROSENBERG/WIEGARD definieren alle Güterkategorien, die von ihrem Verarbeitungsgrad her konsumnahe Fertigprodukte sind und innerhalb des Binnenmarktes gehandelt werden, als Direktimporte. Dies ist in der verwendeten Datenbasis begründet (Input-Output-Tabellen gibt es nur für den gewerblichen Güterhandel), entspricht aber nicht den steuerrechtlichen Gegebenheiten, nach denen Direktimporte solche Gütertransaktionen sind, bei denen von nichtumsatzsteuerpflichtigen Privatpersonen Waren direkt über die Grenze verbracht werden. Durch die Annahme, dass 100% aller Letztverbrauchswaren aus dem Land mit den niedrigsten Steuersätzen stammen, wird die auf die Wirklichkeit des EG-Binnenmarktes hin modellierte quantitative Analyse von den Autoren unzulässig stark vergröbert[195].

---

net das DPS (i.e. das BLP bei mehrstufigen Steuern ohne Grenzkontrollen) im gewerblichen Sektor und das ULP für Direktimporte von Endverbrauchern.

[194] Zitat bei FEHR/ROSENBERG/WIEGARD (1991), aaO, S. 25.

[195] FEHR/ROSENBERG/WIEGARD begründen 1991 ihr Vorgehen damit, dass es im höchsten Maß fraglich erscheint ..., ob auch bezüglich des Direktkonsums (außer Pkw) eine Besteuerung nach dem BLP sichergestellt werden kann". Zwar seien von der Kommission unterschiedliche administrative Regeln zur Sicherung der Besteuerung des nicht rein privaten

- In der Monographie aus dem Jahre 1995 gingen sie wie folgt vor. Die Importe von Einzelhändlern aus anderen EU-Ländern wurden zur Hälfte als Direktimporte von Endverbrauchern definiert. Die verbleibende Hälfte wird von gewerblichen Unternehmern abgenommen[196]. Direkt anschließend an die Darstellung dieser Grobschätzung räumten die Autoren ein, dass es sich bei diesen Grobschätzungen um eigentlich nicht hinnehmbare Defizite handelt. Dies wiege umso schwerer, da die Direktimporte die zentrale Schlüsselgröße der Modellkalkulationen sind. Deswegen nehmen FEHR/ROSENBERG/WIEGARD im Anschluß an die Darstellung der Schätzungen mit der hälftigen Annahme von Direktimporten eine Sensitivitätsanalyse vor. Dabei verdoppelten sie die grobgeschätzten Direktimporte. Dies hat zur Folge, dass die zunächst ermittelten Allokationsstörungen und Steueraufkommensverschiebungen sich ebenfalls ungefähr verdoppeln[197].
- Die in den Aufsätzen aus den Jahren 1991, 1993 und 1994 vorgenommenen Grobschätzungen konnten aus den veröffentlichten Texten selber nicht selber eingesehen werden, weil die Autoren diesbezüglich auf weitere Unterlagen zur Datenbasis verwiesen, die direkt bei den Autoren bezogen werden könnten[198]. In der 1990er Veröffentlichung verweisen FEHR/ROSENBERG/WIEGARD darauf, dass nicht ausreichend Raum zur Darstellung der Datenbasis gegeben sei[199].
- Da es sich bei diesen nicht veröffentlichten Grobannahmen um wesentliche, die Modellschätzungen beeinflussende Faktoren handelt, ist kritisch anzumerken, dass mit einer solchen Publikationstaktik nicht unerhebliche Tatbestände verschleiert werden. Dass die Referees der beteiligten Zeitschriften (Finanzarchiv, European Economic Review) diesen Punkt nicht beanstandet haben, ist nur schwer verständlich. Hier zeigt sich eine gewisse Geringschätzung der theoretisch ausgerichteten Autoren bezüglich der Probleme der empirischen Datengewinnung.

Auf eine Darstellung der Schätzergebnisse für die einzelnen Besteuerungsprinzipien wird angesichts der frei gegriffenen „Datenbasis" für die eigentliche Schlüsselgröße Direktimporte verzichtet.

Folgende Einwände sind im einzelnen gegen die Abbildung der Direktimporte bei FEHR/ROSENBERG/WIEGARD vorzutragen:

- Es erfolgt keine ökonomische Betrachtung in dem Sinne, dass die Einflussfaktoren der Steuerarbitrage berücksichtigt werden. Da in der Schätzung aus dem Jahre 1995 alle gefundenen innergemeinschaftlichen Handelsströme jeweils zur Hälfte als Direktimporte definiert werden, bleibt unberücksichtigt, dass an Grenzabschnitten mit hohen Steuersatzdifferenzen nach einem zu erwartenden wirtschaftlichen Kalkül der Endverbraucher höhere Steuerarbitrageaktivitäten zu erwarten sind. Die Nichtabbildung dieses ökonomischen Kalküls muss umso

---

grenzüberschreitenden Verkehrs vorgeschlagen worden, doch würde es der „Findigkeit der Marktteilnehmer" gelingen, innergemeinschaftliche Lieferungen von Endverbrauchsgütern *stets* nach dem ULP vorzunehmen, wenn der inländische Mwst.-Satz höher als der Satz eines anderen Mitgliedslandes sei (Zitate S. 24, Hervorhebung durch den Verf.).

196 Vgl. FEHR/ROSENBERG/WIEGARD (1995), aaO, S. 146.

197 Vgl. ebenda, S. 207 - 209.

198 Vgl. Vgl. FEHR/ROSENBERG/WIEGARD (1993), aaO, S. 1491/1494 und DERS.(1994), aaO, S. 12.

199 Vgl. FEHR/ROSENBERG/WIEGARD (1990), aaO, S. 15: "Within the given limits of our paper it is impossible to give a detailed description of our data base. It is available on request from the authors (but note that it is in german)." Vgl. für die Veröffentlichung aus dem Jahre 1993: FEHR/ROSENBERG/WIEGARD (1993), aaO, S. 12.

mehr verwundern, als FEHR/ROSENBERG/WIEGARD ansonsten mit enormen technischen Aufwand eine mikroökonomisch fundierte Modellierung der Aktivitäten auf der Produktions-, Handels- und Konsumseite vornehmen.

- Die Annahme, dass sich nur heimische Produkte, die in andere EU-Länder exportiert werden, im Warenkorb des anschließenden Re-Imports befinden, ist nicht zu belegen. Diese Interpretation des innergemeinschaftlichen Handels blendet den Konsum von Waren aus anderen Mitgliedsstaaten durch die jeweilige Wohnbevölkerung komplett aus!
- Hemmende Einflüsse (Sprachunterschiede, unterschiedliche Gewährleistungsregelungen etc.) auf die Direktimporte von technisch hochwertigen Waren werden ebenso wie die Use-Tax-Regeln für Fahrzeuge nicht abgebildet.
- Da sich FEHR/ROSENBERG/WIEGARD auf die Aspekte der Umsatzbesteuerung konzentrieren, um so die verschiedenen Vorschläge internationaler Besteuerungsprinzipien zu berechnen, lassen sie die empirisch vorfindbaren, nicht unbeträchtlichen, Steuersatzunterschiede bei den Verbrauchsteuern und hierdurch bedingte Direktimporte bei den speziellen Verbrauchsteuern unberücksichtigt.

In seiner Dissertation erweiterte HAUFLER (1993) seine allgemeine Gleichgewichtsanalyse aus dem Jahre 1990 insofern, als er mehr Länder und Güter zulässt, eine theoretische Analyse und die Überprüfung anhand empirischer Daten der Außenhandelsstatistiken auf einer aggregierten Ebene erweitert und verschiedene Substitutionalitäten zwischen den gehandelten Gütern zulässt. Eine Betrachtung der Direktimporte im einzelnen und eine Abbildung der tatsächlichen institutionellen steuerlichen Gegebenheiten des Grenzausgleichs erfolgte nicht.

Grundsätzlich wurden in seinen theoretischen Vorüberlegungen die Ergebnisse der komparativ-statischen Analyse durch den Terms-of-Trade-Effekt und den Steueraufkommenseffekt bestimmt. Sind sie gegenläufig, muss für eine Diskussion der vorgeschlagenen Verfahren der Besteuerung grenzüberschreitender Warenströme in der EU die Höhe der beiden Effekte empirisch ermittelt und der letztendlich überwiegende Gesamteffekt bestimmt werden. Die Frage, ob eine Satzharmonisierung vorteilhaft ist, wird von HAUFLER in einer weiteren Modellüberlegung abgehandelt. Hierfür führt er ein öffentliches Gut ein bzw. lässt externe Effekte zu. HAUFLER kann so Wohlfahrtseffekte untersuchen und die Argumentation, dass ein Wettbewerb der Fisci einen Leviathan-Staat begrenzt, prüfen.

Darüber hinaus variierte HAUFLER (1993) die Modellspezifikation, indem er einmal die internationalen Handelsströme durch die Änderung der Prinzipien innerhalb der EU unverändert lässt (kleine Union). Bei einer großen Union wird durch die Umstellung des innereuropäischen Besteuerungsprinzips auch der Handel zum Rest der Welt beeinflusst[200].

[200] HAUFLER (1993), aaO, Kapitel 5, S. 77 ff.

Im empirisch-angewandten Teil seiner Dualen Modellanalyse untersuchte er die Effekte eines Übergangs vom derzeitigen allgemeinen BLP zum damals von der Kommission vorgeschlagenen ROLP (ULP innerhalb der EU und BLP zum Rest der Welt).

- Dafür verwendete er ein auf drei Güter komprimiertes Außenhandelsmodell, das die innergemeinschaftlichen Handelsströme und den Außenhandel zum Rest der Welt abbildet. Die Daten stammen auf Statistiken für das Jahr 1987.
- In einem ersten Schritt unterschied er drei Länder(gruppen), neben Deutschland, den restlichen EU-Ländern den Rest der Welt. Für Deutschland gilt ein Steuersatz von 15 %, für die restlichen EG-Länder ein Satz von 20%. Der Umsatzsteuersatz in der restlichen Welt ist wegen des gegenüber diesen Ländern noch intakten Grenzausgleichs für die gewerblich gehandelten Zwischengüter und die Konsumendprodukte irrelevant, er wird auf 0 % gesetzt. Statt der in der aggregierten Außenhandelsstatistik üblichen Unterscheidung in primären, sekundären und tertiären Sektor verwendet er nur zwei Kategorien von gehandelten Gütern: die gehandelten Güter werden in (1) Zwischen- und (2) Konsumendprodukte des produzierenden Sektors[201] eingeteilt, wobei die in den Handelsstatistiken nur unterrepräsentierten Dienstleistungen unterschlagen werden. Auf diese Art und Weise sollte die Regelung der indirekten Besteuerung grenzüberschreitender Güterströme im Binnenmarkt dargestellt werden. Die Endverbrauchsgüter, für die nach der zum 1.1.1993 neugefaßten Umsatzsteuerrichtlinie eine Use-Tax-Regelung gilt (z.B. Fahrzeuge), wurden dem Bereich der Zwischenprodukte zugeordnet.

Ebenso wie für FEHR/ROSENBERG/WIEGARD sind für HAUFLERS angewandte Gleichgewichtsmodellierung die unzureichende Datenbasis und die alleinige Ausrichtung der Untersuchung auf die Umsatzsteuer zu kritisieren.

- Zwar nimmt HAUFLER zur Abschätzung der tatsächlichen Elastizitäten (und der Höhe der Produktion und Handelsströme) in den betrachteten Ländern eine Abschätzung in einem AGGM vor[202], seine Analyse ist jedoch so stark vergröbernd, dass diese – auch nicht annähernd – als eine an die tatsächlichen empirischen Gegebenheiten, die für die Steuerarbitrage gelten, angepasste Betrachtung charakterisiert werden kann.
- Dies lässt sich insbesondere an der Modellierung der Direktimporte verdeutlichen. Mit der Reduzierung der Betrachtung, dass der Konsument nur ein Gut über den gewerblichen Sektor zum BLP und direkt aus dem EG-Nachbarland zum ULP erwerben kann, wird das tatsächliche Alternativenset des Arbitrageurs in

[201] Ebenda, S. 111 ff.

[202] Zu seiner in Kapitel 6 „Numerical Comparisons" vorgenommenen empirischen „Überprüfung" seines Modells ist auszuführen, dass insbesondere die für die Beurteilung der alternativen Besteuerungsprinzipien zentrale Steuerarbitrage nicht adäquat abgebildet wird: Als aus Sicht des Direktimporteurs handelbares Gut werden folgende Gütergruppen zu einem „Composite Good" zusammengenommen: Getränke, Tabakwaren, Schuhe, Lederbekleidung, Holzprodukte und Schmuck. Bei der modellhaften Betrachtung geht HAUFLER davon aus, dass dieses zusammengesetzte Gut entweder *zur Gänze* in dem einen Land oder *zur Gänze* in dem anderen Land erworben wird! Transaktionskosten für den Endverbraucher (z.B. in Abhängigkeit des Gewichts einer Ware bzw. der Entfernung zur Grenze) werden darüber hinaus ausgeblendet. Auf eine Darstellung der Ergebnisse der numerischen Vergleiche der zur Diskussion stehenden Besteuerungsprinzipien wird angesichts dieser unbefriedigend starken Abstraktion von der Wirklichkeit verzichtet.

keinster Weise abgebildet: Denn der Konsument kann in der Realität ein und das selbe Gut im Handel des Hoch- und des Niedrigsteuerlandes einkaufen. Ob der Produzent eine Ware zum Einzelhandel dies- oder jenseits z.B. der deutsch-holländischen Grenze transportiert, hat keine ökonomischen Auswirkungen auf den Produktionssektor. Dem im Niedrigsteuergebiet ansässigen Einzelhandel, der die in Grenznähe wohnenden Konsumenten des Hochsteuerlandes als Käufer gewinnen will, ist es darüber hinaus möglich, durch Import von Waren aus dem Hochsteuerland unter Inanspruchnahme des Vorsteuerabzuges jedwede gewünschte Ware zum niedrigsten Steuersatz anzubieten (sog. Cross Hauling). HAUFLER blendet also einmal den Handelssektor komplett aus.

- Darüber hinaus betrachtet er nur ein Gut und lässt die speziellen Verbrauchsteuern unberücksichtigt. Dies ist angesichts der empirischen Wirklichkeit gerade bei den speziellen Verbrauchsteuern ein erhebliches Manko, da - wie weiter unten ausgeführt werden wird - dort zu beobachten ist, dass an einem und dem selben Grenzabschnitt das eine Gut höher und das andere Gut niedriger besteuert wird. In diesem Fall ist davon auszugehen, dass Endverbraucher aus beiden Ländern im jeweiligen Nachbarland die speziell niedriger besteuerte Ware einkaufen. Diese Gleichzeitigkeit der Steuerarbitrage bildet HAUFLER jedoch nicht ab.

Mit Hilfe eines sektoral gegliederten Modells für die luxemburgische Volkswirtschaft analysierten VAN LEUWEN/TANG (1995) welche Effekte eine mögliche Verbrauchsteuerharmonisierung auf die luxemburgische Volkswirtschaft haben würde. Es werden einmal allokative Effekte auf die heimische Wirtschaft und zum anderen Steueraufkommenseffekte betrachtet:

(1) VAN LEUWEN/TANG testeten die von der Finanzpolitik vorgetragene Hypothese, wonach Luxemburg sich deswegen einer Anhebung der heimischen Steuersätze widersetzt, weil ansonsten ein Anstieg des Preisniveaus, und in mittelfristiger Konsequenz auch ein Anstieg des Lohnniveaus, mit entsprechenden negativen volkswirtschaftlichen Wirkungen drohen würde. Hierdurch würde die Wettbewerbsfähigkeit der heimischen Produkte verringert und eine Substitution durch Produkte aus dem Ausland bzw. aus den anderen Gemeinschaftsländern erfolgen.

Zu dieser These stellten VAN LEUWEN/TANG fest, dass sich keine wesentlichen allokativen Effekte aus der Anhebung der heimischen Steuersätze für die luxemburgische Volkswirtschaft ergäben.

Die Modellüberlegungen sind in einen Produktions- und einen Konsumbereich geteilt. Im Produktionsbereich wird der Stahlsektor und der Bankensektor explizit modelliert. Für die Prognose des Konsumsektors fand das Rotterdam-System von DEATON/MUELBAUER (1980) Anwendung, wobei 11 Kategorien betrachtet werden[203].

---

203 Für eine Übersicht über das Luxemburg-Modell vgl. Figure 1 bei VAN LEUWEN/TANG (1995), aaO, S. 125. Das ursprüngliche Konsummodell findet sich bei DEATON/MUELBAUER (1980) Economics and Consumer Demand, Cambridge.

(2) Neben allokativen Effekten, die eine Mehrwert- und Verbrauchsteuererhöhung mit sich bringen würde, sind die aus der wegfallenden Nachfrage von ausländischen Arbitrageuren sinkenden Steuereinnahmen zu betrachten und mit den steigenden Einnahmen aus der (je Einheit konsumiertes Produkt) erhöhten Besteuerung des inländischen Konsums zu vergleichen. Bei der Analyse der Steueraufkommenseffekte ist bezüglich der Verbrauchsteuern zu beachten, dass Belgien und Luxemburg ihre Verbrauchsteuern gemeinsam erheben[204].

Zum methodischen Vorgehen im einzelnen seien folgende Erläuterungen aus der Untersuchung von VAN LEUWEN/TANG wiedergegeben:

- In welchem Umfang bisherige steuerdifferenzinduzierte ausländische Nachfrage wegfällt, können VAN LEUWEN/TANG nicht aus dem Modell heraus vorhersagen. Er nimmt daher ein „Worst-Case"-Szenario an, in dem er davon ausgeht, dass die *gesamte* ausländische Nachfrage nach Mineralöl, Tabakwaren und alkoholischen Getränken wegfällt. Die ausländische Nachfrage nach anderen Gütergruppen verringert sich im Rahmen „normaler" Preis-Mengen-Reaktionen auf Veränderungen der relativen Preise bzw. Wechselkurse.

- VAN LEUWEN/TANG verwendeten folgende Szenarien zur Abbildung der Wirkungen der Steuersatzerhöhung für Luxemburg:

    1. Für die Mehrwertsteuer musste Luxemburg seine 1988 tatsächlich geltenden Sätze von 3 bzw. 12 % anheben, so dass die Sätze innerhalb der Bandbreite von 4-9 % für den ermäßigten Satz und von 14-20% für den Normalsteuersatz liegen. Die Verbrauchsteuern werden auf die Minimum Sätze von 1.271 ECU je hl Alkohol, 340 ECU/1000 l Dieselkraftstoff und 19,5 ECU Stücksteuersatz je 1.000 Zigaretten und 52% ad valorem Steuersatz bei der Tabaksteuer angehoben. Aus dieser Erhöhung wurde eine komplette Reduktion der Steuerarbitrage angenommen (Szenario I).

    2. Ein weiteres Szenario II ergab sich, wenn zusätzlich zu den im ersten Szenario dargestellten Steuer-/Preiserhöhungen im Konsumsektor für die die luxemburgische Mehrwert- und Verbrauchsteuer auch noch die Preise im Produktionssektor für die von den auswärtigen Konkurrenten angebotenen Konkurrenzprodukte um durchschnittlich 1% zurückgehen. Für die Allokationseffekte ist nämlich nach der Vorhersage von EMERSON (1988) zu beachten, dass die anderen institutionellen Maßnahmen, die mit der Errichtung des Europäischen Binnenmarktes verbunden sind, tendenziell zu einer Deregulierung und Kostensenkung führen, die den durch die Steuerharmonisierung sich ergebenden Anstieg der Preise und Löhne wieder ausgleichen können[205]. In dem zweiten Szenario war eine Anhebung der luxemburgischen Produzentenpreise durch den starken Wettbewerb zu Importgütern nur in geringem Umfang möglich.

---

[204] Vgl. zur Einbindung der luxemburgischen Wirtschaft in die Gemeinschaft mit Belgien (Belgian Luxembourg Economic Union, BLEU): VAN LEUWEN/TANG (1995), aaO, S. 132 f und 137.

[205] EMERSON (1980) The Economics of 1992: An Asessment of the Potential Economic Effects of Completion the Internal Market of the European Community, European Economy o. Jg., S. 35.

- Generell wurde für die Analyse die vereinfachende Annahme getroffen, dass die Steuersatzerhöhung komplett auf die Konsumentenpreise weitergewälzt wird.
- Das Steueraufkommen aus den direkten Steuern und die Höhe der Staatsausgaben wurden für die Modellbetrachtung als konstant angenommen.

Unter den genannten Annahmen ergaben sich in den beiden Szenarien folgende Ergebnisse:

- Im Szenario I erhöhte sich das Konsumentenpreisniveau um 3,9% im ersten Jahr. Hierdurch verringert sich der Gesamtkonsum um 5,4% im ersten Jahr.
- Im Szenario II ist zu beachten, dass die Preise für importierte Güter sinken (und zwar in der von EMERSON (1980) vorhergesagten Höhe) und dies entsprechende Reaktionen im Luxemburg-Modell nach sich zieht.
- VAN LEUWEN/TANG interpretierten den sich ergebenden Effekt im Produktionssektor als geringfügig: Die Veränderung des Konsums bzw. der Produktion in Luxemburg verringert sich lediglich um 1/10 Prozentpunkt. Allerdings sind die Veränderungen bei den gesamten indirekten Steuern bzw. bei der MwSt deutlich höher.
- Darüber hinaus stellten die Autoren die Effekte auf die einzelnen Branchen der heimischen Wirtschaft dar[206].

Die Analyse VAN LEUWENS/TANG zeigt die Effekte für die luxemburgische Volkswirtschaft, die aus einer Steuersatzanhebung auf das Mindeststeuersatzniveau resultieren. Die Analyse kann wie folgt eingeschätzt werden:

- Es handelt sich um eine Studie, die die spezielle institutionelle Situation des kleinen Landes Luxemburg widerspiegelt: Wegen seiner zentralen Lage im Europäischen Binnenmarkt ist Luxemburg in der Lage, seine heimischen indirekten Steuersätze niedrig zu halten, weil dadurch zwar geringeres Steueraufkommen aus dem Konsum der Inländer erzielt wird, dieser Verlust wird jedoch überkompensiert durch die Attrahierung auswärtiger Steuerarbitrageure.
- Die Analyse konzentriert sich jedoch nicht auf die direkte Wirkung einer Steuersatzanhebung auf die Steuerarbitrage, weil hierfür – mangels vorliegender empirischer Erkenntnisse zur Reagibilität der Steuerarbitrage bei unterschiedlichen Steuersätzen und anderen Einflußgrößen (Entfernung zur Grenze, Gutseigenschaften, Gewicht u.ä.) – eine Reduktion auf Null unterstellt wird, obwohl durch Anheben der luxemburgischen Steuersätze auf das Mindestniveau nicht alle Steuersatzdifferenzen auf Null verringert werden. Statt dessen werden die Effekte auf die anderen gesamtwirtschaftlichen Aggregate (Konsumenten- und Produzentenpreise, Lohnniveau, Konsum, Importe, Produktion usw.) betrachtet, die durch ein vorhandenes empirisches Modell der luxemburgischen Volkswirtschaft abgebildet werden können. Insofern entspricht diese frei gegriffene Reduktion der Steuerarbitrage auf Null den Grobannahmen von FEHR/ROSENBERG/WIEGARD.
- Positiv anzumerken ist, dass die Analyse explizit auf die Steuerarbitrageeffekte, die bei den speziellen Verbrauchsteuern hervorgerufen werden, eingeht. Dies ist für die bisher dargestellten theoretischen Modellierungen zur Steuerharmonisierung einmalig und deshalb besonders hervorzuheben.

---

[206] Vgl. VAN LEUWEN/TANG (1995), aaO, Table 6, S. 136.

Insgesamt gesehen sind unter den AGGM für die Umsatzsteuer die Modelle von FEHR/ROSENBERG/WIEGARD (1993)/(1994)/(1995) und HAUFLER (1993) - insbesondere wegen ihrer theoretischen Untersetzung - hervorzuheben. Beide Modelltypen sind jedoch ausschließlich auf die Umsatzsteuer ausgerichtet und betrachten die verschiedenen Vorschläge für ein endgültiges Besteuerungs*system* bei der Umsatzsteuer im Europäischen Binnenmarkt. Die präzise theoretische Grundlegung im Bereich der Umsatzsteuer findet jedoch keine Entsprechung bei der empirischen Überprüfung der theoretischen Modellerkenntnisse. Insbesondere bei FEHR/ROSENBERG/WIEGARD sind nicht zu akzeptierende Grobannahmen aus „coffee table conversations" enthalten, die die abschließenden Aussagen zur Vorteilhaftigkeit des einen oder anderen Umsatzbesteuerungssystems nahezu vollständig unbrauchbar machen. Diese Grobannahmen sind allenfalls deswegen zu akzeptieren, da den Autoren keine empirischen Untersuchungen zur Höhe, Zusammensetzung und zu den Bestimmungsgründen der Steuerarbitrage vorliegen.

Die Praxisrelevanz der Analyse HAUFLERS wird dadurch stark eingeschränkt, dass nur weniger (zwei oder drei) Gütergruppen betrachtet werden. Die numerische Illustration der innergemeinschaftlichen Binnen- und Außenhandelsströme und des Handels zum Rest der Welt ist somit übersimplifiziert.

Für den Bereich der speziellen Verbrauchsteuer war lediglich das Modell von VAN LEUWEN/TANG im Schrifttum vorzufinden. Es ist auf ein wesentliches Element der Steuerharmonisierung im Europäischen Binnenmarkt ausgerichtet, behilft sich jedoch – ebenfalls mangels Vorliegen entsprechender empirischer Vorarbeiten – mit Grobannahmen an die Elastizität der Steuerarbitrage auf Steuersatzdifferenzen.

Die nicht berücksichtigten Wirkungen der veränderten Steuersätze stehen im Mittelpunkt dieser Arbeit, so dass für eine erneute Schätzung der gesamten Effekte (direkt auf die Steuerarbitrage und auf die anderen gesamtwirtschaftlichen Größen) eine vollständige Wirkungsanalyse in Zukunft prinzipiell möglich wird.

4. Zusammenfassung: Die Rolle der Direktimporte für die Steuerarbitrage im Europäischen Binnenmarkt

Nach dieser überblickartigen Schilderung der Rolle der Steuerarbitrage einerseits für die weitere institutionelle Entwicklung des Gemeinsamen Marktes und andererseits für die diese Entwicklung begleitenden theoretischen Modelle zur europäischen fiskalischen Harmonisierung kann als Zwischenresumeé festgehalten werden:

Die besondere Bedeutung der Steuerarbitrage für die institutionelle Entwicklung der Freizügigkeit des Personenverkehrs ist von der EG-Kommission im Weißbuch (1985) zum Binnenmarkt klar herausgestellt worden. Der tatsächliche Umfang der steuerlichen Ausweichhandlungen der Privatpersonen wird das Ausmaß der Angleichungen der indirekten Steuersätze, die im Binnenmarkt zu erfolgen haben, bestimmen.

Die neue Rolle der steuerlich motivierten Direktimporte, die sich nach der nahezu vollständigen Aufhebung der Grenzkontrollen zwischen den Mitgliedsländern ergibt, schlägt sich in den neueren finanztheoretischen Untersuchungen nieder.

- Die Direktimporte bewirken eine Allokationsverzerrung, weil für die sich an der Arbitrage beteiligenden Käufer, die im niedriger besteuernden Nachbarland einkaufen, andere relative Preise gelten als für die Konsumenten, die alle Güter im Inland kaufen. Damit verlieren die relativen Preise ihre Steuerungsfunktion für das allokative gesamtwirtschaftliche Optimum.
- Die Direktimporte verschieben das Steueraufkommen: Tendenziell wird die Bemessungsgrundlage (hergestellte Mengen bzw. Umsätze) in den Hochsteuerländer verringert, während die Mengen bzw. Umsätze in den Niedrigsteuerländern gegenüber einer Situation ohne Steuerarbitrage ausgeweitet werden.
- Die Arbitragehandlungen an sich sorgen für einen zusätzlichen Ressourceneinsatz (Transportkosten im weitesten Sinne, wie Zeit, PKW-Verschleiß, Kraftstoffe usw.) und zusätzlichen Straßenverkehr.
- Neben diesen aus allokativer Sicht ungünstig einzustufenden Effekten, bewirken die Steuerarbitragehandlungen jedoch auch einen (polit)ökonomischen Druck auf Hochsteuerstaaten, die wie das Seeungeheuer „Leviathan“ ihre Staatsangehörigen durch eine zu hohe Staatsausgabenquote und zu hohe Steuersätze ausbeuten wollen.

In den im Schrifttum vorzufindenden Angewandten Generellen Gleichgewichts-Modellen (AGGM), die sich speziell mit den Problemen der indirekten Besteuerung im Europäischen Binnenmarkt befassen, wird die Steuerarbitrage zwar als Schlüsselgröße identifiziert, eine adäquate ökonomische Berücksichtigung gelingt jedoch nicht. Ein wesentlicher Grund für die mangelnde Berücksichtigung der empirischen Wirklichkeit bezüglich der Steuerarbitrage ist, dass die Finanztheorie die im empirischen Schrifttum vorfindbaren Untersuchungen nicht ausreichend zur Kenntnis genommen hat. Darüber hinaus ist im Vorgriff auf die Darstellung im nächsten Teil jedoch einzuräumen, dass erst im letzten Jahrzehnt eingehende empirische Untersuchungen zur Steuerarbitrage begonnen wurden.

Nachdem die Rolle der Steuerarbitrage für die Steuerharmonisierung aufgezeigt ist, stellt sich die Frage nach dem tatsächlichen Ausmaß, der Zusammensetzung und nach den Bestimmungsfaktoren dieser Arbitrage.

(1) Im einzelnen ist zu fragen, welches Ausmaß die ab dem 1.1.1993 (fast) völlig unbeschränkt möglichen Steuerarbitragehandlungen haben (*Fragenkreis 1: Ausmaß der Steuerarbitrage, gemessen als Reaktion von Umsatz, Anzahl Einzelhändler, Beschäftigung usw.).*

(2) Zweitens ist die Zusammensetzung des Arbitragestroms nach Güterarten zu untersuchen *(Fragenkreis 2: Zusammensetzung des direktimportierten Warenkorbes)*[207].

(3) Zum dritten interessieren hier die Bestimmungsgründe der Steuerarbitrage bei Umsatz- und Verbrauchsteuern: Bis in welche Entfernung zur Grenze zum höher oder niedriger besteuernden Nachbarland z.B. werden Auswirkungen der abfließenden bzw. hereinströmenden Arbitrage zu messen sein? Spielen Sprach-Rechts- und Währungsunterschiede zwischen In- und Ausland eine Rolle? *(Fragenkreis 3: Bestimmungsgründe der Steuerarbitrage)*

(4) Schließlich ist zu untersuchen, ob – und wenn ja inwieweit – die Ergebnisse für steuerlich motivierte Direktimporte ohne weiteres für Prognosezwecke für die Steuerarbitrage im Binnenmarkt verwendet werden können *(Fragenkreis 4: Übertragbarkeit der empirischen Messungen auf den Binnenmarkt ab dem 1.1.1993).*

Im folgenden sollen deshalb die in der Literatur vorliegenden empirischen Untersuchungen zur Steuerarbitrage auf Hinweise zu diesen vier Fragestellungen konsultiert werden (Teil 3: Empirische Untersuchungen zur Steuerarbitrage bei Umsatz- und Verbrauchsteuern), um dann zu versuchen, die vorgefundenen Antworten zu verifizieren bzw. die festzustellenden Lücken durch eigene Untersuchungen (Teil 4) zu schließen.

---

[207] Anhand der Zusammensetzung der Steuerarbitrage ist zu prüfen, ob angesichts der tatsächlichen institutionellen und empirischen Wirklichkeit die Beschränkung nahezu sämtlicher theoretischen Untersuchungen auf die allgemeine Umsatzsteuer eine akzeptable Schwerpunktsetzung ist.

5. Exkurs zu Kapitel 3.3.2.2.2. „Neutralitätseigenschaften und Äquivalenzeigenschaften unterschiedlicher Steuerregime bei Auftreten von Direktimporten"

Im Schrifttum wurden die Neutralitätseigenschaften und Äquivalenzeigenschaften unterschiedlicher Steuerregime mitunter mithilfe einfacher Arbitrageüberlegungen diskutiert[208]. Diese werden übersichtartig erst am Ende des ersten Teiles in diesem Exkurs dargestellt, um nicht die einheitlich kurz gefaßte Darstellung zu sprengen. Es handelt sich um eine spezielle Analyse der allokativen Effekte der Besteuerungssysteme für die grenzüberschreitenden Warenströme mit Berücksichtigung der privaten Direktimporte. Dabei wird versucht, die im derzeitigen Mischsystem gültigen institutionellen Bedingungen und insbesondere die privaten Direktimporte und der Re-Importe zu berücksichtigen.

Hier sei ein einfaches Zweiländermodell betrachtet. Es gibt in jedem Land einen repräsentativen Bürger. Jedes Land produziert ein privates, universal handelbares privates Gut c. In den Ländern wird jeweils ein nicht-handelbares öffentliches Gut bereitgestellt, das aus einer nach dem BLP erhobenen Umsatzsteuer mit dem Satz t^D finanziert wird. Konsumentenpreisarbitrage führt zum Vor-Steuer-Einheitspreis für das Universalgut, d.h. es gilt $P^F = P^F$ (und zwar unabhängig davon, ob es im Inland oder im Ausland F produziert und/oder verkauft wird, insbesondere unabhängig davon, ob es im Handel diesseits oder jenseits der Grenze erworben wird). Ein Ausgleich der Preise findet über den Wechselkurs statt (denkbar wäre jedoch auch eine vollkommene Faktormobilität anzunehmen). In diesen einfachsten Arbitragegleichungen wird immer davon ausgegangen, dass die gesamte Steuer auf den Konsumenten überwälzt wird. Variationen im Faktorangebot werden nicht betrachtet.

Die Steuerarbitrage wird wie folgt modelliert: Der Einkauf auf der anderen Seite der Grenze ist möglich, dafür sind Transaktionskosten i Kauf zu nehmen.

> Für die Transaktionskosten sei folgende einfache konvexe Kostenfunktion angenommen: $TK = \alpha^D c^D_F$ mit $\alpha^D = const.$ und $0 < \alpha^D < 1$. Der Koeffizient α^D ist ein Maß für die Kostenintensität der Direktimporte. Die aus der Mehrwertsteuer (mehrstufige Allphasensteuer) herrührenden Besonderheiten werden hier vernachlässigt, da gezeigt werden kann, dass die Neutralitätseigenschaften für einstufige Steuern auch für mehrstufige Steuern gelten, wenn der Vorsteuerabzug auch für Importgüter zu 100% möglich ist[209].

---

[208] Vgl. z.B. CNOSSEN/SHOUP (1987), aaO, KRAUSE-JUNK (1990), aaO, SINN (1990), aaO, Genser/Haufler/SØRENSEN (1995) ,aaO, aaO, S. 262 ff, LOCKWOOD/DE MEZA/MYLES (1994), GENSER (1995), RATZINGER (1998), aaO, S. 62 ff, STEHN (1999), aaO, S. 232 ff.

[209] Vgl. für eine Darstellung: RATZINGER (1998), aaO, S. 63 ff mit weiteren Literaturverweisen (CNOSSEN/SHOUP (1987), aaO, S. 71, GENSER/HAUFLER/SØRENSEN (1995), aaO, S. 183 f, KRAUSE-JUNK (1990), aaO, S. 262 ff, SINN (1990), aaO, S. 496).

Für die einzelnen, theoretisch denkbaren Besteuerungsregimes erfolgt eine einfache Veranschaulichung der Arbitragemöglichkeiten nach folgendem Muster:

(i) Preisarbitrageoptionen für inländischen Konsumenten im reinen BLP-System

Tabelle Ex 1: Preisarbitrageoptionen inländischer Konsumenten im reinen BLP-System

	Kauf in	
Produktion in	D	F (Import mit Grenzausgleich)
D	$P^D\ (1 + t^D)$	$P^D\ (1 + t^F)$
F	$P^F\ (1 + t^D)$	$P^F\ (1 + t^F)$

Wenn $P^F = P^F$ gilt, ist Allokationsneutralität jeweils im Inland D und im Ausland F gegeben. Die GRS und die GRT stimmen sowohl im Inland als auch zwischen den Ländern jeweils überein (globales Optimum). Die allgemeine Konsumsteuer t^D kann als allokationsneutrale Lump-sum Steuer zur Finanzierung der Staatsausgaben interpretiert werden.

(ii) Preisarbitrageoptionen für inländischen Konsumenten im reinen ULP-System

Beim reinen ULP, das sich nur bei einer einstufigen Umsatzsteuer (z.B. einer Einzelhandelssteuer) oder einer Verbrauchsteuer verwirklichen lässt, gibt es keinen Grenzausgleich, Importe aus dem Nachbarland sind immer Direktimport, so dass sich der Konsument folgenden Nach-Steuer-Preisen gegenüber sieht, wenn vollkommene Überwälzung unterstellt wird:

Tabelle Ex 2: Preisarbitrageoptionen inländischer Konsumenten unter dem reinen Ursprungslandprinzip

	Kauf in	
Produktion in	D	F (Import ohne Grenzausgleich)
D	$P^D\ (1 + t^D)$	$P^D\ (1 + t^D)$
F	$P^F\ (1 + t^F)$	$P^F\ (1 + t^F)$

De facto handelt es sich um eine Produktionssteuer, die dafür sorgt, dass ein Produkt mit dem Preis und der Steuer behaftet ist, mit dem es im Produktionsland belastet wurde.

Ohne zusätzliche Steuerharmonisierungsschritte ($t^D \neq t^F$) gibt es eine Verzerrung hinsichtlich der relativen Preise, denen sich ein Konsument gegenüber sieht.

(iii) Preisarbitrageoptionen für inländischen Konsumenten im Mischsystem

Welche Nach-Steuer-Preise unter dem Mischprinzip gelten, lässt sich anhand folgender Tabelle verdeutlichen:

Tabelle Ex 3: Preisarbitrageoptionen inländischer Konsumenten unter dem Mischprinzip (DPS für den gewerblichen Bereich und ULP für Konsumenten)

	Kauf in	
Produktion in	D	F (Direktimport)
D	$P^D\ (1 + t^D)$	$P^D\ (1 + t^D) + \alpha^D\ c^D_F$
F	$P^F\ (1 + t^D)$	$P^F\ (1 + t^F) + \alpha^D\ c^D_F$

In der linken Spalte ist die Steuerbelastung für den Kauf im inländischen Einzelhandel aufgetragen, es kommt in beiden Fällen (Produktion im Inland bzw. Produktion im Ausland) der inländische Steuersatz t^D zum Tragen. Dieses Ergebnis ist deckungsgleich mit dem Ergebnis des BLP-Systems. Im Bereich der gewerblichen Wirtschaft, d.h. innerhalb der Zuliefererkette bis zum Einzelhandel sorgt der Grenzausgleich in den Büchern (Deferred-Payment-Scheme) für die gewünschte Steuersatzbelastung: Es wird immer der Satz des Kauflandes erhoben, unabhängig vom Herkunfts- bzw. Produktionsland.

In der rechten Spalte ist der Nach-Steuer-Preis aufgeschrieben, den der Konsument aus D zahlt, wenn er das private Gut im Rahmen eines Direktimports jenseits der Grenze in F erwirbt.

Betrachtet sei der Fall, dass die indirekte Steuersatz für das private Universalgut c im Inland höher als im Ausland ist: ($t^D > t^F$). Unter der getroffenen Annahme, dass $P^F = P^D$ gilt, wird ein Konsument solange im Nachbarland F das Gut erwerben, bis für seine zuletzt erworbene Mengeneinheit des gekauften Gutes gilt, dass die Preisdifferenz je Gutseinheit den zusätzlichen Transaktionskosten gerade entspricht: $(t^D - t^F) = \alpha^D$.

Die Direktimporte bewirken

- eine Allokationsverzerrung, weil die relativen Preise ihre allokative Steuerungsfunktion nicht mehr wahrnehmen können;
- eine Steueraufkommensverschiebung vom Hochsteuerland zum Niedrigsteuerland.

Wenn zusätzlich eine Wohlfahrtsfunktion formuliert wird, können Aussagen darüber getroffen werden, ob - ausgehend von einer Hochsteuersituation (in dem hier dargestellten Beispiel z.B. in D) - ein wohlmeinender Steuerstaat die Steuer unter das First-best-Niveau absenken würde, um ein niedrigeres Angebot an öffentlichen Gütern bereitzustellen, weil die Arbitragemöglichkeit des inländischen Konsumenten berücksichtigt werden muss.

(iv) Preisarbitrageoptionen für inländischen Konsumenten im ursprungslandprinzipbasierten System unter Berücksichtigung des Rests der Welt (Unified Restricted Origin-based VAT)

Die gezeigten unerwünschten Allokationsverzerrungen und Steueraufkommensverschiebungen könnten vermieden werden, wenn die EU zu einem im ursprungslandprinzipbasierten Mehrwertsteuersystem überginge. In Nachfolge von TINBERGEN (1953) haben LOCKWOOD/DE MEZA/MYLES (1994)[210] für die Steuerverhältnisse des Binnenmarktes dargestellt, dass neben den Binnenbeziehungen auch das gegenüber dem „Rest der Welt" angewandte Besteuerungsprinzip zu beachten sei. Nach den GATT-Regeln ist das BLP im internationalen Warenverkehr anzuwenden.

Grundsätzlich gilt das fundamentale Äquivalenzresultat, dass ein weltweites BLP, bei dem jedes Land einen gleichen MwSt-Satz für die Konsumgüter anwendet, einem ULP mit gleichem MwSt-Satz für alle produzierten Güter entspricht.

Dieses Prinzip lässt sich auch auf das Mischprinzip übertragen, das unter der erweiterten Betrachtung des Rest der Welt: Wenn nämlich die EU im Innern zum Ursprungslandprinzip übergeht und zum Rest der Welt weiterhin das Bestimmungslandprinzip anwendet (indem auf Importe eine Einfuhrumsatzsteuer erhoben wird und Exporte in Drittländer steuerbefreit werden)[211]. Das Äquivalenzresultat gilt für das Mischprinzip für den Fall, dass gegenüber dem Rest der Welt in jedem Mitgliedsland ein einheitlicher Steuersatz (t^U) für den Grenzausgleich

---

210 LOCKWOOD/DE MEZA/MYLES (1994), aaO, S. 5 – 24.

211 Dies entspricht dem bis zum 1.1.1993 generell geübten Grenzausgleich.

angewandt wird[212]. Für ein solches Verfahren ist die Bezeichnung Unified Restricted Origin Principle (oder auch Unified Restricted Origin-based VAT, so Genser) geprägt worden

Tabelle Ex4 : Preisarbitrageoptionen inländischer Konsumenten unter dem Unified Restricted Origin Principle			
	Kauf in		
Produktion in	D	F	RdW
D	$P^D (1 + t^D)$	$P^D (1 + t^D + \alpha^D c^D{}_F)$	$P^D (1 + t^D) + \alpha^D c^D{}_{RdW})$
F	$P^F (1 + t^D)$	$P^F (1 + t^F + \alpha^D c^D{}_F)$	$P^F (1 + t^F) + \alpha^D c^D{}_{RdW})$
RdW	$P^{RdW} (1 + t^U)$	$P^{RdW} (1 + t^U + \alpha^D c^D{}_F)$	$P^{RdW} (1 + t^U) + \alpha^D c^D{}_{RdW})$

Aus der zweiten Spalte ist ersichtlich, dass das im Binnenmarkt geltende ULP keine Anreize für Direktimporte mehr bietet, denn zwischen dem gewerblichen Einkauf und dem Direktimport gibt es keinen Arbitragegewinn mehr.

Aus der dritten Spalte ist ersichtlich, dass Direktimporte zum Rest der Welt weiterhin dem Grenzausgleich unterliegen, hier sind also weiterhin unterschiedlich Steuersätze möglich. Kritisch ist hierzu allerdings eine weitere Arbitrageüberlegung angemerkt worden: Wenn nämlich innerhalb der Europäischen Union das ULP gelten würde, wäre es für alle Importeure rational, das Importgut über das Land mit dem niedrigsten Mehrwertsteuersatz zu importieren und so eine möglichst niedrige Einfuhrumsatzsteuer auszulösen[213].

Für ein nach innen gültiges ULP unter dem Allphasen-Brutto-Umsatzsteuersystem der MwSt nach den EG-Richtlinien ist allerdings erforderlich, einen grenzüberschreitenden, fiktiven Vorsteuerabzug vorzunehmen[214]. Für die genannten Äquivalenzeigenschaft ist darüber hinaus zu beachten, dass in den modellgestützten Arbitrageüberlegungen davon ausgegangen wird, dass nur ein einziger MwSt-Satz zur Anwendung kommt, dies ist jedoch in der EU nur in Dänemark der Fall [215]. Alternativ kommt auch eine einheitliche Struktur zwischen Normal- und ermäßigtem Satz in Frage[216].

[212] GENSER (1995) Patterns of Tax Arbitrage and Decentralized Tax Autonomy, EPRU Working Paper 1995-8, Copenhagen Business School, in: Topics in Public Economics (hrg. v. PINES/SADKA/ZILCHA) sowie DERS (1996)?, A Generalized Equivalence Property of Mixed International VAT Regimes, in: Scandinavian Journal of Economics 98, S. 253 ff.

[213] Vgl. KRAUSE-JUNK (1992) aaO, S. 257.

[214] Dieser administrative Mehraufwand ist diskutiert worden bei ANDEL (1986), aaO, und CNOSSEN/SHOUP (1987), aaO, die dem ULP deswegen kritisch gegenüber stehen, und KRAUSE-JUNK (1992), aaO, und GENSER (1995), aaO. Diese Autoren bevorzugen eher das ULP.

[215] GENSER (1997) Auf der Suche nach einer föderativen Finanzverfassung, in: VOSGERAU, Zentrum und Peripherie – Zur Entwicklung der Arbeitsteilung n Europa, SchrVerfSoc, NF Bd. 250, S. 101 - 127, hier S. 120.

[216] Vgl. ebenda, S. 120. GENSER hält es unter dem Blickwinkel der den einzelnen Staaten verbleibenden Autonomie für vorteilhaft, dass so zumindest die Möglichkeit für eine distributiv ausgerichtete indirekte Steuerpolitik gegeben sei.

Teil 2:

Empirische Untersuchungen zur Steuerarbitrage bei Umsatz- und Verbrauchsteuern

1. Empirische Literatur für die Vereinigten Staaten von Amerika und Kanada

1.1 Einleitung: Umsatz- und Verbrauchsteuern in den Vereinigten Staaten von Amerika und Kanada

Die Vereinigten Staaten von Amerika kennen - anders als die westeuropäischen Länder seit der Verabschiedung der einheitlichen Umsatzsteuer-Richtlinie - keine vereinheitlichte bzw. harmonisierte Umsatz- oder Verbrauchsteuer[217]. Vielmehr gibt es auf Länder- bzw. Provinzebene eigenständige indirekte Steuern. Auf der Bundesebene ist bezüglich des zwischenstaatlichen Handels innerhalb der Vereinigten Staaten für die Umsatzbesteuerung geregelt, dass der innerstaatlichen Handel nicht diskriminiert werden darf[218].

Die Güterbesteuerung in den meisten Bundesstaaten der Vereinigten Staaten erfolgt durch eine allgemeine einstufige Umsatzsteuer auf Einzelhandelsebene, die durch spezifische Verbrauchsteuern ergänzt wird. Von erheblicher Bedeutung sind insbesondere Mineralöl-, Alkohol- und Tabaksteuern.

> Grundsätzlich werden Güter mit einer „Sales Tax" auf der Einzelhandelsstufe („Retail Trade") belegt. Es gibt Staaten, in denen neben der "State Sales Tax" eine lokale "City Sales Tax" anzutreffen ist. Zur Vielfalt von Umsatzsteuern und steuererhebenden Gebietskörperschaften gesellen sich unterschiedlichste Definitionen und Ausnahmen („Exemption"/„Exclusion")[219] der Bemessungsgrundlage. Zusammen mit den unterschiedlichen Tarifen für die indirekten Steuern ergibt sich ein heterogenes Bild der Umsatzbesteuerung in den Vereinigten Staaten: Es ist durchaus möglich, dass benachbarte Staaten einen Steuersatzunterschied von bis zu 6%-Punkten aufweisen[220].

Wendet man die Terminologie der Besteuerung internationaler Güterströme (Siehe Kap. 1 oben, 1. Teil) auf die Behandlung innerstaatlicher gewerblicher Güterströme

---

[217] In der Zeit bis 1991 gab es auch in Kanada keine auf Bundesebene erhobene Umsatzsteuer. Seit 1991 gibt es auf Bundesebene eine Value Added Tax („Goods and Services Tax") und auf Provinzebene (außer in den Provinzen Quebec und Alberta) eine Einzelhandelssteuer, vgl. MESSERE (1998) The Tax Systems of Industrialized Countries, Oxford.

[218] Vgl. die Darstellung der Gesetze und Rechtsprechung bei KUHN/WHITE (1986) Examination and Differences in US and State/Local Taxation as They Relate to Interstate Commerce, in: Intertax 5, S. 110 ff.

[219] Z.B. für Nahrungsmittel und/oder medizinischen Alkohol ("Food and drugs").

[220] Vgl. die Karte „Sales Tax Rates", „Exemptions/Exclusions for Food and Drugs" und „Cigarette Taxes" in den Vereinigten Staaten bei KUHN/WHITE (1986), aaO, S. 110 ff, ADVISORY COMMISSION ON INTERGOVERNMENTAL RELATIONS (1989) Local Revenue Diversion - Local Sales Taxes, Washington D.C., S. 3 ff und die vom COMMERCE CLEARING HOUSE stammende Übersicht: "State Sales Tax Rates" aus o.V. (1989) o.T., in: Journal of Accountancy o.Jg., S. 21

in den Vereinigten Staaten an, so kann man in gewissem Sinne vom Gelten des „Bestimmungslandprinzips" sprechen. Ganz allgemein gilt dies für Systeme der Umsatzbesteuerung auf der Einzelhandelsstufe: Grenzüberschreitende Ströme im gewerblichen Bereich der Produktions- und Großhandelsstufen unterliegen nicht der Umsatzsteuer; es ist im gewerblichen Handel demnach kein Grenzausgleich zur Durchsetzung des Bestimmungslandprinzips erforderlich. Damit ist für die amerikanische Umsatzbesteuerung grenzüberschreitender Handelsströme ein wesentlicher Unterschied zur Umsatzbesteuerung in der Europäischen Gemeinschaft festzustellen: Steuergrenzen mit ihren integrationspolitisch unerwünschten Transaktionskosten für den unternehmerischen Bereich sind innerhalb der Vereinigten Staaten von Amerika nicht vorhanden. Wendete man das System der Einzelhandelumsatzsteuer auch in der EU an, erübrigte sich der Grenzausgleich bzw. die Debatte um die Verschiebung oder Aufhebung der Steuergrenzen[221].

Im Vergleich mit den Grenzen zwischen den Staaten der Europäischen Gemeinschaft ist ein weiterer Unterschied bedeutsam: Im privaten Reiseverkehr wird nicht überprüft, ob Waren, die in einem Staat versteuert wurden, in einen anderen Staat überführt werden. Für solche Cross-Border Geschäfte gilt also in der hier verwendeten Terminologie grundsätzlich das „Ursprungslandprinzip". Eine Ausnahme ist nur für wenige Güter geregelt:

> Um zu verhindern, dass teure Gebrauchsgüter steuerfrei aus einem nicht oder nur niedrig besteuernden Staat in einen anderen Bundesstaat mit eigener Umsatzbesteuerung eingeführt werden, ergänzt eine „Use Tax" die indirekte Besteuerung. Die Einzelhändler sind prinzipiell verpflichtet festzustellen, ob eine Ware zum Gebrauch in einem anderen Staat gekauft wird[222]. In diesem Fall ist die Use Tax vom Händler des Niedrigsteuergebiets zu erheben und an den Staat abzufüh-

---

221 Vgl. die in Kapitel 3.2.3 „Abbau der fiskalischen Grenzen" des ersten Teiles dargestellten Überlegungen des Unterausschusses zum NEUMARK-Ausschuss, der sich 1962 mit der Verlagerung bzw. der Abschaffung der Steuergrenzen befaßt hat. Während der Beratungen des Ausschusses ist auch geprüft worden, ob nicht die Einzelhandelsumsatzsteuer eingeführt werden sollte. Vgl. THURSTON (1960), aaO. Aus jüngerer Zeit wurde im selben Kapitel auf das VIVAT-System hingewiesen; vgl. KEEN/SMITH (1996), aaO.

222 Vgl. DUE/MIKESELL (1983) Sales Taxation: State and Local Structure and Administration, Baltimore, S. 264; ADVISORY COMISSION ON INTERGOVERNMENTAL RELATION (1989), aaO, S. 33: Dort findet sich ein Zitat mit den analogen Begriffen Ursprungslandprinzip und Bestimmungslandprinzip. Weiter unten werden Belege für den Erfolg der Use Tax angeführt, vgl. MALIET (1955) A Comparative Study of the Illinois Retailers' Occupation Tax and the Iowa Retail Sales and Use Tax, Diss. Urbana (Illinois); FOX (1986) Tax Structure and the Location of Economic Activity Along State Borders, in: National Tax Journal 39, S. 387 ff und FISHER (1980) Local Sales Taxes: Tax Rate Differentials, Sales Loss, and Revenue Estimations, in: Public Finances Quarterly 8, S. 171 ff. GEHRKENS (1970) EWG ohne Grenzkontrollen. Unterschiedliche allgemeine Verbrauchbesteuerung in Einzelstaaten einer Gemeinschaft, dargestellt am Beispiel der USA, Düsseldorf, erläutert Entstehungsgeschichte und Gründe für die Einführung der Use Tax (S. 17 ff). Nach SCHMÖLDERS (1965) Allgemeine Steuerlehre, 4. Aufl., Berlin, S. 222 wäre die Use Tax als *Folgesteuer* einzuordnen: Die Use Tax ergänzt die Sales Tax: Ein Gut, für das die Use Tax nachgewiesen ist, wird nicht mehr der Sales Tax unterworfen.

ren, aus dem der Käufer stammt. Für bestimmte Güter, wie z.B. Automobile und Motoryachten, deren Betrieb an eine Registration gebunden ist, ist der Nachweis der Besteuerung des Landes, in dem das Gut registriert wird, zu erbringen.

Mit diesem Nebeneinander von Ursprungslandprinzip und Bestimmungslandprinzip und den ökonomischen Wirkungen durch privaten grenzüberschreitenden Wareneinkauf haben sich in den Vereinigten Staaten von Amerika Finanzwissenschaftler seit Beginn der Dreißiger Jahre beschäftigt. Aus den späten 80er Jahren liegt darüber hinaus auch ein Aufsatz für eine Grenzregion in Kanada vor. Die Steuerarbitrage bei indirekten Steuern wird dort als Cross-Border-Activity bezeichnet.

Die derzeit geltenden institutionellen Rahmenbedingungen des Europäischen Binnenmarktes, wie sie seit dem 1.1.1993 eingeführt worden sind, entsprechen in folgenden Aspekten den institutionellen Bedingungen der Vereinigten Staaten von Amerika bzw. Kanadas: (1) Die Mitgliedstaaten der Europäischen Gemeinschaft können ihre Steuerpolitik genauso unabhängig von einander bestimmen wie die Bundesstaaten der Vereinigten Staaten von Amerika, und (2) nach Öffnung der Binnengrenzen für Privatreisende existiert eine vergleichbare Freizügigkeit zwischen den Mitgliedsländern der EG wie zwischen den US-amerikanischen Bundesstaaten. Diese Parallelitäten sprechen nach Auffassung des Autors dafür, die Erfahrung der Vereinigten Staaten von Amerika bezüglich des Cross-Border Shoppings für die Analyse der Steuerarbitrage im Europäischen Binnenmarkt heranzuziehen. Allerdings sind neben den Parallelitäten auch Unterschiede in den institutionellen Rahmenbedingungen zu beachten, so dass sich ein differenziertes Bild ergibt.

Die EG-KOMMISSION selber hat in ihrem Weißbuch im übrigen die Vereinigten Staaten von Amerika als Beispiel für einen funktionierenden Binnenmarkt trotz bestehender Steuersatzunterschiede angeführt[223]:

> "Die erste zu beantwortende Frage ist die, wie weit die Annäherung (der Steuersätze, der Verf.) gehen soll. Sie muß, kurz gesagt, so ausreichend nah sein, dass das Funktionieren des Gemeinsamen Marktes nicht durch Verzerrungen und Verlagerungen des Handels und durch Behinderung des Wettbewerbs beeinträchtigt wird. In diesem Zusammenhang sind die amerikanischen Erfahrungen instruktiv. In den Vereinigten Staaten besteht keine Steuergrenze als solche, noch gibt es eine völlige Harmonisierung bei den staatlichen Einzelhandelssteuern. Die amerikanische Praxis deutet darauf hin, dass gewisse Unterschiede hingenommen werden können; um die Marktkräfte jedoch zur Wirkung kommen zu lassen, müssen diese im Ausmaß begrenzt sein, wobei Unterschiede bis zu 5% (Punkten, der Verf.) selbst zwischen Nachbarstaaten ohne übermäßige Nachteile bestehen. Überträgt man diese Erfahrungen auf die Gemeinschaftsverhältnisse, so würde dies eine Marge von +/- 2,5% (Punkten, w.o.) oberhalb oder unterhalb des jeweils gewählten Regelsteuersatzes zulassen."

---

[223] WEIßBUCH (1986), aaO, S. 44, Rz. 185.

Im folgenden sollen die Erfahrungen bezüglich der Steuerarbitrage aus der empirischen Literatur zitiert werden. Es erscheint neben der Darstellung der gewählten methodischen Ansätze besonders wichtig zu sein, die möglichen Unterschiede aufzuspüren, die es verhindern, die Ergebnisse aus den Grenzregionen der Vereinigten Staaten von Amerika 1:1 auf den Europäischen Binnenmarkt zu übertragen.

1.2 Cross Border Activity in empirischen Untersuchungen

1.2.1 Übersicht

Seitdem einzelne Bundesstaaten begonnen hatten, Umsatzsteuern einzuführen und dadurch an den Grenzen Preisunterschiede verursacht wurden, ist das Verhalten der privaten Steuerzahler durch räumliches Ausweichen in nicht- oder niedrigbesteuernde Staaten empirisch untersucht worden. Zunächst erforschten mehrere Studien bis Mitte der Sechziger Jahre des letzten Jahrhunderts mit Umfragen das Problem für grenznahe Einzelhändler.

Aus Vergleichen von Pro-Kopf-Umsätzen in grenzbenachbarten und inländischen Kreisen und Städten hat man die Größenordnung des Cross-Border Shoppings abgeschätzt.

Im weiteren Verlauf der empirischen Literaturdebatte sind neue Datenquellen und Steuerarten (z.B. auf Bundesstaaten- und städtischer Ebene) für eine verfeinerte - mit der Arbeit von HAMOVITCH (1966)[224] beginnende - ökonometrische Analyse herangezogen worden. Mit multiplen Regressionsmodellen liegen mittlerweile Schätzmodelle für Umsätze, Beschäftigung und Steueraufkommen als abhängige Variablen und eine Vielzahl getesteter unabhängiger Einflußgrößen (Bevölkerungsanzahl, Bevölkerungsdichte, Einkommen, Preis- und oder Steuersatzunterschiede, Entfernungskosten, ...) für die USA vor.

Aus der Frage nach einem geeigneten Schätzverfahren und dem adäquaten zugrundeliegenden theoretischen Nachfrage-/ Angebotsmodell hat sich ein breites Feld von theoretischen und empirischen Arbeiten ergeben. Die vorliegenden Erkenntnisse können – unter Beachtung der spezifischen Besonderheiten – auch für die Analyse der Steuerarbitrage, die sich im innerhalb der Europäischen Gemeinschaft eingeführten Mischsystems ergeben hat, herangezogen werden kann.

---

[224] HAMOVITCH (1966) Sales Taxation: An Analysis of the Effects of Rate Increases in Two Contrasting Cases, in: National Tax Journal 19, S. 411 ff.

Im folgenden werden die im Schrifttum zu findenden empirischen Untersuchungen zum Phänomen der Steuerarbitrage wiedergeben. Zur besseren Übersicht unterscheidet diese Studie die Untersuchungen in solche auf Basis von Mikrodaten (Kapitel 1.2.2) und solche auf Basis von Makrodaten (Kapitel 1.2.3). Mikrodaten können zu Rate gezogene Umsatzstatistiken einzelner Unternehmen sowie Umfragen und Stichproben sein. Makrodaten entstammen den volkswirtschaftlichen Gesamtrechnungen oder den Steuerstatistiken, die z.B. aus Unterlagen der Umsatzbesteuerung gewonnen werden.

Eine systematische vergleichende Darstellung der veröffentlichten Untersuchungen wird dadurch erschwert, dass die einzelnen Untersuchungen durch die jeweils vorhandenen Daten eng begrenzt sind. So können z.B. nur die Variable "Umsätze aller Branchen" verwendet werden, oder es liegen nur einige wenige Beobachtungen über einen gewissen Zeitraum in stabiler Definition vor. Vor dem gleichen Problem der nur sehr begrenzt zur Verfügung stehenden Daten stehen auch die eigenen Untersuchungen.

Bei der Darstellung des Untersuchungsgegenstandes, der Vorgehensweise und der Ergebnisse der empirischen Untersuchungen zum Phänomen der Direktimporte stehen deswegen in diesem Kapitel die verfügbaren Daten und die untersuchten Zeiträume im Vordergrund.

1.2.2 Empirische Untersuchungen mit Mikrodaten

Im folgenden sei zunächst in Synopse 1 ein Überblick über die einzelnen Untersuchungen, ihre Vorgehensweise, ihre verwandten Variablen und die wichtigsten Ergebnisse gegeben.

Synopse 1: Cross Border Activity für die USA (Untersuchungen mit Mikrodaten)

Autor/ Autoren (Jahr)	Region/ Zeitraum	Methode	Inhalt der Untersuchung	Ergebnisse
Untersuchung von Mikrodaten				
HAIG/ SHOUP (1934)	Illinois, Iowa, Michigan/ 1930	Befragung von Einzelhändlern	Befragung zeigen abweichende Umsatzentwicklungen nach der Steuererhöhung in Städten unmittelbar an der Grenze	wegen drohender Direktimporte tragen die Händler die Steuersatzerhöhung von 2 auf 3 %
TAX SURVEY COMMISSION (1936)	North Dakota 1935	Befragung von Haushalten	untersucht werden die Wirkungen einer neuen Steuer (2 %);	6 % der Haushalte beteiligen sich an der Steuerarbitrage, 85 % der Käufe sind Lebensmittel, Schätzung ergibt eine Verschiebung von 2,5 % aller Lebensmittelumsätze; Direktimporte nehmen nach der Steuereinführung stark zu, fallen aber später wieder ab
ROUSSE/ HESTER (1938)	New York/ New Jersey 1929	Vergleich der Entwicklung von Umsätzen im Einzelhandel	Betrachtet wird eine nur vorübergehend erhobenen Umsatzsteuer	die Umsätze steigen vor der Erhebung (Announcement Effect), während der Erhebung sind die Umsätze im nicht besteuernden Nachbarland höher
MALIET (1955)	Illinois, Iowa 1954	Befragung von Einzelhändlern, Steuerbeamten, Kammervertretern	Vergleich von Pro-Kopf Umsätzen in Staaten mit und ohne Sales Tax	Festgestellt wird ein niedriger Pro-Kopf Umsatz, falls eine Sales Tax erhoben wird. Weitere Ergebnisse sind für die statistischen Untersuchungen mit Makrodaten in Synopse 2 dargestellt.
MCALLISTER (1961)	Washington, Idaho, Oregon 1958	Befragung von Konsumenten in Ort mit und ohne Ausweichmöglichkeit nach ihren Kaufabsichten	Untersucht werden jeweils für drei Gütergruppen (Gebrauchsgüter, Konsumgüter und Modeartikel) auf ihre Reaktion hin auf eine neu eingeführte 3 % Umsatzsteuer im Staat Washington	Konsumgüter und Gebrauchsgüter sind in 2 von 3 Fällen am häufigsten genannt; positiver Einfluß eines Shopping-Centers im steuerfreien Nachbarstaat vgl. Tabelle VIII aus MCALLISTER (1961), aaO, S. 370
AMERICAN LEGISLATIVE EXCHANGE COUNCIL (1990)	Massuchussetts, New Hampshire und Illionois, Indiana 1975-85	Vergleich von Pro-Kopf Umsätzen und Beschäftigung für Umsätze insgesamt und Tabak-, Mineralöl- und Alkoholumsätze	Detaillierte Untersuchung des Umsatzes von Tabakwaren und Alkoholika Vergleich vom Pro-Kopf Umsatz in Nachbarschaft zu einem Hochsteuerstaat und dem US-Durchschnitt	gemessen am Pro-Kopf Umsatz ergibt sich ein deutlich höherer Umsatz in Nachbarschaft zu einem Hochsteuerstaat
Untersuchung sowohl von Mikrodaten als auch von Makrodaten				
GEHRKENS (1970)	New York, Pennsylvania und New Jersey 1965-1967	Vergleich des Wachstums des Ust-Aufkommens Berücksichtigt wird die Entfernung zur Grenze	Untersucht wird, wie sich die Steuereinführung in New York und New Jersey auf den immer schon besteuernden Staat Pennsylvania auswirken	Nach Ankündigung der Steuereinführung ergibt sich eine zeitliche Vorverschiebung und ein Einpendeln auf das frühere Niveau nach 6 Monaten (Announcement-Effekt) (Ergebnisse der Betrachtung von Makrodaten werden in Kapitel 1.2.3 besprochen)

Im einzelnen sind die Untersuchungen wie folgt zu beschreiben:

1.2.2.1 HAIG/SHOUP (1934)

Aus der Zeit um 1934 ist die Arbeit von HAIG/SHOUP[225] zu nennen. Sie ist veranlasst worden, als der Bundesstaat Illinois seine Umsatzsteuer von zwei auf drei Prozent erhöht.

- Es sind Einzelhändler in Chicago und Rock Island (Illinois) befragt worden. Chicago liegt ca. 25 km von der Grenze zu Indiana entfernt, das keine Umsatzsteuer erhebt. Rock Island liegt gegenüber der steuerfreien Stadt Davenport (Iowa). Als Kontrollgruppe sind Einzelhändler in Detroit und Monroe (Michigan) befragt worden, dort sind keine Null-Steuer-Direktimporte möglich.
- Dementsprechend klagen die unmittelbar an der Grenze angesiedelten Händler Rock Islands über wesentlich höhere Umsatzverluste aus der Steuererhöhung[226]. Die Chicagoer Händler geben sinkende Gewinne an, in Chicago, so interpretieren HAIG/SHOUP, ist die Reaktion auf die Steuererhöhung eher eine Frage der Überwälzung auf Angebot und Nachfrage innerhalb der Stadt: Die erhöhte Umsatzsteuer wird nicht über die Preise an die Nachfrager weitergegeben, der Einzelhandel trägt die Last der Steuererhöhung.

1.2.2.2 TAX SURVEY COMMISSION (1936)

Aus der Zeit der Einführung der Umsatzsteuern stammt eine erste quantitative Analyse, die von einer TAX SURVEY COMMISSION vorgelegt worden ist: Aus den beiden North Dakota Städten Grand Forks und Fargo liegen Ergebnisse einer Haushaltsbefragung aus dem Jahre 1935 vor. Dort ist eine Umsatzsteuer in Höhe von zwei Prozent eingeführt worden.

- Als Ergebnis zeigt sich, dass zunächst annähernd 6% der Haushalte mit etwa 2,5% der Lebensmittelumsätze in den Nachbarstaat Minnesota ausgewichen sind[227].
- Zahlreiche der anfangs ins nichtbesteuernde Minnesota ausweichenden Haushalte geben die Fahrten dorthin mit der Zeit auf, weil die Transportkosten nicht kompensiert werden und Produktqualität und Händler nicht überzeugt haben. Steuern - so der Schluß des Reports - stellen nur einen Bestandteil der den Kaufort bestimmenden Anreize aus.

---

[225] HAIG/SHOUP (1934) The Sales Taxes in the American States, New York, S. 470 ff.

[226] Zu den Umfrageergebnissen sei auf die Darstellung und Neuauswertung GEHRKENS (1970), aaO, S. 31 ff verwiesen. Die Originalquelle lag nicht vor.

[227] Die Ergebnisse sind veröffentlicht als TAX SURVEY COMMISSION (1936) Report of the Tax Survey Commission on North Dakota's Tax System and its Administration, Report No. 7, o.O., zitiert nach GEHRKENS (1970), aaO, S. 43 f.

1.2.2.3 ROUSSE/HESTER (1938)

Eine geeignete steuerliche Situation zur Messung von Border-Tax-Effekten stellt die 1929 nur vorübergehend gültige Umsatzsteuer in New York (Geltungszeitraum: ein Monat) und New Jersey (vier Monate) dar[228]; Diese transitorische Steuer wird in einer Studie von ROUSSE/HESTER betrachtet. Methodisch vergleichen die Autoren die Umsatzentwicklung einzelner Kaufhäuser in der Zeit der höheren Steuersätze mit den entsprechenden Vorjahreswerten. Direktimporte selber werden nicht explizit betrachtet.

- Die Zahlen über Umsätze nach der Veröffentlichung der Umsatzsteuererhöhung lassen auf einen erheblichen Ankündigungseffekt (Announcement Effect[229]) schließen.
- Zu vergleichen sind Wachstumsraten von Umsätzen. Die Umsätze in New York z.B. steigen gegenüber den Vorjahreswerten um 17% gegenüber 1 - 7% im Dezember selber[230].

1.2.2.4 MALIET (1955)

Mitte des vergangenen Jahrhunderts nahm MALIET[231] eine Befragung für die Bundesstaaten Illinois und Iowa vor.

- In einem ersten Teil wird die Bedeutung des Problems unterschiedlicher Umsatzbesteuerung in zwei benachbarten Bundesstaaten nach der Einschätzung von Einzelhändlern, Steuerbeamten und Kammervertretern erhoben. Zum zahlenmäßigen Vergleich werden im zweiten Teil Pro-Kopf-Umsätze in Grenz- und Binnenregionen angeführt: Dort, wo eine Sales Tax erhoben wird, sind die Pro-Kopf-Umsätze niedriger als im Nachbarland.
- Für Illinois werden Umsätze, Nahrungsmittelverkäufe und Umsatzsteueraufkommen in einem einfachen Nachfragemodell geschätzt. Eine Dummy-Variable steht für die Unterscheidung in grenznah (Dummy = 1) und innerländlich (Dummy = 0). In allen drei Fällen ergeben sich negative Koeffizienten[232]. Für die vierte abhängige Größe - Automobilumsätze - zeigen sich dagegen nicht signifikante Werte für die Dummyvariable. MALIET erklärt dieses Ergebnis durch die in dieser Branche einsetzende Use Tax.

---

[228] Dort mußte die Arbeitslosenunterstützung finanziert werden; vgl. SINGER/DUE (1963) The North Dakota Sales and Use Tax, A Report Prepared for the North Dakota Legislative Research Committee, o.O.

[229] Nach PIGOU (1962) A Study in Public Finance, London/New York, 3. Aufl., S. 55 ff.

[230] Vgl. zu den Zahlenangaben von ROUSSE/HESTER (1938) The Sales Tax, University of Taxes, Publication No. 3838, S. 214, die Sekundärquelle: GEHRKENS (1970), aaO, S. 44 ff.

[231] MALIET (1955), aaO.

[232] Die MALIET-Ergebnisse werden durch einen Datenlauf MIKESELLS (1969) An Analysis of Municipal Sales Taxation, Diss. Urbana (Illinois) und DERS. (1971) Sales Taxation and the Border County Problem, in: Quarterly Review of Economics and Business 11, S. 23 ff, aktualisiert.

1.2.2.5 McAllister (1961)

McAllister[233] untersucht die Reaktion der Konsumenten im Staate Washington, als dort im Jahre 1958 eine 3%ige Umsatzsteuer eingeführt wird.

- Er legt seiner Konsumentenbefragung eine Stichprobe von je einer von der Besteuerung betroffenen Gruppe und einer nicht betroffenen Kontrollgruppe in drei Städten unterschiedlicher Größe, das „Law of Retail Gravitation“ zugrunde. Nach diesem Gesetz sei davon auszugehen, dass „large cities not only draw customers from smaller ones that are close by, but they will draw more heavily the greater the ratio of their population“[234].

- Als qualitatives Ergebnis leitet McAllister ab, dass die sich aus der Befragung ergebenden Umsätze in den Grenzregionen Washingtons höher sind als die nach seinen Modell zu erwartenden Umsätze in diesen Grenzregionen. Die verschobenen Umsätze zu quantifizieren unternimmt er nicht; dies ist im Rahmen einer Befragung unter Käufern ohne weiteres auch nicht möglich[235].

1.2.2.6 American Legislative Exchange Council (1990)

Vom American Legislative Exchange Council liegt eine detaillierte Analyse des grenzüberschreitenden Kaufens von Privatpersonen aus den späten Achtziger Jahren vor: Für die Grenzregionen Massuchussetts/New Hampshire und Illinois/Indiana werden Umsätze und Beschäftigung mit Daten von 1975 bis 1985 untersucht.

- New Hampshire betreibt eine aggressive Steuerpolitik gegenüber seinen benachbarten New England Staaten. Wegen der hohen Bevölkerungsdichte dort erhofft man sich aus niedrigeren Steuersätzen zusätzliche Steuereinnahmen, die aus dem benachbarten Bundesstaat zu gewinnen seien.

---

233 McAllister (1961) The Border Tax Problem in Washington, in: National Tax Journal 14, S. 362 ff.

234 Nach Converse, zitiert nach McAllister (1961), aaO, S. 366.

235 Vgl. zur Kritik Hamovitch (1966), aaO, S. 412 sowie Mikesell (1971), aaO, S. 23 ff.

Tabelle 1: Zigaretten- und Alkoholumsätze in den Neu-Englandstaaten und der USA (Pro-Kopf, 1988)				
Region	Zigaretten-umsatz		Alkohol-umsatz	
	Pak-kungen	US-Durch-schnitt	Gallonen	US-Durch-schnitt
New Hampshire	180,4	112,9	3,79	2,11
Rhode Island	138,0		1,93	
Vermont	128,7		1,82	
Maine	125,0		1,78	
Massachussetts	111,7		2,15	
Connecticut	104,8		2,15	

- Auch für Illinois und Indiana ist bedeutsam, dass die Grenzregion von der Besiedlung her von einem Land dominiert wird: Ein Drittel der Grenzregion wird von Einwohner Indianas und zwei Drittel von Einwohnern Illinois' bewohnt. Das Steuersatzgefälle ist dort nicht zugunsten einer Seite angelegt, Zigaretten und Kraftstoffe sind in Illinois höher besteuert, Alkoholika in Indiana.
- Entsprechend zeigen sich beim Vergleich der Bundesstaaten höhere Pro-Kopf Umsätze in den Regionen, die niedrigerer besteuern:

Tabelle 2: Umsätze mit hochbesteuerten Waren in Indiana und Illinois (Pro-Kopf, 1988)				
Region	Zigaretten (Pack.)	Alkohol- (Gall.)	Kraftstoff (Gall.)	Wein (Gall.)
Indiana	134,0	1,28	597,9	1,29
Illinois	107,6	1,64	484,0	2,31

- Es zeigen sich auf der einen Seite wesentlich höhere Pro-Kopf-Umsätze für Tabakwaren und Alkoholika in der niedriger besteuernden Region Illinois und auf der anderen Seite für die in Indiana niedriger besteuerten Güter Zigaretten und Kraftstoffe dort höhere Umsätze pro Kopf.

1.2.3 Empirische Untersuchungen mit Makrodaten

Im Schrifttum ist seit Mitte des 20. Jahrhunderts in den Vereinigten Staaten von Amerika eine Vielzahl empirischer Untersuchungen mit makroökonomischen Datenquellen zu den grenzüberschreitenden Wirkungen von Steuersatzdifferenzen bei der Güterbesteuerung zu finden. Der Survey über die empirischen Untersuchungen zur Steuerarbitrage soll zur übersichtlicheren Darstellung wieder wie folgt erfolgen:

(1) Eine Vielzahl von Untersuchungen unternimmt die Auswertung von geeigneten Makrodaten. Die Synopse zwei stellt vorab die betrachteten Regionen und Zeiträume, die Untersuchungsmethode und verwendeten Variablen zur quantitativen Schätzung und die wesentlichen Ergebnisse dar.

(2) Es erfolgt eine Beschreibung der einzelnen Untersuchungen und ihrer Ergebnisse.

(3) Im zusammenfassenden Kapitel 1.3 „Ergebnis: Direktimporte in empirischen Untersuchungen für die Vereinigten Staaten von Amerika und Kanada“ erfolgt eine Beurteilung, inwieweit Erkenntnisse zu den *Fragenkreisen 1 - 4* zusammengetragen werden konnten.

(4) Im Anhang sind darüber hinaus die wichtigsten ökonometrischen Schätzgleichungen mit den gefundenen Schätzstatistiken der einzelnen Untersuchungen aufgeführt. Zur besseren Lesbarkeit wurden die verwendeten Bezeichnungen für die Variablen und die beigefügten Teststatistiken vereinheitlicht.

Zunächst sei wieder eine zusammenfassenden Übersicht vorangestellt:

Synopse 2 : Cross-Border-Activity für die USA (Untersuchungen mit Makrodaten)

Autor/ Autor en (Jahr)	untersuchte Regionen und Zeitraum	Methode	Form der Schätzung	abhängige Variablen	unabhängige Variablen		theoretische Anmerkungen	Ergebnisse
					Steuervariable	andere Variablen		
MALIET (1955)	Illinois, Iowa für 1954	a) Befragung von Einzelhändlern, Steuerbeamten, Kammervertretern b) Vergleich von Pro-Kopf-Umsätzen in grenznahen und grenzfernen Kreisen c) Schätzung eines Nachfragemodell mit einer Dummyvariablen für grenznah vs. grenzfern	-	Umsätze insgesamt Umsatzsteuer Nahrungsmittel Pkw-Umsätze				ad b) Pro-Kopf Steueraufkommen sind mit Ausnahme von Nahrungsmitteln in den Grenzkreisen 6,7 - 12,9 % niedriger als in den anderen Kreisen ad c) Umsätze insgesamt, Umsatzsteueraufkommen und Nahrungsmittelumsätze weisen einen negativen Koeffizienten für die Dummy auf; Automobilumsätze sind nicht signifikant von der Grenznähe beEinflusst
SINGER/DUE (1963)	New York, New Jersey für 1934-36	Analyse von 17 Kaufhäusern und Vergleich von deren Umsatzwachstum	-		-	-	-	Zahlen lassen auf ausgeprägten Announcement-Effekt schließen
HAMOVITCH (1966)	New York, Alabama für 1948-65	Zeitreihen-Regression u.a. auf den Umsatzsteuersatz selektive Schätzung in einem Staat mit (New York) und einem ohne Arbitragemöglichkeit (Alabama)	in ersten Ableitungen	Änderung der steuerpflichtigen Umsätze	Änderung des Umsatzsteuersatzes (in % Punkt)	Änderung des verfügbares Einkommen	selektive Regression Law of Retail Gravitation (grössere Städte haben höhere relative Umsätze)	eine Erhöhung des Steuersatzes in New York um 1 % Punkt vermindert die Umsätze New Yorks um 3,5 - 8,6 % in Alabama ist der Steuersatz dagegen nicht signifikant
LEVIN (1966)	New York City und 13 steuerfreie N.Y. State und New Jersey Counties für 1929-63	Time series-Regression für New Yorker Zensusdaten (a = New York, b = Counties)	log-log	Umsätze insgesamt Möbelumsätze Kleidungsumsätze	$\frac{p_a(1+t)}{p_b}$	relativer Preis besteuerter/unbesteuerter Güter in New York Einkommen in N.Y. City	Nachfragemodell mit Substitutionsmöglichkeiten (1) innerhalb New Yorks zu anderen unbesteuerten Gütern und (2) bei den Nachbarn, die niedriger besteuern	Steuersatzelastizität für N.Y. City: Steigt der Steuersatz um 1 %, sinken die Möbelumsätze um 11,4 % und die Kleidungskäufe um 8,6 % (Schilderung GEHRKENS (1970) EWG ohne Grenzkontrollen, aaO, S. 47 ff, vom Verf. nicht im Original verfolgt)

This table can also be viewed here: https://www.peterlang.com/app/uploads/2024/03/9783631398463_pg_99.pdf

Autor/en (Jahr)	Regionen/ Zeitraum	Methode	Form der Schätzung	abhängige Variablen	Steuervariable	andere Variablen	theoretische Anmerkungen	Ergebnisse
MIKESELL (1969)	173 Städte und deren Umgebung im Jahre 1963	Cross-Sectional Analysis für Umsätze auf beiden Seiten der Grenze (c = Cities, s = Suburbs)	ln-ln	Relative Pro-Kopf Einzel-handels-umsätze	Steuersatzquotient $\frac{1 + t_c}{1 + t_s}$	relatives Pro-Kopf Einkommen relative Populationsdichte Transportkosten Populationswanderung	-	alle Variablen sind signifikant und zeigen (mit Ausnahme der Wanderung) das erwartete Vorzeichen
MIKESELL (1970)	173 Städte und deren Umgebung im Jahre 1963	Cross-Sectional Analysis für Umsätze auf beiden Seiten der Grenze	ln-ln	Pro-Kopf Einzelhandelsumsätze	wie Mikesell (1969)	Pro-Kopf Einkommen Bevölkerungsverhältnis c:s Urbanisierung Dummies für regionale Differenzen		Steuersatzelastizität der Nachfrage beträgt ungefähr 6 % Bevölkerungsverhältnis City : Suburbs beEinflusst die Umsätze der City negativ City-Variable beEinflusst die Umsätze ebenfalls negativ
MIKESELL (1971)	Illinois im Jahre 1963	Cross-Sectional Analysis für Umsätze auf beiden Seiten der Grenze selektive Regression (in grenznahen und grenzfernen Kreisen)	ln-ln	Relative Pro-Kopf Einzelhandelsumsätze relatives Steueraufkommen relativer Umsatz Convenience Goods, Shopping Goods, Automobilumsätze	keine Steuersatzvariable (Bemessungsgrundlage inhomogen) Grenz-Dummy	wie Mikesell (1969) und zusätzlich Einkommensverteilung Vermögen und Urbanisierung		Keine Steuersatzelastizität der Nachfrage berechnet Umsatzsteueraufkommen, Gesamtumsätze und Shopping Goods lassen sich in dieser Formulierung durch die Grenzvariable erklären; Convenience Goods Umsätze nicht (Preis ist nicht alleiniges Merkmal)
FISHER (1980)	Washington Destrict of Columbia 1962-76	Zeitreihen-Regression auf Basis eines FRIEDLAENDER/SWANSON /DUE (1973) Modells	ln-ln beEinflusst um Autokorrelation	Umsätze insgesamt Food Apparel (Konfektionswaren) Steueraufkommen	absoluter Steuersatz relativer Steuersatz Washington/ Umland	Verfügbares Einkommen	Aufgrund eines theoretischen Modells werden die Ergebnisse der Schätzungen (Annahme: konstanten Produktionskosten/keine Transportkosten) als untere Grenze der Cross Border Activity gewertet	Steuersatzelastizität der Nachfrage beträgt ungefähr 7 % für Lebensmittel. Konfektionswaren und Umsätze insgesamt sind nicht mehr in allen Fällen signifikant Steueraufkommenselastizität liegt für Umsätze insgesamt etwas unter +1 (um 35% steigende Steuereinnahmen bei 50% Steuererhöhung)

This table can also be viewed here: https://www.peterlang.com/app/uploads/2024/03/9783631398463_pg_100.pdf

Autor/en (Jahr)	Regionen/ Zeitraum	Methode	Form der Schätzung	abhängige Variablen	Steuervariable	andere Variablen	theoretische Anmerkungen	Ergebnisse
DUFOURS/ VAILLANCOURT (1982)	jeweils eine englischsprachige und eine französischsprachige Provinz Kanadas	Querschnitts-Analyse für 27 Städte in Ontario und 29 in Quebec (Kanada)	loglinear Schätzung mit und ohne die grenznahe Stadt	Umsätze im Einzelhandel (ohne die steuerbefreiten Lebensmittel)	Dummy-Variable (= 1 wenn die grenznahe Stadt mit berücksichtigt wird, = 0 sonst)	Zahl der Händler je 1 Mio. Einwohner Pro-Kopf Einkommen	Keine numerische Schätzung, da nur eine Dummy-Variable benutzt wird	Da nur in niedrige Steuerdifferenz existiert (3 % Punkte absolut), lässt sich bei den Einzelhandelsumsätzen keine Steuerarbitrage feststellen. Steuerarbitrage wird eher bei Lebensmitteln vermutet. Sprachbarriere erhöht Transaktionskosten.
MIKESELL/ ZORN (1986)	St. Bay Mississippi 1979-82	a) Trendanalyse der Umsätze in der City c: im Umland a b) Time-Series Regression Analysis für eine nur vorübergehend eingeführte Umsatzsteuer	ln-ln	Umsätze in der City Einzelhändler in der City Umsätze pro Händler in der City	$\frac{1 + t_c}{1 + t_a}$	Umsätze in a Anzahl Einzelhändler in a Umsätze pro Händler in a		ad a) während der Zeit der erhöhten Steuer entwickeln sich die Umsätze in der City unterdurchschnittlich ad b) Relative Umsätze in der City sinken wegen einer 1 % höheren Steuer um ca. 3 % reduziert; die Zahl der Einzelhändler reagiert (wegen des vorübergehenden Charakters der Steuererhöhung) nur geringfügig
FOX (1986)	drei Grenzregionen an der Grenze Tennessees 1965-82	Zeitreihen-Analyse für beide Seiten der Grenze wie bei Fisher (1980) (H = Home, B = Border State)	loglinear Jahreswerte Quartalswerte	relative Umsätze (insgesamt, Möbel, Konfektionswaren, Food at Home, Food Away from Home) Beschäftigung	relativer Steuersatz $\frac{1 + t_H}{1 + t_B}$ (z.T. Umsatz-Alkohol- und Tabaksteuer)	relatives Einkommen relative Einkommensteuer relative Population Transportkosten von H nach B	These, dass Steuerdifferenz ein bestimmtes Niveau überschreiten muß, bevor es zum Cross Border Shopping kommt (Transportkosten seien in km und nicht je Stück zu rechnen)	Umsatzsteuervariable ist signifikant für Umsätze und Beschäftigte (hohe Transparenz für Käufer) Spezielle Verbrauchsteuer- und Einkommensteuervariable haben geringen Einfluss erhebliche Unterschiede hinsichtlich Signifikanz und Koeffizienten für einzelne Umsatzgruppen
WALSH/ JONES (1988)	46 Counties in West Virginia und Kentucky, Maryland, Virginia, Ohio und Pennsylvania 1979-84	Time-Series Regression á la Fisher (1980) für mehrere kurz hintereinander folgende Steuersenkungen selektive Schätzung (i = home State, a =	ln-ln	grenznahe und grenzferne Pro-Kopf-Umsätze	$\frac{1 + t_i}{1 + t_a}$	Einkommen Transportkosten		signifikantere Werte für die Steuerdifferenzvariable in Grenznähe, dort auch höhere Elastizitäten der Nachfrage (Reaktion der Umsätze um ca. 6 % bei einer 1%-Punkte Variation)

This table can also be viewed here: https://www peterlang.com/app/uploads/2024/03/9783631398463_pg_101.pdf

Im einzelnen lassen sich die Untersuchungen wie folgt kennzeichnen:

1.2.3.1 SINGER/DUE (1963)

SINGER/DUE untersuchten für North Dakota wie sich die dort eingeführte Sales and Use Tax auf die Umsätze von 17 Kaufhäusern auswirken[236].

1.2.3.2 HAMOVITCH (1966)

HAMOVITCH legte eine multiple Zeitreihenanalyse über Umsatzdaten New Yorks und Alabamas vor[237]. Der Schätzansatz und die Schätzergebnisse finden sich im Anhang, Seite E1.

- Er untersuchte dort eingehend den Zeitraum von 1948-1965 im Zusammenhang mit einer bis 1951 2%igen, bis 1963 3%igen und danach auf 4% erhöhten Sales Tax in New York. New York ist von steuerfreien Bundesstaaten, umgekehrt das steuerfreie Alabama von solchen mit einer Umsatzsteuer umgeben. Ceteris paribus sollen in dem zugrundeliegenden Erklärungsmodell Unterschiede im Arbitrageverhalten in den Grenzregionen erklärt werden, HAMOVITCH bezeichnet diesen Effekt (gemeinsam mit dem Ausweichen auf nicht besteuerte Güter im Inland) als Substitutionseffekt.
- Bezüglich der Steuersatzelastizität der Nachfrage wird folgendes ermittelt: bei einer Steuersatzerhöhung um 1% sinken die steuerpflichtigen Umsätze um 6% (im Falle New Yorks). Im Gegensatz dazu ist die Steuersatzvariable nicht signifikant bei fehlender Arbitragemöglichkeit (Alabama).
- Hamovitch berücksichtigte in seiner Untersuchung als weitere unabhängige Variable das Einkommen. Die Einkommenselastizität der Nachfrage beträgt 0,6.

1.2.3.3 LEVIN (1966)

LEVIN stellte seiner empirischen Untersuchung theoretische Vorüberlegungen voran[238].

- Zunächst steckte LEVIN den theoretischen Rahmen seiner Analyse ab. In einem einfachen Partialmodell unterschied er kurz- und langfristige Wirkungen.
- Es ergab sich als Resultat der Analyse, dass wenn eine Steuer in einem Staat erhöht wird, Nachfrager hin zum niedrig besteuernden Nachbarstaat ausweichen.
- Das bedeutet im Standardnachfrage-/-angebotsdiagramm eine Verschiebung der Nachfragekurve nach oben entlang der (kurzfristig) steigenden Angebotskurven. Hieraus folgen kurzfristig steigende Preise.
- Langfristig stellt sich auch das Angebot auf die höhere Umsatzsteuer in dem ersten Staat ein und verlagert einige Einzelhandelsgeschäfte in den niedriger besteuernden Nachbarstaat. Dies entspricht einer Verschiebung der Angebotskurve nach unten. Dann können die Gleichgewichtspreise vor Steuern wieder fallen.

---

[236] SINGER/DUE (1963) The North Dakota Sales and Use Tax, A Report Prepared for the North Dakota Legislative Research Committee, o.O.

[237] HAMOVITCH (1966), aaO, S. 425 ff.

[238] LEVIN (1966) An Analysis of the Economic Effects of the New York City Sales Tax, in: Financing Government in New York City, Graduate School of Public Administration of New York City University, Report to the Temporary Commission on City Finances, New York, S. 635 ff.

- Daraus folgt erstens, dass die Umsatzsteuer trivialerweise in einem solchen Partialmodell nur teilweise überwälzt werden kann und dass zweitens Verschiebungen der Nachfragekurven entlang der unveränderten Angebotskurven zu verringerten Bruttopreisdifferenzen führen: In dem Land mit gestiegenen Steuersätzen (erhöhte Bruttopreise) wandert Nachfrage ab, im niedrigbesteuernden Land verschiebt sich die Nachfragekurve, so dass dort die Preise ebenfalls erhöht sind. Die aus den Koeffizienten zu ermittelnden Steuerelastizitäten stellen also nur die untere Grenze für die tatsächlich durch eine Steuerdifferenz hervorgerufene Substitutionswirkung dar.

Im empirischen Teil seiner Analyse musste LEVIN sich auf das Schätzen der kurzfristigen Nachfragefunktion beschränken. Um das Ausmaß der Nachfrageverschiebungen, die bei ihm keine *Mengen*reaktionen, sondern *Umsatz*verschiebungen sind[239], zu messen, benutzte LEVIN Daten für New York City von 1929-1963. Sein Schätzansatz berücksichtigte drei unabhängige Variable (Vgl. Anhang S. E2): Das verfügbare Einkommen im Staate New York, eine Steuervariable, die die relative Steuerlast in New York als Quotient der Bruttopreise New Yorks zu den Nettopreisen der nichtbesteuernden Nachbarstaaten ausdrückt, und drittens eine Preisvariable, die das relative Preisniveau für besteuerte Güter in New York zum Preisniveau nichtbesteuerter Güter in New York mißt. Die Steuervariable steht für die regionale Substitution eines besteuerten Gutes, die Preisvariable für die Substitution innerhalb New Yorks zwischen steuerpflichtigen und nicht steuerpflichtigen Gütern.

- Die ermittelten Schätzgleichungen sind im einzelnen im Anhang wiedergegeben. Alle Regressionskoeffizienten sind signifikant für das 0,01 Niveau und haben, bis auf den zweiten Substitutionsterm, das erwartete Vorzeichen.
- Die Elastizität der Nachfrage im Bezug auf die Steuersatzvariable beträgt -10,1. Wenn eine einprozentige Steuer den Quotienten von 1 auf 1,01 erhöht, sinken die Umsätze um 10,201 Prozent. Der Regressionskoeffizient der Einflussgröße $(P_A + TP_A)/P_B$, der das Ausweichen innerhalb New Yorks beschreibt, ist mit +0,7 wesentlich kleiner.

Die Schlußfolgerung LEVINS lautete, dass die Steuerbelastungsunterschiede einen "great differential impact" haben. Dies Ergebnis ist allerdings wegen des der Schätzung zugrundeliegenden geringen Datenumfangs[240] zu Recht kritisiert worden.

1.2.3.4 GEHRKENS (1970)

GEHRKENS[241] unternahm für Pennsylvania sowohl eine Befragung als auch eine statistische Analyse mit Makrodaten.

- Pennsylvania ist mit einem Sales Tax Steuersatz von 5% (bis 1970) der Staat mit der höchsten Umsatzsteuer und von nicht- oder nur niedrigbesteuernden Staaten (New York, New Jersey und Delaware) umgeben. Besonders interessante Zeitpunkte bieten

---

[239] Vgl. MIKESELL (1970), aaO, S. 208, Fn. 13.

[240] MIKESELL (1970) Central Cities and Sales Tax Rate Differentials: The Border City Problem, in: National Tax Journal 23, S. 209, bemerkte, dass LEVIN nur vier Freiheitsgrade erlaubt (8 Beobachtungen und 3 unabhängige Variablen) und damit über einen so langen Zeitraum Korrelationen der Regressoren untereinander, wenn sie gleichgerichtet auf externen Einflüsse reagieren, unvermeidlich seien.

[241] GEHRKENS (1970), aaO, S. 61 ff.

die Einführung einer zweiprozentigen Umsatzsteuer im Staate New York 1965 und eine dreiprozentige Umsatzsteuer in New Jersey 1966.

- Aus dem Vergleich der Entwicklung des Umsatzsteuerwachstums in den grenznahen Kreisen Pennsylvanias mit allen Kreisen Pennsylvanias kann entnommen werden, dass die Umsätze in den grenznahen Counties im Jahr der New Yorker Steuererhöhung 1,2 Prozentpunkte stärker ansteigen als in Pennsylvania insgesamt[242].

- Für die 1966er New Jerseyer Umsatzsteuereinführung zeigte sich ebenfalls eine eindeutige Abhängigkeit der grenznahen Umsätze von den geänderten Steuerunterschieden: Nachdem die Steuerdifferenzen verringert worden sind, sinkt die Steuerarbitrage ins niedriger besteuernde Nachbarland. Wuchsen die Umsätze in den grenznahen Kreisen für die Steuerdifferenz von fünf Prozentpunkten stark unterdurchschnittlich, entspricht das Umsatzwachstum nach Verringerung der Differenz auf 2% Punkte genau dem Durchschnitt im gesamten Staat.

- Als erste Studie unternahm GEHRKENS Arbeit eine Abschätzung der Abhängigkeit des Cross Border Shoppings von der *Entfernung* zur Grenze: Er teilte die Ortschaften der grenznahen Kreise Pennsylvanias in drei Zonen (0-8 km, 8-24 km und mehr als 24 km) ein und gibt das Umsatzwachstum für den betrachteten Zeitraum 1965 - 1967 an. Seine Ergebnisse bestätigen die Vermutung, dass die Cross-Border-Aktivität mit der Nähe zur Grenze wächst[243]: An der nur in Grenznähe dicht besiedelten Grenze Pennsylvanias zum Staate New York ist der Anstieg der Umsätze nach der Steuererhöhung stark überproportional mit größerer Nähe zur Grenze zunehmend: In der Zone 0-8 km steigt der Umsatz um das 1,3fache, in der Zone 8-24 km nur um das 1,03 fache. An der gleichmäßiger besiedelten Grenze zwischen Pennsylvania und New Jersey ist dagegen der Einfluss der Entfernung eines grenznahen Kreises zum höher besteuernden Nachbarstaat New Jersey dergestalt, dass erst in einer Entfernung von über 25 km keine wesentliche Erhöhung der Umsätze mehr zu messen ist. Zwischen den ersten beiden Zonen (0-8 km und 8-24 km) erreicht die Zunahme das 1,075 bzw. 1,086fache des Vorjahreswertes.

- An der Grenze zwischen Pennsylvania und New York ließ sich darüber hinaus ein interessantes zeitliches Muster in der ersten Entfernungszone feststellen: Im Halbjahr der Steuererhöhung in N.Y. selber steigen die Umsätze um auf das 1,3fache des Vergleichszeitraums vor der Steuererhöhung. Schon im nächsten Halbjahr hat sich der Umsatzwert wieder auf dem vorherigen Niveau eingependelt, so dass man vermuten kann, dass die Reaktion der Konsumenten auf eine Steuererhöhung zunächst einen starken Kaufimpuls im benachbarten Niedrigsteuerland auslöst, der sich relativ rasch wieder auf ein Normalniveau ausschwingt. Eine solche Steuerreaktion wird als *„Announcement Effekt"* bezeichnet.

- Bei seiner nach Branchen und anderen Merkmalen disaggregierten Analyse zeigten sich z.T. aber auch erhebliche Unterschiede, die auf jeweilige örtliche Spezifika zurückzuführen sind, so dass dem zusätzlichen Erkenntniswert hinsichtlich der Rolle der Entfernung für die Kaufverlagerungen eine höhere Unschärfe der Beobachtung entgegensteht[244].

---

[242] Vgl. Tabellen 10 und 11 bei GEHRKENS (1970), aaO, S. 64.
[243] Vgl. Tabellen 14-18 ebenda.
[244] Vgl. die Kommentare hierzu von GEHRKENS (1970), aaO, S. 67 f.

1.2.3.5 MIKESELL (1969), (1970) und (1971)

MIKESELL[245] erweiterte die bestehenden Nachfragemodelle, indem er zusätzliche Merkmale zwischen den untersuchten Bundesstaaten zuließ und *Umsätze auf beiden Seiten der Grenze* maß.

Die bisher dargestellten Modelle waren wegen des Datenmaterials Zeitreihenregressionen. MIKESELL arbeitete mit Daten aus verschiedenen Grenzregionen zu einem Zeitpunkt, d.h. seine Regressionen sind Cross-Sectional-Analysen.

Ein erstes Modell MIKESELLS[246] liegt für Illinois aus dem Jahre 1969 vor (vgl. Anhang, Seite E3). Dort versuchte er, regionale Unterschiede durch die Bevölkerungsdichte und eine Variable E für die Wanderung (das Wachstum der Bevölkerung während des Zeitraums von 1950-60, relativ zum Stand der Bevölkerung im Jahre 1950) zu beschreiben.

> Die Dichte einer Stadtregion D soll als „rough indication of the shopping cost of going to a retailer" stehen: „With a given number of retailers in an area, the average distance to a retailer declines as the population increases". Und Einkaufskosten sinken mit geringerer Entfernung. MIKESELL vermutete einen eben solchen positiven Effekt auf innerstädtische Umsätze wie mit steigender Dichte wachsende Einkaufsmöglichkeiten[247].

MIKESELL schätzte einen Quotienten $Sales_c/Sales_s$ (relative Umsätze für die besteuernden Cities c bezogen die steuerfreien Suburbs s). Die Schätzgleichung und die Ergebnisse der Schätzung sind im Anhang wiedergegeben.

- Die Regressionskoeffizienten sind betragsmäßig niedriger als im LEVIN-Modell, weil jetzt für relative Umsätze geschätzt wird.
- Die ermittelte Elastizität lässt folgende Aussage zur Reaktion der Steuerarbitrage zu: Steigt die Steuervariable um 1%, sinken die Umsätze einer Stadt in Illinois, bezogen auf die Umsätze der Suburbs um 3,9%.
- Die Einkommenselastizität liegt für die geschätzten relativen Umsätze im positiven Bereich. Die Dichte einer Region beeinflusst die Umsätze ebenfalls positiv. Steigt die Größe einer City-Region relativ zum verbundenen Umland (P_c/P_s), sind höhere relative Umsätze zu beobachten.
- Zu weiteren Einzelheiten sei auf die Darstellung im Anhang verwiesen.

In seiner zweiten Studie aus dem Jahre 1970 analysierte er - wieder mit einer Querschnittsregression - geographische und stadtökonomische Besonderheiten, indem er

---

245 MIKESELL (1969), aaO, DERS. (1970), aaO und DERS. (1971), aaO.

246 Es handelt sich um seine im September 1969 abgeschlossene Dissertation in Urbana, Illinois, zit. als MIKESELL (1969), aaO, in der sich eine ausführliche Übersicht über das Umsatzsteuersystem der Vereinigten Staaten auf gemeindlicher Ebene – „Municipal Sales Taxes" - findet. Auf den letzten sechs Seiten, S. 121 – 126, berichtete MIKESELL von der folgenden Regressionsanalyse.

247 Alle Zitate bei MIKESELL (1969), aaO, S. 124 f.

173 Städte und deren Umgebungen (Standard Metropolitan Statistical Areas (SMSAs)[248]) untersuchte.

- 37 von ihnen weisen eine positiven oder negativen Steuersatzdifferenzen aus lokalen Steuern - z.B. City oder Municipal Sales Tax und steuerfreies Umland - aus oder liegen in der Nachbarschaft zu einem Bundesstaat mit abweichenden Umsatzsteuersätzen.
- Um regionale Unterschiede zu berücksichtigen, unterteilte er die SMSAs (z.B. nach Transportmöglichkeiten, Konsumgewohnheiten) in sieben Typen[249] und berücksichtigte diese Charakteristika neben den Einkommens-, Bevölkerungs- und Steuervariablen mit Dummies $D_{2...7}$ für sieben von ihrem Kaufverhalten typische Regionen (Great Lakes, Plains, South East, South West, Rocky Mountains und Far West) in der Regression. Eine zusätzliche qualitative Variable A für eine City-Area steht für den Einfluss von Entfernung und Transportkosten, die in einer städtischen Region geringer als im ländlichen Raum angenommen werden.
- Der untersuchte Zeitpunkt ist 1963, das Jahr eines „Census of Business Data".
- Die Korrelation der Dummies mit den anderen Variablen wurde von MIKESELL ausgewiesen[250] und in fast allen Fällen als nicht störend bewertet. Durch Berücksichtigung der Dummy-Variablen steigt das (unkorrigierte) Bestimmtheitsmaß R^2 von 0,262 auf 0,510.
- Da die betrachteten Regionen nicht eindeutig einem Grenzabschnitt zu einem höher oder niedriger besteuernden Nachbarstaat zugeordnet werden können, kann nicht einfach eine Steuerdifferenz einer Umsatzzahl einer Region zugeordnet werden. Vielmehr wird für mehrere eine Stadt umgebende Steuergebiete ein durchschnittlicher Steuerquotient T aus den mit Einkommensgewichten bewerteten Steuersätzen der umliegenden Regionen gebildet[251].

Das Schätzergebnis von MIKESELL ist im Anhang E 2 widergegeben. MIKESELL fasste seine 1970er Studie über den Einfluss der relativen Umsatzsteuern für den Fall der Städte und des sie umgebenden Umlands wie folgt zusammen:

> "When the influence of other factors on the central city share of SMSA sales is removed, the hypothesis that a sales tax differential reduces the city share of retail sales in the SMSA cannot be rejected. Prevention of such differentials in an effort to decelerate city decline presents an additional argument for local sales tax coordination, as many differentials are related to the absence of state coordination and the use of local administration."[252]

Bei der Interpretation dieses Schätzansatzes von MIKESELL ist allerdings das niedrige Niveau der korrigierten Korrelationskoeffizienten seiner Ausgangsgleichung zu beachten:

- Die 1970er Studie zeigt eine Schätzung des Einflusses von vier Variablen auf die Pro-Kopf-Umsätze einer Gebietskörperschaft. Bei einem im Vergleich zu den Ergebnissen der 1969er Schätzung sehr niedrigen Bestimmtheitsmaß (adj.R^2 = 0,2469 gegenüber 0,9376) hat die für seine Untersuchung zentrale Steuervariable mit -7,44 eine hohe

---

248 Die Definition ist bei MIKESELL (1969), aaO, S. 122 wiedergegeben: Es müssen (1) 15 % der Umlandbewohner in der Stadt arbeiten; (2) 25 % der im Umland Arbeitenden in der Stadt wohnen oder (3) andere Variablen - Telefonverkehr, Zeitungen z.B. - auf einen engen Zusammenhalt hinweisen.

249 Im Rahmen der Daten, die ihm aus einem Census of Business vorliegen, vgl. MIKESELL (1970), aaO, S. 210.

250 Vgl. MIKESELL (1970), aaO, S. 211.

252 MIKESELL (1969), aaO, S. 126.

Elastizität. Diese deutet auf eine Umsatzreduktion von ungefähr sieben Prozent als Folge eines um ein Prozent erhöhten Steuerquotienten hin.

- Die anderen Variablen Einkommen, Bevölkerung und Transportkosten weisen Elastizitäten unter 1 auf.
- Das korrigierte Bestimmtheitsmaß steigt für die Regression auf die selben vier Variablen und zusätzlich die sieben Dummies für die regionalen Spezifika auf nunmehr R^2 = 0,4828. Es scheinen bei der ersten Schätzung zusätzlich zu den vier verwendeten Variablen weitere Einflussfaktoren zu berücksichtigen zu sein[253]. Die Vielzahl der verwendeten Dummy-Variablen lässt aber den Schätzansatz insgesamt als wenig zuverlässig erscheinen, weil sich mit dieser Vielzahl klare Ergebnisse u.U. vernebeln lassen.

In einer dritten Cross-Sectional-Regressionsanalyse untersuchte MIKESELL (1971) die Zensusdaten von 1963 für den Staat Illinois. Dieser besitzt eine 4%ige Umsatzsteuer und sieht sich von anderen niedrigerer besteuernden Staaten umgeben: Iowa (2 %), Indiana (keine Umsatzsteuer), Kentucky (3%) und Missouri (2%).

- MIKESELL unterteilte die Illinois Counties in grenznahe und -ferne Gemeinden und schätzt den Einfluss der Entfernung eines Kreises zur Grenze auf Umsätze und Steueraufkommen unter Berücksichtigung des Einkommens, des Vermögens („affluence"), der Einkommensverteilung (Anteil von Einkommensbeziehern unter $ 3.000 und über $10.000) und der Urbanisierung. Für den Verstädterungsgrad nimmt er an, dass mit zunehmender Urbanisierung das Einzugsgebiet eines städtisches Einzelhändlers und damit sein Umsatz wächst.
- Er verzichtete wie in den vorhergehenden Modellen auf die quantitative Angabe einer eigenen Steuerdifferenzvariable für jeden Grenzabschnitt, weil er Vergleiche mit der Wisconsin und Indiana Sales Tax wegen ihrer „peculiar nature" vermeiden möchte: In Wisconsin werden nur ganz bestimmte Waren besteuert, in Indiana gibt es eine „Gross Income Tax", die als Nachfolgerin einer 3%igen Umsatzsteuer in etwa die gleiche Inzidenz trüge wie ihre Vorläuferin.

Mit der Beschränkung auf einen Bundesstaat konnte MIKESELL den Einzelhandelsumsatz *feiner nach Sparten* untergliedern. Das ihm vorliegenden Datenmaterial ermöglicht, neben den Gesamtumsätzen und dem Umsatzsteueraufkommen insgesamt folgende Untergruppen zu identifizieren: Gebrauchsgüter (Convenience Goods), Verkehrsgüter (Shopping Goods) und Automobilumsätze.

- Die Bedeutung der Dummy-Variable (für grenznah bzw. -fern) lässt sich aus MIKESELLS Table 2[254] ablesen[255]. Die sich hier niederschlagende Steuersatzdifferenz beträgt absolut ca. 2 Prozentpunkte (s.o.); als Quotient also ungefähr 1,04 / 1,02 = 1,0196[256].
- Als Ergebnis des im Anhang wiedergegebenen Schätzansatzes zeigte sich bezüglich der neuen Variablen Vermögen und Urbanisierung der erwartete positive Einfluss - und zwar für alle Pro-Kopf-Umsätze.

---

253 vgl. MIKESELL (1970), aaO, S. 211 ff.

254 MIKESELL (1971), aaO, S. 28.

255 Grundsätzlich vermutet man, dass die Border-Variable andere Einflüsse als die Steuerdifferenzen einfängt, etwa Belastungsunterschiede durch regionale Besonderheiten oder Unterschiede in der Belastung mit anderen bundesstaatlichen Steuern. Für das Phänomen der Korrelation der Grenz-Dummy mit den anderen Variablen gibt er Werte von 0,053 für Urbanisierung, 0,019 für p.c. Einkommen, 0,035 für Bevölkerung unter $ 3.000 und 0,033 für über $ 10.000 an; vgl. Table 1 bei MIKESELL (1971), aaO, S. 27.

256 Aus der Tabelle können Elastizitäten für die einzelnen Bestimmungsgrößen nicht direkt abgelesen werden, weil keine logarithmische Schätzung vorliegt.

- Für den Border-Effekt ergab sich ein Unterschied der Warenarten: Sales Tax Revenues, Total Sales und Shopping Goods sind negativ von der Nachbarschaft zu einem Niedrigsteuergebiet beeinflusst, Auto Dealer Sales und Convenience Goods zeigen keine signifikante Abhängigkeit.

MIKESELL führte neben Besonderheiten der Präferenzen für diese Güter die nicht nachweisbare Steuerarbitrage bei Personenwagen eine erfolgreich eingesetzte Use Tax an, die bei Personenwagen besonders leicht wegen der Registrierungspflicht durchgesetzt und kontrolliert werden kann.

> "For convenience products, proximity to the individual is an important factor in the shopping choice, price and tax (! der Verf.) comparison may not matter on a day-to-day basis, and the sales tax influence probably is not important. Hence the differential border effects found for convenience goods as compared with those of shopping goods are consistent with economic theory"[257].

1.2.3.6 FISHER (1980)

FISHER[258] benutzte ein allgemeines (logarithmisch-lineares) Modell zur Schätzung von Umsatzsteueraufkommen, wie es von FRIEDLAENDER/SWANSON/DUE (1973)[259] zur Erklärung der für die Umsatzsteuer relevanten Nachfrage verwendet wurde. Der den letztendlich messbaren Ausgaben S_i gleich gesetzte Konsum lässt sich aus folgenden Variablen bestimmen: verfügbares Einkommen, Einwohnerzahl und Preise der besteuerten Güter in Washington, der unbesteuerten Substitutionsgüter in Washington und der im Nachbarstaat niedriger besteuerten Substitutionsgüter.

Der von FISHER letztendlich in logarithmischer Form geschätzte Ansatz ist im Anhang E 7 wiedergegeben. Die Ergebnisse FISHERS finden sich für die Umsatzsteuer insgesamt, für Konfektionswaren (Apparel) und für Lebensmittel als zu erklärende Variablen in seinen Tables 3 und 4.

- Als Steuersatzelastizität der Direktimporte aus den Nachbarstaaten ermittelt FISHER für Lebensmittel ungefähr 7% als statistisch gesicherten Wert[260].

---

257 MIKESELL (1971), aaO, S. 28 f., der an dieser Stelle auf eine zusätzliche Regression für Lebensmittelgeschäfte hinweist (Fn. 15): Der Koeffizient der Dummy-Variable beträgt -15,38 (6,22); dies spricht für eine höhere Elastizität der Nahrungsmitteleinkäufe, die - so vermutete MIKESELL - durch Kaufgewohnheiten, die sich stärker an Steuersatzdifferenzen ausrichten, geprägt sind.

258 FISHER (1980) Local Sales Taxes: Tax Rate Differentials, Sales Loss, and Revenue Estimation, in: Public Finance Quarterly 8, S. 171 ff.

259 FRIEDLAENDER/SWANSON/DUE (1973) Estimating Sales Tax Revenue Changes in Response to Changes in Personal Income and Sales Tax Rates, in: National Tax Journal 26, S. 103 ff, benutzten ein Modell LENGLER/SHARPIOS und schätzten als Steuersatzelastizität 0,93. Ihre Einkommenselastizität liegt unter eins, die Populationselastizität "highly variable, but in some instances inexcess of one" (Zitat ebenda, S. 103).

260 „For every rise of 1% in the tax rate differential variable (that is one percentage difference in t_c versus t_a) with the D.C. tax rate on food constant, there is about a 7% decrease in the District's sales tax revenue from food ... $T = [1/2\ (1 + t_c)/(1 + t_v) + (1 + t_c)/(1 + t_m)$. When $t_c = t_v = t_m = .04$, T = 1. When $t_c = .05$, $t_v = t_m = .04$, T = 1.0096. When $t_c = .06$, $t_v = t_m = .04$, T = 1,0192. In the range of the tax rates in this region, each percentage point increase in the D.C. rate can thus be approximated by a 1% increase in T", vgl. FISHER (1980), aaO, S. 181 und Fn. 7)

- Für Konfektionswaren (Apparels) und Umsätze insgesamt, die dem Normalsatz der Umsatzsteuer unterliegen[261], zeigt sich kein signifikant von null verschiedener Regressionskoeffizient.
- FISHERS Interpretation dieser von den Ergebnissen für Lebensmittel abweichenden Schätzergebnisse lautete, dass (1) dort die Umsatzsteuerunterschiede größer sind und Transportkosten eher in Kauf genommen werden, (2) Washington eine Use Tax erhebt, die sich besonders bei Gebrauchsgütern mit höheren Preisen auswirkt und (3) dass in der politischen Diskussion gerade die unterschiedliche Umsatzbesteuerung von Lebensmitteln (food exemptions, food tax credits) publik geworden ist[262].

Festzuhalten ist, dass das *institutionelle Setting* (Ausnahmen bzw. Nullregelungen für bestimmte Gütergruppen) zu beachten ist, die allgemeine Basis der Umsatzsteuer lässt sich nicht ohne weiteres auf Steuersatzdifferenzen bei der allgemeinen Umsatzsteuer zurückführen.

1.2.3.7 DUFOUR/VAILLANCOURT (1982)

Ergänzend zu den Untersuchungen für grenznahe Gebiete in den Vereinigten Staaten von Amerika liegt für zwei kanadische Provinzen Kanadas ebenfalls eine Regressionsuntersuchung vor: Sie stammt von DUFOUR/VAILLANCOURT aus dem Jahre 1982[263].

Diese Untersuchung schätzte für das Jahr 1971 zunächst für die beiden Provinzen Quebec und Ontario, die einmal einen hohen und zum anderen eine niedrigen Umsatzsteuersatz anwenden, Pro-Kopf Nachfragefunktionen für allgemeine Umsätze[264]. Daran anschließend wurden aus jeder Provinz zwei Städte an der Grenze - Hull und Ottawa - daraufhin untersucht, ob in der Stadt der Niedrigsteuerprovinz höhere Umsätze und vice versa in der Stadt aus der Hochsteuerprovinz niedrigere Pro-Kopf-Umsätze gezählt werden können.

Der Schätzansatz benutzte eine Dummy-Variable, um den Einfluss der grenznahen Städte auf die beobachteten Werte der abhängigen Variable Pro-Kopf-Umsätze der beiden Provinzen[265], unter Berücksichtigung der unabhängigen Variablen Pro-Kopf Einkommen und der Anzahl der Einzelhändler pro 1.000 Einwohner, zu bestimmen.

Der Koeffizient der Dummy-Variable mißt also den Effekt, den die beiden Grenzstädte auf die Pro-Kopf-Umsätze ihrer jeweiligen Provinz haben, unter Berücksichtigung der jeweiligen anderen Einflussgrößen Pro-Kopf Einkommen und der Händlerdichte.

---

[261] Während der 15 beobachteten Jahre hat sich die Definition der Bemessungsgrundlage geändert, dafür steht die Dummy-Variable, die für die Zeit von 1962-69, als Restaurantumsätze und alkoholische Getränke normal besteuert wurden, den Wert 1 und von 1970-76 den Wert 0 annimmt, vgl. ebenda Fn. 8.

[262] Vgl. FISHER (1980), aaO, S. 183 f.

[263] DUFOUR/VAILLANCOURT (1982) Provincial and Federal Sales Taxes: Evidence of Their Effect and Prospect Change, in: Tax Policy Options in the 1980s (hrg. von WAYNE/WHALLEY), CANADIAN TAX FOUNDATION, Canadian Tax Paper 66, Toronto, S. 408 ff.

[264] Die Umsätze setzen sich aus dem Einzelhandel mit Bekleidung, Schuhen, Möbel und Hardware zusammen (vgl. S. 424).

[265] Es wurden nur Umsätze in den größeren Städten mit mehr als 25.000 Einwohnern berücksichtigt, das sind in Ontario 27 und in Quebec 29.

Der Schätzansatz und die Ergebnisse für die Städte in Quebeck und in Ontario sind im Anhang E 10 wiedergegeben.

- Wie zu erwarten war, haben die Variablen Pro-Kopf Einkommen und Händlerdichte einen positiven Einfluss auf die Pro-Kopf-Umsätze der betrachteten Provinzen.
- Dagegen lässt sich kein negativer Einfluss in der Hochsteuerprovinz durch das Hinzufügen der Stadt Hull und umgekehrt kein positiver Effekt wegen dem Hinzufügen Ottawas feststellen. Die beiden Autoren erläutern dieses negative Ergebnis: (1) Bei einer Steuerdifferenz von absolut drei Prozentpunkten (acht und fünf Prozent Umsatzsteuersatz) liegt noch kein ausreichender Anreiz für Direktimporteure vor, wenn man zusätzlich die Zeit- und Transportkosten berücksichtigt. (2) Der größte Teil der Direktimporte würde in der Regel, im Bereich der Nahrungsmittel erfolgen. Die beiden untersuchten Provinzen hätten aber beide Nahrungsmittel von der Umsatzsteuer ausgenommen. (3) Zwischen den beiden Provinzen verläuft die englisch-französische *Sprachgrenze*, die nach einer kanadischen Studie[266] den grenzüberschreitenden Handel hemme, und (4) die Umsatzsteuerunterschiede z.T. von den Einzelhändlern in Hull getragen sein könnten.

Gerade der letzte Punkt lässt diese kanadische Studie als wertvoll für die Prognose der Steuerarbitrage im europäischen Binnenmarkt erscheinen, denn zwischen den meisten Mitgliedstaaten der Europäischen Gemeinschaft mit unterschiedlichen Umsatz- und Verbrauchsteuern sind gleichzeitig auch sprachliche Grenzen gegeben. Die Untersuchungen des Cross-Border-Shoppings zwischen den Bundesstaaten der Vereinigten Staaten von Amerika kann gerade den Einfluss dieser Einkaufs- und Handelsbarriere nicht erfassen.

1.2.3.8 MIKESELL/ZORN (1986)

Aus der Mitte der Achtziger Jahre des 20. Jahrhunderts liegt eine weitere von MIKESELL vorgenommenen Schätzung vor: In einem gemeinsam mit ZORN geschriebenen Artikel[267] wurde der Effekt einer Steuersatzdifferenz, die isoliert und *vorübergehend* für die Local Sales Tax einer kleinen Kreisstadt[268] gegenüber den Nachbarstaaten entstanden ist, untersucht. Von 1970 bis 1984 ergeben sich fünfzehn Beobachtungen über die Anzahl der Einzelhändler und ihre Umsätze in der betroffenen Region.

Mittels der auch in den anderen oben dargestellten Untersuchungen üblichen Zeitreihenregression über Umsätze, Anzahl der Händler und Umsätze je Händler leiteten MIKESELL/ZORN Elastizitäten, i.e. Reaktionen von städtischen Umsätzen, Anzahl von Einzelhandelsgeschäften und Umsätze pro Händler auf eine Variation der exogenen

---

[266] Vgl. BOUCHARD/BEAUCHAMP-ACHIM (1980) Le Français, Langues des Commerces et des Services Publiques, Conseil de la Langue Français, Québec: Dort geben neunzig Prozent der befragten Frankophonen an, sie würden lieber von französisch sprechenden Händler versorgt (zit. nach DEFOURT/VAILLANCOURT (1982), aaO, S. 425, Fn. 52).

[267] MIKESELL/ZORN (1986) Impact of the Sales Tax Rate on its Base: Evidence from a Small Town, in: Public Finance Quarterly 14, S. 329 ff.

[268] In Bay St. Louis, Mississippi, war es am 1. September 1979 wegen eines verlorenen Prozesses notwendig geworden, eine Steuererhöhung von 5,0 auf 5,5 % vorzunehmen. Das Steueraufkommen aus der Erhöhung durfte allein dazu verwendet werden, um den Obligo zu decken. Am 30.9.1982 wurde die Erhöhung wieder zurückgeführt.

Variablen (Umsätze, Anzahl von Einzelhandelsgeschäfte, Händlerumsätze jeweils für das County insgesamt, sowie für ein Bruttopreisverhältnis zwischen Stadt und Land insgesamt), ab.

- Als Ergebnis zeigen sich für Umsätze und Umsätze je Händler signifikante Reaktionen auf die relative Steuererhöhung . Eine einprozentige Preiserhöhung verringert die städtischen Umsätze um 3,07%.
- Wegen des vorübergehenden Charakters der Erhöhung sinkt die Händlerzahl nur minimal[269].

Die *nur vorübergehende* Steuererhöhung hat - wie zu erwarten war - einen geringen Einfluss auf das langfristige Verhalten von Anbietern und Nachfragern entlang einer Grenze, wenn man das Offenhalten des Einzelhandelsgeschäftes als langfristige Wahlentscheidung gegenüber den kurzfristigen Umsatzentscheidungen interpretiert. Für das Steueraufkommen schätzten MIKESELL/ZORN folgende Aufkommenselastizitäten:

- Mit einer einhundertprozentigen Steuersatzerhöhung von 0,5% auf 1,0 % (bei unveränderter State Taxation i.H.v. 5%) steigt die relative Preisvariable von 1,1 auf 1,2 um 9,1%. Dann fällt die Bemessungsgrundlage um 27,9%. Darauf den höheren Steuersatz für die City Sales Tax angewendet, ergab sich ein um 44,2 % gestiegenes Steueraufkommen[270].

Neben den Besonderheiten bei Einführung einer Steuer bzw. bei Erhöhung einer Steuer, wo der sog. Announcement-Effekt meßbar ist, zeigt sich für den Fall der *nur vorübergehende* Steuererhöhung, dass auch hier eine spezifische Reaktion erfolgt. Neben den (kurzfristig) ausgerichteten Reaktionen der Verbraucher sollte also bei anstehenden Prognosen über Steuerwirkungen ebenfalls beachtet werden, ob es sich um eine nur vorübergehende Steuererhöhung handelt, die zwar zu vorübergehend gesunkenen Umsätzen, nicht jedoch zu einer Verlagerung von Handelsgeschäften führt.

1.2.3.9 Fox (1986)

FOX (1986)[271] schätzte - wie MIKESELL in seinen ersten drei Untersuchungen - den Border Tax Effekt für Umsätze und Beschäftigung als abhängige Variable auf beiden Seiten der Grenze. Seiner Untersuchung lagen drei Grenzregionen Tennessees (Chattanooga C, Clarksville/Hopkinsville CH und Tri Cities TC) zugrunde.

- Für Umsätze konnte FOX auf Quartalswerte[272] für den Zeitraum von 1974-1982 und auf Jahreswerte von 1967-1982 zurückgreifen. Die Werte für die Beschäftigung lagen

[269] Zu beachten ist nicht nur der niedrigere Koeffizient oder der höhere Standardfehler resp. niedrigere t-Wert der Steuervariable sondern auch der geringere Erklärungsgrad des Schätzansatzes für die Anzahl der Händler.

[270] Genauere Angaben bei MIKESELL/ZORN (1986), aaO, S. 335 u. 337, Fn. 7.

[271] FOX (1986) Tax Structure and the Location of Economic Activity along State Borders, in: National Tax Journal 39, S. 387 ff.

[272] Die Quartalsdaten werden nicht saisonal bereinigt, weil in relativer Form geschätzt und angenommen wird, dass der Saisoneinfluss in den betrachteten Regionen identisch ist, vgl. FOX (1986), aaO, S. 391.

als Jahreswerte von 1967 bis 1982 vor. Er konnte – in Erweiterung der bisher vorliegenden Untersuchungen – Daten von beiden Seiten der Grenzen verwenden.

- Als Variablen sind in dem Schätzansatz das Verfügbare Einkommen, der Anteil des Einkommensteueraufkommens am Steueraufkommen insgesamt, die Bevölkerungszahl, der Preis, Steuersatz, die Transportkosten zur Grenze sowie eine Dummy-Variable für eine Strukturveränderung (Steuerbefreiung für Lebensmittel in Kentucky ab 1972) berücksichtigt worden.
- Als unabhängige Variablen wurden Umsatzsteuern und spezielle Verbrauchsteuern (auf Tabak und Alkohol[273]) sowie Vermögen- und Einkommensteuern benutzt.

Das um diese Variablen erweiterte Nachfragemodell ist in absoluter und relativer Formulierung im Anhang E 12 wiedergegeben.

Bezüglich des, in einem theoretischen Vorspann aufgefächerten, Einflusses des Datenkranzes (etwa der Höhe der direkten Steuern usw.) musste er aus Praktikabilitätsgründen konstante (und deshalb nicht zu spezifizierende) Werte annehmen[274]. Die Ergebnisse der Regression lassen sich für Umsatzjahreswerte und -quartalswerte und für Beschäftigungswerte zusammengefasst im Anhang E 13 – E 17 dieser Arbeit.

- Eine einprozentige Satzerhöhung in Tennessee hätte danach einen Umsatzrückgang in CH um 3,73% und in TC um 0,44% zur Folge.
- „The income tax variable is positive and statistically significant for the CH area" (Tab. 2, Zitat S. 395). FOX führte als Erklärungshypothese an, dass die höhere Einkommensteuer in Kentucky eine Verschiebung der Angebotsfunktion – etwa durch höhere zu zahlende Löhne - und höhere Nachsteuerpreise[275] bewirkt habe.
- Der Koeffizient für die Steuerbefreiung für Lebensmittel im benachbarten Kentucky hatte das erwartete Vorzeichen, ist aber statistisch nicht signifikant.

Darüber hinaus konnte FOX seine Umsatzvariable nach verschiedenen Unterkategorien und vier Warengruppen unterteilt schätzen. Die wesentlichen Ergebnisse dieser verfeinerten Analyse lauten:

- Für Tennessee bedeutet die 1982 er Steuererhöhung um einen Prozentpunkt einen generellen Umsatzverlust von 3,56% nach Kentucky (CH) und 1,06% nach Virginia (TC)[276].
- Während die Signifikanz der Umsatzsteuervariable in verschiedenen Spezifikationen der Schätzgleichung „very stable" bleibt, ist die Einkommensteuervariable im Gegensatz zu den obigen Schätzungen weniger bedeutend („... only 0,04 percent of sales would be

---

273 Für die Tri Cities kann diese Variable nicht geschätzt werden, weil Virginia als Nachbarstaat ein staatliches Monopol besitzt und keine indirekten Steuern erhebt (vgl. zu weiteren Datenproblemen ebenda, S. 395).

274 Zwischen Clarksville (Tennessee) und Hopkinsville (Kentucky) ist ab 1976 eine verbesserte Verkehrsverbindung, die Interstate 24, gebaut worden; dafür wird in der Table 3 eine Dummy-Variable gesetzt. Diese ist aber nicht leicht zu interpretieren, weil sie gleichzeitig mit einer Steuersatzveränderung in die Schätzung eingebaut werden muß und deren Koeffizienten und Signifikanz durch ihre Kollinearität beeinflusst (ebenda, S. 393).

275 „The finding that the income tax also affects location of sales in the CH case provides limited evidence that the overall structure should be considered when evaluating tax effects along the border" (ebenda, S. 395).

276 In Fn. 9 berichtete FOX von weiteren separaten Spezifikationen bzgl. der Sales Tax Rate in quadratischer Form und in Verbindung mit der Zeit, aber: „These variables were statistically insignificant evidencing that adjustments to tax rate changes occurred within the first period after the increase and does not dissipate".

shifted to the Tennessee side of the border from a one percent increase in the dependence of the income tax" (S. 395)).

- Die Steuersatzdifferenzvariable ist in fünf von acht branchenweise vorgenommenen Schätzungen signifikant. Bei der Interpretation der Koeffizienten ist zu beachten, dass in der TC-Region ein nichtlogarithmiertes Modell vorliegt und deshalb die Elastizitäten nicht direkt abgelesen werden können. Die absolute Höhe der Koeffizienten z.B. in der Schätzgleichung für die Apparal Sales kommt auch durch den höheren Wert pro Kauf zustande.
- Vielleicht kann als Erklärungsthese für die hochsignifikant negativen Koeffizienten der Möbel- und Konfektions-(= Apparel)umsätze angeführt werden, dass in diesem Falle keine Use Tax erhoben wird.
- Für die CH-Region gab FOX wiederum die Ergebnisse des logarithmisch linearen Modells an. Hier zeigen sich für die Warengruppen „Food at home" und „Food away from home" zum 99%igen Konfidenzniveau signifikante Koeffizienten, die auf eine Elastizität der Nachfrage nach Lebensmitteln in Höhe von zehn Prozent bezogen auf die relative Steuerdifferenz hindeuten.
- Eine Dummy-Variable musste für Tennessee aufgenommen werden, weil 1979 einige Branchen umklassifiziert worden sind. Weitere Datenläufe mit der Property Tax, die in den betrachteten Staaten erhebliche Belastungsunterschiede aufwies, ergaben keine signifikant anderen Ergebnisse. Es überrascht allerdings im Falle CH, dass das Vorzeichen des Koeffizienten für die Vermögensteuer positiv ist.
- FOX erklärte dies damit, „that the property tax is acting as a proxy for the level of local services. Local taxes are probably more directly related with the receipt of services than are the state taxes, so this may mean that there is no negative border effect when the payment of higher taxes is translated into services with directly benefit the firm paying them"; leider fehlen für eine genauere Untersuchung dieses äquivalenztheoretischen Zusammenhangs passende Daten (S. 397).
- Die Schätzergebnisse für fein unterteilte Warengruppen sind allerdings wegen niedriger Durbin-Watson-Werte, besonders für Möbel und Konfektionswaren, nur als eingeschränkt verläßlich einzustufen.

FOX untersuchte neben den Umsatzverschiebungen auch Beschäftigungseffekte, und zwar sowohl für den Einzelhandel als auch für Beschäftigten insgesamt.

- Die Schätzergebnisse für den Einzelhandel insgesamt in den beiden Regionen TC und Cha zeigten keinen signifikanten Einfluss des Variablensets der bisher verwendeten Schätzung[277]. FOX berichtete, dass ein anderes Variablenset, das nur aus den signifikant die Beschäftigung erklärenden Variablen besteht, dagegen für den relativen Umsatzsteuersatz zu besseren Ergebnissen geführt habe.
- In der ersten Schätzgleichung liegt ein (mit 90 %iger Sicherheit) negativer Koeffizient für den allgemeinen Umsatzsteuerquotienten vor.

Für die Werte der Beschäftigung in allen Wirtschaftszweigen entlang der Grenze lassen sich folgende Schlüsse ziehen:

- Regressionen der Beschäftigtenzahlen aller Wirtschaftszweige auf die Variablen aus den Umsatzgleichungen führen – wie FOX notiert: unerwarteterweise – zu entweder signifikanten Koeffizienten, die das erwartete Vorzeichen tragen, oder sind statistisch nicht signifikant.

---

[277] FOX vermutete, hier mit Variablen ohne Erklärungswert zu arbeiten, was zu Multikollinearität und zum „Simultaneous Equations Bias" führt. Die Umsatzsteuervariable alleine ist durchaus signifikant; vgl. Fn. 12!

- Eine einprozentige Umsatzsteuererhöhung in Tennessee führt in den grenznahen Regionen CH zu einem 4,70 prozentigen und in TC zu einem 0,32 prozentigen Rückgang der Beschäftigung.
- In der dritten Region sind die Koeffizienten der Steuerdifferenzvariablen nicht statistisch von Null verschieden. Dies sei nach Meinung FOX' aus den niedrigen Steuersatzunterschieden in dieser Grenzregion verständlich.
- Die stark voneinander abweichenden Ergebnisse für Regionen, in denen hohe Steuerdifferenzen zu beobachten sind, und Regionen ohne nennenswerte Anreize zum Cross-Border-Shopping, erklärte FOX mit der Niveauabhängigkeit der Steuerarbitrage: „Consumers may have a nonlinear response to tax differentials in that the differentials must reach a certain level before they are sufficient to induce a substantial shift of the geographic location of sales decision[278]".

Die Schätzergebnisse belegen die Existenz von Steuerausweichhandlungen auf den grenznahen Einzelhandelsumsatz. Die Aufteilung der Einzelhandelsumsätze in der Schätzung von FOX zeigt auf, dass für die einzelnen Warengruppen unterschiedliche Elastizitäten vorliegen können. Es fällt jedoch schwer, ein einheitliches Grundmuster – etwa danach, ob es sich bei den direktimportierten Gütern um höherwertige Güter (Möbel, Apparel) oder um Waren des täglichen Bedarfs handelt – festzuhalten.

In den hier untersuchten Grenzregionen ist der Einfluss der Steuersatzdifferenzen über die Umsatzverschiebungen hinaus auf die Beschäftigung im Einzelhandel unklar geblieben. Die statistisch signifikanteren Ergebnisse für die abhängige Variable „Beschäftigte insgesamt" ist nach Auffassung des Verfassers kein geeigneter Ersatz für den erforderlichen Nachweis im Einzelhandel, weil auf den produzierenden Sektor oder auf die Dienstleistungsbranche in den Vereinigten Staaten von Amerika die Existenz von Steuersatzdifferenzen a priori keinen systematischen Einfluss haben dürfte.

---

[278] Wenn die Transportkosten als Funktion der Entfernung und nicht der Steuersatzdifferenz ausgedrückt werden, könnte vielleicht besser erklärt werden, dass ein gewisses Steuerdifferenzniveau erreicht werden muß, um einen erheblichen Cross-Border-Effekt zu erhalten (FOX (1986), aaO, S. 399).

1.2.3.10 WALSH/JONES (1988)

WALSH/JONES[279] betrachteten 46 Counties in West Virginia und deren Nachbarstaaten Kentucky, Maryland, Virginia, Ohio und Pennsylvania) für den Zeitraum von 1979 bis 1984. Dort hatte sich eine für empirische Schätzungen besonders geeignete Situation ergeben, weil 1980, 1981 und 1982 in West Virginia die Sales Tax Rate *jedes Jahr um ein Prozent* gesenkt wurde, während die Nachbarstaaten in diesem Zeitraum keine Steueränderungen vorgenommen haben. So konnten für die Schätzung der Steuerdifferenzvariablen mehrere Werte zugeordnet und deren jeweiliger Einfluss auf die Umsätze beobachtet werden.

Das WALSH/JONES-Schätzmodell lehnte sich an FISHERS und FOX' an, es berücksichtigte als erklärende Variablen das Einkommen, den relativen Preis des Inlands zum Ausland und Transportkosten zum nächsten Einzelhandelsgeschäft auf der anderen Seite der Grenze. Es ist im Anhang E 18 wiedergegeben.

Es zeigten sich für die isolierte Steuersenkung in einem kurzen Zeitraum folgende Effekte:

- Der Vergleich der grenznahen und grenzfernen Kreise ergab, dass die Substitutionsmöglichkeit in den Grenzbezirken stärker genutzt wird: Einmal sind die Parameter für die Steuersatzdifferenz im Betrage höher und zum zweiten sind die Werte jetzt signifikant zum 5% Niveau.
- In der Nähe der niedriger besteuernden Nachbarstaaten hat der Parameter der Steuerdifferenz ein negatives Vorzeichen und ist signifikant. Für die grenzfernen Counties ist der Parameter der Steuerdifferenz gegen die theoretische Vorhersage sogar positiv; wenn auch nicht signifikant von Null verschieden zum 5 Prozentniveau.
- Die Transportkosten selber spielten, wie sich auch in den vorangegangenen Studien gezeigt hat, nur eine untergeordnete Rolle, Parameter und t-Werte sind sehr niedrig. Das 5%-Signifikanzniveau wurde nicht erreicht.
- Jede (relative) Steuersatzsenkung um einen Prozentpunkt (was ungefähr einen 1 Prozent niedrigeren Bruttopreis einer Ware bedeutet) erhöhte die Umsätze im grenznahen Raum um fast 6 Prozent.

---

279 WALSH/JONES (1988) More Evidence on the „Border Tax" Effect: The Case of Western Virginia, 1979-84, in: National Tax Journal 41, S. 261 ff.

1.3 Ergebnis: Direktimporte in empirischen Untersuchungen für die Vereinigten Staaten von Amerika und Kanada

Für den Raum der Vereinigten Staaten von Amerika und für Kanada konnte eine Vielzahl empirischer Studien über die Cross-Border-Wirkungen unterschiedlicher Umsatz- und Verbrauchsteuersätze innerhalb eines Staates (Staatenbundes mit freizügigem Binnenmarkt) verglichen werden. Anders als in einem europäischen Nationalstaat mit einheitlicher Umsatz- und Verbrauchsbesteuerung besitzen die untergeordneten Gebietskörperschaften, und zwar sowohl die Bundesstaaten als auch die Gemeinden, eine weitgehende Autonomie für die Festsetzung der Umsatz- und Verbrauchsteuern. Solange der innerstaatliche Handel nicht diskriminiert wird, dürfen die Staaten nach eigener Zielsetzung Steuern und Steuersätze festlegen. Grenzkontrollen für Warenlieferungen gibt es nicht. Auf den ersten Blick entsprechen die steuerlichen Regelungen des US amerikanischen Binnenmarktes damit den Bedingungen, wie sie für den Europäischen Binnenmarkt seit dem 1. Januar 1993 gelten.

Die Reaktion der Endverbraucher auf unterschiedliche hohe Umsatz- und Verbrauchsteuerbelastungen in benachbarten Regionen unterliegt in der historischen Entwicklung einem Wandel: Die Untersuchungen aus der Zeit der Einführung der Umsatzsteuern decken steuerliche Ausweichhandlungen schon bei wenigen Prozentpunkten Steuerdifferenz auf (HAIG/SHOUP (1934), TAX SURVEY KOMMISSION (1936), ROUSSE/HESTER (1938) und MALIET (1955). In den Siebziger und Achtziger Jahren sind Direktimporte dagegen nur bei höheren Steuersatzdifferenzen untersucht worden[280]. FOX (1986) wies ausdrücklich darauf hin, dass erst ein gewisses Differenzniveau erreicht sein müsse, bevor sich eine Steuerarbitrage größeren Ausmaßes messen ließe.

In diesen neueren Arbeiten ist die Reaktion der Endverbraucher auf Steuersatzdifferenzen mit Hilfe von Regressionsrechnungen quantifiziert worden *(Fragenkreis 1: Ausmaß der Steuerarbitrage*, gemessen als Reaktion von Umsatz, Anzahl Einzelhändler, Beschäftigung usw.). Für die Elastizität der Umsätze im grenznahen Raum auf einen im Nachbarstaat höheren relativen Preis ergibt sich, wenn man die Ergebnisse der logarithmischen Schätzansätze vergleicht, ein relativ breites Intervall von ungefähr zwei bis elf Prozent[281].

---

[280] Die bloße Existenz von empirischen Arbeiten zur Steuerarbitrage in Regionen mit sehr viel höheren Steuersatzabweichungen sollte allerdings nicht überbewertet werden. Im Zeitablauf haben sich die Staatsaufgaben auf Ebene der untergeordneten Gebietskörperschaften ausgeweitet und von daher sind höhere Steuersätze und - wenn ein Nachbarstaat keine Umsatzsteuer erhebt - auch höhere Satzdifferenzen zu beobachten, die sich dann für Untersuchungen des Cross-Border-Shoppings eignen.

[281] Der Koeffizient für die Elastizität liegt bei der Mehrzahl der untersuchten Güterarten (bzw. dem gesamten Einzelhandelsumsatz als Warenkorb) von LEVIN (1966), MIKESELL (1969)(1970), FISHER (1970), FOX (1986) und WALSH/JONES (1988) in diesem Intervall. Ohne allerdings zusätzlich die für diesen Koeffizienten ermittelte Standardabweichung zu berücksichtigen, kann keine Aussage über den Konfidenzbereich dieser These getroffen werden. Es sei ausdrücklich darauf hingewiesen, dass diese Elastizität nicht für alle untersuchten Warengruppen ermittelt werden kann. Vgl. für eine Übersicht über die ermittelten Elastizitäten FISHER (1980), aaO, Table 1, „Studies of Local Sales Tax Differential", S. 174.

Soweit sich die Einzelhandelsumsätze nach Warengruppen untergliedert lassen, kann ein differenziertes Bild gegeben werden: Insofern in den einzelnen Staaten die Besteuerung nach dem Bestimmungsland auch für Käufer aus anderen Bundesstaaten durch eine Use Tax für höherwertige Gebrauchsgüter vorgesehen ist, lassen sich keine erhöhten (niedrigeren) Umsätze im niedriger (höher) besteuernden Nachbarstaat mehr messen. Für die nicht der Use Tax unterliegenden Warengruppen kann die Existenz der Steuerarbitrage bei folgenden Gütergruppen ermittelt werden: Shopping Goods Store Sales (MIKESELL (1971)), Food Sales (FISHER (1980)), und Furniture Sales, Food at Home, Food Away from Home, Apparal Sales (FOX (1986)). Aus den vorliegenden, nach Warengruppen unterschiedenen Regressionsrechnungen lässt sich aber kein durchgehendes Muster erkennen, nach dem eine Ware besonders häufig zur Steuerarbitrage benutzt *wird (Fragenkreis 2: Zusammensetzung direktimportierten Warenkorbes)*.

Darüber hinaus können erste Erkenntnisse hinsichtlich der Motive für Direktimporte zusammengetragen werden *(Fragenkreis 3: Bestimmungsgründe der Steuerarbitrage)*. Die Rolle der Transportkosten bzw. der Entfernung einer Region zum niedriger besteuernden Nachbarstaat wurde in den Untersuchungen von GEHRKENS (1970), MIKESELLS (1971) und WALSH/JONES (1988) betrachtet. GEHRKENS' Ergebnisse deuten darauf hin, dass die Steuerarbitrage nur für einen Streifen mit bis zu 24 Kilometern Abstand zur Grenze bedeutsam ist. MIKESELL und WALSH/JONES konnten die Abhängigkeit der Steuerarbitrage von der Entfernung zur Grenze dadurch zeigen, dass in unmittelbar grenzbenachbarten Gemeinden (Counties) die Steuerausweichmöglichkeit im Gegensatz zu den nur mittelbar grenznahen Gemeinden eine Rolle spielt. Eine quantitative Angabe (etwa in Form einer Entfernungselastizität) konnten sie nicht vornehmen.

Die empirischen Studien aus den Vereinigten Staaten von Amerika und aus Kanada können insgesamt jedenfalls als Beleg für die Existenz einer substantiellen Steuerarbitrage dort angeführt werden, wo Unterschiede in der steuerlichen Belastung zwischen einzelnen Bundesstaaten bzw. einzelnen Gemeinden bestehen.

Dennoch ist vor einer allzu einfachen Übertragung der institutionellen Situation und der in diesem Kapitel dargestellten empirischen Ergebnisse *(Fragenkreis 4: Übertragbarkeit der empirischen Messungen auf den Binnenmarkt ab dem 1.1.1993)*. zu warnen. Unklar ist, ob Rechts-, Sprach- und Währungsunterschiede nicht auch bei den Konsumgütern, für die hohe Steuerdifferenzen zu erwarten sind, zu segmentierten Märkten führen können, dort also höhere Steuerdifferenzen bestehen bleiben können, ohne dass große Umsatzverschiebungen in Kauf zu nehmen wären.

Gerade die Untersuchung aus den kanadischen Provinzen, an deren Grenzen neben steuerlichen Unterschieden auch Sprachunterschiede bestehen, lassen Zweifel daran aufkommen, die Erfahrungen aus den Vereinigten Staaten von Amerika direkt auf den Europäischen Binnenmarkt zu übertragen. DUFOURT/VAILLANCOURT (1982) konnten zeigen, dass Steuersatzunterschiede an der Grenze mit Sprachunterschieden - im Gegensatz zu einer vergleichbaren Grenze zwischen zwei Provinzen mit gleicher Sprache - keine substantielle Steuerarbitrage nach sich ziehen.

Wegen der in Europa verbleibenden Sprachunterschiede ist einerseits zu erwarten, dass tendenziell nicht unerhebliche Steuersatzunterschiede bestehen bleiben können, ohne dass Direktimporte größeren Ausmaßes zu erwarten sind. Diese Tendenz wird noch verstärkt dadurch, dass nicht jedes Land mit einem anderen seine Steuersätze bilateral angleichen muß, weil entweder keine gemeinsame Grenze vorhanden ist oder die Transaktionskosten für einen Grenzhandel prohibitiv sind. Ebenfalls wird die im Binnenmarkt sich ergebende Steuerarbitrage eingeschränkt durch die nach dem Vorbild der Vereinigten Staaten von Amerika eingeführten Sonderregelungen für registrierungspflichtige Gebrauchsgüter.

Andererseits verlaufen einige EU-„Binnengrenzen" durch dicht besiedelte Grenzregionen, in denen hohe Arbitragegeschäfte zu erwarten sein werden. Auf die besondere Rolle einer hohen Bevölkerungsdichte haben KANBUR/KEEN (1993) in ihrem spieltheoretischen Modell hingewiesen[282]. Zudem ist es durchaus denkbar, dass etwa ein kleines Land wie Luxemburg aus seiner strategischen Lage (kleines Land mit geringer heimischer Bemessungsgrundlage, gemessen an der potentiell aus den Nachbarländern zu attrahierenden Nachfrage der Einpendler, gut ausgebaute Verkehrswege, geringe Transaktionskosten, keine Sprachbarrieren) umsatzsteuerliches Kapital schlägt und die Nachbarn mit einer schädigenden „Beggar-My-Neighbor"-Politik konfrontiert. In den folgenden Ausführungen des nächsten Abschnitts wird über eine Untersuchung berichtet, die für ein solches Land erfolgt, das von seiner Kleinheit und der zentralen Lage im Europäischen Binnenmarkt profitiert[283].

Zu den dargestellten Studien für den amerikanischen und kanadischen Raum ist grundsätzlich kritisch anzumerken, dass diese in der Mehrzahl nur für ausgewählte Grenzregionen und nur einen kurzen Zeitraum Beobachtungen auswerten konnten.

---

282 KANBUR/KEEN (1993), aaO, S. 877 ff.

283 Vgl. die Ausführungen in Kapitel 2.2.3.5. und die Literaturangabe: VAN LEUWEN/TANG (1995), aaO.

2. Empirische Untersuchungen für Europa

2.1 Einleitung

Für die Mitgliedsstaaten der Europäischen Gemeinschaft liegen in erster Linie empirische Untersuchungen auf der Basis von Fragebogenerhebungen vor. Aus den Achtziger Jahren des 20. Jahrhunderts sind solche Studien für Grenzregionen mit hohem Steuersatzgefälle (Dänemark - Deutschland[284] [285], Belgien - Luxemburg[286] und Republik Irland - Nordirland[287]) zu verzeichnen. Um die Diskussion zur endgültigen Festlegung der institutionellen Regelungen der indirekten Besteuerung und der Abschaffung der Grenzkontrollen zu beeinflussen, hatte die KOMMISSION DER EUROPÄISCHEN GEMEINSCHAFTEN (1991) eine Befragung zum Direktimportsverhalten vorgenommen[288]. Nach Installation des Europäischen Binnenmarktes sind von verschiedenen Forschungsinstituten Studien, die ebenfalls mit Hilfe von Befragungen das Niveau der Steuerarbitrage abschätzen, erarbeitet worden[289].

---

[284] INSTITUT FÜR GRENZLANDFORSCHUNG (1986) Der Grenzhandel und seine Preisempfindlichkeit, (deutsche Übersetzung), Aabenraa; CLEMENS/PAULINI (1991) Harmonisierung der indirekten Steuern im Europäischen Binnenmarkt, Schriften des Instituts für Mittelstandsforschung 40 NF, Bonn.

[285] Für den grenzüberschreitenden Einkauf von Dienstleistungen liegt aus dem Jahre 1995 eine, hier nicht weiter besprochene, Untersuchung vor (Grenze zwischen Dänemark und Deutschland): BYGVRA (1995) Kundeadfaerd i det dansk-tyske graenseomrade, Notat 61, Institut für Gaenseregionsforskning, zit. als INSTITUT FÜR GRENZLANDFORSCHUNG (1995).

[286] Vgl. DUPONT (1988) Fiscalité et Construction Européenne: Le Cas de la T.V.A. et des Accises, Centre de Recherches Europeénnes et Internationales, Diss. Unviversité de Lille I.

[287] FITZGERALD/QUINN/WHELAN/WILLIAMS (1988) An Analysis of Cross-Border Shopping, The Economic and Social Research Institute, Paper 137, Dublin, zitiert als ESRI (1988) FITZGERALD/JOHNSTON/WILLIAMS (1995) Indirect Tax Distortions in a Europe of Shopkeepers, The Economic and Social Research Institute, ESRI Working Paper 56, Dublin, zitiert als ESRI (1995).

[288] Vgl. KOMMISSION DER EUROPÄISCHEN GEMEINSCHAFTEN (1991) Consumer Behavior in the Internal Market, Interim Report, Brüssel.

[289] Vgl. hier in erster Linie die Untersuchung des Kieler Instituts für Weltwirtschaft: BODE/KRIEGER-BODEN/LAMMERS (1994) Cross-Border Activities, Taxation and the European Single Market, Institut für Weltwirtschaft an der Universität Kiel. Für speziell die deutsch-dänische Grenze sind die Untersuchungen des INSTITUT FÜR GRENZLANDFORSCHUNG erneuert bzw. um die spezielle institutionelle Situation seit dem 1.1.1993 ergänzt worden: BYGVRA (1990) Border Shopping Between Denmark and West Germany, Contemporary drug problems, Winter 1990, S. 595 - 611, zit. als INSTITUT FÜR GRENZLANDFORSCHUNG (1990), BYGVRA (1992a) Graensehandelen ved proten til Europa, institute for Graenseregionsforskning, Aabenraa, zit. Als INSTITUT FÜR GRENZLANDFORSCHUNG (1992a), S. BYGVRA (1992b) Graensehandelen ok statskassen, pluk fra forskning i Sonderjyland 3, S. 15 - 21, zit. Als INSTITUT FÜR GRENZLANDFORSCHUNG (1992b). Darüber hinaus kann die Studie des Beratungsunternehmens PRICE WATERHOUSE (1994) Studie im Auftrag der EG-Kommission, für die in den bisherigen europäischen Studien nicht im Mittelpunkt der Betrachtung stehenden Grenzen zwischen Frankreich und England, sowie Luxemburg und seine Nachbarländern zitiert werden. Mit der gleichen Intention ist auch die Untersuchung von LONDON ECONOMICS (1994) The Cross-Border Purchase of Excise Products - Evidence from Europe and North America, London, zit. als PIEDA (1994) The Economic Impact of Cross-Border Shopping and Bootlegging on the Independent Tobacco Retailing Sector, Edingburgh, für die englisch-französische Grenze und das Gutachten an die KOMMISSION von PRICE WATERHOUSE (1994) VAT and Excise Duties: Changes in Cross-Border-Purchasing Patterns Following the Abolition of Fiscal Frontiers on 1 January 1993, Final

Vom VERBAND DER CIGARETTENINDUSTRIE wurde für den Bereich des Schmuggels mit Zigaretten eine verdeckte Ermittlung der Herkunftsmärkte im benachbarten Ausland und des „ambulanten Handels" im Inland in Auftrage gegeben[290].

Darüber hinaus gibt es für den englisch-irischen Grenzabschnitt aus dem Jahre 1988 eine Abschätzung über Art und Umfang der Direktimporte mit Hilfe von Makrodaten nach dem Muster der US amerikanischen Regressionsrechnungen[291] Die damals erhobenen Daten sind vom selben Institut im Jahre 1995 zu einer nochmaligen Schätzung verwendet worden.

Mit den Direktimporten bzw. dem Ausweichverhalten generell beim Alkohol befaßt sich eine Untersuchung mit Daten des Family Expenditures Survey aus dem Jahre 1994 für das Vereinigte Königreich[292].

Schließlich sind diverse Studien verwandten Inhaltes, die die institutionelle Situation des Binnenmarktes berücksichtigen, zu erwähnen. Aus dem Jahre 1995 für die deutsch-österreichische Grenze und italienisch-österreichische Grenze[293] liegt eine auf Daten der Zahlungsbilanzstatistik und auf Haushalts- und Expertenbefragungen gestützte Studie vor, die die Auswirkungen der erhöhten Freizügigkeit des Grenzübertritts anläßlich des EG-Beitritts Österreichs auf die grenzüberschreitende Handelstätigkeit untersucht hat.

Report to the Commission of the European Community, DGXXI/C-3, Luxembourg, erarbeitet worden.

290 Diese Studie zur Steuerarbitrage bei den Tabakwaren ist vom Beratungsunternehmen MSI RESEARCH (1994) im Auftrag des Verbands der Cigarettenindustrie, Bonn, erarbeitet worden. MSI MARKET SERVICES (1995a) Border Sales von Polen nach Deutschland, Volumens-Ermittlung (Juni 1995), Hamburg; DERS. (1995b) Ambulanter Handel mit Cigaretten in Ostdeutschland, Volumens-Ermittlung (September 1995), Hamburg; DERS. (1996a) Border Sales von Luxemburg nach Deutschland, Absatzmessung Frühjahr '96), Hamburg; DERS. (1996b) Border Sales von Tschechien nach Deutschland, Volumens-Ermittlung Mai 1996), Hamburg.

291 Vgl. FITZGERALD ET. AL. (1988), aaO, S. 55 ff für Irland, zit als: ECONOMIC AND SOCIAL RESEARCH INSTITUTE (1988) und DUPONT (1988), aaO, für Belgien - Luxemburg.

292 CRAWFORD/TANNER (1995) Bringing it all back Home: Alcohol Taxation and Cross-Border Shopping, in: Fiscal Studies 16, S. 94 ff).

293 INSTITUT FÜR HANDELSFORSCHUNG (1995) Auswirkungen des EU-Beitrittes und zur Frage nicht eingetretener Preisänderungen in ausgewählten EH-Branchen für die Bundesländer Kärnten/Tirol/Salzburg/Oberösterreich, Endbericht, Wien.

2.2 Direktimporte in empirischen Untersuchungen für Europa

2.2.1 Überblick

Erst nachdem 1970 ein einheitliches Umsatzsteuersystem geschaffen wurde, gab es Erleichterungen im grenzüberschreitenden Personenverkehr für Reisende aus den Mitgliedsländern[294]. Mithin haben sich die institutionellen Bedingungen der Möglichkeit zum Direktimport für Privatreisende schrittweise hinzu binnenmarktähnlichen Verhältnissen entwickelt.

Erst Ende der 80er Jahre des vergangenen Jahrhunderts sind die Phänomene grenzüberschreitender Käufe von Endverbrauchern für Mitgliedstaaten der Europäischen Wirtschaftsgemeinschaft untersucht worden[295]. Diese lange Abstinenz kann man mit der europäischen Umsatz- und Verbrauchbesteuerung und der dementsprechenden Grenzkontrollpraxis erklären.

Solange keine Souveränität auf die supranationale Ebene übertragen worden war, war die Möglichkeit für das legale Verbringen von Waren über die europäischen Grenzen außerhalb des Grenzausgleiches nur von sehr untergeordneter Bedeutung.

---

[294] Seitdem die Erste Umsatzsteuer-Richtlinie umgesetzt wurde, gelten Freibeträge für im Reiseverkehr mitgeführte Waren. In den 80er und 90er Jahren des 20. Jahrhunderts hat die Liberalisierung des grenzüberschreitenden Personenverkehr sich im Prozess zum Abschluss des sog. Schengener Abkommen manifestiert: Danach werden die Grenzkontrollen weniger häufig und intensiv für Personen aus Mitgliedsländern durchgeführt. Wer die grüne Europa-Plakette an der Windschutzscheibe führte, deklarierte, dass er nichts zu verzollen hat. Er konnte auf einer gesonderten Spur die Grenze meist ohne angehalten zu werden passieren. Die ersten Grenzabfertigungserleichterungen wurden ab 1984/85 spürbar, obwohl das Abkommen nicht sofort unterzeichnet wurde.

[295] Ein Schüler SCHMÖLDERS, GEHRKENS, wurde für mehrere Jahre zu einen Forschungsaufenthalt in die Vereinigten Staaten gesandt, um dort die Auswirkungen unterschiedlicher Steuersätze in Bundesstaaten ohne Grenzkontrollen zu analysieren. Vgl. GEHRKENS (1970), aaO, Vorwort und Einleitung. Die Ergebnisse sind oben in Kapitel 1.2.2.5 dieses Teils besprochen.

2.2.2 Empirische Untersuchungen mit Mikrodaten

Im folgenden geben wir zunächst wieder einen tabellarischen Überblick über die einzelnen Untersuchungen und deren wichtigste Ergebnisse.

Synopse 3: Umfragen zur Cross Border Activity für Europa (Untersuchungen mit Mikrodaten)

Autor/ Autoren (Jahr)	Region/ Zeitraum	Methode	Inhalt der Untersuchung	Ergebnis
INSTITUT FÜR GRENZLAND FORSCHUNG (1986)	deutsch-dänische Grenze	Befragung von Direkt importeuren	untersucht werden Art, Umfang und Wert der Steuerarbitrage, die Entfernungsabhängigkeit	es liegen detaillierte Befragungsergebnisse vor (auch zur Entfernungsabhängigkeit), dänischer Einzelhandel verliert ca. 1% Umsatz, dänischer Fiskus ca. 2% Steueraufkommen
ECONOMIC AND SOCIAL RESEARCH INSTITUTE (1988)	britisch – irische Grenze	4.000 Haushalte der gesamten Rep. Irland und 2.000 Haushalte der grenznahen Counties	ermittelt werden die Anteile der Steuerarbitrage nach Gütergruppen, die durchschn. Anzahl von Verkaufsfahrten (in Abhängigkeit der Entfernung, jeweils für die Einwohner aus grenznahen Gebieten und für Irland insgesamt)	12 % der Gesamtbevölkerung beteiligt sich an der Steuerarbitrage, Kinderspielzeug, Non-Durables, Kraftstoff, Wein, Spirituosen und Elektrogeräte sind relativ am stärksten betroffen, es liegen Erkenntnisse über die zurückgehende Zahl der Direktimporte mit steigender Entfernung usw. vor
DUPONT (1988)	Französisch-luxemburgische Grenze	Befragung von 700 Einkäufern vor Supermärkten in verschiedenen Entfernungszonen	erfragt werden die Beteiligungsquoten an der Steuerarbitrage nach Gütergruppen und Entfernungsklassen für die derzeitige und die Situation im Binnenmarkt	vornehmlich direktimportierte Güter sind: Kraftstoff, Alkoholika, Nahrungsmittel als Einflussfaktoren sind die Entfernung zur Grenze und die Höhe des Preisunterschiedes nachgewiesen
INSTITUT FÜR GRENZLAND FORSCHUNG (1990/2a/ 1992b)	deutsch-dänische Grenze	Befragung von Direktimporteuren (1989: 350 Deutsche, 1991 3.000 Dänen)	untersucht werden (u.a.) die Zusammensetzung des Warenkorbs der Direktimporteure, Frequenz der Steuerarbitrage, die Stichprobenergebnisse werden über Verkehrsströme auf ganz Dänemark hochgerechnet	nur die mit speziellen Verbrauchsteuern belegten Güter weisen eine hohe Steuerarbitrage auf, sowohl für die deutschen als auch für die dänischen Direktimporteure können detaillierte Aussagen getroffen werden für das Ausmaß, die Zusammensetzung und die Bestimmungsgründe der Steuerarbitrage
INSTITUT FÜR MITTELSTANDS-FORSCHUNG (1991)	deutsch-dänische Grenze	Befragung von 247 Einzelhändlern	ermittelt werden die Umsatzanteile deutscher Einzelhändler mit dänischen Kunden nach Unternehmensgrößenklassen und Gütergruppen, gefragt wird nach potentiellen Reaktionen auf verschiedene Harmonisierungsszenarien	deutsche grenznahe Einzelhändler haben gemessen am Umsatz durchschn. 36 % dänische Käufer, bei Spirituosen wird eine kleine Zahl hochspezialisierter Händler identifiziert mit hohem Anteil (80%) dänischer Kunden, bei Bier, Wein, Tabak sind Quoten (Umsatzanteile deutscher Einzelhändler mit dänischen Kunden) generell niedriger (zwischen 10% und 42%)
EG-KOMMISSION (1991)	generell	Befragt werden repräsentativ ausgewählte Konsumenten	erfragt wurden die grenzüberschreitenden Einkäufe in den vergangenen 6 Monaten Hemmnisse für nicht getätigte Steuerarbitrage werden erfragt (Sprachbarrieren, unterschiedliche Gewährleistung)	nur 8% der Befragten unternahmen in den vergangenen 6 Monaten einen Direktimport (>200 DM), nur 3% bezogen grenzüberschreitend Waren aus dem Versandhandel, Ergebnisse nicht geeignet zur Abschätzung der Steuerarbitrage bei Gütern mit Preis < 200 DM, Hemmnisse sind Rechts-, Service-, Sprachunterschiede

Autor/ Autoren (Jahr)	Region/ Zeitraum	Methode	Inhalt der Untersuchung	Ergebnisse
LONDON ECONOMICS (1994)	französisch-britische Grenze	Expertengespräche, Untersuchung des Passagieraufkommens der Kanalfähren	Modellrechnung ermittelt für 4 Typen von Arbitrageuren/ Schmugglern mögliche Einsparpotentiale anhand dieser Plausibilitätsurteile werden Steuerstatistiken, Bierverkäufe usw. ausgewertet	für den französisch-britische Grenzabschnitt wird für den Binnenmarkt eine deutliche Steigerung der Steuerarbitrage erwartet, für die anderen Grenzen wird nur eine Literaturauswahl wiedergegeben, Einsparpotentiale je Einkaufstyp sind zur Veranschaulichung des Geschehens nützlich
PRICE WATERHOUSE (1994)	Überblick über alle Grenzabschnitte der EU	Zusammentragen vorhandener Untersuchungsergebnisse	Studie kann nur aus der Sekundärliteratur (Ratzinger (1998) zitiert werden). Ermittelt werden Anteile ausländischer Käufer in Luxemburg	Anteile ausländischer Käufer in Luxemburg sind: 80% bei Tabakerzeugnissen, 70 % bei Spirituosen und 48% bei Mineralöl
INSTITUT FÜR WELTWIRTSCHAFT (1994)	deutsch-dänische und deutsch-belgische-französische Grenze	Haushaltsbefragungen auf beiden Seiten der Grenze (5.000 versandte Fragebogen, ca. 1.000 Antworten)	Ausgaben der Arbitrageure Struktur Intensität, Zusammensetzung des Warenkorbes, Frequenz) und Bestimmungsgründe der Arbitrage (Entfernung, Gründe für Beteiligung bzw. Nichtbeteiligung, Steuerdifferenz) jeweils für die beiden Grenzregionen	sehr detaillierte Ergebnisse zu Fragenkreisen 1-3 Deutsche kaufen 1991/2 in Dän ein für 116 Mio. ECU, in NL für 160 Mio. ECU, in B für 129 Mio. ECU im zweiten Teil der Studie werden Wirkungen von Steuerunterschiede bei den direkten Steuern betrachtet
PIEDA (1994)	französisch-britische Grenze	Befragung von 5.000 kleineren Tabakeinzelhändlern	anhand der gefundenen Befragungsergebnisse werden vorliegende herkömmlichen Schätzungen zu Umsatzverlust der Händler durch Steuerarbitrage/Schmuggel überprüft	Schätzung in drei Szenarien (Steuerarbitrage + Schmuggel) = Umsatzverlust 68 – 362 Mio. £, Beschäftigungsverlust = 880 – 4.600 Arbeitsplätze Fundstelle für Schätzung von 1 : 20 für Zollaufgriffe zum tatsächlichen Schmuggel
MSI (1994/5/6)	Deutsch-luxemburgische Grenze und neue Außengrenzen im Osten	Verdeckte Ermittlung des Schmuggels offene Ermittlungen der Steuerarbitrage	In Luxemburg wird die Steuerarbitrage durch offene Ermittlungen erfaßt, für den Schmuggel erfolgen Hochrechnung der Beobachtungen auf Märkten bzw. unter freiem Himmel anhand der Öffnungszeiten und der Schmuggellokale insgesamt	nur über die Zitate des INSTITUT FÜR WELTWIRTSCHAFT (1994) können Teilergebnisse wiedergegeben werden: Deutsche kaufen für 5,4 Mrd. DM im Jahr 1992 und 6,4 Mrd. DM im Jahr 1993 im Ausland (NL, Lux, F, Ch, B, Tschechien) ein, dies entspricht ca. 3 % des Gesamtumsatzes Zitat: Fiskus verliert ca. 2,4 Mrd. DM
INSTITUT FÜR HANDELSFORSCHUNG (1995)	deutsch-österreichische Grenze italienisch – österreichische Grenze	Haushaltsbefragungen auf der österreichischen Seiten der Grenze 1.600 Interviews)	ermittelt werden Struktur und Zusammensetzung der Kaukraftabflüsse im Zusammenhang mit dem Beitritt Österreichs zur EU Kaufmotive für die Steuerarbitrage, Ausgaben je Einkaufsfahrt nach D bzw. I	die Kaufkraftabflüsse in den betrachteten Bundesländern betragen max. 9,5 Mrd. öS, durch den Beitritt erhöht sich der Abfluß um 1,5 Mrd. ÖS Methodisch beachtenswert ist der Versuch, Daten der Leistungsbilanz zu Prognose einzusetzen
RATZINGER (1998)	deutsch-dänische, deutsch-belgische-holländische, deutsch-österreichische und deutsch-französische Grenze	Verbandsvertreter- und Unternehmensbefragungen auf der deutschen Seite im Jahre 1993 Fragebogenstudie an Unternehmer 5.400 versandte Fragebogen, ca. 486 Antworten)	Umsatzanteile der deutschen Einzelhändler, Einsatz absatzpolitischer Instrumente bzgl. Steuerarbitrageure (Fremdsprachen, Öffnungszeiten, Werbung im Nachbarland usw.) Einschätzungen der Händler und Käufer zu Preisunterschieden und ihre Ursachen Eigenschaften der einheimischen und auswärtigen Käufer	sehr differenzierte Untersuchung der Kaufmotive der Kunden und des absatzpolitischen Instrumentariums der Einzelhändler in Grenznähe Steuerdifferenz/Preis ist nur ein Faktor von vielen

2.2.2.1 INSTITUT FÜR GRENZLANDFORSCHUNG (1986)

Das INSTITUT FÜR GRENZLANDFORSCHUNG erhielt den Auftrag, eine Bestandsaufnahme für den Grenzhandel zu erarbeiten und zu prüfen, welche privaten grenzüberschreitenden Handelsströme (Direktimporte) durch eine Steuererhöhung in Dänemark zum 1.4.1986 (das sogenannte „Osterpaket") verursacht wird[296]. Für die Studie sind im Oktober und Dezember 1985 ca. 1.750 dänische und deutsche Privatpersonen beim Grenzübertritt befragt worden. Im Frühjahr 1986 sind 550 Telephoninterviews in Jütland und auf Fünen zum Osterpaket durchgeführt worden.

Als Merkmale sind Art, Umfang und Wert der Direkteinkäufe, das benutzte Verkehrsmittel, die Entfernung des Wohnortes der Befragten zur Grenze und einige hypothetische Fragen zum Kaufverhalten nach einer veränderten deutsch-dänischen Preisspanne erhoben worden.

- Von den befragten Autofahrern führten etwa 90% Waren mit sich, die aus steuerlichen Gründen in Deutschland gekauft werden[297].
- Die Ergebnisse lassen eine Hochrechnung auf die gesamten Umsätze im Grenzhandel zwischen Deutschland und Dänemark zu *(Fragenkreis 1: Ausmaß der Steuerarbitrage)*: Es ist zu prognostizieren, dass dem dänischen Einzelhandel etwa ein Prozent Umsatz und dem dänischen Fiskus etwa zwei Prozent Abgaben verloren gehen (vgl. die Zusammenfassung, S. 19).
- Das Kaufverhalten hängt stark von der Entfernung zur deutschen Grenze ab *(Fragenkreis 3: Bestimmungsgründe der Steuerarbitrage)*: In Grenznähe wird häufiger, im übrigen Land seltener im Nachbarland eingekauft (vgl. Abbildung 22, S. 30). Dafür steigen die durchschnittlichen Ausgabesummen mit der Entfernung: Von unter 150 DKr in der Entfernungszone bis 10 km auf knapp 500 DKr in der Entfernungszone über 125 km (vgl. Abbildung 13, S. 16).
- Auf die Frage nach dem Einkaufsverhalten bei einer hypothetischen Verringerung des durchschnittlichen Preisgefälles von 35% wurden abnehmende Kaufabsichten registriert*(Fragenkreis 3: Bestimmungsgründe der Steuerarbitrage)*. Gemessen an der Zahl der jährlichen Fahrten nach Deutschland bewirkt ein Rückgang des Preisunterschiedes von 35% auf 25%, 15% bzw. 5% eine Verringerung der beabsichtigten Fahrten von 4,4 auf 2,9 und 2,0 bzw. 1,8 (ebenda, S. 25).
- Die Telephonbefragung hinsichtlich der Kaufabsichten nach der Erhöhung aller indirekten Steuern zum 1.4.1986 zeigte für die meisten Entfernungszonen eine leicht zunehmende Direktimportsabsicht. Die größte Zunahme ist aus der Gruppe der in der Entfernungszone 11-25 km wohnenden Dänen zu erwarten.

Neben dieser Untersuchung aus dem Jahre 1986 gibt es eine ganze Reihe von Untersuchungen des INSTITUT FÜR GRENZLANDFORSCHUNG in unmittelbarer zeitlicher Nähe zur

---

296 Vgl. HANSEN (1986) Der Grenzhandel und seine Preisempfindlichkeit (deutsche Übersetzung), Aabenraa; zit. als INSTITUT FÜR GRENZLANDFORSCHUNG (1986). Zur deutsch-dänischen Grenze liegen vom selben Institut zwei weitere Studien vor: GAMMELGÅRD/JEPPESEN/THERKILDSEN (1978) Der über die deutsch-dänische Landgrenze verlaufende Grenzhandel. Regionale Auswirkungen einer teilweisen EG-Harmonisierung, Institut für Grenzlandforschung, Aabenraa und BYGVRÅ (1982) Grenzhandel - Eine Einkaufsform und ihre Auswirkungen, INSTITUT FÜR GRENZLANDFORSCHUNG, Aabenraa.

Verwirklichung des Europäischen Binnenmarktes. Sie werden weiter unten zusammenhängend dargestellt.

2.2.2.2 ECONOMIC AND SOCIAL RESEARCH INSTITUTE (1988)

Auch an der Grenze zwischen den beiden irischen Staaten waren in den letzten zwanzig Jahren erhebliche Steuersatzdifferenzen zu beobachten[298]. Die Studie des ECONOMIC AND SOCIAL RESEARCH INSTITUTE aus dem Jahre 1988 über die Auswirkungen unterschiedlicher Umsatz- und Verbrauchsteuern in der Republik Irland mit meist höheren Steuersätzen und Nordirland setzt sich methodisch aus zwei Teilen zusammen. Der erste besteht aus einer Fragebogenstudie. Der zweite Teil benutzt Statistiken der Volkswirtschaftlichen Gesamtrechnung und Steuerstatistiken und berechnet mit ökonometrischen Methoden die quantitativen Zusammenhänge zwischen Steuern und Direktimporten. Die Analyse des zweiten Teils wird weiter unten (Abschnitt 2.2.3.1) dargestellt.

In diesem Abschnitt sollen die Ergebnisse der Fragebogenstudie dargestellt werden:

- Die Untersuchung des ECONOMIC AND SOCIAL RESEARCH INSTITUTE hat (1) viertausend Haushalte aus den 26 Counties der Republik Irland in für einen National Survey nach ihrem Direktimportsverhalten befragt. Des weiteren sind (2) zweitausend zufällig ausgewählte Haushalte aus den grenznahen Counties Donegal, Leitrim, Cavan, Monaghan und Louth/Sligo mit einem ausführlichen Fragebogen nach ökonomischen Merkmalen und differenziert nach ihrem Direktimporten aus dem benachbarten Nordirland[299] untersucht worden.

Die Ergebnisse des republikweiten National Surveys lauten zusammengefasst:

- Hochgerechnet auf die Gesamtbevölkerung der Republik Irland (935.000 Haushalte) wurden von 115.000 (12%) Einkaufsfahrten nach Nordirland unternommen.
- Die Gesamtausgaben beliefen sich auf IR £ 42.000, sie sind von den Warengattungen her auf Lebensmittel, andere Non-Durables (Drogerieartikel, Kosmetika, etc.), Treibstoffe, Bier, Spirituosen, Wein, Damenbekleidung, Kinderspielzeug, Elektrogeräte und Zigaretten konzentriert[300]. Bezogen auf die Gesamtausgaben eines Haushalts verzeichnen Kinderspielzeug (9,2%), andere Non-Durables (4,4%), Treibstoffe (3,8%), Wein, Spirituosen und Elektrogeräte (alle 3,4%) die höchsten relativen Ausgaben (i.e. Ausgaben im Grenzhandel bezogen auf alle Ausgaben eines irischen Haushaltes). Diese Ergebnisse betreffen die *Fragenkreise 1 und 2: Ausmaß und Zusammensetzung der Steuerarbitrage.*

Der Border Survey lieferte folgende Resultate:

---

[297] Vgl. INSTITUT FÜR GRENZLANDFORSCHUNG (1986), aaO, Zusammenfassung, S. 37. Alle hochbesteuerten Waren sind betroffen (S. 12). Durchschnittlich wurden im Grenzhandel 1.304 DKr. ausgegeben (S. 15 ff).

[298] Vgl. für eine Übersicht über die mehrmaligen Veränderungen der Steuergesetze und der zusätzlich Preisunterschiede auslösenden Schwankungen der Konsumentenpreisindices in Nord-Irland bzw. in der Republik Irland ESRI (1988), aa0, S. 6 ff.

[299] Die Fragebögen finden sich im Anhang 2 und 3 der ESRI-Studie.

[300] Die Angaben entstammen der Tabelle 4.2 „Estimates of Aggregate Expenditure in N.Ireland by Households From the Republic in 6 Months Periods", sie sind in absteigender Reihenfolge nach der Kaufhäufigkeit wiedergegeben.

- Von den 112.000 Haushalten in den grenznahen Regionen haben 51.000 (46%) in Nordirland eingekauft.
- Die Gesamtausgaben aus dem grenznahen Raum beliefen sich auf IR £ 28.586, sie sind auf ähnliche Schwerpunkte, insbesondere auf Treibstoffe, andere Non-Durables, Lebensmittel, Spirituosen und Bier, verteilt. Die relativen Ausgaben sind für die ersten drei Warenkategorien - Treibstoffe (32,0%), Lebensmittel (30,0%) und Non-Durables (10,75%) extrem hoch die (*Fragenkreise 1 und 2: Ausmaß und Zusammensetzung der Steuerarbitrage*).
- Der Zusammenhang zwischen Direktimporten und Entfernung eines Haushalts zur Grenze (*Fragenkreise 3: Bestimmungsgründe der Steuerarbitrage) war* stark ausgeprägt: Die durchschnittliche Anzahl der steuerinduzierten Kauffahrten sank in den Entfernungsklassen stark ab, dafür gaben die Konsumenten aus grenzfernen Regionen höhere Beträge je Einkaufsfahrt aus:

Tabelle 3: Durchschnittliche Anzahl von Einkaufsfahrten in 6 Monaten und Ausgaben in Abhängigkeit der Entfernung zur Grenze

	0-5 miles	6-15 miles	16-30 miles	über 31 miles	insgesamt
kleine Einkaufsfahrt (bis ST £ 20)	7,23	4,50	2,04	0,84	4,05
große Einkaufsfahrt (über ST £ 20)	12,45	10,03	5,54	3,15	8,62
Einkaufsfahrten insgesamt (mit beruflichen und Urlaubsreisen)	21,51	15,11	8,07	4,09	13,48
durchschnittliche Ausgaben je Fahrt (IR£)	35,30	39,83	51,23	98,84	41,50

Quelle: Economic and Social Research Institute (1988),aaO, Tables 4.3 u. 4.5, S. 35, 37.

- Die Aufschlüsselung der Warenkategorien in den Entfernungsklassen zeigte darüber hinaus eine Kaufbeteiligung von über 90% für Spirituosen, Bier, Wein und Treibstoffe in der Kategorie 0-5 Meilen. Sie sank für Bier, Spirituosen und Wein gleichmäßig auf ca. 80%. Für Treibstoffe ist der Abfall sehr viel schroffer, in der letzten Entfernungsklasse tanken nur noch 15% auf der nordirischen Seite. Die Güter mit einem höheren Wert verzeichneten ein geringeres Abfallen der Kaufbeteiligung: Für Kinderspielzeug sinken der Wert von 87% auf 80%, für diverse Elektrogeräte von 85% auf 80%.

Der Vergleich der Befragung in ganz Irland und in den grenznahen Regionen zeigt:

- Die Beteiligungsquote war in den grenznahen Regionen etwa viermal so hoch wie in der Republik Irland insgesamt, 46% aller grenznahen Haushalte kaufen im benachbarten Niedrigsteuergebiet ein; gegenüber nur 12% der Haushalte aus nicht grenznahen Regionen.
- Die Direktimportsausgaben insgesamt aus der ganzen Republik Irland waren nur ein Drittel höher als aus den fünf Border Counties, zum Vergleich: die Bevölkerung ist etwa neunmal so groß.
- Die relativen Direktimporte in Nordirland (Direktimporte/Gesamtkonsum eines Haushalts) lagen insbesondere für Treibstoffe und Nahrungsmittel für die Einwohner grenznaher Gebiete um ein vielfaches über den Werten für das ganze Land.

- Der Einfluss benutzter Verkehrsmittel und der Einkommenshöhe eines Haushalts ließ sich nicht befriedigend aus den Fragebogenergebnissen herausfiltern.[301]

Die Befragungen des ESRI liefern sowohl für den Bereich der hoch besteuerten Verbrauchsgüter als auch für die gesamte Warenpalette einen ersten Überblick für den innerbritischen Grenzabschnitt. Zum *Fragenkreis 1* sind präzise Befragungsergebnisse für den grenznahen Raum und die gesamte Republik ermittelt worden. Es zeigt sich von der Zusammensetzung der Direktimporte her (*Fragenkreis 2*) ein deutlicher Schwerpunkt bei den mit speziellen Verbrauchsteuern belegten Waren. Die Abhängigkeit der Steuerarbitrage von der Entfernung zur Grenze (*Fragenkreis 3*) ist nach Warenkategorien aufgeschlüsselt. Ein zentraler Einflussfaktor ist der Wert einer Ware: Für den Direktimport hochwertiger Waren werden auch weitere Anfahrten in Kauf genommen.

2.2.2.3 DUPONT (1988)

Für die Grenzregion zwischen Frankreich und Belgien legte DUPONT im Rahmen seiner Dissertation eine Untersuchung aus dem Jahre 1988 vor, die das von Steuerunterschieden beeinflusste räumliche Nachfragemuster für Lebensmittel und hochwertige Konsumgüter offengelegt[302]:

- DUPONT hatte im Januar 1988 insgesamt 700 Konsumenten an den Ausgängen von Supermärkten und anderen Einzelhandelsgeschäften in sieben französischen Ortschaften in 0, 5, 15, 25, 40, 70 und 120 Kilometern Entfernung zur belgischen Grenze nach ihrem jetzigen und potentiellen Direktimporten in Belgien angesichts verschieden hoher Preisunterschiede zugunsten Belgiens in fünf Warengruppen (Pkw, Elektrogroßgeräte, Haushaltsgegenstände, Kleidung und Lebensmittel) befragt.
- Das Steuerarbitrageverhalten im Jahre 1988 ergab nur für Kraftstoffe, Alkohol und Nahrungsmitteln eine nennenswerte Beteiligung (*Fragenkreise 2: Zusammensetzung der Steuerarbitrage*).
- Die Steuerarbitrage nahm über die genannten Meßpunkte der Entfernung in 0, 5, 15, 25, 40, 70 und 120 Kilometern von 96%, 69%, 53%, 26%, 17%, 8% auf 6% ab (*Fragenkreis 3: Bestimmungsgründe der Steuerarbitrage, hier die Entfernungsabhängigkeit*).
- Im zukünftigen Binnenmarkt gaben die nicht unmittelbar in Grenznähe wohnenden Befragten an, lediglich für Pkw und Elektrogeräte verstärkt ins niedriger besteuernde Nachbarland fahren zu wollen. Bei Preisunterschieden von 12 und 15 % für Pkw wollen 82 - 100 % aus allen Entfernungsklassen nach Belgien fahren. Bei Elektrogeräten ist ein größerer Preisunterschied (20%) erforderlich, damit 86 – 88% angeben, nach Belgien fahren zu wollen. Wenn nur 12 % Preisunterschied besteht, beteiligen sich aus den grenzbenachbarten Gebieten 82%, aus der Entfernungszone 5 - 40 km noch 11 - 48%

---

[301] Mit zwei Regressionsrechnungen versuchte die irische Studie den Einfluss der Verfügbarkeit unterschiedlicher Verkehrsmittel und des Einkommens auf das Cross-Border-Shoppings zu quantifizieren. Die Ergebnisse der Schätzungen für u.a. (1) die Anzahl der Direktimportskäufe in Abhängigkeit von der Entfernung zur Grenze und dem Autobesitz und (2) für durchschnittliche Ausgaben je Einkaufsfahrt in Abhängigkeit von der Anzahl Erwachsener und Kinder pro Haushalt, der Entfernung zur Grenze und dem Einkommen sind jedoch von geringer Güte (Vgl. die Teststatistik, die für beide Ansätze ein korrigiertes Bestimmtheitsmaß von unter 40% und erhebliche Varianzen für die einzelnen Variablen aufweist: ECONOMIC AND SOCIAL RESEARCH INSTITUTE (1988), aaO, S. 42 f). Sie werden hier nicht wiedergegeben.

[302] Vgl. DUPONT (1988), aaO, S. 162 ff.

(Fragenkreis 4: Übertragbarkeit der empirischen Messungen auf den Binnenmarkt ab dem 1.1.1993).

- Für Waren mit einem geringeren Wert (Kleidung und Nahrungsmittel) ermittelte DUPONT einen nicht wesentlich abweichenden Verlauf der Direktimportsbeteiligung. Ab einer Entfernung von mehr als 25 km zur belgischen Grenze geben nur noch 10 % aller Befragten an, eine Steuerarbitrageabsicht zu haben *(Fragenkreis 3: Bestimmungsgründe der Steuerarbitrage).*

Die Dissertation von DUPONT liefert für einen weiteren innereuropäischen Brennpunkt der Steuerarbitrage neue Erkenntnisse. Zum *Fragenkreis 1 (Ausmaß der Steuerarbitrage)* ermittelt die Untersuchung prozentuale Beteiligungsquoten. Wegen der gewählten Methodik, an ausgewählten Supermärkten die Einkaufenden zu befragen, ist eine Hochrechnung der gefundenen Ergebnisse auf die Gesamtbevölkerung jedoch nicht ohne weiteres möglich. Insoweit DUPONT nach Warenkategorien fragte, die nicht durch Steuersatzunterschiede bei den speziellen Verbrauchsteuern charakterisiert sind, erhielt er keine nennenswerten Beteiligungsquoten. Nur für Kraftstoffe, Alkohol und Lebensmittel ergeben sich wesentliche Direktimporte (*Fragenkreis 2*). Er konnte darüber hinaus Befragungsergebnisse über die Beeinflussung der Steuerarbitrage durch die Entfernung zur Grenze, zu erforderlichen Preisunterschieden und den Wert der eingekauften Waren (*Fragenkreis 3*) vorlegen. Nach DUPONT ergibt sich eine Grenzregion, in der eine spürbare Arbitrage zu beobachten ist, für ein Gebiet, das sich bis zu 25 km von der Grenze ins Inland erstreckt. Die zum *Fragenkreis 4 (Prognose des Geschehens im Binnenmarkt)* erhaltenen Antworten sind insoweit nicht zu verwenden, als die „Use-Tax-Regelung“ für die Fahrzeugen zum Befragungszeitpunkt nicht bekannt war und davon auszugehen ist, dass das derzeitige Direktimportgeschehen nicht unwesentlich von den Use-Tax-Regelungen beeinflusst ist.

2.2.2.4 INSTITUT FÜR MITTELSTANDSFORSCHUNG (1991)

Vom INSTITUT FÜR MITTELSTANDSFORSCHUNG ist erstmals eine Befragung von *Unternehmen* zum Thema der Steuerarbitrage bei der Umsatz- und den speziellen Verbrauchsteuern vorgenommen worden. Dabei wurden Ende 1989 grenznahe Einzelhändler im deutsch-dänischen Grenzgebiet[303] nach ihren Erwartungen bzgl. der verschiedenen Kommissionsvorschläge zur Steuerharmonisierung und für den Europäischen Binnenmarkt ab 1993 befragt[304]. Die Ergebnisse für die Einzelhandelsbefragung lauteten:

- Etwa 36% der 247 antwortenden Einzelhändler profitierten von dänischen Einkäufern. Größere Unternehmen verzeichnen höhere Anteile als kleinere die *(Fragenkreise 1 und 2: Ausmaß und Zusammensetzung der Steuerarbitrage)*:

Tabelle 4: Anteile des Umsatzes mit dänischen Kunden nach Größenklassen

Unternehmen mit ... Beschäftigten	Umsatzanteile
1 - 4	19,6%
5 - 9	45,1%
10 - 19	35,1%
20 - 49	53,8%
50 – 400	68,0%
insgesamt	**36,0%**

Quelle: INSTITUT FÜR MITTELSTANDSFORSCHUNG (1991), aaO, Tabelle 10, S. 96.

- Die Unternehmen wurden nach ihrer Einschätzung befragt, welche Auswirkungen sie aus drei alternativen Harmonisierungsszenarien für die Mehrwertsteuer (Bandbreitenlösung, Punktharmonisierung und Marktmodell) erwarten *(Fragenkreis 4)*. Die Einschätzungen der Einzelhändler sind für die beiden Harmonisierungsvarianten unsicher, einige Unternehmen erwarten, dass ihre Umsätze steigen, andere dass sie fallen.
- Ein deutlicher Zusammenhang zwischen Umsatzerwartung und Grenznähe *(Fragenkreis 3)* besteht allerdings für die Marktlösung, d.h. die Abschaffung der Grenzkontrollen ohne Satzharmonisierung: Je näher ein Unternehmen an der Grenze seinen Sitz hat, um so mehr Umsatzwachstum erwartet es (vgl. S. 99 ff).
- Für die Analyse der Wirkungen der Verbrauchsteuern ist nach dem Warensortiment zu differenzieren; hier antworteten durchschnittlich 20 Unternehmen auf die Frage, wie viele Umsätze sie mit den hochbesteuerten Warengattungen Branntwein, Bier, Wein oder Tabak erzielen *(Fragenkreis 3)*. Es fällt auf, dass beim Branntwein nur wenige spezialisierte Händler zu finden sind, 80 Prozent geben einen Umsatzanteil von lediglich bis 5 % an. Für die anderen Warengattungen finden sich größere Händlerzahlen, die sich auf dänische Käufer spezialisiert haben, sie wiesen folgende Umsatzanteile auf:

---

303 Über die Adressendatei der Industrie- und Handelskammer Flensburg sind 1.670 Einzelhändler aus der Entfernungszone bis 20 km ausgewählt worden.

304 Vgl. INSTITUT FÜR MITTELSTANDSFORSCHUNG (1991), aaO, S. 90 ff (Einzelhändler) und S. 107 ff (Versandhändler).

Tabelle 5: Umsatzanteile der mit Akzisen belasteten Produkte					
Produkt	Anteil der Unternehmen mit einem Umsatzanteil von ... %				
	Unternehmen mit ... Beschäftigten				Anzahl der Unternehmen
	1 - 5	6 - 10	11 - 20	>21	
Branntwein	80,0	15,0	5,0	-	20
Bier	35,0	20,0	15,0	30,0	20
Wein	21,1	21,1	26,3	31,6	19
Tabak	23,8	23,8	42,9	9,5	21

Quelle: INSTITUT FÜR MITTELSTANDSFORSCHUNG (1991) aaO, Tabelle 12, S. 105

- Bei Verbrauchsteuern waren die Steuersatzdifferenzen so groß, dass zum Untersuchungszeitpunkt die deutschen Einzelhändler, die sich auf dänische Einkäufer ausgerichtet haben, eindeutig von der steuerlichen Situation profitierten. Nach ihrer Einschätzung befragt, welche Änderungen sich aus einer Steuerharmonisierung bei den Akzisen - also einer Verringerung dieser Differenzen - für die Unternehmen mit hohen Anteilen dänischer Käufer ergeben, zeigte sich generell, dass mit einem Nachfragerückgang gerechnet wird *(Fragenkreis 4)*. Dem versuchten insbesondere die größeren Unternehmen mit Sortimentsausweitung oder Preissenkungen vorzubeugen.
- Generell schätzte das INSTITUT FÜR MITTELSTANDSFORSCHUNG den Informationsstand der Betroffenen zu den Folgen einer Verringerung der Steuerdifferenzen in Grenznähe zu einem Hochsteuerland zum damaligen Zeitpunkt als niedrig ein. Dies könne z.T. durch die mit drei Jahren noch relativ lange Zeitspanne bis zur Verwirklichung des Binnenmarktes erklärt werden (S. 106).

Die Untersuchung des IfM liefert neue Erkenntnisse, insoweit die Perspektive der Einzelhandelsunternehmen eingenommen wird. Eine Hochrechnung der gefundenen Ergebnisse auf gesamtwirtschaftliche Aggregate wird jedoch nicht vorgenommen *(Fragenkreis 1)*. Aus Sicht der Unternehmen sind substantielle Direktimportanteile an den eigenen Umsatzerlösen bei den mit speziellen Verbrauchsteuern belegten Produkten festzustellen *(Fragenkreis 2)*.

Wegen der Ausrichtung der Studie auf die konkreten Änderungen zum 1.1.1993 sind darüber hinaus die gefundenen Einschätzungen über die zu erwartenden Änderungen bezüglich der Steuerarbitrage *(Fragenkreis 4)* von einem gewissen Maß an Spekulation seitens der Unternehmer beeinflusst. Es ist darauf hinzuweisen, dass letztendlich eine vom INSTITUT FÜR MITTELSTANDSFORSCHUNG so nicht abgefragte institutionelle Besteuerungslösung verwirklicht wurde.

2.2.2.5 KOMMISSION DER EUROPÄISCHEN GEMEINSCHAFTEN (1991)

Im Jahre 1991 führte der EG-KOMMISSION eine Konsumentenbefragung zu den Direktimporten im Gemeinsamen Markt ab 1993 durch[305]. Dabei versuchte die Kommission zu ermitteln, welche grenzüberschreitenden Einkäufe mit einem Warenwert oberhalb von 200 DM zwischen den Mitgliedsländern zu erwarten seien.

Es ist signifikant für die Bedeutung des bearbeiteten Themas, dass die EG-Kommission selber eine Studie zu den Direktimporten von Endverbrauchern vergeben hat.

- Befragt wurden Konsumenten nach ihren Käufen an langlebigen Konsumgütern in den letzten sechs Monaten. Aus den gewonnenen Befragungsergebnissen soll ein Rückschluß auf die zu erwartende Steuerarbitrage im Binnenmarkt abgeleitet werden *(Fragenkreis 4)*. Als vorläufiges Ergebnis ist festzuhalten, dass hier wegen Sprachbarrieren und unterschiedlichen Rechtssystemen noch erhebliche Vorbehalte gegen grenzüberschreitende Einkäufe bestanden haben: So gaben nur 8% aller Befragten an, in den zurückliegenden sechs Monaten Waren mit einem Warenwert oberhalb von 200 DM in einem anderen EG-Mitgliedsland eingekauft zu haben *(Fragenkreis 1)*[306].
- Über den Versandhandel haben lediglich 3% der in die Stichprobe einbezogenen Befragten Ware aus dem Ausland bezogen *(Fragenkreis 1 (Ausmaß) und Fragenkreis 2 (Zusammensetzung, hier: Einkaufskanal))*.
- Hauptursache der nicht wahrgenommenen Möglichkeit zum preisgünstigeren grenzüberschreitenden Einkauf ist die Sorge, mangelhafte Produkte nicht umtauschen zu können, bzw. die Furcht, sich auf nicht inländische Service- und Beratungsleistungen verlassen zu müssen (53% der Antworten). 29% nennen Sprachschwierigkeiten als Hemmnis. Dagegen spielen Grenzformalitäten und der „Papierkrieg" des Grenzausgleichs bei der Mehrwertsteuer eine nur untergeordnete Rolle[307].

Bei der Abschätzung der Verwendbarkeit dieser Konsumentenbefragung zur Prognose des zu erwartenden Arbitragevolumens *(Fragenkreis 4)* muss in erster Linie die Repräsentativität der Studie für die gesamte Steuerarbitrageaktivität im Binnenmarkt überprüft werden. (1) Einmal ist zu untersuchen, ob die EG-KOMMISSION diejenigen Warengruppen mit ihrer Erhebung abdeckt, für die die meisten Kaufakte aus steuerlichen Gesichtspunkten erfolgen. (2) Zweitens müßte auch die Gruppe von Personen, für die eine Steuerarbitrage in erster Linie in Frage kommt, berücksichtigt werden.

(1) Zur erstgenannten Forderung ist anzumerken, dass die EG-KOMMISSION mit Ihrer Frage nach Arbitragehandlungen für die Warengruppe oberhalb von 200 DM nur das Einkaufsverhalten für höherwertige Warengruppen ermitteln konnte. Dies erscheint nicht repräsentativ für die meisten grenzüberschreitenden Einkaufskörbe zu sein, die sich zu einem nicht unerheblichen Teil aus Waren zusammensetzen, die weniger als 200 DM kosten. Aus den oben (z.B. für die deutsch-dänische Grenze) gezeigten und den

[305] KOMMISSION DER EUROPÄISCHEN GEMEINSCHAFTEN (1991) Consumer Behavior in the Internal Market, Interim Report, Brüssel.

[306] Vgl. BÜNDER (1991) Verbraucherumfrage: Beim Einkaufen noch immer national, in: EG-Magazin 12/1991, S. 12 f.

weiter unten darzustellenden Untersuchungsergebnissen zum *Fragenkreis 2* über die Zusammensetzung der Direktimporte haben sich deutliche Hinweise darauf ergeben, dass insbesondere die mit speziellen Verbrauchsteuern belegten Warengruppen von der Steuerarbitrage betroffen sind. Die nur geringe Beteiligungsquote von 8% beim „physischen Direktimport" und von 3% beim Versandhandel ist vor diesem Hintergrund nur eingeschränkt für alle Warengruppen repräsentativ *(Fragenkreis 1: Ausmaß der Steuerarbitrage).*

(2) Zur zweiten Forderung ist angesichts der Tatsache, dass die Steuerarbitrage nach den vorliegenden Untersuchungen im grenznahen Raum schwerpunktmäßig zu lokalisieren ist, eine nicht zutreffende räumliche Schwerpunktsetzung festzustellen. Anstatt einer europaweiten Konsumentenbefragung hätte eine geschichtete Analyse (z.B. nach Entfernungszonen zur Grenze) präzisere Ergebnisse für die aufzudeckende Arbitrage gebracht. Insoweit sind die Ergebnisse der Studie nur eingeschränkt aussagefähig zum *Fragenkreis 2 (Bestimmungsgründe der Steuerarbitrage).*

Somit darf die vorgelegte Studie der EG-KOMMISSION nicht zu der vorschnellen Schlußfolgerung führen, dass für alle Warengruppen mit der Öffnung der Binnengrenzen keine Steuerarbitrage größeren Ausmaßes zu erwarten sein.

Die Ergebnisse der Untersuchungen, die in Kanada zwischen zwei Sprachgebieten nichtmonetären Handelsbarrieren gefunden haben, sind in diesem Zusammenhang zu nennen[308]. Darüber hinaus sind die noch (!) bestehenden Unterschiede in der Produkthaftung bzw. dem Gewährleistungsrecht zu beachten. Dies sind in Zukunft zu beachtende Bestimmungsgründe der Steuerarbitrage *(Fragenkreis 3),* zumindest wenn langlebige höherwertige Gebrauchsgüter angesprochen sind.

Insofern die Studie der EG-KOMMISSION auch die Nutzung des Vertriebskanals „Versandhandel" durch die Endverbraucher berücksichtigt, liegen bisher noch nicht erhobene Erkenntnisse über eine weitere Möglichkeit des Direktimports vor.

---

[307] Es muß allerdings bezweifelt werden, ob der breiten Bevölkerung der Grenzausgleich der Mehrwertsteuer bekannt ist.

[308] Vgl. oben die Untersuchungsergebnisse von DUFOUR/VAILLANCOURT (1982) in Kapitel 1.2.3.6 in diesem Teil.

2.2.2.6 INSTITUT FÜR GRENZLANDFORSCHUNG (1990), (1992a) und (1992b)

Als Erhebungsmethode wendet das INSTITUT FÜR GRENZLANDFORSCHUNG in seinen weiteren Studien aus den Jahren 1990[309], 1992a[310], 1992b[311] grundsätzlich (mit Ausnahme der Haushaltsbefragung in der unmittelbar grenznahen Region im Jahre 1994) dieselbe Untersuchungsmethode wie in der ersten Untersuchung aus dem Jahre 1986 an[312]:

- Stichprobenweise wurden Reisebuspassagiere und Pkw beim Grenzübertritt mündlich befragt. Im Jahre 1989 wurden ca. 350 Deutsche, die in Dänemark einkaufen, befragt. Im Jahre 1991 erfolgte eine Befragung von ca. 3.000 in Deutschland einkaufenden Dänen.
- Die Auswertung der Fragebogen erfolgte durch einen Schluß von den Stichprobenergebnissen auf die Grundgesamtheit: Über die von den statistischen Ämtern erstellte laufende Verkehrsstatistik rechnet das INSTITUT FÜR GRENZLANDFORSCHUNG auf das ganze Land (Einkaufsvolumina p.a.) hoch *(Fragenkreis 1 Ausmaß der Steuerarbitrage).*
- Die Befragung von Grenzüberschreitenden an einem oder mehreren Grenzübergang ist vom empirischen Aufwand her geringer als bei einer Haushalts- oder Unternehmensbefragung in der Region. Die günstigen Erhebungskosten sind das Hauptmotiv für die Wahl der vorgenommenen Untersuchungsmethode. Kritisch ist hierzu jedoch anzumerken, dass eine solche Untersuchung nur solange angestellt werden kann, solange es Grenzkontrollen gibt. Dies ist nach Abschaffung der Grenzkontrollen nur noch an ausgewählten Grenzabschnitten und zeitlich nur noch begrenzt möglich[313]). Die stärker regional orientierte Haushaltsbefragung auf beiden Seiten der Grenze aus dem Jahre 1994 ist eine neue Methode, die dieses Dilemma abstellen soll.
- 1991 wurde der Zeitraum eines Jahres betrachtet, ansonsten wurde immer nur an einem Stichtag gefragt.

Für das Jahr 1991 ermittelte das INSTITUT FÜR GRENZLANDFORSCHUNG eine dänische Direktimporte aus Deutschland heraus i.H.v. ECU 330 Mio. und umgekehrt deutsche Direktimporte aus Dänemark heraus i.H.v. ECU 114 Mio. *(Fragenkreis 1: Ausmaß der Steuerarbitrage)*[314].

In den Befragungen wurde nach den eingekauften Warengruppen gefragt, so dass eine Wiedergabe der Zusammensetzung der Warenkörbe für die Direktimporteure aus Dänemark möglich ist *(Fragenkreis 2: Zusammensetzung der Steuerarbitrage):*

---

309 INSTITUT FÜR GRENZLANDFORSCHUNG (1990), aaO.

310 INSTITUT FÜR GRENZLANDFORSCHUNG (1992a), aaO.

311 INSTITUT FÜR GRENZLANDFORSCHUNG (1992b), aaO.

312 Für 1995 liegt eine, hier nicht weiter besprochene, Untersuchung des INSTITUT FÜR GRENZLANDFORSCHUNG für den grenzüberschreitenden Einkauf von Dienstleistungen, vgl. BYGVRA (1995) Kundeadfaerd i det dank-tyske graenseomrade, Notat 61, INSTITUT FÜR GRENZLANDFORSCHUNG, AABENRAA, zit. als INSTITUT FÜR GRENZLANDFORSCHUNG (1995)

313 Vgl. auch die Kritik von RATZINGER (1998), aaO, S. 134.

314 Vgl. die detaillierte Darstellung weiter unten beim INSTITUT FÜR WELTWIRTSCHAFT (1994), aaO, Abschnitt 2.2.2.9.

Tabelle 6: Zusammensetzung des Warenkorbs dänischer Steuerarbitrageure (1991)	
Warenart	Anteil (%)
Wein, Bier	37
Lebensmittel	3
Kosmetik	5
Spirituosen	2
Bekleidung	2
Unterhaltungselektronik, PC,	2
Sonstiges	24
Tabakwaren	16
Benzinkraftstoff	7
Elektrische Haushaltsgeräte	7
Summe	**100**

Quelle: INSTITUT FÜR GRENZLANDFORSCHUNG (1992b) zitiert nach BODE/KRIEGER-BODEN/LAMMERS (1994), aaO, Figure 8, S. 23.

Für die untersuchten deutschen und dänischen Haushalte in unmittelbarer Grenznähe wurde eine Zusammensetzung der Warenkörbe wie folgt ermittelt:

Tabelle 7: Häufigkeit von Direktimporte an der deutsch-dänischen Grenze						
	Dänische Haushalte			Deutsche Haushalte		
	Decken ihren Bedarf nach ... durch Direktimporte (in %* der Teilnehmer aus dem jeweiligen Land)					
	Ganz	z.T.	Gar nicht	Ganz	z.T.	Gar nicht
Waren des tägl. Bedarf	0	4	94	0	4	95
Bier und Tabakwaren	62	9	21	Nicht abgefragt		
Gebrauchsgüter	0	16	84	0	30	70

Quelle: INSTITUT FÜR GRENZLANDFORSCHUNG (1995), zit. nach Ratzinger (1998), aaO, S. 152.
* Die zur Gesamtsumme von 100% fehlenden Prozente stammen aus fehlenden Antworten zu dieser Frage.

- Die aufgezeigten Ergebnisse zeigten übereinstimmend für die Konsumentengruppen aus Deutschland und Dänemark, dass Waren des täglichen Bedarfes (insbesondere Lebensmittel) zum größten Teil im Inland gekauft werden.
- Dagegen war bei den in Dänemark hoch besteuerten Verbrauchsgütern Tabakwaren und Bier die Frequenz der dänischen Direktimporteure mit 63 % sehr hoch.
- Für Gebrauchsgüter beteiligte sich in Deutschland teilweise knapp ein Drittel aller Haushalte am grenzüberschreitenden Einkauf, vornehmlich bei Gebrauchsgütern, wie Möbel und Schuhe.

Da die Untersuchungen periodisch wiederholt wurden, gelang es, eine Sensitivität der Direktimporte im Zeitablauf auszuweisen[315].

---

315 Vgl. für weitere Einzelheiten die Darstellung bei RATZINGER (1998), aaO, Kap. 6.5.2.

In den Befragungen wurde auch nach dem Herkunftsort der Reisenden gefragt, so dass eine Darstellung des Einflusses der Entfernung auf die Kaufbeteiligung möglich wurde *(Fragenkreis 3: Bestimmungsgründe der Steuerarbitrage)*[316].

Darüber hinaus ist untersucht worden, welche weiteren Variablen das individuelle Verhalten beschreiben *(Fragenkreis 3: Bestimmungsgründe der Steuerarbitrage)*. Dies konnte mit den erhobenen Variablen getestet werden[317]. Weitere Ergebnisse der für den deutsch-dänischen Grenzabschnitt tiefschürfenden Arbeiten des INSTITUT FÜR GRENZLANDFORSCHUNG werden im Zusammenhang mit der Studie des INSTITUTS FÜR WELTWIRTSCHAFT für diesen Grenzabschnitt weiter unten dargestellt.

Die Untersuchungen aus den 90er Jahren des 20. Jahrhunderts ergänzen die früheren Befragungen des selben Instituts, insoweit ist auf die in Abschnitt 2.2.2.1 gegebenen Bewertungen hinsichtlich der vier Fragenkreise zu verweisen.

Insbesondere zusammen mit den Untersuchungsergebnissen des INSTITUTS FÜR WELTWIRTSCHAFT (1994) liegen für den deutsch-dänischen Grenzabschnitten die detalliertesten Erkenntnisse über Ausmaß, Zusammensetzung und Bestimmungsgründe der Steuerarbitrage vor.

2.2.2.7 LONDON ECONOMICS (1994)

Die Studie des Beratungsunternehmens LONDON ECONOMICS[318] untersuchte das Ausmaß und die Wirkungen des Cross-Border-Shopping in Europa und Nordamerika[319]. Neben der Darstellung der Steuerarbitrage wurden die Reaktionen der Steuerstaaten wiedergegeben. Der Studie waren zunächst einige theoretische Überlegungen und Beispielrechnungen vorangestellt, es wurde eine Typologie der Steuerarbitrageure/Schmuggler gebildet. Methodisch wurden im empirischen Teil der Untersuchung Expertengespräche geführt, aus verschiedenen Quellen stammende Absatzzahlen vor und nach Öffnung der Binnengrenzen auf beiden Seiten der betroffenen Grenzabschnitte untersucht sowie das Passagieraufkommen der Fähren analysiert.

- Generell führten die Verfasser (SIMON GAYSFORD, ALBERTO POTOSCHNIG, SIMON TRUSSLER) an, dass eine vor Cross-Border-Shopping optimale Steuersetzung bei den speziellen Verbrauchsteuern unter allokativen Gesichtspunkten nicht mehr optimal sein kann, wenn die Steuerarbitrage möglich ist.

---

316 Vgl. RATZINGER (1998), aaO, Kap. 6.4.

317 Vgl. hierzu auch die Hypothesen bei RATZINGER (1998), aaO, Kap. 5.2.2.

318 LONDON ECONOMICS (1994) The Cross-Border Purchase of Excise Products – Evidence from Europe and North America, London.

319 Fokus der Untersuchung war das Geschehen entlang der britisch-französischen Kanalküsten. Wenn keine Änderungen zum gegenwärtigen Trend stattfinden, werden im Jahr 2000 10% aller Einkäufe von alkoholischen Getränken in Frankreich stattfinden (i.e. 2,6 Mrd. £), vgl. LONDON ECONOMICS (1994), aaO, S. 22 f. Aus der Sichtung der internationalen Studien gab das Institut folgende Anteile für die Direktimporte an den Gesamtausgaben wieder *(Fragenkreise 1 und 2: Ausmaß und Zusammensetzung der Steuerarbitrage*: In Irland werden 1% der Bierausgaben im Ausland getätigt, 4 % beim Kraftstoff. In Kanada sind es 40% der Zigarettenkäufe. Dänen liegen mit 11% des Bierkonsums im mittleren Bereich.

- Effekte der Cross-Border-Shopping-Aktivitäten sind eine Fehlallokation der Ressourcen (nicht beim billigsten Anbieter bezogen auf vor-Steuer-Preise wird eingekauft, sondern beim billigsten Anbieter bezogen auf Nach-Steuer-Preise), Ressourcen werden durch unnötige Einkaufsfahrten verschwendet (geschätzt wird eine Verschwendung von 170 Mio. £ pro Jahr) und unternehmerische Standortentscheidungen im Einzelhandel richten sich nach Verbrauchsteuerdifferenzen.

Für die *französisch-englische Grenze* wurden zunächst Modellrechnungen angestellt, um die möglichen Einsparungen für eine Einkaufsfahrt für die Warengruppen mit den höchsten Steuersatzdifferenzen nachzuweisen.

Die Warengruppen mit den höchsten Preisunterschiede zwischen Frankreich und Großbritannien waren alkoholische Getränke. Hierzu kann folgende Übersicht wiedergegeben werden:

Tabelle 8: Preisunterschiede zwischen Großbritannien und Frankreich

Produkt	Preis F £	Preis GB £	Preisunterschied GB/F
Bier (24 Flaschen)	4,49	9,99	123%
Wein (Flasche)	1,75	2,95	69%
Spirituosen (Flasche)	6,68	10,50	57%

Quelle: LONDON ECONOMICS (1994), aaO, Table 2, S. 20.

Die je Produkt ausgewiesenen Preisunterschiede sind jedoch für sich genommen nicht aussagekräftig. Erforderlich ist es, für den gesamten Einkaufskorb eine Ersparnis je Einkaufsfahrt zu berechnen. Die Verfasser stellten daher die einzelne Person des Steuerarbitrageurs in den Mittelpunkt der Betrachtung und unternahmen den Versuch, verschiedene Typen von Reisenden zu identifizieren[320]. Diese Typen unterschieden sich nach ihrem Reisemotiv (Fahrt erfolgt im Rahmen einer Urlaubsreise, Fahrt erfolgt zum Zwecke der Steuerarbitrage), den benutzten Verkehrsmitteln und nach den mitgeführten Warensortimenten.

(1) Ein *Urlaubsreisender* überquert den Kanal mit dem Pkw, er erwirbt nur eine geringe Menge an alkoholischen Getränken (3 Einheiten Bier, 12 Flaschen Wein, 2 Flaschen Spirituosen).

(2) Ein *Tagesausflügler* reist mit der Bahn oder dem Bus nach Frankreich, u.a. mit dem Motiv, einzukaufen, er erwirbt nur eine etwas höhere Menge an alkoholischen Getränken (5 Einheiten Bier, 12 Flaschen Wein, 5 Flaschen Spirituosen).

(3) Ein *Einkaufsreisender* benutzt zur Kanalüberfahrt den Pkw, er reist nur in der Absicht einzukaufen, er erwirbt nur eine größere Menge an alkoholischen Getränken (18 Einheiten Bier, 26 Flaschen Wein, 14 Flaschen Spirituosen).

(4) Ein *Schmuggler* kauft aus gewerblichen Motiven in Frankreich ein, er erwirbt nur das Gut mit dem höchsten Preisunterschied, dafür aber in sehr großer Menge (300 Einheiten Bier).

---

320 Vgl. LONDON ECONOMICS (1994), aaO, S. 20 f.

Nimmt man die vier Typen von Direktimporteuren und die Ersparnisse für die einzelnen Waren zusammen, kann zu den Einsparpotentialen je Einkaufstyp folgende Übersicht gegeben werden:

Tabelle 9: Einsparpotentiale privater Direktimporteure in Frankreich für Konsumenten aus Großbritannien (Preise und Unterschiede) in £

Direktimporteur	Ausgaben in F	Reisekosten	Ausgaben in GB	Unterschied
Urlaubsreisender	48	0	91	43
Tagesausflügler	77	25	140	38
Einkaufsreisender	223	70	407	114
Schmuggler	1.347	126	2.715	1.242

Quelle: LONDON ECONOMICS (1994), aaO, Table 3, S. 21.

Im Anschluß an diese Vorüberlegungen, erfolgte eine Prognose der Steuerarbitrage für den britisch-französischen Grenzabschnitt. Dabei nehmen die Verfasser der Studie allerdings keine statistisch gestützte Schätzung vor. Vielmehr wird aus den vorhandenen Anreizen und den erhöhten Anreizen seit dem 1.1.1993 ein deutlichen Anstieg der Steuerarbitrage an diesem Grenzabschnitt *qualitativ* vorausgesagt[321]. Es erfolgte keine Abschätzung des Ausmaßes der Steuerarbitrage, weder vor *(Fragenkreis 1)* noch nach Öffnung der Binnengrenzen *(Fragenkreis 4)*.

- Der qualitativ vorausgesagte Anstieg lässt sich an der Auswertung der britischen Steueraufkommensstatistik (die Steuereinnahmen aus der Alkoholsteuer stiegen im Jahre 1993 mit 0,8% unterdurchschnittlich gegenüber dem um 5% angestiegenen allgemeinen privaten Verbrauch) und dem Anstieg der Passagiere der Fähren (korrigiert um konjunkturbedingte Schwankungen + 350.000) festmachen.
- Ein weiterer qualitativer Indikator für die zunehmende Steuerarbitrage wird von LONDON ECONOMICS in der Zunahme der Zahl der organisierten Busreisen gesehen. Die gefundenen Ergebnisse werden bestätigt von den Statistiken auf französischer Seite: Im Norden Frankreichs (einschließlich der Grenze zu Großbritannien) haben im Jahre 1993 die Bierverkäufe nach Angaben der französischen Brauereivereinigung um 1% zugenommen, wohingegen landesweit ein Absinken um 2,3 % festgestellt werden musste.
- Darüber hinaus stieg auch der Umsatz von Bierdosen und kleinen Wegwerfflaschen, die vornehmlich für den Transport über den Kanal geeignet sind, überproportional an[322].

Für die *deutsch-dänische Grenzregion* geben GAYSFORD/POTOTSCHNIG/TRUSSLER einen Überblick über die Ergebnisse der Studien des INSTITUTS FÜR GRENZLANDFORSCHUNG. Für *Schweden, Finnland und Norwegen*, jeweils Länder für die bisher noch keine Untersuchungen zum Phänomen der Steuerarbitrage vorgestellt worden sind, erfolgte ebenfalls ein Überblick über erstellte Untersuchungen und Literatur zu dem Thema[323].

---

[321] Vgl. LONDON ECONOMICS (1994), aaO, S. 21 ff.

[322] Vgl. RATZINGER (1998), ebenda, S. 161.

[323] Folgende Studien bzw. Publikationen werden von LONDON ECONOMICS zitiert: SWARTZ (1992) Gränshandeln. I: Svenska Bryggareföreningen: Dokumentation, Utfrågning om alkoholpolitiken den 26. November 1992, oO; KOLK (1993) Alkoholkonsumtionens „mörkertal". Analys och

Für die *englisch-irische Grenze* knüpfte die Untersuchung an die Studie des ESRI (1988) für an. Nachdem sich die Steuerdifferenzen durch Steuersenkungen der irischen Regierung Anfang der 90er Jahre gegenüber dem in der ESRI-Studie untersuchten Zeitraum deutlich verringert hatten, stellt die Studie eine inzwischen „entspannte Situation" fest[324].

Für die Steuerarbitrage bei Tabakwaren an den *Grenzen von Deutschland* zu seinen Nachbarn (mit Ausnahme von Dänemark, Österreich und Polen) gab LONDON ECONOMICS die Schätzungsergebnisse des MSI RESEARCH (1994) Hamburg[325] wieder (siehe die Darstellung in Abschnitt 2.2.2.11)

Für *Kanada* zitieren GAYSFORD/POTOTSCHNIG/TRUSSLER neuere Untersuchungsergebnisse einer Studie aus dem Jahre 1992.

- Dort wird der Anstieg der Steuerarbitrage mit der Steuersatzanhebung ab 1990 begründet. Als Gegenreaktion auf die sich abzeichnenden Re-Importe von in Kanada hergestellten Zigaretten wurde zwischenzeitlich eine Exportsteuer im Jahre 1992 eingeführt. Da alle Maßnahmen zur Eindämmung nicht dazu führten, dass die Steuerarbitrage signifikant abnahm, wurden im Jahre 1994 wieder die Steuersätze gesenkt und die Exportsteuern nochmals erhöht. Daraufhin sind nach Einschätzung der Provinzpolizei die Steuerabitragetätigkeiten um 80- 90 % zurückgegangen[326].

In den *Vereinigten Staaten von Amerika* sei das Niveau (des Cross-Border-Shoppings zwischen den Bundesstaaten) - mit einzelnen Ausnahmen, z.B. Massachusetts – New Hampshire - dagegen durchschnittlich deutlich geringer. Dies ist in einer meist geringerer Bevölkerungsdichte in Grenznähe und größerer Entfernung zwischen dichter besiedelten (Einkaufs-)Gebieten begründet[327].

Anschließend an die Darstellung der Höhe der Steuerarbitrage *(Fragenkreis 1)* forderten GAYSFORD/POTOTSCHNIG/TRUSSLER, dass vor Aussprechen einer Empfehlung an die Finanzpolitik ausreichende Kenntnisse über die Schlüsselgrößen der Steuerarbitrage – insbesondere die „Sensitivity" des Cross-Border-Shoppings zu Preis- und Steuerdifferenzen – zu erforschen sei.

Diese Sensitivität wurde – nach der Einschätzung der Autoren – von folgenden Faktoren beeinflusst: (1) Besitz eines Autos, (2) Mobilität, (3) Population Matterns und (4) der Existenz von Trigger Goods, die bei der politischen Reaktion ebenfalls berücksichtigt werden müßten *(Fragenkreis 3)*.

---

beräkning, 25. Mars 1993, oO; MILHØJ (1993) Virkningen af afgiftsnedsætetelser på øl – og vinsalget i Danmark, Nordisk alkoholtidskrift 10 (6), S. 319 ff.

[324] Vgl. LONDON ECONOMICS (1994), aaO, S. 33 ff.

[325] Bei LONDON ECONOMICS (1994), aaO, S. 393 f, ist leider weder eine Angabe des Erscheinungsjahres, eine Fundstelle für den Forschungsbericht des MSI RESEARCH-Forschungsberichtes noch eine Seitenangabe für die wiedergegebene Werte zu finden.

[326] Vgl. für eine detaillierte Darstellung der Untersuchung VON LINDQUIST/AVEY/MACDONALD/BASKERVILLE INC. (1992), Contraband Tobacco Estimate, die Wiedergabe bei LONDON ECONOMICS (1994) aaO, S. 41.

[327] ebenda, S. 45 ff.

- Für die Empfehlung zur finanzpolitischen Reaktion präsentierten GAYSFORD/POTOTSCHNIG/TRUSSLER von LONDON ECONOMICS das Konzept der Laffer-Kurve[328]. Wenn ein Staat seine Steuereinnahmen maximieren will, beachtet er, dass es ein maximales Steueraufkommen gibt, bei dem Steuersatz, der weder durch Senkung noch Anhebung ein höheres Steueraufkommen nach sich zieht. Durch die Steuerarbitrage wird die Preissensitivität der Nachfrage erhöht, es empfiehlt sich ein niedrigerer optimaler Steuersatz.
- Für den Europäischen Binnenmarkt schlugen GAYSFORD/POTOTSCHNIG/TRUSSLER entweder die Steuerarbitrage unterbindende institutionelle Regeln (wie im Falle Irlands und Dänemarks geschehen) vor oder eine Annäherung der Steuersätze auf das Niveau der Nachbarstaaten[329].

In diesem Zusammenhang ist der Hinweis von LOCKWOOD/DE MEZA/MYLES (1995) auf eine Schätzung für den englisch-französischer Grenzabschnitt von GAYSFORD (1994) interessant: Von einem der Verfasser der Studie von LONDON ECONOMICS (1994), GAYSFORD, wurde ermittelt, dass im Jahre 1993 ein Direktimportvolumen bei Alkoholika von Calais zur britischen Kanalseite i.H.v. 600 Mio. £ bestehe. Wenn die bestehenden Steuerdifferenzen nicht verringert würden, sei zu befürchten, dass durch die Öffnung des Kanaltunnels die Direktimporte noch weiter erhöht würden[330].

Die vorliegende Studie von LONDON ECONOMICS schließt eine regionale Erkenntnislücke, weil über die Steuerarbitrage zwischen England und Frankreich bisher keine Untersuchung vorlag. Unter den vorliegenden Studien zur Steuerarbitrage mit mikroökonomischer Ausrichtung ragen die Überlegungen zum Einsparvolumen je Einkaufsfahrt und die daraus abgeleiteten Typen von Steuerarbitrageuren/Schmugglern heraus. Die Erkenntnis ist, dass nicht die Steuer- resp. Preisdifferenz für das einzelne Gut, sondern die Differenz für den gesamten Warenkorb der auf einer Direktimportsfahrt erworbenen Güter beobachtet werden muss. Allerdings handelt es sich bei den Prognoseaussagen von LONDON ECONOMICS um qualitative Voraussagen und spekulative Überlegungen (zum *Fragenkreis 1, 2, und 3)*. Die Untersuchungsergebnisse und Angaben können

---

328 Vgl. EBENDA, S. 3 ff und S. 9 ff.

329 Siehe LONDON ECONOMICS (1994), aaO, S. 51 f. Auf diese Art und Weise sei es möglich, verlorene Umsätze und Steueraufkommen aus dem Cross-Border-Shopping wiederzugewinnen. Zu beachten sei allerdings, dass durch die Steuersatzsenkung natürlich auch das inländische Steueraufkommen sinke.
Als Paradebeispiele einer solchen Steuersatzsenkung zur Reduktion die Steuerarbitrage führt LONDON ECONOMICS Dänemark, Irland und Kanada an. Dänemark sei es gelungen, durch solche Steuersatzsenkungen 50 Prozent seiner Verluste aus dem Cross-Border-Shopping bei Alkohol und Kraftstoffen wiederzugewinnen. Irland vermochte es, durch Absenkung der Mehrwertsteuer und der Alkoholsteuer, die Steuerarbitrage zu eliminieren. Kanada senkte die heimische Tabaksteuer und besteuerte den Export von Zigaretten mit dem Erfolg, heimisches Steueraufkommen und Umsätze für den Einzelhandel wiederzugewinnen.
Für Großbritannien wurden darüber hinaus folgenden Gegenmaßnahmen eingeführt: Der britische Fiskus schuf eine eigene Abteilung des Zolls bzw. der Abteilung für Verbrauchsteuern zur Unterbindung der unerwünschten Wiedereinfuhr von Re-Importen. Dazu wurde ein gebührenfreies Telefon eingerichtet, bei dem Reisende Meldungen über solche Wiedereinfuhren erstatten konnten. Schließlich wurde im November 1993 das Niveau der Verbrauchsteuern auf Bier und andere alkoholische Getränke auf dem damaligen Stand eingefroren (ebenda, Zusammenfassung, S. vi).

330 Vgl. LOCKWOOD/DEMEZA/MYLES (1995) On the European Union VAT Proposals: The Superiority of Origin over Destination Taxation, in: Fiscal Studies 16, S. 9 und GAYSFORD (1994) The Duties Helping France but Damaging Britain, in: Parliamentary Brief 2, S. 24.

nicht mit den anderen in diesem Kapitel dargestellten Analysen, die auf statistische Methoden gestützt sind, verglichen werden.

2.2.2.8 PRICE WATERHOUSE (1994)

Im Auftrag der EG-KOMMISSION erstellte das Beratungsunternehmen PRICE WATERHOUSE eine Studie über die sich im Binnenmarkt ergebenden grenzüberschreitenden Handelsverlagerungen. Untersucht wurden alle Binnengrenzen. Zu zwei Grenzabschnitten, der französisch-englischen und der Grenze Luxemburgs zu seinen Nachbarländern, können - mitgeteilt in den Darstellungen RATZINGERS (1998) - folgende Ergebnisse wiedergegeben werden: Aufgrund der niedrigeren Steuersätze bei den speziellen Verbrauchsteuern stellte die Studie nicht unerhebliche Steuerarbitrageströme fest: So lassen sich (zitiert nach RATZINGER (1998)) folgende Anteile ausländischer Käufer in Luxemburg feststellen:

Tabelle 10: Anteil ausländischer Käufer im luxemburgischen Einzelhandel

Warenart	Anteil ausländische Käufer am Umsatz insgesamt
Tabakerzeugnisse	80%
Spirituosen	70%
Mineralöl	48%

Quelle: Price Waterhouse (1994), zitiert nach RATZINGER (1998), aaO, S. 155.

Umgekehrt gibt es jedoch auch grenzüberschreitende Einkäufe von Luxemburgern, wobei „praktisch alle anderen Warengruppen“ betroffen sind. Als Grund wurde das hohe Preisniveau für diese anderen Waren in Luxemburg angegeben.

2.2.2.9 INSTITUT FÜR WELTWIRTSCHAFT (1994)

Das INSTITUT FÜR WELTWIRTSCHAFT untersuchte die Steuerarbitrage bei indirekten Steuern an der deutsch-dänischen und der deutsch-belgisch-niederländischen Grenze (Euregio Maas-Rhein). Aus der Befragung von Einwohnern im Grenzgebiet wurde auf das Verhalten der Bevölkerung insgesamt geschlossen. Neben den Direktimporten auf den Gütermärkten wurde auch der grenzüberschreitende Verkehr auf den Faktormärkten (Standortwahl von Unternehmen[331] und grenzpendelnde Arbeitnehmer[332]) untersucht. Hier sind nur die Ergebnisse für die Gütermärkte relevant.

Es erfolgte eine tiefgehende Bestandsaufnahme der Steuerarbitrage an diesen beiden Grenzabschnitten, beispielsweise wurde die Entfernung explizit betrachtet und genutzt, um über das Kaufverhalten im Grenzgebiet und über die ermittelte Entfernungsabhängigkeit auf das Verhalten im gesamten Land zu schließen.

Wegen der vorbildlichen methodischen Vorgehensweise und der – die hier vorgenommene ökonometrische Arbeit ergänzenden – interessanten Auswertungen erfolgt in den folgenden Unterabschnitten eine detaillierte Wiedergabe der Untersuchung. Zur Übersichtlichkeit werden die Abschnitte mit (i) bis (iv) durchnumeriert. Abschnitt (v) enthält eine Einordnung der Studie insgesamt.

(i) Untersuchungsmethode

Methodisch handelt es sich um Haushaltsbefragungen, diesseits und jenseits der Grenze.

- Räumlich abgegrenzt wurde das Untersuchungsgebiet: Nur die grenznahen Regionen werden berücksichtigt. In Deutschland handelte es sich in Schleswig-Holstein um folgende grenznahe Kreise bzw. kreisfreie Städte: Stadt Flensburg, Kreis Nordfriesland und Schleswig-Flensburg und in der Euregio um Stadt und Landkreis Aachen, Kreis Düren, Euskirchen und Heinsberg, Stadt Freiburg i.Br., Baden-Baden, Karlsruhe und Landau/Pfalz sowie die Kreise Lörrach, Breisgau-Hochschwarzwald, Emmendingen, Ortenau-Kreis, Rastatt, Karlsruhe, Germersheim und Südliche Weinstraße.
- Die Grenzregionen Baden-Württembergs wurden nur für die Erhebung zu Pendlern und Unternehmen berücksichtigt, nicht jedoch für den Güterhandel. In den Nachbarländern sind die unmittelbar grenzbenachbarten Kreise in die Untersuchung eingeschlossen worden.
- Im Mai 1992 wurden 5.000 Fragebogen an zufällig ausgewählte Haushalte versandt, davon 500 in die deutsche grenznahe Region zu Dänemark, 400 in die dänische grenznahe Region zu Deutschland, und 1.300 in den deutschen, 800 in den niederländischen und 2.000 in den belgischen Teil der Euregion Maas-Rhein. Eine Rücklaufquote von knapp 20 % konnte erzielt werden.

---

[331] Vgl. ebenda, vgl. S. 52 ff.
[332] Ebenda, vgl. S. 89 ff.

(ii) Höhe der Steuerarbitrage insgesamt

Als Ergebnisse für die Gütermärkte wurden Pro-Kopf-Umsätze und geschätzte Umsätze aus Direktimporten insgesamt ermittelt *(Fragenkreis 1)*:

Tabelle 11: Ausgaben der deutschen und dänischen Arbitrageure 1991/1992

	Ausgaben (in Mio. ECU) von			
	Deutsche Einkäufer in Dänemark		Dänische Einkäufer in Deutschland	
	Schätzungen des IfW (1991/92)	Schätzungen des IfG (1991)	Schätzungen des IfW (1991/92)	Schätzungen des IfG (1991)
Aus dem grenznahen Bereich	83	-	73	100
Aus dem übrigen Land	33	-	200	230
Summe	**116**	**114**	**273**	**330**

Quelle: BODE/KRIEGER-BODEN/LAMMERS (1994), aaO, Tabelle A8, S. 144.

In der Euregio Rhein-Maas wurden insgesamt folgende Umfrageergebnisse erzielt:

Tabelle 12: Ausgaben der deutschen, belgischen und niederländischen Arbitrageure 1991/1992

	deutsch-niederländische Grenze		deutsch-belgische Grenze		belgisch-niederländische Grenze	
	Ausgaben (in Mio. ECU) von					
	Deutsche Einkäufer in NL	Niederländische Einkäufer in D	Deutsche Einkäufer in B	Belgische Einkäufer in D	Belgische Einkäufer in NL	Niederländische Einkäufer in B
Aus dem grenznahen Bereich	144	378	118	86	135	101
Aus dem übrigen Land	16	-	11	3	1	53
Summe	**160**	**378**	**129**	**89**	**136**	**154**

Quelle: BODE/KRIEGER-BODEN/LAMMERS (1994), aaO, Tabelle A9, S. 144.

(iii) Zusammensetzung und Bestimmungsfaktoren der Steuerarbitrage

Neben den Ausgaben insgesamt und Pro-Kopf wurde ein sog. Intensitätsindikator ermittelt, der berücksichtigt, dass die in einer Region erhobenen durchschnittlichen Pro-Kopf-Ausgaben noch kein vergleichbares Maß der Beteiligung eines durchschnittlichen Haushaltes an den Direktimporten darstellen, da die einbezogenen Kreise bzw. kreisfreien Städte räumlich, und d.h. insbesondere von ihrer Größe her, nach den Grenzen der jeweiligen Gebietskörperschaft definiert und somit unterschiedlich groß sind.

- Für die Ermittlung eines vergleichbaren Durchschnittswertes wurde vom INSTITUT FÜR WELTWIRTSCHAFT jeweils nur eine entfernungsmäßig definierte Zone (bis zu 20 km) diesseits und jenseits der Grenze berücksichtigt. Die für die Haushalte aus diesem unmittelbar grenzbenachbarten Streifen ermittelten Pro-Kopf-Umsätze wurden als Intensitätsindikator für Direktimporte bezeichnet.
- Für die deutsch-dänische Grenzregion wurde neben den eigenen Befragungsergebnissen, die sich auf den Zeitraum Juni 1991 bis Mai 1992 beziehen, die Ergebnisse des INSTITUTS FÜR GRENZLANDFORSCHUNG für das Jahr 1991 einbezogen.

(iii.1) Pro-Kopf-Umsätze als Intensitätsindikator

Die Pro-Kopf Ausgaben und der Intensitätsindikator konnten wie folgt quantifiziert werden:

Tabelle 13: Pro-Kopf Ausgaben der deutschen und dänischen Arbitrageure 1991/1992

	Deutsche Einkäufer in Dänemark		Dänische Einkäufer in Deutschland	
	Schätzungen des IfW (1991/92)	Schätzungen des IfG (1991)	Schätzungen des IfW (1991/92)	Schätzungen des IfG (1991)
Aus dem grenznahen Bereich (ECU)	198	-	291	399
Intensitätsindikator* (ECU)	365	-	630	-

* = Pro-Kopf-Umsätze in der Nähe zur Grenze (20 km)
Quelle: BODE/KRIEGER-BODEN/LAMMERS (1994), aaO, Tabelle 3, S. 21.

- Die Pro-Kopf-Ausgaben der Arbitrageure in unmittelbarer Nähe zur Grenze waren ca. doppelt so hoch wie die Pro-Kopf-Ausgaben im gesamten grenznahen Bereich.
- Die gegenüber der Studie des INSTITUTS FÜR GRENZLANDFORSCHUNG aus dem Jahre 1991 geringeren Ausgaben und Pro-Kopf Ausgaben führten die Autoren vom IfW auf die zwischenzeitlich eingetretenen Verringerungen der Steuerdifferenzen zurück[333].

Die entsprechenden Angaben für die Euregio Maas-Rhein lauteten wie folgt:

Tabelle 14: Pro-Kopf Ausgaben der deutschen, belgischen und niederländischen Arbitrageure 1991/1992

	deutsch-niederländ. Grenze		deutsch-belgische Grenze		belgisch-niederländische Grenze	
	Deutsche Einkäufer in NL	Niederländische Einkäufer in D	Deutsche Einkäufer in B	Belgische Einkäufer in D	Belgische Einkäufer in NL	Niederländische Einkäufer in B
Aus dem grenznahen Bereich (ECU)	123	513	100	50	78	137
Intensitätsindikator* (ECU)	180	354	117	169	234	157

* = Pro-Kopf-Umsätze in der Nähe zur Grenze (20 km)
Quelle: BODE/KRIEGER-BODEN/LAMMERS (1994), aaO, Tabelle 4, S. 21.

333 Vgl. ebenda, S. 18.

(iii.2) Zusammensetzung des Warenkorbs

In den Befragungen wurden auch die eingekaufte Warenarten erhoben, so dass eine Wiedergabe der Zusammensetzung der Warenkörbe *(Fragenkreis 2)* für die beiden Regionen möglich ist:

Tabelle 15: Zusammensetzung des Warenkorbs der deutschen und dänischen Steuerarbitrageure 1991/1992

Dänische Einkäufer in Deutschland		Deutsche Einkäufer in Dänemark	
Warenart	Anteil (%)	Warenart	Anteil (%)
Wein, Bier	39	Möbel	39
Lebensmittel	24	Lebensmittel	33
Tabak	17	Kunst und Kunsthandwerk	7
Bekleidung	6	Sonstiges	7
Unterhaltungselektronik	5	Bekleidung	5
Sonstiges	5	Dieselkraftstoff	3
Schmuck	3	Tabakwaren	2
Spirituosen	1	Kfz-Reparaturen, -service	2
		Schmuck, Uhren	2
Summe	**100**	**Summe**	**100**

Quelle: BODE/KRIEGER-BODEN/LAMMERS (1994), aaO, Figure 8, S. 23.

- Für die indirekten Steuersätze hat (mit Ausnahme der Mineralölsteuer auf Dieselkraftstoff) während des beobachteten Zeitraumes gegolten, dass die Sätze in Dänemark höher als in Deutschland waren.
- Der dänische Warenkorb zeigt, dass die Dänen insbesondere mit hohen Verbrauchsteuern belegte Gütergruppen in Deutschland einkaufen.
- Dagegen war die Zusammensetzung des Warenkorbes der deutschen Direktimporteure lediglich bei Dieselkraftstoff durch das Steuermotiv bestimmt. Die vorhandenen Steuerunterschiede spielten bei diesen Waren offenbar keine ausschlaggebende Rolle, vielmehr kommt es auf Besonderheiten des „skandinavischen Designs" (bei Möbeln und Kunstgegenständen) oder der Qualität (bei Lebensmittel).
- Auf der Einkaufsliste deutscher Grenzgänger standen andere Warengruppen als bei den dänischen Einkäufern.

Die entsprechende Zusammensetzung der Warenkörbe in der Euregio Maas-Rhein kann wie folgt dargestellt werden:

Tabelle 16: Zusammensetzung des Warenkorbs der deutschen, belgischen und niederländischen Steuerarbitrageure 1991/1992 *

	Anteile in %					
	Deutsche Einkäufer kaufen		Belgische Einkäufer kaufen		Niederländische Einkäufer kaufen	
	in den Niederlanden	in Belgien	in den Niederlanden	in Deutschland	in Deutschland	in Belgien
Lebensmittel	30	23	31	13	26	21
Kraftstoff	22	n.a.	n.a.	4	33	26
Tabakwaren	14	10	n.a.	n.a.	n.a.	n.a.
Möbel	n.a.	30		2	1	27
Kleidung	n.a.	2	29	34	9	8
Spirituosen	1	n.a.		4	n.a.	n.a.
Gartenartikel	2	n.a.			n.a.	n.a.
Schmuck	1	n.a.		3	n.a.	n.a.
Anderes	4	4	14	n.a.	3	9
Pkws	n.a.	29	n.a.	n.a.	12	n.a.
Bier/Wein	n.a.	2	n.a.	3	4	7
TV-, Video-, HiFi, PC...	n.a.	n.a.	3	20	10	n.a.
Autoreparaturen	n.a.	n.a.		2	n.a.	1
Elektr. Haush.-geräte	n.a.	n.a.	4	n.a.	n.a.	n.a.

n.a. = nicht abgedruckt.

* Die nicht abgedruckten Ergebnisse sind nach einem Schreiben des INSTITUTS FÜR WELTWIRTSCHAFT an den Verfasser vom 20. Mai 1999 deswegen nicht publiziert, weil die Ergebnisse wegen der zu geringen Besetzung der Tabellenzellen nicht repräsentativ sind.

Quelle: BODE/KRIEGER-BODEN/LAMMERS (1994), aaO, Figure 8, S. 24.

Die Steuerarbitrage an der deutsch-niederländischen Grenze ließ sich demnach von ihrer Zusammensetzung her wie folgt beschreiben:

- Die Deutschen kauften in den Niederlanden einmal die dort niedriger besteuerten Waren (Kaffee, Tee, Diesel, Tabakwaren) und zum andern Waren, wie z. B. Kleidung oder Möbel, bei denen andere Kaufmotive (wie z.B. Design oder Mode) im Vordergrund stehen.
- Die Niederländer kauften ihrerseits in Deutschland einen Teil niedriger besteuerte Waren, wie Alkoholika und Benzin, es fällt jedoch auf, dass der größte Teil der in Deutschland erworbenen Waren nicht aus Steuermotiven gekauft wird. So sind insbesondere langlebige Gebrauchsgüter wie Pkw, elektrische Küchengeräte, Unterhaltungselektronik, Kleidung im Warenkorb der Einkäufer aus den Niederlanden.

Die Direktimporte am deutsch-belgischen Grenzabschnitt verliefen nach folgendem Muster:

- Von deutschen Nachbarn wurden einerseits Lebensmittel (darunter insbesondere solche mit spezifischen Steuervorteilen (Kaffee, Tee)) erworben. Für Autos lässt sich aufgrund der hohen MwSt-Steuersätze in Belgien ein gewisser Anreiz zum Re-Import von Fahrzeugen unter Anwendung des Grenzausgleichs konstatieren. Andererseits wurden mit Bier und Wein sowie Möbeln auch solche Waren erworben, für die kein spezifischer Vorteil besteht. Hinsichtlich des hohen Anteils belgischer Möbel ist jedoch anzumerken, dass sich hier speziell in Grenznähe schon seit längerer Zeit eine im Design und Preis-Leistungs-Verhältnis sehr beliebte Verkaufsinfrastruktur ergeben hat.

- Der Warenkorb der in Deutschland einkaufenden Belgier war besonders stark von den Steuersatzunterschieden geprägt. Im Untersuchungszeitraum gibt es in Belgien für hochwertige Kleidung einen erhöhten MwSt-Satz, der auch für hochwertige Gebrauchsgüter einen Einkauf im deutschen Nachbarland als lohnenswert erscheinen lässt. Nur einen geringen Anteil machten dagegen die Warengruppen aus, für die kein Steuervorteil vorliegt (Lebensmittel, Kfz-Werkstattleistungen, und Möbel).

Die Steuerarbitrage an der belgisch-niederländischen Grenze verhielt sich wie folgt:

- In den Niederlanden kauften die Belgier zum einen den dort niedriger besteuerten Diesel, zum anderen setzte sich der größte Teil des Warenkorbes aus Gütern zusammen, für die sich kein Steuersatzgefälle feststellen lässt. Warengruppen, die in Deutschland am günstigsten eingekauft werden können (elektronische Heimgeräte), fehlen dagegen völlig im belgisch-niederländischen Warenkorb.
- Entsprechend kauften die Holländer einerseits den in Belgien niedriger besteuerten Vergaserkraftstoff, den größten Teil des Warenkorbes machten jedoch solche Waren (wie z.B. Lebensmittel und Kleidung) aus, für die kein Steuerunterschied vorhanden ist.

(iii.3) Frequenz der Steuerarbitrage

Für eine detaillierte Beschreibung der Direktimporte ist neben den durchschnittlichen Einkaufsmengen von Interessen, in welcher Frequenz die grenzüberschreitenden Einkäufe stattfinden. Zu dieser Häufigkeit wurden folgende Ergebnisse mitgeteilt:

Tabelle 17: Frequenz der deutschen und dänischen Steuerarbitrage 1991/1992

	Anzahl der Einkaufsfahrten pro Jahr			
	Deutsche Einkäufer in Dänemark		Dänische Einkäufer in Deutschland	
	Schätzungen des IfW (1991/92)	Schätzungen des IfG (1991)	Schätzungen des IfW (1991/92)	Schätzungen des IfG (1991)
Weniger als einmal im Jahr	-	14	-	3
Ein- bzw. zweimal im Jahr	45,2	14	19,4	38
Dreimal im Jahr oder häufiger	31,9		49,5	
Einmal oder häufiger im Monat	16,3	31	22,6	34
Einmal oder häufiger in der Woche	-	41	8,6	25
Täglich	-		-	

Quelle: BODE/KRIEGER-BODEN/LAMMERS (1994), aaO, Tabelle 5, S. 26.

- Als Ergebnis zeigte sich für den deutsch-dänischen Grenzabschnitt, dass die Dänen häufiger ins deutsche Nachbarland fahren als die Deutschen umgekehrt nach Dänemark. Z.B. fuhren 8,6% der Befragten mindestens einmal wöchentlich nach Deutschland zum Einkaufen und 22,6 mindestens einmal monatlich. Wöchentlich fuhren keine der befragten Deutschen nach Dänemark. Dagegen fuhren nur 16,3% der deutschen Steuerarbitrageure einmal monatlich.

Tabelle 18: Frequenz der deutschen, belgischen und niederländischen Steuerarbitrage 1991/1992

	Anzahl der Einkaufsfahrten pro Jahr					
	deutsch-niederländische Grenze		deutsch-belgische Grenze		belgisch-niederländ. Grenze	
	Kauf in den Niederlanden	Kauf in Deutschland	Kauf in Belgien	Kauf in Deutschland	Kauf in den Niederlanden	Kauf in Belgien
Ein- bzw. zweimal im Jahr	31,5	20,3	35,0	56,7	18,6	33,0
dreimal im Jahr oder häufiger	37,0	28,4	30,7	25,8	39,2	28,4
einmal oder häufiger im Monat	23,0	34,0	26,4	15,5	27,8	25,6
wöchentlich einmal oder häufiger	8,2	16,2	7,9	2,1	14,4	13,1
Täglich	0,4	1,0	-	-	-	-

Quelle: BODE/KRIEGER-BODEN/LAMMERS (1994), aaO, Tabelle 5, S. 26.

- Für die Euregio Rhein-Maas wird ein etwas ausgeglicheneres Bild betreffend die Frequenz der Steuerarbitrage ermittelt. Die Verteilung der ermittelten Einkaufshäufigkeiten auf die sechs Grenzabschnitte ist relativ ähnlich.
- Lediglich der Anteil der Holländer, die mindestens einmal wöchentlich in Deutschland einkaufen, ist mit 16,2 % deutlich höher als die Angaben der anderen Einkäufer. Dies lässt sich möglicherweise auf die spezielle Lage des attraktiven Einkaufsortes Aachen zurückführen.

(iv) Bestimmungsfaktoren der Steuerarbitrage

Einen weiteren Schwerpunkt der Studie bildete die Untersuchung zu den Bestimmungsfaktoren der Steuerarbitrage *(Fragenkreis 3).* Hier sind die Entfernung, die Höhe der Steuerdifferenz und weitere Kaufmotive als Bestimmungsfaktoren zu beachten.

(iv.1) Bestimmungsfaktor Entfernung zur Grenze

Hinsichtlich der Abhängigkeit der Steuerarbitrage von der Entfernung des Wohnortes zum jenseits der Grenze gelegenen Einkaufsort stellte die Studie zunächst fest, dass als Einkaufslokalitäten einmal unmittelbar in Grenznähe errichtete Geschäfte und zum anderen größere Städte im mehr oder weniger grenznahen Raum genutzt würden[334]. Um festzustellen, bis zu welcher Entfernung zwischen Wohnort und Einkaufsstätte Direktimporte getätigt werden, wurden zwei Indikatoren verwendet:

- Es wurden Partizipationsraten für verschiedenen Entfernungszonen ermittelt (siehe oben Tabellen 12 und 13), d.h. die Zahl der Personen je Wohnbevölkerung, die wenigstens einmal im betrachteten Jahr eine Einkaufsfahrt unternommen haben.
- Vom INSTITUT FÜR WELTWIRTSCHAFT wurden die Anzahl der Steuerarbitrageure aus verschieden weit entfernten Regionen verwendet, die sich aus der Befragung des Grenzverkehrs ergeben haben.

Für die beiden Grenzregionen ergaben sich folgende Ergebnisse:

[334] Vgl. BODE/KRIEGER-BODEN/LAMMERS (1994), aaO, S. 27.

Tabelle 19: Partizipationsrate der deutschen und dänischen Steuerarbitrageure nach Entfernungszonen 1991/1992 (in %)

Entfernung zur Einkaufsstätte	Deutsche Einkäufer in Dänemark	Dänische Einkäufer in Deutschland
0 – 10 km	56,2	77,4
10 – 20 km	61,7	100,0
20 – 30 km	30,6	69,5
30 – 40 km	25,0	63,0
40 – 50 km	15,9	73,8
Mehr als 50 km	42,5	83,9
Durchschnitt	**39,2**	**75,0**

Quelle: BODE/KRIEGER-BODEN/LAMMERS (1994), aaO, Tabelle 7, S. 28.

- Dänische Direktimporteure beteiligten sich zu einem höheren Ausmaß an der Steuerarbitrage und nehmen größere Entfernungen für eine Einkaufsfahrt (Durchschnitt 75,0 km) in Kauf als deutsche Steuerarbitrageure (Durchschn. 39,2 km).
- Noch in der Entfernungsklasse über 50 km beteiligten sich mehr als 80 % der Dänen an der Steuerarbitrage. Dies Ergebnis kann in den Zusammenhang mit den Ergebnisses des INSTITUTS FÜR GRENZLANDHANDEL (1992 b) gestellt werden, wonach mehr als 50% der grenzüberschreitenden Reisenden aus Dänemark aus Regionen stammen, die weiter als 50 km von der Grenze entfernt wohnen. Nur 20 % der Befragten stammen aus Grenzregionen in der Entfernung 10 bis 50 km.
- Für die deutschen Steuerarbitrageure dagegen sank die Beteiligung an den Direktimporten mit zunehmende Entfernung. Die Studie des INSTITUTS FÜR GRENZLANDHANDEL aus dem Jahre 1992 hatte ermittelt, dass lediglich 25 % der grenzüberschreitenden Reisenden aus Deutschland aus Regionen stammen, die weiter als 50 km von der Grenze entfernt wohnen.

Tabelle 20: Partizipationsrate der deutschen, belgischen und niederländischen Steuerarbitrageure nach Entfernungszonen 1991/92 (in %)

	deutsch-niederländische Grenze		deutsch-belgische Grenze		belgisch-niederländische Grenze	
Entfernung zur Einkaufsstätte	Deutsche Einkäufer in NL	Niederländische Einkäufer in D	Deutsche Einkäufer in B	Belgische Einkäufer in D	Belgische Einkäufer in NL	Niederländische Einkäufer in B
0 – 10 km	48,8	47,9	37,0	41,9	48,2	25,8
10 – 20 km	42,0	39,8	18,2	35,9	38,2	20,6
20 – 30 km	36,1	32,4	11,5	11,9	37,9	5,3
30 – 40 km	31,9		9,9	12,0	18,0	19,2
40 – 50 km	11,5	-	7,8	13,2	10,6	-
Mehr als 50 km	6,6	-	12,5	8,1	10,0	-
Durchschnitt	**36,5**	**43,4**	**19,9**	**14,6**	**26,3**	**21,4**

Quelle: BODE/KRIEGER-BODEN/LAMMERS (1994), aaO, Tabelle 8, S. 28.

Die Verhältnisse an der deutsch-niederländischen Grenze lassen sich wie folgt interpretieren:

- Generell gilt für die Euregio Maas-Rhein, dass die in Kauf genommenen Entfernungen geringer als an der deutsch-dänischen Grenze sind. Nur im unmittelbar grenznahen Bereich zu den Niederlanden ließ sich eine Beteiligungsquote von knapp 50 % feststellen. In weiterer Entfernung zur Grenze nahm die Partizipationsrate für die deutschen Arbitrageure deutlich ab.
- Die Beteiligung der Holländer an grenzüberschreitenden Einkäufen (vornehmlich in Aachen) war höher als die der Deutschen in Holland, von der Entfernung her ergeben sich überraschenderweise keine erheblichen Unterschiede in der Beteiligungsrate.

Die Beteiligungsquoten an der deutsch-belgischen Grenze lagen für beide Seiten unterhalb den im deutsch-niederländischen Gebiet ermittelten.

- Sie sanken jeweils von einem Niveau von knapp 40% auf ungefähr 10% von unmittelbarer Grenznähe zu einer Entfernung von mehr als 50 km.
- An der belgisch-niederländischen Grenze ergab sich ein ähnliches Verlaufsmuster wie an der deutsch-belgischen Grenze, mit zunehmender Entfernung sinkt die Partizipation an den Direktimporten. Die Beteiligung der Belgier sank von knapp 50% in unmittelbarer Grenznähe auf nur noch 10% für Wohnorte in mehr als 50 km Entfernung.
- Für die in Belgien einkaufenden Holländer ließen sich keine Aussagen hinsichtlich der Entfernungsabhängigkeit der Partizipation treffen, weil der berücksichtigte Landkreis Süd-Limburg zu schmal ist, so dass die Entfernungsklassen oberhalb von 40 km nicht besetzt sind.

Zwar wurde die Entfernung zwischen Wohnort und Grenze abgefragt und eine Hochrechnung der Untersuchungsergebnisse auf die Grundgesamtheit[335] nach der ermittelten Abhängigkeit von der Entfernung zur Grenze vorgenommen, eine geschichtete Wiedergabe der Untersuchungsergebnisse nach Entfernungsklassen erfolgte jedoch nicht.

(iv.2) Steuerdifferenzen als Bestimmungsfaktoren für die Steuerarbitrage

Generell stellte das INSTITUT FÜR WELTWIRTSCHAFT einen starken Zusammenhang zwischen indirekten Steuerdifferenzen und Cross-Border Shopping fest.

- Dies lässt sich an einer großen Zahl von steuerdifferenzbedingten Einkaufsfahrten, einer steuermotivierten Händlerstruktur und einer häufigen Nennung des Preisdifferenzarguments als Kaufmotiv ablesen[336].
- Zur Beschreibung der Struktureffekte bei grenznahen Einzelhändlern wurde vorgeschlagen, den Warenkorb auf solche Güter hin zu untersuchen, die im Nachbarland spezifisch höher besteuert werden. Die Autoren räumten allerdings zu dem Vorhaben der Analyse des Warenkorbes kritisch ein, dass in Fragebogenuntersuchungen nicht die erforderlichen Details erfragt werden. Es wurde nur nach 13 verschiedenen Warenkategorien gefragt. Es wäre aber darüber hinaus z.B. erforderlich gewesen, die Kategorie „Lebensmittel" auf einzelne hoch besteuerte Artikel herunterzurechnen.

Schließlich wird die Nennung des Preisdifferenzarguments als Kaufmotiv erhoben. In einer zusammenfassenden Tabelle wurde für die einzelnen Grenzabschnitte eine qualitative Einstufung der Steuerarbitrage nach den steuerlichen

[335] Vgl. BODE/KRIEGER-BODEN/LAMMERS (1994), aaO, S. 16, die angaben, methodisch eine Regression für diese Hochrechnung zu verwenden. Diese ist jedoch nicht veröffentlicht worden.
[336] Ebenda, S. 33.

Anreizen zur Arbitrage und den Charakteristika der Direktimporte vorgenommen:

Tabelle 21: Qualitative Einstufung des Bestimmungsfaktors „Steuerdifferenz" als Kaufmotiv des Cross-Border Shoppings						
Kunden aus	Kaufen ein in	Steuerliche Anreize		Charakteristika des Cross-Border-Shoppings		
	der .... Grenzregion	Allgemein	Anzahl der Steuervorteile	Intensitätsindikator[a]	Steuerorientierung der Händler[b]	Einkaufsmotiv Preisdifferenz[c]
		Dänisch-Deutsche Grenze				
Deutschland	dänischen	- -	hoch	sehr niedrig	sehr niedrig	sehr niedrig
Dänemark	deutschen	+++	sehr hoch	sehr hoch	sehr hoch	sehr hoch
		Euregio Maas-Rhein				
Deutschland	holländischen	-	niedrig	mittel	mittel	mittel
Holland	deutschen	+	mittel	hoch	mittel	hoch
Deutschland	belgischen	-	niedrig	niedrig	mittel	niedrig
Belgien	deutschen	++	hoch	mittel	Hoch	mittel
Holland	belgischen	o/-	niedrig	mittel	Niedrig	mittel
Belgien	holländischen	o/+	mittel	hoch	niedrig	mittel

+++ = sehr stark positiv, ++ = stark positiv, + = positiv, o = neutral, - - - = sehr stark negativ, - - = stark negativ, - = negativ

[a] = Pro-Kopf Ausgaben der Einwohner eines 20 km breiten Streifens entlang der Grenze
[b] = Anteil der Güter am Verkaufssortiment, für die ein Steuervorteil besteht
[c] = Anteil der Güter für die ein Steuervorteil als Kaufmotiv genannt wird
Quelle: BODE/KRIEGER-BODEN/LAMMERS (1994), aaO, Tabelle 11, S. 33.

(iv.3) weitere Motive als Bestimmungsfaktoren für die Steuerarbitrage

Des weiteren sind die Bewohner der grenzbenachbarten Kreise gefragt worden, aus welchen Gründen sie sich an den Direktimporten beteiligen:

Tabelle 22: Gründe für die Beteiligung an der Steuerarbitrage an der deutsch-dänischen Grenze 1991/92 (in %)		
Einkaufsbegründung	in Deutschland einkaufende Dänen	in Dänemark einkaufende Deutsche
Preis ist niedriger	71	17
Qualität ist höher	5	13
Spezialität des Landes	8	30
Angenehmes Einkaufsklima	2	12
Günstige Öffnungszeiten	7	15
Spontane Kaufentscheidung	7	15

Quelle: BODE/KRIEGER-BODEN/LAMMERS (1994), aaO, Figure 10, S. 30.

- Aus der Übersicht ist zu entnehmen, dass für die Dänen das Preisargument das mit Abstand wichtigste Motiv zur Steuerarbitrage war, 71 % nannten den günstigeren Preis als Grund ihres Einkaufes.
- Dagegen waren die Preisvorteile für die deutschen grenzüberschreitenden Einkäufer nur von untergeordneter Bedeutung (der Preis nur von 17 % genannt) gegenüber an-

deren Gründen (z.B. wird der Kauf einer landestypischen Spezialität von 30% genannt).

Die Begründung für die Nichtbeteiligung am Cross-Border-Shopping lauteten:

Tabelle 23: Gründe für die Nichtbeteiligung an der Steuerarbitrage an der deutsch und dänischen Grenze 1991/1992 (in %)

Begründung für die Nichtbeteiligung	Deutsche Einkäufer in Dänemark	Dänische Einkäufer in Deutschland*
Preis ist höher	21	-
Qualität ist schlechter	1	33
Nicht angenehmes Einkaufsklima	2	-
Ungünstige Öffnungszeiten	1	-
Anreise zu weit	37	-
keine Gelegenheit	34	-
weiß nicht, keine Begründung	3	67

* nicht repräsentativ wegen des nur sehr kleinen Samples.
Quelle: BODE/KRIEGER-BODEN/LAMMERS (1994), aaO, Tabelle 9, S. 30.

- Am häufigsten (37 %) wurde als Grund für die Nichtbeteiligung genannt, dass den Befragten die Anreise – wohl in erster Linie angesichts der sich ergebenden Preisvorteile – zu weit sei. 34 % gaben an, dass sie keine Gelegenheit zu einer Einkaufsfahrt hatten und 21 % sind der Meinung, dass das Güterpreisniveau in Dänemark zu hoch sei.
- Den Umfrageergebnissen unter den Dänen, die sich nicht an den Direktimporten beteiligen, wurde von den Verfassern keine wesentliche Bedeutung zugewiesen, weil es nur ganz wenige Dänen gab, die überhaupt in diese Kategorie fallen, mithin die Ergebnisse dieser gering besetzten Stichprobe als nicht repräsentativ eingeschätzt werden[337].

Die Zahlen für das deutsch-holländisch-belgische Grenzgebiet lauteten wie folgt:

[337] Vgl. BODE/KRIEGER-BODEN/LAMMERS (1994), aaO, S. 30.

Tabelle 24: Gründe für die Beteiligung an der Steuerarbitrage an der deutschen, belgischen und niederländischen Steuerarbitrageure 1991/92 (in %)

	deutsch-niederländische Grenze		deutsch-belgische Grenze		belgisch-niederländische Grenze	
Einkaufsmotiv	Deutsche Einkäufer in NL	Niederländische Einkäufer in D	Deutsche Einkäufer in B	Belgische Einkäufer in D	Belgische Einkäufer in NL	Niederländische Einkäufer in B
Preis ist niedriger	41	55	28	43	41	42
Qualität ist höher	8	13	7	14	9	15
Spezialität des Landes	8	14	23	12	11	16
Angenehmes Kaufklima	10	8	9	14	14	10
Günstige Öffnungszeiten	23	3	24	5	9	12
Spontane Entscheidung	10	7	7	12	16	5

Quelle: BODE/KRIEGER-BODEN/LAMMERS (1994), aaO, Figure 11, S. 32.

- In der Euregio Maas-Rhein galt generell, dass das Preisargument für die Beteiligung an der Steuerarbitrage das wichtigste Argument ist. Für die deutschen Direktimporteure zählten des weiteren die günstigere Öffnungszeit und das Argument des Landestypischen für die Produkte des Nachbarlandes.

Tabelle 25: Gründe für die Nichtbeteiligung an der Steuerarbitrage an der deutschen, belgischen und niederländischen Grenze 1991/92 (in %)

	deutsch-niederländische Grenze		deutsch-belgische Grenze		belgisch-niederländische Grenze	
Begründung für die Nichtbeteiligung	Deutsche Einkäufer in NL	Niederländische Einkäufer in D	Deutsche Einkäufer in B	Belgische Einkäufer in D	Belgische Einkäufer in NL	Niederländische Einkäufer in B
Preis ist höher	6	5	5	4	1	6
Qualität ist schlechter	3	-	1	0	1	-
unangenehmes Kaufsklima	8	2	6	2	3	6
Ungünstige Öffnungszeiten	-	5	0	4	1	-
Anreise zu weit	40	23	38	26	19	24
Keine Gelegenheit	27	26	25	43	46	22
Weiß nicht, keine Begründung	16	40	24	21	28	42

Quelle: BODE/KRIEGER-BODEN/LAMMERS (1994), aaO, Tabelle 10, S. 31.

- Als Gründe für die Nichtbeteiligung an der Steuerarbitrage wurden in allen Regionen in erster Linie der Mangel an Gelegenheiten und die zu weite Anfahrt genannt.
- Das Argument zu hoher Preise im Nachbarland spielte dagegen in dieser Grenzregion eher eine untergeordnete Rolle.

(v) Würdigung der Studie

Bei der Untersuchung des INSTITUTS FÜR WELTWIRTSCHAFT handelt es sich um eine in der Breite und Tiefe einzigartige empirische Untersuchung des Phänomens der Steuerarbitrage.

Zum *Fragenkreis 1 - Ausmaß der Steuerarbitrage* - liegen zufriedenstellende Antworten bezüglich der Darstellung des Direktimportsgeschehens an den betrachteten Grenzabschnitten (D-Dän, D-B, D-NL und B-NL) vor. Neben der Darstellung der Steuerarbitrage aus dem grenznahen Bereich (anhand der oben aufgeführten grenznahen kreisfreien Städte und Kreise) erfolgt mit Hilfe der gewonnenen Erkenntnisse über die Struktur und Bestimmungsgründe der Steuerarbitrage (Intensitätsindikator, Entfernungsabhängigkeit, Zusammensetzung des Warenkorbes) eine Hochrechnung für das gesamte (Bundes-)Land (vgl. die Darstellung in den Tabellen 11 und 12).

Zum *Fragenkreis 2 - Zusammensetzung der Steuerarbitrage* - sind vielfältige *Merkmale* erhoben und ausgewertet worden. Es liegen gemäß der vorgenommenen Einteilung in Gütergruppen Erkenntnisse über die Zusammensetzung der Steuerarbitrageströme an den betrachteten Grenzabschnitten vor. Insoweit mit speziellen Verbrauchsteuern belegte Gütergruppen einzeln erhoben werden (Tabakwaren, Wein und Bier allerdings nur zusammen (!), Spirituosen, Diesel, Benzin), ist eine Überprüfung der Aussagen der anderen Studien, die insbesondere die Bedeutung der Unterschiede bei den speziellen Verbrauchsteuern betont haben, möglich.

Es zeigt sich folgende Zusammensetzung der Gütergruppen: Die Käufer aus Dänemark, die im Inland neben einem hohen MwSt-Satz noch hohe spezifische Verbrauchsteuern tragen müssen, kaufen in Deutschland vornehmlich Bier und Wein und Lebensmittel ein. Langlebige Gebrauchsgüter spielen nur eine untergeordnete Rolle. Dagegen kaufen die Deutschen Lebensmittel in Dänemark ein, obwohl dort die Steuersätze höher sind (es gibt keinen ermäßigten MwSt-Satz!). Belgier und Holländer kaufen in Deutschland Lebensmittel, Kleidung und Pkw ein. Von den mit Differenzen bei den Verbrauchsteuern betroffenen Gütern spielen dagegen nur Kraftstoffe für die belgischen Käufer eine Rolle.

Die Steuerarbitrageure können darüber hinaus in der Häufigkeit des Direktimportes beschrieben werden, es zeigt sich eine auffallend hohe Frequenz der Steuerarbitrage für die dänischen Einkäufer. Die Zusammensetzung der Einkäufer ist weiterhin nach ihrer Herkunft möglich; sie können unterschieden werden in diejenigen, die aus dem unmittelbar grenznahen Bereich (in einer Zone bis zu 20 km Entfernung zur Grenze) stammen, und die Käufern, die aus dem restlichen Bundesland kommen. Eine weitere Unterscheidung nach nicht grenzbenachbarten Bundesländern wird nicht vorgenommen.

Zum *Fragenkreis 3 – Bestimmungsgründe* - werden die Entfernung, die Höhe der Steuerdifferenz und andere Kaufmotive untersucht. Es zeigt sich, dass nicht ein Kaufmotiv monokausal herangezogen werden darf. Z. B. nehmen die dänischen Arbitrageure einen weiteren Anfahrtsweg in Kauf, weil für sie eine höhere Steuerdifferenz und damit ein höheres Einsparpotential je Einkauf besteht. Deshalb wurde in der Diskussion der Untersuchungsergebnisse des Instituts herausgestellt, dass die Entfernung für jede Warenkategorie einzeln betrachtet werden muß. Eine solche Betrachtung erfolgt jedoch nicht explizit. Bei der Auswertung der sonstigen Kaufmotive, bzw. der Gründe für eine Nichtbeteiligung an der Steuerarbitrage werden neben dem Preis die landestypische Fertigung eines Produktes, das angenehme Einkaufsklima und die günstigen Öffnungszeiten genannt. Gründe für die Nichtbeteiligung sind die zu weite Entfernung zur Grenze und die niedrigere Qualität im Nachbarland genannt. Der günstigere Preis wird in erster Linie von den Einkäufern aus Dänemark und Belgien als Kaufmotiv genannt.

Für den hier im Mittelpunkt stehenden *Fragenkreis 4* ist zu fragen, ob die Untersuchungsergebnisse für eine Prognose der Steuerarbitrage im Binnenmarkt ab dem 1.1.1993 taugen. Es ist jedoch festzustellen, dass die ermittelten Ergebnisse zur Höhe der Steuerarbitrage sich auf die Steuersatzdifferenzen zum Untersuchungszeitpunkt vor dem 1.1.1993 beziehen. Eine Übertragung der Untersuchungsergebnisse auf den Binnenmarkt ist nur insofern möglich, als die Einflussfaktoren in unveränderter Höhe fortbestehen. Für die Steuersatzdifferenzen ist eine Übertragung nur möglich, insoweit die Steuersätze unverändert weiter fort gelten. Eine Übertragung auf andere, hypothetische Steuersatzdifferenzen, die sich z.B. durch eine weitere Steuer*satz*harmonisierung ergeben könnten, ist nicht möglich. Für solche Wenn-Dann-Aussagen wären makroökonomischen Untersuchungen über einen längeren Zeitraum bzw. diverse Grenzabschnitte mit unterschiedlichen Steuersatzdifferenzen erforderlich.

2.2.2.10 PIEDA (1994)

Vom Consultingunternehmen PIEDA, Edingburgh, wurde eine Befragung unter britischen Tabakeinzelhändlern vorgenommen mit der Zielstellung, die im Vereinigten Königreich vorhandenen Schätzungen zur Höhe des Schmuggel *und* der Steuerarbitrage bei Tabakwaren größenordnungsmäßig zu verifizieren[338]. Vorhandene Schätzungen für den Schmuggel beruhen auf den Aufgriffsstatistiken des Zolls. Darüber hinaus haben zwei Berufsverbände für die Tabakbranche Sondererhebungen vorgenommen.

Der Tabakverband TOBACCO MANUFACTURES ASSOCIATION und ein Projekt „Leaf" hatten beide im Jahre 1993 einreisende Personen befragt, um die Zahl der eingeführten Zigaretten zu ermitteln. Von den Befragungsergebnissen wurde anhand der Zahl der gesamten Reisenden während eines Jahres auf die Zahl der Tabakdirektimporte für das gesamte Jahr hochgerechnet.

Folgende Schätzergebnisse erbrachten die genannten herkömmlichen Untersuchungen zur Steuerarbitrage:

Tabelle 26: Vom Projekt „Leaf" geschätzte Höhe des Cross-Border-Shoppings bei Tabakwaren im Vereinigten Königreich (1993)

Produkt	Umsatzverluste (Mio. £)	Steuerverluste (Mio. £)
Fabrikzigaretten	54	42
selbstgedrehte Zigaretten	22	16
andere Tabakwaren	5	2
Gesamt	**81**	**60**

Quelle: Table 2.1 bei PIEDA (1994), aaO, S. 4.

- Das Projekt „Leaf" unterschied die Fabrikzigaretten von den selbstgedrehten Zigaretten, da bei diesen Kategorien die Steuersatzunterschiede (bspw. zu Frankreich) unterschiedlich hoch sind.

Die Schätzung der TOBACCO MANUFACTURES ASSOCIATION lieferte folgendes Bild:

[338] Vgl. die Studie des Consultingunternehmens PIEDA PLC, Planning, Economic and Developement Consultants, Edingburgh (1994) The Economic Impact of Cross-Border Shopping and Bootlegging on the Independent Tobacco Retailing Sector, Edingburgh, zit. als PIEDA (1994).

Tabelle 27: Von der Tobacco Manufactures Association geschätzte Höhe des Cross-Border Shoppings im Vereinigten Königreich (1993)		
Produkt	Umsatzverluste (Mio. £)	Steuerverluste (Mio. £)
Zigaretten	108	84
Andere Tabakwaren	22	24
Gesamt	**141**	**108**

Quelle: Table 2.2 bei PIEDA (1994), aaO, S. 4.

Der britische Zoll hatte diese Schätzungen für die Steuerarbitrage ergänzt, indem er auf der Basis der Schmuggelaufgriffe eine Grobschätzung des gesamten Schmuggels vornahm. Dabei wurden von den Verfassern der PIEDA-Studie folgende Werte wiedergegeben: Im Jahre 1993 wurden monatlich durchschnittlich 87.000 £ Tabaksteuern wegen aufgedeckten Schmuggels nacherhoben. Im Jahre 1994 waren es 148.000 £. Unter der Annahme, dass nur 5% der Schmuggels entdeckt wird, ergaben sich Schätzungen für die Jahreswerte von 35 Mio. £ hinterzogene Tabaksteuer und für den Handel ein Umsatzausfall von 45 Mio. £. Diese Hochrechnung mit der geschätzten Aufdeckungsquote von 5% ist natürlich mit äußerster Unsicherheit behaftet.

Die zur Verifizierung dieser Grobschätzungen angestellten Befragungen erfolgte unter 5.000 kleineren Tabakeinzelhändlern, die gebeten wurden, ihre Einschätzungen zu den eigenen Verlusten wegen des Schmuggels und der Steuerarbitrage mitzuteilen. Folgender wöchentlicher Umsatzverlust wurde von den Befragten genannt:

Tabelle 28: Wöchentlicher Verlust je Region durch Steuerarbitrage und Schmuggel (£)		
Region	Umsatzverluste (Mio. £)	Steuerverluste (Mio. £)
South East	320	110
South West	180	55
East Anglia	234	78
West Midlands	198	45
East Midlands	218	62
North West	215	70
Yorkshire/Humberside	192	58
North	215	86
Scotland	249	77
Wales	216	71
Northern Ireland	338	99
Durchschnitt	**244,0**	**73,7**

Quelle: Table 2.5 bei PIEDA (1994), aaO, S. 7.

Die gefundenen wöchentlichen Verluste, die ursächlich auf die Steuersatzunterschiede zurückzuführen sind, wurden händisch um 2,5 % gekürzt. Diese Kürzung wird deshalb vorgenommen, da aus anderen Gründen im selben Zeitraum (z.B. wegen des zunehmenden Wettbewerbsdruckes durch Supermärkte) ein genereller Umsatzrückgang für kleinere Tabakeinzelhändler eingetreten ist. Über die Anzahl der Wochen errechnete PIEDA einen jährlichen Umsatzverlust von 360 Mio. £ für die kleineren Tabakhändler. Schließlich wurde über den Marktanteil der kleineren Einzelhändler auf den Gesamtmarkt geschlossen. Der Marktanteil betrug 37%, so dass sich die Verluste auf ungefähr 980 Mio. £ p.a. belaufen. Dieses Ergebnis übertrifft die Schätzungen aus den bisherigen Surveys um etwa das Fünffache.

Neben den Umsatz- und Steueraufkommensverlusten versuchte die Studie, die Beschäftigungseffekte des Schmuggels und der Steuerarbitrage abzuschätzen. Dabei ging PIEDA mittels einer Bruttogewinnschätzung aus einer eigenen, in der Vergangenheit durchgeführten, Studie zu der wirtschaftlichen Bedeutung der Tabakindustrie im Vereinigten Königreich vor: Die Beschäftigten erwirtschafteten hiernach einen Bruttogewinn (Gross Margin) von 7.000 £ pro Kopf. Weiterhin verwendeten die Autoren ein hohes, mittleres und niedriges Szenario, je nachdem, ob von den gefundenen Schätzergebnissen, einem Mittelwert oder den herkömmlichen Schätzergebnissen auszugehen sei:

Tabelle 29: Verlust an Umsatz und Arbeitsplätzen durch Steuerarbitrage und Schmuggel in drei Szenarien

Szenario	Umsatzverluste (Mio. £)	Jährlicher Verlust je Geschäft (£)	Verlust an Bruttogewinn je Geschäft (£)	verlorene Arbeitsplätze
Hoch	362	10.300	927	4.600
Mittel	148	4.200	378	1.900
niedrig	68	2.000	176	880

Quelle: Table 3.1 bei PIEDA (1994), aaO, S. 11.

Zur Einordnung dieser Grobschätzungen, die sich ausschließlich mit dem *Fragenkreis 1: Ausmaß der Steuerarbitrage*, befassten, ist darauf hinzuweisen, dass es sich nur um eine methodisch stark vereinfachte Hochrechnung mit nur bedingt durch statistische Methoden gestützte Berechnungen handelt. Darüber hinaus ist anzumerken, dass lediglich für Tabakwaren Aussagen getroffen wurden. Insofern die vorgenommenen Befragungen sich auf die Unternehmerseite beziehen, ergänzt die Untersuchung die für Deutschland vorliegenden Unternehmerbefragungen z.B. des INSTITUTS FÜR MITTELSTANDSFORSCHUNG.

Die dargestellten herkömmlichen Schätzungen sind aus Sicht des „praktisch" orientierten Interessenverbandes der Tabakindustrie von nicht zu unterschätzender Bedeutung als Orientierungsgröße für ebenso „praktisch" ausgerichtete Studien. Beispielsweise kann die Hochrechnung der Zollaufgriffsstatistiken (von 5 gefundenen Schmugglern auf wird auf 100 Schmuggler insgesamt geschlossen) nur als grober Indikator für die Interpretation der in Deutschland ermittelten Zollaufgriffe verwendet werden. Eine solche „Praktikermethode" kann – wenn überhaupt – für die wissenschaftliche Analyse des Schmuggels bzw. der Steuerarbitrage nur allererste Anhaltspunkte liefern.

Die Hochrechnung der Umsatzverluste auf die Zahl der Beschäftigten im Tabakeinzelhandel ist eine Veranschaulichung der Effekte, die die Verluste an heimischem Umsatz bzw. Steueraufkommen in einem bestimmten Einzelhandelszweig nach sich ziehen können.

2.2.2.11 MSI MARKET SERVICES (1996/7/8)

Vom Marktforschungsunternehmen MSI MARKET SERVICES, HAMBURG liegen weitere Erhebungen vor, die Mitte der Neunziger Jahre insbesondere das Steuerarbitrage- bzw. Schmuggelgeschehen an den östlichen Grenzen der Neuen Bundesländer und an der deutsch-luxemburgischen Grenze beleuchten[339]. Der Verband der Cigarettenindustrie, Bonn (VDC), beauftragte das genannte Marktforschungsunternehmen, Licht in das durch die Deutsche Einheit sich seit 1990ergebende besondere Problem des Schmuggels mit Tabakwaren zu bringen. Anders als die Steuerarbitrage, die z.B. durch Interviews der grenzüberschreitenden Personen offen gelegt werden kann, entzieht sich der grenzüberschreitende - und insbesondere der im Inland vorgenommene - Schmuggel einer herkömmlichen Untersuchungsmethode.

Grundsätzlich wird bei der Darstellung der Untersuchungsmethode unterstellt, dass die beobachteten nichtoffiziellen Zigarettenmärkte im Inland dem Schmuggel zuzurechnen sind, während es sich bei den Direktimporten aus den Nachbarländern um Steuerarbitrage handelt[340].

Das MSI ist bei seinen empirischen Erhebungen wie folgt vorgegangen: Statt einer offiziellen Befragung von Einwohnern grenznaher Bezirke bzw. von grenzüberschreitenden Reisenden hat das MSI die Steuerarbitrage und den Schmuggel an den EU-Außengrenzen zu Polen und der Tschechischen Republik verdeckt auf den Angebotsmärkten der Verkaufsstellen in den Nachbarländern sowie den ambulanten Handel im Inland beobachten lassen:

- Zur Ermittlung des Verkaufsvolumens von Zigaretten im *ambulanten Handel* in Ostdeutschland (Schmuggel, Inlandsmarkt) wurde folgende Erhebungsmethode gewählt:
  - Ermittlung der Standorte des ambulanten Handels und Beschreibung der Lage,
  - Charakterisierung des Verkäufer- und Käuferkreises und seiner Kaufs- und Verkaufsgewohnheiten,
  - Beschreibung des Angebotes (Marken und Preise),
  - Ermittlung der Zigarettenverkaufsmengen in einer bestimmten Zeiteinheit,
  - Hochrechnung auf alle Neuen Bundesländer anhand der durchschnittlichen stündlichen Verkaufsmenge pro Händler und Region, der durchschnittlichen Verkaufszeit und der Händlerzahl),
  - Überprüfung und ggfs. Modifizierung der Anzahl der Standorte und Händler in Orten über 15.000 Einwohner (ab 09/95 über 25.000 Einwohner)[341],
  - Kontrolle von Veränderungen im Vergleich zu Vorerhebungszeiträumen.

---

[339] Vgl. die dem Verfasser vorliegenden methodischen Erläuterungen folgender Erhebungen: MSI MARKET SERVICES (1995a) aaO; DERS. (1995b) aaO; DERS. (1996a) aaO; DERS. (1996b) aaO.

[340] Die Ergebnisse wurden dem Verfasser nicht im einzelnen mitgeteilt, sie können nur über die Veröffentlichung von LONDON ECONOMICS zitiert werden.

[341] Berücksichtigt wurden an vier Zeitpunkten (10/93, 05/94, 10/94 und 09/95) 69 bis 79 Städte), vgl. DERS. (1995b), aaO, Übersicht „Erfaßte Städte".

- Zur Ermittlung der monatlichen Abverkaufsmengen von Zigaretten an deutsche Konsumenten *im polnischen Grenzgebiet*, auf Grenzmärkten, in Verkaufshallen und sonstigen Standplätzen (Steuerarbitrage, Auslandsmarkt) wurde folgende Erhebungsmethode gewählt:

  - Ermittlung der Anzahl der Händler nach Standplätzen,
  - Ermittlung der täglichen Verkaufszeiten nach Orten,
  - Beobachtung der Verkaufsmengen auf 5 festgelegten Grenzmärkten bei 50% der Händler jeweils 15 Minuten über 7 Tage (vormittags und nachmittags)
  - Registrierung der verkauften Mengen und Marken je Zeiteinheit
  - Hochrechnung über die Zahl der Händler, Märkte, Orte auf das gesamte Gebiet.

- Mit ähnlichen Untersuchungsmethoden wurde auch für die deutsch-tschechische Grenze gearbeitet: Beobachtungen vor Ort fanden statt im Erzgebirge, im deutsch-tschechischen Bäderdreieck und im Bayerischen Wald. Folgende Kategorien von Märkten wurden in die Untersuchung einbezogen: Wochenmärkte, Touristenmärkte, Kioske innerhalb und außerhalb von Ortschaften sowie versuchsweise[342] Geschäfte in Hallen und Häusern (Steuerarbitrage, Auslandsmarkt).

  - Ermittlung der Verkaufsstellen nach Regionen und Kategorien,
  - Beobachtung der Verkaufsmengen der Händler jeweils 20 Minuten über 7 Tage (vormittags und nachmittags)
  - Registrierung der verkauften Mengen und Marken je Zeiteinheit
  - Hochrechnung über die Zahl der Händler auf das gesamte Grenzgebiet.

- Neben den EU-Außengrenzen sind auch ausgewählte EU-„Binnengrenzen“ betrachtet worden. Dem Verfasser liegt eine Untersuchung für die (legale) Steuerarbitrage an der deutsch-luxemburgischen Grenze vor, vgl. MSI MARKET SERVICES (1996a). Die Erhebungsmethode unterscheidet sich von den an den Außengrenzen vorgenommenen verdeckten Erhebungen, da die im Rahmen der gewährten Freizügigkeit im Europäischen Binnenmarkt legale Steuerarbitrage nicht verdeckt beobachtet werden muss. Erforderlich ist jedoch, die Tabakeinzelhandelsverkaufsstellen zu identifizieren, die durch die amtliche Statistik nicht in der gewünschten Differenzierung (Unternehmen, Güterarten) erfolgt[343]:

  - Aufbau eines Händlerpanels entlang der luxemburgischen Grenze (in Luxemburg identifiziert das Forschungsinstitut ca. 800 Verkaufsstellen, davon befinden sich ca. 10 % im Grenzgebiet),
  - Erhebung des Anteils deutscher Käufer pro „Panel-Geschäft“,
  - Absatzerhebung in Drei-Monats-Abständen
  - Hochrechnung auf das gesamte Grenzgebiet.

Das Forschungsunternehmen LONDON ECONOMICS gibt für den Zeitraum vor und nach der Öffnung der EU-Binnengrenzen folgende Ergebnisse des MSI (1994) [344] wieder:

---

[342] Hierbei handelt es sich um Vietnamesen, die sich nicht auf Märkten „unter freiem Himmel“ betätigen dürfen. Sie errichteten Verkaufsstellen in festen Gebäuden, vgl. DERS. (1996b), aaO, methodische Erläuterungen, Seite 8.

[343] Vgl. die weiter unten gegebenen Ausführungen zu den Problembereichen der empirischen Erhebung von Daten zur Steuerarbitrage im Dritten Teil, Kapitel 1.3.

[344] Bei LONDON ECONOMICS (1994), aaO, S. 393 f. Leider konnten keine aktuelleren Daten aus einer Primärquelle erschlossen werden.

Tabelle 30: Cross-Border-Zigaretteneinkäufe (Mrd. Stück)			
Deutsche kaufen in	1992	1993	Veränderung
Niederlande	2,0	2,2	+ 10%
Luxemburg	1,5	1,5	+/-0
Frankreich	0,9	0,7	- 22%
Schweiz	0,7	1,0	+43 %
Belgien	0,2	0,2	+/-0
Tschechische Republik	0,1	0,8	+ 700%
Summe	**5,4**	**6,4**	**+19%**

Quelle: MSI RESEARCH zit. nach LONDON ECONOMICS (1994), aaO, Table 8, S. 39.

- An allen dargestellten Grenzabschnitten lagen die deutschen Tabaksteuersätze oberhalb der Steuersätze der Nachbarländer.
- Die Schätzungen legten ein nicht unerhebliches Ausmaß an Steuerarbitrage für die Tabakbranche offen *(Fragenkreis 1: Ausmaß der Steuerarbitrage)*.
- Die Ergebnisse von MSI RESEARCH für die Veränderungen zum 1.1.1993 *(Fragenkreis 4)* deuteten darauf hin, dass sich an der deutsch-holländischen, der deutsch-schweizerischen und der deutsch-tschechischen Grenze die Steuerarbitrage bei Tabakwaren nach Öffnung des Binnenmarktes binnen Jahresfrist deutlich erhöht hat. Lediglich an der deutsch-französischen Grenze ist die Steuerarbitrage gesunken, an den anderen beiden Grenzen blieb sie unverändert. Aus Luxemburg, für das geschätzt wird, dass 85% aller Zigarettenverkäufe an Einkäufer aus den Nachbarländern erfolgen, sei kein Wachstum zu verzeichnen, da sich die Steuerarbitrage 1992 schon auf sehr hohem Niveau befunden habe[345].
- Insgesamt hat die Steuerarbitrage bei Tabakwaren um 19% zugenommen. Das Gesamtniveau der Tabaksteuerarbitrage nach Deutschland hinein wird mit 6% am Gesamtumsatz im Jahre 1993 beziffert. Hinzu kommt der „considerable trade" aus Polen, der jedoch nicht in der Studie berücksichtigt worden ist, so dass das Gesamtniveau bis zu 10% des Gesamtumsatzes im Jahre 1993 ausmachen dürfte. Nach einer vom MSI RESEARCH zitierten Einschätzung des Bundesministeriums der Finanzen dürfte sich der Steuerverlust bei Zigaretten auf ca. 2,4 Mrd. DM belaufen[346]

Methodisch sind die vor Ort vorgenommen Erhebungen als stichprobenweise Totalerhebungen zu bezeichnen. Stichprobenweise werden in einem ausgewählten Zeitraum bestimmte Zeitabschnitte beobachtet und von den gewonnenen Ergebnissen auf die Gesamtheit aller Verkaufsstellen hochgerechnet.

Die verdeckten Ermittlungen sind von ihrer Methodik her einzigartig unter den im Schrifttum zu findenden Erhebungen. Sie erfordern ein nicht unerhebliches finanzielles Budget und können deshalb im Rahmen dieser Arbeit nicht überprüft bzw. erneut vorgenommen werden. Die Auswirkungen des Schmuggel, und zwar sowohl des ambulanten Verkaufs im Inland als auch des im Ausland in Grenznähe vorgenommen Verkaufs, können jedoch durch die hier vorgenommenen Schätzungen mit makroökonomischer Ausrichtung grob erfaßt werden. Denn sowohl durch die Steuerarbitrage als auch durch den Schmuggel sinken die im Inland zu messenden

345 Diese Einschätzung vom MSI RESEARCH ist wiedergegeben bei LONDON ECONOMICS (1994), aaO, S. 40.

Einzelhandelsumsätze. Hierzu ist auf die eigenen Untersuchungen in Kapitel 3.1.2.1 „Indirekte Ermittlung der Steuerarbitrage für Tabakwaren" des dritten Teils zu verweisen.

Die Ergebnisse zum *Fragenkreis 1 (Ausmaß der Steuerarbitrage)* stellen einen nicht unbedeutenden Anhaltspunkt für Schätzungen über die Steuerarbitrage im Binnenmarkt dar; jedenfalls insoweit die Tabakerzeugnisse betroffen sind. Die Fragenkreise 2 und 3 werden nicht angesprochen. Für den *Fragenkreis 4 (Übertragbarkeit der Untersuchungsergebnisse auf den Binnenmarkt)* liegt insoweit ein besonderer Fall vor, als es sich bei den Beobachtungen um direkte Erhebung der Steuerarbitrage vor und nach der Einrichtung des Binnenmarktes handelt, mithin eine direkte Vergleichbarkeit gegeben ist.

2.2.2.12 INSTITUT FÜR HANDELSFORSCHUNG (1995)

Speziell auf den Zeitpunkt des Beitritts Österreichs zur Europäischen Union am 1.1.1995 wurde vom INSTITUT FÜR HANDELSFORSCHUNG, Wien, im Auftrag des Wirtschaftsförderungsinstituts der Wirtschaftskammer Österreichs untersucht, welche Kaufkraftzuströme und -abströme entlang der österreichischen Grenze zu Italien und Deutschland vorhanden sind und welche Änderungen sich nach dem Beitritt Österreichs abzeichnen werden[347]. In der tagespolitischen Debatte waren Befürchtungen über einen Kaufkraftverlust für Österreich i.H.v. 30 Mrd. öS laut geworden.

Methodisch konnte für diese Analyse das an diesem Institut entwickelte Kaufkraftströme-Modell verwendet werden[348]. Darüber hinaus wurden Daten der Umsatzsteuerstatistiken und die Leistungsbilanz auf mögliche Aussagen zu Änderungen in den grenzüberschreitenden Aktivitäten zum Termin des Beitritts Österreichs betrachtet. Um die Motive der abströmenden Einwohner der grenzbenachbarten Bundesländer in Erfahrung zu bringen, wurde darüber hinaus eine Stichprobe von 1.600 Einwohnern befragt. Betrachtet wurden 10 Branchen mit 15 Gütergruppen, nicht jedoch die Gütergruppen Mineralölerzeugnisse, Pkw und Tabakwaren.

(i) Als Ergebnis der Schätzung des landesweiten Kaufkraftverlustes (unter Einschluß einer Schätzung für Vorarlberg) unter Verwendung des entwickelte Kaufkraftströme-Modell ermitteln die Verfasser einen Abfluss von ca. 8,7 Mrd. öS *(Fragenkreis 1)*. Unter Berücksichtigung der zusätzlichen Verluste bei den nicht betrachteten Gütergruppen wird eine Obergrenze für die Abflüsse mit 9,5 Mrd. öS angegeben.

---

[346] Zitate ebenda, S. 40.

[347] Dem Verfasser liegt der Endbericht über die Erhebungsphasen 0,1 und 2 vor. Dagegen können keine Ergebnisse der Untersuchung über die Kaufkraftzuflüsse wiedergegeben werden. INSTITUT FÜR HANDELSFORSCHUNG (1995), aaO.

[348] Vgl. für eine grobe Beschreibung des Modells INSTITUT FÜR HANDELSFORSCHUNG (1995), aaO, S. 3 ff.

Die Struktur der Kaufkraftabflüsse *(Fragenkreis 2)* ist nach den Untersuchungsergebnissen für die Grenzen zu Italien und Deutschland wie folgt zu beschreiben:

- Aus Italien würden vornehmlich Wein, Lebensmittel, Kleidung und Schuhe eingeführt, aus Deutschland Lebensmittel, technische Geräte und Spielwaren. Z.T. seien aus den 80er Jahren, in denen österreichische Konsumenten gezielt aus den deutschen Nachbarland angeworben worden seien, speziell auf die österreichischen Einkäufer ausgerichtetes Einkaufsangebote geschaffen worden[349].
- Aus der Analyse der ersten Monate nach der Grenzöffnung ergibt sich dagegen kein einheitliches Bild, wonach Österreich alleine deutlich verliere. Es sank zwar im Inland der Einzelhandelsumsatz für die ersten 6 Monate um 3 %. Dies erkläre sich jedoch zum größten Teil aus der konjunkturellen Abschwächung der Binnenkonjunktur und den gesunkenen Übernachtungen von Touristen.
- Aus dem Kaufkraftmodell wurde geschätzt, dass die Zahl der sich im Jahre 1994 und 1995 an Direktimporten nach Deutschland beteiligenden Käufern um ca. 20 % und gegenüber Italien um ca. 28% zugenommen hat. Hinzu kommen Neukäufer, die erstmals 1995 in eines der beiden Nachbarländer gefahren sind. Hierzu war jedoch nur eine Grobschätzung möglich, da die Zahl der Grenzübertritte nicht ohne weiteres zur Prognose gestiegener Einkaufsfahrten verwendet werden kann, da hierin auch Touristen und Geschäftsreisende enthalten sind.
- Das INSTITUT FÜR HANDELSFORSCHUNG ging davon aus, dass Zweidrittel bis Dreiviertel der Grenzübertritte aus Einkaufsfahrten bestehen, und kam zu einer Steigerung insgesamt um 20 - 25 % gegenüber Deutschland und gegenüber Italien um 25 - 30 %[350]. Absolut betrug der zusätzliche Kaufkraftabfluß ab dem 1.1.1995 ca. 1,5 Mrd. öS in den vier untersuchten Bundesländern. Er setzte sich zusammen aus einem Abfluß von ca. 1,0 Mrd. öS nach Deutschland und ca. 0,5 Mrd. öS nach Italien.
- Für eine endgültige Antwort über die Gewinne und Verluste insgesamt, müssen jedoch erst noch die Zuflüsse an Kaufkraft, die sich durch die Grenzöffnung ergeben haben, bekannt sein.

Bei der Stichprobenbefragung wurde ermittelt, dass bei einer Einkaufsfahrt nach Italien durchschnittlich 1.600 öS und auf einer Fahrt nach Deutschland 1.100 öS ausgegeben werden[351].

Darüber hinaus konnten hinsichtlich der Einflussfaktoren für einen grenzüberschreitenden Kaufkraftabfluß *(Fragenkreis 3)* folgende generelle (als konstitutiv bezeichnete) Bestimmungsfaktoren ermittelt werden.[352]:

- Größe und Bevölkerungszahl eines Bundeslandes,
- Pro-Kopf-Kaufkraft (Kaufkraftpotential),
- Siedlungsdichte im Grenzraum,
- Länge des Grenzverlaufes,
- Ausdehnung, d.h. mittlere Grenzdistanz,
- Lage und Distanz zu Ballungszentren,
- Zahl der Grenzübergänge,
- Erreichbarkeit ausländischer Einkaufsorte (Verkehrswege),
- traditionelle (Austausch-)Beziehungen,
- Lage der ausländischen Einkaufsorte bzw. Einkaufsstätten.

---

349 Vgl. INSTITUT FÜR HANDELSFORSCHUNG (1995), aaO, S. 15 ff.
350 Vgl. INSTITUT FÜR HANDELSFORSCHUNG (1995), aaO, S. 37-41.
351 Vgl. EBENDA , S. 8.

Daneben waren folgende Faktoren vorwiegend „situativer Natur“ zu nennen:

- Preisunterschiede,
- Währungsrelation,
- Auswahl, Art des Angebotes,
- Serviceleistungen,
- spezifische Zusatznutzen (wie z.B. billiges Tanken, Duty Free, preiswerte Gastronomie u.a.m.)

Aus der Abfrage des Einkaufsverhaltens ermittelten die Forscher, dass bisher schon rund 2/3 aller Einwohner der Grenzbezirke Einkäufe in den Nachbarländern tätigen. Angebot und Preise waren somit bekannt. Ermittelt werden sollte nunmehr, welche Motive zum liberalisierten Kauf im EU-Ausland bestehen. Das INSTITUT FÜR HANDELSFORSCHUNG ist diesem Fragenkomplex in verschiedener Hinsicht nachgegangen:

(a) Es wurden typische *Nicht-Käufer* festgestellt: Rund ein Drittel der Haushalte in den Grenzbezirken kaufen grundsätzlich nicht im Nachbarland ein. Dafür werden folgende Gründe genannt:

Tabelle 31: Gründe für die Nichtbeteiligung an der Steuerarbitrage an der österreichisch-deutschen und österreichisch-italienischen Grenze 1995 (in %)

Grund	deutsche Grenze	italienische Grenze
patriotisches Motiv	37 %	34 %
lohnt sich nicht	19 %	11 %
umständehalber	39 %	49 %

Quelle. (1995) INSTITUT FÜR HANDELSFORSCHUNG, aaO, S. 44.

(b) Als spezifische Motive für die Beteiligung wurden aufgrund von Vorgesprächen folgende Gründe genannt.

352 EBENDA, S. 13 und 14.

Tabelle 32: Gründe für die Beteiligung an der Steuerarbitrage an der österreichisch-deutschen und österreichisch-italienischen Grenze 1995 bewertet von (1= sehr gut, ..., 5 = ungenügend)

	deutsche Grenze		italienische Grenze	
Begründung für die Beteiligung	Bayern	Österreich	Italien	Österreich
große Auswahl	1,6	2,3	1,8	2,2
Qualität der Waren	2,2	1,7	1,8	1,7
Preisgünstigkeit	1,5	2,8	1,6	3,1
nette Bedienung	2,1	11,9	2,2	2,2
Serviceleistungen	2,2	1,9	2,7	2,2
große Kaufhäuser	1,9	2,4	1,9	2,0
Modeneuheiten	1,9	2,3	1,6	2,2
billiges Tanken	2,4	3,0	2,4	3,6
Einkaufsatmosphäre	2,1	2,1	1,8	2,0
Getränkepreis	1,7	2,8	2,1	2,9
günstige Öffnungszeiten	1,8	2,6	1,8	3,0
Waren in Österreich nicht erhältlich	1,5		1,5	

Bewertet wurde nach dem Schulnotenprinzip 1 = wichtig, 5 = unwichtig.
Quelle: (1995) INSTITUT FÜR HANDELSFORSCHUNG, aaO, S. 44.

- Der Übersicht ist zu entnehmen, dass an beiden Grenzen der günstigere Preis und die große Auswahl die beiden wichtigsten Kaufmotive waren.
- Darüber hinaus waren in Österreich so nicht erhältliche Waren ein wichtiger Grund für eine Einkaufsfahrt ins Nachbarland.
- Für den Einkauf in Deutschland sprach die Größe der Kaufhäuser. Für Italien sind das individuelle Angebot und die Qualität der Ware bedeutsam gewesen. Weniger wichtig erschien dagegen der Zusammenhang zwischen Einkaufs- und Tankmöglichkeit.
- Am Rande erwähnte das INSTITUT FÜR HANDELSFORSCHUNG einen kuriosen Fakt, der als Wechselkursillusion bezeichnet werden könnte. Die Preise für Vergaserkraftstoff sind nämlich im betrachteten Zeitraum in Deutschland geringfügig höher als in Österreich gewesen. Trotzdem werden die deutschen Preise als günstiger empfunden, weil die Pkw-Fahrer das Gefühl haben, der deutsche Kraftstoff sei billiger. Dies liegt in der Verwendung des Umrechnungsfaktors von 7,00, der tatsächliche Umrechnungsfaktors ist jedoch mit 7,12 – 7,15 (inkl. Valutenumtauschgebühr) etwas schlechter. Ein groschengenauer Preisvergleich würde bei größeren Beträgen zu nicht unerheblichen Differenzen führen[353].

(ii) Die Umsatzsteuerstatistik als zweite untersuchte Datenquelle lieferte für die Veränderungen im ersten Halbjahr 1995 keine verwertbaren Ergebnisse, weil in ihr die nur einmal jährlich zu entrichtende Umsatzsteuersonderzahlung enthalten war.

(iii) Die Leistungsbilanz als dritte betrachtete Datenquelle war ebenfalls nur eingeschränkt für die Beantwortung der anstehenden Frage zu verwenden, weil es in der

---

353 Das INSTITUT FÜR HANDELSFORSCHUNG weist bezüglich dieser „Wechselkursillusion" auf eine spezielle Untersuchung der Wirtschaftskammer Salzburg hin. Dort wird auch das Experiment eines Textilhändlers wiedergegeben, der ein identischen Produkt, das in Freilassing für 99 Pfg. angeboten wurde, in Salzburg erfolglos für 6,90 ÖS anbot, vgl. ebenda S. 49 f.

Statistik zu Überlagerungen von Ferntouristen und Dienstleistungsimporten kam. Diese Abgrenzungsschwierigkeiten müssen noch gelöst werden, bevor eine Aussage zu den reinen Kaufkraftströmen von Endverbrauchern möglich ist[354].

Die modellgestützte Schätzung von Kaufkraftabflüssen mit Hilfe eines Kaufkraftmodelles stellt von der Methodik her eine nicht unwesentliche Bereicherung der Untersuchungen zum Einkaufsverhalten der Bevölkerung im Europäischen Binnenmarkt dar. Allerdings handelt es sich nicht um eine makroökonomische Untersuchung der Steuerarbitrage in dem hier verwendeten Sinne, weil weder die Steuerdifferenz noch die Entfernung (d.h. die Möglichkeit, im Nachbarland billiger einkaufen zu können) als repräsentierende Variablen explizit durch das Modelle abgebildet werden. Insofern werden die *Fragenkreise 1 - 4* nur teilweise angesprochen. Die ermittelte Höhe der (über alle Branchen zusammengenommenen) Abflüsse von österreichischer Nachfrage nach Deutschland und Italien *(Teilantwort auf den Fragenkreis 1)* und die offengelegte Struktur der Handelsströme insgesamt *(Teilantwort auf den Fragenkreis 2)* bilden einen nicht unwichtigen Vergleichswert für weitere empirische Forschungen.

Insbesondere die Untersuchungen zur Differenzen bei der allgemeinen Umsatzsteuer sind von Interesse, wünschenswert wäre z.B. eine Untersuchung, ob nicht auch in anderen EU-Mitgliedsländern die Einfuhrumsatzsteuer (bzw. nach Einführung der Use-Tax-Regelung) die Steuer auf den innergemeinschaftlichen Erwerb für einzelne Einzelhandelsbranchen getrennt ausgewiesen und damit analysiert werden könnte.

Die darüber hinaus vorgenommene Befragung von 1.600 Einwohnern Österreichs zur Beantwortung des *Fragenkreises 3* reiht sich in die vorliegenden mikroökonomischen Untersuchungen zur Steuerarbitrage ein. Es wird deutlich, dass neben der Steuer- resp. Preisdifferenz andere Faktoren zu beachten sind, die für die Kaufentscheidung des Konsumenten eine nicht zu vernachlässigende Rolle spielen.

Insofern die Studie für das Jahr 1995 erstellt wurde, beinhaltet sie die Verhältnisse des Binnenmarktes, der schon zum 1.1.1993 eingerichtet wurde. Die Frage nach der Übertragbarkeit von Untersuchungsergebnissen auf den Binnenmarkt *(Fragenkreis 4)* ist hier also gelöst.

---

354 INSTITUT FÜR HANDELSFORSCHUNG (1995), aaO, S. 37.

2.2.2.13 RATZINGER (1998)

RATZINGER (1998) untersuchte die Transaktionskosten des einzelnen Arbitrageurs sowie das Anpassungsverhalten des grenznahen Einzelhandels entlang der deutschen Westgrenzen[355]. Durch die Untersuchung zog sich als Generalthese, dass die Steuersatzdifferenz nur *ein* Kaufmotiv im Grenzhandel ist und dass die Einzelhändler spezielle absatzpolitische Strategien im Hinblick auf die möglichen Steuerarbitrageure als Kunden verfolgen.

RATZINGER richtete seine - vom IFO INSTITUT FÜR WIRTSCHAFTSFORSCHUNG MÜNCHEN ideell und materiell unterstützte - Befragung im Gegensatz zu den meisten vorliegenden mikroökonomischen Untersuchungen auf die Unternehmerseite aus. Damit ist seine Untersuchung vergleichbar mit der Studie des INSTITUTS FÜR MITTELSTANDSFORSCHUNG, die mehrere Jahre im voraus die Erwartungen der Unternehmer hinsichtlich der damals für den 1.1.1993 für möglich gehaltenen Steuerharmonisierungsszenarien beleuchtet hatte. Mit der auf die Unternehmer ausgerichteten Untersuchungsmethode geht im übrigen eine betriebswirtschaftliche Orientierung einher. Dies zeigt sich etwa daran, dass mögliche Anpassungsstrategien der Händler einen zentralen Befragungspunkt ausmachen. Als Ergebnis konnte RATZINGER ermitteln, dass die im grenznahen Bereich tätigen Unternehmer neben dem Preis als absatzpolitisches Instrument weitere gezielte Strategien zur Absatzsicherung anwandten (Errichtung von grenznahen Einkaufszentren, Werbung in Tageszeitungen des Nachbarlandes, Abbau von Sprachbarrieren etc.).

Bezogen auf die *deutsch-dänische Grenzregion* führte RATZINGER eine erste Interviewrunde mit Einzelhändlern und Verbandsvertretern vor Ort im Frühjahr 1995 durch. Im Rahmen dieser Interviews wurden rund 20 Unternehmen mit unmittelbarer Verkehrsanbindung an das Nachbarland befragt.

- Zur Historie der deutsch-dänischen Steuerarbitrage konnte RATZINGER ermitteln, dass der auf dänische Kunden spezialisierte Handel in Grenznähe eine lange Tradition hat. In den 80er Jahren verzeichneten die Geschäfte die höchsten Umsätze mit dänischen Kunden, weil in dieser Zeit die Steuerdifferenzen am höchsten waren. Durch Reaktion der Steuerpolitik (Senken der Steuersätze, vgl. Ratzinger (1998), Kap. 6.5.2) konnten die Steuerabitrageaktivitäten auf ein geringeres Niveau zurückgefahren werden, im Jahre 1994 betrug der Gesamtumsatz der Grenzhandelsgeschäfte 240 Mio. DM *(Fragenkreis 1)*.
- Für die Relevanz von Steuersatzunterschieden kam Ratzinger zu dem Ergebnis, dass Unterschiede bei der allgemeinen Umsatzsteuer, selbst dann, wenn wie bei Nahrungsmitteln die Steuerdifferenz bis zu 18 Prozentpunkte beträgt, nur in geringem Ausmaß Gegenstand der Steuerarbitrage sind. Entscheidend sind Steuerunterschiede bei den speziellen Verbrauchsteuern *(Fragenkreis 2)*.

Die Orientierung des Handels auf im Nachbarland mit hohen speziellen Verbrauchsteuern belegte Güter lässt sich am Beispiel der *französisch-britischen Grenze*

---

[355] RATZINGER (1998), aaO, S. 188 ff (deutsch-dänische Grenze) bzw. S. 191 ff (deutsch-französische Grenze).

veranschaulichen, wo nach Öffnung der Binnengrenzen für private Direktimporte auf französischer Seite in unmittelbarer Nähe zu den Fähranlegestellen und dem Eingang zum Kanaltunnel britische Einzelhändler Geschäfte neu errichtet haben, die mit einem auf den britischen Konsumenten ausgerichteten Warenangebot (im besonderen alkoholische Getränke), mit französischen Akzisen und Steuern belegt, anbieten[356].

An der *deutsch-französische Grenze* befragte *Ratzinger* ebenfalls im Frühjahr 1993 saarländische Einzelhändler und Verbandsvertreter. Anhand eines speziell auf die Einkäufer aus dem benachbarten Frankreich hin ausgerichteten Einkaufszentrums zeigte RATZINGER, wie ein Einzelhändler durch einen gezielten Einsatz absatzpolitischer Instrumente (z.B. Werbung in französischen Tageszeitungen, Preisauszeichnungen in DM und FF, französischsprechendes Verkaufspersonal) sich auf die Steuerarbitrageure einstellen vermag.

- Im Mittelpunkt dieser Befragung von Einzelhändlern standen die unternehmerischen Reaktionen auf die Steuerarbitrage. RATZINGER stellte fest, dass eine Reaktion der Händler auf die Kunden aus dem Nachbarland darin besteht, dass das Handelssortiment „fast ausschließlich Verbrauchsteuerdifferenzen"[357] widerspiegelt.
- Die wichtigsten Artikel seien Bier, Wein, Alkohol und Tabakwaren (Umsatzanteil insg. ca. 75%). Diese Ergebnisse entsprechen den o.g. Studien zur Zusammensetzung des Warenkorbes *(Fragenkreis 2)*.
- Im restlichen Sortiment sind Süßwaren, Kosmetikartikel, Nahrungsmittel, CDs, vorwiegend kleinere Unterhaltungselektronik (bei einigen spezialisierten Händlern auch größere Haushaltsgeräte) enthalten. Für diese Artikel fand sich ein Anreiz zur Steuerarbitrage aus nicht unerheblichen Steuerdifferenzen.
- Darüber hinaus gab es günstige Rahmenbedingungen für die grenzüberschreitende Ansprache von Kunden: die Öffnungszeiten und Fremdsprachenkenntnisse des Verkaufspersonals *(Fragenkreis 3)*.

Je nachdem, wie weit sich ein Einzelhändler speziell auf die Gruppe der Arbitrageure ausrichtet, waren unterschiedliche Typen von Einzelhandelsgeschäften zu unterscheiden:

- Spezielle Geschäfte, die vornehmlich den Bedarf der Einkäufer aus dem Nachbarland befriedigen, und solche „normalen" Geschäfte, die ein wie sonst im Inland übliches Warenangebot und „normale" Angebotsbedingungen aufwiesen.
- Hinsichtlich der Öffnungszeiten stellte er fest, dass zur Zeit der Untersuchung die Möglichkeit bestand, auf Antrag vom Innenministerium des Landes eine Genehmigung für verlängerte Öffnungszeiten (z.B. auch an Sonntagen von 11 bis 19 Uhr) zu erhalten. Im Gegensatz zu den traditionellen Einzelhandelsgeschäften mit deutscher Kundschaft haben die auf die Grenzpendler ausgerichteten Geschäfte verstärkt von dieser Genehmigungsmöglichkeit Gebrauch gemacht.

An dieses erste Interviewrunde schloss sich eine Fragebogenstudie im November 1995 an. Von 5.400 versandten Bögen an deutsche Unternehmer in Grenznähe (Entfernung bis zu 40 km) wurden 486 zurückgesandt. Die antwortenden Unternehmer stammten zu jeweils ca. einem Viertel aus Grenzregionen in Nachbarschaft zu Österreich,

---

[356] Ebenda, S. 190 f; vgl. auch den Widerhall in der Presse: KRÖNKE (1994/5) „Lovely Bubbly", Was sprudelt ist für Briten schon Champagner, in: Süddeutsche Zeitung, 31.12.1994/1.1.1995.

[357] RATZINGER (1998), aaO, S. 188.

Niederlande/Belgien, Frankreich und zu ca. 10 % aus der dänischen und luxemburgischen Grenzregion. Von der Zahl der beinhalteten Branchen und der Größenstruktur her, kann die Studie als repäsentativ für die gesamte Händlerschaft in Grenznähe betrachtet werden. Zur Größenstruktur sei folgende Übersicht wiedergegeben:

Tabelle 33: Größenstruktur der Teilnehmer

Unternehmen mit ... Umsatz	Anteil am Teilnehmerkreis
unter 1 Mio.	39,3%
1 - 2 Mio.	28,0%
2 - 5 Mio	20,2%
5 - 9 Mio.	5,5%
10 - 25 Mio.	3,9%
über 25 Mio.	3,1%
insgesamt	100,0%

Quelle: RATZINGER (1998), ebenda, Tabelle 7.2, S. 198.

Folgende Ergebnisse ermittelte Ratzinger[358] hinsichtlich der Höhe des Umsatzanteiles mit EU-Kunden *(Fragenkreis 1):*

- Befragt nach dem *Umsatzanteil,* der von Kunden aus den benachbarten EU-Ländern stammt, gaben 82% der Befragten an, dass sie EU-Kundschaft aufweisen. Der Anteil an Kunden aus dem Nachbarland ist in Nähe zu Luxemburg mit 89,5% und in Nähe zu Frankreich mit 88,1% am höchsten, gegenüber Dänemark mit 68,5% am niedrigsten.
- Die Umsatzanteile mit EU-Kunden wurden wie folgt beziffert: durchschnittlich 6,6% des Umsatzes. In Nähe zu Luxemburg sind die Umsatzanteile mit 11,3% am höchsten, am niedrigsten in Nachbarschaft zu Belgien und Holland (5,4%).
- Die Händler gaben grundsätzlich an, dass 45 % ihrer EU-Kunden *Stammkunden* sind: Der Anteil ist in den überregionalen Einkaufszentren am höchsten: Aachen (55%), Trier (48 %) und Rosenheim (50%).
- Zu den *Unterschieden und Gemeinsamkeiten* zwischen dem Einkaufsverhalten der Einkäufer aus Deutschland und den Nachbarländern gaben die Einzelhändler aus der Nähe zu Österreich die höchste Übereinstimmung zwischen den deutschen und den ausländischen Kunden an (67%), während das Kaufverhalten der Dänen (nur 33% Übereinstimmung) und Luxemburger (50%) geringere Gemeinsamkeiten aufwies.

Zur Positionierung des deutschen Einzelhandels im grenzüberschreitenden Wettbewerb stellte RATZINGER dementsprechend fest:

- Die Mehrheit der antwortenden Einzelhandelsunternehmen betrachtete die Grenzregion als einen die Grenze überschreitenden Marktplatz, 68,8% sehen die Einwohner des Nachbarlandes als prinzipiell erreichbar an. Der Prozentsatz an Händlern mit dieser Einstellung war in Nähe zu Luxemburg mit 71,6% und in Nähe zu Österreich mit 70,8% überdurchschnittlich hoch, wohingegen in Nähe zu Dänemark dieser Prozentsatz nur 51,1% beträgt und am niedrigsten war.
- Spiegelbildlich war die Einschätzung der Teilnehmer über die Konkurrenz des grenzbenachbarten Einzelhandels: Durchschnittlich 53,8% sahen den Einzelhandel des Nachbarlandes als Konkurrenz an. Der höchste Wert wurde in Luxemburg (57,9%), der niedrigste Wert in Frankreich (50,8%) und Dänemark (52,9 %) angegeben.

---

[358] vgl. RATZINGER (1998), aaO, S. 197 ff.

Zum *Fragenkreis 3 (Bestimmungsgründe der Steuerarbitrage)* führte RATZINGER zunächst die Bedeutung des Steuer- resp. Preisvorteils an:

- Hinsichtlich ihrer Preisstellung gegenüber der benachbarten Konkurrenz schätzten die Einzelhändler, dass grundsätzlich ein Preisvorteil für die deutschen Einzelhändler besteht, der jedoch „nur zum Teil" auf Steuervorteile bei den indirekten Steuern zurückzuführen sei[359]. Die Einschätzung, dass ein wesentlicher Preisvorteil vorlag, ist erwartungsgemäß in der deutsch-dänischen Grenzregion am höchsten (26,4%) gefolgt von der deutsch-österreichischen Grenzregion (14,8%). An allen anderen Grenzabschnitten war diese Einschätzung niedriger als 11%.
- Die als Gründe für die Einschätzung von Preisunterschieden getroffenen Angaben wurden von RATZINGER in folgender Abbildung dargestellt:

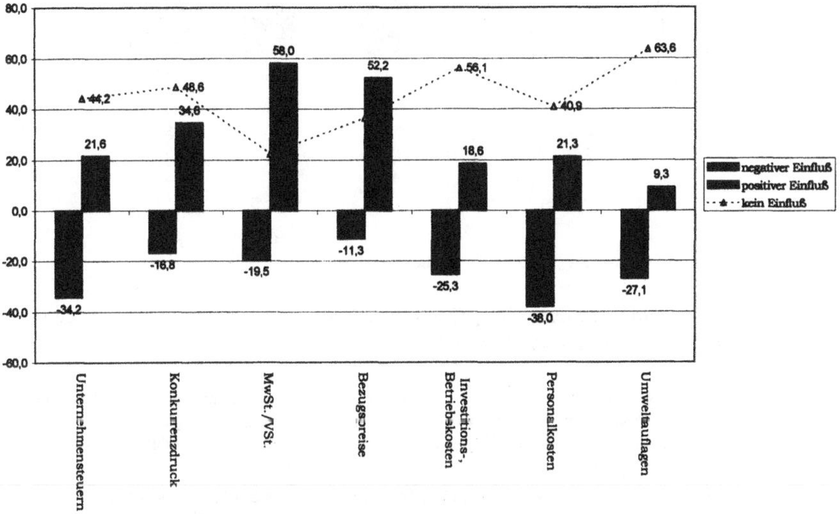

Abbildung 1 : Einschätzung der Gründe für Preisunterschiede

Quelle: RATZINGER (1998), aaO, Abbildung 7.5, S. 205.

- Die höchste Bedeutung für die festzustellenden Preisunterschiede kam nach Einschätzung der Einzelhändler den Mehrwert- und Verbauchsteuerunterschieden zu. Ebenfalls zu nennen waren unterschiedlich hohe Bezugspreise und der unterschiedlich hohe Konkurrenzdruck. Dagegen spielten Umweltstandards und Investitions- und Betriebskosten, die in unterschiedlicher Höhe gegeben sein können, nur eine geringere Rolle.
- Eine entsprechende Darstellung RATZINGERS gibt die aus Sicht des Einzelhandels bestehende Kaufmotive für die Steuerarbitrage wieder:

---

359 Vgl. RATZINGER (1998), aaO, S. 197 ff.

Abbildung 2: Komponenten der Anziehungskraft auf EU-Kunden nach Einschätzung des Einzelhandels

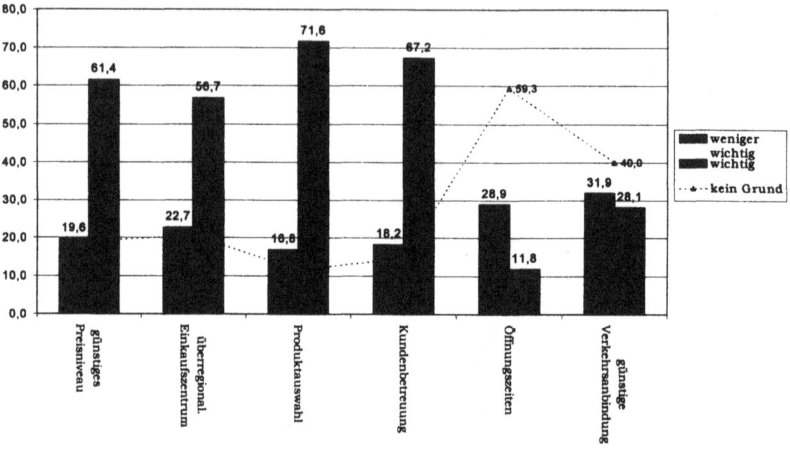

Quelle: RATZINGER (1998), aaO, Abbildung 7.5, S. 205.

RATZINGER interpretierte die gefundenen Ergebnisse hinsichtlich der Bedeutung des Preises als Kaufmotiv wie folgt[360]:

- Die Preisvorteile, die zur Zeit der Untersuchung bestehen, wurden nicht als das wichtigste Kaufmotiv empfunden: nur 61,4% schätzten sie als wichtigen Grund ein. Häufigere Nennungen sind für die Produktauswahl (71,6%) und die Kundenbetreuung (67,2%) genannt worden.
- Die günstige Lage eines Geschäftes in einem überregionalen Einkaufszentrum (in der Befragung z.B. die Städte Flensburg, Mönchengladbach, Aachen, Trier, Saarbrücken, Freiburg, Passau und Rosenheim) wurde von 56,7 % der Unternehmer als wichtiger Grund für den Einkauf eines Einwohners des Nachbarlandes genannt.
- Aspekte wie günstigere Öffnungszeiten oder eine günstige Verkehrsanbindung spielten dagegen nur eine untergeordnete Rolle.

Aus der Einschätzung, dass es sich bei der Grenzregion um ein interessantes unternehmerisches Betätigungsfeld handelt, in dem nicht zuletzt wegen des Preisvorteils günstige Wettbewerbsbedingungen vorliegen, folgerte RATZINGER die Notwendigkeit, in einem Teil seiner Fragebogenerhebung die grenzüberschreitenden Strategien der Einzelhändler einer vertieften Analyse zu unterziehen[361].

- In der Fragebogenerhebung zeigten sich zum einen spezifische Werbestrategien. So schalten 57,9% der Befragten aus der Grenzregion zu Luxemburg und knapp 40% in der Region in Nachbarschaft zu Holland/Belgien Werbung im Nachbarland, am wich-

360 Vgl. RATZINGER (1998), aaO, S. 206 f.
361 Ebenda, S. 207 ff.

tigsten sind die lokalen und regionalen Zeitungen. In den anderen Grenzregionen waren es jeweils ca. 1/3 der Befragten, nur im deutsch-französischen Grenzgebiet ist der Anteil der im Nachbarland werbenden mit 23,7% deutlich niedriger.

- In der Preis- und Sortimentspolitik spielten dagegen die EU-Kunden eine untergeordnete Rolle: nur 20% der befragten Einzelhändler gaben an, mit ihrer Preisgestaltung spezifisch auf die Wünsche der EU-Kunden einzugehen. Nur 19% sehen spezielle Sortimentsangebote für die Kunden aus dem Nachbarland vor.
- Zur Überwindung der gegenüber den Nachbarländern (außer Österreich) gegebenen Sprachbarrieren ermittelte Ratzinger folgende Einschätzungen der Befragten:

Tabelle 34: Bedeutung und Abbau von Sprachbarrieren

	Antworten der Befragten	
	ja	nein
Sprachbarrieren stellen ein Problem dar	58,3%	41,7%
Abbau von Sprachbarrieren		
zweisprachiges Verkaufspersonal	79,8%	20,2%
zweisprachige Qualitätsauszeichnungen	4,6%	95,4%
zweisprachige Informationstafel	9,5%	90,5%

Quelle: RATZINGER (1998), aaO, Tabelle 7.5, S. 211.

Nach Meinung der meisten Einzelhändler (58,3%) stellten Sprachbarrieren für die Konsumenten ein Problem dar. Dieser Wert ist in der deutsch-niederländischen Sprachregion am höchsten (64,1%). Für die nicht deutschsprechenden Konsumenten hielten 79,8% der Befragten zweisprachiges Personal bereit. Dies ist die mit Abstand bedeutendste Maßnahme, Informationstafeln und Qualitätsauszeichnungen in der Sprache des Nachbarlandes sind dagegen mit Werten unter 10% eher zu vernachlässigen.

Hinsichtlich der Akzeptanz von Zahlungsmitteln stellte RATZINGER fest, dass 79,9% der Händler Bargeld des Nachbarlandes und 75,6% die im Nachbarland verbreiteten Schecks akzeptieren. Dagegen ist die Annahme von Kreditkarten (nur 44% akzeptieren sie) von untergeordneter Bedeutung. Wenn Kreditkarten akzeptiert werden, achten Einzelhändler darauf, dass auch solche Kartenunternehmen eingeschlossen sind, die im jeweiligen Nachbarland gängig sind (z.B. Visa in Frankreich und Luxemburg)[362].

Ratzinger fasste die gefundenen Ergebnisse hinsichtlich der zukünftigen Entwicklung wie folgt zusammen[363]:

- Die Wahrnehmung eines grenzüberschreitenden Konsumentenmarktes war bei den Einzelhändlern deutlich ausgeprägt. Sie sahen ihre vielfach günstige Wettbewerbssituation, verfolgten allerdings nur eingeschränkt Strategien, um Kundschaft aus dem Nachbarland aktiv anzuziehen. An der Wahl der Instrumente und dem Umfang solcher Aktivitäten wird sich auch in Zukunft zumindest kurzfristig nichts Entscheidendes ändern, vielmehr war nur langfristig und schrittweise mit einer intensiveren Ausrichtung der Unternehmen über die Grenze hinweg zu rechnen."

---

[362] Vgl. RATZINGER (1998), aaO, S. 211; der Hinweis zu Besonderheiten in Luxemburg und Frankreich ist der Fn. 1, ebenda, entnommen.

[363] Ebenda, S. 212.

Die RATZINGER-Studie ist im Gesamtzusammenhang der empirischen Untersuchungen zur Steuerarbitrage wie folgt einzuordnen:

Es handelt sich um eine schwerpunktmäßig auf die Einzelhandelsunternehmen ausgerichtete Erhebung. Zwar werden keine quantitativen Merkmale erhoben, die eine Abschätzung der Steuerarbitrage für die untersuchten grenznahen Regionen *(Fragenkreis 1)* erlauben; dennoch besteht der Erkenntnisgewinn darin, dass die Einschätzungen der Unternehmer bezüglich der Kaufmotive ihrer Käufer aus den EU-Nachbarländern bisher nicht – oder nur z.T. durch die Studie des INSTITUTS FÜR MITTELSTANDSFORSCHUNG – bekannt waren. Die Einzelhändler beantworten die Fragen nach den *Bestimmungsgründen der Steuerarbitrage (Fragenkreis 3)* aus ihrer Sicht. Darüber hinaus sind die absatzpolitischen Strategien der Einzelhändler dargestellt, so sind die Ergebnisse zu den Sprachbarrieren und den eingesetzten Maßnahmen zur Überwindung dieser Barrieren (insbesondere durch Beschäftigung zweisprachigen Verkaufspersonals) von nicht unerheblicher Bedeutung.

Hinsichtlich der Steuersatzdifferenzen und ihrer Bedeutung für die Steuerarbitrage sind die qualitativen Untersuchungsergebnisse insoweit für weitere Analysen zu berücksichtigen, als RATZINGERS Analyse klar macht, dass der Preis nur *ein* Kaufmotiv für die Konsumenten und nur *ein* absatzpolitisches Instrument im unternehmerischen Marketing-Mix ist. Den Preisunterschieden, die z.T. auf Steuersatzunterschieden beruhen, kommt nur eingeschränkte eine Bedeutung zu. Der Lage eines Geschäftes in einem regionalen Einkaufszentrum (in erster Linie ist hier an die Lage in einer grenznahen Innenstadt wie Trier oder Aachen zudenken) kann ein ebenso wichtiges Motiv dafür sein, dass eine erhebliche Zahl von Käufern aus dem Nachbarland festzustellen sind. Nicht zu vernachlässigen ist allerdings, dass im Mittelpunkt der Untersuchung in erster Linie Einzelhändler mit „normaler" Produktpalette standen und somit Steuerdifferenzen in erster Linie bezogen auf die Mehrwertsteuer im Mittelpunkt der Betrachtung standen. Für die Frage, welche Rolle Steuerunterschiede bei den speziellen Verbrauchsteuern spielen, ist die Arbeit RATZINGERS daher nur eingeschränkt zu verwenden[364].

Für die Prognose gesamtwirtschaftlicher Effekte eignet sich die Fragebogenstudie also nicht. In seinem Ausblick wies RATZINGER darauf hin, dass die empirische Datenlage über das Direktimportsverhalten der Konsumenten nur unbefriedigend sei. Wichtig wäre es, das Verhalten über einen längeren Zeitraum zu beobachten und „trotz der schwierigen statistischen Erfassung privater Direktimporte auch Möglichkeiten zu einer regressionsanalytisch orientierten Vorgehensweise" zu nutzen[365].

---

[364] Diese kritische Einschätzung findet sich auch bei RATZINGER selber: „Zugleich wird aber von dieser Seite bestätigt, was die vorliegenden empirischen Arbeiten hinsichtlich der Relevanz unterschiedlicher Mehrwertsteuersätze vermuten lassen – nämlich, dass selbst große Differenzen kaum private Direktimporte auslösen können. Im Sortiment der Großhandelsunternehmen, die als die auf die Steuerarbitrage spezialisierte Anbieter gelten können, spielen nicht-verbrauchsteuerpflichtige Waren nur in Ausnahmen, bei einzelnen Händlern bei hochpreisigen Elektrogeräten, eine Rolle. Dabei beträgt die Steuerdifferenz bei Nahrungsmittel 18 Prozentpunkte", RATZINGER (1998), aaO, S. 190.

[365] Ebenda, S. 242 f.

Weil Ratzinger seine Befragungen nach dem 1.1.1993 durchführte, stellt sich die Frage nach der *Übertragbarkeit der Untersuchungsergebnisse auf die Verhältnisse des Binnenmarktes (Fragenkreis 4)* nicht.

2.2.3 Empirische Untersuchungen mit Makrodaten

Im Gegensatz zu den Vereinigten Staaten von Amerika und Kanada liegen für den europäischen Raum nur einige wenige Studien vor, die mit regressionsanalytischen Methoden makroökonomische Aggregate hinsichtlich der Steuerarbitrage untersuchen.

Aus der oben erwähnten Studie des ECONOMIC AND SOCIAL RESEARCH INSTITUTS aus dem Jahre 1998 gibt es für ausgewählte Warenarten zusätzlich zu den Fragebogenerhebungen eine erste europäische Regressionsrechnung mit Daten aus der Steuerstatistik und der Volkswirtschaftlichen Gesamtrechnung der Republik Irland.

Im Zusammenhang mit einer theoretischen Modellbildung (s.o. Kapitel 2.2.2.2) haben FITZ GERALD, JOHNSTON UND WILLIAMS vom ECONOMIC AND SOCIAL RESEARCH INSTITUTS eine erneute regressionsanalytische Auswertung der 1987 er Fragebögen vorgenommen, um die Größe der Grenzregion, die gemäß ihrer im theoretischen Teil abgeleiteten Hypothesen die entscheidende Rolle für die Frage der Bedeutung der Steuerarbitrage spielt, abzuschätzen[366].

Darüber hinaus findet sich eine Untersuchung von CRAWFORD/TANNER aus dem Jahre 1995, die für die Zeit vor und nach Öffnung der Binnengrenzen anhand der in einem Haushaltspanel gefundenen Elastizitäten ermitteln, welche Art von alkoholischen Getränken Reaktionen auf die Liberalisierung aufweisen.

Folgende Synopse sei wieder der detaillierten Darstellung der einzelnen Untersuchungen vorangestellt:

---

366 FITZ GERALD/JOHNSTON/WILLIAMS (1995) Indirect Tax Distortions in a Europe of Shopkeepers – VAT Induced Distortions in a Two Sector Model of Integrated Economies, Dublin, zit. als ECONOMIC AND SOCIAL RESEARCH INSTITUT (1995).

Synopse 4 : Untersuchungen zur Cross-Border-Activity für Europa (Untersuchungen mit Makrodaten)

Autor/en (Jahr)	Regionen und Zeitraum	Methode	Form der Schätzung	abhängige Variablen	unabhängige Variablen		theoretische Anmerkungen	Ergebnisse
					Steuervariable	andere Variablen		
ESRI (1988)	Rep. Irland insg. Jahres- und Quartalsdaten 1978 – 1986	OLS- Schätzungen auf Umsätze bzw. AIDS-Schätzungen auf Ausgabenanteile	bei Spirituosen und Bier: (1) log.-lin. Modell und (2) AIDS-Modell	a) Umsätze mit Fernsehgeräten, b) Spirituosen- und Bierumsätze z.T. werden offizielle Exporte gleich Direkt-Re-Importen gesetzt! z.B. bei (2)	Steuersätze von Irland und dem Nachbarland Nordirland bei der AIDS-Schätzung (Brutto-Preise bei der OLS-Schätzung)	Saisonverlauf wird durch 3 Dummies abgebildet, Einkommen	geschätzt wird für offizielle Exporte, für die angenommen wird, dass sie illegal re-importiert werden	ad a) Schätzkoeffizienten tragen das erwartete Vorzeichen. Der Steuersatz von Nordirland ist nicht sign. zum 90%-Niveau, Steuersatz Irlands ist signifikant ad b) (1) OLS-Schätzung:: Ergebnisse für die Jahresdaten sind wg. möglicher time-lags unbefriedigend, Eigenpreiselastizität = -1,28. Kreuzpreiselastizität = +0,98. Ergebnisse für die Quartalsdaten: Eigenpreiselastizität = -1,27. Kreuzpreiselastizität = +0,24 (sehr niedrig) (2) AIDS-Schätzung: beide Variablen tragen das erwartete Vorzeichen und sind signifikant zum 99% bzw. 95 %-Niveau.
CRAWFORD/ TANNER (1994)	Vereinigtes Königreich 1971-1991	Daten der Family Expenditures Surveys mit 150.000 Haushalten	AIDS-Modell	Spirituosen- , Wein- und Bierumsätze		Einkommen, diverse Variablen, die den Haushaltstyp abbilden	indirekte Ermittlung des Effektes der Binnenmarktöffnung: verglichen werden die optimale Elastizität mit der tatsächlichen verglichen wird die Eigenpreislastizitäten vor und nach Öffnung der Binnengrenzen	
ESRI (1995)	erweiterte Schätzung mit dem Werten der Erhebung, Betrachteter Zeitpunkt Anfang 1987	Antworten von 2.000 Haushalte in der Grenzregion werden nochmals nach der Angabe der notwendigen Einsparung für eine Einkaufsfahrt untersucht. Ziel ist die Ableitung der Grenzregion		notwendige Einsparung	Entfernung zur Grenze	Einkommen, Besitz eines Pkw, diverse Variablen, die den Haushaltstyp abbilden (Einkommen, Kinder)	707 Beobachtungen liegen vor	Die Ergebnisse für die notwendige Einsparung und zugehörige Entfernung werden invertiert: Ergebnisse lauten jetzt: Wie groß muß der Warenkorb sein, für unterschiedliche Entfernungszonen. Dort wo es sich nicht lohnt, einen Einkauf vorzunehmen, endet die Grenzregion

This table can also be viewed here: https://www.peterlang.com/app/uploads/2024/03/9783631398463_pg_175.pdf

Im einzelnen lassen sich die Untersuchungen wie folgt darstellen:

2.2.3.1 Economic and Social Research Institut (1988)

Die Güter, deren Nachfrage vom Economic and Social Research Institut in der Untersuchung aus dem Jahre 1988 als abhängige Variable in verschiedenen linearen Schätzmodellen betrachtet wurde, waren (1) Fernsehapparate (Irland hat im betrachteten Zeitraum eine Sondersteuer auf TV-Geräte erhoben), (2) Treibstoffe und (3) Spirituosen und Bier.

Bei der Datengewinnung hat man sich auf Zahlen für die Republik Irland insgesamt beschränken müssen, weil keine regionalisierten Absatzstatistiken vorhanden sind:

(1) Fernsehgeräte: In Irland stieg der Steuersatz der Sonderverbrauchsteuer auf TV-Geräte Anfang der 80er Jahre vom doppelten des nordirischen Niveaus auf das über 4 fache an. In der Folgezeit verminderte er sich wegen einer Steuersatzsenkung im Jahre 1985 auf das Dreifache. Im weiteren reduziert sich der nominelle Steuerbetrag wegen gegenläufiger Wechselkursentwicklungen. Zunächst sank Anfang der 80er Jahre der Absatz von rd. 23.000 Geräten je Quartal auf nur noch 14.000 Geräte ab. Nach der Steuersatzsenkung stieg er wieder auf 29.000 Geräte an. Diese Absatzschwankungen standen im Mittelpunkt einer vorgenommenen Regressionsrechnung.

Für Fernseher standen Jahres- und Quartalsdaten zur Verfügung. Die Saisonmuster bei den Quartalswerten, für die im folgenden Schätzergebnisse gezeigt werden sollen, werden durch drei Dummies berücksichtigt. In dem, wiederum im Anhang wiedergegebenen Schätzansatz sind Steuersätze statt Brutto-Preisen als Regressoren verwendet worden.

Die im Anhang (E 19) dargestellten Schätzergebnisse können wie folgt interpretiert werden:

- Die beiden Steuersatzvariablen trugen das erwartete Vorzeichen: steigt der nordirische Steuersatz, steigt die Zahl der in der Republik verkauften Fernsehgeräte, und umgekehrt, steigt der Steuersatz in der Republik Irland, gehen die TV-Absätze zurück.
- Der Steuersatz des benachbarten Nordirlands verfehlte (knapp) das 90 % Signifikanzniveau, somit ist nur der Steuersatz der Republik Irland signifikant von Null verschieden.
- Das Vorzeichen der Einkommensvariable (gesamte Konsumausgaben als Proxi-Variable für das Einkommen) war unerwartet negativ. Dies versuchten die Autoren dadurch zu erklären, dass die Statistik für den TV-Umsatz nicht die wahren Werte liefert; es sei zu vermuten, dass eine hohe Zahl gewerblich von Nordirland in die Republik Irland geschmuggelter Fernseher "unter der Theke" – also nicht mit Sonder-

steuern belastet und nicht in den Statistiken ausgewiesen - ihre Käufer gefunden und dadurch die Zahl der "wahren Direktimporte" nach unten verfälscht hat[367].

(2) Für Treibstoffe lag keine Statistik mit einer ausreichenden Anzahl von Beobachtungen vor. Die Jahresabsatzzahlen des Tankstelleneinzelhandels deuteten jedoch auf beträchtliche Direktimporte hin. Während die Mineralölsteuer erhöht wurde[368], sind die Mineralölumsätze in der Republik Irland von 81,0 Mio. Liter (1982) auf 29,1 Mio. Liter (1987) gefallen. Das ESRI-Institut schätzte die Direktimporte auf ca. 30 Mio. Liter im Jahr[369].

(3) Spirituosen und Bier: Für Spirituosen konnte von den Daten her der Zeitraum von 1965-86 betrachtet werden. Während dieser Zeit ist die Alkoholsteuer in Nordirland zunächst bis zu 50 Prozent höher gewesen als in der Republik Irland; ab 1973 aber auch bis zu 50 Prozent niedriger[370]. Die beiden Zeiträume wurden getrennt geschätzt, weil einige Variablen nicht symmetrisch für beide Seiten erhältlich waren. Preisdaten wurden für Alkohol und für den allgemeinen Konsum insgesamt benutzt. Als zu erklärende Variablen wurden verschiedene Umsatzzahlen verwendet[371]. Die Bearbeitung der Statistiken für Bier hatten zu keinem befriedigenden Ergebnis geführt. In mehreren Schätzläufen wurden sowohl Quartals- als auch Jahresdaten geschätzt.

Zwei Spirituosennachfragemodelle wurden getestet: (1) das klassische logarithmisch-lineare Nachfragemodell mit Einkommensdaten[372] und Preisen für Alkohol selber und substitutive Güter (Bier und Wein) als exogene Variablen und (2) ein AIDS-Modell nach DEATON/MUELLBAUER[373].

Die Schätzergebnisse für das Modell (1) sind im Anhang (E 20) wiedergegeben. Für die Jahresdaten zeigen sich folgende wesentliche Ergebnisse:

---

[367] Vgl. ebenda, S. 58 f.

[368] Die relative Steuerquote (Steuer in der Republik Irland/Steuer in Nordirland) stieg von 115% (1982) auf 137% (1987).

[369] Vgl. ESRI (1988), ebenda, S. 59.

[370] Vgl. die Angaben der ESRI (1988)-Studie auf den S. 60 ff.

[371] Die Umsatzzahlen wurden drei Quellen entnommen:
1. Jahreszahlen: Sie sind den Verbrauchsstatistiken des National Accounts entnommen. Die Jahreswerte enthalten Einzelhandelsumsätze von Spirituosen und den Alkoholausschank. Die beiden Umsatzbestandteile lassen sich nicht trennen. Die Jahresstatistiken sind durch die Komponente Alkoholausschank eher konsumorientiert.
2. Quartalsdaten: Stammten für Einzelhandelsumsätze aus den Steueraufkommensstatistiken des Revenue Commissioners. Die Quartalsumsätze enthielten gestiegene Umsätze aufgrund angekündigter Steuererhöhungen. Unterschiede ergaben sich zu den Jahresdaten durch die private Vorratsbildung (Ankündigungseffekte).
3. Exportstatistiken: Angaben über Exporte sind den detaillierten Handelsstatistiken entnommen. Für die Exporte von Spirituosen aus der Produktion der Republik Irland nach Nordirland wurde angenommen, dass alle Exporte wieder als private Direktimporte zurück in die Republik Irland gelangen. Somit werden in dieser dritten Datenkategorie Direktimporte direkt geschätzt.

[372] Die gesamten Konsumausgaben werden als Proxi-Variable für das Einkommen gewählt.

[373] Vgl. DEATON/MUELLBAUER (1980) An Almost Ideal Demand System; in: American Economic Review 70, Vol 3, S. 312 ff.

- Die Koeffizienten der Preis- und Einkommensvariablen trugen das erwartete Vorzeichen. Die heimische Steuersatzvariable hat einen Schätzkoeffizienten, der signifikant kleiner Null ist (zum 99 %igem Konfidenzintervall), die nord-irische Steuervariable nur zum 95 %-Niveau. Steigt die Steuerbelastung auf Spirituosen in Irland um 1 % an, sank der Konsum um 1,3 %. Sinkt die Steuerbelastung in Großbritannien (Nordirland), steigt der Konsum in der Republik Irland um 1,1 % an.

- Der heimische Bierpreis war in der Schätzgleichung für Spirituosen nicht signifikant, d.h. dass im betrachteten Zeitraum bei gesunkenem Bierpreis nicht weniger Schnaps konsumiert worden ist.

- Mit den ermittelten Elastizitäten schätzte die ESRI-Studie, welche Steueraufkommenswirkung eine hypothetische Senkung der Alkoholsteuer in der Republik Irland ceteris paribus[374] hätte: „The potential revenue loss from reducing the rate of tax would be more than offset by the additional revenue from trade diverted from Northern shops" (Zitat, S.69). Es sei feststellbar, „that a further substantial cut in the tax on spirits would be close to self-financing"[375]. Eine Senkung des Steuersatzes würde also das Steueraufkommen erhöhen.

Als zweites schätzten die Autoren das klassische OLS-Modell (1) für Quartaldaten (1978 bis 1986):

- Die Eigenpreiselastizität entsprach mit -1,28 in etwa der ersten Schätzung (es ist zu beachten, dass jetzt in Bruttopreisen und nicht in Steuersätzen geschätzt wird!). Gleiches gilt für die Kreuzpreiselastizität +0,98 für Spirituosenpreise im Nachbarland. Beide Werte sind signifikant von null verschieden.

- Es ist für den Zeitraum höherer Steuersätze in der Republik Irland mit jährlich bis zu IR£ 50 Mio. Spirituosendirektimporten zu rechnen (vgl. die Berechnungen in Table 6.3 und 6.4 auf S. 71).

Die Schätzergebnisse für das AIDS-Modell (2) sind für die Quartalsdaten von 1979-86 im Anhang wiedergegeben. Für die Variable Steuerarbitrage wurden die Exportzahlen von Spirituosen unter der Annahme, dass alle Ausfuhren von Spirituosen wieder re-importiert werden, verwendet.

Zu den wichtigsten Ergebnisse der Regression (im Anhang E 20) ist anzumerken:

- Der Koeffizient für die Variable der relativen Preise ist zwar signifikant, dennoch wurde dieser Schätzansatz in Ausgabenanteilen schlechter eingeschätzt als die line-

---

[374] Zur Diskussion dieser Partialbetrachtung vgl. ESRI (1988), aaO, S. 68 f: Einmal muss berücksichtigt werden, dass eine Steuersatzsenkung nicht nur zusätzliches Steueraufkommen aus unterlassenen Direktimporten mit sich bringt, denn das bisher schon anfallende Steueraufkommen aus heimischen Umsatz wird ja gleichfalls geschmälert. Daneben sind Substitutionswirkungen zu anderen Steuern auf alkoholische Getränke (Substitutionswirkungen) und Einkommenseffekte aus gestiegenem Realeinkommen der Steuerzahler zu beachten.

[375] Für Treibstoffe wurde ein geringerer Grenzhandel im Vergleich zum gesamten inländischen Absatz vermutet, d.h. für die Steueraufkommensfunktion: „As a result, the loss of revenue from a reduction in the rate of tax would receive little offset through a fall in such cross-border trade"; Zitate ebenda, S. 75.

aren klassischen Modelle[376]. Der Koeffizient der Einkommensvariable war nicht signifikant größer als 1.

- Die Eigenpreiselastizität betrug in größenordnungsmäßiger Übereinstimmung mit den klassischen Schätzansätzen -1,27. Die Kreuzpreiselastizität bzgl. des nordirischen Preises ist mit +0,24 deutlich niedriger als bei der Schätzung auf Basis von Jahreszahlen. Die Einkommenselastizität hat den Wert +1,03.

Im Vergleich mit den hochgerechneten Ergebnissen der Fragebogenerhebung ergab sich für Fernsehgeräte und Spirituosen, dass in den Befragungen deutlich niedrigere Direktimporte angegeben worden sind[377]. Dies deutet möglicherweise darauf hin, dass für solche sensiblen Fragestellungen (wie der private steuerinduzierte Direktimport) über mikroökonomische Erhebungen nur unzureichend zuverlässige Ergebnisse gewonnen werden können, die sich als Grundlage einer Hochrechnung nutzen ließen.

Der makroökonomische Teil der Untersuchung des ECONOMIC AND SOCIAL RESEARCH INSTITUTS ist eine erste makroökonomische Untersuchung, die es erlaubt, die geforderten „Wenn-Dann-Aussagen" zur Steuerarbitrage anzustellen. Die Arbeit ermöglicht eine modellgestützte Vorhersage der Steuerarbitrage bei ausgewählten Gütergruppen (Fernseher und hochprozentige Alkoholika) für unterschiedliche Preise bzw. Steuersätze. Damit werden zum *Fragenkreis 1 (Ausmaß der Steuerarbitrage)* statistisch gestützte Berechnungen möglich. Hinsichtlich der Zusammensetzung der Steuerarbitrage konnte für ein langlebiges Gebrauchsgut, für das eine Sonderverbrauchsteuer eingeführt worden war (TV-Geräte), und für Spirituosen der Nachweis der Steuerarbitrage erbracht *werden (Fragenkreis 2: Zusammensetzung des Warenkorbes der Steuerarbitrage)*. Für Treibstoffe erfolgt zwar eine betragsmäßige Grobschätzung; wegen nicht ausreichenden Datenumfanges kann jedoch keine regressionsanalytische Schätzung vorgenommen werden.

Hinsichtlich der *Bestimmungsgründe* wurde der inländische und ausländische Preis bzw. Steuersatz des jeweiligen Gutes und von Substitutionsgütern getestet *(Fragenkreis 3)*. Eine direkte Ableitung einer Elastizität bezogen auf Steuer- resp. *Preisdifferenzen* zum niedriger besteuernden Nachbarland ist jedoch nicht möglich, da die Modelle nur den heimischen und ausländischen Preis bzw. Steuersatz als explizite Variable beinhalten, nicht jedoch die Steuerdifferenz.

Kritisch anzumerken ist, dass die vereinfachende Gleichsetzung der Exporte an irischem Spirituosen mit re-importierten Direktimporten eine grobe Vereinfachung des Geschehens sein dürfte, da unterschlagen wird, dass jenseits der Grenze auch Konsumenten des im Inland produzierten Schnaps leben dürften.

---

[376] Die Autoren vermuteten den unerwünschten Einfluss der Autokorrelation. Das AIDS-Modell muß die harte Annahme treffen, dass die Ausgaben für Alkoholika insgesamt invariant gegenüber Preisänderungen ist (ebenda, S. 72 ff).

[377] Ebenda, S. 59 und 72.

Hinsichtlich der untersuchten Warengruppen fehlen ausreichende Datenquellen zu den anderen hoch besteuerten Gütern (wie z.B. Tabakwaren und Mineralölerzeugnisse).

Die Übertragbarkeit der Untersuchungsergebnisse auf die Verhältnisse des zum 1.1.1993 eingerichteten Binnenmarktes *(Fragenkreis 4)* ist dadurch begrenzt, dass die Schätzungen auf die spezielle institutionelle Situation der englisch-irischen Grenze bezogen ist. Beispielsweise bestehen keine Sprachunterschiede. Für eine Übertragung der Schätzergebnisse auf den Binnenmarkt muß die Änderung in den instituionellen Rahmenbedingungen (keine Freigrenzen für den Direktimport sondern für private Endverbraucher völlige Freizügigkeit usw.) berücksichtigt werden.

2.2.3.2 CRAWFORD/TANNER (1995)

CRAWFORD/TANNER untersuchten nicht direkt die die Steuerarbitrage anzeigende Umsatzverschiebung im Inland, sondern betrachteten die sich ändernde Nachfrageelastizität für einzelne der der speziellen Verbrauchsteuer unterliegende Warengruppen. Für Bier, Wein und hochprozentige Alkoholika ermittelten sie Änderungen in der Nachfrageelastizität und testen die These, dass diese Änderung auf die im Binnenmarkt erhöht Freizügigkeit der Endverbraucher, im niedriger besteuernden Nachbarland einkaufen zu können, zurückzuführen sei[378].

CRAWFORD/TANNER verwendeten dabei Daten des Family Expenditures Surveys (FES) für das Vereinigte Königreich, einem Panel mit ca. 150.000 Haushalten, aus den zurückliegenden zwanzig Jahre, wie sich die Ausgaben für drei Kategorien von alkoholischen Getränken (Bier, Wein und hochprozentigen Alkoholika) angesichts von Änderungen des eigenen Preises entwickeln. Geschätzt wurde jeweils die Eigenpreiselastizität, hier symbolisiert durch „$\in$".

Sie gingen dabei in einem Vorspann von einer theoretischen Vorüberlegungen aus, indem sie auf die Spezialakzisen das Konzept der „Laffer-Kurve", d.h. den Zusammenhang zwischen Steueraufkommen und Steuersatz, übertragen[379]. Dieses Konzept bei Spezialakzisen besagt, dass es einen optimalen Steuersatz gibt, bei der das Verbrauchsteueraufkommen maximiert wird. Wird statt dieses optimalen Steuersatzes ein niedrigerer oder ein höherer Steuersatz gewählt, ist das Steueraufkommen niedriger als im Optimum.

---

[378] CRAWFORD/TANNER(1995) Bringing it all back Home: Alcohol Taxation and Cross-Border Shopping, in: Fiscal Studies 16, S. 94 ff.

[379] Vgl. zum Konzept der Laffer-Kurve im Zusammenhang mit der Steuerarbitrage auch die Ausführungen im Abschnitt 2.2.2.7 „LONDON ECONOMICS".

Es wurde somit der Zusammenhang zwischen Steueraufkommen, Steuersatz und Eigenpreiselastizität hergestellt. Zu dem optimalen Steuersatz berechneten CRAWFORD/TANNER eine Elastizität ∈*.

- Wenn die Nachfrage völlig unelastisch wäre (∈ = 0), könnte das Steueraufkommen durch Anhebung des Steuersatzes theoretisch bis ins Unendliche gesteigert werden.
- Umgekehrt kommt es bei einer elastischen Nachfrage darauf an, ob der prozentuale Anstieg des Steuersatzes durch eine mindestens ebenso hohe Erosion der Steuerbasis ausgeglichen wird (∈ = 1), bzw. ob die Reaktion der Bemessungsgrundlage prozentual kleiner als die prozentuale Steuersatzerhöhung ist (∈ < 1), bzw. größer (∈ > 1).

Unter der Annahme, dass die jeweils erhobenen Steuersätze aufkommensmaximierend sind, können zugehörige Elastizitäten ∈* für die drei Güterarten ermittelt werden. Hierzu gaben die Autoren folgende Übersicht:

Tabelle 35: Optimale Elastizität für mit speziellen Verbrauchsteuern belegte alkoholische Getränke

	vor-Steuer-Preis (Pence)	Preis incl. Steuer (Pence)	opt. Elastizität ∈*
Bier	98,5	143,0	-3,21
Wein	146,0	290,0	-2,01
Spirituosen	391,0	1.112,0	-1,54

QUELLE: CRAWFORD/TANNER (1995), aaO, Table 2, S. 100.

Durch Abschaffung der Grenzkontrollen an den Binnengrenzen und der gegebenen unbegrenzten Freizügigkeit für die Endverbraucher, im Nachbarland niedriger besteuerte Waren für private Zwecke ins Inland einzuführen, verändert sich die Elastizität der Nachfrage: Sie erhöht sich durch die Möglichkeit zur ungehinderten Steuerarbitrage[380]. Die erhöhte Elastizität kann in einem gewissen Sinne als Indikator für ein gestiegenes Steuerarbitrageniveau *(Fragenkreis 1)* gedeutet werden.

Allerdings wiesen CRAWFORD/TANNER darauf hin, dass die mit einem Direktimport verbundenen Transaktionskosten und weitere hemmenden Faktoren nicht vernachlässigt werden dürfen. Im einzelnen seien dies[381]:

(1) die Entfernung des Wohnortes zur Grenze,
(2) die Verfügbarkeit eines Autos,
(3) die Opportunitätskosten der Zeit (entgangener Gewinn/Lohn, Nutzen der Freizeit) während der Arbitragefahrt,
(4) individuelle Präferenzen für das heimische Produkt bzw. das ausländische Produkt[382].

---

380 CRAWFORD/TANNER (1994), aaO, S. 101 ff.

381 Ebenda.

382 Kritisch ist zu der postulierten Rolle der Präferenz anzumerken, dass CRAWFORD/TANNER die institutionell gegebene Möglichkeit der Re-Importe nicht berücksichtigt haben. Denn wenn der Händler auf französischem Boden genau das von den britischen Arbitrageuren präferierte Warenangebot über den gewerblichen Sektor (mit Grenzausgleich) einkauft, gibt es

Im Eingangsteil ihrer zahlenmäßigen Untersuchung prüfen CRAWFORD/TANNER, ob die derzeitigen Steuersätze unter- oder oberhalb dieses optimalen Steuersatzes/resp. Elastizität liegen.

- CRAWFORD/TANNER schätzten aus einem AIDS-Modell die Elastizitäten der tatsächlichen Ausgaben der letzten 20 Jahre. Ermittelt werden die Ausgabenanteile für die genannten Güterarten. Erklärende Variablen sind das Realeinkommen, verschiedene Variablen, die die Haushaltscharakteristika abbilden, die Preise sowie eine Dummy-Variable je nach dem, ob ein Haushalt im Süd-Osten des Vereinigten Königreiches wohnt und somit eine leichte Arbitragemöglichkeit besitzt.
- Bei der Ermittlung der Elastizitäten ergab sich - sozusagen als Nebenprodukt[383] - der Koeffizient, der in der hier vorgelegten Untersuchung im Mittelpunkt steht.

Für ihre Fragestellung, wie sich die Elastizitäten vor Öffnung des Binnenmarktes darstellen, ermittelten die beiden Autoren folgendes Ergebnis:

Tabelle 36: Schätzergebnisse der Elastizitäten im gesamten Vereinigten Königreich für alkoholische Getränke

	geschätzte ϵ	Standardfehler	t-Wert
Bier	-0,668	0,238	10,68
Wein	-1,396	0,312	1,97
Spirituosen	-1,181	0,268	1,34

QUELLE: CRAWFORD/TANNER (1995), aaO, Table 3, S. 104.

- Aus der Tabelle ist ersichtlich, dass Bier die niedrigste Elastizität besitzt, Wein dagegen die höchste. Aus den gefundenen Schätzergebnissen ist zu vermuten, dass beim Wein die Arbitrage am stärksten sein wird. Dies ist ein nicht uninteressantes Ergebnis zum *Fragenkreis 2 (Zusammensetzung der Steuerarbitrage).*
- Vergleicht man die gefundenen Schätzergebnisse für die Elastizitäten mit den optimalen Elastizitäten, ist für Spirituosen die Null-Hypothese nicht zu verwerfen, dass die derzeitigen Steuersätze auf dem aufkommensmaximierenden Niveau sind.

In ihrer Table 4 stellten die Autoren darüber hinaus für Wein und Spirituosen den derzeitigen und den optimale Verkaufspreis (resp. Steuersatz) dar:

keine Unterschiede zum heimischen Warenangebot und somit keine weiteren hemmenden Faktoren.

383 CRAWFORD/TANNER stellen die Schätzergebnisse für die Dummy-Variable, die für die Herkunft eines Haushaltes aus dem Süden steht, lediglich im Appendix dar, vgl. CRAWFORD/TANNER (1995), aaO, S. 111 ff.

Tabelle 37: Vergleich tatsächlicher und optimaler Preis für alkoholische Getränke (Basis 1993)		
	tatsächlicher Preis (Pence)	optimaler Preis (Pence)
Wein	290	349
Spirituosen	1.112	1.450

QUELLE: CRAWFORD/TANNER (1995), Table 4, aaO, S. 105.

- Die Autoren interpretierten das Ergebnis dergestalt, dass für beide Getränke der Steuersatz erhöht werden kann.
- Darüber hinaus ermöglicht das vorliegende Datenmaterial, Unterschiede in den Ausgabenanteilen in den nördlichen Regionen (Arbitrage nur zu hohen Transportkosten möglich) und den süd-östlichen Regionen (Arbitrage zu niedrigen Transportkosten möglich) zu untersuchen.
- Überraschenderweise stellten CRAWFORD/TANNER fest, dass die Ausgabenanteile nicht geeignet seien, signifikante Unterschiede zwischen den beiden Regionen nachzuweisen. Hieraus wäre zu folgern, dass für die entsprechende Ware an dem untersuchten Grenzabschnitt die Entfernung keine Rolle spielt.

Eine weitere Auswertungsmöglichkeit bestand darin, zusätzlich zu den für das gesamte Land geschätzten Elastizitäten auch die Elastizitäten in den süd-östlichen Regionen - und zwar einmal für 1992 und zum anderen für 1993 d.h. nach erleichterter Arbitragemöglichkeit) - zu schätzen. Folgende Tabelle zeigt die gefundenen Ergebnisse:

Tabelle 38: Schätzergebnisse der Elastizitäten in den süd-östlichen Regionen und im Vereinigten Königreich			
	geschätzte ∈ 1992	geschätzte ∈ 1993	x-Wert
Bier			
UK	-0,668	-0,895	0,844
Süd-Osten	-1,285	-0,874	-1,058
Wein			
UK	-1,396	-0,703	-2,211
Süd-Osten	-2,543	-0,723	-5,032
Spirituosen			
UK	-1,181	-1,421	0,865
Süd-Osten	-1,572	-1,430	-0,403

QUELLE: CRAWFORD/TANNER (1995), aaO, Table 5, S. 108.

- Generell ist ersichtlich, dass im Süd-Osten die Nachfragelastizitäten höher waren als im gesamten Land.
- Mit diesen, getrennt für die süd-östlichen Regionen und für das restliche Königreich ermittelten Ergebnissen konnte für Wein, dessen Nachfragefunktion in den vorangegangenen Untersuchungen schon die höchste Elastizität ergeben hatte, die Nullhypothese zurückgewiesen werden, dass sich aufgrund der Öffnung der Bin-

nengrenzen am 1.1.1993 keine signifikante Änderung der Elastizitäten ergeben habe.

- Darüber hinaus zeigte der Vergleich der Werte vor und nach Einführung des Binnenmarktes, dass die Elastizitäten in den süd-östlichen Regionen sich stärker erhöht haben als die nahezu unverändert gebliebenen Elastizitäten im gesamten Land.
- Grundsätzlich wäre aus theoretischer Sicht zu folgern, dass jeweils invers zu den gefundenen Elastizitäten in den grenznahen Regionen niedrigere Steuersätze gewählt werden sollen, um das Steueraufkommen zu maximieren.
- Allerdings räumten CRAWFORD/TANNER ein, dass eine unterschiedliche Alkoholbesteuerung in den grenznahen Regionen und dem Rest des Landes nicht durchführbar sei und im übrigen die Grenze von Dover weg ins Inland verlagern würde[384].
- Da die Eröffnung des Binnenmarktes die Elastizität der Nachfrage erhöht (die Laffer-Kurve wird nach rechts verschoben), liegt der vormals optimale Steuersatz nunmehr oberhalb des optimalen Steuersatzes.

Die Schätzung von CRAWFORD/TANNER stellt einen makroökonomisch ausgerichteten Ansatz eigener Art dar. Da nicht direkt inländische Umsätze oder Handelsvolumina, sondern Elastizitäten der heimischen Nachfrage- resp. Ausgabenfunktion geschätzt werden, kann zwar gezeigt werden, welche Wirkungen bei unterschiedlichen Gütergruppen die Öffnung der Binnengrenzen zum 1.1.1993 gehabt hat. Eine Berechnung des Steuerarbitrageaufkommen *(Fragenkreis 1)* ist jedoch nicht möglich.

Zur Zusammensetzung der Steuerarbitrage *(Fragenkreis 2)* liefert die Untersuchung insoweit erste Anhaltspunkte, als insbesondere der Wein eine hohe Elastizität aufweist, so dass CRAWFORD/TANNER schlußfolgern, dass Wein ein von der Steuerarbitrage im Binnenmarkt besonders betroffenenes alkoholisches Getränk ist. Die Untersuchung ist im übrigen nur auf alkoholische Getränke bezogen, für andere speziell besteuerte Güter (Mineralöl, Tabakwaren z.B.) oder für Gütergruppen, die von Unterschieden bei der allgemeinen Umsatzsteuer betroffen sind, liegen keine Berechnungen vor[385].

Insofern die Studie sich zeitlich exakt mit dem Jahr vor und nach der Öffnung des Binnenmarktes befaßt, ist die Übertragbarkeit der Untersuchungsergebnisse auf den Binnenmarkt *(Fragenkreis 4)* nicht zu prüfen. Allerdings wäre bei der Übertragung der Ergebnisse auf andere EU-Mitgliedsstaaten zu berücksichtigen, dass auf den britischen Inseln sich möglicherweise ein anderes Konsumverhalten hinsichtlich alkoholischer Getränke zeigt als auf dem Festland.

---

[384] Vgl. CRAWFORD/TANNER (1995), aaO, S. 109 f. Der Vorschlag, entlang der Grenze, an der erhebliche Steuerabitrageabflüsse festzustellen sind, niedrigere inländische Steuersätze zu wählen, fand sich auch bei: SCHRÖMBGES (1997), aaO, S. 868. Der inhaltlich dem hier zitierten entsprechende Vorschlag wurde zum damaligen Zeitpunkt der niederländischen Regierung zugeschrieben.

[385] Dabei wäre eine Untersuchung z.B. zu der in Großbritannien umsatzsteuerbefreiten Kinderbekleidung nicht uninteressant.

2.2.3.3 ECONOMIC AND SOCIAL RESEARCH INSTITUT (1995)

Im Zusammenhang mit einem 1995 veröffentlichten theoretischen Beitrag haben FITZ GERALD/JOHNSTON/WILLIAMS vom ECONOMIC AND SOCIAL RESEARCH INSTITUT eine erneute regressionsanalytische Auswertung der 1987 er Fragebogenergebnisse vorgenommen. Dabei werden Teilaspekte des *Fragenkreises 2 und 3 (Zusammensetzung und Bestimmungsgründe der Steuerarbitrage)* angesprochen.

Ziel dieser erneuten Betrachtung war es, die Größe der Grenzregion abzuschätzen, die gemäß ihren im theoretischen Teil abgeleiteten Hypothesen die entscheidende Rolle für die Frage der Bedeutung der Steuerarbitrage spielt[386].

- Aus den Untersuchungsergebnissen des INSTITUTS FÜR GRENZHANDEL für Dänemark bzw. den eigenen Untersuchungen für Irland entnahmen die Verfasser, dass mit steigender Entfernung die durchschnittliche Zahl der wöchentlichen Einkaufsfahrten zurückgeht und gleichzeitig die durchschnittlichen Ausgaben je Fahrt steigen.
- Aus einer mikroökonomischen Modellbetrachtung leiteten sie die Opportunitätskosten ab, die mit einer Cross-Border-Einkaufsfahrt verbunden sind. Die Transportkosten werden den notwendigen Einsparungen gleich gesetzt, damit es zu einem Direktimport kommt.
- Für die Einsparungen, die nötig sind, damit sich eine Einkaufsfahrt noch lohnt, nahmen sie eine Regressionsanalyse der Daten der 1988 er Untersuchung vor. Der Schätzansatz und die Schätzergebnisse sind im Anhang dieser Arbeit (Anhang E 18/19) wiedergegeben. Es ergab sich ein statistisch signifikanter Schätzkoeffizient für die Variable Entfernung (0,42 £ je mile) und den Besitz eines Pkw (-2,2 £, falls ein Pkw vorhanden ist)[387].
- Die notwendige Einsparung, die ein Haushalt in der Befragung für eine Einkaufsfahrt genannt hat, steigt also mit zunehmender Entfernung und sinkt, wenn der Haushalt über einen Pkw verfügt.

Eine weitere entsprechende Regression erfolgte für die Höhe der Steuerarbitrageausgaben. Die Schätzergebnisse wurden vom ESRI nicht im einzelnen dargestellt. Es wurde jedoch darauf verwiesen, dass die Haushalte angegeben haben, dass 25% der tatsächlichen Ausgaben als Ersparnisse notwendig seien, damit sie eine Einkaufsfahrt unternehmen[388].

Für verschiedene Steuer- resp. Preisdifferenzen stellten FITZ GERALD/JOHNSTON/WILLIAMS den Zusammenhang zwischen Preisdifferenzen und notwendiger Größe des Einkaufskorbes dar. Hierzu sei folgende Übersicht wiedergegeben:

---

386 ECONOMIC AND SOCIAL RESEARCH INSTITUT (1995), aaO, S. 10 ff.
387 Ebenda, S. 12.
388 Ebenda, S. 14.

Tabelle 39: maximale Distanz, die irische Steuerarbitrageure bereit sind zu fahren, in Abhängigkeit von der Preisdifferenz und der Größe des Einkaufskorbes				
Größe des Einkaufskorbes (ECU)	Höhe der Preisdifferenz			
	2,5 %	5 %	7,5 %	10 %
100				
125				5
150			5	10
175			5	20
200			10	20
225		5	10	30
250		5	20	30
275		10	20	40
300		10	30	50

Quelle: ESRI (1995), aaO, Table 3, S. 15.

- Das dargestellte Ergebnis zeigt, dass für eine Preisdifferenz i.H.v. bis zu 10% ein erhebliches Einkaufsvolumen erforderlich ist, damit es überhaupt zu einer Steuerarbitragefahrt kommt. Für einen Warenkorb von 250 ECU nehmen die Konsumenten eine Entfernung von 5 km auf sich, wenn die Preisdifferenz 5% beträgt.
- Hieraus folgerten die Autoren, dass aus den Mehrwertsteuerdifferenzen, die in ungefähr dieser Größenordnung zu Beginn des Binnenmarktes zwischen einzelnen Ländern zu beobachten sind, keine größeren Steuerarbitrageaktivitäten außerhalb einer engen Grenzregion entlang der Grenze zu erwarten sein dürften.
- Allerdings sei besonderes Augenmerk auf die Differenzen bei den speziellen Verbrauchsteuern zu legen, weil hier deutlich höhere Steuer- resp. Preisdifferenzen zu beobachten sind[389].

Eine betragsmäßige Schätzung des Steuerarbitrageausmaßes *(Fragenkreis 1)* erfolgte nicht. Vielmehr wurden die Bestimmungsfaktoren Steuerdifferenz, Entfernung und Wert des Warenkorbes in ihrer Gesamtheit untersucht. Damit wird ein Beitrag zur Frage des Zusammenspiels der Bestimmungsfaktoren *(Fragenkreis 3)* gegeben.

Die gefundenen Ergebnisse bieten eine Erklärung dafür, warum in den meisten empirischen Berechnungen nur für die mit speziellen Verbrauchsteuern belegten Warenkategorien, bei denen größere Preis-/resp. Steuerdifferenzen zu beobachten sind, eine Steuerarbitrage nachweisbar ist. Der Warenkorb des Steuerarbitrageurs beinhaltet nur im Ausnahmefall Güter, die wegen des Motivs, Steuerdifferenzen auszunutzen, gekauft worden sind. FITZ GERALD/JOHNSTON/WILLIAMS vom ECONOMIC AND SOCIAL RESEARCH INSTITUT verweisen in soweit auf die Regelung für den innergemeinschaftlichen Handel von Neufahrzeugen[390].

389 ECONOMIC AND SOCIAL RESEARCH INSTITUT (1995), aaO, S. 15f.

390 Ebenda, S. 17, Für neue Gebrauchsgüter mit hohem Wert (insbesondere Pkw und andere Fahrzeuge, Motorboote usw.) greift die institutionelle „Use-Tax-Regelung", die verhindert, dass solche wertintensiven Güter Bestandteil des Warenkorbes von Steuerabitrageuren werden können

2.3 Ergebnis: Direktimporte in empirischen Untersuchungen für Europa

Bisher liegen für nahezu sämtliche Grenzabschnitte in der Europäischen Union mit besonders hohen Umsatz- und Verbrauchsteuerdifferenzen empirische Untersuchungen zu den Direktimporten vor. Zur verwendeten *Untersuchungsmethodik* ist festzustellen, dass die im Schrifttum vorgefundenen Erhebungen mit Ausnahme der Studien vom ESRI (1988) und von CRAWFORD/TANNER (1994) für alkoholische Getränke und Fernseher auf den britischen und irischen Inseln ausnahmslos Fragebogenstudien oder Telephoninterviews sind, die sich vornehmlich mit einer groben Abschätzung der Steuerarbitrage über die Hochrechnung von Analyseergebnissen aus Befragungen auf Stichprobenbasis begnügen und eher qualitativ mögliche Ursachen benennen. Dabei werden Haushalte im grenznahen und -fernen Regionen, Einkäufer in grenzbenachbarten Einkaufszentren, grenznahe Einzelhändler und grenzüberschreitende Reisende befragt.

Bezüglich des *Ausmaßes der Steuerarbitrage (Fragenkreis 1)* sind für folgende Grenzabschnitte Schätzungen vorgelegt worden:

Tabelle 40: Übersicht über das geschätzte Ausmaß der Steuerarbitrage an ausgewählten Grenzabschnitten

Autor(en)/Jahr	Grenzabschnitt	Zeitraum	Schätzergebnis	Bemerkung
INSTITUT FÜR GRENZLANDFORSCHUNG (1986)	deutsch-dänische Grenze	1985/1986	1% Umsatzverlust für dän. Einzelhandel, 2% entgangene Steuer	hochgerechnete Befragungsergebnisse
INSTITUT FÜR GRENZLANDFORSCHUNG (1990/92a/92b)	deutsch-dänische Grenze	1989-1991	Dänen kaufen in Deutschland für 330 Mio. ECU Deutsche kaufen in Dänemark für 1.164Mio. ECU	hochgerechnete Befragungsergebnisse
ECONOMIC AND SOCIAL RESEARCH INSTITUTE (1988)	englisch-irische Grenze	1965 1986	935.000 Haushalte beteiligen sich 115.000 Direktimporte	
EG-KOMMISSION (1991)	alle EU-Grenzen	1991	8% der Befragten haben einen Direktimport vorgenommen, 3 % haben im EU-Versandhandel gekauft	nur Direktimporte von Waren mit einem Wert > 200 DM wurden erfragt
PRICE WATERHOUSE (1994)	exemplarisch: luxemburgische Grenze	N.N.	Anteil EU-Käufern an Umsatz luxemburgischer Einzelhändler (Tabak: 80%, Spirituosen: 70%, Mineralöl: 48%)	
INSTITUT FÜR WELTWIRTSCHAFT (1994)	deutsch-dänische Grenze	1991/1992	Dänen kaufen in Deutschland für 273 Mio. ECU Deutsche kaufen in Dänemark für 116 Mio. ECU	gesamte Steuerarbitrage aus dem grenznahen und restlichen Teil des grenzbenachbarten Bundeslandes

Autor(en)/Jahr	Grenzabschnitt	Zeitraum	Schätzung	Bemerkung
INSTITUT FÜR WELTWIRTSCHAFT (1994)	deutsch-holländisch-belgische Grenze	1991/ 1992	Belgier kaufen in Deutschland für 89 Mio. ECU Deutsche kaufen in Belgien für 129 Mio. ECU Holländer kaufen in Deutschland für 378 Mio. ECU Deutsche kaufen in Holland für 160 Mio. ECU	gesamte Steuerarbitrage aus dem grenznahen und restlichen Teil der Euregio Maas-Rhein
PIEDA (1994)	englisch-französische Grenze	1993	Grobschätzung: Umsatzverluste von 980 Mio. £, Verlust an Arbeitsplätzen bei mittelständischen Unternehmen: 4.600	Umsatzverlust von KMU auf die Gesamtwirtschaft hochgerechnet
MSI (1994/5/6)	deutsch-holländisch-belgisch-schweizerisch-luxemburgisch-tschechische Grenze	1993	Grobschätzung auf der Basis von offenen und verdeckten Ermittlungen: 6,4 Mrd. Zigaretten	nur Steuerarbitrage (ohne inländischen Schmuggel) Steuerarbitrage aus Polen fehlt
INSTITUT FÜR HANDELSFORSCHUNG (1995)	österreichisch-italienisch-deutsche- Grenze	1995	Grobschätzung auf Basis des Kaufkraftströme-Modells und einer Befragung: ca. 9,5 Mrd. öS	erfaßt wird der allgemeine Kaufkraftabfluß aus Österreich heraus

Die Studien sind wegen der Unterschiede in den betrachteten Grenzabschnitten, der einbezogenen Gütergruppen und der jeweiligen Erhebungszeiträume (vor, während und nach Öffnung der Binnengrenzen zum 1.1.1993) nur eingeschränkt miteinander vergleichbar. Lediglich die Studie des INSTITUT FÜR WELTWIRTSCHAFT (1994) – soweit sie sich auf die deutsch-dänische Grenze bezieht - und des INSTITUT FÜR GRENZLANDFORSCHUNG (1992b) befassen sich zeitlich und sachlich mit dem gleichen Arbitragestrom. Sie stimmen für die Arbitrage aus Deutschland nach Dänemark größenordnungsmäßig überein. Eine Abweichung gibt es lediglich für den Arbitragestrom von Dänemark nach Deutschland: Das INSTITUT FÜR GRENZLANDFORSCHUNG schätzt ihn mit 273 Mio. ECU knapp zweieinhalb mal so hoch wie das INSTITUT FÜR WELTWIRTSCHAFT (116 Mio. ECU).

Ökonometrisch gestützte quantitative Abschätzungen auf Basis von makroökonomischen Statistiken sind in Europa im Gegensatz zu den Vereinigten Staaten von Amerika und Kanada noch nicht verbreitet. Die Studien des ESRI für Irland und von CRAWFORD/TANNER für das Vereinigte Königreich stellen eine absolute Ausnahme dar.

Die irische Studie kann nur beschränkt auf statistisches Datenmaterial zurückgreifen, lediglich die für Irland wohl bedeutsamen Direktimporte von Fernsehgeräten (wegen einer Sonder-Steuer) und Spirituosen sind mit Regressionsmodellen auf der Basis von gesamtwirtschaftlichen Daten beschrieben. Aber auch hier konnten nur Zahlen für die Republik Irland insgesamt benutzt werden. Regionalisierte Umsatzzahlen, die eine explizite Berücksichtigung der Entfernung als erklärende Variable ermöglicht hätte, standen nicht zur Verfügung.

Für Spirituosen verwandte das ESRI zudem weder regionalisierten Absatzzahlen noch an der Grenze direkt erhobenen Steuerarbitragewerte. Vielmehr trifft es die stark vergröbernde Annahme, dass alle legal exportierten Spirituosen illegal wieder re-importiert werden. Diese Annahme blendet alle Einkäufe von Nicht-Iren im Vereinigten Königreich aus. Für Tabakwaren oder Mineralöl, beides von nicht unerheblichen Verbrauchsteuerunterschieden betroffene Gütergruppen, lagen in Irland keine ausreichenden Datenquellen vor. Die quantitative Analyse für Irland schätzt keine Preisdifferenzen oder Abweichungen der relativen in- und ausländischen Preise. Statt dessen ermittelt das ESRI eine negative Eigenpreiselastizität in Höhe von -1,18 für Fernseher und von -1,31 für Spirituosen. Die Steuerarbitrage findet sich bei der Schätzung für hochprozentigen Alkohol in der Kreuzpreiselastizität zum nordirischen Alkoholpreis: Die Elastizität beträgt +1,06.

Zur Regressionsrechnung von CRAWFORD/TANNER ist anzumerken, dass nicht direkt die Steuerarbitrage, sondern nur die Eigenpreiselastizität der Nachfrage als ein Indikator für das Steuerausweichen der Inländer geschätzt wird. Eine unmittelbar auf die Steuerarbitrage bezogene Schätzung erfolgt nicht.

Bezüglich der *Zusammensetzung der Steuerarbitrage (Fragenkreis 2)* ist ein grundsätzlich unterschiedliches Vorgehen festzustellen: Zum einen gibt es *breit ausgerichtete Untersuchungen*, die ein breites Produktsortiment in die Befragungen einbezogen haben. Zu diesen Studien gehören die Arbeiten von DUPONT, RATZINGER, sowie des INSTITUTS FÜR GRENZLANDFORSCHUNG, des INSTITUTS FÜR MITTELSTANDSFORSCHUNG, des INSTITUTS FÜR WELTWIRTSCHAFT und des INSTITUTS FÜR HANDELSFORSCHUNG. Zum anderen richten sich *eng ausgerichtete Studien* auf eine Gütergruppe, die i.d.R. mit speziellen Verbrauchsteuern belegt ist. Betrachtet wird lediglich ein Grenzabschnitt, an dem wegen hoher Steuerdifferenzen eine nicht unerhebliche Steuerarbitrage erwartet wird. Zu den eng ausgerichteten Studien sind die Arbeiten des ESRI und von CRAWFORD/TANNER zu den Direktimporten von alkoholischen Getränken und des Beratungsunternehmens PIEDA und des MSI zu den Direktimporten bzw. zum Schmuggel mit Tabakwaren zu rechnen.

Hinsichtlich der Zusammensetzung der Steuerarbitrage wird folgendes ermittelt:

- In den *breit angelegten Studien* wird eine Steuerarbitrage aus Deutschland heraus vornehmlich für Bekleidung und langlebige Gebrauchsgüter (Elektrogeräte, weiße und braune Ware usw.) festgestellt. In umgekehrter Richtung setzt sich die Steuerarbitrage, die aus den Käufen deutscher Direktimporteure im Ausland besteht, aus Lebensmitteln, Möbeln und (in Belgien) Pkw zusammen.
- *Die eng ausgerichteten Studien* ermitteln vornehmlich folgende Warengattungen in den Steuerarbitrageströmen: Spirituosen, Wein, Bier, Tabakwaren und Kraftstoffe.

Eine Ausnahme zu dieser Einteilung stellt die Untersuchung des ESRI dar, die eine Schätzung für direktimportierte TV-Geräte unternimmt. Dies ist allerdings durch den besonderen Umstand bedingt, dass in der Republik Irland zu dem damaligen Zeitpunkt eine Sonder-Steuer auf TV-Geräte erhoben wurde. Gut ist die Information über die Arbitrageure aus der Republik Irland: In den grenznahen Regionen beteiligen sich fast 50% aller Haushalte am Cross-Border-Shopping. Der zusammengestellte Warenkorb setzt sich bei einem „durchschnittlichen" Iren aus hochbesteuerten Waren (Drogerieartikel, Kosmetika, Zigaretten, Treibstoffe, Kinderspielzeug, Wein, Spirituosen und Elektroartikel) zusammen. Ein Ire aus den Grenzkreisen importiert vornehmlich Treibstoffe und Lebensmittel. Der Entfernungszusammenhang (Steuerarbitrage wird seltener je weiter der Wohnort von der Grenze entfernt ist, dafür steigen die Ausgabebeträge je Fahrt; darüber hinaus verändert sich die Zusammensetzung des Warenkorbes).

Hinsichtlich der Untersuchung der Bestimmungsgründe der Steuerarbitrage *(Fragenkreis 3)* erheben die breit ausgerichteten Studien i.d.R. auf Basis eines weit gefassten Katalog von Fragen zu den Motiven der befragten Direktimporteure wertvolle Erkenntnisse.

RATZINGER weist darauf hin, dass die Entfernungszonen je Gütergruppe individuell festzulegen sind. Dies lässt sich an den Modellberechnungen VON LONDON ECONOMICS festmachen, die Einsparpotentiale für die einzelnen Gütergruppen ermitteln. Es sind also je hoch besteuerte Warenart individuelle ökonometrische Schätzungen vorzunehmen, wenn eine differenzierte Aussage zu möglichen Steuerarbitrageeffekten gegeben werden soll. Etwa zur Frage, was ändert sich, wenn die Verbrauchsteuer xy des Landes Z um 10% erhöht wird. Darüber hinaus weisen u.a. die Studien von ESRI (1995) und vom Beratungsunternehmen LONDON ECONOMICS darauf hin, dass die gesamten Bestimmungsgründe zusammengenommen für die Voraussage der Steuerarbitrage verwendet werden müssen. Aus der mikroökonomischen Betrachtung heraus ergibt sich der Direktimportsanreiz für einen Warenkorb insgesamt. Deshalb sind die Zusammensetzung des Warenkorbes und der gesamte Warenwert neben der Höhe der Steuerdifferenz und der Entfernung zur Grenze zu betrachten. Wenn die gesamten Transaktionskosten für eine Steuerarbitrage berücksichtigt werden sollen, sind neben der reinen Wegstrecke auch die zur Verfügung stehende Verkehrsinfrastruktur und die Möglichkeit für einen einzelnen Haushalt, auf einen Pkw zurückzugreifen, zu betrachten.

Neben diesen breit angelegten Studien ergibt sich ein Bedarf an eng ausgerichteten Untersuchungen für einzelne, hoch besteuerte Gütergruppen.

Zum *Fragenkreis 4 (Übertragbarkeit der Ergebnisse auf den Europäischen Binnenmarkt)* ist anzumerken, dass die Untersuchungsergebnisse der Studien, die die Steuerarbitrage für einen Zeitraum *vor* Öffnung der Grenzen betrachtet haben, nicht ohne weiteres auf die institutionell veränderten Verhältnisse des Binnenmarktes übertragen werden können. Einige Untersuchungen, z.B. des MSI oder von CRAWFORD/TANNER, sind direkt auf die Steuerarbitrage vor und nach Öffnung der Grenzen bezogen, sie liefern einen direkten Einblick in die Veränderungen, die durch die völlige Öffnung der Grenzen verursacht wurden. Die Ergebnisse der Studien, die erst nach dem 1.1.1993 aufgestellt worden sind, haben die realisierten Auswirkungen von Steuersatzänderungen bzw. der Öffnung des Europäischen Binnenmarktes zum 1.1.1993 direkt beobachtet. Hier sind die Studien des INSTITUTS FÜR HANDELSFORSCHUNG und von RATZINGER zu nennen. Aus diesen Studien können präzise Aussagen zu den stattgefundenen Anpassungen der Steuerarbitrageure gewonnen werden.

Neben diesem zeitlichen Aspekt, der sich auf den zum 1.1.1993 geänderten Datenkranz der Schätzungen bezieht, sind für einen Vergleich von Grenzabschnitten folgende wesentliche weitere institutionelle Unterschiede zu beachten: topographische Unterschiede (Landgrenze, Gebirge, Kanalküste usw.) Sprachunterschiede, Währungsunterschiede und unterschiedliche Rechtssysteme. In den einzelnen Studien werden diese institutionellen Randbedingungen im einzelnen dargestellt; sie können hier jedoch nicht im einzelnen weiter dargestellt werden.

Aus den empirischen Untersuchungen wird im übrigen nur das legale offizielle Verbringen von Gütern durch Endverbraucher erfaßt, Schmuggel, d.h. gewerbsmäßiges Verbringen zum anschließenden Wiederverkauf, ist – mit Ausnahme der Studien von LONDON ECONOMICS und PIEDA – nicht Gegenstand der Untersuchungen[391].

[391] Damit wurden jedoch nur die Direktimporte von Konsumenten erfaßt, die nicht als Schmuggelstraftaten einzustufen sind. Über den Schmuggel liegen aus der Nachkriegszeit für die westliche und südliche bundesdeutsche Grenze mehrere Untersuchungen vor; Schmuggelzahlen finden sich bei GERLING, der für die Jahre 1951-53 die "Schmuggelkonjunktur" erforscht, und bei HAGEMANN, der für den Zeitraum von 1950-63 für die Bundesrepublik Deutschland Steueraufkommenselastizitäten schätzt: GERLING (1956) Der Schmuggel als finanzpolitisches Problem. Ein Beitrag zur Lehre von den Steuerwiderständen, Finanzwissenschaftliches Forschungsinstitut der Universität zu Köln, Finanzwissenschaftliche Forschungsarbeiten NF. 12, Köln, und HAGEMANN (1968) Aufkommenselastizitäten ausgewählter Steuern in der Bundesrepublik Deutschland 1950-63, Kieler Studien 85, Forschungsberichte des Instituts für Weltwirtschaft an der Universität Kiel, Tübingen, z.B. S. 49 ff (Kaffeeschmuggel) oder S. 61 ff (Zigarettenschmuggel).

3. Zusammenfassung: Bisherige empirische Untersuchungen zur Steuerarbitrage

Im ersten Kapitel dieses Teiles konnte eine breite Diskussion über die Folgen der nicht harmonisierten indirekten Besteuerung in den Vereinigten Staaten von Amerika und seit neuestem auch in Kanada festgestellt werden. Ausgehend von einfachen Befragungen und Vergleichen von Pro-Kopf-Umsätzen, die aus Erhebungen von Mikrodaten stammen, an solchen innerstaatlichen Grenzen, an denen hohe Steuersatzunterschiede zu Ausweichhandlungen von Verbrauchern führen, werden seit Mitte der Sechziger Jahre mit OLS-Schätzungen die Höhe und die Abhängigkeit der im amerikanischen Sprachraum als „Cross-Border-Activity" bezeichneten Steuerarbitrage auch mit gesamtwirtschaftlichen Daten empirisch erforscht.

Demgegenüber befinden sich in Europa die quantitativ ausgerichteten Untersuchung dieses Phänomens mit Makrodaten noch in den Anfängen, obwohl die vorliegenden Fragebogenstudien auf die Relevanz der Steuerarbitrage gerade an den leicht zu überschreitenden Landesgrenzen hinweisen.

- So ist nur für ganz wenige ausgewählte Grenzabschnitte der Umfang der Steuerarbitrage *(Fragenkreis 1: Ausmaß der Steuerarbitrage)* bekannt. Die vorliegenden Schätzungen beziehen sich lediglich auf folgende Grenzabschnitte: die irisch-britische, die deutsch-dänische Grenze und die Euregio Maas-Rhein.
- Weitgehend bekannt ist dagegen die *Zusammensetzung der Steuerarbitrageströme (Fragenkreis 2)*: Im wesentlichen werden hoch besteuerte Güter an solchen Grenzabschnitten direktimportiert, an denen erhebliche Steuersatzdifferenzen vorliegen. Daneben gibt es nicht durch steuerliche Motive bestimmte Handelsströme, etwa wenn Privatpersonen landestypische Lebensmittel oder Möbel (Belgien, Dänemark) mit einem besonderen Design oder einer besonderen Qualität erwerben.
- Hinsichtlich der *Bestimmungsgründe der Steuerarbitrage (Fragenkreis 3)* liegen detaillierte qualitative Informationen aus den breit angelegten Befragungen vor. Dabei sind insbesondere die komplexen und interdependenten Wirkzusammenhänge zwischen den eine Kaufentscheidung auslösenden Faktoren (Preis, Zusammensetzung und Wert des Warenkorbes, Vertriebskanal, Werbung, Sortimentspolitik der Unternehmen usw.) benannt worden. Es fehlt jedoch an ökonometrischen Untersuchungen über die Höhe des jeweiligen Einflusses. Die bei Befragungen von Käufern und Verkäufern gewonnenen Kenntnisse z.B. über die Beeinflussung der Kaufentscheidungen durch Steuersatzunterschiede sind immer auf die beobachteten „Ist-Differenzen" bezogen und können nicht für hypothetische „Wenn-Dann-Aussagen" verwendet werden.
- Insofern eine Studie vor Beginn des Binnenmarktes (bis zum 31.12.1992) erstellt wurde, ist zu fragen, inwiefern die Ergebnisse auf den Zeitraum ab dem 1.1.1993 übertragen werden können (*Übertragbarkeit der Untersuchungsergebnisse (Fragenkreis 4)*). Lediglich die Studie des INSTITUTS FÜR HANDELSFORSCHUNG (1995) betrachtet die unmittelbare Zeit vor und nach Gelten der Freizügigkeit des Binnenmarktes (dem Zeitpunkt des Beitritts Österreichs zur EU).

Der zum 1.1.1993 verwirklichte Europäische Binnenmarkt hat als augenscheinliche Neuerung den Abbau der Grenzkontrollen im Binnenverkehr für Privatreisende mit sich gebracht. Damit wurde die Steuerarbitrage von Endverbrauchern bei Endverbrauchsgütern weitgehend freigestellt. Um diese Spielart der Konsumentensouveranität zu gewährleisten, nehmen die Mitgliedsländer der Europäischen Gemeinschaft zumindest im grenznahen Bereich nicht unerhebliche regionale Verwerfungen im Bereich des Einzelhandels in Kauf. Da die Schlagbäume ohne Annäherung der Steuersätze für die Direktimporte von Privatpersonen geöffnet wurden, sind - in Abhängigkeit der jeweiligen Topographie und Besiedlung - in den dichtbesiedelten grenznahen Regionen in Nachbarschaft zu Grenzen mit hohen Steuersatzdifferenzen erhebliche Auswirkungen auf die Unternehmenstätigkeit, die Beschäftigung und die Steuereinnahmen zu beobachten. Hierzu liegen eindeutige Befragungsergebnisse und grobe Hochrechnungen vor.

Wegen der zentralen Lage im Europäischen Binnenmarkt und der guten Landverbindungen zu allen Nachbarstaaten wird die Bundesrepublik Deutschland mit am stärksten von der Steuerharmonisierung betroffen sein. Eine quantitative Abschätzung und nähere Analyse der in den Jahren 1970 bis 1990 durch Steuerarbitrage verschobenen Aktivität des Einzelhandels und die daraus abgeleitete Prognose für die Zeit ab 1993 sind somit wirtschafts- und finanzpolitisch nicht unbedeutend.

Nach Auffassung des Verfassers ergibt sich angesichts der mittlerweile vorliegenden breitangelegten Befragungen von Grenzpendlern, Unternehmen und Konsumenten und der auf einzelne Gütergruppen ausgelegten spezifischen Untersuchungen eine noch zu füllende Erkenntnislücke hinsichtlich der Abschätzung der Steuerarbitrage mittels ökonometrisch-gestützter Schätzungen mit gesamtwirtschaftlichen Daten.

In dem dritten Teil dieser Arbeit wird daher der Versuch unternommen werden, möglichst viele Makrodatenquellen zu finden und diese einer ökonometrischen Analyse zu unterziehen.

Teil 3:

Eigene Untersuchungen zur Steuerarbitrage bei Umsatz- und Verbrauchsteuern

1. Fragestellung

In diesem dritten Teil soll nun die Steuerarbitrage für die Grenzen der Bundesrepublik Deutschland zu seinen Nachbarn empirisch untersucht werden. Im Grundsatz sollen grenzüberschreitende Warenströme und inländische Umsatzzahlen entlang der Grenzabschnitte zwischen der Bundesrepublik Deutschland und den westlichen Nachbarstaaten untersucht werden. In die Untersuchung werden die EG-Mitgliedstaaten - eingeteilt nach ihrer relativen Lage zur Bundesrepublik Deutschland vom Norden bis zum Süden - Dänemark, die Niederlande, Belgien, Luxemburg und Frankreich sowie die Schweiz und Österreich einbezogen. Dabei liegt ein zeitlicher Schwerpunkt dieser Studie bei der Betrachtung der Kaufgeschehens auf der bundesdeutschen Seite für den Zeitraum 1970 bis 1990.

Für die Zeit nach der verwirklichten Deutschen Einheit rücken diejenigen Neuen Bundesländer zusätzlich in den Mittelpunkt des Interesses, die eine Außengrenze gegenüber den östlichen Nachbarn Deutschlands haben: es sind der Freistaat Sachsen mit seinen Grenzen gegenüber der Tschechischen Republik und gegenüber Polen und Mecklenburg-Vorpommern, Brandenburg mit ihren Grenzen zu Polen. Fraglich ist jedoch, ob die Datenlage schon so gegeben ist, dass von einer gewissen, für empirische Untersuchungen erforderlichen, Konstanz der nicht betrachteten Rahmenbedingungen ausgegangen werden kann. Eher ist nämlich zu vermuten, dass durch die seit dem Wegfall der innerdeutschen Grenze gegebene Wanderungsbewegung der (arbeitenden) Population zu - im Rahmen dieser Arbeit - kaum lösbaren statistischen Verzerrungen gegenüber der relativ konstanten Datenlage in den Alten Bundesländern in den Jahren bis 1989 führen könnte.

Der Untersuchungszeitraum erstreckt sich auf die Jahre 1970-1990. Zwar liegen auch für die Zeit der EWGKS Untersuchungen über Direktimporte, die steuerlich motiviert sind, vor[392]. Jedoch sind solche Käufe im Niedrigsteuerland als Schmuggel einzustufen, der anderen - hier nicht zu untersuchenden - Gesetzmäßigkeiten und Bestimmungsgründen folgt als die legalen Cross-Border Käufe von Käufern, wie sie ab dem 1.1.1993 für Endverbraucher im sog. Mischsystem gelten.

Seit 1970, dem Zeitpunkt seit dem ein einheitliches Mehrwertsteuersystem durch die ersten Umsatzsteuer-Richtlinien europaweit gilt, werden vereinheitlichte Normen der Umsatzbesteuerung angestrebt. Ebenfalls vereinheitlicht worden ist die Behandlung der von Privatreisenden mitgeführten Reisemitbringsel. Insbesondere durch die Richtlinien für Erleichterung im Reiseverkehr von EG-Bürgern sind

---

[392] Vgl. GERLING (1956), aaO, und HAGEMANN (1968) Aufkommenselastizitäten ausgewählter Steuern in der Bundesrepublik Deutschland 1950-1963, beide dargestellt im ersten Teil, Kapitel 3, dieser Arbeit.

substantielle Schritte hin zu einem freieren Reiseverkehr erreicht worden, der zu zunehmenden grenzüberschreitenden Käufen geführt hat.

Die hier vorgenommene Untersuchung, wie sich Steuersatzdifferenzen auf das grenznahe Kaufverhalten auswirken, wird aus Sicht des Empirikers durch die vielen Steueränderungen gerade im Bereich der Umsatz- und Verbrauchsteuern begünstigt, denn damit liegt eine Vielzahl von Beobachtungen für die unabhängige Variable Steuerdifferenz vor:

Zum einen, wenn je Zeitpunkt eine Querschnittsanalyse über mehrere Grenzabschnitte unternommen wird und zu jedem Nachbarn andere Steuerdifferenzen beobachtet werden können, und zum anderen, wenn im Zeitablauf sich die steuerlichen Gegebenheiten innerhalb eines Grenzabschnittes verändern. In der untersuchten Periode sind die Steuergesetze der betrachteten Länder mehrfach neu gefasst worden. Während der Jahre seit 1970 sind alle Verbrauchsteuersätze und auch die Mehrwertsteuersätze regelmäßig verändert worden, z.T. in der Art und Weise, dass sich die Differenzen verkleinert haben, z.T. aber auch so, dass sich die Steuersätze auseinanderentwickelt haben, letzteres trotz mehrerer Konvergenzentscheidungen, d.h. Beschlüsse auf supranationaler Ebene, dass sich die bestehenden Steuerunterschiede nicht noch weiter erhöhen sollen[393].

Bei den Verbrauchsteuern zum anderen, insoweit diese als fixe Mengensteuern definiert sind (auf Alkohol, oder einen Stückanteil bei Tabaksteuern usw.). In diesem Fall verändern sich die relativen Steuerlasten zwischen zwei Ländern zusätzlich durch Wechselkursschwankungen[394]. Schließlich kann sich auch die Einstufung eines Gutes innerhalb des Umsatzsteuersystems ändern, so dass z.B. Alkohol als Luxusgut eingestuft wird und bei gleichen Umsatzsteuersätzen statt des Normalsatzes der erhöhte Satz gezahlt werden muss. Für Österreich hat sich mit dem Beitritt zur EU ergeben, dass die erhöhten Sätze abgeschafft werden mussten.

Zusammengenommen lassen sich vier Quellen für Steuersatzdifferenzen im Bereich der indirekten Steuern unterscheiden:

- Unterschiedlich hohe Verbrauchsteuersätze,
- Unterschiede in den Umsatzsteuern,

[393] Vgl. z.B. die Kommissionsvorschläge für Stillhalteabkommen für alkoholische Getränke: KOM (82) 150 endg.; für die Mehrwertsteuer: KOM (85) 696 endg. und KOM (87) 17 endg.; für alle anderen indirekten Steuern: KOM (87) 324 endg./2.

[394] Oder Wechselkursanpassungen im Europäischen Währungssystem, wenn der Wechselkurs nicht mehr zwischen dem oberen und unter Schwellenwert gehalten werden kann. Ab Festschreibung der Paritäten zwischen den am Euro beteiligten Ländern zum 1.1.1999 kommt eine Wechselkursschwankung allerdings als Quelle von Steuerschwankungen nicht mehr in Frage.

- sich ändernde Wechselkurse und
- geänderte Definitionen der Bemessungsgrundlage.

In dem zu untersuchenden Zeitraum liegen somit für verschiedene Jahre und Grenzabschnitte zahlreiche Beobachtungen über Steuersatzdifferenzen vor. Gelingt es, diese Steuerdifferenzen als Explanans für direkt ermittelte Handelsströme von Direktimporteuren bzw. indirekt aus Umsatzverschiebungen im Inland in Nachbarschaft zur Grenze (Steuerarbitrage) nachzuweisen, können mit ökonometrischen Methoden Aussagen über Umfang und Bestimmungsgründe der Steuerarbitrage getroffen werden.

Zunächst soll die Steuerdifferenzelastizität als Kernstück dieses empirischen Teils definiert werden. Ferner sind verschiedene Erhebungsmethoden zu unterscheiden, und schließlich ist es erforderlich, dem Problem der Datengewinnung einen eigenen Unterabschnitt zu widmen.

Zunächst soll die Steuerdifferenzelastizität definiert werden. Ferner sind methodisch verschiedene Erhebungsmöglichkeiten für die Messung der Steuerarbitrage zu unterscheiden und auf ihre jeweilige Aussagemöglichkeit und die Praktikabilität der Erhebung zu untersuchen. Letztlich kann so die hier angewandte Methode gegenüber den in der Literatur gefundenen abgegrenzt werden.

1.1 Definition Steuerdifferenzelastizität

Die aufgeworfene Frage, welche Wirkungen Steuersatzdifferenzen bei geöffneten Grenzen haben werden, lässt sich mittels eines theoretisches Instrumentes formulieren: der Steuerdifferenzelastizität.

Sie ist ein Maß für die Reagibilität der Bemessungsgrundlage auf Steuersatzdifferenzen. Steueraufkommen oder steuerpflichtige Umsätze sind in den Schätzungen abhängige Variablen, auf sie wirkt die Differenz aus inländischem und ausländischem Steuersatz als exogene Variable. Zur Notation soll gelten, dass die in einer Grenzregion zwischen zwei Ländern a und b stattfindende Steuerarbitrage als X_{ab} bezeichnet wird. Der indirekte Steuersatz in beiden Ländern ist t_a bzw. t_b. Ergibt sich eine Differenz, liegt ein Anreiz zur Steuerarbitrage vor:

$$(t_a - t_b) \rightarrow X_{ab}$$

Für den einfachsten, partialanalytischen Fall wird angenommen, dass die Steuerarbitrage nur von der Steuerdifferenz[395] abhängen:

$$x_{ab} = x_{ab}(t_a - t_b)$$

Neben den Mengengrößen werden in der Wirtschaftsstatistik Umsatzzahlen, d.h. also Wertzahlen, ermittelt. Für die folgenden veranschaulichenden Überlegungen wird dieser Umsatz mit U abgekürzt.

Elastizitäten in der Ökonomie messen - allgemein ausgedrückt - die Reaktion einer ökonomischen abhängigen Variable auf die Variation der auf sie einwirkenden unabhängigen ökonomischen Variable. Die Elastizität wird wie folgt bezeichnet:

$$\varepsilon_{U,t_a-t_b} = \frac{\frac{dU}{U^o}}{\frac{d(t_a - t_b)}{t_a^o - t_b^o}}$$

Für die Untersuchung ist nicht nur der Einfluss *einer* unabhängigen Variablen auf die Umsätze interessant. Vielmehr werden neben der Steuersatzdifferenz (oder einem Quotienten, der den inländische Steuersatz in % des ausländischen Steuersatzes misst und damit die Höhe der Steuerdifferenz in Relation zur Steuerhöhe insgesamt ausdrückt) auch andere Variablen die Höhe der Umsätze beeinflussen. In erster Linie ist zu vermuten, dass neben der Steuerdifferenz

- institutionelle Regeln (Freibeträge, Freimengen für Privatreisende und Gewerbetreibende),
- die Entfernung einer Region zur Grenze (oder zum nächsten Einkaufszentrum jenseits der Grenze),
- die Verkehrswege und Transportkosten,
- persönliche Merkmale des Einkäufers (Einkommen, Bildung, Beschäftigung z.B.),
- Währungsunterschiede, Akzeptanzregeln für ausländische Zahlungsmittel bzw. Kreditkarten und Umtauschkosten,
- die Eigenschaften einer Ware – Lagerbarkeit, Gewicht, Transportfähigkeit – und

---

395 Aus Gründen der sprachlichen Einfachheit wird immer von Steuer*differenzen* und Steuer*differenz*elastizität gesprochen, obwohl genauer von Steuer*quotienten* oder Steuer*quotient*elastizitäten die Rede sein sollte.

- die Kontrollhäufigkeit des Zolls an der Grenze, die Strafe, wenn man die Freibeträge überschritten hat und sich eines Schmuggelvergehens schuldig gemacht hat,

einen Einfluss auf die Höhe der Umsätze einer grenznahen Region haben werden.

An dieser Stelle ist auf die *Homogenitätsannahme* zu verweisen, die für die hier vorgenommenen Untersuchungen grundsätzlich getroffen werden muss. Es wird davon ausgegangen, dass auf beiden Seiten der Grenze identische Produkte angeboten werden. Diese Annahme ist, wie sich aus mehreren Gesprächen mit Erzeugern von mit Verbrauchsteuern belegten Waren gezeigt hat, nicht unplausibel. Denn der Anbieter im gemeinsamen Markt ist indifferent, in welchem Land er seine Waren anbieten soll. Transportkosten zur einen oder anderen Seite der Grenze dürften für die Festlegung des Verkaufspreises nur eine nebensächliche Rolle spielen, da der Versand auf die eine oder andere Seite der Grenze kaum einen erheblichen Unterschied in den Transportkosten ausmachen dürfte[396].

Werden mehrere unabhängige Variablen benutzt, um das Verhalten einer abhängigen Variable zu erklären, z.B. neben der Steuerdifferenz auch die Entfernung (Entf) und das Einkommen (Y),

$$\{(t_a - t_b), Entf_{ab}, Y_a\} \rightarrow X_{ab}$$

$$\varepsilon_{U,Entf_{ab}} = \frac{\dfrac{\sigma U(Entf_{ab}, Y_a, t_a - t_b)}{U^o}}{\dfrac{\sigma\, Entf_{ab}}{Entf^o_{ab}}}, \quad \varepsilon_{U,Y_a} = \frac{\dfrac{\sigma U(Entf_{ab}, Y_a, t_a - t_b)}{U^o}}{\dfrac{\sigma Y_a}{Y^o_a}}$$

werden nur partielle Elastizitäten ermittelt. Sie werden wie folgt bezeichnet:

$$\varepsilon_{U,\,t_a - t_b} = \frac{\dfrac{\sigma U(Entf, Y_a, t_a - t_b)}{U^o}}{\dfrac{\sigma(t_a - t_b)}{t_a^o - t_b^o}}$$

---

[396] Vgl. für eine Diskussion etwa ESRI (1995) oder LONDON ECONOMICS (1994). Dort war in einer theoretischen Modellbildung auf solche Bedingungen vollkommenen Wettbewerbes eingegangen worden (aaO, S. 2 ff). Bei LONDON ECONOMICS war gefragt worden, ob spezifische Präferenzen für nationale Produkte bei der Steuerarbitrage eine Rolle spielen. Dies ist jedoch nicht der Fall, wenn man sich die Möglichkeit des Re-Importes zutreffend vor Augen hält. Denn dem Einzelhändler des Niedrigsteuerlandes ist es unbenommen, ein spezifisches nationales Produkt eines Hochsteuerlandes legal unter Einschluss des Steuerausgleiches einzuführen und dann an Konsumenten aus dem Hochsteuerlandes inkl. der heimischen (niedrigen) Steuern zu verkaufen.

1.2 Erhebungsmethoden

Grundsätzlich sind direkte (Abschnitt 1.2.1) und indirekte Erfassungsmethoden (Abschnitt 1.2.2) zu unterscheiden.

1.2.1 Direkte Erhebung

(1) Erhebung an der Grenze: Theoretisch ist nächstliegend, die Grenze selber als Erhebungsort zu nutzen. In diesem Fall ist an die Befragung von Reisenden zu denken[397].

(2) Erhebung auf der Käuferseite: Um die Höhe der Direktimporte zu bestimmen, wären nicht nur die Grenzüberschreitenden zu einem Zeitpunkt als Erhebungseinheiten denkbar, es könnten auch alle Konsumenten im Landesinneren nach ihrem Kaufverhalten während eines vergangenen Zeitabschnitts befragt werden. Dies kommt allerdings aus Kostengründen nur für Erhebungen in Frage, die von finanzkräftigen Auftraggebern finanziert werden. Als kostengünstigere Alternative bzw. Ergänzung können Stichproben gezogen werden. Von den Ergebnissen der Stichprobe kann dann auf die Grundgesamtheit geschlossen werden. Für eine solche Herangehensweise können etwa die vorliegenden Studien des INSTITUTS FÜR WELTWIRTSCHAFT (1994), des INSTITUTS FÜR GRENZLANDFORSCHUNG (1991, 1992 a, 1992b) und des INSTITUTS FÜR HANDELSFORSCHUNG (1995) angeführt werden.

(3) Erhebung auf der Verkäuferseite: Eine weitere Möglichkeit besteht in der Befragung von Einzelhändlern (wieder in der Gesamtheit oder als Stichprobe) nach der Herkunft ihres Kundenstammes. Hierunter fallen z.B. die Fragebogenstudien unter Einzelhändler vom INSTITUT FÜR MITTELSTANDSFORSCHUNG (1991) und die Untersuchung von RATZINGER (1998).

Die vorliegenden Erhebungen haben nach Auffassung des Verfassers die Möglichkeiten zur Gewinnung von Informationen über die empirische Realität der Steuerarbitrage bei indirekten Steuern tiefschürfend und mit nicht unbefriedigenden Ergebnissen ausgenutzt. Im Rahmen dieser Arbeit kann aus Kostengründen keine weitere solche Erhebung angestellt werden. Vielmehr wird der Blick in erster Linie auf makroökonomische Datenquellen und deren regressionsanalytische Auswertungsmöglichkeiten gerichtet, um die vorgefundenen Fragebogenstudien zu ergän-

---

397 In den Jahren vor und nach der letzten Tabaksteuererhöhung hat das Bundesministerium eine solche Totalerhebung vorgenommen; vgl. Unterabschnitt 3.1.1.3 diese Teils! Aus dem Jahre 1988 liegt eine Befragung an der deutsch-dänischen Grenze vor: Das INSTITUT FÜR GRENZLANDFORSCHUNG hat dort an einigen Tagen stichprobenweise ausgewählte Grenzgänger, Bus- und Pkw-Reisende befragt.

zen. Befragungen weisen darüber hinaus den Nachteil auf, dass nicht sicherzustellen ist, dass die Befragten ehrlich antworten[398].

Nicht zuletzt wegen des Ergebnisses der Studie des ESRI, dass in Irland die Befragten nicht die tatsächlichen Steuerarbitrageaktivitäten, sondern deutlich niedrigere Werte angeben, lässt eine Untersetzung der gefundenen Befragungen auf Stichprobenbasis erforderlich erscheinen.

1.2.2 Indirekte Erhebung

(1) Erhebung der Güterströme: Eine weitere Möglichkeit liegt darin, indirekt vorzugehen – d.h. von Veränderung im Landesinneren auf die grenzüberschreitenden Ströme zu schließen – und vorhandenes Statistikmaterial auszuwerten. Z.B. können Einzelhandelsgeschäfte mit ihren Umsätzen in grenznahen und -fernen Regionen betrachtet werden, um von Abweichungen der durchschnittlichen Umsätzen (im Vergleich zum Landesdurchschnitt) indirekt auf den Umfang der Direktimporte zu schließen.

Wenn die Umsätze oder Steueraufkommen in grenzbenachbarten Regionen gemessen werden, wird die Höhe der ausgefallenen (oder im umgekehrten Fall der zusätzlichen) Nachfrage nach Gütern ermittelt. Wenn nämlich ansonsten keine Differenzen zwischen einer grenznahen und -fernen Region bestehen, kann man durch einfachen Vergleich von Umsätzen und Steueraufkommen im Landes- oder Bundesdurchschnitt auf die Höhe der verlorenen (bei Nachbarschaft eines Niedrigsteuerlandes) oder gewonnenen Umsätze (im Falle der Nachbarschaft eines Hochsteuerlandes) schließen. Für diesen Vergleich ist zur Abstraktion von verschieden großen Regionen nach Möglichkeit eine relativierte Zahl zu wählen, die z.B. die Bevölkerungszahl als Basis nimmt.

Beispielsweise ist dann der Direktimportstrom (auf Mengen- oder Wertbasis[399]) während einer Periode aus der Statistik wie folgt zu ermitteln:

Pro-Kopf Direkt-importe	=	Pro-Kopf Umsätze eines Kreises j	-	Pro-Kopf Umsätze der BRD insgesamt

[398] Vgl. hierzu etwa die Ausführungen des ESRI (1988), aaO, S. 59, S. 72, die anführen, dass zu niedrige Fernsehgeräte- und Spirituoseneinkäufe angegeben wurden. Vgl. hierzu auch die Ausführungen in Kapitel 2.2.3.1 im 2. Teil dieser Arbeit.

[399] Je nachdem ob vom Datenmaterial her Absatzmengen vorliegen oder Umsätze. In der Literatur ist im Regelfall mit Umsätzen, also mit Werten gerechnet worden. In dieser Arbeit ermöglicht das Datenmaterial, bei Mineralölprodukten, direkt mit den nachgefragten Mengen zu arbeiten.

Ist der Pro-Kopf Umsatz eines Kreises in Grenznähe höher als der Pro-Kopf Umsatz eines Landes insgesamt, wäre beispielsweise zu überprüfen, ob die Umsätze dieses Kreises durch Käufe von Ausländern, die aus einem höher besteuernden Nachbarland gekommen sind, erhöht wurden. Liegt der Pro-Kopf Umsatz eines Kreises unter dem Landesdurchschnitt, so wäre zu vermuten, dass Inländer ins Nachbarland abgeströmt sind.

Die methodisch ausgefeilte Abschätzung der Steuerarbitrage in multiplen Regressionsmodellen geht im Prinzip ähnlich vor: Es werden z.B. die Umsätze von Gemeinden eines Landstriches durch mehrere unabhängige Variablen – statt wie im obigen Beispiel nur einer Variablen (der Einwohnerzahl) – erklärt. Weichen dann die Umsätze in einer grenznahen Gemeinde signifikant von den Umsätzen der nicht grenznahen Gemeinden ab und werden diese Abweichungen nicht durch die Variation des Sets der anderen unabhängigen Variablen erklärt, so kann mit dieser mehrdimensionalen statistischen Methode der Einfluss der Steuerarbitrage isoliert und quantifiziert werden. Beispiele für solche indirekten Untersuchungen sind die in den Vereinigten Staaten von Amerika von diversen Autoren (z.B. MIKESELL, FOX usw.) und in Kanada von WALSH/JONES sowie für Europa in Irland vom ESRI (1988) vorgenommenen Berechnungen.

(2) Erhebung der Geldströme: Gelingt es, die im Zusammenhang mit den Direktimporten als Gegenstück zu den Güterströmen fließenden Geldströme zu erfassen, hätte man ein weiteres Maß für die Direktimporte (hier allerdings nur für die *Werte):*

Wert der Direktimporte	=	Devisenfluss einer Periode zum Zweck des privaten Einkaufs		
	=	Devisenfluss zwischen Land a und b	-	Devisenfluss aus gewerblichen Lieferungen und Leistungen

Erforderlich für ein methodisch einwandfreies Vorgehen ist, dass die mit den Gütertransaktionen verknüpften monetären Ströme eindeutig den hier untersuchten privaten und den für diese Untersuchung nicht relevanten gewerblichen Güterströmen zugeordnet werden können.

Die Genauigkeit dieser Erfassungsmethode wird von der Trennschärfe in der Zahlungsbilanzstatistik zwischen privaten und gewerblichen Devisenströmen gegeben sein[400]. Ein weiteres Abgrenzungsproblem entsteht im privaten Bereich: Wie können Devisenströme, die von Direktimporten stammen, von den Reisedevisen von

---

400 Wenn die Zahlungsbilanzstatistik aufgestellt wird, fallen sämtliche nicht genau anderen Konten zuordnenbare Posten unter den sogenannten Restposten. Z.T. sind hier „Koffergeschäfte" oder „Tafelgeschäfte" - Kapitaltransaktionen - und aber auch Direktimporte verborgen, so dass diese Datenquelle nicht mit der zu fordernden Genauigkeit ausgewertet werden kann.

Touristen getrennt werden? Lassen sich überhaupt Direktimporteure von Touristen trennen[401]?

1.2.3 Übersicht Erhebungsmethoden

Um die verschiedenen Ansatzpunkte zur Messung der Steuerarbitrage übersichtlich darzustellen, sei die folgende Abbildung einer Steuerarbitrageaktivität gezeigt.

Betrachtet sei der Fall eines Direktimports eines Inländers aus dem Ausland. Für ein Gut ist der inländische Steuersatz höher als der ausländische. Der Pfeil (→) bezeichnet den physischen Grenzübertritt des Arbitrageurs. Zunächst tauscht der Arbitrageur inländische Zahlungsmittel gegen ausländische Sorten ein (Alternative 1)[402]. Mit diesen Zahlungsmitteln ausgestattet überschreitet der Arbitrageur die Grenze (I → A). Im Ausland kauft er die niedriger besteuerte Ware und überführt diese wieder ins Inland (I ← A). Diese Gesamttransaktion schlägt sich im Inland auf der Güterebene (unterlassener Güterkauf der höher besteuerten Ware) und auf der Geldebene durch einen Nachfrageanstieg nach ausländischen Zahlungsmitteln nieder. Im Ausland bewirkt der Kauf niedriger besteuerter Güter einen Anstieg von Umsätzen dieser Ware.

Die Güterebene bleibt in den beiden anderen hier aufgezeigten Alternativen des Zahlungsmitteltausches (Alternative 2: Eintausch durch den Arbitrageur im Ausland, Alternative 3: Eintausch durch Einzelhändler im Ausland) unverändert. Nur der Ort, an dem die Nachfrage nach der Währung des niedriger besteuernden Landes steigt, ändert sich. Bei der Alternative 4 zahlt der Konsument mit Buchgeld (EC-Karte oder EC-Scheck bzw. Kreditkarte).

---

[401] Vgl. hierzu auch die Feststellungen des INSTITUTS FÜR HANDELSFORSCHUNG (1995), aaO, S. 37.

[402] Die hier wiedergegebene Situation stellt die Situation vor der Währungsunion zum 1.1.1999 dar.

Abbildung 3: Transaktionspunkte eines Direktimports– Erhebungsmöglichkeiten

Ort	Inland			Ausland		Inland
Güterebene			Grenzübertritt I → A	Kauf der Güter	Grenzübertritt I → A	Konsum
Messpunkte	inländischer Umsatz sinkt			ausländischer Umsatz steigt	Warenverkehr steigt	
Geldebene	Alternative 1	Konsument kauft ausländische Sorten im Inland	Grenzübertritt I → A		Grenzübertritt I → A	Konsum
Messpunkt		Nachfrage nach ausländischen Devisen steigt				
Geldebene	Alternative 2		Grenzübertritt I → A	Händler kauft ausländische Sorten im Ausland	Grenzübertritt I → A	Konsum
	Alternative 3		Grenzübertritt I → A	Konsument kauft ausländische Sorten im Ausland	Grenzübertritt I → A	Konsum
Messpunkt				Angebot heimischer Währung im Ausland steigt		
Geldebene	Alternative 4		Grenzübertritt I → A	Konsument kauft im Ausland mit Buchgeld	Grenzübertritt I → A	Konsum
Messpunkt				Buchgeldtransfer steigt		

Die Übersicht zeigt den Zusammenhang zwischen Arbitrage-Güter- und –Geldströmen.

Folgende Merkmale und Charakteristika sind bei der hier zu treffenden Auswahl einer geeigneten Erhebungsmethode zu beachten:

- Befragungen mit einem größeren Kreis an Befragten erfordern ein Budget, das den finanziellen Rahmen dieser Arbeit sprengen würde. Es stellt sich immer die befriedigend nur mit erheblichem Einsatz zu beantwortende Frage nach dem erforderlichen Stichprobenumfang, der repräsentativen Auswahl, der Hochrechnung und der Auswertung der Stichprobe.
- Für die indirekten Ermittlungen auf der Geldebene tauchen zwei Problemkreise auf, einmal lassen sich die Sorten- oder Devisenströme für die Steuerarbitrage aus den Geldströmen, die von Urlaubern, Geschäftsreisenden und dem generellen Dienstleistungsaußenhandel stammen, nicht trennen. Zum anderen wird immer nur ein Aggregat mitgeteilt, aus dem heraus differenzierte Aussagen zu einzelnen hoch besteuerten Gütergruppen nicht möglich sind. Beispielsweise lässt sich nicht klären, wie sich die hohe Verbrauchsteuerdifferenz zwischen französischen und britischen alkoholischen Getränken auf die Steuerarbitrage mit den einzelnen alkoholischen Getränken (Bier, Wein, Spirituosen) auswirkt.

- Grundsätzlich lassen sich die Umsätze entlang der Grenzabschnitte, die wegen ihrer Umsatzsteuerunterschiede erfasst werden, ermitteln einerseits über die herkömmlichen Aufschreibungen, die für Informations- oder andere Zwecke laufend bei den statistischen Landesämtern anfallen und anderseits über die darüber hinaus gehenden Sonderauswertungen und Befragungen der Käufer-/ Verkäuferseite.

Zusammengefasst können die Vor- und Nachteile der einzelnen Erhebungsmethoden wie folgt charakterisiert werden:

Abbildung 4: Vor- und Nachteile der Erhebungsmethoden

	Messpunkt	Messobjekt	Ermittlung	Charakterisierung
Güter-ebene	Inland	inländischer Umsatz sinkt	indirekt makroökonomisch	Regressionsrechnungen (makroökonomische Methode)
			indirekt mikroökonomisch	Totalerhebung im Inland oder in ausgewählten grenznahen Regionen aller Einwohner
			indirekt mikroökonomisch	Befragungen im Inland oder in ausgewählten grenznahen Regionen einer Stichprobe
Güter-ebene	Ausland	ausländischer Umsatz steigt	indirekt makroökonomisch	Regressionsrechnungen (makroökonomische Methode)
			indirekt mikroökonomisch	Totalerhebung im Inland oder in ausgewählten grenznahen Regionen aller Einwohner
			indirekt mikroökonomisch	Befragungen im Inland oder in ausgewählten grenznahen Regionen einer Stichprobe
	Grenze	Warenverkehr steigt	direkt	Befragungen der grenzüberschreitenden Personen (Fußgänger, Pkw, Busse, Bahn, Flugzeug, Schiffe usw.)
Geld-ebene				
Alternative 1	Inland	Nachfrage nach ausländischen Sorten steigt	indirekt monetär	Problem ist die Isolierung der Steuerarbitrage aus dem Sorten- und Devisenstrom (neben dem gewerblichen Güteraustausch, Reiseverkehr, Tourismus- und Dienstleistungsexport)
Alternative 2	Ausland	Nachfrage nach ausländischen Sorten steigt	indirekt monetär	
Alternative 3	Ausland	Nachfrage nach ausländischen Sorten steigt	indirekt monetär	
Alternative 4	Devisenbilanz (Inland /Ausland)	Nachfrage nach ausländischen Sorten steigt	indirekt monetär	

Für die eigenen Untersuchungen wird die indirekt-makroökonomische und die indirekt mikroökonomische Methode gewählt.

1.2.4 Übersicht über statistische Datenquellen für makroökonomische Untersuchungen

Nachdem die möglichen Erhebungsmethoden aufgezeigt sind, müssen die Quellen für die Statistiken über die einzelnen zu erklärenden Variablen, und das sind im wesentlichen die abgesetzten Mengen bzw. Umsätze (und die zugehörigen Angaben für die Anzahl der Unternehmen und die Anzahl der Beschäftigten) im Einzelhandel, ermittelt werden.

Zahlen aus laufenden Statistiken, die über das Kaufverhalten von Konsumenten im Raum Auskunft geben, müssen grundsätzlich die Variable Umsatz oder/und nachgefragte Menge beinhalten.

Der Schwerpunkt der bundesdeutschen Volkswirtschaftlichen Gesamtrechnung liegt - traditionellerweise - im Bereich des Produzierenden Gewerbes. Auf den Produktionsstatistiken baut z.B. die Berechnung der Wertschöpfung und des Bruttosozialproduktes usw. auf.

Angaben für Umsätze oder nachgefragte Mengen des Handels sind dagegen nur in geringem Umfang verfügbar. Für die hier darzustellende Untersuchung verbleiben als Quellen für die Umsatzverschiebungen aus dem System der Volkswirtschaftlichen Gesamtrechnung allein die Arbeitsstättenzählungen im Handel und im Gaststättenwesen (Handelszählungen, kurz: HZ), die Handelsstichprobe für die Monatsberichterstattung, die Umsatzsteuerstatistik auf der Seite der Anbieter und die Einkommens- und Verbrauchsstichprobe des Statistischen Bundesamtes auf Seiten der Nachfrager.

Folgende Übersicht soll die verschiedenen Datenquellen und ihre erhobenen Merkmale darstellen:

Abbildung 5: Datenquellen für Umsätze

Nr.	Bezeichnung	Art	Güter-gruppen	Erhebungs-einheit	Regionali-sierung	Periodi-zität	Variablen
1	Handelszählung	Zensus	vierstellige Sypro Eh, Gh, HV	Betrieb Unternehmen	Kreise	6j.	Anzahl, Umsatz, Beschäftigte, Verkaufsfläche
2	laufende Statistik	Steuer-statistik	vierstellige Sypro Eh, Gh, HV[a]	Unternehmen mit Umsatz > 20.000 DM	Kreise	2j	Anzahl, Umsatz
3	Umsatz und Beschäftigung im Einzelhandel	Panel		25.000 Unternehmen	nicht disag-gregierbar	monat-lich seit 1980	Messzahlen: Umsatz, Bes-chäftigung
4	Einkommens- und Verbrauch-stichprobe (EVS)	Stich-probe	dreistellige Sypro	ca. 48.000 Haushalte	nicht dis-aggregier-bar	alle 5 Jahre	Einnahmen und Ausgaben
5	Laufende Wirt-schaftsrechnung	ergänzt die EVS					
6	Absatzstati-stiken des MWV[b]	laufende Statistik	Tankstel-len, der 8 großen Konzerne[c]		Kreise	jährlich	Absatz Diesel- und Vergaser-kraftstoff
7	Absatzstatistik der GfN[d]	laufende Statistik	Autobahn-tankstelle	einzelne Tankstelle	Kreise Regie-rungs-bezirke	jährlich	Absatz Diesel- und Vergaser-kraftstoff

a. Eh = Einzelhandel, Gh = Großhandel, HV = Handelsvermittlung.
b. MWV = Mineralölwirtschaftsverband, Hamburg.
c. Aral, BP, Esso, Shell, Texaco (ab 1990 Dea), Mobil Oil, Wintershall, VEBA.
d. GfN = Gesellschaft für die Verwaltung der Nebenbetriebe der Bundesautobahnen, Bonn.

Eine Auswertung, wie Steuerdifferenzen zu einem bestimmten Zeitpunkt, z.B. bei der Tabaksteuer oder der Mineralölsteuer, auf die Güternachfrage im grenznahen Raum wirken (egal ob im Falle des Niedrigsteuergebietes die Umsätze steigen oder im Falle des Hochsteuergebietes die Umsätze sinken), erfordert detaillierte disaggregierte Daten in den drei Dimensionen Zeit, Region und Warenart. Dies ist umso mehr nötig, als sich bei den bisherigen empirischen Untersuchungen die Notwendigkeit ergeben hat, die Gütergruppen im einzelnen einer besonderen Untersuchung zu unterziehen, die mit speziellen Verbrauchsteuern belegt sind.

Das Problem bei der Verwendung der amtlichen Statistiken ist nun dadurch gegeben, dass die veröffentlichten Tabellen immer nur einige, aber nicht alle, der erforderlichen Dimensionen ausweisen. Will man aber wie in dem hier untersuchten Fall die Umsätze eines Produktes für eine Region in einer Periode wissen, sind regelmäßig *Sonderauswertungen* erforderlich, die nur mit zusätzlichem Aufwand zu bewerkstelligen sind.

Vielfach ist eine langfristige Untersuchung, wie sie hier für einen Zeitraum von zwanzig Jahre angestrebt wird, gar nicht möglich, weil das zugrundeliegende Datenmaterial nicht durchgehend für alle Zeitabschnitte, Warenarten und Regionen vorhanden ist (Problem der Stetigkeit), und die veröffentlichten Tabellen keine Kreuzauswertungen ermöglichen. (Konstanz der Erhebungsmethodik, Vergleichbarkeit z.B. wegen Änderung der Einkommensteuergesetze oder wegen Umgemeindungen im Zuge von Gemeindegebietsreformen).

Eine einzigartige Besonderheit stellt die während dieser Untersuchung wiederhergestellte deutsche Einheit dar, die zu Umschichtungen der finanziellen und personellen Mittel der statistischen Behörden geführt hat, aber auch in der zu beobachtenden Realität völlig neue Konstellationen hervorgerufen hat. Z.B. sind in den Monaten vor und nach der Wiederherstellung der staatlichen Einheit Ströme an Reisenden zu beobachten, die zu unvergleichbaren äußeren Rahmenbedingungen geführt haben. Darüber hinaus hat sich eine Umschichtung der deutschen Bevölkerung durch Übersiedeln von Ost nach West und West nach Ost in einem während der vergangenen dreißig Jahre nicht gekannten Ausmaß ergeben. Von daher ist die vorgenommene Zäsur in der Untersuchung der Direktimportströme von 1970 bis 1990 (Außengrenzen der Alten Bundesländer) und von 1991 bis 1996 (Außengrenzen Sachsen und Brandenburgs) nicht zu umgehen.

1.3 Problembereiche der Datenauswahl

Im folgenden sind sieben Problembereiche für die Auswahl der Daten für Umsätze bzw. Absätze im Raum zu unterscheiden:

(1) Die Einteilung nach Güterarten,
(2) die Unterscheidung von Betriebs- und Unternehmenszahlen,
(3) die Regionalisierung,
(4) die Periodisierung,
(5) die Preisbereinigung (Deflationierung),
(6) die Zuordnung zu Grenzabschnitten,
(7) die Geheimhaltung und
(8) die Homogenität von Gütern.

Im folgenden ist die Problematik im einzelnen zu charakterisieren.

1.3.1 Güterarten

Die richtige Erfassung von Güterarten ist insbesondere für die Betrachtung der Umsätze wesentlich, die einer speziellen Verbrauchsteuer zugeordnet werden sollen.

Güterarten zu unterteilen, wie sie für die Zuordnung von Gütern zu Bemessungsgrundlagen von Umsatz- und Verbrauchsteuern benötigt werden, ist grundsätzlich aus den Steuerstatistiken und den Handelsstatistiken der Volkswirtschaftlichen Gesamtrechnung nicht möglich. Erhebungseinheit ist dort nämlich immer das verkaufende Unternehmen oder der verkaufende Betrieb und nicht die Warenart „Bemessungsgrundlage für die Verbrauchsteuer XY".

Die Einteilung der Erhebungseinheiten in die Systematik der Wirtschaftszweige (SYPRO[403]) erfolgt nach dem wirtschaftlichen Schwerpunkt. Liegt der wirtschaftliche Schwerpunkt im Bereich des allgemeinen Einzelhandels, können keine Umsätze mit einzelne Warengruppen aus den allgemeinen Umsätzen getrennt werden (z.B. verkaufen viele Lebensmittelmärkte Zigaretten an der Kasse).

Etwas günstigere Voraussetzungen liegen für diejenigen Einzelhandelsgeschäfte vor, die einen Schwerpunkt ihres Umsatzes für eine solche Warenart angegeben, die sich weitgehend mit der Bemessungsgrundlage einer speziellen Steuer deckt. Problematisch ist allerdings, dass nur eine diskrete Einteilung in Warengruppen vorgenommen wird: Entweder erzielt ein Einzelhändler mehr oder weniger als die Hälfte[404] seines Umsatzes mit einer Warenart, dann wird er diesem Schwerpunkt zugeordnet, oder nicht. D.h. dass für die Umsätze der spezialisierten Einzelhandelsgeschäfte nur insofern von der Zuordnung der Erhebungseinheit zu einer Gütergruppe auf eine Bemessungsgrundlage exakt geschlossen werden kann, wenn 100% der Umsätze mit Gütern des Wirtschaftszweigschwerpunktes erfolgen. Über die Höhe der tatsächlichen Umsatzanteile gibt es keine Aufzeichnungen.

Für die ökonometrische Untersuchung mit Daten der Volkswirtschaftlichen Gesamtrechnung kommen nach den Erwägungen dieses Problembereiches hauptsächlich Einzelhandelsumsätze insgesamt (Systematiknummer 43), Tabakumsätze (4319) und Tankstellenumsätze (4375) in Betracht.

> Für die Mineralölumsätze ist zusätzlich zwischen Vergaser- und Dieselkraftstoffen (Vk, Dk) zu unterscheiden, weil zu den europäischen Nachbarländern jeweils eigene Steuerdifferenzen für Diesel und Benzin vorliegen; meist ist

---

403 Vgl. STATISTISCHES BUNDESAMT (1979) Die Systematik der Wirtschaftszweige, Fassung für die Statistik im Produzierenden Gewerbe (SYPRO) mit Meldenummern des Güterverzeichnisses für die Produktionsstatistiken, Wiesbaden.

404 Wenn ein Unternehmen mehr als einen Umsatzschwerpunkt aufweist, kann der Schwerpunkt der Unternehmenstätigkeit auch unterhalb von 50% liegen.

sogar eine anderes Vorzeichen der Steuerdifferenz gegeben, weil in der Bundesrepublik Deutschland Benzin relativ niedrig und Diesel relativ hoch besteuert werden, d.h. in der Regel tanken Ausländer in den grenznahen Regionen der Bundesrepublik Deutschland Benzin, und Deutsche aus grenznahen Regionen tanken Diesel im Ausland.

Die Auswirkung von Unterschieden bei der dritten großen Verbrauchsteuer, der Alkoholsteuer, lässt sich dagegen mit den herkömmlichen Statistiken nicht untersuchen. Dies ist darin begründet, dass es keine Einzelhandelsgeschäfte für die einzelnen Kategorien der Alkoholsteuer (Bier, Wein, Spirituosen) gibt. Alkoholische Getränke werden darüber hinaus zusammen mit nichtalkoholischen Getränken bzw. anderen Lebensmitteln verkauft. Es müssten für eine Untersuchung der Weinsteuer, die z.B. in Belgien oder Dänemark erhoben wird, die Umsätze mit Wein von denen mit Bier und nicht alkoholischen Getränken getrennt werden. Und die Spirituosenkäufe müssten ebenfalls sich von anderen Getränkeumsätzen trennen lassen[405].

1.3.2 Regionalisierung

Die Regionalisierung ist in verschieden weit gehenden Unterteilungen möglich. Es können aus den Daten der Steuerstatistiken und der Volkswirtschaftlichen Gesamtrechnung

- Bundesergebnisse,
- Landesergebnisse,
- Regierungsbezirkergebnisse,
- Kreisergebnisse und
- Gemeindeergebnisse

gewonnen werden.

Für die Wahl der günstigsten Disaggregationsebene sind zwei gegenläufige Einflussgrößen festzustellen:

- Der Nutzen steigt mit einer zusätzlichen Disaggregierung, weil eine feinere Unterteilung in homogene Untergruppen[406] oder z.B. nach der Entfernung zur Grenze möglich wird.

---

[405] Eine andere Möglichkeit bestünde darin, für den Fall höherer Alkoholsteuern in der Bundesrepublik Deutschland die Exporte an Spirituosen in die Nachbarländer als Schätzgröße für die Direktimporte anzuführen. Die ESRI-Studie erzielt mit dieser Annahme im Falle Irlands erstaunlich gute Schätzergebnisse. Es müsste ein stabiler Zusammenhang zwischen offiziellen Exporten und Re-Importen bestehen. Dies erscheint jedoch – nach Auffassung des Verfassers – in der Realität nicht gegeben zu sein.

[406] Z.B. kann eine (im Normalfall) mit höherer Bevölkerungsdichte und höherem Pro-Kopf-Einkommen ausgestattete Stadt von ihrem ländlichem Umkreis geschieden werden.

- Die Kosten für eine zusätzliche Disaggregation steigen mit jeder Stufe wegen der stark zunehmenden Anzahl untergeordneter Gebietskörperschaften progressiv an. Mit immer weiterer Disaggregation wächst zusätzlich die Unsicherheit, dass die Daten durch z.B. abweichende Abrechnungsmuster (vgl. Unternehmens- versus Betriebsergebnisse) oder uneinheitliche Erfassungsmethoden der statistischen Landesämter verzerrt sind.

Im Regelfall wird hier die niedrigste Disaggregationsebene bei den Kreisergebnissen angestrebt. Nur die Bestandsstatistik der Diesel- und Benzinpersonenkraftwagen ist für einen gewissen Zeitraum nur bis auf Regierungsbezirksebene zu unterteilen.

1.3.3 Periodisierung

Die Periodisierung der Daten steht vor zwei Problemen:

- Erstens ist von den Zeiträumen, die der Schätzung zugrunde liegen sollen, zu fordern, dass sie sich mit den Perioden überschneiden, in denen die beobachteten Variablen unverändert bleiben. Das heißt, die *Intervallgrenzen* aller (Strom)-Variablen müssen übereinander liegen. Diese Forderung ist nicht zu erfüllen, hauptsächlich weil die Änderungen der Steuersätze in der Bundesrepublik Deutschland und in den Nachbarländern in den letzten zwanzig Jahren nicht zum Jahresultimo[407] erfolgten.
- Zweitens müssen die Daten im selben regelmäßigem - und möglichst kurzfristigen - *Turnus* aufgeschrieben worden sein. Nicht zu füllende Datenlücken ergeben sich für die Handels- und Gaststättenzählungen, die nur alle 6 Jahre erfolgen, für die Umsatzsteuerstatistik (2 jährlich) und die Einkommensteuerstatistik (3 jährlich).

Einen Sonderfall stellt die zuletzt genannte Statistik über Einkommensgrößen dar: Grundlage sind die Ergebnisse der Einkommensteuerstatistik. Da diese von der Seite der Steuerpflichtigen her nur im dreijährigen Turnus als Steuerstatistik des BUNDESMINISTERIUMS DER FINANZEN erscheint, muss auf die Empfängerseite, also die Statistik der Gebietskörperschaften als Fiskus zurückgegriffen werden: In der Veröffentlichungsreihe L I 2 „Kommunale Finanzen“ werden Jahres- und sogar Quartalswerte veröffentlicht.

1.3.4 Preisbereinigung

Wenn man von der Datenbasis her nicht auf eine Mengenstatistik zurückgreifen kann, sondern Aufschreibungen über Umsatzzahlen benutzen muss, müssen bei der Verwendung von Zeitreihendaten die *Wert*angaben in *Mengen*angaben (Nachfrage-

---

[407] Oder legt man eine monatliche Unterteilung zu Grunde, nicht zum Monatsultimo.

mengen) umgerechnet werden[408]. Prinzipiell lassen sich zwei Stufen unterscheiden: So müssen die (nominellen) Umsatzwerte in einem Schritt in reale Umsatzwerte durch Deflationierung (mit der allgemeinen Inflationsrate) umgerechnet werden und in einem weiteren[409] Schritt müssen aus den realen Umsatzwerten Mengengrößen errechnet werden. Für diesen Schritt müsste idealiter die Zusammensetzung des Warenkorbes des Einzelhandelsgeschäftes bekannt sein. Wenn jedoch auf Annahmen über den Anteil des besteuerten Erzeugnisses am Gesamtumsatz (z.B. 50 %) zurückgegriffen werden mus müssen die realen Umsatzwerte durch die durchschnittlichen Preis- und Steueranteilen oder direkt die Bruttopreise[410] (inkl. Steuern) dividiert werden.

Diese Schwierigkeit tritt insbesondere auf, wenn die Reaktion von Haushalten auf Steuer*änderungen* analysiert werden soll: Die Umsatzsteuerstatistik weist zwar die Umsatzwerte ohne die Mehrwertsteuer aus, so dass die Errechnung von nachgefragten Mengen - wenn die Umsätze einer Warenart hinreichend genau zugerechnet werden können - vor und nach der Steuererhöhung mit dem selben Preisdivisor erfolgen kann[411]. Beachte allerdings, dass die Verbrauchsteuern in den steuerpflichtigen Umsätzen enthalten sind[412].

Als veranschaulichendes Beispiel seien die Monatsmesszahlen im Tabakeinzelhandel und die Veränderung der Tabaksteuersätze im Jahre 1982 verwendet: Nach den beiden Preiserhöhungen im Januar und Juni 1982[413] steigen die Umsatzzahlen an. Diese erhöhten Umsätze sind in Preissteigerungen und in Mengenreduktionen zu zerlegen:

Der einfachste Fall ergibt sich unter folgenden Annahmen:

- alle Umsätze eines Tabakeinzelhändlers sind Zigarettenumsätze,

---

408 Vgl. z.B. die Ergebnisse der Einkommens- und Verbrauchsstichprobe, die ausgewählte Güternachfragen auch in Mengen darstellt, wie z.B. für Zigarettenumsätze (Quelle: Statistisches Jahrbuch, fortlaufend, zuletzt (1989) Tabelle 21.4 "Ausgaben ausgewählter privater Haushalte für Nahrungsmittel, Getränke und Tabakwaren 1988". Oder die Mineralölabsatzmengen des Mineralölwirtschaftsverbandes und der Gesellschaft für Nebenbetriebe der Bundesautobahnen.

409 Beide Schritte können auch zusammenfallen, wenn die erforderlichen Preisdeflatoren zur Verfügung stehen.

410 Wenn Bruttopreise verwendet werden, kann auf den ersten Schritt der Deflationierung verzichtet werden, wenn die allgemeine Entwicklung des allgemeinen Preisindizes mit der Entwicklung der Netto-Preise für das jeweils betrachtetet steuerpflichtige Gut, z.B. Tabakwaren, übereinstimmt.

411 Unter der vereinfachenden Annahme, dass sich die Inzidenz der Umsatzsteuer durch die Steueränderung nicht verändert, was natürlich sehr problematisch ist.

412 Siehe § 10 (1) Umsatzsteuergesetz.

413 Die Tabakindustrie hat die Steuererhöhung zum 1.6.1982 in zwei Schritten als Preiserhöhung weitergegeben.

- es findet keine Substitution teurer Zigaretten durch billige Zigaretten statt,
- keine Konsumenten weichen ins Niedrigsteuer-Nachbarland aus.

X bezeichne die Menge, U die Umsätze; die Indizes 1, 2 stehen für die Zeitpunkte vor und nach der Steuererhöhung. Dann errechnet sich die verkaufte Menge aus dem Umsatz wie folgt:

$$X_{Tabak} = \frac{U_{Tabak}}{p_{Tabak}(1 + t_{Tabak})}$$

Die Mengenveränderung (Inzidenz) ist gleich:

$$\Delta X_{Tabak} = X^2{}_{Tabak} - X^1{}_{Tabak} = \frac{U^1{}_{Tabak}}{p_{Tabak}(1 + t^1_{Tabak})} - \frac{U^2{}_{Tabak}}{p_{Tabak}(1 + t^2_{Tabak})}$$

1.3.5 Betriebs- versus Unternehmenskonzept

Ein anderes Problem ergibt sich für die Umsatzsteuerstatistik: Im Zusammenhang mit der Umsatzbesteuerung fallen Umsatzsteuererklärungen[414] an, die statistisch ausgewertet werden (Steuerstatistik).

Das Problem besteht immer dann, wenn der steuerpflichtige Unternehmer *mehrere Betriebsstätten* besitzt. Erhebungseinheit nämlich nicht die für die hier vorgenommene Untersuchung relevante örtliche Einheit "Arbeitsstätte/Betrieb", also das Ladengeschäft, in dem der Güteraustausch tatsächlich stattfindet, sondern die umsatzsteuergesetzliche Einheit "Steuerpflichtiger Unternehmer" (§ 2 Abs. 2 Nr. 2 UStG).

Zum anderen kann sich durch die Zusammenfassung mehrerer, rechtlich selbständiger Betriebe zu einem Konglomerat das gleiche Problem der Trennung des Ortes der Lieferung an den Endverbraucher und der Abgabe der Steuererklärung resp. der räumlichen Einordnung in der nach Kreisen disaggregierten Umsatzsteuerstatistik ergeben. Diese Zusammenfassung wird als *umsatzsteuerliche Organschaft* bezeichnet. Gerade im Einzelhandel und im Facheinzelhandel hat in den vergangenen

---

[414] Genauer handelt es sich um Umsatzsteuer-Voranmeldungen, vgl. die Erläuterungen in der Einleitung und im Anhang der Umsatzsteuerstatistik (hrg. vom STATISTISCHEN BUNDESAMT).

Jahrzehnten eine Konzentration stattgefunden, die immer mehr früher selbständige Einzelhändler in Filialisten einer großen Handelskette umgewandelt hat. Damit wird die regionale Kennung eines Umsatzes erschwert. Insbesondere die regionalisierten Ergebnisse der Kreise, in denen die großen Einzelhandelsketten ihren Sitz haben (z.B. Kaisers Kaffee in Viersen, Kaufhof AG in Köln, Karstadt AG in Essen, Albrecht in Mülheim, usw.), können nicht verwendet werden[415].

In diesem Sachverhalt ist begründet, dass eine Überprüfung der Steuerarbitrage wegen Differenzen bei der allgemeinen Umsatzsteuer nur eingeschränkt möglich ist.

1.3.6 Zuordnung zu Grenzabschnitten

Das Problem der Zuordnung von grenzbenachbarten und im Landesinnern liegenden Gebietskörperschaften zu Grenzabschnitten stellt sich immer dann, wenn

- einmal die Trennlinie zwischen zwei Nachbarländern auf Grenzhöhe nicht genau mit der Trennlinie zwischen zwei Kreisen übereinstimmt (Beispiel: Grenze zwischen Luxemburg und Belgien stößt nicht an der selben Stelle wie die Kreise Bitburg und Trier-Saarburg im Inland),
- und zum anderen, wenn Arbitrageströme tiefer in das (oder aus dem) Hinterland wegen Steuersatzdifferenzen zum Ausland fließen als bis zum unmittelbaren Nachbarkreis (Beispiel: niedrige Steuern in Luxemburg strahlen auf die Stadt Aachen ab, die eigentlich Belgien und Holland benachbart ist).

In den Fällen, in denen ein inländischer Kreis gleichzeitig zwei Nachbarländern gegenüberliegt, wird in dieser Untersuchung wie folgt vorgegangen:

(1) Wenn keine statistische Vorprobe, welche Zuordnung eine bessere Erklärungskraft hat, möglich ist, werden die heimischen Kreise doppelt beiden Grenzabschnitten zugeordnet[416].

(2) Ansonsten erfolgt die Zuordnung eines Kreises so, dass das Bestimmtheitsmaß des Schätzansatzes maximiert wird[417].

---

415 Vgl. die Analyse zu den Einzelhandelsumsatzergebnissen bei OBERHAUSER (1964) Material zur regionalen Streuung des Aufkommens einer Einzelhandelsumsatzsteuer, in: Kommunale Finanzen und Finanzausgleich (hrg. von TIMM/JECHT), SchdVfSPol 32 NF, S. 219 ff. Auf S. 221 f berichtet OBERHAUSER, dass er für eine eigene Untersuchung die Umsätze der großen Textileinzelhandelsketten (ab 40 Mio. DM Jahresumsatz je Kreis) mit Hilfe des internen Rechnungswesens der Unternehmen auf die einzelnen Filialbetriebe aufgeteilt hat. Für den Lebensmitteleinzelhandel und den Versandhandel sei ihm diese Aufteilung nicht gelungen.

416 Dies ist der Fall z. B. bei der graphischen Auswertung der Zollaufgriffe nach Grenzabschnitten in Kap. 3.1.1.2 dieses Teils.

417 In einer Vorprobe der Kraftstoffabsätze hat sich gezeigt, dass sich die Konsumenten aus grenznahen Kreisen, die gleichzeitig zwei Nachbarländern angrenzen, nicht nach der

1.3.7 Geheimhaltung

Schreitet die Disaggregierung zu weit voran, kann es dazu kommen, dass ein Umsatzergebnis einer Region aus Datenschutzgründen nicht mehr ausgewiesen werden darf. Kriterium nach dem Datenschutzrecht ist, dass sich der Umsatz eines Unternehmens nicht aus dem Kreisergebnis errechnen lassen darf. Dies ist nach der gesetzlichen Regelung der Fall, wenn

(1) die Werte eines oder zweier Unternehmen in einem Feld einer disaggregierten Tabelle veröffentlicht werden müssten,

(2) zwischen drei und neun Unternehmen in einem solchen Feld vorhanden wären und eines dieser Unternehmen einen Umsatzanteil von mehr als 50% an der Summe der Umsätze dieser Unternehmen erzielte.

1.3.8 Homogenität des betrachteten Gutes

Bei der Analyse der Steuerarbitrage bei speziellen Verbrauchsteuern ist darüber hinaus davon auszugehen, dass die Direktimporteure jenseits der Grenze die heimische Ware kaufen. So finden sich regelmäßig im grenznahen Einzelhandel Warensortimente, die auf die Kunden aus den Nachbarländern ausgerichtet sind.

Dies ist insbesondere deswegen problematisch, weil die herkömmlichen Statistiken bspw. zu Preisen regelmäßig nur die im gesamten Land verkauften Warensortimente betrachten. Die Zusammensetzung dieses inländischen Warenkorbes ist bei den mit Spezialakzisen belegten Produkten jeweils von den inländisch produzierten Waren geprägt.

Für eine grenzüberschreitenden Analyse ist es jedoch erforderlich, den Preis ein und desselben Gutes im In- und Ausland zu kennen.

Es wäre von daher wünschenswert, wenn die herkömmliche amtliche Preisstatistik neben dem für das gesamte Inland repräsentativen Warenkorb auch einen Warenkorb der grenznahen Einzelhandelsgeschäfte ausweisen würde. Für diese Arbeit lag jedoch keine solche erweiterte Statistik vor.

---

minimalen Entfernung, sondern nach der maximalen Höhe der Steuerdifferenz ausrichten (Vgl. Kap 3.1.2.2).

2. Datenmaterial

2.1 Steuersätze von 1970-90

Grundsätzlich ist für die hier zu ermittelnden Direktimporte und Steuersatzdifferenzen der Zeitraum von 1970 bis 1990 untersucht worden. Wegen der genannten Volatilität der äußeren Rahmenbedingungen erfolgt für die Ostgrenzen der Neuen Bundesländer noch keine Regressionsanalyse, so dass an dieser Stelle für die Jahre ab 1990 keine Steuersätze abgebildet werden[418].

Während dieser zwanzig Jahre haben sich die Mehrwert- und Verbrauchsteuersätze, von den Harmonisierungsbemühungen der Bemessungsgrundlage abgesehen, immer wieder verändert. Von Beginn der europäischen Steuerharmonisierung an, und auch nachdem 1970 ein einheitliches Umsatzsteuersystem verabschiedet worden war, liegen erhebliche Unterschiede in der Struktur der Umsatz- und Verbrauchsbesteuerung vor[419]. Und obwohl mehrere Konvergenzbeschlüsse auf europäischer Ebene getroffen wurden, haben sich die Steuersätze im Gros nur teilweise aufeinander zu bewegt[420].

Zunächst werden die Umsatzsteuersätze in den Mitgliedsländern der EG und in der Schweiz und in Österreich dargestellt. Anschließend erfolgt eine Übersicht zu den Verbrauchsteuern.

2.1.1 Mehrwertsteuersätze

Für die Mehrwertsteuer müssen neben dem Normalsteuersatz die ermäßigten und erhöhten Steuersätze beachtet werden. In fast allen Fällen bewirken unterschiedliche Normalsteuersätze in den benachbarten Ländern Steuerbelastungsunterschiede[421]. Zusätzliche Steuerbelastungsunterschiede zwischen zwei Ländern können

---

[418] Die für die Auswertung der Zollaufgriffe in Brandenburg und Sachsen erforderlichen Informationen über Steuer- bzw. Preisunterschiede konnten auf der Basis der Preisaufschreibungen des deutschen Zolls für die Jahre 1991 - 1996 vorgenommen werden.

[419] Vgl. die ersten beiden Umsatzsteuerrichtlinien, oben, S. 12 ff.

[420] Die Erfolge der Tabaksteuerharmonisierung liegen z.B. eher darin, dass unterschiedliche Steuerstrukturen z.B. zwischen Produzenten- und Nichtproduzenten-Ländern transparent wurden. Die unterschiedliche Höhe für heimisch erzeugte und international gehandelte Tabakwaren konnte hingegen nicht beseitigt werden; vgl. CAESAR/GOETZKE/MACKSCHEID (1983) Finanzwissenschaftliche Analyse der Tabaksteuerharmonisierung in der Europäischen Gemeinschaft, Berlin.

[421] Diese Unterschiede in der durchschnittlichen Belastung können durch Anpassung des Preissystems oder der Wechselkurse kompensiert werden. Vgl. die sich mit dem Preis- und Wechselkursausgleich beschäftigenden Modelle im zweiten Teil dieser Arbeit.

sich bei einzelnen Gütern dann ergeben, wenn zu einer etwaigen Verbrauchsabgabe in dem einen Land ein erhöhter Steuersatz und in dem anderen Land ein Normalsteuersatz angewandt werden.

2.1.1.1 Normalsätze

Tabelle 41: Entwicklung des allgemeinen Satzes der Mehrwertsteuer (in v.H.) [a]

	1970	1971	1972	1973	1974	1975	1976	1977	1978	1979	1980
BRD	11,0	11,0	11,0	11,0	11,0	11,0	11,0	11,0	12,0	12,0[b]	13,0
Dän	15,0	15,0	15,0	15,0	15,0	15,0	15,0	15,0[c]	18,0[d]	20,25	20,25[e]
NL	12,0	14,0	14,0	16,0	16,0	16,0	18,0	18,0	18,0	18,0	18,0
B	k.A.	18,0	18,0	18,0	18,0	18,0	18,0	18,0	16,0	16,0	16,0
Lux	8,0	10,0	10,0	10,0	10,0	10,0	10,0	10,0	10,0	10,0	10,0
F	23,0	23,0	23,0	20,0	20,0	20,0	20,0	17,6	17,6	17,6	17,6
Ch[f]	6,0	6,0	6,0	6,0	6,0	6,0	6,0	8,4	8,4	8,4	8,4
Ö	k.A.	k.A.	k.A.	16,0	16,0	16,0	16,0	18,0[g]	18,0	18,0	18,0
(Fortsetzung)											
	1981	1982	1983	1984	1985	1986	1987	1988	1989	1990	
BRD	13,0	13,0	14,0	14,0	14,0	14,0	14,0	14,0	14,0	14,0	
Dän	22,0	22,0	22,0	22,0	22,0	22,0	22,0	22,0	22,0	22,0	
NL	18,0	18,0	18,0	19,0	19,0	19,0[h]	20,0	20,0	18,5	18,5	
B	16,0[i]	17,0	19,0	19,0	19,0	19,0	19,0	19,0	19,0	19,0	
Lux	10,0	10,0	10,0[j]	12,0	12,0	12,0	12,0	12,0	12,0	12,0	
F	17,6	18,6	18,6	18,6	18,6	18,6	18,6	18,6	18,6	18,6	
Ch	8,4	8,4	8,4	9,3	9,3	9,3	9,3	9,3	9,3	9,3	
Ö	18,0	18,0	18,0	18,0[k]	20,0	20,0	20,0	20,0	20,0	20,0	

a. Quelle: COMMISSION DES COMMUNAUTES EUROPEENNES (1990) Taux de TVA Appliques dans les Etats Membres de la Communauté, XXI/311/90.
b. Ab 1.7.1979: 13,0%
c. Ab 3.10.1977: 18%.
d. Ab 1.10.1978: 20,25%.
e. Ab 1.6.1980: 22%.
f. Die Schweiz erhebt eine einphasige Grossisten-(=Wiederverkäufer)steuer. Für den Eigenverbrauch der steuerpflichtigen Unternehmer gilt ein Steuersatz von 6,2%. Bauleistungen werden mit 4,65% besteuert. Die Steuerbelastung der Endverbraucher ist abhängig von der Handelsspanne der nachfolgenden Einzelhandelsstufen. Die 6,2%, die von den Grossisten und Herstellern für ihren Eigenverbrauch leisten müssen, weist auf die Größenordnung dieser Belastung hin.
g. Ab 1.2.1977: 18%.
h. Ab 1.10.1986 20%.
i. Ab 1.7.1981: 17%.

j. Ab 1.7.1983: 12%.
k. Ab 22.10.1984: 20%.

Die Steueränderungen sind, soweit nichts anderes angegeben ist, zum Jahresende vorgenommen worden. Die Angabe eines Steuersatzes im Jahr der Steueränderung bezieht sich immer auf den Satz, der mehr als 6 Monate gegolten hat.

Für eine vergleichende länderübergreifende Untersuchung ist neben den nominellen Steuersätzen noch auf folgenden Zusammenhang hinzuweisen: Um die Größenordnung der indirekten Steuerlast, d.h. neben der Höhe des Steuersatzes den Geltungsbereich der Umsatzsteuer erfassen zu können, muss die Definition der Bemessungsgrundlage in einen Vergleich der Steuerlast einbezogen werden. Einen Vergleich dieser Steuerlast ermöglichte etwa die Angabe des Umsatzsteueraufkommens, anteilig am Bruttosozialprodukt oder an den Steuereinnahmen insgesamt. Z.B. weise ein Land zusätzliche Güter (z.B. Pkw der oberen Mittelklasse) der Bemessungsgrundlage der erhöhten Umsatzsteuer (Luxussteuer) zu. Dann blieben zwar die Angaben in den hier gezeigten Tabellen unverändert, obwohl sich das Aufkommen der Umsatzsteuer erhöht hat.

2.1.1.2 Luxusteuersätze

Tabelle 42: Erhöhte Mehrwertsteuersätze (Luxusteuer) (in v.H.)

	1970	1971	1972	1973	1974	1975	1976	1977	1978	1979	1980
BRD	-	-	-	-	-	-	-	-	-	-	-
Dän	-	-	-	-	-	-	-	-	-	-	-
NL	-	-	-	-	-	-	-	-	-	-	-
B	k.A.	25,0	25,0	25,0	25,0	25,0	25,0	25,0	25,0	25,0	25,0 30,0[a]
Lux	-	-	-	-	-	-	-	-	-	-	-
F	33,3	33,3	33,3	33,3	33,3	33,3	33,3	33,3	33,3	33,3	33,3
Ch	-	-	-	-	-	-	-	-	-	-	-
Ö	-	-	-	-	-	-	-	-	30,0	30,0	30,0
						(Fortsetzung)					
	1970	1971	1972	1973	1974	1975	1976	1977	1978	1979	
BRD	-	-	-	-	-	-	-	-	-	-	
Dän	-	-	-	-	-	-	-	-	-	-	
NL	-	-	-	-	-	-	-	-	-	-	
B	25,0 30,0[b]	25,0 33,0	25,0 33,0	25,0 33,0	25,0 33,0	25,0 33,0	25,0 33,0	25,0 33,0	25,0 33,0	25,0 33,0	
Lux	-	-	-	-	-	-	-	-	-	-	
F	33,3	33,3	33,3	33,3	33,3	33,3	28,0 33,3[c]	28,0 33,3[d]	25,0 28,0[e]	28,0	
Ch	-	-	-	-	-	-	-	-	-	-	
Ö	30,0	30,0	30,0	30,0[f]	32,0	32,0	32,0	32,0	32,0	32,0	

Anmerkungen zu vorigen Seite:
a. Ab dem 1.12.1980 wird auf Luxusgüter (Kraftfahrzeuge, Sportboote, Pelze, u.ä.) eine zusätzliche "Luxussteuer" in Höhe von 5% erhoben. Die Belastung solcher Güter beträgt insgesamt 30%.
b. Ab dem 1.9.1981 gilt ein erhöhter Luxusteuersatz von 25+8% = 33%.
c. Für drei Monate wird am 17.9.1987 ein zweiter Luxussteuersatz i.H.v. 28 % für Pkw mit mehr als 240 ccm Hubraum eingeführt.
d. Ab 1.12.1988 gilt ein erhöhter Steuersatz 28%.
e. Seit dem 15.9.1989 wird der untere Luxussteuersatz nicht nur aus Pkw sondern auch auf fast alle übrigen Luxusartikel angewandt, ausgenommen bleiben z.B. Lotterieumsätze.
f. Ab 22.10.1984: 32%

Nicht in allen Mitgliedsländern ist eine erhöhte Umsatzbesteuerung sogenannter Luxusgüter vorgesehen. Derartige Unterschiede in der Umsatzsteuer wirken auch auf die gesamte Steuerbelastung solcher Güter, die zusätzlich den Spezialverbrauchsteuern unterworfen sind. Etwa erniedrigt Luxemburg seine Umsatzsteuer auf Tabakwaren auf 2%, während in Frankreich z.B. Zigaretten mi 33,3% besteuert und in Belgien Wein und Branntweinerzeugnisse dem erhöhten 25%igen Steuersatz unterworfen werden.

Im Bereich der Grundnahrungsmittel gelten in den meisten Mitgliedsländern ermäßigte Steuersätze, während Dänemark den ohnehin schon - im Vergleich zum EG-Durchschnitt - hohen Normalsatz von 25% anwendet[422].

2.1.1.3 Ermäßigte Sätze

Tabelle 43: Ermäßigte Mehrwertsteuersätze (in v.H.)

	1970	1971	1972	1973	1974	1975	1976	1977	1978	1979	1980
BRD		5,5	5,5	5,5	5,5	5,5	5,5	5,5	6,0	6,0[a]	6,5
Dän	-	-	-	-	-	9,25[b]	-	-	-	-	-
NL	4,0	4,0	4,0	4,0	4,0	4,0	4,0	4,0	4,0	4,0	4,0
B	k.A.	6,0 14,0[c]	6,0 14,0	6,0 14,0	6,0 14,0	6,0 14,0	6,0 14,0	6,0 14,0	6,0	6,0	6,0
Lux	4,0	2,0[d] 5,0[e]	2,0 5,0	2,0 5,0	2,0 5,0	2,0 5,0	2,0 5,0	2,0 5,0	2,0 5,0	2,0 5,0	2,0 5,0
F	7,5 17,6[f]	7,5 17,6	7,5 17,6	7,0 17,6	7,0	7,0	7,0	7,0	7,0	7,0	7,0
Ch	-[g]	-	-	-	-	-	-	-	-	-	-
Ö		8,0[hi]	8,0	8,0	8,0	8,0	8,0	8,0	8,0	8,0	8,0

---

422 Vgl. die Angaben im laufend beim BUNDESMINISTERIUM DER FINANZEN (Abt. I A 2) erscheinenden Informationsdienst zur Finanzpolitik des Auslands. Die hier zitierten Erläuterungen stammen aus Nr. 3/1979.

(Fortsetzung Ermäßigte Mehrwertsteuersätze)											
	1981	1982	1983	1984	1985	1986	1987	1988	1989	1990	
BRD	6,5	6,5	7,0	7,0	7,0	7,0	7,0	7,0	7,0	7,0	
Dän	-	-	-	-	-	-	-	-	-	-	
NL	4,0	4,0	4,0	5,0	5,0	4,0[j]	6,0	6,0	6,0	6,0	
B	6,0	6,0 1,0[k] 17,0[l]	6,0 1,0 17,0	6,0 1,0 17,0	6,0 1,0 17,0	6,0 1,0 17,0	6,0 1,0 17,0	6,0 1,0 17,0	6,0 1,0 17,0	6,0 1,0 17,0	
Lux	2,0 5,0	2,0 5,0	2,0[m], 0	3,0 6,0	3,0 6,0	3,0 6,0	3,0 6,0	3,0 6,0	3,0 6,0	3,0 6,0	
F	7,0	7,0 5,5[n]	7,0 5,5	7,0 5,5	7,0 5,5	7,0 5,5[o]	7,0 5,5	7,0[p] 5,5	5,5	5,5	
Ch	-	-	-	-	-	-	-	-	-	-	
Ö	8,0	8,0	8,0	8,0[q]	10,0	10,0	10,0	10,0	10,0	10,0	

a. Ab 1.7.1979: 6,5%.
b. Von September 1975 bis März 1976 existiert ein ermäßigter Satz; CCE (1990) Taxes de TVA, aaO.
c. Der Zwischensatz gilt bis 1978 für Umsätze mit gesellschaftlichem Interesse (Energie, Vermietung usw.).
d. Angewandt auf bestimmte Nahrungsmittel und Medikamente des Grundbedarfs, auch auf Tabakwaren!
e. Angewandt auf ausgewählte Umsätze mit Gütern und Dienstleistungen mit sozialem Charakter.
f. Bis 1973 existiert ein Zwischensatz für ausgewählte Lebensmittel, z.B. Süßigkeiten, sowie für Wohngrundstücke und öffentliche Grundstücke; vgl. KOMMISSION DER EUROPÄISCHEN GEMEINSCHAFTEN (1972) Inventar der Steuern, aaO, S. 328.
g. Die ermäßigten Umsatzsteuersätze (Eigenverbrauch, Bauleistungen) sind aus der Erhebungstechnik der Einphasensteuer auf Großhandelsebene bedingt und mit den ermäßigten Steuersätzen für Endverbraucher auf der letzten Verkaufsstufe unvergleichbar.
h. Neben dem ermäßigten Steuersatz i.H.v. 8 Prozent gab es noch Überreste aus dem alten Umsatzsteuerrecht, z.B. die 6 Prozent für die Forst- und Landwirtschaft und 10 Prozent für bestimmte Alkoholika. Das zugängliche Material ermöglicht es nicht, das Auslaufen (sicher ist: Auslaufen 1977) dieser Sondersteuersätze terminlich genau zu bestimmen.
i. Für Umsätze im kulturellen, sportlichen, sozialen Bereich, sowie für bestimmte alkoholhaltige Getränke (Heuriger).
j. Ab 1.10.1986 6%.
k. Der ermäßigte Satz von einem Prozent ist ab dem 1.3.1981 gültig und zwar für Gold als Investitionsanlagegut.
l. Mit dem 1.1.1983 wird - nach dem hiesigen Kenntnisstand - der Zwischensatz wieder eingeführt.
m. Ab dem 1.7.1983 erhöht auf 3 und 6%.
n. Ab dem 1.7.1982 tritt zu dem ermäßigten Steuersatz i.H.v. 7 Prozent, der auf die meisten Nahrungsmittel angewandt wird, ein zweiter ermäßigter Steuersatz i.H.v. 7 Prozent für bisher noch nicht ermäßigte Nahrungsmittel, wie z.B. unbehandelte Fischerei- und Geflügelerzeugnisse hinzu.
o. In einigen Zusammenstellungen taucht für 1986 und 1987 ein weiterer ermäßigter Steuersatz in Höhe von 4 Prozent auf. Ab 1986 gilt wieder ein Zwischensatz i.H.v. 13 Prozent für Baulandtransaktionen.
p. Der höhere ermäßigte Steuersatz läuft zum 1.12.1988 aus, fortan gilt nur noch der Satz von 5,5 v.H.
q. Ab 22.10.1984: 10%.

Neben den ermäßigten Steuersätzen gibt es sogenannte Nullsteuersätze und Umsatzsteuerbefreiungen (z.B. für Grundstückskäufe in Deutschland oder für Babykleidung in Großbritannien). Sie sind nicht Gegenstand dieser Untersuchung.

Als Resümee für die Umsatzsteuer ist festzuhalten, dass im konkreten Einzelfall nicht nur die Steuersätze (ermäßigt/normal/erhöht) miteinander verglichen werden müssen, sondern zusätzlich auch die unterschiedliche Zuordnung von Gütergruppen zu den Bemessungsgrundlagen der jeweiligen Umsatzbesteuerung.

Die Einschränkung der einem Kalenderjahr zuzuordnenden Umsätze zu einem mehr als sechs Monate gültigen Steuersatz ist eine weitere nicht vermeidbare Vergröberung.

2.1.2 Verbrauchsteuersätze

Eine besondere Problematik ergibt sich für die Spezialakzisen aus der möglichen unterschiedlichen Definition einer Steuer, nämlich als Mengen- oder als Wertsteuer: Es findet sich eine erste Gruppe spezieller Verbrauchsteuern, die als Mengensteuern definiert sind (hier sind das speziell die Alkoholsteuer und die Mineralölsteuer). Eine zweite Gruppe besteht aus der Kombination aus einem Wertsteueranteil und einem Mengensteueranteil (hier die Tabaksteuer). Diese Unterscheidung ist für die empirische Gegenüberstellung von unterschiedlichen Preisen und Steuersätzen relevant. Denn die Gleichsetzung von Preis- und Steuersatzunterschieden ist nur dann möglich, wenn die drei Komponenten Umsatz- und Verbrauchsteuer (Wert- und Mengenanteil) gleichgerichtet sind.

Wenn man Spezialakzisen (t_{VSt}) und Umsatzsteuern (t_{USt}) zusammen betrachtet, findet sich neben der Stücksteuer in jedem Fall ein Wertsteueranteil, weil auf den Netto-Preis inklusive Verbrauchsteuern noch die Mehrwertsteuer erhoben wird.

Liegt die Verbrauchsteuer als Wertsteuer $t_{WertVSt}$ vor, kann die Steuerbelastung in zwei Ländern 1 und 2 mittels der beiden Steuersätze unter stark vereinfachenden Annahmen[423] wie folgt verglichen werden:

$$p^{netto}(1 + t_{WertVSt}{}^{1})\,(1 + t_{USt}{}^{1}) < p^{netto}(1 + t_{WertVSt}{}^{2})\,(1 + t_{USt}{}^{2})$$

$$\leftrightarrow (1 + t_{WertVSt}{}^{1})\,(1 + t_{USt}{}^{1}) \;<\; (1 + t_{WertVSt}{}^{2})\,(1 + t_{USt}{}^{2}).$$

---

423 Betrachtet sei ein homogenes Gut, das in beiden Ländern zu konstanten Grenzproduktivitäten erzeugt und im Einzelhandel angeboten wird. Diese Annahme erscheint im Rahmen des Europäischen Binnenmarktes nicht unplausibel zu sein, zumindest für die hier betrachteten standardisierten Konsumprodukte Tabakwaren, Alkoholika und Mineralölerzeugnisse.

Der Steuerbelastungsvergleich in zwei Ländern erschwert sich durch die Mischung von Wert- und Mengensteueranteil: Will man die Steuerbelastung z.B. für 100%igen Alkohol in zwei Ländern durch Addition des proportionalen und des fixen Steuerbestandteils ermitteln, benötigt man zusätzlich zu den beiden Steuertarifen Angaben über die Nettopreise, die die Höhe der Wertsteuer im Verhältnis zur Mengensteuer bestimmen:

$$(p^{netto} + t_{StückVSt}{}^{1})\,(1 + t_{WertVSt}{}^{1})\,(1 + t_{USt}{}^{1}) < (p^{netto} + t_{StückVSt}{}^{2})\,(1 + t_{WertVSt}{}^{2})\,(1 + t_{USt}{}^{2}).$$

Nettopreise beinhalten als Bestandteile die Produktionskosten, die Handelsspanne und die Inzidenz der Spezialverbrauch- und Umsatzsteuern, d.h. die Traglast der Anbieterseite. Ohne weitergehende Modellierung ist schon ersichtlich, dass die Preisgestaltung von den Produktionskosten bis zum Endverkaufspreis in den verschiedenen betrachteten Nachbarländern und der Bundesrepublik Deutschland von sehr unterschiedlichen Faktoren beeinflusst sein wird[424], so dass die Höhe des Verbrauchsteuersatzes auf der einen und auf der anderen Seite der Grenze nur eine unvollständigen Einblick in die endgültige Belastung einer Ware und damit in die Bruttopreisunterschiede in den beiden Ländern gewährt.

Nun ergibt sich als praktisches Problem, dass die Nettopreise aus dem Rechnungswesen der Unternehmen nicht verfügbar sind. Denn hierzu liegen keine Veröffentlichungen vor.

Es scheint sich also im Regelfall zu empfehlen, statt dessen gleich die Bruttopreise am Markt in den jeweiligen aneinander angrenzenden Ländern zu vergleichen, weil letztendlich die Kaufentscheidung eines Endverbrauchers von den steuerinklusiven Preisen gelenkt wird.

Ein weiteres in den statistischen Datenquellen begründetes Moment erschwert die Analyse von Vergleichspreisen, die dem Arbitragekalkül eines Direktimporteurs zugrunde liegen: Wenn dieser Preisvergleiche anstellt, wird er immer den Preis *ein und derselben* Ware im Inland und im benachbarten Ausland miteinander in Bezug setzen. Keine Probleme scheinen beim Vergleich von Preisen eines homogenen Gutes, wie z.B. Benzin oder Diesel, vorzuliegen. Schwierig wird der Vergleich, wenn

---

424 Von den Auswirkungen der Unterschiede in den Erhebungstechniken der Spezialakzisen ganz zu schweigen, in einigen Ländern (z.B. in der Bundesrepublik Deutschland) werden die Verbrauchsteuern auf einer der Produktions- oder Einfuhrstufen erhoben, die Preisgestaltung ist den Unternehmen völlig freigestellt. In anderen Ländern hat der Staat ein Monopol über das Angebot bestimmter Waren (z.B. Tabakwarenmonopol in Frankreich oder Österreich oder Mineralölsteuermonopol in Österreich) gehabt. Unterschiedliche Erhebungsmethoden sind im übrigen zwischenzeitlich durch die Maßnahmen der Steuerharmonisierung angeglichen worden.

die üblichen Preisstatistiken - oder Inzidenzberechnungen - den Preis jeweils des im Inland meistverbrauchten Gutes verwenden. Weichen nämlich die Geschmacks- und Konsummuster in den benachbarten Ländern stark voneinander ab, sind dies Preisvergleiche von heterogenen Gütern. Insbesondere bei Tabakwaren und Spirituosen scheint hier ein mit den offiziellen Statistiken kaum zu lösendes Problem vorzuliegen. Der Einzelhandel des Niedrigsteuerlandes wird sich auf die Konsumwünsche des höher besteuernden Nachbarlandes einstellen. Die Arbitrageure aus dem Hochsteuerland werden sich nach dem Preis ihres heimischen Produktes im Ausland direkt beim Einzelhändler erkundigen. Der Preis einer solchen Ware, die nur im grenznahen Einzelhandel und ausschließlich für auswärtige Arbitrageure angeboten wird, erscheint in der Regel nicht in den nationalen Preisstatistiken.

Für den grenzüberschreitenden Zigarettenhandel ist diese Schwierigkeit vom BUNDESMINISTERIUM DER FINANZEN erkannt worden: Seit 1977 werden von den Zolldienststellen regelmäßig auf der anderen Seite der Grenze die Preise der in Deutschland handelsüblichen Marken notiert, so dass für diesen Teilmarkt eine sehr günstige Datenkonstellation vorliegt.

2.1.2 Tabaksteuersätze

Zunächst seien die mengenproportionalen Tabaksteuern in Landeswährung gezeigt:

Tabelle 44: Tabaksteuersätze in der BR Deutschland und in ausgewählten Nachbarstaaten 1970-90 (in Landeswährung) Stücksteuer auf 1.000 Zigaretten

	1970	1971	1972	1973	1974
BRD (in DM)	52,60	52,60	60,00	51,52	51,52
Dän (in DKr)	k.A.	k.A.	k.A.	231,6	k.A.
NL (in hFl)	k.A.	k.A.	2	2	2
B (in bF)	50-90	k.A.	k.A.	k.A.	k.A.
Lux (in luxF)	50-90	k.A.	k.A.	k.A.	k.A.
F (in ff)	k.A.	mind. 11	mind. 11	12	53,04
Ch (in sF)	20,65-23,45	20,65-23,45	20,65-23,45	25-30	30-36[a]
Ö (in öS)	-	-	-	-	-
	1975	1976	1977	1978	1979
BRD (in DM)	51,52	51,52	51,25	51,25	49,2
Dän (in DKr)	263,2	k.A.	k.A.	335,0[b]	k.A.
NL (in hFl)	2	2	2[c]	3,60[d]	3,6
B (in bF)	380;520	380;640[e]	mind. (420;700)	968[f]	968
Lux (in luxF)	380;520	380;640[g]	min (420;700)	780 (- 31.7.)	k.A.
F (in ff)	50,28	50,28	30[g]	30	30
Ch (in sF)	30-36	30-36	30-36	30-36[h]	36-43,20
Ö (in öS)	-	-	-	-	-
	1980	1981	1982	1983	1984
BRD (in DM)	41	41	56,5	56,5	56,5
Dän (in DKr)	410	k.A.	504,6	k.A.	538,2
NL (in hFl)	8,6	9,45[i]	9,45	10,2	29,60[j]
B (in bF)	968[k]	1.117[l]	1.169[m]	1.356?[n]	1.402[o]
Lux (in luxF)	-	-	-	130[p]	130
F (in ff)	30	30	30	30	30
Ch (in sF)	36-43,20	36-43,20	36,85-44,25[q]	36,85-44,25	46,90-51,60[r]
Ö (in öS)	-	-	-	-	-
	1985	1986	1987	1988	1989
BRD (in DM)	56,5	56,5	56,5	56,5	56,5
Dän (in DKr)	538,2	606,8[s]	k.A.	k.A.	k.A.
NL (in hFl)	29,85	29,85	60,8	60,8	60,8
B (in bF)	1.472	1.472	1.472	1.472	1.811[t]
Lux (in luxF)	130	130	130	130	130
F (in ff)	30	30	30	30	30
Ch (in sF)	49,60-53,80[u]	49,60-53,80	49,60-53,80	49,60-53,80	53,40-57,90[v]
Ö (in öS)	-	-	-	-	-

Anmerkungen zu den Tabaksteuern (Stücksteuersätzen) von der vorherigen Seite:

a. 25-30 (bis 31.5.1974).
b. Bis 30.6.
c. Ab 15.7.1977: 2,50.
d. Bis 31.1.1978: 2,50, bis 30.6.1978: 2,85.
e. Zunächst 380;520 (bis 15.2.), 380;600 (bis 31.3. und 9.5-14.9) 380;560 (bis 8.5.1976).
f. 780 (bis 31.7.1978).
g. Zunächst 50,28 (bis 31.5.).
h. Ab 30.9.: 36-43,20.
i. 8,60 (bis 14.2.).
j. Ab 23.10: 29,85.
k. Ab 31.7.: 1.013.
l. 1.013 (bis 17.6.).
m. Vorher: 1.117 (bis 31.3.),nachher ab dem 3.10.: 1.288.
n. 1.288 (bis 9.1.) 1.286 (bis 30.6.).
o. 1.356 (bis 19.2.).
p. Ab 1.7. gilt ein (?) Satz von 130.
q. 36-43,20 (bis 30.4.).
r. Noch vorher galt: 36,85-44,25 (bis 29.2.).
s. 538,2 (bis 31.3.).
t. Ab 30.6.: 1.858 ab 1.10.: 2.005.
u. 46,90-51,60 (bis 31.3.).
v. 49,60-53,80 (bis 31.3.).

Die Stücksteuern müssen in eine Währung, hier in DM, umgerechnet werden.

Tabelle 45: Tabaksteuersätze in der Bundesrepublik Deutschland und in ausgewählten Nachbarstaaten 1970-1990

a. Wertsteuer (proportionale Tabaksteuer und MwSt) auf Zigaretten (in %)											
	1970	1971	1972	1973	1974	1975	1976	1977	1978	1979	1980
BRD	24,91	24,91	24.91	25,53	25,53	25,53	25,53	25,53	26,34	27,13	70,38
Dän	k.A.	k.A.	k.A.	17,50	17,50	18,10	18,10	18,10	22,41[a]	22,41	21,68
NL	59,00	57,43	52,30	52,30	52,30	52,30	52,30	52,05[b]	51,39[c]	51,00	49,80
B	56,00	56,00	56,00	56,00	56,00	56,00	56,00	56,00	55,55	55,55	55,55
Lux	56,00	56,00	56,00	56,00	56,00	56,00	56,00	56,00	k.A.	k.A.	55,55
F	k.A.	67,90	67,90	70,30	65,84	62,41	62,41	53,54[e]	47,20	47,20	47,20
Ch	k.A.	k.A.	k.A.	k.A.	k.A.	k.A.	k.A.	k.A.	k.A.	k.A.	k.A.
Ö[1]	64,00	64,00	64,00	55,00	55,00	55,00	55,00	55,00	55,00	55,00	55,00
b) Stücksteuer je 1.000 Stück (in DM)											
	1970	1971	1972	1973	1974	1975	1976	1977	1978	1979	1980
BRD	52,60	52,60	60,00	51,52	51,52	51,52	51,52	51,25	51,25	49,20	41,00
Dän	k.A.	k.A.	k.A.	102,01	102,01	112,78	112,78	112,78	122,07	122,07	132,20
NL	k.A.	k.A.	1,99	1,91	1,93	1,95	1,91	2,11	2,97	3,29	7,87
B	6,61	6,45	6,52	6,15	34,57	34,80	39,14	45,36	54,78	60,53	61,35
Lux	6,61	6,45	6,52	6,15	34,57	34,80	39,14	45,36	54,78[d]	k.A.	k.A.
F	k.A.	6,95	6,96	7,17	28,58	28,87	26,53	18,17	13,37	12,92	12,90
Ch	19,84	19,83	19,59	25,20	29,15	34,29	36,27	34,86	42,69	47,62	46,86
Ö	-	-	-	-	-	-	-	-	-	-	-

(Fortsetzung Tabelle 45)

a. Wertsteuer (proportionale Tabaksteuer und MwSt) auf Zigaretten (in %)

	1981	1982	1983	1984	1985	1986	1987	1988	1989	1990
BRD	70,38	70,38	73,68	31,50	31,50	31,50	31,50	31,50	31,50	31,50
Dän	21,68	21,68	21,68	21,64	21,64	21,22[j]	21,22	21,22	21,22	21,22
NL	50,61[f]	50,72	50,70	39,22[g]	37,94	37,94	19,06	19,06	19,06	19,06
B	55,55	55,55	55,55	55,55	55,55	55,55	55,55	55,55	55,55	55,55
Lux	k.A.	k.A.	55,55[h]	55,55	55,55	55,55	57,55	57,55	57,55	57,55
F	47,20	49,03[i]	49,20	49,20	49,20	49,20	49,20	49,32[j]	49,76	51,14
Ch	0,00	0,00	0,00	0,00	0,00	0,00	0,00	0,00	0,00	0,00
Ö[k]	55,00	55,00	55,00	55,00	55,00	55,00	55,00	55,00	55,00	55,00

b. Stücksteuer 1970-1990 je 1.000 Stück (in DM)

	1981	1982	1983	1984	1985	1986	1987	1988	1989	1990
BRD	41,00	56,50	56,50	56,50	56,50	56,50	56,50	56,50	56,50	56,50
Dän	k.A.	147,03	147,03	147,89	149,44	158,11	158,11	158,11	158,11	158,11
NL	8,47	8,59	9,13	26,29	26,47	26,46	53,96	54,02	53,90	53,96
B	65,12	63,12	66,03	68,78	72,97	71,52	70,85	70,32	89,30	96,98
Lux	k.A.	k.A.	6,50	6,40	6,44	6,32	6,26	6,21	6,20	6,29
F	12,49	11,10	10,07	9,77	9,83	9,39	8,97	8,84	8,84	8,90
Ch	49,79	52,56	53,81	61,04	63,91	65,05	64,88	64,59	65,43	67,45
Ö	-	-	-	-	-	-	-	-	-	

a. Bis zum 30.6. 18,10.
b. Ab dem 15.7.: 51,75%.
c. Zunächst (bis 31.1): 51,75% und dann folgend (bis 30.6.): 51,79%.
d. Für die Zeit von 1978 bis 1983 liegen keine verläßlichen Angaben vor, die Besteuerungsstruktur ist in dieser Zeit geändert worden.
e. Bis zum 31.5. 62,41%.
f. Zunächst (bis 14.2.): 49,80%.
g. Ab dem 23.10. 37,94%.
h. Ab 1.7.
i. Zunächst bis 31.1. 47,20%.
j. In der ersten Jahreshälfte: 49,20%.
k. Die österreichische ad-valorem Tabaksteuer bezieht sich auf den sog. „Inlandsverschleißpreis".

Da die Besteuerung von Tabakwaren und insbesondere von Zigaretten sehr heterogen ist, ist die Preisaufschreibung der Zolldienststellen für durchgängig *eine* handelsübliche Marke, die für den bundesdeutschen Direktimporteur als Preisvergleich dient, sehr nützlich. Sie wird im anschließenden Abschnitt 2.2.2 Preisstatistiken des Bundesministers der Finanzen gezeigt.

2.1.3 Mineralölsteuersätze

Für die Besteuerung von Treibstoffen in Europa ist die Unterscheidung in Vergaser- und Dieselkraftstoffe entscheidend, da beide Kraftstoffarten regelmäßig unterschiedlich besteuert werden: In einigen Ländern ist die Steuer auf Dieselkraftstoff sehr viel niedriger als die auf Vergaserkraftstoff, in anderen Ländern entsprechen sich beide Steuern.

- In der ersten Ländergruppe (z.B. Frankreich, BeNeLux) wird Diesel als Einsatzfaktor für den gewerblichen Sektor, der überwiegend Lastkraftwagen und Personenwagen mit Dieselantrieb benutzt, betrachtet und deshalb steuerlich gegenüber dem Privatverkehr, der überwiegend mit Benzinmotoren angetriebene Personenkraftwagen benutzt, gefördert. Um zu verhindern, dass der private Pkw-Verkehr von den niedrigen Dieselsteuern profitiert, indem er einen Pkw mit Dieselmotor benutzt, sehen die Steuergesetze der Länder dieser Gruppe wesentlich höhere jährliche Bestandshaltesteuern für Diesel-Pkw im Vergleich mit den Kfz-Steuern für Benzin-Pkw vor.

- In der zweiten Gruppe von Ländern (z.B. Deutschland und Österreich) werden Diesel und Benzin als Substitute in etwa gleichhoch für ihre Eigenschaft als Antriebsstoffe im privaten und gewerblichen Verkehr besteuert. Bis 1991 war für den gewerblichen Sektor ein Ausgleich in den niedrigeren Jahreskraftfahrzeugsteuern geschaffen. Mit Verbrauchsteuererhöhung zum 1.6.1991 passt sich Deutschland allerdings an die Besteuerungsstruktur der Nachbarländer der ersten Gruppe an: Benzin wird um 0,25 DM höher besteuert, Diesel nur um 0,11 DM. Gleichzeitig wird die Kfz-Steuer für Diesel-Pkw erheblich angehoben.

Im folgenden sind nun die Steuersätze auf Benzin- und Dieselkraftstoff wiederzugeben.

Tabelle 46:	**Benzinsteuern in der BRD und in ausgewählten (Jahresmittelwert in DM/l)**										
	1970	1971	1972	1973	1974	1975	1976	1977	1978	1979	1980
BRD	0,35	0,35	0,38	0,40	0,44	0,44	0,44	0,44	0,44	0,44	0,44
Dän[b]	0,36	0,36	0,36	0,37	0,37	0,37	0,41	0,48	0,48	0,62	0,60
NL	0,36	0,36	0,39	0,40	0,44	0,45	0,44	0,45	0,45	0,44	0,48
B[c]	0,38	0,38	0,42	0,43	0,43	0,52	0,50	0,49	0,49	0,49	0,55
Lux[e]	0,35	0,35	0,36	0,37	0,36	0,36	0,35	0,35	0,36	0,44	0,43
F	0,39	0,38	0,38	0,37	0,36	0,39	0,39	0,44	0,50	0,57	0,57
Ch[f]	0,18	0,18	0,18	0,18	0,19	0,21	0,22	0,21	0,25	0,24	0,24
Ö[g]	0,33	0,33	0,33	0,31	0,31	0,32	0,32	0,40	0,40	0,44	0,47
(Fortsetzung)											
	1981	1982	1983	1984	1985	1986	1987	1988	1989	1990	
BRD	0,49	0,51	0,51	0,51	0,53	0,53	0,53	0,53	0,65	0,65	
Dän	0,61	0,61	0,63	0,62	0,63	0,92	0,97	0,97	0,61	0,95	
NL	0,50	0,51	0,59	0,62	0,62	0,64	0,71	0,71	0,70	0,71	
B	0,54	0,53	0,55	0,55	0,56	0,54	0,54	0,54	0,59	0,67	
Lux	0,42	0,45	0,44	0,44	0,44	0,44	0,43	0,43	0,43	0,43	
F	0,56	0,56	0,55	0,59	0,77	0,77	0,76	0,82	0,85	0,86	
Ch	0,25	0,26	0,27	0,26	0,28	0,29	0,29	0,29	0,30	0,30	
Ö	0,53	0,54	0,53	0,54	0,58	0,60	0,60	0,60	0,60	0,60	

a. Die beiden Tabellen, in denen die Jahresmittelwerte für die Mineralölsteuer auf Vergaser- und Dieselkraftstoffe zusammengestellt sind, beruhen auf eigenen Erhebungen im Jahre 1990 bei den Finanzministerien der Nachbarländer. Der deutsche Wert ist dem jeweiligen Steuergesetz entnommen worden (Die Steueränderungsgesetze finden sich in den laufenden Finanzberichten des BUNDESMINISTERIUMS DER FINANZEN). Es handelt sich um mit der Geltungsdauer gewichtete Durchschnittswerte die Steuerbeträge in der Landeswährung, die zu dem oben beschriebenen durchschnittlichen (Jahres)Wechselkurs in DM-Beträge umgerechnet wurden.

b. Ohne die Kohlenbeihilfe, die ab Mitte der sechziger Jahre zu zahlen ist.

c. In den Niederlanden werden zusätzlich Umweltschutzabgaben auf die Treibstoffe eingehoben.

d. Die belgische Mineralölsteuer setzt sich, analog zur Alkoholsteuer, aus einer Produktionsabgabe und einer Verbrauchsabgabe zusammen. Von Luxemburg wird nur der erste Teil der Steuer übernommen, so dass Luxemburg immer eine niedrigere Steuer auf Kraftstoffe besitzt. Es zeigt sich aber mit der Zeit ein bemerkenswertes Phänomen: Belgien ist der Staat, der zunächst seine Verbrauchsabgabe erhöht, um dann auf eine Umschichtung der Erhöhung auf die gemeinsame Produktionssteuer zu drängen: Immer wenn Belgien mit seiner alleinigen Verbrauchsteuer eine Mineralölsteuererhöhung in Belgien – gleichzeitig auch ein vergrößertes Steuergefälle an der belgisch-luxemburgischen Grenze – bewirkt hat, folgt aus belgischer Sicht eine Umschichtung der Gesamtlast von der Verbrauchsteuer weg auf die Produktionsteuer. Dann erhöht sich auch die luxemburgische Mineralölsteuer, denn dort gilt ja die gemeinsame Produktionsteuer. Bevor nicht der belgische Verbrauchsteuersatz zu Lasten des gemeinsamen Satzes gesenkt wurde, werden von Belgien aus keine weiteren Steuererhöhungen angestrengt. Hier könnte ein interessanter Untersuchungsgegenstand für eine spieltheoretische Situation gegeben sein.

e. Hinzuzurechnen sind Sonderabgaben für einen Kohlehilfsfonds, und zusätzlich bei der Landwirtschaft einen Hilfsfonds für die Landwirtschaft.

f. Die Steuerbeträge sind je 100 kg definiert. Sie sind mit einer spezifischen Dichte für Benzin von 0,74 kg/l umgerechnet worden.

g. Ab 1981 werden zusätzliche Abgaben zum Aufbau eines Lagerbestands für den Notfall und eine spezielle Abgabe für Ölprodukte erhoben. Sie bedeuten einen zusätzlichen Preisaufschlag i.H.v. ca. 13% auf die hier ausgewiesene Mineralölsteuer.

Tabelle 47: Dieselsteuern in der BRD und in ausgewählten (Jahresmittelwert in DM/l)

	1970	1971	1972	1973	1974	1975	1976	1977	1978	1979	1980
BRD	0,23	0,23	0,26	0,28	0,32	0,32	0,32	0,32	0,32	0,32	0,32
Dän[b]	0,36	0,36	0,36	0,37	0,37	0,37	0,41	0,48	0,48	0,06	0,10
NL	0,00	0,00	0,00	0,00	0,00	0,00	0,00	0,00	0,00	0,00	0,00
B[c]	0,38	0,15	0,17	0,17	0,18	0,19	0,18	0,18[d]	0,18	0,18	0,18
Lux[e]	0,35	0,08	0,08	0,37	0,08	0,08	0,08	0,07	0,09	0,09	0,12
F	0,23	0,22	0,22	0,22	0,21	0,24	0,22	0,21	0,26	0,32	0,32
Ch	0,32	0,32	0,35	0,36	0,39	0,50	0,53	0,51	0,59	0,58	0,57
Ö	0,16	0,25	0,25	0,24	0,25	0,25	0,29	0,31	0,30	0,33	0,36
(Fortsetzung)											
	1981	1982	1983	1984	1985	1986	1987	1988	1989	1990	
BRD	0,32	0,32	0,32	0,32	0,32	0,32	0,32	0,32	0,32	0,32	
Dän	0,11	0,10	0,10	0,10	0,10	0,34	0,49	0,46	0,44	0,46	
NL	0,00	0,00	0,00	0,00	0,00	0,00	0,09[e]	0,09	0,09	0,25	
B	0,24	0,23	0,25	0,26	0,26	0,26	0,25	0,25	0,31	0,39	
Lux	0,12	0,15	0,18	0,21	0,21	0,21	0,21	0,21	0,21	0,21	
F	0,32	0,31	0,32	0,33	0,40	0,40	0,39	0,44	0,46	0,48	
Ch	0,60	0,63	0,64	0,63	0,63	0,63	0,63	0,63	0,77	0,78	
Ö	0,40	0,44	0,44	0,44	0,44	0,44	0,44	0,44	0,43	0,43	

a. Die Angaben zu der Dieselsteuer in der Bundesrepublik Deutschland sind in den vorzufindenden Datenquellen z.T. widersprüchlich; die gezeigten Werte sind deshalb mit Hilfe der Angaben der IEA aus dem Jahre 1978 zurückgerechnet worden: Dort ist ein insgesamt Steuerbetrag von 41,7 Pf/l für Dieselöl bei einem Bruttopreis von 78,5 Pf/l angegeben. Der MwSt-Satz beträgt 12%. Das heißt, dass ca. 9 Pfg./l an MwSt vom Steuerbetrag abzuziehen sind. In diesem Falle erhält man 32 Pf/l als Mineralölsteuer.

b. Die dänische Mineralölsteuer wird für nachgewiesene gewerbliche Verwendung zurückerstattet. Zusätzlich zur Mineralölsteuer ist eine Spezialverbrauchsabgabe und eine Compulsory Storage Fee (nur 1979, 1981 (1. Quartal) und 1982 (3. Quartal) bis 1985 (2. Quartal) zu leisten.

c. Die Steuerbeträge sind im Gesetz je 100 kg definiert, sie sind mit einer spezifischen Dichte von 0,84 kg/l in Beträge je Liter umgerechnet worden.

d. Ab 1977 wird auf Dieselkraftstoff zusätzlich eine Notfallabgabe erhoben. Sie beläuft sich auf ca. 11% der Dieselsteuer. Sie ist in der Steueraufstellung nicht enthalten.

e. Ab 1987 weist die INTERNATIONALE ENERGIE AGENTUR zusätzlich zur Umsatzsteuer eine (Sonder)Steuer auf Dieselöl aus, die ungefähr 9% beträgt. Sie wird hier – entgegen der Praxis bei den anderen Sondersteuern – angegeben, weil sie den Trend in Holland hin zu einer Dieselbesteuerung anzeigt. Ab 1990 wird dann auch in den Niederlanden Diesel mit einer regulären Verbrauchsteuer wie in Deutschland besteuert.

Die steuerliche Gesamtbelastung setzt sich aus Umsatz- und Verbrauchsteuern zusammen. Weil für die Verbrauchsteuer eine andersgerichtete Steuerdifferenz vorliegen kann als für die Umsatzsteuer, muss auf jeden Fall die Steuerbelastung in beiden Komponenten berücksichtigt werden. Ein Problem der gemeinsamen Betrachtung der allgemeinen Umsatz- und der speziellen Verbrauchsteuer erschwert jedoch den Vergleich von Steuerbelastungen: Weil für die für die Addition von ad-valorem-Umsatzsteuer und Mineralöl(stück)steuer benötigten Informationen über die Netto-Kraftstoffpreise erforderlich ist, kann hier keine abschließende Darstellung über die Steuerdifferenz vorgenommen werden. Die Problematik sei für ein ausgewähltes Jahr (1979) gezeigt:

Tabelle 48: Mineralöl- und Umsatzsteuer 1979 in der BRD und in ausgewählten Nachbarländern[a]

	Benzin-steuer	Diesel-steuer	Ust	Benzin-steuer	Diesel-steuer	USt
	DM je l	DM je l	Prozent-satz	in % deutscher Steuer	in % deutscher Steuer	in % deutscher Steuer
BR Deutschland	0,44	0,44	13,00%	100,00%	100,00%	100,00%
Dänemark	0,62	0,06	20,25%	140,28%	13,64%	155,77%
Niederlande	0,44	0,00	18,00%	99,68%	0,00%	138,46%
Belgien	0,49	0,18	16,00%	111,06%	40,91%	123,08%
Luxemburg	0,44	0,09	5,00%[b]	98,91%	20,45%	38,46%
Frankreich	0,57	0,32	17,60%	129,80%	72,73%	135,38%
Schweiz	0,24	0,58	18,00%	54,71%	131,82%	138,46%
Österreich	0,44	0,33	18,00%	99,74%	75,00%	138,46%

a. Quelle: BUNDESMINISTER DER FINANZEN (1980) Informationen zur Finanzpolitik des Ausland für 1979, S. 5f.

b. Nach Angaben der Informationen zur Finanzpolitik des Auslands wendet Luxemburg 1979 den ermäßigten Steuersatz auf die Umsätze mit Benzin und Dieselöl an, dagegen zeigt eine Kommissionsübersicht aus dem Jahre 1985, dass der Normalsatz zu entrichten ist.

Im Falle Luxemburgs, Belgiens, Frankreichs, Österreichs und der Niederlande ist bei Diesel die Umsatzsteuerdifferenz entgegengesetzt als die Verbrauchsteuer. Eine Regression der Steuerarbitrage auf die Steuersatzunterschiede bei den speziellen Verbrauchsteuer Mineralölsteuer würde in diesen Fällen zu nicht zutreffenden Ergebnissen führen. Bei Benzin ergibt sich dieses Problem lediglich für die Schweiz, wenn man die minimalen Differenzen für Österreich und Luxemburg (unter 1%) vernachlässigt.

Um eine Prognose über die zu erwartenden Direktimportsströme zu treffen, müsste die Steuerdifferenz in eine Bruttopreisdifferenz überführt werden, also beide Steuerteile zusammengefügt werden.

Weil auf dem Markt für Treibstoffe eine gute Datenlage für diese Bruttopreise selber gegeben ist, wird hier auf eine Überleitung der Steuer- in Preisdifferenzen verzichtet. Wegen der für die Mineralölprodukte ausreichenden Informationen über Bruttopreise werden in der Übersicht zudem die vielen einzelnen Sonderabgaben, wie z.B. die zur Kohlehilfe, zum Aufbau eines Ölkrisenlagers oder zur Internalisierung der externen Effekte (Umweltschutzabgaben) nicht im einzelnen aufgeschlüsselt.

2.1.4 Alkoholsteuersätze

Tabelle 49: Branntweinsteuern in der BRD und in ausgewählten Nachbarländern (in DM je hl reinen Alkohols) 1970-90[a]

	1970	1971	1972	1973	1974	1975	1976	1977	1978	1979	1980
BRD	1.200	1.200	1.500	1.500	1.500	1.500	1.500	1.950	1.950	1.950	1.950
Dän[b]	5.836	5.643	5.511	6.034	5.827	6.633	6.449	7.488	6.768	8.967	7.578
NL	1.714	1.695	1.689	1.520	1.535	1.550	2.001	1.987	1.949	1.919	2.439
B[c]	1.616	1.577	1.594	1.504	1.463	1.472	1.990	1.976	1.947	1.907	1.891[d]
Lux[e]	1.249	1.219	1.232	1.162	1.130	1.138	1.109	1.102	1.085	1.063	1.057
F	1.319	1.263	1.454	1.374	1.423	1.757	1.842	1.649	1.730	1.839	2.204
Ch[f]	1.100	1.100	1.086	1.596	1.653	2.191	2.317	2.227	2.597	2.535	2.495
Ö[g]	614	606	600	594	603	615	611	611	602	596	611

(Fortsetzung)

	1981	1982	1983	1984	1985	1986	1987	1988	1989	1990
BRD	2.250	2.250	2.550	2.550	2.550	2.550	2.550	2.550	2.550	2.550
Dän	7.458[h]	6.993	6.926[i]	7.325	7.401	7.589[j]	7.436	7.383	7.123	7.392
NL	2.238	2.491	2.452	2.818[k]	2.818	2.817	2.820	2.824	2.817	2.821
B	2.588[l]	3.007	2.824	2.783	2.801	2.745	2.719	2.699	3.030	3.071
Lux	1.462	1.650	1.774[m]	1.872	1.884	1.846	1.829	1.815	1.813	1.838
F	2.617	2.564	2.280	2.213	2.226	2.128	2.072	2.303	2.302	2.318
Ch	2.651	2.754	2.797	2.787	2.760	2.781	2.774	2.761	2.646	2.680
Ö	617	619	618	619	619	619	618	619	618	618

a. Quelle: Eigene Recherchen bei den Finanzministerien der Nachbarländer (es lagen dem Verfasser zu Untersuchungsbeginn keine Statistiken zu Alkoholsteuern vor). Die Beträge in den jeweiligen Landeswährungen sind mit durchschnittlichen Wechselkursen (Quelle: DEUTSCHE BUNDESBANK, Währungen der Welt, fortlaufend) in DM-Werte umgerechnet worden. Alle Steuererhöhungen erfolgen, wenn nicht anders vermerkt, am 1.1. des jeweiligen Jahres. Sind mitten in einem Jahr Steueränderungen zu verzeichnen, wird der Wert mit der längeren Geltungsdauer angegeben.

b. Bis zum 31.5.1985 gibt es zwei Typen von besteuerten Spirituosen, die unterschiedlich hoch besteuert werden: Niedriger besteuert wird vornehmlich heimisch erzeugter Schnaps, wie z.B. Aquavit; höher belastet werden alle anderen hochprozentigen alkoholischen Getränke. Hier wird für den Zeitraum 1970-80 der höhere Steuerbetrag gezeigt. Ab dem 1.6.1980 setzen sich die dänischen Abgaben auf Alkoholika aus einer einheitlichen Mengensteuer und einer zusätzlichen ad-valorem-Verbrauchsteuer i.H.v. 37,5% zusammen.

c. Der angegebene Betrag setzt sich zusammen aus einer Alkoholakzise, die bei der Herstellung zu entrichten ist, und einer Verbrauchsteuer, die bei der Abgabe des gereinigten Alkohols an den Verbraucher entsteht.

d. Die Neuordnung der Steuer erfolgt zum 1.6.1980. Der gezeigte Betrag gilt nur bis zum 31.5.1980. Ein Vergleich der ab dem 1.6. zu entrichtenden Steuer fällt insofern schwer, weil der alte Betrag den reinen Alkohol mit 50° auf der Gay-Lussac-Spindel bei 15°Celsius und der neue Betrag mit 1° bei 20°Celsius definiert.

e. Die luxemburgische Alkoholsteuer setzt sich wie die belgische aus zwei Teilsteuern zusammen. Die Alkoholakzise ist betragsmäßig identisch. Die Verbrauchsabgabe ist wesentlich niedriger als die belgische Verbrauchsabgabe.

f. Es wird der Steuersatz auf Branntwein aus Äpfeln und Birnen angegeben. Neben diesem Steuersatz gibt es einen etwas niedrigeren Steuersatz auf Branntwein aus Kirschen, Zwetschgen, Pflaumen und Trauben.
g. Seit 1970 wird in Österreich ein Branntweinaufschlag i.H.v. 4.350 ÖS auf 1 hl reinen Alkohol erhoben. Änderungen des Steuerbetrages in DM ergeben sich in geringfügigem Ausmaß durch Paritätenschwankungen.
h. Die Werte der höheren, der alten zweigeteilten, Mengensteuer, die bis zum 31.5.1980 gültig ist, sind mit den Werten der einheitlichen Mengen- und Wertsteuer nur unter Vorbehalt, dass hier die richtige Bezugsbasis für die Wertkomponente verwendet wurde, vergleichbar.
i. Der Wert gilt nur bis zum 30.9.1983.
j. Die Steuererhöhung erfolgt zum 1.4.1986.
k. Die Steuererhöhung erfolgt am 1.2.1984.
l. Der gezeigte Steuerbetrag gilt nur bis zum 30.6.1981. Danach gilt der höhere Betrag, der für 1982 gezeigt wird.
m. Die Steuererhöhung erfolgt zum 1.7.1983.

Für die endgültige Preisdifferenz müssen neben den Alkoholsteuern noch die z.T. abweichenden Mehrwertsteuern berücksichtigt werden. Dies sei exemplarisch für das Jahr 1987 gezeigt:

Tabelle 50: Branntweinsteuer und Umsatzsteuer 1987 in der BRD und in ausgewählten Nachbarländern

	Branntweinsteuer	Umsatz steuer	Branntweinsteuer	Umsatzsteuer
	je l reinen Alkohols	absolut in %	in % deutsche Steuer	in % deutsche Steuer
BR Deutschland	25,5	14,00%	100,00%	100,00%
Dänemark	74,45	22,00%	291,96%	157,14%
Niederlande	28,2	20,00%	37,88%	90,91%
Belgien	27,35	25,00%	96,99%	125,00%
Luxemburg	18,39	12,00%	67,24%	48,00%
Frankreich	23,52	18,60%	127,90%	155,00%
Schweiz	27,89	9,30%	118,58%	50,00%
Österreich	28,2	20,00%	101,11%	215,05%

Quelle: Branntweinsteuer: Bundestags-DS 11/1326, S. 17. Umsatzsteuer: BUNDESMINISTER DER FINANZEN (1970-90) Informationen zur Finanzpolitik des Auslands, fortlaufend.

Aus der Übersicht über die steuerliche Gesamtbelastung von alkoholischen Getränken (Branntweinsteuer und Umsatzsteuer) ist - wie schon bei den Mineralölsteuern gezeigt - ersichtlich, dass beide steuerlichen Komponenten berücksichtigt werden müssen. Im Falle Belgiens z.B. ist die Alkoholsteuer niedriger als die der Bundesrepublik Deutschland, so dass ein Anreiz für Direktimporte von Deutschland nach Belgien bestehen könnte. Weil aber die Mehrwertsteuer in Belgien erheblich höher ist, kehrt sich die steuerliche Differenz um, und ein Arbitragestrom müsste sich von Deutschland nach Belgien ergeben. Ohne Kenntnis der Nettopreise ist aber keine Aussage über die Richtung der Summe der beiden

Steuerarten möglich. Deshalb wird in der hier vorgenommenen statistischen Berechnung versucht, möglichst in jedem Fall mit (Brutto)-Preisstatistiken zu arbeiten, da der Endverbrauchspreis inklusive aller Steuern die letztendlich relevante Größe für private Arbitrageure ist.

2.1.5 Kaffee-/Teesteuersätze

Für die Kaffeesteuer und die Teesteuer ergibt sich ein besonderes Bild, weil nur die wenigsten Länder (z.B. Deutschland) eine solche Verbrauchsteuer kennen:

Tabelle 51: Kaffeesteuer und Teesteuer in der BRD und in ausgewählten Nachbarländern[a]

a)	**Kaffeesteuer in Europa 1970-90 (in ECU/kg Röstkaffee)**										
	1970	1971	1972	1973	1974	1975	1976	1977	1978	1979	1980
BRD	2,02	2,02	2,02	2,02	2,02	2,02	2,02	2,02	2,02	2,02	2,02
Dän	0,20	0,20	0,20	0,20	0,20	0,20	0,20	0,20	0,64	0,64	0,64
Lux	0,00	0,00	0,00	0,00	0,00	0,00	0,00	0,00	0,00	0,00	0,00
F	3,93	3,93	3,93	3,93	3,93	3,93	3,93	3,93	3,93	3,93	3,93
Ö	k.A.	k.A.	k.A.	k.A.	k.A.	k.A.	k.A.	k.A.	k.A.	k.A.	k.A.
(Fortsetzung)											
	1981	1982	1983	1984	1985	1986	1987	1988	1989	1990	
BRD	2,02	2,02	2,02	2,02	2,02	2,02	2,02	2,02	2,02	2,02	
Dän	0,64	0,63	0,62	0,62	0,62	0,62	0,62	0,62	0,62	0,62	
Lux	0,10	0,20	0,20	0,20	0,20	0,20	0,20	0,20	0,20	0,20	
F	3,93	3,93	3,93	3,93	3,93	3,93	0,00	0,00	0,00	0,00	
Ö	k.A.	k.A.	k.A.	k.A.	k.A.	k.A.	k.A.	k.A.	k.A.	k.A.	
b)	**Teesteuer in Europa 1970-90 (in ECU/kg)**										
	1970	1971	1972	1973	1974	1975	1976	1977	1978	1979	1980
BRD	1,95	1,95	1,95	1,95	1,95	1,95	1,95	1,95	1,95	1,95	1,95
Dän	0,00	0,00	0,00	0,00	0,00	0,00	0,00	0,00	0,60	0,60	0,60
Lux	-	-	-	-	-	-	-	-	-	-	-
F	3,22	3,22	3,22	3,22	3,22	3,22	3,22	3,22	3,22	3,22	3,22
Ö	k.A.	k.A.	k.A.	k.A.	k.A.	k.A.	k.A.	k.A.	k.A.	k.A.	k.A.
(Fortsetzung)											
	1981	1982	1983	1984	1985	1986	1987	1988	1989	1990	
BRD	1,95	1,95	1,95	1,95	1,95	1,95	1,95	1,95	1,95	1,95	
Dän	0,60	0,60	0,60	0,60	0,60	0,60	0,60	0,60	0,60	0,60	
Lux	-	-	-	-	-	-	-	-	-	-	
F	3,22	3,22	3,22	3,22	3,22	3,22	3,22	3,22	3,22	3,22	
Ö	k.A.	k.A.	k.A.	k.A.	k.A.	k.A.	k.A.	k.A.	k.A.	k.A.	

a. Quelle: Eigene Erhebungen bei den Finanzministerien der Nachbarstaaten.

2.2 Preise

In dieser Arbeit sind durch Steuerbelastungsdifferenzen hervorgerufene Umsatz-, Arbeitsstätten- und Beschäftigungsunterschiede entlang der bundesdeutschen Grenze, schwerpunktmäßig zu den nördlichen, westlichen und südlichen Nachbarländern, zu betrachten.

In den bisherigen Abschnitten wurde das statistische Material über Steuersätze auf die mit Verbrauchsabgaben belegten Güter Alkoholika, Tabakwaren, Kaffee/Tee, Diesel und Benzin für die Bundesrepublik Deutschland und für die betroffenen Ländern zusammengetragen. Die sich ergebenden Steuerdifferenzen sind aber nur unter bestimmten Annahmen direkt den umgelenkten Umsätzen zur Berechnung einer Steuersatzdifferenzelastizität gegenüberzustellen. Dafür muss gelten, dass

(1) die Überwälzung dieser indirekten Steuern auf die Endverbraucherpreise in den betrachteten Ländern gleich groß ist und

(2) die Ceteris-Paribus-Annahme für alle anderen preisbildenden Faktoren gilt (also insbesondere gleiche Einstandskosten des Einzelhandels, gleiche Produktionskosten, gleiche Handelsspanne, gleiche steuerliche (Netto)-Belastung.

Weichen die genannten weiteren Preisbildungsfaktoren voneinander ab, müssen diese in ihrer Unterschiedlichkeit bei der Überleitung von Steuersatzdifferenzen in Preisdifferenzen berücksichtigt werden.

Das Problem der Ermittlung der jeweiligen Preisbildungsfaktoren würde bei der Zeitreihenanalyse an Bedeutung verlieren: Blieben nämlich die je Land unterschiedlichen Einflussgrößen, z.B. eine höhere Handelsspanne in dem einen Land und höhere fiskalische Netto-Belastung in dem anderen Land, im Zeitablauf gleich unterschiedlich, könnte von der *Veränderung* der Steuersätze auf die *Veränderung* der Endverbraucherpreise geschlossen werden.

Von der einfacheren Berechnungsmethodik her wird auf jeden Fall die Alternative direkte Preisermittlung heranzuziehen sein. Sie ist darüber hinaus in einigen Fällen nötig als zuverlässigere (Diesel und Benzin) oder einzig vorhandene Preisinformation über ein gleichartiges Gut, z.B. auf dem Markt der Tabakerzeugnisse (bundesdeutsche Markenzigarette, hiesigen Geschmacks).

Mit folgenden Quellen von Preisstatistiken ist gearbeitet worden:

- Tabakwaren: Preisaufschreibungen des BUNDESMINISTERIUMS DER FINANZEN
- Mineralölprodukte: INTERNATIONALE ENERGIE AGENTUR

2.2.1 Preisstatistiken des BUNDESMINISTERIUMS DER FINANZEN

Wie schon eingangs erwähnt, sind für die hier vorgenommnen ökonometrischen Untersuchungen des Zigarettenschmuggels bzw. der Steuerarbitrage bei Tabakwaren nicht die voneinander abweichenden Steuerbelastungen - zusammengesetzt aus Mengen- und Wertanteil der Tabaksteuer und der darauf erhobenen Mehrwertsteuer - sondern die Brutto-Preisabweichungen direkt verwendet worden.

Tabelle 52: Preis einer Packung Zigaretten in der Bundesrepublik Deutschland und in ausgewählten Nachbarländern (in DM) 1970-90[a]

	1970	1971	1972	1973	1974	1975	1976	1977[b]	1978[c]	1979	1980
BRD	1,82[d]	1,82	2,20	2,20	2,20	2,20	2,30	2,70	2,70	2,70	2,85
Dän[e]	k.A.	k.A.	k.A.	k.A.	k.A.	k.A.	k.A.	4,87	5,07[f]	4,81	k.A.
NL[g]	k.A.	k.A.	k.A.	k.A.	k.A.	k.A.	k.A.	1,82	2,00	k.A.	2,17
B[h]	k.A.	k.A.	k.A.	k.A.	k.A.	k.A.	k.A.	2,15	2,32	2,34[i]	k.A.
Lux[j]	k.A.	k.A.	k.A.	k.A.	k.A.	k.A.	k.A.	k.A.	1,74	1,77[n]	1,74[k]
F[l]	k.A.	k.A.	k.A.	k.A.	k.A.	k.A.	k.A.	1,74	1,89[m]	1,89[n]	2,20[o]
Ch[p]	k.A.	k.A.	k.A.	k.A.	k.A.	k.A.	k.A.	1,72	k.A.	2,21[n]	2,34[o]
Ö[q]	k.A.	k.A.	k.A.	k.A.	k.A.	k.A.	k.A.	k.A.	k.A.	3,26	3,37
(Fortsetzung)											
	1981	1982	1983	1984	1985	1986	1987	1988	1989	1990	
BRD	2,85	3,80[r]	3,80	3,80	3,80	3,80	3,80	4,00	4,00	4,00	
Dän	k.A.	4,98[s]	k.A.	6,40[t]	6,80[u]	7,10	k.A.	7,03[v]	k.A.	k.A.	
NL	k.A.	2,62	k.A.	2,79[t]	k.A.	k.A.	3,04[w]	k.A.	k.A.	k.A.	
B	2,27[x]	2,32	k.A.	2,51	k.A.	3,10	3,19	3,18	k.A.	k.A.	
Lux	1,83	1,99[y]	2,00	2,10[t]	2,25	2,42	k.A.	2,53	k.A.	k.A.	
F	2,21	k.A.	2,47[z]	2,54[aa]	2,53	2,50	2,60[bb]	2,84[cc]	k.A.	k.A.	
Ch	k.A.	k.A.	k.A.	3,02[aa]	k.A.	3,25	k.A.	k.A.	k.A.	k.A.	
Ö	3,51	3,67	3,81	4,15	4,29	4,48	4,55	4,62	k.A.	k.A.	

a. Quelle: BUNDESMINISTERIUM DER FINANZEN, laufende Preisaufschreibungen der Zolldienststellen. Die Angaben liegen erst seit 1977 für alle Nord- und Westgrenzen der Bundesrepublik Deutschland vor. Leere Felder deuten darauf hin, dass die Aufschreibung des Zolls nicht lückenlos erfolgt ist. Das Fehlen von Notizen kann als Hinweis gedeutet werden, dass sich die Preise nicht wesentlich verändert haben.
b. Februar 1977.
c. Januar 1978.
d. Die Preise für Zigaretten (20 Stück) stammen aus einer Aufstellung des VERBANDS DER CIGARETTENINDUSTRIE (1989), Typoscript, Hamburg.
e. Preis einer Packung der Marke „Prince".
f. September 1978.
g. Preis einer Packung „Ernte 23".
h. Preis einer Packung „Ernte 23".
i. November 1979.
j. Preis einer Packung „Ernte 23".
k. November 1980.
l. Preis einer Packung „Ernte 23".
m. März 1979.
n. August 1979.
o. Juli 1980.
p. Preis einer Packung "„Ernte 23".
q. Die Preise für eine Packung „Marlboro" stammen vom österreichischen Tabakmonopol, der AUSTRIA TABAK, Wien aus dem Jahre 1991.
r. Bis Mai 3,00 DM; danach 3,80 DM.
s. August 1982.
t. Dezember 1984.
u. Die Steuererhöhung erfolgt zum 1.4.1986.
v. Dezember 1988.
w. Dezember 1987.
x. Bis Juli 1981; danach: 2,51 DM.
y. August 1982.
z. Juli 1983.
aa. März 1984.
bb. August 1987.
cc. Wert aus dem April d.J.; ab Dezember gilt: 2,92 DM.

Für die deutsch-tschechische und die deutsch-polnische Grenze wurden von der OFD Chemnitz Preise für eine Stange Zigaretten notiert.

Tabelle 53: Preis einer Stange Zigaretten in der Bundesrepublik Deutschland und in ausgewählten östlichen Nachbarländern (in DM) 1991 - 1996[a]

	1991	1992	1993	1994	1995	1996
Deutschland	46	46	46	46	46	46
Polen	17	17	17	18	18	22
Tschechische Republik	17	17	17	18	18	19

a. Quelle: OBERFINANZDIREKTION CHEMNITZ, laufende Preisaufschreibungen der Zolldienststellen.

2.2.2 Preisstatistiken der INTERNATIONALEN ENERGIE AGENTUR

Für Vergaser- und Dieselkraftstoffe sind von der INTERNATIONALEN ENERGIEAGENTUR (IEA) folgende durchschnittliche Jahrespreise ermittelt worden[425]:

Tabelle 54: Benzinpreise (bezogen auf verbleites Benzin, Angaben je Liter in DM)[a]

	1978	1979	1980	1981	1982	1983	1984	1985	1986	1987	1988	1989	1990
BRD	0,93	1,00	1,17	1,42	1,39	1,37	1,40	1,44	1,08	1,05	1,02	1,23	1,22
Dän[b]	1,00	1,18	1,46	1,68	1,73	1,84	1,65	1,70	1,72	1,74	1,70	1,72	1,65
NL	1,00	1,09	1,31	1,53	1,58	1,55	1,60	1,63	1,32	1,41	1,40	1,47	1,50
B	1,01	1,12	1,44	1,67	1,59	1,57	1,57	1,68	1,24	1,20	1,18	1,31	1,42
Lux	k.A.	0,86	1,11	1,27	1,33	1,30	1,32	1,35	1,02	0,97	1,01	1,08	1,05
F	1,14	1,24	1,45	1,61	1,64	1,60	1,68	1,83	1,48	1,45	1,42	1,53	1,53
Ch	1,04	1,17	1,25	1,45	1,51	1,48	1,47	1,51	1,22	1,19	1,15	1,22	k.A.
Ö	0,97	1,03	1,22	1,49	1,61	1,57	1,62	1,69	1,35	1,32	1,27	1,37	k.A.

a. Quelle: Internationale Energie Agentur, eigene Berechnungen.

Tabelle 55: Dieselpreise (Angaben je Liter in DM)[a]

	1978	1979	1980	1981	1982	1983	1984	1985	1986	1987	1988	1989	1990
BRD	0,79	0,86	1,01	1,13	1,16	1,12	1,15	1,18	0,87	0,82	0,77	0,83	0,86
Dän[b]	0,81	0,50	0,70	0,83	0,88	0,85	0,83	0,88	0,83	0,95	0,90	0,91	0,93
NL	0,49	0,58	0,75	0,86	0,92	0,86	0,90	0,92	0,64	0,66	0,62	0,66	0,77
B	0,51	0,61	0,79	0,93	0,95	0,92	0,97	1,00	0,70	0,65	0,61	0,73	0,80
Lux	k.A.	0,52	0,72	0,82	0,90	0,90	0,97	0,94	0,66	0,59	0,56	0,59	0,64
F	0,69	0,80	1,01	1,18	1,21	1,18	1,22	1,30	0,97	0,91	0,85	0,88	0,92
Ch	k.A.	1,26	1,31	1,45	1,53	1,54	1,56	1,60	1,25	1,21	1,15	1,18	k.A.
Ö	0,78	0,86	1,11	1,27	1,26	1,25	1,24	1,27	1,04	0,98	0,94	0,94	k.A.

a. Quelle: Internationale Energie Agentur (IEA).

b. Die Werte der IEA für Dänemark gehen von der Annahme aus, dass es sich bei den Dieselverbrauchern um gewerbliche Nutzer handelt, die die Dieselsteuer erstattet bekommen. Für die Direktimporte von Endverbrauchern müssen die Dieselsteuern aber zu den Nettopreisen hinzuaddiert werden.

---

[425] Vgl. INTERNATIONAL ENERGY AGENCY (1990) Energy Prices and Taxes Fourth Quarter 1989, Paris.

2.3 Umsätze nach Kreisen

Wie im einleitenden Kapitel über die Datenquellen erwähnt, lassen sich statistische Angaben über Umsätze von Einzelhändlern in einzelnen Geschäftssparten (z.B. Tabakeinzelhandel) und in einzelnen fein unterteilten Regionen nicht ohne weiteres aus der Volkswirtschaftlichen Gesamtrechnung oder aus den Steuerstatistiken der Bundesrepublik Deutschland gewinnen.

Die für die Untersuchung erforderliche Disaggregierung erfordert einen erheblichen zusätzlichen Aufwand von den statistischen Landesämtern, und es ist verständlich, dass nicht alle Daten in der gewünschten Idealform vorliegen. Die Recherche nach Umsatzzahlen hat sich dementsprechend auf die beiden wesentlichen Quellen von Umsatzzahlen konzentriert: Es sind dies die Handelszählungen und die Umsatzsteuerstatistiken. Dort konnten die Lücken in den Veröffentlichungen durch Sondererhebungen der Statistischen Landesämter geschlossen werden[426].

Beide Datenquellen weisen zwar Umsätze in disaggregierter Form aus, dennoch müssen - über die fehlende Publizität hinaus - systematische Lücken festgestellt werden[427]:

- Die Handels- und Gaststättenzählung ist ein Zensus, d.h. eine alle Arbeitsstätten des Handels- und Gastgewerbes umfassende Zählung. Sie liefert Angaben über die Anzahl von Unternehmen und Betrieben, über Beschäftigte und Umsätze[428] in fein disaggregierten Branchen und auf Kreisebene. Weil diese Zensen sehr aufwendig sind, werden sie nur alle sechs bis sieben Jahre vorgenommen. Damit können zwar *langfristige Entwicklungen* in den einzelnen Sektoren nachgezeichnet werden[429], es fehlt aber eine regelmäßige Notiz über Umsatzdaten, aus denen

[426] An dieser Stelle möchte der Verfasser den beteiligten Statistischen Landesämtern sehr herzlich danken, die die Sondererhebungen mit großer Sorgfalt erarbeitet haben: Im einzelnen ist vom STATISTISCHEN LANDESAMT SCHLESWIG-HOLSTEIN den Mitarbeitern Schäfer und Hinrichsen-Kroymann, vom NIEDERSÄCHSISCHEN LANDESVERWALTUNGSAMT - STATISTIK - Frau Warnecke und Herrn Eichhorn, vom LANDESAMT FÜR DATENVERARBEITUNG UND STATISTIK (NRW) den Herren Wingendorf und Graven, vom BADEN-WÜRTTEMBERGISCHEN STATISTISCHEN LANDESAMT Frau Binder und vom Bayerischen Statistischen Landesamt den Herren Weidl und Thurner für ihre freundliche Unterstützung zu danken. Die Statistiken des STATISTISCHEN LANDESAMTES RHEINLAND-PFALZ beinhalten die gewünschten Daten (von 1970 bis 1990) in ihren Veröffentlichungsreihen! Die Bibliothek der BUNDESFORSCHUNGSANSTALT FÜR LANDESKUNDE UND RAUMORDNUNG hat dem Verfasser immer wieder tatkräftig mit Rat und Tat bei der Beschaffung von Veröffentlichungen der Statistischen Landesämter zur Seite gestanden; besondere Dank gebührt der Bibliotheksleiterin Frau Campenhagen.

[427] Vgl. HELMSTÄDTER/VOGELBUSCH (1991) Die Mittelstandsstichprobe des IfM, aaO, Anhang.

[428] Weitere erhobene Merkmale (Verkaufsfläche, Rechtsform etc.) interessieren hier nicht.

[429] Das erfordert allerdings, dass sich während des langen Zeitraums die statistischen Abgrenzungen der erhobenen Einheiten nicht verändert haben. Weil die Einteilung der Einzelhändler nach Umsatzschwerpunkten sich zwischen den beiden Zensen im Handel 1979

Rückschlüsse auf das kurz- und mittelfristige Nachfrageverhalten von Konsumenten bei Steuererhöhungen gewonnen werden könnten.

- Umsatzsteuerstatistiken fallen als Kuppelprodukt der Umsatzbesteuerung bei den Finanzbehörden an. Sie werden in einem zweijährlichen Turnus veröffentlicht und ermöglichen somit eine Beobachtung der mittelfristigen Nachfrageverläufe für Gruppen von Steuerpflichtigen. Eine Lücke öffnet sich bei der Umsatzsteuerstatistik, weil die erhobenen Merkmale nur die Umsätze von Unternehmen umfassen. Damit sind keine Aussagen über die Beschäftigung zu treffen.
- Des weiteren sind Informationen über Umsätze von Filialbetrieben nicht erhältlich. Dies zweite Problem wird besonders für die Zeitreihenanalyse bedeutsam in solchen Branchen sein, die einen erheblichen Konzentrationsprozess (im Sinne von vielen Filialbetrieben je Mutterunternehmen) erlebt haben.

Im Anhang werden die wichtigsten Ergebnisse dieser beiden Datenquellen für den Einzelhandel insgesamt und den Tabakeinzelhandel wiedergegeben. Der Verfasser ist sich bewusst, mit allein diesen beiden Sparten[430] nur einen kleinen Ausschnitt des grenzüberschreitenden Handels untersuchen zu können. Andererseits hatte der Problembereich "Güterarten" oben aber gezeigt, dass nur für den Tabakeinzelhandel eine hinreichende Deckung des Schwerpunktes des Umsatzes, der die Einordnung eines Unternehmens in eine Sparte bestimmt, und der Bemessungsgrundlage für eine spezielle Verbrauchsteuer gegeben ist. Bei alkoholischen Getränken ergibt sich eine Vermischung der verschiedenen mit einer speziellen Verbrauchsteuer besteuerten alkoholischen Getränke (Bier, Wein, Schaumwein, Spirituosen) bzw. der alkoholischen Getränke mit nicht alkoholischen Getränken und Lebensmitteln.

In einer Voruntersuchung[431] mit besonders fein disaggregierten Umsatzstatistiken für Nordrhein-Westfalen hatte es sich zudem gezeigt, dass für andere denkbare feine (vierstellige Systematiknummern) nach Branchen unterteilte Einzelhandelstypen augenscheinlich kein Zusammenhang zwischen der Höhe der Umsätze dieser Einzelhandelsform und der Nähe zu einer Hoch- oder Niedrigsteuergrenze festzustellen ist[432].

---

und 1985 geändert hat, sind Vergleichsrechnungen zwischen Werten der beiden Zensen nur unter Vorbehalt möglich.

[430] Genauer mit allen Einzelhändlern (Systematiknummer 43) insgesamt und mit einer Sparte „Einzelhandel mit Tabakwaren" (4319).

[431] An dieser Stelle ist dem Landesamt für Datenverarbeitung und Statistik Nordrhein-Westfalen und insbesondere den beiden Mitarbeitern aus der Abteilung für die Umsatzsteuer, Herrn Penacchio und Herrn Wingendorf für ihre vielfältige Unterstützung sehr herzlich zu danken.

[432] Im einzelnen sind in diesem Vortest die Angaben für die „Anzahl von Unternehmen je Kreis" und „Umsätze je Kreis" folgender Großhandelsgeschäfte (Großhandel mit Süßwaren (41136), Getränken (4118), Tabak (4119)) und folgender Einzelhandelsgeschäfte untersucht worden: Einzelhandel mit Süßwaren (43144), Kaffee, Tee, Kakao (43145), Wein, Spirituosen (43161), Getränken (4316), Meterware, Bekleidung und Wäsche (4322), Oberbekleidung (4323), Textilien (432), Kürschnerwaren (4326), Metall- und Kunstoffwaren (4331), Möbeln (4334), Einrichtungsgegenständen oder elektrischen Großgeräten (433), elektrotechnischen Erzeugnissen (4331), Antiquitäten, Kunstgegenständen, kunstgewerblichen Erzeugnissen, Münzen (4335), Rundfunk-, Fernseh- und phonotechnischen Geräten (4344) Büromaschinen,

2.3.1 Handels- und Gaststättenzählung

Der Zensus im Handel und Gastgewerbe zählt die für den Zusammenhang relevanten Variablen „Arbeitsstätten", „Beschäftigte" und „Umsätze". Die Ergebnisse der Handels- und Gaststättenzählungen, die in den Untersuchungszeitraum fallen, konnten nur z.T. den laufenden Veröffentlichungen entnommen werden. Wo dies nicht möglich war, mussten die Ergebnisse durch Sondererhebungen bei den statistischen Landesämtern vervollständigt werden.

Im Anhang finden sich folgende Tabellen:

Verzeichnis 1: Ergebnisse der Handels- und Gaststättenzählungen 1979 und 1985

Nr.	Inhalt Arbeitsstätten, Beschäftigte, Umsatz in	Quelle
A1	Schleswig-Holstein	Sondererhebung
A2	Saarland	laufende Veröffentlichung
A3	Niedersachsen	Sondererhebung
A4	Nordrhein-Westfalen	laufende Veröffentlichung
A5	Rheinland-Pfalz	
A6	Baden-Württemberg	Sondererhebung
A7	Bayern (RB Oberbayern und Schwaben)	

2.3.2 Umsatzsteuerstatistik

Aus den zweijährlich erscheinenden Umsatzsteuerstatistiken können wir die beiden Variablen „Anzahl Unternehmen" und „Umsatz" je Kreis und Regierungsbezirk ausweisen. Es ist ausdrücklich darauf hinzuweisen, dass die Ergebnisse des letzten Abschnitts 2.3.1 für die „Anzahl der Arbeitsstätten" und "Umsätze" aus den Handels- und Gaststättenzählungen (HGZ) nur sehr eingeschränkt mit den Werten aus der Umsatzsteuerstatistik (US-Statistik) verglichen werden können:

Einmal handelt es sich bei der Umsatzsteuerstatistik wegen der Steuerpflicht des Mutterunternehmens und nicht sämtlicher Filialbetriebe, und wenn die umsatzsteuerliche Organschaft in Anspruch genommen wird, um Umsätze des Mutterunterneh-

---

Büromöbeln, Organisationsmitteln (4356), kosmetischen Erzeugnissen (4365), Kraft- und Schmierstoffen (437), Zweirädern, Zweiradteilen, -zubehör und -reifen (4385), Foto- und Kinogeräten, fototechnischem und -chemischem Material (43941), Uhren, Edelmetallwaren, Schmuck (4395), Waren verschiedener Art (ohne Nahrungsmittel) (43981) dasselbe (Hauptrichtung Nahrungsmittel) (43982/3), Waren verschiedener Art (4398), sonstigen Waren

mens und zum zweiten besteht der wesentliche Unterschied zwischen beiden Statistiken in der Definition der Variablen „Umsatz“, nämlich einmal ohne Umsatzsteuer (USt-Statistik) und zum anderen einschließlich Umsatzsteuer (HGZ). Ein weitere Unterschied ist die Abschneidegrenze von 12.000 DM Jahresumsatz, unterhalb dessen kleinere Unternehmen nur von der HGZ berücksichtigt werden.[433].

- Die ausgewiesenen Umsätze einer Region enthalten nicht nur die dort erzielten Erlöse einer Unternehmung, sondern auch gebietsfremde Erlöse von Filialbetrieben.
- Wegen der zusätzlichen Berücksichtigung der Umsatzsteuer sind die Werte für die Erlöse der HGZ systematisch nach oben verzerrt. Und zwar je nachdem, wie hoch der Anteil ermäßigt besteuerter Waren (z.B. Zeitungen, Lebensmittel) am gesamten Sortiment ist. Es ist daran zu erinnern, dass die Einteilung eines Einzelhandelsgeschäftes als Tabakeinzelhandelsgeschäft nach dem Schwerpunkt der verkauften Waren erfolgt.
- Wegen der Abschneidegrenze bei 12.000 DM sind die Variablen „Anzahl der Arbeitsstätten“ und „Umsätze“ in Höhe der vorhandenen Kleinunternehmen, die nur von der HGZ, nicht aber von der USt-Statistik erfasst werden, beide in der HGZ mit einem Bias nach oben versehen.
- Dagegen ist der Erfassungsgrad der Umsatzsteuerstatistik größer, weil die Umsatzsteuervoranmeldungen automatisch mit den Steuererklärungen anfallen, während bei der Handels- und Gaststättenzählung Fragebögen verschickt werden müssen, die dann i.d.R. nicht vollständig zurückgesandt werden[434].

Für eine bessere Übersicht über die jeweils folgenden Ergebnisse für den Einzelhandel und den Tabakeinzelhandel nach der Umsatzsteuerstatistik werden Verzeichnisse der Tabellen vorangestellt.

Die Ergebnisse der Umsatzstatistik werden für den Einzelhandel insgesamt und den Tabakeinzelhandel getrennt dargestellt.

In den beiden Verzeichnissen 2 und 3 sind die im Anhang wiedergegebene Ergebnistabellen aufgelistet:

---

(439) und aus dem Gaststättenbereich die, insbesondere im Rheinland verbreiteten, Trinkhallen (71397).

[433] Vgl. zu den systematischen Unterschieden: LANDESAMT FÜR DATENVERARBEITUNG UND STATISTIK DES LANDES NORDRHEIN-WESTFALEN, Methodischen Vergleich der Handels- und Gaststättenzählung 1979 mit der Umsatzsteuerstatistik, Typoscript, o.O., o.J.

[434] Nach Auskunft des LANDESAMTES FÜR DATENVERARBEITUNG UND STATISTIK NORDRHEIN-WESTFALEN lag die Zahl der nichtberücksichtigten Arbeitsstätten im Jahre 1979 immerhin bei 4.735.

Verzeichnis 2: Ergebnisse der Umsatzsteuerstatistik (Einzelhandel insgesamt)

Nr.	Inhalt Einzelhändler in	Quelle	Zeit-raum	Regionen
A8	Schleswig-Holstein	Sondererhebung	1970-86	alle Kreise
A9	Niedersachsen		1980-88	alle Kreise
A10	Nordrhein-Westfalen	lauf. Veröffentl.	1970-74	Reg.bez. Köln und Düsseldorf, alte Kreise
A11	Nordrhein-Westfalen			Reg.bez. Münster, Detmold, Arnsberg, alte Kr.
A12	Nordrhein-Westfalen	ab 1988: Sondererhebung	1976-88	Reg.bez. Düsseldorf und Köln, neue Kreise
A13	Nordrhein-Westfalen			Reg.bez. Münster, Detmold, Arnsberg, neue Kr.
A14	Rheinland-Pfalz	lauf. Veröffentl.	1970-88	alle Kreise
A15	Saarland		1970-88	nur insgesamt
A16	Baden-Württemberg	Sondererhebung	1970-88	grenznahe Kreise zu Frankreich und der Schweiz
A17	Bayern		1980-88	Regierungsbezirke Schwaben und Oberbayern
	Einzelhandelsumsätze in			
A18	Schleswig-Holstein	Sondererhebung	1970-86	alle Kreise
A19	Niedersachsen		1980-88	alle Kreise
A20	Nordrhein-Westfalen	lauf. Veröffentl.	1970-74	Reg.bez. Köln und Düsseldorf, alte Kreise
A21	Nordrhein-Westfalen			Reg.bez. Münster, Detmold, Arnsberg, alte Kr.
A22	Nordrhein-Westfalen	ab 1988: Sondererhebung	1976-88	Reg.bez. Köln und Düsseldorf, neue Kreise
A23	Nordrhein-Westfalen			Reg.bez. Münster, Detmold, Arnsberg, neue Kr.
A24	Rheinland-Pfalz	lauf. Veröffentl.	1970-88	alle Kreise
A25	Saarland		1970-88	nur insgesamt
A26	Baden-Württemberg	Sondererhebung	1970-88	grenznahe Kreise zu Frankreich und zur Schweiz
A27	Bayern		1980-88	Regierungsbezirke Schwaben und Oberbayern

Verzeichnis 3: Ergebnisse der Umsatzsteuerstatistik (Tabakeinzelhandel)

Nr.	Inhalt Tabakeinzelhändler in	Quelle	Zeit-raum	Regionen
A28	Schleswig-Holstein	Sondererhebung	1970-86	alle Kreise
A29	Niedersachsen		1980-88	alle Kreise
A30	Nordrhein-Westfalen	lauf. Veröffentl.	1970-74	Reg.bez. Köln und Düsseldorf, alte Kreise
A31	Nordrhein-Westfalen			Reg.bez. Münster, Detmold, Arnsberg, alte Kreise
A32	Nordrhein-Westfalen	ab 1988: Sondererhebung	1976-88	Reg.bez. Düsseldorf und Köln, neue Kreise
A33	Nordrhein-Westfalen			Reg.bez. Münster, Detmold, Arnsberg, neue Kr.
A34	Rheinland-Pfalz	lauf. Veröffentl.	1970-88	alle Kreise
A35	Saarland		1970-88	nur insgesamt
A36	Baden-Württemberg	Sondererhebung	1970-88	grenznahe Kreise zu Frankreich und der Schweiz
A37	Bayern		1980-88	Regierungsbezirke Schwaben und Oberbayern
	Tabakeinzelhandelsumsätze in			
A38	Schleswig-Holstein	Sondererhebung	1970-86	alle Kreise
A39	Niedersachsen		1980-88	alle Kreise
A40	Nordrhein-Westfalen	lauf. Veröffentl.	1970-74	Reg.bez. Köln und Düsseldorf, alte Kreise
A41	Nordrhein-Westfalen			Reg.bez. Münster, Detmold, Arnsberg, alte Kreise
A42	Nordrhein-Westfalen	ab 1988: Sondererhebung	1976-88	Reg.bez. Köln und Düsseldorf, neue Kreise
A43	Nordrhein-Westfalen			Reg.bez. Münster, Detmold, Arnsberg, neue Kr.
A44	Rheinland-Pfalz	lauf. Veröffentl.	1970-88	alle Kreise
A45	Saarland		1970-88	nur insgesamt
A46	Baden-Württemberg	Sondererhebung	1970-88	grenznahe Kreise zu Frankreich und zur Schweiz
A47	Bayern		1980-88	Regierungsbezirke Schwaben und Oberbayern

2.3.3 Tankstellenabsätze des MINERALÖLWIRTSCHAFTSVERBANDES (MWV)

Die Steuerarbitragehandlungen bei der Mineralölsteuer können mittels Absatzzahlen des MINERALÖLWIRTSCHAFTSVERBANDES (MWV), Hamburg, und der Autobahnabsatzstatistik der GESELLSCHAFT FÜR NEBENBETRIEBE DER BUNDESAUTOBAHNEN (GfN), Bonn, erhoben werden[435].

Die Umsatzsteuerstatistik liefert zwar auch Umsätze von Tankstellen auf Kreisebene, jedoch können Diesel- und Benzinumsätze dieser Tankstellen nicht getrennt werden. Dies ist wegen der an den einzelnen Grenzabschnitten unterschiedlichen Steuersatzdifferenzen[436] aber erforderlich. Zudem ist das Problem des Unternehmenskonzepts der Umsatzsteuerstatistik auf dem Mineralölmarkt so gewichtig, dass die Umsatzsteuerstatistik für eine Analyse ausscheiden muss[437].

Der MWV ist ein Zusammenschluss von acht großen Mineralölgesellschaften (Deutsche Aral, Deutsche BP, Deutsche Texaco (ab 1990 DEA), Esso, Mobil Oil, Veba Oil (ab 1990 DEA) und Wintershall). Es ist demnach nur für den Absatz dieser zum Berichtskreis gehörenden Gesellschaften möglich, den Mineralölmarkt zu untersuchen.

Dem Verfasser lagen Aufstellungen über die Inlandsablieferungen nach kreisfreien Städten und Landkreisen für Vergaserkraftstoffe (Vk) seit 1964 und für Dieselkraftstoffe (Dk) ab 1981 vor. Gezeigt werden die Gesamtablieferungen der Mineralölgesellschaften, d.h. es sind neben den Lieferungen an Tankstellen auch die Eigenverbräuche der Gesellschaften und Lieferungen an Handelsfirmen enthalten[438].

Die Berichtspflicht der beteiligten Firmen richtet sich in der räumlichen Fixierung nach dem Schwerpunkt des Konsums. Mitgeteilt werden Absätze in Tonnen, d.h. Bezugsbasis ist die verkaufte Menge[439].

---

[435] An dieser Stelle ist dem MWV, namentlich Herrn Dr. Kraft und Herrn Werner, für die freundliche Überlassung der Verbandsstatistik sehr herzlich zu danken. Ohne das Entgegenkommen des MWV ließen sich für den wichtigen Bereich der Mineralölsteuer keine Aussagen über das Direktimportsverhalten von Privatpersonen treffen.

[436] Vgl. Tab. 11 „Benzinsteuer in der BRD und in ausgewählten Nachbarländern" und Tab. 12 „Dieselsteuer in der BRD und in ausgewählten Nachbarländern" oben in Kapitel 2.1.3 dieses Teiles der Arbeit.

[437] Die Umsatzsteuerstatistik weist nur die Ergebnisse der Konzernobergesellschaften aus, wenn davon ausgegangen werden kann, dass diese auch Organträger im Sinne des § 2 Abs. 2 Nr. 2 UStG ist. Der Mineralölmarkt ist von der Anzahl der Anbieter her oligopolistisch.

[438] Vgl. die Anmerkungen des MWV in den Jahreslieferungen 1964, 1971 und 1973, Typoscript, Hamburg.

[439] D.h. dass das Problem der Deflationierung (Kapitel 1.3.4 „Preisbereinigung") hier nicht auftritt.

Weil erst ab 1981 Zahlen sowohl für Dk als auch für Vk vorliegen, erstreckt sich die Betrachtungsperiode auf den Zeitraum von 1981-1990. Für das Jahr 1989 ist keine Aufstellung der Absätze nach Kreisen erfolgt.

Die im Anhang aufgeführten Absatzstatistiken für Benzin und Diesel (Tabellen A48 und A49) ermöglichen multiple Regressionsuntersuchungen. Neben den Steuerdifferenzen, dem Bestand an Kraftwagen dieser Motorvariante, der Entfernung zur Grenze und der Bevölkerungsdichte, die auch schon für den Tabakwareneinzelhandel als Einflussgrößen getestet werden sollen, sind Besonderheiten des Mineralölabsatzes zu bedenken:

Wesentlich scheint, eine Trennung des *ortsgebundenen Verkehrs* in einem Kreis und des *Transitverkehrs* durch einen Kreis hindurch vorzunehmen. Es ist zu vermuten, dass die beiden Verkehrsarten in ihrem Tankverhalten unterschiedlichen Gesetzmäßigkeiten folgen:

- Der ortsgebundene Pendlerverkehr von zu Hause zum Arbeitsplatz und zum Einkaufen ist grundsätzlich Kurzstreckenverkehr. D.h. es kann bezüglich der Fragestellung jeweils von zu Hause aus die günstigste Tankstelle im Umkreis angefahren werden. Liegt der Wohn-, Arbeits- oder Einkaufsort nahe einer Grenze zu einem Land mit niedrigerer Mineralölsteuer, ist es wahrscheinlich, dass häufig im Niedrigsteuerland getankt wird. Wegen des ohnehin unternommenen Weges sind die zeitlichen Opportunitätskosten einer Tankfahrt relativ niedrig. Liegen Steuersatzdifferenzen zugunsten des Auslands auch noch für andere regelmäßig zu kaufende Konsumgüter (Zigaretten, Kaffee, Tee oder Spirituosen z.B.) vor, sinken die Kosten des Tankens wegen des Verbundeffekts eines grenzüberschreitend erworbenen Warenkorbes.
- Der Transitverkehr hat neben der möglichen Steuerersparnis beim Tanken jenseits der Grenze noch andere Ziele, nämlich insbesondere vom Ausgangspunkt der Reise möglichst rasch am Ziel anzukommen. Insbesondere der für eine Tankfahrt ins Nachbarland erforderliche Zeitaufwand kann so hoch sein, dass auf die Tankmöglichkeit im Niedrigsteuerland verzichtet wird. Im Gegensatz zu dieser Überlegung, die insbesondere für nationale Transitfahrten gelten dürfte, lässt sich aber auch die Situation denken, dass eine internationale Reiseroute nach den günstigsten Tankmöglichkeiten bestimmt wird.

Das vom MINERALÖLWIRTSCHAFTSVERBAND erhaltene Datenmaterial ermöglicht jedoch keine Unterscheidung zwischen ortsgebundenem und Transitverkehr. Es werden deswegen zwei zusätzliche Datenquellen herangezogen werden, die die genauere Unterscheidung der tankenden Individuen ermöglichen:

Einmal ist dies die Absatzstatistik der GESELLSCHAFT FÜR NEBENBETRIEBE DER BUNDESAUTOBAHNEN, Bonn (GfN): Es können die verkauften Mengen aller Autobahntankstellen in der Bundesrepublik Deutschland - getrennt nach Diesel für Pkw, Diesel für Lkw und Vergaserkraftstoff - ermittelt werden. Die Absätze an den Autobahntankstellen betreffen allein den Langstreckentransitverkehr.

Zum anderen ist dies die Zulassungsstatistik des KRAFTFAHRTBUNDESAMTES (KBA), Flensburg: Diese liefert Bestandszahlen für zugelassene Diesel- und Benzin-Pkw nach Zulassungsbezirken[440]. Die Wahl der Motorvariante ermöglicht es, zusätzliche Rückschlüsse auf das Arbitragetankverhalten des ortsgebundenen Verkehrs zu treffen: Ist in den Kreisen in Nachbarschaft eines Landes mit z.B. niedrigeren Dieselsteuersätzen der Anteil an Diesel-Personenwagen höher als im Bundesdurchschnitt, könnte vermutet werden, dass es sich bei diesen zusätzlichen Dieselfahrern um Arbitrageure handelt.

Wegen des grundsätzlich unterschiedlichen Charakters der beiden Statistiken werden die Absatzzahlen der GfN in Kapitel 3.1.2.2, die Bestandsstatistiken des KRAFTFAHRTBUNDESAMTES in Kapitel 3.3 „Wirkungen von Steuersatzunterschieden auf die Bestandshaltung langlebiger Gebrauchsgüter" dargestellt.

2.3.4 Tankstellenabsätze der Gesellschaft für Nebenbetriebe der Bundesautobahnen (GfN)

Die GESELLSCHAFT FÜR NEBENBETRIEBE DER BUNDESAUTOBAHNEN, die nach der Privatisierung im Jahre 1997 als Tank und Rast AG firmiert, ist für den Bau und die Unterhaltung sowie die Verpachtung der Autobahntankstellen und -raststätten zuständig. Sie verwaltet die Abrechnung der Tankstellenpächter mit den beliefernden Mineralölunternehmen anhand einer Absatzstatistik.

Diese Absatzstatistik weist jährliche Diesel- und Vergaserkraftstoffabsätze aus. Sie wurde dem Verfasser nach der aus Datenschutzgründen erforderlichen Chiffrierung in größeren örtlichen Räumen zur Verfügung gestellt[441].

Die Absatzstatistik ist besonders interessant, weil sie es ermöglicht, die Absätze von Dieselkraftstoff an Lastkraftwagen von den Dk-Absätzen an Personenwagen zu trennen:

> Im Bereich der gewerblichen Nutzung ist ein bargeldloses Abrechnungssystem verbreitet, das vom gesamten inländischen Fernverkehr und dem größten Teil des innereuropäischen Fernverkehrs benutzt wird. An fast allen Autobahntankstellen[442] wird somit Diesel an Lkw unbar abgegeben. Die Absatzstatistik der GfN trennt die unbaren Dk-Absätze von den Dk-Barabsätzen So

---

[440] Das sind deckungsgleich die Kreise als Verwaltungseinheiten.

[441] An dieser Stelle gilt mein besonderer Dank dem Leiter der Revisionsabteilung der GFN, Herrn Mohr, für seine freundliche Unterstützung.

[442] Es gibt nur ein oder zwei Ausnahmen.

kann davon ausgegangen werden, dass gleichzeitig auch der gewerbliche Lkw-Verkehr vom Privatreiseverkehr getrennt ist[443].

Die Vergaserkraftstoffabsätze sind zu einer Summe aus Normalbenzin und Superbenzin (verbleit und bleifrei) addiert worden.

Aus Datenschutzgründen können die Absatzzahlen nicht wie die anderen Steuerarbitragezahlen in einer Tabelle dieser Arbeit beigefügt werden.

2.4 Einwohner und Bevölkerungsdichte nach Kreisen

Die Bevölkerungszahl und die Bevölkerungsdichte sind für die Jahre 1970-90 dem Statistischen Jahrbuch der Bundesrepublik Deutschland[444] entnommen.

Die Bevölkerungsdichte ist dort in der Einheit "Einwohner pro 1.000 Quadratmetern" angegeben.

Die Anpassung der Fortschreibung der Einwohnerzahlen seit der letzten Volkszählung an die Ergebnisse der Volkszählung im Jahre 1987 erfolgt erst 1989[445], so dass die Einwohnerzahlen zwar nicht exakt die wahren Verhältnisse zeigen, aber wenigstens sich relativ stetig über den betrachteten zwanzigjährigen Zeitraum anpassen. Brüche in Zeitreihen des Datenmaterials sind gerade für Zeitreihenanalysen ungünstig.

2.5 Einkommen nach Kreisen

Einzig verfügbare Quelle einer Einkommensstatistik nach Kreisen kann in der Bundesrepublik Deutschland nur die Steuerstatistik mit allen ihren Schwächen sein.

Lohn- und Einkommensteuerstatistiken erscheinen nur alle drei Jahre und sind nicht durchgängig auf Kreisebene disaggregiert.

---

[443] Überschneidungen sind für die Fälle denkbar, wo ein gewerblicher Nutzer mit einem Benzin-Pkw tankt und unbar bezahlt. Ebenso ist denkbar, dass im Bereich des ausländischen Fernverkehrs ein gewerblicher Nutzer gegen Barzahlung tankt, da er keine Kreditkarte besitzt.

[444] STATISTISCHES BUNDESAMT (Hrg.) Statistisches Jahrbuch für die Bundesrepublik Deutschland, Stuttgart (u. Mainz bis 1989), Tabelle 3.5 (3.4 bis 1983) „Fläche und Bevölkerung der kreisfreien Städte und Landkreise am ...".

[445] Vgl. das Vorwort zum Statistischen Jahrbuch 1989.

Deshalb wurde hier der Entschluss gefasst, die Einnahmenstatistik der Gebietskörperschaften zu wählen, die einen „Gemeindeanteil an der Einkommensteuer" ausweist[446].

Einschränkend muss zur Verwendung des Gemeindeanteils an der Einkommensteuer als Größe der Konsummöglichkeiten eines Kreises angemerkt werden:

- Einmal entspricht das zu versteuernde Einkommen als Bezugsbasis des Gemeindeanteils nicht dem gewünschten verfügbaren Einkommen (es gibt einen progressiven Steuertarif, der den linearen Zusammenhang zwischen Einkommen und Steueraufkommen zerstört);
- zum anderen wird es nur alle drei Jahre nach den Ergebnissen der Einkommensteuerstatistik revidiert.

Weil die Gemeindeanteile aber für den betrachteten Zeitraum die einzige Möglichkeit bieten, an jährliches Datenmaterial zu gelangen, das annähernd auf die Kaufkraft bzw. Konsummöglichkeiten einer Gebietskörperschaft hindeutet, findet es in dieser Untersuchung Verwendung.

Für spätere Zeiträume liegt im übrigen eine jährlich erhobenen Variable zur Kaufkraft einer Region vor. Erstmals ab 1997 veröffentlicht die GESELLSCHAFT FÜR KONSUM-, MARKT- UND ABSATZFORSCHUNG AG (GFK) in Nürnberg Angaben zur Kaufkraft in den kreisfreien Städten und Kreisen, so dass für Zeiträume ab 1997 eine Analyse der Einkommensabhängigkeit der Steuerarbitrage möglich wird.

2.6 Entfernung

Die Entfernung eines Kreises zur Grenze ist eine weitere Variable, die auf ihre Wirkung auf die Steuerarbitrage hin überprüft werden muss.

Die Entfernung ist im Regelfall auf die unterste geographische Einheit, die kreisfreie Stadt bzw. den Landkreis zu beziehen.

Die Entfernung einer kreisfreien Stadt zur nächstliegenden Grenze ist mit den Kilometern zu beziffern, die der Ort via Autobahn und gegebenenfalls Landstraße von der nächsten Grenze entfernt liegt.

Landkreise dehnen sich regelmäßig über eine größere Fläche aus, wodurch die Entfernungsmessung eine zusätzliche Berechnung erfordert. Es ist nämlich ein gewichteter Durchschnitt der Entfernungen aller Orte eines Landkreises zu bilden.

---

[446] Quelle des Datenmaterials sind die einzelnen Statistischen Landesämter, die unter der Veröffentlichungsreihe L I 2 „Kommunale Finanzen" Kreisergebnisse ausweisen.

In der hier vorgenommenen Untersuchung wird davon ausgegangen, dass die Verteilung der Wohnbevölkerung in einem Landkreis das geeignete Maß für die Gewichtung der einzelnen Bestandteile eines Kreises zur Nachbargrenze darstellt. Dies ist plausibel, weil die Steuerarbitrage der Endverbraucher untersucht werden soll[447]. Um den Rechenaufwand zu begrenzen, wurden die fünf größten Ortschaften eines Landkreises ausgewählt und aus deren Entfernung zur Grenze eine mit der Einwohnerzahl gewichtete „Schwerpunkt"-Entfernung errechnet[448].

Wenn der nächstliegende Nachbarstaat über den Seeweg wesentlich näher liegt als über den Landweg und wenn eine mehrmals täglich betriebene Fährverbindung vorliegt, wurde als Entfernung eines Kreises zur Grenze die durchschnittliche Entfernung zur Seegrenze gemessen[449].

[447] Es wird damit angenommen, dass die Einkaufsfahrten i.d.R. vom Wohnort und nicht vom Arbeitsort oder anderen denkbaren Punkten ausgehen.

[448] Diese Berechnung war insbesondere in den unmittelbar grenznahen Kreisen erforderlich, weil die Lage eines Landkreises zur Grenze (Länge der Außengrenze, Tiefe des Kreises ins Hinterland) hier von besondere Bedeutung ist. In weiterer Entfernung zur Grenze und dort, wo nicht mindestens fünf Ortschaften ausfindig zu machen waren, sind Entfernungswerte geschätzt worden.

[449] Dies war im Süden für den Bodenseekreis und im Norden für Ostholstein der Fall.

3. Eigene Untersuchungen zur Steuerarbitrage bei Umsatz- und Verbrauchsteuern

Die folgenden Kapitel werden an den im ersten Kapitel dieses Teils aufgezeigten Messpunkten, die für eine empirische Messung in Frage kommen, die Höhe und Zusammensetzung und Bestimmungsfaktoren der Direktimporte von Endverbrauchern ermittelt.

In Abschnitt 3.1 „Ermittlung der Steuerarbitrage bei Umsatz- und Verbrauchsteuern“ stehen die aus der Steuerarbitrage stammenden Güter- und Geldströme im Vordergrund des Interesses.

Im folgenden Abschnitt 3.1.1 werden die Warenströme an dem Messpunkt „Grenze“ direkt erfasst: Mit Daten des BUNDESMINISTERIUMS DER FINANZEN werden die Güterarten bestimmt, für die eine besonders hohe Steuerarbitrage zu vermuten ist. Die Aufgriffe der Zollbehörden an den Grenzübergängen und an der Grünen Grenze[450] erlauben den Rückschluss auf die mitgeführten Warengruppen insgesamt. Darüber hinaus liegt aus dem Zeitraum vor und nach der letzten Tabaksteuererhöhung im Jahre 1982 an vier Tagen eine Totalerhebung des gesamten grenzüberschreitenden Personenverkehrs vor. Beide Erhebungen geben auch Aufschluss über das zeitliche Verlaufsmuster der Steuerarbitrage in Folge von erhöhten Steuersatzdifferenzen.

Im Abschnitt 3.1.2 werden die Cross-Border-Warenströme am Meßpunkt „Absatz im Inland“ indirekt ermittelt. Mit Makrodaten aus den Zensen des STATISTISCHEN BUNDESAMTES und den Steuerstatistiken werden die Verluste bzw. Gewinne an Verkaufsstellen, Beschäftigten und Umsätzen bei höheren bzw. niedrigeren Tabakpreisen im Inland im Tabakeinzelhandel untersucht. Für die Steuerarbitrage beim Tankstellenabsatz stehen Statistiken des MINERALÖLWIRTSCHAFTSVERBANDES und der Autobahntankstellen zur Verfügung. Neben der Existenz von Steuerausweichhandlungen sollen die Bestimmungsfaktoren der Direktimporte erforscht werden.

Im Abschnitt 3.1.3 wird der Versuch unternommen, die Steuerarbitrage insgesamt an den grenzüberschreitenden Geldströmen zu messen. Zahlreiche Abgrenzungsschwierigkeiten schon im Vorfeld der Datenerhebung und grundsätzliche Widersprüchlichkeiten lassen aber eine tiefergehenden Analyse jedoch als zum derzeitigen Zeitpunkt undurchführbar erscheinen.

---

[450] Die im Umgangssprachgebrauch als „Grüne Grenze“ bezeichnete Landgrenze wird hier unterschieden von den Grenzübergängen. An der Grünen Grenze ist - im Gegensatz zu den Grenzübergängen - keine regelmäßige Zollkontrolle zu erwarten.

Der Abschnitt 3.2 „Wirkungen von Steuersatzunterschieden auf die Bestandshaltung langlebiger Gebrauchsgüter am Beispiel der Personenwagen" berichtet über die der Steuerarbitragehandlung vorausgehenden Entscheidung über die Bestandshaltung von Personenwagen. Im einzelnen wird in diesem Unterabschnitt die Wahl der Antriebsvariante Benzin- versus Dieselmotor angesichts der relativen Benzin- und Dieselpreise im In- und Ausland betrachtet. Diese empirische Untersuchung kann das zur Erklärung des Tankverhaltens im grenznahen Raum aufgestellte Variablenset noch einmal testen. Man kann sich hierbei die Registrierungspflicht der Personenwagen zu Nutze machen, um von einer gänzlich anderen Warte aus die Ergebnisse des ersten Teiles für die Warenströme zu überprüfen.

3.1 Ermittlung der Steuerarbitrage bei Umsatz- und Verbrauchsteuern

3.1.1 Direkte Erhebung der Steuerarbitrageströme

Messpunkt beim direkten Ermittlungsweg ist der Grenzübertritt, und zwar auf der bundesdeutschen Seite.

Vom BUNDESMINISTERIUM DER FINANZEN[451] liegen zwei bisher nicht veröffentlichte Analysen zum Ausweichverhalten privater Endverbraucher vor. Zunächst sind das die regelmäßig anfallenden Informationen über die Aufgriffe von schmuggelnden Personen an den Grenzübergängen und der Grünen Grenze[452]. Diese Schmuggelstatistik kann über die gesetzwidrig über die Grenze verbrachten Waren Aufschluss geben, derer die Grenzbehörden bei ihren Kontrollen habhaft werden konnten. Es ist die Frage zu stellen, ob aus dieser Schmuggelstatistik nicht auch Erkenntnisse für die Direktimporte von Endverbrauchern gewonnen werden können *(Fragenkreis 4)*. Darüber hinaus liegt eine gesonderte Erhebung des BUNDESMINISTERIUMS DER FINANZEN im Zusammenhang mit der vorletzten Verbrauchsteuererhöhung im Jahre 1982 an den Grenzübergängen vor. Dort sind sämtliche Grenzübertritte auf mitgeführte Tabakwaren überprüft worden[453].

Zunächst sei die steuerliche Ausgangssituation beschrieben; Ab 1982 sind in der Bundesrepublik Deutschland mehrere Verbrauchsteuern erhöht worden:

---

[451] Umsatzsteuerreferat bzw. Zollreferat.

[452] Diese Quelle ist schon einmal von GERLING (1956), aaO, ausgewertet worden, vgl. oben Kapitel 3 im ersten Teil!

[453] Diese bisher viermal erfolgten gesonderten Kontrollen werden seit Beginn der achtziger Jahre durch eine regelmäßige Information des Verbrauchsteuerreferats über die steuerinklusiven Preise der am häufigsten mitgeführten Ware, den Zigaretten, ergänzt. Für alle EG- und südlichen Nachbarstaaten werden an ausgewählten Grenzposten die Zigarettenpreise für die gängigsten inländischen und ausländischen Zigarettenmarken aufgeschrieben und vom Bundesministerium gesammelt. Diese sonst nicht verfügbare Information über ausländische Preise ist auch die Grundlage der Schätzungen.

- Noch von der alten Regierung ist der Steuersatz auf reinen Alkohol von 1.950 DM/hl auf 2.250 DM/hl angehoben worden. Die Steuererhöhung bewirkte einen Anstieg des Spirituosenpreises von 1980 auf 1982 von ca. 25%[454].
- Die Steuer auf Zigaretten ist zum 1.6.1982 in ihrem Stückanteil je 1.000 Stück von 41,00 DM auf 56,50 DM und in ihrem proportionalen Anteil von 70,38% auf 73,68% erhöht worden[455]. Die Steuererhöhung ist von der Zigarettenindustrie in zwei Schritten weitergegeben worden, so dass sich der durchschnittliche Preis einer Packung (20 Stück) zum 1.1.1982 von 2,85 DM auf 3,00 DM und zum 1.6.1982 auf 3,80 DM, also insgesamt um 33%, erhöht hat.
- Die Mineralölsteuer ist für Benzin zum 1.4.1981 von 44 Pfennig/l auf 49 Pfennig/l und im darauffolgenden Jahre um weitere zwei Pfennige auf 51 Pfennig/l erhöht worden[456].
- Ein Jahr später zum 1.7.1983 ist darüber hinaus die allgemeine Umsatzsteuer von 13% auf 14% angestiegen.

Diese Steuererhöhungen haben in der Bundesrepublik Deutschland die gegenüber den meisten europäischen Nachbarstaaten sowieso schon hohe Belastung von Alkohol, Tabak und Mineralölerzeugnissen in die Schlagzeilen der Tagespresse und damit verstärkt in das Bewusstsein der Einwohner der Bundesrepublik Deutschland gebracht. Tabakwaren können mit Ausnahme Dänemarks und Österreichs an allen hier betrachteten Grenzabschnitten im Ausland billiger eingekauft werden als im Inland. Spirituosen sind in Luxemburg wesentlich niedriger besteuert. Diesel kann in Dänemark, den Niederlanden, Belgien und Luxemburg ebenfalls zu einem wesentlich niedrigerem Preis beschafft werden. Benzin kann in Luxemburg günstiger als im Inland getankt werden. Zu diesen drei hochbesteuerten Warengruppen kommen in Deutschland noch die Kaffee- und Teesteuern hinzu, die es nur noch in Frankreich, Dänemark und Luxemburg gibt[457].

Diese steuerlichen Daten verdeutlichen, dass für die Steuerarbitrage von Deutschen in den niedriger besteuernden Nachbarländern ein weites Betätigungsfeld gegeben ist. Die hier vorgestellten Aufgriffe der bundesdeutschen Zollbehörden geben einen Anhaltspunkt über dieses Steuerarbitragegeschehen. Nach der oben dargestellten Systematik der Erhebungsmethoden wird die Steuerarbitrage direkt an der Grenze gemessen. Der Darstellung der Aufgriffszahlen des Zolls müssen eine Begriffsklärung und einige Anmerkungen zur Meßmethode vorangeschickt werden:

---

[454] Vgl. Statistisches Jahrbuch für die Bundesrepublik Deutschland (hrg. vom STATISTISCHEN BUNDESAMT), Tabelle 22.15 „Verbraucherpreise ausgewählter Waren und Leistungen 1975-82": Eine Flasche Doppelkorn oder Tafelaquavit (38% Alk.) kostete 1981 9,91 DM und 1982 12,33 DM.

[455] Vgl. Tabelle 10 oben.

[456] Vgl. Tabelle 11 oben.

[457] Nur in Frankreich ist die Kaffee- und Teesteuer höher als in der Bundesrepublik Deutschland; vgl. Tabelle 16; für Österreich liegen uns keine Angaben vor.

Bisher war der Begriff der Direktimporte auf steuerliche Ausweichhandlungen in Folge von Unterschieden in der indirekten Besteuerung (*Steuerarbitrage*) bezogen worden. Es ist davon ausgegangen worden, dass es sich bei diesen Direktimporten um legale Käufe von Endverbrauchern handelt, die von Privatreisenden im Rahmen der Freibeträge für den grenzüberschreitenden Personenverkehr durchgeführt werden. Die Aufgriffszahlen des Zolls betreffen dagegen die illegale Seite der direkt über die Grenze verbrachten Waren. Diese wird gewöhnlich als *Schmuggel* bezeichnet. Der Schmuggel wird hier nach privatem und gewerblichem Schmuggel unterschieden[458]. Die Abgrenzung zwischen der Steuerarbitrage und dem Schmuggel von Privatleuten die ihren eigenen Verbrauch aus dem niedriger besteuernden Ausland decken, ist nicht konstant. Vom juristischen Standpunkt aus ist als Schmuggel eine solche Tat einzustufen, die Waren oberhalb der Freimengen oder monetären Freibeträge über die Grenze transportiert. Im Europäischen Binnenmarkt sind die Grenzkontrollen abgeschafft und Direktimporte von Endverbrauchern völlig freigestellt. Deshalb ist mittlerweile kein Unterschied zwischen beiden Spielarten der steuerlichen Ausweichhandlungen mehr gegeben[459].

Die in diesem Kapitel betrachteten Zahlen erfassen den Schmuggel an den bundesdeutschen Grenzen. Aus dem vorliegenden Datenmaterial können gewerbliche Schmuggler nicht von privaten Schmugglern unterschieden werden. Das Finanzministerium gibt zu den übermittelten Aufgriffsstatistiken an, dass es sich bei den Statistiken allein um Aufgriffe im privaten Personenverkehr und nicht im gewerblichen Warenverkehr handelt[460].

Es ist davon auszugehen, dass die Aufgriffszahlen des Zolls nicht den gesamten hin- und herfließenden Strom an geschmuggelten Waren erfassen, sondern vornehmlich die ins Inland verbrachten Waren betreffen. Eine Grenzkontrolle hat nach der hier gewonnenen Erfahrung nämlich den Zweck, den Schmuggel von niedrig besteuerten Waren in das Zollgebiet hinein zu unterbinden[461]. In den hier dargestellten Aufgriffsstatistiken ist der Schmuggel von Ausländern aus der Bundesrepublik hinaus nur von untergeordneter Bedeutung. Um auch den entgegengesetzt fließenden Arbitragestrom zu erfassen, müssten unter dieser Annahme die Aufgriffsergebnisse der Zolldienststellen der benachbarten Länder zu Rate gezogen werden.

---

[458] In § 373 Abgabenordnung lässt sich daneben die Unterscheidung in gewerbsmäßigen, bandenmäßigen und gewaltsamen Schmuggel finden; vgl. auch den Artikel Horst LEISES (1972) „Schmuggel" im Handwörterbuch des Steuerrechts (hrg. v. FELIX u.a), München/Bonn, S. 923. Vgl. auch die Definition im Einleitungskapitel des 1. Teils.

[459] Oben ist darauf hingewiesen worden, dass Dänemark seine Grenzen nicht sofort zur Gänze liberalisiert und dass sich die Finanzminister auf sogenannte "Richtmengen" geeinigt haben, die die erlaubte Steuerarbitrage von der unerlaubten unterscheiden soll; vgl. Abschnitt 2.3 im ersten Teil.

[460] Vgl. das Schreiben an den Verfasser vom 1. Juni 1989; dort wird als Begründung angeführt, dass sich der Schmuggel im Bereich des gewerblichen Außenhandels nicht nach Grenz- und Binnenschmuggel unterteilen ließe.

[461] Diese Annahme kann nicht aus dem vorliegenden Zahlenmaterial überprüft werden, weil die Aufgriffe nicht nach Grenzübertritten in die eine oder andere Richtung unterschieden sind.

Wenn die Aufgriffsergebnisse der bundesdeutschen Zollkontrollen als Maßstab für die Steuerarbitrage in die Bundesrepublik Deutschland hinein verwendet werden sollen, muss folgende Annahme getroffen werden.

> Die Höhe der Direktimporte über die Freigrenzen im Reiseverkehr hinaus (Schmuggel) ist proportional zur Höhe der Direktimporte im Rahmen der Freigrenzen (Steuerarbitrage). Wenn die Schmuggelaufgriffe an einem Grenzübergang angestiegen sind, so wäre nach dieser Annahme zu vermuten, dass auch die Steuerarbitrage zugenommen habe. Diese Proportionalität soll als Indikatoreigenschaft bezeichnet werden.

Die Relation zwischen Schmuggelaufgriffen und Direktimporten wird von zwei Seiten beeinflusst. Zum einen muss das Verhalten des Schmugglers untersucht werden und zum zweiten spielt die Kontrolle seitens der Zolldienststellen eine näher zu bestimmende Rolle. Das Verhalten des Schmugglers wird bestimmt vom zu erwartenden Gewinn einer erfolgreichen Tat auf der einen Seite und den zu erwartenden Kosten, falls er ertappt wird[462].

Die Aufgriffe der Zollbehörden werden im wesentlichen von der Zahl der Grenzübertritte und der Zahl der Kontrollen bestimmt.

Hier soll aber das Zusammenspiel von Schmugglern und Zöllnern nicht weiter verfolgt werden, da in erster Linie die Indikatoreigenschaft der Zollaufgriffe, also die Relation zwischen ertappten Schmugglern und Steuerarbitrageuren, von Interesse ist. Die Eignung des Schmuggels als Indikator für steuerlich bedingte Direktimporte hängt von mehreren Faktoren ab.

- Einmal muss aus Sicht des Schmugglers die befürchtete Aufgriffswahrscheinlichkeit konstant bleiben. Zweitens muss die angedrohte Strafe, die im Aufdeckungsfall zu erwarten ist, gleich bleiben. Drittens muss die Risikoaversion des Schmugglers, also die nutzenmäßige Einschätzung der Unsicherheit, ertappt und bestraft zu werden, unverändert bleiben. Wenn sich einer dieser Faktoren verändert, etwa weil bekannt geworden ist, dass die Zollbehörden nachlässiger kontrollieren, erhöht sich der Schmuggel und bei gleichbleibender Aufgriffsquote auch die Zahl der Aufgriffe, ohne dass die Steuerarbitrage gestiegen ist. In der Theorie der Steuerhinterziehung wird auf einen weiteren Bestimmungsfaktor des illegalen Handelns hingewiesen, die Höhe des zu erwartenden Vorteils[463]. Für die hier zu klärende Indikatoreigenschaft ist zu fordern, dass eine Veränderung der Höhe des Steuervorteils abzüglich der Kosten des Direktimports die Relation zwischen Schmugglern und Arbitrageuren nicht verändern darf.

---

[462] Vgl. zu den Faktoren, die das Verhalten des Schmugglers erklären, die Theorie der Steuerhinterziehung. Einen guten Survey geben z.B. POMMEREHNE/WECK-HANNEMANN (1992) Steuerhinterziehung: Einige romantische, realistische und nicht zuletzt empirische Befunde, Zeitschrift für Wirtschafts- und Sozialwissenschaften o.Jg., S. 433 ff.

[463] Es ist zu beachten, dass die Höhe des zu erwartenden Gewinns, also die Steuerdifferenz, auch die Steuerarbitrage gleichgerichtet beeinflusst; steigt der Abstand der Steuerbelastung, steigt der Anreiz zum Schmuggel und zur Arbitrage.

- Von der Seite des Zolls muss die Aufgriffsquote, also das Verhältnis von Aufgriffen zu Grenzübertritten gleich bleiben. Wenn während des betrachteten Zeitraums mehr Zöllner eingesetzt werden, steigt cet. par. die Zahl der Aufgriffe, ohne dass die Steuerarbitrage gestiegen ist.

Es muss allerdings eingeräumt werden, dass es im Rahmen dieser Arbeit nur bedingt möglich gewesen ist, die Indikatoreigenschaft zu überprüfen. Um die Aufgriffswahrscheinlichkeit und die Aufgriffsquote ex post zu bestimmen, wurde versucht, den Input an Grenzkontrolle zu bestimmen[464]. Es stellt sich jedoch heraus, dass die Personaleinsatzzahlen nicht für eine Prognose der Aufdeckungswahrscheinlichkeit geeignet sind. Eine Kontrolldichte etwa im Sinne eines Quotienten "Beamte pro 1.000 jährlicher Grenzübertritte" hat keine Aussagekraft, weil dieser Quotient sehr stark für die einzelnen Grenzübergänge variiert. Die für fast alle Grenzübergänge gleiche Grundausstattung verhindert eine sinnvolle Verwendung dieses Koeffizienten. Darüber hinaus hat das Finanzministerium Sondereinheiten zusammengestellt, deren Einsatzort täglich wechselt. Die Aufgriffserfolge dieser Sondereinheit verzerren das statistische Ergebnis einzelner Grenzabschnitte, die ansonsten nur die „regulären" Aufgriffe beinhalten.

Nur in einem einzigen Fall liegen die Ergebnisse einer Totalkontrolle des gesamten einreisenden Personenverkehrs zu Lande, zu Wasser und zu Luft vor, die es ermöglichen, das Verhältnis von Schmugglern und Steuerarbitrageuren zu bestimmen.

Die Strafandrohung dagegen ist nach allen vorliegenden Informationen für den Schmuggel während des betrachteten Zeitraums von 1976 bis 1988 gleich geblieben[465]. Über die Änderung der Risikoaversion von potentiellen Schmugglern liegen uns keine Anhaltspunkte vor, so dass für diese beiden Einflussfaktoren davon auszugehen ist, dass die Ceteris-Paribus-Annahme gültig ist.

Für die Praxis des Zolldienstes hat sich allerdings in der zweiten Hälfte der Achtziger Jahre eine ganz erhebliche Änderung mit Abschluss des sogenannten Schengener Abkommens ergeben. Seit Unterzeichnung der bilateralen Abkommen mit allen nördlichen, westlichen und südlichen Anrainerstaaten während des Zeitraumes vom Sommer 1984 bis zum Frühjahr 1985 wird dem innereuropäischen Pkw-Verkehr eine bisher nicht gekannte Freizügigkeit gewährt: Dem privaten Reiseverkehr wird eine eigene Spur eingeräumt, auf der er im Schritttempo - ohne anhalten zu müssen

---

[464] An dieser Stelle ist dem Organisationsreferat, namentlich den Herren Dacho und Voigt, sehr herzlich für die gegebene Unterstützung zu danken.

[465] § 373 AO droht dem gewerbsmäßigen Schmuggler eine Freiheitsstrafe von drei Monaten bis fünf Jahren an. Für die hier zentralen privaten Schmuggelvergehen (Zollordnungswidrigkeiten) sind gemäß § 377 (1) AO Geldbußen vorzusehen, deren Höhe sich gemäß § 373 (2) AO im Ersten Teil des Gesetzes über Ordnungswidrigkeiten i.d.F. der Bekanntgabe vom 2.1.1975 (BGBl. I, S. 80, 520), richtet; dieses Gesetz ist nur einmal geändert worden: Gesetz vom 20.8.1975 (BGBl. I , S. 2189). Eine Änderung der Bestimmungen der steuergesetzlichen Bußgelder ist uns nicht bekannt.

- die Grenze überqueren darf, wenn er mittels einer „Grünen Scheibe" signalisiert, dass er keine Waren oberhalb der Freimengen mit sich führt. Dem Zolldienst bleibt in dieser „Kontrolle ohne Wartezeiten" nur noch im Ausnahmefall die Möglichkeit, die Insassen und das Gepäck des über die gesonderte Fahrspur fahrenden Verkehrs zu überprüfen[466]. Es ist einleuchtend, dass eine solche Änderung der Kontrollpraxis die Relation Aufgriffe des Zolls zu legalen Direktimporten von Privatreisenden verändert.

Zusammengefasst muss insbesondere wegen der zuletzt genannten Änderung der Rahmenbedingungen für den Zoll eine starke Einschränkung beigefügt werden, ob die Indikatoreigenschaft der im folgenden wiedergegeben Aufgriffszahlen für die Steuerarbitrage überhaupt gegeben ist *(Fragenkreis 4: Übertragbarkeit der Ergebnisse auf die Ergebnisse für den Binnenmarkt ab dem 1.1.1993).*

Es werden deshalb im folgenden lediglich die aus Sondererhebungen des BUNDESMINISTERIUMS DER FINANZEN stammenden Aufgriffsstatistiken wiedergegeben und im Rahmen der verbleibenden Möglichkeiten auf Ausmaß *(Fragenkreis 1)* und Zusammensetzung *(Fragenkreis 2)* und ihre zeitlichen Entwicklung der Aufgriffe in Folge der Verbrauchsteuererhöhung zu Beginn der 80 er Jahre des 20. Jahrhunderts kommentiert.

Anschließend an die erste Erhebung der Schmuggelaufgriffe in den Jahren 1976-86, die im nächsten Unterabschnitt 3.1.1.1 dargestellt wird, ist vom Verfasser eine detailliertere Sonderauswertung nach Grenzabschnitten für die Jahre 1980-89 veranlasst worden. Sie findet sich im übernächsten Abschnitt 3.1.1.2.

---

[466] Vgl. die Ausführungen auf im Einleitungskapitel im ersten Teil.

3.1.1.1 Schmuggelaufgriffe des BUNDESMINISTERIUMS DER FINANZEN für die Bundesrepublik Deutschland insgesamt (1976-86)

Eine erste Sondererhebung hat das Finanzministerium aufgestellt für die Jahre 1976-86[467]. Sie umfasst den aufgedeckten Schmuggel an den Außengrenzen der Bundesrepublik Deutschland insgesamt.

Tabelle 56: Schmuggelaufgriffe an den Grenzen der Bundesrepublik Deutschland 1976-1986[a]

	Aufgriffe	Schmuggelwert	am häufigsten geschmuggelte Waren			
			Zigaretten	Spirituosen	Kaffee/Tee	Diesel
Jahr	Anzahl	TDM	Tsd. Stück	Liter	kg	Tsd. Liter
1976	128.239	55.579	22.700	190.000	6.900	2.500
1977	151.858	68.956	20.500	128.000	7.100	2.365
1978	129.207	78.669	32.700	759.000	2.200	2.189
1979	126.959	97.192	24.100	545.000	4.800	3.187
1980	125.919	63.967	15.400	135.000	9.200	2.080
1981	123.601	58.187	18.900	137.000	13.200	1.849
1982	143.223	52.008	20.400	135.000	17.900	2.029
1983	144.877	70.586	23.100	156.000	26.400	2.035
1984	122.805	79.389	15.400	137.000	14.800	1.872
1985	107.445	101.200	14.100	121.000	13.000	1.663
1986	100.655	82.422	12.300	77.000	27.000	1.214

a. Quelle: Sondererhebung des BUNDESMINISTERIUMS DER FINANZEN.

Zu dieser Schmuggelaufgriffsstatistik merkt das Ministerium an[468]:

„1. Die sprunghafte Zunahme der Aufgriffe im Jahre 1977 ist auf die erhebliche Intensivierung der Grenzüberwachung nach der Entführung und Ermordung des damaligen Arbeitgeberpräsidenten Schleyer zurückzuführen.

2. Der Rückgang der Aufgriffe ab 1985 ist auf die Einführung von Abfertigungserleichterungen im Reiseverkehr (sog. Kontrolle ohne Wartezeiten) zurückzuführen.

3. Der Schmuggel im gewerblichen Warenverkehr wurde nicht berücksichtigt. Seine Zuordnung in Grenz- und Binnenschmuggel ist oftmals schwierig, weil die Tat zwar an der Grenze begangen, aber erst im Inland entdeckt wird."

---

[467] An dieser Stelle möchte der Verfasser den Herren Ministerialräten Schneider und Sohn sowie Herrn Rieck aus dem Bundesfinanzministerium für die gegebene Unterstützung danken.

[468] Vgl. Schreiben vom 1. Juni 1989 an den Verfasser.

Abbildung 6: Schmuggelaufgriffe in den Alten Bundesländern (1976-86) nach Warengruppen

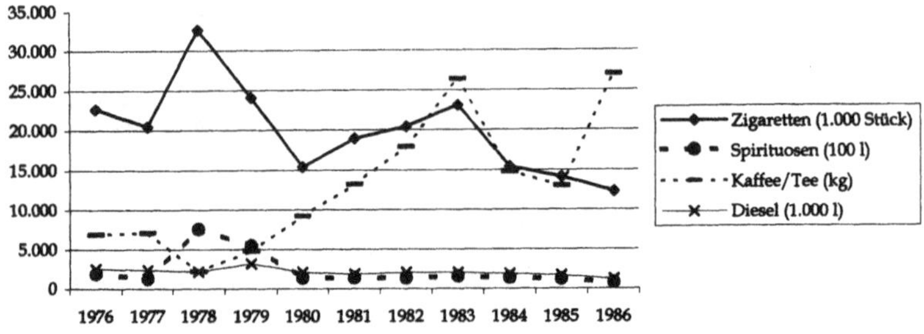

Die graphische Übersicht zeigt zwei Schmuggelgipfel: Einmal nach dem Jahre 1977 als Reflex auf den Sondereinfluss der verstärkten Kontrollen wegen des Schleyer-Attentates (vgl. Spalte (2), (3) und (4)) und zum anderen im Zuge der Verbrauchsteuererhöhung im Jahre 1982.

Für Tabakwaren sind beide Schmuggelgipfel stark ausgeprägt. Nachdem 1978 die höchste Zahl an aufgegriffenen Zigaretten nachgewiesen wird, sinken die Aufgriffe Ende der Siebziger Jahre von über 30.000 Stück auf 15.000 Stück stark ab. Von diesem niedrigen Niveau lässt sich für den Zeitraum von 1980 bis 1983 eine jährliche Zunahme von etwa 2.000 Stück feststellen. Wenn der zweite Gipfel auf die Tabaksteuererhöhung zurückgeführt wird, so lässt sich feststellen, dass die in zwei Preiserhöhungen zu Jahreswechsel 1981/82 und zum 1.6.1982 an die Konsumenten weitergegebene Steuererhöhung eine substantielle Ausweitung der Zollaufgriffe nach sich zog. Wenn die Aufteilung zwischen Schmugglern und Steuerarbitrageuren während dieses Zeitraumes gleichgeblieben ist, muss man aus dem Anstieg der Schmuggelaufgriffe auf eine jährliche Zunahme der Steuerarbitrage von 7,5% (vom 1980er Niveau aus) ausgehen. Über den gesamten Zeitraum werden durchschnittlich 19.964 Tsd. Zigaretten aufgedeckt.

Parallel zum ersten Gipfel für die Tabakaufgriffe verläuft die Zahl der Aufgriffe von Spirituosen: Vom durchschnittlichen Niveau der beiden Vorjahre von ca. 160.000 Litern aus deckt der Zoll in den beiden Jahren 1978 und 1979 759.000 bzw. 545.000 Liter geschmuggelten Alkohol auf. Die Alkoholsteuer war im Jahre 1977 von vorher 1.500 DM/hl auf 1.950 DM/hl, also fast um die Hälfte, angehoben worden.

Der Preis stieg daraufhin von 8,51 DM/l auf 9,52 DM/l[469]. In den Folgejahren kehrt die Zahl der Aufgriffe allerdings wieder unter das Ausgangsniveau zurück. Nur im Jahr nach der zweiten Alkoholsteuererhöhung im Jahre 1982 steigt die Zahl der Schmuggelaufgriffe für hochprozentigen Alkohol auf 156.000 Liter noch einmal spürbar an.

Der starke Anstieg der Aufgriffe des Schmuggels mit Kaffee/Tee lässt sich nicht aus einer Erhöhung der Kaffeesteuer ableiten, da diese während des gesamten Zeitraums gleich geblieben ist. Da der substantielle Anstieg des Schmuggels mit Kaffee/Tee fast deckungsgleich mit dem zweiten Schmuggelgipfel für Zigaretten ist, liegt die Vermutung nahe, dass es sich beim Kaffee bzw. Tee um Komplementärgüter zu anderen geschmuggelten Gütern (z.B. Tabakwaren) handelt: Wenn sich ein privater Arbitrageur zu einer Einkaufsfahrt ins niedriger besteuernde Nachbarland aufmacht, wird er sowohl eine Stange im Inland teurer gewordene Zigaretten als auch zwei Pakete - schon immer im Inland teureren Kaffee/Tee - einkaufen. Mit dem Anstieg des inländischen Tabakpreises ließe sich dann der Anstieg der Aufgriffe von Kaffee und Tee erklären. Der hohe Wert des Jahres 1986 kann aus dem bis zum jetzigen Zeitpunkt vorliegenden Material nicht erklärt werden.

Ob der Rückgang der Aufgriffe ab 1984 auf die nachlassenden Kontrollen nach dem Schengener-Abkommen oder auf die nachlassende Sensibilität der Passanten für Steuersatzdifferenzen zurückzuführen ist, kann aus dem Material der Zollaufgriffe nicht geschlossen werden.

Es fällt jedoch auf, dass sich der festgestellte Wert der geschmuggelten Waren in der Zeit nach 1984 eher erhöht als erniedrigt hat, obwohl insgesamt weniger Aufgriffe gezählt werden. Dieses Ergebnis widerspricht dem Augenschein, dass ab 1984 weniger geschmuggelt wird. Vielmehr scheint sich anzudeuten, dass der geschmuggelte Wert je Schmuggler steigt, weil die Aufdeckungswahrscheinlichkeit nach Bekanntgabe des Schengener Abkommens gesunken ist. Somit ist zu vermuten, dass sich der Schmuggel insgesamt deutlich erhöht hat.

Die Schmuggelfälle lassen sich weiterhin nach den nacherhobenen Abgaben und eingeleiteten Maßnahmen beschreiben; je höher die Anteile der Bußgeld- und Strafverfahren an den Aufgriffen insgesamt und an den getroffenen Maßnahmen sind, desto schwerer sind die geahndeten Schmuggelfälle einzustufen.

- Nacherhobene Abgaben (= Zollzuschläge) sind die sofort an der Grenze oder später zu erhebenden unterschlagenen Umsatz- und Verbrauchsabgaben. Solche Zollzuschläge fallen in jedem Fall eines Direktimports an, der die Einreisefreimengen

[469] Die Preise beziehen sich wieder auf eine Flasche Doppelkorn bzw. Tafelaquavit (38% Alk.).

nicht einhält. Sie können als größenordnungsmäßiger Hinweis auf die Steuerdifferenz, die die Steuerarbitrage auslöst, gedeutet werden.

- Verwarnungen sind die niedrigste Form der Ahndung eines Zollvergehens, sie stehen für leichte Schmuggelstraftaten.

- Eingeleitete Bußgeldverfahren stehen für Delikte in mittlerer Größenordnung. Steuer- bzw. Zollordnungswidrigkeiten werden von der Abgabenordnung als solche Zuwiderhandlungen definiert, die nach den Steuergesetzen mit Geldbuße geahndet werden können. Näheres regelt das Gesetz gegen Ordnungswidrigkeiten (Erster Teil)[470], soweit die Bußgeldvorschriften der Steuergesetze nichts anderes bestimmen[471].

- Die härteste Strafe für Schmuggler tritt für besonders schwere Vergehen ein, für die ein Strafverfahren eingeleitet wird. Dies ist bei gewerblichen Schmuggelstraftaten sowie beim Bandenschmuggel und beim gewaltsamen Schmuggel der Fall (§ 373 AO).

Tabelle 57: Maßnahmen wegen der Verstöße[a]

Jahr	nacherhobene Abgaben (TDM)	Eingeleitete Verfahren (Stück)			
		Zollzuschläge	Verwarnungen	Bußgeldverfahren	Strafverfahren
1976	13.802	75.126	39.549	3.247	10.109
1977	11.856	92.500	43.611	2.905	11.993
1978	21.693	76.774	28.823	2.931	10.411
1979	28.583	73.045	36.599	3.318	12.312
1980	15.319	72.629	35.046	4.124	14.051
1981	11.344	68.115	34.464	4.125	16.839
1982	12.706	81.067	38.122	4.970	18.773
1983	15.375	62.657	35.551	6.298	18.944
1984	12.046	67.620	29.186	5.269	19.801
1985	12.500	58.872	25.360	4.802	20.324
1986	10.062	52.710	21.981	4.257	21.177

a. Quelle: Sondererhebung des BUNDESMINISTERIUMS DER FINANZEN.

Das Anwachsen der nacherhobenen Abgaben in Tabelle 3, Spalte (2) im Jahre 1982/83 kann erklärt werden aus einer Mengen- und einer Wertkomponente: Einmal zeigt sich eine gestiegene Zahl der Zollzuschlagsverfahren (vgl. Spalte (3)!). Zum anderen sind zwei gegenläufige Wirkungsketten auf die Höhe der Zollzuschläge je Verfahren zu vermuten. Die Zollzuschlagshöhe steigt ceteris paribus mit gestiegenen Abgaben je steuerpflichtiges Gut, sie sinkt mit steigenden Schmugglerzahlen.

---

[470] BGBl. I, S. 80, 520, Änderung im BGBl. I, S. 2189.

[471] Die Bußgeldvorschriften für die Gefährdung von Verbrauchsteuern (§ 381 AO) und Eingangsabgaben (§ 382 AO) sehen als maximale Geldbuße 10.000 DM vor. Beide Vorschriften sind aber eher auf den gewerblichen Bereich als auf den Schmuggel von Privatpersonen gemünzt.

Der von der Steuererhöhung animierte Grenzschmuggler ist in der Regel ein "kleiner Fisch".

Die Verwarnungen als leichteste Form ergänzen als Ordnungswidrigkeit die mittleren und schweren Strafen. Tendenziell erreichen sie Maximalwerte in dem Jahr der verschärften Kontrollen 1977 (43.611 Verwarnungen) und in dem Jahr der 1982er Steuererhöhung selbst (38.122 Verwarnungen). Die Werte aus dem Jahre 1977 deuten darauf hin, dass die Mehrzahl der reisenden und mit Schmuggelgut ertappten Personen, die bei verschärften Kontrollen untersucht wurden, nur Waren knapp oberhalb der Freimengen mit sich führten. Der 1982er Wert zeigt eine gestiegene Zahl von kleinen Schmugglern, die aufgrund der Steuererhöhung nur eine geringfügige Überschreitung des gesetzlich Erlaubten versuchen.

Die mittleren und schweren Strafen (Bußgeld- und Strafverfahren) steigen nach der 1982er Steuererhöhung deutlich an. Sie werden deshalb im folgenden benutzt, um ein Maß für die Schwere eines Schmuggelvergehens zu definieren. Einmal werden die mittleren und schweren eingeleiteten Verfahren auf alle Verfahren bezogen, zum anderen wird eine Quote errechnet, die den Anteil der mittleren und großen Schmuggler an den Schmuggelaufgriffen insgesamt misst.

Tabelle 58: Relative Schwere der Schmuggelaufgriffe 1976-86[a]

Jahr	Maßnahmen insgesamt	Bußgeld-verfahren	Strafver-fahren	Bußgeld-verfahren	Strafver-fahren	Buß-geldver-fahren	Strafver-fahren
	absolut	absolut	absolut	Anteil an Maßnahmen (in %)		Anteil an Aufgriffen (in %)	
1976	52.905	3.247	10.109	6,1	19,1	2,5	7,9
1977	58.509	2.905	11.993	5,0	20,5	1,9	7,9
1978	42.165	2.931	10.441	7,0	24,7	2,3	8,0
1979	52.229	3.318	12.312	6,4	23,6	2,6	9,7
1980	53.221	4.124	14.051	7,7	26,4	3,3	11,2
1981	55.428	4.125	16.839	7,4	30,4	3,3	13,6
1982	61.865	4.970	18.773	8,0	30,3	3,5	13,1
1983	60.793	6.298	18.944	10,4	31,2	4,3	13,1
1984	54.256	5.269	19.801	9,7	36,5	4,3	16,1
1985	50.486	4.802	20.324	9,5	40,3	4,5	18,9
1986	47.415	4.257	21.177	9,0	44,7	4,2	21,3

a. Quelle: Sondererhebung des BUNDESMINISTERIUMS DER FINANZEN.

Die Schwere der Schmuggelvergehen nimmt in den Jahren nach der Steuererhöhung im Jahre 1982, die zu erhöhten Steuergefällen mit fast allen Nachbarländern geführt hat, gemessen an den Bußgeldverfahren zu: Der Anteil der Bußgeldverfahren an den Maßnahmen insgesamt steigt von durchschnittlich sieben Prozent auf zehn

Prozent; der Anteil der Schmuggler, die mit Bußgeldern belegt worden sind, an den aufgegriffenen Personen nimmt von unter drei Prozent auf über vier Prozent zu.

Eingeleitete Strafverfahren, die für die schweren Schmuggelvergehen stehen, nehmen zu von einem Durchschnittswert von ca. 22 Prozent Ende der siebziger Jahre auf dreißig bis vierzig Prozent ab 1981[472].

Die Aufgriffe für die Bundesrepublik Deutschland insgesamt können jedoch nur insoweit für die hier zu beantwortende Fragestellung nach der Höhe und Art der Steuerarbitrage ausgewertet werden, als an allen Grenzabschnitten und den mit ausgewiesenen Binnenflughäfen Steuerdifferenzen in gleicher Richtung bestehen. Wenn für ein Gut gleichzeitig zu einem Nachbarstaat höhere Steuern und niedrige Steuern zu einem anderen Nachbarn zu verzeichnen sind, ist der Aussagewert der Aufgriffe beschränkt. Im folgenden Abschnitt kann eine zweite, eigens für diese Arbeit erstellte, Sondererhebung seitens des Ministeriums der Finanzen gezeigt werden, die diese Unterscheidung der Schmuggelaufgriffe und der verbundenen Maßnahmen nach Grenzabschnitten ermöglicht.

3.1.1.2 Schmuggelaufgriffe des Bundesministeriums der Finanzen nach Grenzabschnitten (1980-90)

Eine zweite, für diese Arbeit angefertigte, Sonderaufstellung des Bundesministeriums der Finanzen aus dem Jahre 1991 ermöglicht eine Wiedergabe nach Grenzabschnitten[473].

Zu Beginn der Darstellung sei deswegen kurz die relative Höhe der Umsatz- und Verbrauchsteuern an den einzelnen betrachteten Grenzabschnitten beschrieben:

- Während des betrachteten Zeitraumes hat die Bundesrepublik Deutschland 1983 den allgemeinen Umsatzsteuersatz von 13 auf 14% erhöht. Mit Ausnahme Luxemburgs (bis Mitte 1983 10%, danach 12%) und der Schweiz (Großhandelssteuer, bis 1984 8,4, danach 9,3%) liegen die Regelsteuersätze der Nachbarländer während des gesamten Zeitraums meist deutlich oberhalb dieses Niveaus. Für die hier betrachteten, mit Verbrauchsteuern belegten, Güter ist zusätzlich zu beachten, dass erhöhte bzw. verminderte Steuersätze angewendet werden (Vgl. Tab. 44 ff oben!).
- Die deutsche Steuer auf Alkohol ist 1981 von 1.950 DM/hl reinen Alkohol auf 2.250 DM/hl erhöht worden. Mit Ausnahme Luxemburgs (ab Juni 1980: 1.462 DM/hl und ab 1.7.1983: 1.774, weitere Änderungen der Mengensteuer wegen Wechselkursschwankungen) sehen die Steuergesetze der anderen Mitgliedsländer

[472] Im Jahre 1981 liegen die relativen Strafverfahren aufgrund der niedrigeren Bezugsbasis auf gleichem Niveau.

[473] Ein besonderer Dank gebührt Herrn Dacho und Herrn Voigt aus der Organisationsabteilung des Zollreferats für die Unterstützung.

höhere Alkoholsteuern vor. Die Höhe des österreichischen Branntweinaufschlags beträgt 1980 617 DM/hl. Die Gesamtbelastung von Branntwein in Österreich kann aber nicht angegeben werden, weil zusätzlich zu diesem Mengenelement eine proportionale Steuer auf den (nicht bekannten) Endverkaufspreis ohne MwSt in Höhe von 10% erhoben wird. Sofern die Nachbarländer höhere Steuern aufweisen, ist kein Schmuggel nach Deutschland hinein zu erwarten. Deshalb wird die Höhe der Akzisen auf Branntwein hier nicht im einzelnen aufgegliedert.

- Die bundesdeutsche Steuer hat den Zigarettenpreis von 2,85 DM/Packung (1981) auf 3,80 DM/Packung angehoben. Die Nachbarstaaten haben z.T. höhere, z.T. geringere, Steuern auf Tabakwaren vorzuweisen. Die Heterogenität der nationalen Steuersysteme soll hier nicht nachgezeichnet werden; statt dessen benutzen wir die Preisaufschreibungen des BUNDESMINISTERIUMS DER FINANZEN für in Deutschland handelsübliche Zigaretten. Zigaretten haben in Dänemark und Österreich (mit Ausnahme des Jahres 1982[474]) einen höheren Preis, sie werden im folgenden nicht behandelt. Der Preisabstand zu Lasten des Inlandes ist zwischen der Bundesrepublik Deutschland und Luxemburg am höchsten (1,80 DM Differenz im Jahre 1982). Ebenfalls ein beträchtliches Preisgefälle weisen Frankreich (ca. 1,30 DM), die Niederlande (ca. 1,20 DM), Belgien (ca. 1,50 DM) und die Schweiz (ca. 1,50 DM) auf.

- Die Mineralölsteuer auf Benzin ist in der Bundesrepublik Deutschland 1981 und 1982 um 0,05 bzw. 0,02 DM erhöht worden. Wegen der Preisschwankungen auf dem Rohölmarkt sollen hier als Ausgangspunkt der Analyse nur Preisdifferenzen angegeben werden. Wieder werden nur die Preise angegeben, die für die importierten Schmuggelgüter relevant sind.

- Dieselkraftstoff ist in Deutschland teurer als in Luxemburg, Dänemark (bis 1986), den Niederlanden, Belgien. Der Preisabstand beträgt zu Luxemburg in den 11 betrachteten Jahren etwa zwanzig bis dreißig Pfennige je Liter. Gegenüber Dänemark ergibt sich nur in den ersten 6 Jahren eine ungünstige Preisdifferenz: von ca. 30 Pfg./l. Zu den Niederlanden sind es 1980 26 Pfg. Die Preisdifferenz beträgt gegenüber Belgien 0,22 Pfg./l (1980).

- Vergaserkraftstoff (verbleit) ist nur in Luxemburg ca. 0,10 DM/l billiger. Allerdings sind vom Zoll keine Schmuggler mit Vergaserkraftstoff ertappt worden, wir schließen daraus, dass die relativ für Diesel höhere Preisdifferenz die Schmuggler (und entsprechend auch Arbitrageure) zum Schmuggel mit Diesel und nicht mit Benzin lenkt.

- Die Kaffeesteuer beträgt während der betrachteten Jahre konstant 2,02 ECU/kg Röstkaffee. Nur an den Grenzen zu Frankreich (3,93 ECU/kg) und abgeschwächt zu Dänemark (0,20 DM/kg) sind keine Kaffeeschmuggler zu erwarten. Die relative Situation der in- und ausländischen Steuer auf Tee als Substitut zum Genussmittel Kaffee ist analog der für die Kaffeesteuer.

Die folgende Übersicht zeigt Zusammensetzung und Zuordnung der Grenzabschnitte.

---

[474] Österreich hat vorher und nachher einen höheren Zigarettenpreis. Die Differenz von 3,80 zu 3,67 DM beruht auf der Phasenverschiebung der österreichischen Steuererhöhung um ein Jahr.

Abbildung 7: Zurechnung Oberfinanzdirektionen zu Grenzabschnitten - alte Bundesländer

Bundesland	Oberfinanzdirektionen	Grenzabschnitte
Schleswig-Holstein	OFD Kiel	Dänemark
Niedersachsen	OFD Hannover	Niederlande
Nordrhein-Westfalen	OFD Münster OFD Düsseldorf OFD Köln	
	OFD Köln	Belgien
Rheinland-Pfalz	OFD Koblenz	Luxemburg
Saarland	OFD Saarbrücken	
	OFD Saarbrücken	Frankreich
Baden-Württemberg	OFD Karlsruhe	
	OFD Freiburg	Schweiz
Bayern	OFD München	Österreich
		Summe Grenzabschnitte

Die Erhebung ist disaggregiert nach Oberfinanzdirektionen (OFD), die auf die Grenzabschnitte aufgeteilt werden. Nicht in allen Fällen kann eine OFD eindeutig einem Grenzabschnitt zugeordnet werden. In diesen Fällen wird die betroffene OFD beiden Grenzabschnitten zugerechnet. Ein eindeutiger Aufteilungsschlüssel konnte nicht gefunden werden.

Diesen Zurechnungsmodus soll ein Beispiel verdeutlichen:

> Betrachtet sei ein Gut. Der bundesdeutsche Steuersatz liege oberhalb der Steuersätze der Nachbarländer. Eine OFD grenze an zwei Nachbarstaaten an. Wenn einmal ein sehr hohes und einmal ein mäßiges Steuersatzgefälle an einem Drei-Ländereck besteht, ist anzunehmen, dass sämtliche Arbitrageströme aus der betrachteten OFD in das Land mit den sehr hohen Steuervorteilen fließt. Wenn sich die steuerlichen Gegebenheiten nun im betrachteten Zeitabschnitt ändern, können sämtliche Direktimportströme in das zweite Nachbarland abfließen. Oder wenn zwei Güter gleichzeitig betrachtet werden, kann zum einen Nachbarn ein größeres Gefälle für das eine Gut bestehen und zum anderen ein größeres für das andere.

Um jedoch größenordnungsmäßig die über die EG- und Südgrenzen fließenden Schmuggelströme insgesamt beurteilen zu können, wird die Summe der Grenzabschnitte ohne Doppelzählungen ausgewiesen. Die Angabe für den Bund insgesamt stellt die entsprechende Vergleichszahl zu der ersten Erhebung von 1976-86 dar (Vgl. Tabelle 26!).

Die Ergebnisse können nach Grenzübergängen und Grüner Grenze unterteilt werden. Es sollen in diesem Kapitel nur die für beide Erhebungspunkte aggregierten Schmuggelzahlen ausgewiesen und besprochen werden. Die Aufgliederung der Aufgriffe nach den Aufgriffen an den Grenzübergängen und den Aufgriffen an der Grünen Grenze ist in den Tabellen A52-A68 im Anhang wiedergegeben. Zur übersichtlichen Darstellung der Ergebnisse kann folgendes Tabellenverzeichnis dienen:

Verzeichnis 4: Übersicht über die Tabellen, die die laufenden Erhebungen des Bundesministeriums der Finanzen darstellen

Nr.	Tabelleninhalt	Zeitraum	Region	Grenzabschnitt
26	Schmuggelaufgriffe an den Grenzen der Bundesrepublik Deutschland	1976-86	Bundesrepublik Deutschland insg.	Grenzübergänge
27	Maßnahmen wegen der Verstöße			
28	Relative Schwere der Schmuggelaufgriffe			
A52	Schmuggelaufgriffe	1980-90	Oberfinanzdirektionen	Grenzübergänge
A53	Zigarettenschmuggel			
A54	Schmuggel mit Spirituosen			
A55	Schmuggel mit Dieselkraftstoff			
A56	Kaffee-/Teeschmuggel			
A57	Schmuggelaufgriffe			Grüne Grenze
A58	Zigarettenschmuggel			
A59	Schmuggel mit Spirituosen			
A60	Schmuggel mit Dieselkraftstoff			
A61	Kaffee-/Teeschmuggel			
29	Schmuggelaufgriffe			insgesamt
30	Zigarettenschmuggel			
31	Schmuggel mit Spirituosen			
32	Schmuggel mit Dieselkraftstoff			
33	Kaffee-/Teeschmuggel			
A62	Schmuggelwert			
A63	Nacherhobene Abgaben			
A64	Ordnungs- und strafrechtliche Maßnahmen			Grenzübergänge
A65	Ordnungs- und strafrechtliche Maßnahmen			Grüne Grenze
A66	Ordnungs- und strafrechtliche Maßnahmen			insgesamt
A67	Zollpolizeiliche Maßnahmen (absolut)			insgesamt
A68	Zollpolizeiliche Maßnahmen (relativ)			

Der Schmuggel an den Grenzübergängen und an der Grünen Grenze lässt sich zu einem Gesamtbild über den Schmuggel nach Grenzabschnitten zusammenfassen:

Tabelle 58: Schmuggelaufgriffe insgesamt nach Grenzabschnitten 1980-90[a]

	1980	1981	1982	1983	1984	1985	1986	1987	1988	1989	1990
Dän	11.495	10.900	9.859	9.550	8.835	10.792	9.330	9.987	11.059	13.158	7.341
NL	38.497	37.388	49.648	50.420	44.615	35.998	32.262	35.960	28.031	27.514	24.110
B	8.523	10.246	13.590	13.868	9.991	8.129	7.376	12.125	9.074	8.309	6.060
Lux	7.567	6.392	12.843	11.089	7.699	5.030	5.958	5.335	3.335	3.477	5.783
F	4.555	2.953	4.138	3.857	2.709	1.925	2.449	2.386	1.557	1.775	2.898
Ch	22.926	25.679	25.177	25.512	20.020	17.429	16.485	14.694	10.408	7.136	8.711
Ö	30.167	27.952	31.132	33.763	27.604	25.240	24.935	28.279	23.207	21.056	18.683
Σ	111.545	108.926	129.380	131.244	109.382	94.898	89.406	94.637	76.204	72.529	64.906
BRD	121.651	123.601	143.223	144.877	122.805	107.445	100.655	109.876	92.876	91.856	65.371

a. Quelle: Sondererhebung des BUNDESMINISTERIUMS DER FINANZEN.

Graphisch lassen sich die Aufgriffe nach Grenzabschnitten wie folgt darstellen:

Abbildung 8: Schmuggelaufgriffe an den Grenzübergängen und der Grünen Grenze nach Grenzabschnitten

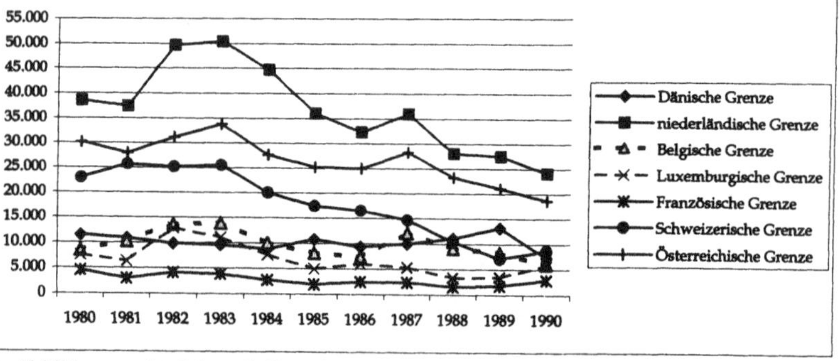

Die Abbildung zeigt folgende Trends:

Die meisten Aufgriffe werden an der deutsch-holländischen Grenze erzielt. Ebenfalls hohe Schmugglerzahlen liegen für die Grenze zu Österreich und zur Schweiz vor. Dagegen fallen die Aufgriffszahlen für die dänische, belgische, luxemburgische und französische Grenze ab. Berücksichtigt man allerdings die Zahl der Grenzübergänge bzw. die Länge der Grünen Grenze auf der einen Seite und die Zahl der Grenzübertritte auf der anderen Seite, so nähern sich die durchschnittlichen Aufgriffe mit Ausnahme der deutsch-französichen Grenze wieder einem durchschnittlich gleichen Niveau an[475].

Angesichts der 1982er Verbrauchsteuererhöhung (Benzin, Tabak) zeigt sich für die Schmuggelaufgriffe in all den Fällen ein typisches Verlaufsmuster der Schmuggelaufgriffe, in denen Tabakwaren jenseits der Grenze billiger beschafft werden können: Im Jahr der Steuererhöhung steigen die Aufgriffe sprungartig an. Nur an der deutsch-dänischen Grenze ist keine Zunahme der Aufgriffe vom Niveau der Jahre 1980 und 1981 für die beiden Folgejahre zu beobachten. Es ist in der Graphik für den Zigarettenschmuggel zu untersuchen, ob sich die vermutete Wirkung der Tabaksteuererhöhung tatsächlich in einer so erratischer Steigerung des Schmuggels insgesamt niederschlägt.

Für die Aufgriffe insgesamt zeigt sich ein weiterer markanter Trend, der schon bei den Aufgriffen aus der ersten Erhebung von 1976-86 abgelesen werden konnte: Die Zahl der Aufgriffe von Schmugglern sinkt ab 1984 an allen Grenzabschnitten, an denen in den Vorjahren wesentlich mehr Schmuggler ertappt wurden. Wie bei der ersten Erhebung wird dieser Abwärtstrend auf die Auswirkungen der erleichterten Grenzabfertigung im Zuge des Schengener Abkommens und nicht auf abnehmende Schmuggelaktivität zurückzuführen sein.

Tabelle 60: Zigarettenschmuggel (1.000 Stück)[a]

	1980	1981	1982	1983	1984	1985	1986	1987	1988	1989	1990
Dän	1.909	1.805	1.413	1.603	1.193	2.338	1.580	1.356	3.385	2.412	1.075
NL	4.491	3.952	5.999	7.938	4.746	3.667	3.026	3.023	3.554	3.685	3.404
B	664	698	2.370	2.274	1.298	901	778	508	327	445	302
Lux	1.438	979	5.506	4.104	2.340	1.492	1.404	1.218	880	871	1.669
F	534	314	969	1.075	698	480	517	390	213	356	534
Ch	1.698	7.703	2.333	2.967	1.968	1.479	1.514	1.138	510	382	446
Ö	3.192	2.418	3.049	4.035	3.503	3.375	3.229	4.231	4.524	4.437	5.781
Σ	12.843	16.924	18.367	20.974	13.812	12.406	10.812	11.017	12.874	11.817	12.441
BRD	15.398	18.909	20.439	23.136	15.431	14.101	12.309	13.166	13.600	15.100	16.513

a. Quelle: Sondererhebung des BUNDESMINISTERS DER FINANZEN.

[475] Es ist zu vermuten, dass die gute deutsch-französische politische Zusammenarbeit sich auch in einer höheren Freizügigkeit gegenüber dem grenzüberschreitenden Personenverkehr äußert. Von den Steuerdifferenzen insbesondere bei Tabakwaren her ist nämlich eine nicht unbeträchtliche Steuerarbitrage zu vermuten.

Abbildung 9: Zigarettenschmuggel (1.000 Stück) an Grenzübergängen und Grüner Grenze

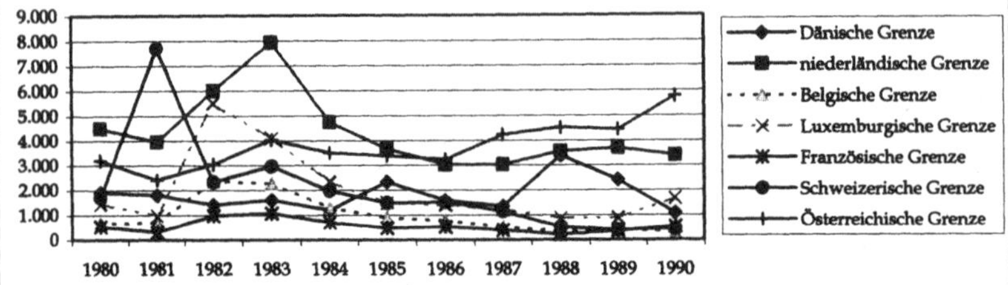

Aus der graphischen Aufbereitung ist ersichtlich, dass der Zigarettenschmuggel mit weit stärkeren Ausschlägen als die Schmuggelaufgriffe insgesamt (Vgl. Abb. 5) verläuft; dies kann als weiteres Indiz dafür gedeutet werden, dass die erhöhten Steuerdifferenzen im Bereich der Tabaksteuer für den ansteigenden Ast der Schmuggelaufgriffe insgesamt verantwortlich sind.

Die meisten geschmuggelten Zigaretten stammen aus den Niedrigsteuerländern Schweiz, Niederlande, Luxemburg und Belgien. Der hohe Aufgriffswert für das Jahr 1981 an der schweizerischen Grenze verzerrt die Entwicklung der Zigarettenschmuggelaufgriffe für die Bundesrepublik Deutschland insgesamt: Die hohe Zahl aufgedeckter Zigaretten stammt von den Kontrollen an den Grenzübergängen; es lässt sich aber kein Hinweis finden, ob es sich bei diesem Ausschlag um einen einmaligen großen Fahndungscoup des Zolls oder um eine Zunahme auf breiter Front handelt.

Der ab 1982 ansteigende und ab 1984 fallende Zyklus der Aufgriffe insgesamt zeigt sich für die Zigarettenschmuggler aus Belgien, Frankreich, der Schweiz und den Niederlanden.

Die Aufgriffe an der deutsch-dänischen und deutsch-österreichischen Grenze weisen ein unregelmäßiges Bild auf. An diesen beiden Grenzabschnitten liegen - mit Ausnahme Österreichs im Jahr 1982 - auch keine Steuerlastgefälle zulasten der Bundesrepublik vor. Es ist zu vermuten, dass unter den Schmugglern etliche in Richtung Österreich ertappt wurden. Es ist uns jedoch aus dem uns vorliegenden Datenmaterial nicht möglich, die Herkunft der Schmuggler zu unterscheiden.

Tabelle 61: Schmuggel mit Spirituosen/alkoholischen Getränken (100 Liter)[a]											
	1980	1981	1982	1983	1984	1985	1986	1987	1988	1989	1990
Dän	65	26	44	32	34	70	36	40	90	48	61
NL	99	68	68	235	123	91	67	63	71	146	21
B	42	9	17	19	43	12	10	12	4	10	4
Lux	61	42	47	40	21	24	10	12	12	13	1
F	83	35	45	38	21	25	10	10	6	10	9
Ch	241	248	258	304	214	225	24	63	15	10	70
Ö	74	791	855	760	909	784	586	546	518	444	347
Σ	1.257	1.186	1.282	1.381	1.309	1.201	724	726	707	662	512
BRD	1.352	1.375	1.352	1.562	1.367	1.211	768	797	787	745	605

a. Quelle: Sondererhebung des BUNDESMINISTERIUMS DER FINANZEN.

Der Branntweinschmuggel zeigt ein von den anderen hochbesteuerten Waren abweichendes Bild:

Abbildung 10: Schmuggel mit Spirituosen (100 Liter) an Grenzübergängen und Grüner Grenze

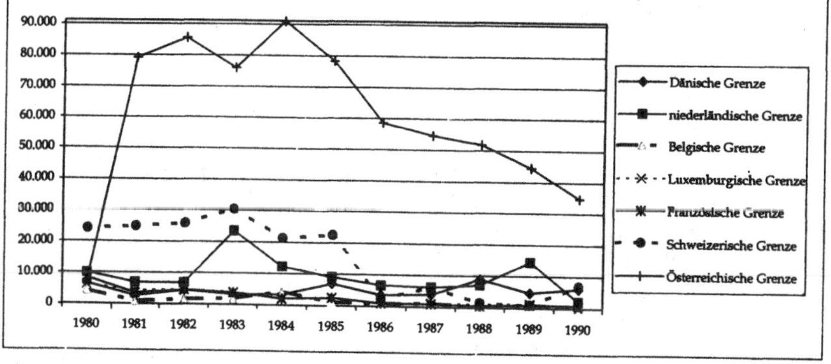

Betrachtet man die Aufteilung der entdeckten Spirituosen, so liegt der Schwerpunkt des Schmuggels an den Grenzen zu Österreich, der Schweiz und den Niederlanden.

Gegenüber Holland und der Schweiz steigen die Aufgriffe bis 1983 und fallen ab 1984. Auffallend ist, dass von derjenigen Grenze, für die nach dem Zahlenmaterial erhebliche Steuersatzunterschiede zu beobachten sind, niveaumäßig sehr viel geringere Schmuggelaufgriffe vorliegen: In den ersten drei Jahren von 1980-82 sind mit 6.100, 4.200 und 4.700 Litern geschmuggeltem Branntwein noch relativ hohe Mengen zu messen. Wenn man den Jahreswert für 1983 allerdings auf das erste halbe Jahr bezieht, in dem eine größere Steuerdifferenz als nach der luxemburgischen Steuererhöhung am 1.7.1983, ergibt sich auch für diesen Grenzabschnitt das zyklische Muster mit dem Anstieg des Schmuggels nach der Steuererhöhung (1982 und erste Jahreshälfte 1983) und einem Absinken nach der luxemburgischen Branntweinsteuererhöhung bzw. – nicht isolierbar – nach Abschluss des Schengener Abkommens mit Luxemburg im Juni 1985. Es muss für den Vergleich der absoluten Höhe des Schmuggels auf die geringe Breite des deutsch-luxemburgischen Grenzabschnitts und die (gegenüber z.B. Österreich) relativ geringe Zahl von Grenzübertritten hingewiesen werden.

An der österreichischen Grenze kann für 1980-82 ein steigender Schmuggeltrend ermittelt werden. Dieses Ergebnis spiegelt wieder, dass sich der Preisabstand zwischen dem österreichischen und dem deutschen Spirituosenpreis durch die 1977er Steuererhöhung schon vor Beginn des Betrachtungszeitraumes vergrößert hatte. Durch die zweite, 1982er, Steuererhöhung ist ein zusätzlicher Schmuggel angestoßen, dessen Höhepunkt 1985 gemessen werden kann. Der absteigende Ast des Graphen für Österreich wird wieder auf die erleichterte Abfertigung im grenzüberschreitenden Personenverkehr zurückzuführen sein.

Tabelle 62: Schmuggel mit Dieselkraftstoff (1.000 Liter)[a, b]

	1980	1981	1982	1983	1984	1985	1986	1987	1988	1989	1990
Dän	262	228	284	227	265	442	302	394	349	360	326
NL	950	769	775	893	749	722	555	1.809	1.731	1.103	1.377
B	190	201	199	244	195	185	96	151	186	123	77
Lux	252	203	188	121	52	24	47	32	67	78	132
F	186	145	132	81	32	10	38	9	69	43	73
Ch	24	211	218	306	205	1	0[b]	1	0	0	1
Ö	344	359	489	328	285	154	137	100	58	60	64
Σ	1.846	1.772	1.960	1.875	1.557	1.344	1.049	2.343	2.225	1.602	1.899
BRD	2.080	1.849	2.029	2.035	1.872	1.663	1.214	2.523	2.378	1.799	2.294

a. Quelle: Sondererhebung des BUNDESMINISTERIUMS DER FINANZEN.
b. Die Angaben sind auf 1.000 Liter gerundet.

Die Auflistung des Dieselschmuggels nach Grenzabschnitten zeigt die Dominanz des Schmuggels über die deutsch-holländische Grenze. Dort sind in allen Jahren die höchsten Anteile zu verzeichnen.

Die Werte von diesem Grenzabschnitt sind einmal so hoch, weil bei den Kontrollen an den Grenzübergängen z.T. erhebliche Mengen aufgedeckten Schmuggels vorliegen. Insbesondere in den Jahren 1987-1990 sind jeweils Volumen über 1 Million

Liter gesichert worden. Weil sich die Zahl der Aufgriffe trotz dieses Anstiegs nicht erhöht sondern verringert hat, ist anzunehmen, dass es sich bei diesen großen Mengen um gewerblichen und nicht um privaten Schmuggel handelt. Darüber hinaus kann auf der anderen Seite auf die Aufgriffe von der Grünen Grenze verwiesen werden, weil der größte Teil dieses Dieselschmuggels 1982, 1983, 1989 hier entdeckt wurde.

Abbildung 11: Schmuggel mit Dieselkraftstoff (Liter) an Grenzübergängen und Grüner Grenze

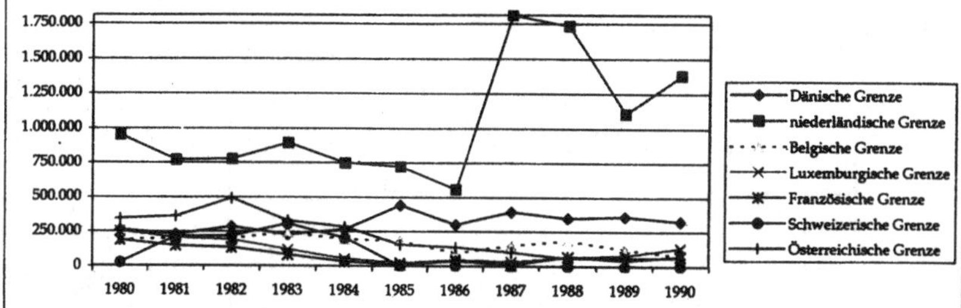

Überraschenderweise folgt der deutsch-österreichische Grenzabschnitt von der Zahl der aufgegriffenen Schmuggler, denn es sind wegen des höheren Dieselpreises in Österreich eigentlich keine Einreisenden mit Schmuggelgut zu erwarten. Wie schon für die Zigarettenaufgriffe ist zu vermuten, dass die Aufgriffe der bundesdeutschen Behörden sich auf österreichische Schmuggler, die auf dem Weg nach Hause sind, beziehen.

Die Aufgriffe an der dänischen Grenze sind zwar in der ersten Hälfte des Jahrzehnts im Jahr der deutschen Steuererhöhung am höchsten, was der hier vertretenen Steuerarbitragethese entspricht. In der zweiten Hälfte der 80 er Jahre steigen die Aufgriffe (im wesentlichen an den Grenzübergängen) auf ein wesentlich höheres Niveau. Hierfür kann aus den Mineralölsteuersätzen keine Erklärung gegeben werden.

Die Aufgriffe von Schmugglern mit Dieselkraftstoff sind an der Grenze mit den höchsten Steuerdifferenzen (Luxemburg) nicht sonderlich hoch[476]. Der zeitliche Verlauf ist bis 1987 durchgehend abnehmend. Eine Erklärung dieses Tatbestandes aus relativen Steuersätzen kann nicht gegeben werden.

[476] Immer absolut gerechnet, ohne Schätzung weiterer Einflussfaktoren, Zahl der Grenzübergänge, Durchfahrten usw.

Die Aufgriffe des Zolldienstes scheinen als Prognose für die zu erwartende Steuerarbitrage für diese Warenart am wenigsten geeignet zu sein. Weder zeigt sich ein niedrigeres Niveau des Schmuggels an den Grenzen mit jenseits teurerem Preis (Österreich oder Dänemark (ab 1986)) noch eine Umkehr des Schmugglerstroms für das Jahr 1986, in dem Diesel nach der großen dänischen Steuererhöhung vom relativ billigeren zum relativ teureren Kraftstoff wurde. Die starken Ausschläge der Aufgriffe an der holländischen Grenze können nicht aus der Veränderung der Steuersätze abgeleitet werden, es ist (ohne Nachweismöglichkeit) zu vermuten, dass dem Zoll ein größerer Aufgriff gelungen ist.

Tabelle 63: Kaffee-/Teeschmuggel (kg)[a]

	1980	1981	1982	1983	1984	1985	1986	1987	1988	1989	1990
Dän	0[a]	0	140	0	0	k.A.	147	473	167	165	154
NL	3.680	3.542	4.595	4.439	2.400		9.019	8.043	6.370	9.706	32.402
B	403	572	1.357	1.171	629		1.034	1.132	2.266	836	1.049
Lux	0	0	942	788	451		238	98	1.292	297	599
F	0	0	408	486	245		52	29	580	61	116
Ch	1.589	4.197	4.133	3.433	2.331		11.531	1.269	1.143	1.068	1.032
Ö	3.779	3.835	7.420	16.605	9.376		5.037	5.414	4.531	2.941	2.713
Σ	9.048	11.574	17.365	25.407	14.558		25.972	15.303	13.558	14.178	36.912
BRD	k.A.	13.227	17.929	26.439	14.800		26.600	15.958	13.665	15.123	37.274

a. Quelle: Sondererhebung des BUNDESMINISTERIUMS DER FINANZEN.

Abb. 9: Kaffee- und Teeschmuggel (kg) an Grenzübergängen und Grüner Grenze

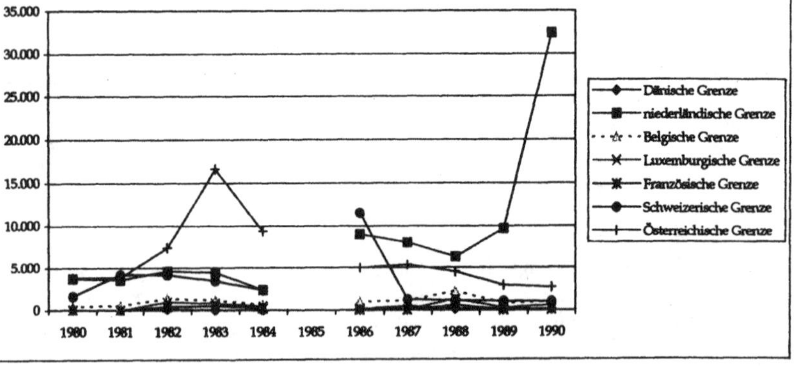

Die Abbildung des Kaffee- und Teeschmuggels zeigt nur im Falle Österreichs eine 1982-84 leicht angestiegene Schmuggelziffer. Es ist zu vermuten, dass sich dieser Schmuggelgipfel ergeben hat, weil im Bereich komplementär eingekaufter Güter (Zigaretten und Branntwein) jeweils um 1983 ein Gipfel (Peak) zu beobachten ist. Die Steuer auf Kaffee/Tee ist jedenfalls für sich genommen unverändert und kann die Variation nicht erklären.

Der hohe Aufgriffswert im Jahre 1990 an der deutsch-holländischen Grenze fällt völlig aus der Rolle. Es ist zu vermuten, dass der Zoll in dieser Zeit einen gewerblichen Schmuggler ertappen konnte. Das vorliegende Datenmaterial erlaubt aber keine Überprüfung dieser These.

Die anderen erhobenen Werte (Schmuggelwert insgesamt, nacherhobene Abgaben, ordnungsrechtliche und zollpolizeiliche Maßnahmen (Zollzuschläge, Verwarnungen, Bußgeldverfahren, Strafverfahren) finden sich im einzelnen im Anhang (Tabelle A 62 - A 68).

Zusammengenommen kann als Ergebnis der Erhebungen des Zolldienstes an den Grenzübergängen und der Grünen Grenze festgehalten werden:

(1) Vier Warengruppen sind vom Zolldienst als besonders häufig verwendetes Schmuggelgut aufgedeckt worden: Zigaretten, Branntwein, Kaffee/Tee und Dieselkraftstoff. Dies ist ein wichtiger Aspekt für weitere Untersuchungen zum o.g. *Fragenkreis 2 (Zusammensetzung der Steuerarbitrage)*. Wenn die Zusammensetzung der geschmuggelten Waren mit der Zusammensetzung der direktimportierten Waren deckungsgleich ist, gibt die ausgewertete Aufgriffsstatistik weitere Anhaltspunkte dafür, dass für die Steuerarbitrage die Höhe und Veränderung der Verbrauchsteuersätze diesseits und jenseits der Grenze von nicht unerheblicher Bedeutung sind[477].

(2) Die im Mittelpunkt der Betrachtung stehende 1982er Verbrauchsteuererhöhung hat den inländischen Preis von hochprozentigem Alkohol und Zigaretten um 25% bzw. 33% ansteigen lassen. Als Reaktion auf diese Preiserhöhung lassen sich an den Grenzen, an denen ein erhöhter Steuervorteil vorliegt, steigende Schmuggelaufgriffe feststellen. Damit ist - zumindest qualitativ - die These belegt, dass die Höhe der Steuerdifferenz ein nicht unwichtiger Bestimmungsgrund für den Schmuggel - und insoweit es möglich ist, von den Schmuggelaufgriffen auch auf die Steuerarbitrage zu schließen - und die Steuerarbitrage ist. Andere Bestimmungsgründe (Entfernung

[477] Die in den Jahresberichten des Zolls wiedergegebenen Aufgriffe von Personen, Waffen und Rauschgiften sind hier nicht betrachtet worden, weil sie nicht auf Steuerunterschiede zurückgeführt werden können.

des Wohnortes des Schmugglers zur Grenze, der Wert einer Ware usw.) sind mit den Aufgriffsstatistiken nicht zu untersuchen.

(3) Der räumliche Schwerpunkt des aufgedeckten Spirituosenschmuggels liegt in Österreich. Zigaretten werden schwerpunktmäßig an der holländischen, der belgischen, der schweizerischen, der luxemburgischen und der österreichischen Grenze geschmuggelt. Im Jahr der Steuererhöhung und unmittelbar danach sind große Mengen geschmuggelten Tabaks festgestellt und nachversteuert worden. Mit dem verstärkt einsetzenden Tabakwarenschmuggel steigt auch der Schmuggel mit anderen Waren, deren relativer Preis sich nicht erhöht hat (insbes. Kaffee/Tee).

(4) Die Aufgriffszahlen sinken rapide ab, nachdem im Schengener Abkommen mit den hier betrachteten Nachbarländern ein freizügigerer Grenzübertritt – und damit eine geringere Kontrollmöglichkeit für den Zoll - vereinbart wurde.

(5) Der Anstieg der Schmuggelaufgriffe bis 1983 und das Sinken der Zahl der Schmuggeltaten von 1984-89 ergibt zusammengenommen ein zyklisches Muster, das sich besonders für die Schmuggelaufgriffe insgesamt und den Schmuggelwert insgesamt einstellt.

(6) Die im Anhang dargestellten zollpolizeilichen Maßnahmen deuten auf eine inhaltliche Verschiebung der Schwere des Schmuggelvergehens hin: Von der Seite der Schmuggler sind höhere Mengen je Vergehen und von der Seite des Zolls sind höhere Strafen je Aufgriff als Ursache zu vermuten.

(7) Wenn das Strafmaß des Zolls für die Höhe der mitgeführten Warenmenge stehen sollte, ist für den Zeitraum ab 1984 (also den Zeitraum, in dem die Schmuggelaufgriffe zurückgegangen sind) sogar zu vermuten, dass die je Schmuggler eingeführten Waren stetig zugenommen haben.

(8) Um von den Schmuggelaufgriffen auf die Zahl der Steuerarbitrageure und um von den aufgedeckten Warenmengen auf den Umfang der legalen Direktimporte während dieser elf Jahre zu schließen, bietet der aufsteigende Verlauf des Schmuggelzyklus einen Anhaltspunkt. Es muss für diesen Schluss davon ausgegangen werden, dass die Zollbehörden vor und nach der 1982er Steuererhöhung mit der gleichen Intensität und Erfolgsquote den grenzüberschreitenden Personenverkehr überprüft haben. Diese Annahme scheint nicht unplausibel zu sein, so dass für die Steuerarbitrage zu vermuten ist, dass nach der Steuererhöhung 1982 vermehrt hochbesteuerte Waren aus den benachbarten Niedrigsteuergebieten eingeführt worden sind.

(9) Die ab 1984 zurückgehende Zahl der Schmuggelaufgriffe liefert dagegen nicht unbedingt einen Anhaltspunkte für eine ebenfalls gesunkene Steuerarbitrage. Es ist zu vermuten, dass wegen der zurückgenommenen Kontrolldichte in Folge des Schengener Abkommens weniger Schmuggler enttarnt worden sind als in der ersten Hälfte der Untersuchungsperiode. Die höhere Freizügigkeit des Grenzübertritts verletzt die geforderte Indikatoreigenschaft des Schmuggels für die Steuerarbitrage. Es ist zu betonen, dass es sich bei dieser Aussage lediglich um eine *qualitative Prognose* handelt, wie sie in den Fragebogenstudien des INSTITUTS FÜR GRENZLANDHANDEL und des INSTITUTS FÜR WELTWIRTSCHAFT vorgenommen worden sind[478].

(10) Wünschenswert wäre eine ökonometrische Untersuchung der Abhängigkeit der Schmuggelaufgriffe von der Höhe der Steuersatzdifferenz, der Breite des Grenzabschnitts, der Zahl der Grenzübertritte, der Kontrolldichte, der zu erwartenden Strafe und weiterer Einflussfaktoren. Es ist dem Verfasser jedoch nicht gelungen, die Veränderung der Kontrolldichte im Zuge des Abschlusses des Schengener Abkommens zu erfassen. Die zu Rate gezogenen Stellenpläne des BUNDESMINISTERIUMS DER FINANZEN weisen keine niedrigere Besetzung der Grenzposten nach, an denen die größere Freizügigkeit zu messen gewesen wäre. Die Schärfe der Grenzkontrolle lässt sich nicht quantifizieren. Es gelang hier nicht, den jeweiligen Einsatzort des „fliegenden Grenzkontrolldienstes“ einzelnen Grenzabschnitten zuzuordnen.

3.1.1.3 Stichprobenweise Totalkontrollen des BUNDESMINISTERIUMS DER FINANZEN (1981-83)

Für den Schmuggel mit Zigaretten kann auf eine weitere, bisher unveröffentlichte, Sondererhebung des BUNDESMINISTERS DER FINANZEN aus den Jahren 1982 bis 1984 zurückgegriffen werden[479]. Als die Tabaksteuererhöhung zum 1.6.1982 beschlossen war, nahmen die Dienststellen der Zollaufsicht, verstärkt um zusätzliche Mitarbeiter aus dem Inland, an vier Tagen eine Totalkontrolle der Reisenden an den Grenzübergängen an den Landübergängen, den Flughäfen und Fähren vor.

Mit dieser einmaligen Sonderaktion konnten erstmals für die Bundesrepublik Deutschland Aussagen über mitgeführte Waren von *allen* Reisenden und nicht nur von den ertappten Schmugglern getroffen werden. Allerdings bezog sich diese

---

[478] Wenn es auch möglich erscheint, für die Steuererhöhung 1982 qualitativ einen Anstieg der Steuerarbitrage zu prognostizieren, ist eine entsprechende Prognose für die Effekte der Öffnung der Binnengrenzen nicht möglich. Es fehlt für den Zeitpunkt 1.1.1993 eine Veränderung der Steuerdifferenzen.

[479] An dieser Stelle möchte der Verfasser Herrn Benkwitz aus dem Verbrauchsteuerreferat des BUNDESMINISTERS DER FINANZEN sehr herzlich für seine großzügige Unterstützung danken.

Totalkontrolle nur auf eine der vier Warengruppen, die gemäß des letzten Abschnitts besonders häufig für Steuerausweichhandlungen benutzt werden, i.e. die Tabakwaren. In die Systematik der o.g. Erhebungsmethoden eingeordnet, liegt methodisch eine direkte Erfassung der Direktimportströme vor.

Der erste Termin war noch vor der Anhebung der Steuersätze im Mai 1982, der zweite Termin lag ein halbes Jahr später im September 1982. Die anderen beiden Kontrollen erfolgten im Mai 1983 und September 1983.

Bei der Erhebung wurde die Herkunft der Reisenden unterschieden nach grenznahem Reiseverkehr und innereuropäischem Reiseverkehr, weil für die Reisenden von außerhalb der Europäischen Gemeinschaft, die Reisenden innerhalb der EG und aus den grenznahen Gebieten andere Freimengen im Reiseverkehr gelten[480]. Die Zahlen für Reisende außerhalb der EG sind für das uns beschäftigende Problem der Direktimporte von Zigaretten unbedeutend.

Es wurden jeweils Aufgriffszahlen für Schmuggler und Direktimporteure an folgenden Grenzabschnitten ermittelt:

- Niederlande,
- Belgien,
- Frankreich und
- Schweiz.

Diese Auswahl des Zolls bestätigt die oben geäußerte Vermutung, dass ein substantieller Import von Schmuggelgut nur an den Grenzen zu erwarten ist, an denen im Nachbarland Waren billiger eingekauft werden können; die Aufgriffe von Tabakwarenschmugglern an den beiden durch diese Totalkontrolle nicht abgedeckten Grenzabschnitten zu Österreich und Dänemark waren oben auf ausreisende Österreicher und Dänen zurückgeführt worden. Zu diesen Landgrenzen kommen die Grenzen zu Wasser und in der Luft und, zum damaligen Zeitpunkt, zur DDR hinzu:

- Duty-Free,
- Butterfahrten,
- Fährverkehr und
- DDR-Intershops.

Mit auf seine Initiative hin ist diese empirische Arbeit überhaupt erst in Angriff genommen worden.

[480] Vgl. die Einreise-Freimengen-Verordnung: Dort wird ein 15 km breiter Korridor entlang der Grenzen festgelegt: Bei Einfuhren durch Bewohner einer solchen grenznahen Gemeinde, deren Reise nicht nachweislich über einen 15 Kilometer tiefen Streifen jenseits der Grenze hinausgeführt hat", sind die Reisefreimengen und Beträge eingeschränkt. Quelle: Regelung über die sog. Reisemitbringsel in Sonderfällen, Verordnung über die Eingangsabgabenbefreiung von Waren im persönlichen Gepäck der Reisenden vom 3.12.1974, BGBl. I, S. 3378 f. Z.B. galten 1974 Freibeträge für Zigaretten im innereuropäischen Reiseverkehr im Höhe von 300 Stück, und nur 40 Stück im grenznahen Reiseverkehr.

Die Ergebnisse für die Aufgriffszahlen X sind im Prinzip anhand der Zahl der an den Untersuchungstagen (T) gezählten Reisenden auf Jahreswerte (J) hochgerechnet worden:

$$X^i_J = \frac{X^i_T \cdot Reisende_J}{Reisende_T} \quad (i = Schmuggel,\ \ Direktimport)$$

Die in den Tabellen ausgewiesene Hochrechnung erfolgt in zwei Schritten, weil sich aus den Zwischenstufen zusätzliche Informationen über die Zahl der Importe (bzw. des Schmuggels) und die Beteiligungsquote (Importeure je Reisende) ergeben:

$$\text{Zigaretten je Direktimporteur} = \frac{\text{Zigarettenimporte}_T}{\text{Importeure}_T}$$

$$\text{Beteiligungsquote} = \frac{\text{Importeure}_T}{\text{Reisende}_T}$$

$$\text{Direktimporteure}_J = \text{Reisende}_J \cdot \text{Beteiligungsquote}$$

$$\text{Zigarettendirektimporte}_J = \text{Direktimporteure}_J \cdot \text{Direktimporte pro Importeur}$$

Zur übersichtlichen Darstellung sei wieder ein Tabellenverzeichnis vorangestellt.

Verzeichnis 5: Übersicht über die Ergebnistabellen der Sondererhebung des BMF anlässlich der Verbrauchsteuererhöhung 1982

Nr.	Tabelleninhalt	Zeitraum	Herkunft	Grenzabschnitt
39	Abgabenfrei eingeführte Zigaretten	5/82 u. 9/82	grenznaher Reiseverkehr	Grenzübergänge
40	Abgabenfrei eingeführte Zigaretten	5/83 u. 5/84		
41	Abgabenfrei eingeführte Zigaretten	5/82 u. 9/82	sonstiger Reiseverkehr	
42	Abgabenfrei eingeführte Zigaretten	5/83 u. 5/84		
43	Geschmuggelte Zigaretten	5/82 u. 9/82		
44	Geschmuggelte Zigaretten	5/83 u. 5/84		

Tabelle 64: Abgabenfrei eingeführte Zigaretten im grenznahen Reiseverkehr[a]

Grenze zu	Reisende am Tag	Direktimporteure am Tag	Anzahl Zigaretten am Tag	Zigaretten je Importeur	Reisende je Direktimporteure	Jahreswert Reisende	Jahreswert Direktimporteure	Jahreswert Zigaretten	Einnahmeausfall im Jahr (in DM)
Monat 5/82						Hochrechnung 1982			
	(1)	(2)	(3)	(4) =(3)/(2)	(5) =(1)/(2)	(6)	(7) =(6)/(5)	(8) =(4)*(7)	(9) =(8)*t
NL	254	116	4.011	34,58	2,19	29.970	13.685	473.227	55.713
B	2.109	1.225	20.080	16,39	1,72	766.950	445.383	7.299.827	859.409
Lux	1.278	434	16.215	37,36	2,95	170.130	57.769	2.158.250	254.091
F	1.788	460	10.679	23,22	3,89	2.715.769	698.680	16.223.350	1.909.975
Ch	5.906	972	35.320	36,34	6,08	4.866.046	800.863	29.103.361	3.426.339
Duty-Free	262	81	2.490	30,74	3,24	307.060	94.918	2.917.779	343.510
Butter.	1.872	1.792	53.310	29,75	1,04	5.291.032	5.068.038	150.774.131	17.750.638
insg.	13.468	5.080	142.105	27,97	2,65	14.146.957	7.179.337	208.949.925	24.599.675
Monat 9/82						Hochrechnung 1982			
NL	202	89	3.293	37,00	2,27	29.970	13.203	488.511	57.043
B	2.133	1.081	25.782	23,85	1,973	766.950	388.723	9.271.044	1.082.580
Lux	1.320	606	21.990	36,29	2,178	170.130	78.113	2.834.721	331.010
F	2.379	672	18.434	27,43	3,54	2.715.769	767.166	21.043.363	2.457.233
Ch	4.899	1.227	47.820	38,97	3,993	4.866.046	1.218.644	47.490.557	5.545.472
Duty-Free	390	128	3.700	28,91	3,047	307.060	100.775	2.913.405	340.198
Butterf.	2.44	1.86	73.980	37,25	1,13	5.291.032	4.682.329	174.416.755	20.366.644
insg.	13.567	5.789	194.999	35,65	2,345	14.146.957	7.248.953	258.458.356	30.180.182

a. Quelle: Sondererhebung des BUNDESMINISTERIUMS DER FINANZEN.

Es zeigt sich nach der fast 30 prozentigen Preiserhöhung von 3,00 DM auf 3,80 DM (einer Packung repräsentativer Markenzigaretten) in den ersten Monaten nach der Steuererhöhung eine stark gestiegene Zahl von grenznahen Direktimporteuren und Zigaretteneinfuhren aus Belgien, Luxemburg und Frankreich.

Für Belgien hat sich die Zahl der Zigaretten je Direktimporteur von 16,39 auf 23,83 erhöht, hier liegt zu beiden Terminen die höchste Beteiligungsquote (1/1,72 = 58 v.H. bzw. 1/1,973 = 51 v.H.) für die Landgrenzen vor. Die Beteiligungsquote von über 50% deutet an, dass mehr als die Hälfte aller Reisenden Zigaretten mit sich geführt hat. Von der Zahl der mitgeführten Zigaretten liegt Belgien allerdings mit 16,39 (bzw. nach der Steuererhöhung 23,85) Stück/Person allerdings deutlich unterhalb des Durchschnitts, der etwa 30 St./Pers. beträgt.

Hat Belgien, gefolgt von der Schweiz, Frankreich und Luxemburg, im Mai 1982 am meisten Direktimporteure zu verzeichnen, kehrt sich die Reihenfolge im September auf den ersten beiden Plätzen um: Nunmehr sind an der Schweiz die meisten Personen, die Zigaretten importieren, gezählt worden. Die Zahl der Direktimporteure hat sich an den Landgrenzen (mit Ausnahme der deutsch-holländischen Grenze) deutlich erhöht. Einschließlich der Duty-Free-Geschäfte und der Butterfahrten (für den grenznahen Reiseverkehr sind keine Reisenden über Fähren und aus DDR-Intershops kontrolliert worden) steigt die Zahl der Direktimporteure aus dem grenznahen Bereich von 5.080 auf 5.789, also um 14%

Von der Absolutzahl der mitgeführten Zigaretten her liegt die Schweiz vor und nach der Steuererhöhung mit 35.320 und 47.820 deutlich an der Spitze. Die Rangfolge Schweiz, Belgien, Luxemburg, Frankreich und den Niederlanden bleibt im September gegenüber dem Mai unverändert. Die Gesamtzahl der direktimportierten Zigaretten aus dem grenznahen Reiseverkehr steigt deutlich stärker als die Zahl der Direktimporteure (alles incl.) von 142.105 auf 194.999 Stück, also um 37%.

Berücksichtigt man in einer Quote zusätzlich die Zahl der festgestellten Reisenden, so ziehen Luxemburg und Niederlande mit 37,36 bzw. 34,58 Zigaretten/Direktimporteur im Mai und 36,29 bzw. 37,00 Zigaretten/Direktimporteur im September 1982 mit der Schweiz (Mai: 36,34, September: 38,97) niveaumäßig in etwa gleichauf.

Aus den Duty-Free-Geschäften sind im grenznahen Reiseverkehr im Mai 81 Reisende mit 2.490 Zigaretten und im September 128 Reisende mit 3.700 Zigaretten festgestellt worden. Die Zahl der Reisenden mit Zigaretten hat sich um 58% und die Zahl der Zigaretten um 49% erhöht.

Die Butterfahrten verzeichnen einen Anstieg der Direktimportbeteiligung von 1.792 Personen und 53.310 Zigaretten auf 1.986 Direktimporteure und 73.980 Stück. Der Anstieg beträgt 11% für die Zahl der Reisenden und 39% für die Zahl der Zigaretten. Es wird deutlich, dass die Steuererhöhung in der Bundesrepublik Deutschland bei unverändert niedrigeren Tabaksteuern in den betrachteten Nachbarländern zu zwei Reaktionen auf Seiten der Steuerpflichtigen geführt hat: Einmal sind mehr Personen zur Steuerarbitrage ins niedriger besteuernde Nachbarland gefahren und zum anderen hat sich die Zahl der innerhalb der Freigrenzen (für Reisende aus grenznahen Kreisen 40 Zigaretten/Person) importierten Zigaretten deutlich erhöht. Wer aus der Schweiz, den Niederlanden, Luxemburg oder aus einem Duty-Free-Shop kommt oder eine Butterfahrt absolviert hat, nimmt die Freigrenze von 40 Stück nahezu vollständig in Anspruch, wenn er überhaupt Zigaretten mit sich führt (also ein Raucher ist oder für einen Raucher handelt).

Nach der Hochrechnungsmethode des BUNDESFINANZMINISTERIUMS steigt die Zahl der Direktimporteure bezogen auf das Jahr 1982 vom Mai mit 7.179.337 Personen auf 7.248.953 Personen im September. Statt 208.949.925 Zigaretten werden 258.458.356 Zigaretten importiert, wodurch dem Fiskus ein durchschnittlicher Einnahmenausfall von

24.599.675 DM (bezogen auf den Mai) bzw. 30.180.182 DM (bezogen auf den September) entsteht[481].

Tabelle 65: Abgabenfrei eingeführte Zigaretten im grenznahen Reiseverkehr[a]

Monat 5/83						Hochrechnung 1983			
Grenze zu	Reisende am Tag	Direktimporteure am Tag	Anzahl Zigaretten am Tag	Zigaretten je Importeur	Reisende je Direktimporteur	Jahreswert Reisende	Jahreswert Direktimporteure	Jahreswert Zigaretten	Einnahmeausfall im Jahr (in DM)
	(1)	(2)	(3)	(4) =(3)/(2)	(5) =(1)/(2)	(6)	(7) =(6)/(5)	(8) =(4)*(7)	(9) =(8)*t
NL	181	88	3.500	39,77	2,06	29.970	14.570	579.479	65.817
B	2.006	1.461	11.980	8,20	1,37	766.950	558.594	4.580.397	520.241
Lux	1.433	745	27.800	37,32	1,92	170.130	88.425	3.299.623	374.771
F	1.645	982	13.089	13,33	1,68	2.715.769	1.621.355	21.610.907	2.454.567
Ch	7.544	1.253	45.080	35,98	6,02	4.866.046	808.179	29.076.386	3.302.496
Duty-Free	380	37	1.380	37,30	10,27	307.060	29.899	1.115.142	126.658
Butterf.	2.384	2.134	68.080	31,90	1,12	5.291.032	4.736.824	151.116.660	17.163.830
insg.	15.573	6.700	170.909	25,51	2,32	14.146.957	7.857.845	211.378.594	24.008.381
Monat 5/84						Hochrechnung 1983			
NL	163	36	250	6,94	4,53	29.970	6.619	45.965	5.249
B	780	393	5.525	14,06	1,98	766.950	386.425	5.432.563	620.399
Lux	1.454	877	34.200	39,00	1,66	170.130	102.616	4.001.682	456.992
F	10.301	10.294	47.499	4,61	1,00	2.715.769	2.713.924	12.522.698	1.430.092
Ch	5.570	864	32.420	37,52	6,45	4.866.046	754.805	28.322.659	3.234.448
Duty-Free	298	75	2.380	31,73	3,97	307.060	77.280	2.452.358	280.059
Butterf.	4.041	3.476	138.510	39,85	1,16	5.291.032	4.551.256	181.356.308	20.710.890
insg.	22.607	16.015	260.784	16,28	1,41	14.146.957	8.592.925	234.134.234	26.592.966

a. Quelle: Sondererhebung des BUNDESMINISTERIUMS DER FINANZEN.

In den beiden ein bzw. zwei Jahre später vorgenommenen Totalkontrollen zeigt sich:

Die Zahl der Direktimporteure aus dem grenznahen Raum steigt an fast allen Grenzabschnitten kontinuierlich weiter an. Luxemburg weist nach 434 und 606 Arbitrageuren im Jahre 1982 im Folgejahr 745 und anschließend 877 Personen auf, die wegen der nahezu vollständigen Ausnutzung der Freibeträge eindeutig als Steuerarbitrageure identifiziert werden können. Aus Frankreich kommen statt 460 und 672 (1982) nunmehr 982 (1983) und 10.294 Arbitrageure. Der hohe Wert von 1984 fällt als Ausreißer auf, kann aber aus dem Datenmaterial nur über die hohe Zunahme des Reiseverkehrs insgesamt an diesem Tage erklärt werden. Vor allem die starke Zunahme der Direktimporteure, die auf Butterfahrten Zigaretten einkaufen, sticht ins Auge: 1982: 1.792 und 1.986, 1983: 2.134 und 1984: 3.476 Personen. Wieder deutet die hohe Ausnutzung der Freibeträge auf die Absicht, der erhöhten heimischen Steuer auszuweichen, hin.

---

[481] Die Einnahmenausfälle beziehen sich auf eine durchschnittliche Tabaksteuer von 11,773 Pfg je Zigarette.

Der Anstieg der Direktimporteure kann für die Schweiz (972, 1.227, 1.253) nur für bis zum Jahr 1983 nachgewiesen werden. Zum 1.3.1984 hat die Schweiz die Tabaksteuer nämlich deutlich erhöht, so dass der Preis von 2,34 DM/Packung auf 3,02 DM/Packung ansteigt. Wegen des niedrigeren Anreizes zur Steuerarbitrage sinkt die Zahl der Arbitrageure auf 864 stark ab.

Entsprechendes gilt für Belgien, das im Jahre 1984 einen von 2,30 DM auf 3,09 DM erhöhten Packungspreis aufweist: Nur bis 1983 sind höhere Steuerarbitragezahlen gegenüber 1982 zu bemerken: 1982: 1.225 bzw. etwas niedriger 1.081, 1983: 1.461 und dagegen nur noch 393 im Jahr 1984.

Im Jahre 1983 sind an der deutsch-holländischen Grenze 88 Steuerarbitrageure zu zählen (1982: 116 und 89). Hier ist ein starkes Abfallen im Jahre 1984 zu vermerken (1984: 36). Das Abfallen der 1984er Werte kann durch die verringerte Preisdifferenz wegen der Steuererhöhung zum 1.1.1984 in den Niederlanden erklärt werden: Bis 1983 einschließlich beträgt der Abstand 1,30-1,50 DM, anschließend absolut nur noch ca. 70 Pf.

Die grenznahen Direktimporteure aus Duty-Free-Geschäften spielen in den beiden der Steuererhöhung folgenden Jahren (1983: 37 und 1984: 75) entgegen dem Trend eine geringere Rolle als im Jahr der Steuererhöhung selber (81 und 128 Arbitrageure im Mai und September 1982).

Insgesamt für alle bundesdeutschen Grenzen betrachtet überwiegt jedoch für den gesamten Betrachtungszeitraum (1982-84) der Anstieg der Anzahl der Steuerarbitrageure (5.080, 5789, 6.700, 16.015). Die Zahl der mitgeführten Zigaretten steigt ebenfalls über den gesamten Zeitraum – mit Ausnahme eines leichten Einbruchs 1983 – an (142.105, 194.999, 170.909, 260.784).

Bezogen auf die Zahl der Reisenden im Jahr errechnet das BUNDESMINISTERIUM DER FINANZEN einen entsprechenden Verlauf für die Zahl der pro Jahr zu erwartenden Direktimporteure, die Zahl der mitgeführten Zigaretten und der Höhe des Einnahmeausfalls: Alle drei Variablen weisen das gleiche Grundmuster auf: Die aufgedeckte Arbitrage steigt nach der Steueranhebung an. Die höchsten Verluste erleidet der Fiskus unmittelbar nach der Steuererhöhung. Im September 1982 wird für alle drei Variablen der höchste Jahreswert errechnet.

Der Anstieg des Niveaus der Steuerarbitrage insgesamt, der starke Ausschlag unmittelbar nach der Steuererhöhung und der leichte Rückgang in den beiden Folgejahren deuten darauf hin, dass die Steuerzahler infolge der Steuererhöhung zunächst überempfindlich reagiert haben. Auf das bestehende Preisgefälle zugunsten der Nachbarländer haben sie in der ersten Zeit mit hohem Ausweichverhalten geantwortet, in der Folgezeit jedoch deutlicher z.T. erkannt, dass die Steuerarbitrage nicht kostenlos ist, weil Zeit und Benzinkosten aufzuwenden sind. Nachdem die erste "Hysterie" der Steuerpflichtigen wieder nachgelassen hat, pendelt sich die Steuerarbitrage auf einem gegenüber der Zeit vor der Steuererhöhung höheren, wenn auch gegenüber dem ersten Steuerwiderstand erniedrigten, Niveau ein.

Als nächstes sei die Steuerarbitrage im nichtgrenznahen Reiseverkehr betrachtet. Für den Reisenden aus Orten, die von der Grenze mehr als 15 km entfernt liegen, gilt ein höherer Freibetrag für mitzuführende Zigaretten i.H. von 300 statt 40 Stück. Der höhere Freibetrag soll ausgleichen, dass Reisende aus weiterer Entfernung zur Grenze höhere Entfernungsüberwindungskosten haben und seltener ins Nachbarland fahren können. (Es wird darauf hingewiesen, dass aus Platzgründen in Spalte (8) jetzt 1.000 Stück statt bisher Stück als Einheit verwendet werden).

Tabelle 66: Abgabenfrei eingeführte Zigaretten im Reiseverkehr[a]

Grenze zu	Reisende am Tag	Direktimporteure am Tag	Anzahl Zigaretten am Tag	Zigaretten je Direktimporteur	Reisende je Direktimporteure	Jahreswert Reisende	Jahreswert Direktimporteure	Jahreswert Zigaretten (in 1.000)	Einnahmeausfall im Jahr (in DM)
	(1)	(2)	(3)	(4) (3)/(2)	(5) =(1)/(2)	(6)	(7) =(6)/(5)	(8) =(4)*(7)	(9) =(8)*t
Monat 5/82						Hochrechnung 1982			
NL	29.049	3.155	233.076	101,67	9,207	99.871.531	10.847.348	1.102.899	128.785.463
B	2.009	694	82.510	154,87	2,895	19.153.826	6.616.175	1.024.615	119.644.283
Lux	3.987	1.904	547.055	379,19	2,094	13.440.279	6.418.471	2.433.823	284.197.477
F	17.078	2.519	159.555	76,25	6,78	59.146.851	8.723.724	665.225	77.678.277
Ch	2.953	419	81.000	377,77	7,048	83.768.666	11.885.452	4.489.961	524.292.787
Duty-Free	11.582	5.368	994.820	239,51	2,158	15.045.892	6.972.146	1.670.400	194.995.437
Fähren	1.818	1.283	85.720	77,13	1,417	5.039.078	3.556.159	274.281	32.027.908
Butterf.	819	746	159.500	196,40	1,098	2.267.585	2.056.196	405.598	47.361.658
Intershop	9.241	2.975	448.083	151,62	3,106	14.001.145	4.507.774	683.453	79.806.799
insg.	78.536	19.063	2.791.319	194,93	4,120	311.734.853	61.592.446	12.749.765	1.488.790.089
Monat 9/82						Hochrechnung 1982			
NL	25.369	2.547	280.136	109,99	9,96	99.871.531	10.027.262	1.102.898.547	128.785.463
B	2.549	727	136.350	187,55	3,506	19.153.826	5.463.156	1.024.614.908	119.644.283
Lux	5.530	4.614	1.001.800	217,12	1,199	13.440.279	11.209.574	2.433.822.707	284.197.477
F	16.045	1.481	180.455	121,85	10,834	59.146.851	5.459.373	665.224.600	77.678.277
Ch	3.201	933	171.580	183,90	3,431	83.768.666	24.415.233	4.489.961.349	524.292.787
Duty-Free	13.413	7.443	1.488.600	200,00	1,802	15.045.892	8.349.552	1.669.910.400	194.995.437
Fähren	2.504	1.516	136.320	89,92	1,652	5.039.078	3.050.287	274.281.987	32.027.908
Butterf.	704	582	125.960	216,43	1,21	2.267.585	1.874.037	405.597.828	47.361.658
Intershop	10.256	3.369	500.609	148,59	3,044	14.001.148	4.599.589	683.452.930	79806.799
insg.	79.571	23.212	4.021.810	163,93	3,430	311.734.853	74.448.063	12.749.765.256	1.488.790.089

a. Quelle: Sondererhebung des BUNDESMINISTERIUMS DER FINANZEN.

Die meisten Direktimporteure stammen an den Landgrenzen im Mai aus den Niederlanden, gefolgt von Frankreich und Luxemburg. Im September verschiebt sich die Rangfolge zugunsten Luxemburgs, das mehr als eine Verdoppelung der Direktimporteure aufweist, während die Zahl der Importe aus Holland und Frankreich zurückgeht. Alle Grenzabschnitte weisen im September bei nahezu gleich gebliebener Reisendenzahl deutlich mehr Steuerarbitrageure auf.

Die höchste Zahl direktimportierter Zigaretten liegt zu beiden Terminen für die deutsch-luxemburgische Grenze vor (547.055 und 1.001.800 Stück). Die Reihenfolge der Zigarettenstückzahlen setzt sich mit dem deutsch-holländischen (233.076 und 280.136) und dem deutsch-französischen Grenzverkehr (159.555 und 180.455) im Mai und September fort. Im Mai liegen Belgien (82.510) und die Schweiz (81.000) in etwa gleich auf, im September werden an der Grenze zur Schweiz deutlich mehr Zigaretten ermittelt (171.580) als an der Grenze zu Belgien (136.350). In allen Fällen steigt die Zahl der Zigaretten deutlich an. Der Reiseverkehr, der von den Fähren und aus den DDR-Intershops kommt, hat nach der Steuererhöhung eine höhere Zahl von Arbitrageuren und mitgeführten Zigaretten als vorher aufzuweisen. Dagegen sinken die Werte für die Butterfahrten.

Das Verhältnis Reisende/Arbitrageure ist in Luxemburg eindeutig am niedrigsten, das bedeutet, dass im Mai 1/2,094 i.e. 48% der Fernreisenden Zigaretten mit sich führen. Die hohe Ausnutzung der Freibeträge (287 von 300 erlaubten) wird hier als Indiz dafür interpretiert, dass es sich bei diesen Reisenden um Steuerarbitrageure handelt. Die Beteiligung an den Direktimporten steigt an der deutsch-luxemburgischen Grenze im September auf 1/1,19 i.e. 84%. Die geringe Einwohnerdichte im grenznahen Raum (bis 15 km) lässt darauf schließen, dass die meisten "Fern"reisenden in dieser Region aus der nächsten großen Stadt, Trier, kommen.

An den anderen Grenzabschnitten ist die Beteiligungsquote nur noch in Belgien (Mai: 1/2,895 = 35% und September 1/3,506 = 33%) und im September in der Schweiz (1/3,431 = 29%) sehr hoch. Die niedrigeren Werte für die Schweiz (Mai: 1/7,048 = 14%), Frankreich (Mai: 1/6,78 = 15% und September 1/10,834 = 9%) und die Niederlande (Mai: 1/9,207 = 11% und September 1/9,96 = 10%) werden hier dahingehend interpretiert, dass die Steuerarbitrageure anteilsmäßig am gesamten nichtgrenznahen Reiseverkehr nur eine untergeordnete Rolle spielen.

Interessanterweise ist an der deutsch-französischen und der deutsch-holländischen Grenze ebenfalls die Ausnutzung der Freibeträge sowohl im Mai als auch im September deutlich niedriger als an den anderen Grenzabschnitten, während dagegen die Ausnutzung der Freibeträge an der deutsch-schweizerischen Grenze mit 180-190 von 300 möglichen Stück im oberen Mittelfeld liegen. Alle Landgrenzen holen in ihrer Ausnutzung der Freibeträge vom Mai auf den September gegenüber Luxemburg auf.

Die Ausnutzung der Freibeträge ist für den Fährverkehr vor und nach der Steuererhöhung sehr niedrig (66,81 bzw. 89,92 von 300 möglichen Zigaretten). Dagegen weisen die Butterfahrten eine Ausnutzung der Freigrenzen von ungefähr 2/3 und die Intershop-Käufer von 1/2 unverändert vor und nach der Steueranhebung auf. Insgesamt betrachtet hat sich die Zahl der Direktimporteure von 19.063 Stück im Mai auf 23.212 Stück im September, also um 22%, und die Zahl der mitgeführten Zigaretten von 2.791.319 Stück auf 4.021.810 Stück, also um 44%, erhöht.

Deswegen errechnet sich über die Zahl der Reisenden pro Jahr eine Gesamtzahl von Steuerarbitrageuren aus den weiter als 15 km von der Grenze entfernten Ortschaften auf Grundlage der Stichprobe aus dem Mai 1982 in Höhe von 61.592.446 und auf Grundlage des Septembers in Höhe von 74.448.063. Diese führen nach der Hochrechnung des Finanzministeriums 8.932.596.000 (Mai) bzw. 12.749.765.000 (September) Zigaretten mit sich. Dem Staat gehen auf diese Art und Weise 1.051.634.549 DM (Mai) bzw. 1.488.790.089 DM (September) Steueraufkommen verloren.

Tabelle 67: Abgabenfrei eingeführte Zigaretten im Reiseverkehr[a]

Monat 5/83						Hochrechnung 1983			
Grenze zu	Reisende am Tag	Direktimporteure am Tag	Anzahl Zigaretten am Tag	Zigaretten je Direkimporteur	Reisende je Direktimporteur	Jahreswert Reisende	Jahreswert Direktimporteure	Jahreswert Zigaretten (in 1.000)	Einnahmeausfall im Jahr (in DM)
	(1)	(2)	(3)	(4) =(3)/(2)	(5) =((1)/(2)	(6)	(7) =(6)/(5)	(8)	(9) =(8)*t
NL	25.612	2.601	228.187	87,73	9,85	99.871.531	10.142.331	889.787	101.061.973
B	3.720	1.643	191.200	116,37	2,26	19.153.826	8.460.170	984.510	111.820.657
Lux	5.781	3.872	1.056.300	272,81	1,49	13.440.279	9.002.196	2.455.889	278.939.883
F	13.205	5.991	169.613	28,31	2,20	59.146.851	26.836.139	759.731	86.290.258
Ch	4.522	1.156	180.200	155,88	3,91	83.768.666	21.413.258	3.337.899	379.118.529
Duty-Free	12.902	4.588	804.100	175,26	2,81	15.045.892	5.350.602	937.747	106.509.248
Fähren	1.303	940	78.020	83,00	1,39	5.039.078	3.635.698	301.763	34.274.234
Butterf.	747	693	127.400	183,84	1,08	2.267.585	2.103.511	386.709	43.922.461
Intershop	11.398	3.507	393.501	112,20	3,25	14.001.148	4.308.046	483.363	54.900.342
insg.	79.190	24.991	3.228.521	135,04	3,17	311.734.856	91.251.952	10.537.397	1.196.837.586
Monat 5/84						Hochrechnung 1983			
NL	21.919	1.209	75.935	62,81	18,13	99.871.531	5.508.677	345.990	39.512.005
B	4.489	3.473	160.015	46,07	1,29	19.153.826	14.818.721	682.758	77.970.933
Lux	4.855	3.116	819.450	262,98	1,56	14.440.279	9.267.952	2.437.299	278.339.545
F	4.293	4.284	153.900	35,92	1,00	59.146.851	59.022.853	2.120.359	242.144.976
Ch	3.440	370	60.940	164,70	9,30	83.768.666	9.010.002	1.483.972	169.469.563
Duty-Free	12.558	5.558	1.106.600	199,10	2,26	15.045.892	6.659.107	1.325.831	151.409.886
Fähren	1.318	872	75.864	87,00	1,51	5.039.078	3.333.897	290.049	33.123.599
Butterf.	841	762	152.460	200,08	1,10	2.267.585	2.054.578	411.077	46.945.028
Intershop	10.319	3.816	487.338	127,71	2,70	14.001.148	5.177.670	661.236	75.513.120
insg.	64.032	23.460	3.092.502	131,82	2,73	312.734.856	114.853.457	9.758.570	1.108.378.342

a. Quelle: Sondererhebung des BUNDESMINISTERIUMS DER FINANZEN.

Die Zahl der Direktimporteure ist 1983 an den Landgrenzen zu Frankreich am höchsten, gefolgt von Luxemburg, Holland und Belgien. 1984 tauschen Holland und Belgien den dritten und vierten Platz. Frankreich verzeichnet mit den Werten für die

Arbitrageure einen sprungartigen Zuwachs von 1982 (Mai/September) 2.519/1.481 auf 1983: 5.991 und 1984: 4.284 Reisende, die Zigaretten mit sich führen. Luxemburg folgt an zweiter bzw. dritter Stelle mit 1983: 3.872 bzw. 1984: 3.116 Reisenden.

Dagegen verzeichnen diejenigen Länder, die ihre Tabaksteuer während des Untersuchungszeitraums ebenfalls erhöht haben (Belgien, Schweiz und die Niederlande), einen Rückgang der Zahl der Steuerarbitrageure: Belgien (1983: 1.643 und 1984: 3.473) hat zwar fast doppelt so viele Arbitrageure, diese führen aber insgesamt weniger Zigaretten ein). Aus der Schweiz kommen 1983 1.156 Steuerarbitrageure, 1984 dagegen nur noch 370. Holland kann 1983 zwar eine leichte Steigerung gegenüber dem Vorjahreswert des Septembers aufweisen (1982: 2.547, 1983: 2.601), man kann aber nach der eigenen Steuererhöhung nur noch 1.209 Personen mit Zigaretten, also weniger als die Hälfte des Vorjahres, zählen.

Zusätzlich bietet die Beteiligungsquote wieder eine Information darüber, wie viele Arbitrageure unter den Fernreisenden sind: 1983 liegt Luxemburg mit (1/1,49 = 67 v.H.) deutlich vor allen anderen Nachbarländern, gefolgt von Frankreich (45%) und Belgien (44%). 1984 hat sich die Relation zugunsten Frankreichs, das eine Beteiligung von nahezu 100% nachweist, verschoben. Weit nach vorne geschoben hat sich Belgien (77%), während Luxemburg mit 64% leicht abgefallen ist.

Die Zahl der mitgeführten Zigaretten ist an der Grenze zu Luxemburg wie schon in den beiden vorangegangenen Stichproben am höchsten. Die Zahl der Zigaretten pro Importeur ist 1984 leicht zurückgegangen, wodurch - zusätzlich zur sinkenden Zahl der Arbitrageure - ein Absinken der auf das ganze Jahr hochgerechneten Menge der an dieser Grenze mitgeführten Zigaretten von über einer Million im Jahre 1983 auf 819.420 bewirkt wird.

An der deutsch-französischen Grenze ist die Zahl der Arbitrageure zwar stark gestiegen. Weil aber nur eine sehr geringe Ausnutzung der Freibeträge festgestellt werden kann (1983: 28,31 und 1984: 35,92 von 300 möglichen Zigaretten pro Person), sind die insgesamt dort mitgeführten Stückzahlen (1983: 169.613 Stück und 1984: 153.900 Stück) relativ niedrig. Dies bestätigt die Einstufung des Verkehrs aus Frankreich als "normal" im Sinne einer Arbitrage im Fernverkehr, die schon für das letzte Jahr getroffen wurde. Unter den Grenzgängern zwischen Frankreich und Deutschland sind keine „Hysterie"-Effekte im Bezug aus die Tabaksteuererhöhung zu messen. Dieselbe Aussage ist für die Grenze mit den Niederlanden (ab 1983) und Belgien (ab 1984) zu treffen.

Ebenfalls auf ein für diese Kategorie nicht unerwartetes Niveau haben sich die Zahlen für die Steuerarbitrageure und die mitgeführten Zigaretten im Duty-Free-

Handel, im Fährverkehr, bei den Butterfahrten und beim Verkehr, der aus der DDR kommt, eingependelt.

Im zollfreien Verkehr ist nach dem Gipfel der gezählten Personen im September 1982 (7.443 Personen) die Beteiligung 1983 (4.588 Personen) und 1984 (5.558 Personen) wesentlich niedriger. Dies zeigt auch die Zahl der dort gekauften Zigaretten: Mai 1982: 994.820 Stück, September 1982: 1.488.600 Stück, 1983: 804.100 Stück und 1984: 1.106.600 Stück.

Die Zahl der Arbitrageure ist im Fährverkehr 1983/84 gegenüber dem Vorjahr zurückgegangen: Von über 1.283/1.516 Personen auf nunmehr nur noch 1983: 940 Personen und 1984: 872 Personen. Dem folgt ein Absinken der mitgeführten Zigaretten: Von 85.720/136.320 Stück auf 1983: 78.020 Stück und 1984: 75.864 Stück.

Die Butterfahrten zeigen auf nicht höherem Niveau als 1982 (746/582 Arbitrageure) ein uneinheitliches Bild: 693 (1983) und 762 (1984) Arbitrageure und an mitgeführten Zigaretten 127.400 Stück (1983) und 152.460 Stück (1984) gegenüber 1982 (Mai: 159.500 Stück bzw. September: 125.900 Stück).

Schließlich haben sich die Steuerarbitrageure aus den DDR-Intershops auf einem einheitlichen Niveau konsolidiert: 3.507 (1983) und 3.816 (1984) Arbitrageure gegenüber 1982 (Mai: 2.975 und September: 3.369 Arbitrageuren) und 393.501 (1983) und 487.338 mitgeführten Zigaretten (1984) gegenüber 1982: 448.083 (Mai) bzw. 500.609 Stück (September).

Insgesamt kann man den Bereich der letztgenannten Grenzübergangsstellen dadurch charakterisieren, dass man auf die hohen Beteiligungsquoten, besonders bei den Butterfahrten und im Fährverkehr, hinweist. Der Duty-Free-Bereich hat mit den Butterfahrten gemeinsam, dass in beiden grenzüberschreitenden Verkehrsarten die Freibeträge während des gesamten Zeitraums von 1982 bis 1984 zu ungefähr 2/3 ausgenutzt werden. Während sich die Intershops bei einem mittleren Niveau der Ausnutzung der Freibeträge (etwas unter 50%) befinden, liegen die mitgeführten Zigaretten je Arbitrageur im Fährverkehr deutlich niedriger. Dies kann damit erklärt werden, dass die Benutzer von Duty-Free- und DDR-Intershops und von Butterschiffen gerade wegen der Steuersparmöglichkeit dort einkaufen. Beim Fährverkehr ist ein größere Anteil von „normalen Reisenden" ähnlich wie an den Landgrenzen, zu vermuten.

Die Auswirkungen der Steuererhöhung liegen nun für alle vier Stichproben im grenzüberschreitenden Fernverkehr vor. Für die ersten beiden Totalkontrollen (Mai und September 1982) war eine um 22% erhöhte Personenzahl und eine 44%ige mengenmäßige Zunahme der Steuerarbitrage ermittelt worden. Die Zahl der Steuerarbitrageure erhöht sich in den beiden Folgejahren nach der Hochrechnung des BUNDESFINANZMINISTERIUMS kontinuierlich auf 91.251.952 (1983) bzw. 114.853.457 (1984). Weil aber 1984 nicht mehr so viele Zigaretten je Direktimporteur zu vermelden sind, sinkt die Zahl der mitgeführten Zigaretten von 10.537.397.000 (1983) auf 9.758.570.000 (1984). Auch die Verluste des Fiskus haben sich mit 1.196.837.586 DM (1983) bzw. 1.108.378.342 DM (1984) auf ein gegenüber dem Jahr der Steuererhöhung niedrigeres Niveau eingependelt.

Der zunächst der Steuererhöhung folgende starke Anstieg der Steuerarbitrage hat seinen Höhepunkt in der zweiten Jahreshälfte 1982 gefunden. In den beiden Folgejahren ergeben die Stichproben des Zolls ein generell gestiegenes Niveau von steuerlich bedingten Direktimporten. Damit folgen die Steuerarbitrageure aus nicht unmittelbar grenznahen Kreisen dem selben Verlaufsmuster, das schon im grenznahen Verkehr ermittelt wurde: Zunächst bewirkt die Bekanntgabe der Steuererhöhung einen Anstieg des Steuerwiderstandes bei den Steuerpflichtigen. Dieser schlägt sich in einem überhöhten Impuls zur Steuerarbitrage nieder. Nachdem der erste Ärger über die Steuererhöhung verraucht ist, wägt der Steuerpflichtige die Kosten für die Fahrt ins niedriger besteuernde Nachbarland mit dem Preisvorteil ab, den er mit seiner Ausweichhandlung erzielen kann. Insgesamt schätzen offenkundig einige der unmittelbar nach der Preiserhöhung ins Ausland fahrenden Arbitrageure die Gewinnspanne aus der Einkaufsfahrt ins Nachbarland niedriger als vorher ein, und verzichten auf die Fahrt. Das schlägt sich in der Statistik insofern nieder, als weniger reine Steuerarbitrageure (erkennbar – nach der hier aufgestellten Hypothese – der Höhe der Ausnutzung des Freibetrages) angetroffen werden.

Der Rückgang der „reinen Arbitragefahrten“ geht nach der Interpretation des Datenmaterials einher mit einem Anstieg der Reisenden, die Zigaretten in geringerem Umfange (1-2 Päckchen) mit sich führen. Dies ist als der normale Bedarf eines Rauchers zu bezeichnen und kann nicht als steuerliche Ausweichhandlung eingestuft werden. Auch von diesen kleineren Rationen werden allerdings – wie sich gezeigt hat – nicht zu vernachlässigende Steueraufkommensverluste verursacht.

Es ist hinsichtlich der regionalen Verteilung der Steuerarbitrage über die Landgrenzen zusammenfassend festzustellen, dass zu Ende des Beobachtungszeitraumes die Schwerpunkte der Direktimporte an der deutsch-luxemburgischen, der deutsch-belgischen und der deutsch-französichen Grenze liegen. Für die drei Grenzabschnitte sind zwei unterschiedliche Verhaltensmuster zu erkennen: Der typische Arbitrageur, der aus Luxemburg kommt, schöpft den Freibetrag von 300 Stück mit 263 Stück (Angabe für 1984) zu über 80% aus. Der aus Belgien und Frankreich einreisende Direktimporteur bringt dagegen im Durchschnitt nur 46 (Belgien) bzw. 36 Zigaretten (Frankreich) mit und schöpft die Freigrenze nur zu 15% bzw. 12% aus.

Deswegen werden an der Grenze zu Luxemburg auch wesentlich mehr Zigaretten eingeführt (ungefähr fünf mal so viele) als an der belgischen oder französischen Grenze.

Darüber hinaus ermittelt der Zoll, dass über die Duty-Free-Geschäfte, die DDR-Intershops und die sogenannten Butterfahrten ebenfalls ein schwungvoller Import von Tabakwaren existiert. Größenordnungsmäßig beteiligen sich am Einkauf in den Duty-Free- und Intershops jeweils genauso viele Personen (mit den gleichen Mengen) wie am Handel über die luxemburgische Grenze nach Deutschland. Der Umfang der Tabakwaren, der über die Butterfahrten - und die ähnlich einzustufenden Fähren - eingeführt wird, ist etwas niedriger. Somit liegen aus dieser, in ihrer auf alle Reisenden gerichteten Methode her einzigartigen, Erhebung wichtige Erkenntnisse über die Höhe der Inanspruchnahme der Freibeträge vor. Allerdings gilt dies nur für Tabakwaren.

Die Totalkontrollen an den Grenzen der Bundesrepublik Deutschland mit jenseits niedrigeren Steuersätze haben neben der legalen Steuerarbitrage innerhalb der Freimengen auch Schmuggelfälle, d.h. Übertretungen der Freimengen, feststellen können.

Diese Unterteilung ist gerade wegen der Vergleichsmöglichkeit mit der im vorigen Abschnitt dargestellten Aufgriffsstatistik besonders interessant. Denn dort war die Prognose der Steuerarbitrage aus den Schmuggelaufgriffen als Aufgabenstellung aufgeworfen worden. Es ist natürlich zu prüfen, ob sich ein gleichartiges Entwicklungsmuster für die Schmuggelaufgriffe und die Steuerarbitrage feststellen lässt.

Wünschenswert wäre eine Kontrolldichte während der vier Erhebungstage, die mit der Kontrolldichte des normalen Dienstes der Zollbehörden zu vergleichen ist. Da aber alle grenzüberschreitenden Personen erfasst werden, beträgt die Kontrolldichte 100% und Aussagen über das Verhältnis von Schmugglern zu Arbitrageuren ist nur möglich, wenn man davon ausgehen kann, dass die Erfolgsquote des Zolls während der normalen Dienstzeiten über die im letzten Kapitel betrachteten Jahre konstant ist.

Aufgriffe von Schmugglern mit Zigaretten liegen nur für den nicht grenznahen Verkehr vor. Generell sind die Aufgriffszahlen aber auch für den grenzüberschreitenden Fernverkehr so niedrig, dass vor einer Überbewertung der Ergebnisse gewarnt werden muss.

Tabelle 68: Geschmuggelte Zigaretten im Reiseverkehr[a]

Monat 5/82						Hochrechnung 1982 alt (= 1981)			
Grenze Zu	Reisende am Tag	Schmuggler am Tag	Anzahl Zigaretten am Tag	Zigaretten je Importeur	Reisende je Schmuggler	Jahreswert Reisende	Jahreswert Schmuggler	Jahreswert Zigaretten	Einnahmeausfall im Jahr (in DM)
	(1)	(2)	(3)	(4) =(3)/(2)	(5) =(1)/(2)	(6)	(7) =(8)/(5)	(8) =(4)*(7)	(9) =(8)*t
NL	29.049	2	300	150,00	14.525,00	99.871.531	6.876	1.031.400	87.545
B	2.009	2	1.100	550,01	1.005,00	19.153.826	19.059	10.482.450	889.750
Lux	3.987	3	1.355	452,00	1.329,00	13.440.279	10.113	4.571.076	387.993
F	17.078	0	0	0,00	0,00	59.146.851	0	0	0
Ch	2.953	11	200	18,00	268,00	83.768.666	312.570	5.626.260	477.557
Duty-Free	11.582	37	9.400	254,00	313,00	15.045.892	48.070	12.209.780	1.036.366
Fähren	1.818	1	400	400,03	1.818,00	5.039.078	2.772	1.108.800	94.115
Butterf.	819	5	820	164,00	164,00	2.267.585	13.827	2.267.628	192.476
Intershop	9.241	56	24.520	438,00	165,00	14.001.145	84.855	37.166.490	3.154.692
Insg.	78.536	117	38.095	269,56	671,24	311.734.853	498.141	74.463.884	6.320.494
Monat 9/82						Hochrechnung 1982			
NL	25.369	1	50	50,00	25.369,00	99.871.531	3.937	196.850	22.986
B	-	-	-	-	-	19.153.826	-	-	-
Lux	5.530	12	2.820	235,00	460,83	13.440.279	29.165	6.853.775	800.315
F	16.045	1	740	740,00	16.045,00	59.146.851	3.686	2.727.640	318.507
Ch	3.201	1	60	60,00	3.201,00	83.768.666	26.170	1.570.200	183.352
Duty-Free	13.413	24	5.780	240,83	558,88	15.045.892	26.922	6.483.625	757.093
Fähren	2.504	1	200	200,00	2.504,00	5.039.078	2.012	402.400	46.988
Butterf.	704	4	800	200,00	176,00	2.267.585	12.884	2.576.800	300.893
Intershops	10.256	62	14.498	233,84	165,00	14.001.148	84.640	19.792.218	2.311.137
insg.	77.022	107	24.948	217,74	719,83	311.734.856	189.416	40.603.508	4.741.272

a. Quelle: Sondererhebung des BUNDESMINISTERIUMS DER FINANZEN.

Im Mai 1982 werden am meisten Schmuggler an der schweizerischen (11 Schmuggler), luxemburgischen (3 Schmuggler), belgischen und niederländischen Grenze (je 2) festgenommen. Die Zahl der geschmuggelten Zigaretten beträgt 1.355 Stück an der Grenze zu Luxemburg und 1.100 Stück an der Grenze zu Belgien. Die Beträge für die Schweiz und Holland sind dagegen viel niedriger (200 bzw. 300 geschmuggelte Zigaretten).

Im September des selben Jahren werden am meisten Schmuggler an der Grenze zu Luxemburg entdeckt; sie führen mit 2.820 auch deutlich mehr Zigaretten als im Mai mit sich. Die Aufgriffe an den anderen Grenzen (jeweils ein Schmuggler) sind dagegen geringer als im Mai.

Aus den DDR-Intershops stammen die meisten Schmuggler des zweiten erfassten Bereichs. Im Mai waren es 56 Personen mit insgesamt 24.520 Zigaretten, nach der

Steuererhöhung steigt die Zahl auf 62 Personen und allerdings nur noch 14.498 Zigaretten.

Zu beachten sind darüber hinaus auch die Aufgriffe von Schmugglern, die aus den Duty-Free-Geschäften stammen: Im Mai 1982 sind dort 37 Schmuggler und im September 24 Schmuggler festgenommen worden. Diese haben 9.400 bzw. 5.780 Zigaretten einführen wollen.

Die Steueraufkommensverluste des Staates aus dem Schmuggel sind im Vergleich zu den Direktimporten innerhalb der Freigrenzen sehr gering. Die erste Totalkontrolle verzeichnet einen Verlust i.H.v. 6.320.494 DM. Bezogen auf das entsprechende Ergebnis der Steuerarbitrage im kleinen und großen Grenzverkehr sind dies weniger als 0,1%.

Tabelle 69: Geschmuggelte Zigaretten im Reiseverkehr[a]

Monat 5/83						Hochrechnung 1983			
Grenze zu	Reisende am Tag	Schmuggler am Tag	Anzahl Zigaretten am Tag	Zigaretten je Schmuggler	Reisende je Schmuggler	Jahreswert Reisende	Jahreswert Schmuggler	Jahreswert Zigaretten	Einnahmeausfall im Jahr (in DM)
	(1)	(2)	(3)	(4) =(3)/(2)	(5) =(1)/(2)	(6)	(7) =(6)/(5)	(8) =(4)*(7)	(9) =(8)*t
NL	25.612	2	325	162,50	12.806,00	99.871.531	7.799	1.267.306	143.941
B	3.720	2	1.400	700,00	1.860,00	19.153.826	10.298	7.208.429	818.733
Lux	5.780	1	200	200,00	5.780,00	13.440.279	2.325	465.062	52.822
F	13.206	0	0	0,00	0,00	59.146.851	0	0	0
Ch	4.522	0	0	0,00	0,00	83.768.666	0	0	0
Duty-Free	12.900	9	1.940	215,56	1.433,33	15.045.892	10.497	2.262.716	256.999
Fähren	1.303	3	750	250,00	434,33	5.039.078	11.602	2.900.467	329.435
Butter.	747	0	0	0,00	0,00	2.267.585	0	0	0
Inter-shops	11.396	34	10.660	313,53	335,18	14.001.148	41.772	13.096.897	1.487.546
insg.	79.186	51	15.275	299,51	1.552,67	311.734.856	84.293	27.210.741	3.090.596
Monat 5/84						Hochrechnung 1984			
NL	21.919	2	300	150,00	10959,50	99.871.531	9.113	1.366.917	156.102
B	4.489	0	0	0,00	0,00	19.153.826	0	0	0
Lux	4.855	2	430	215,00	2.427,50	14.440.279	5.949	1.278.954	146.057
F	4.293	0	0	0,00	0,00	59.146.851	0	0	0
Ch	3.440	0	0	0,00	0,00	83.768.666	0	0	0
Duty-Free	12.558	19	4.280	225,26	660,95	15.045.892	22.764	5.127.920	585.608
Fähren	1.318	1	300	300,00	1318,00	5.039.078	3.823	1.146.983	130.985
Butterf.	841	1	300	300,00	841,00	2.267.585	2.696	808.889	92.375
Intershop	10.319	27	6.830	252,96	382,19	14.001.148	36.634	9.267.162	1.058.310
insg.	64.032	52	12.440	239,23	1.231,38	312.734.856	80.980	18.996.824	2.157.659

a. Quelle: Sondererhebung des BUNDESMINISTERIUMS DER FINANZEN.

Die Aufgriffe des Zolls sind in den beiden Folgejahren sowohl von der Zahl der aufgedeckten Schmuggelvergehen als auch von der Zahl der geschmuggelten Zigaretten stark zurückgegangen:

Im Mai 1983 werden an der Grenze zu Belgien und den Niederlanden jeweils zwei Schmuggler entdeckt, an der Grenze zu Luxemburg kann dagegen nur eine Person festgenommen werden. Die meisten Zigaretten werden an der belgischen Grenze mit 1.400 Stück aufgegriffen, gefolgt von den Niederlanden (325 St.) und Luxemburg (200 St.).

Im Mai 1984 sind an der deutsch-holländischen und der deutsch-luxemburgischen Grenze jeweils zwei Zigarettenschmuggler gezählt worden. Sie haben 300 Stück (Holland) bzw. 430 Stück (Luxemburg) oberhalb der Freigrenze dabei.

Im Bereich der Duty-Free- und Intershops zeigt sich in den beiden der Steuererhöhung folgenden Jahren zusammengenommen ebenfalls eine deutliche Reduktion des Schmuggelns auf nahezu die Hälfte des 1982er Niveaus. Die Fähren und Butterfahrten verzeichnen gegenüber diesen beiden Grenzkontrollpunkten deutlich weniger Schmuggler; die Tendenz der ab 1983 sinkenden Aufgriffe gilt aber auch für die Seegrenze.

Statt der 37 bzw. 24 ertappten Schmuggler des Jahres 1982 (Mai bzw. September) aus den Duty-Free-Geschäften können 1983 nur noch 9 Personen und 1984 nur 19 Personen festgestellt werden. Auch die Menge geschmuggelter Zigaretten nimmt vom Mai/September 1982 mit 9.400/5.780 Zigaretten deutlich ab: 1983: 1.940 Stück und 1984: 4.280 Stück.

An der innerdeutschen Grenze können ab 1983 ebenfalls sinkende Schmugglerzahlen vermeldet werden: Mai 1982: 56 Personen mit 24.520 Zigaretten, September 1982: 62 Personen mit 14.498 Zigaretten, 1983: 34 Personen mit 10.660 und 1984: 27 Personen mit 6.830 Zigaretten.

Die Schmuggelstatistik für alle Aufgriffe zusammengenommen zeigt hohe Werte im Jahr der Steuererhöhung selber (117 Schmuggler im Mai 1982 und 107 Schmuggler im September) mit 38.095 (24.948) Zigaretten im Mai (September) und eine ungefähre Halbierung in den beiden Folgejahren (1983: 51 Schmuggler mit 15.275 geschmuggelten Zigaretten und 1984: 52 Schmuggler mit 12.440 Zigaretten).

Dem Fiskus fügen aufgrund der Hochrechnung des Jahres 1982 498.141 (189.416) Schmuggler im Mai (September) einen Schaden von 6.320.494 DM (4.741.272 DM) zu. In den nächsten Jahren sind es aufgrund der Hochrechnung für 1983 (1984)

84.293 (80.980) Schmuggler, die einen Steuerausfall von 3.090.596 DM (2.157.659 DM) verursachen.

Beim Zigarettenschmuggel scheint sich ein eigenes zeitliches Muster einzustellen, wenn man die Ergebnisse der vier Kontrolltage als repräsentativ für den Schmuggel nimmt: Schon im Mai 1982 - also nachdem sich der Preis von 2,85 DM auf 3 DM je Packung erhöht hat - liegt das Maximum der Schmuggelbeteiligung und des Pro-Kopf Schmuggels (mit Ausnahme Frankreichs 1983) vor. Es kann aber nicht abgeschätzt werden, welche Wirkung die Totalkontrolle *aller* Grenzübertritte auf die Erwartungsbildung von Schmugglern ausgeübt hat. Wenn sich wegen der zu erwartenden langen Wartezeiten an der Grenze abzeichnet, dass der Zoll diesmal besonders gründlich kontrolliert, kann der Schmuggler für diesen Tag von seinem Vorhaben absehen. Insofern könnte die stetige Reduktion der Aufgriffe insgesamt auch als ein Indiz für das Lernen der Schmuggler interpretiert werden.

Vergleicht man nun die reguläre Aufgriffsstatistik des Zolls für die Jahre 1976-86 bzw. 1980-90 mit den Sondererhebungen an vier Tagen im Zuge der 1982er Verbrauchsteuererhöhung, so können für den Schmuggel mit Tabakwaren die hohen Ausschläge der regulären Statistik im Jahre 1982/83 bestätigt werden. Die Schmuggelaufgriffe für die Bundesrepublik Deutschland insgesamt (Abb. 4) sind von 1980 bis 1983 stetig gestiegen. Nach dem lokalen Maximum[482] 1983 sind die Aufgriffe zurückgegangen. Die nach Grenzabschnitten untergliederte Aufgriffsstatistik (Abb. 6) weist die Verteilung des gestiegenen Zigarettenschmuggels nach: Schon 1981 verzeichnet die Schweiz einen Höhepunkt während an allen anderen, auch von der Totalkontrolle erfassten, Grenzabschnitten in dem Jahr der Steuererhöhung (Luxemburg, Belgien) oder im ersten Jahr danach (Niederlande, Frankreich) am meisten Schmuggler entdeckt wurden. Dies ist ein nicht unwichtiger Aspekt zur Beantwortung des *Fragenkreises 4 (Bestimmungsgründe der Steuerarbitrage)*. Die Höhe der Steuersatzdifferenz spielt für den Schmuggel, und damit auch für den hier vorgenommenen „qualitativen Schluss" auf die Steuerarbitrage, eine entscheidende Rolle.

Die Totalkontrollen belegen für Luxemburg und Belgien, dass unmittelbar nach der Steuererhöhung, also noch 1982, am meisten geschmuggelt worden ist. Ebenfalls deckungsgleich sind die Aufgriffe für die deutsch-holländische Grenze, wo in beiden Statistiken auch noch ein bzw. zwei Jahre nach der Steuererhöhung hohe Aufgriffszahlen vorliegen.

---

[482] Die hohen Aufgriffe aus den Siebziger Jahren des letzten Jahrhunderts, die das absolute Maximum gebildet haben, sind vom Zoll aus den strengen Grenzkontrollen nach den damaligen Terroranschlägen erklärt worden.

Die räumliche Aufgliederung der regulären Statistik hatte für die deutsch-französische Grenze darüber hinaus gezeigt, dass dort am wenigsten Aufgriffe erfolgen. Dies Ergebnis bestätigt sich in den Totalkontrollen, weil an diesem Grenzabschnitt kein einziger Schmuggler ertappt wurde.

Die ab Mitte der Achtziger Jahre abnehmende Zahl der Schmuggelaufgriffe war für die regulären Aufschreibungen des Zolls im wesentlichen auf die verringerte Zahl der Grenzkontrollen im Zuge des Schengener Abkommens zurückgeführt worden. Die stichprobenartige Untersuchung in vier kurz aufeinander folgenden Kontrollen zeigt ebenfalls eine Reduktion ab 1983, obwohl während aller Kontrollen die gleiche Kontrolldichte (nämlich 100% aller Reisenden) gesichert werden konnte. Es sind also mehrere Faktoren zu vermuten, die für die Verringerung der Aufgriffe ab 1983 verantwortlich sind. Ein Faktor liegt im Bereich des Zolls: die ab 1984 einsetzende verschlechterte Fahndungsmöglichkeit. Ein anderer Faktor liegt im Bereich der Schmuggler: Die Aufgriffe des Zolls im Jahre 1982 haben die potentiellen Schmuggler verschreckt, die verhängten Strafen könnten einmal eine Einsicht in die Strafbarkeit des illegalen Tuns bewirkt haben oder könnten ein Lernen der Straftäter angestoßen haben, das sie raffinierter vorgehen lässt.

Es wäre ideal, wenn man die Aufgriffsstatistik auf die Höhe des vermuteten Einflusses durch eine Regression untersuchen könnte. Ganz offensichtlich kämen in einem Schätzansatz zu den unterschiedlichen Steuersätzen diesseits und jenseits der Grenze, die Zahl der Grenzübertritte, die Kontrolldichte seitens des Zolls und die Straferwartung und Risikobereitschaft seitens der Schmuggler als erklärende Variablen hinzu. Es ist aber schon oben auf den fehlgeschlagenen Versuch des Verfassers hingewiesen worden, die Kontrolldichte der Grenzbehörden an den jeweiligen Grenzkontrollstellen zu quantifizieren. Deshalb muss hier von einer ökonometrischen Untersuchung des Schmuggels abgesehen werden. Im folgenden werden für die legale Steuerarbitrage Regressionen auf die verschiedenen Einflussfaktoren vorgenommen, weil die Kontrollparameter für die legal die Grenze überschreitenden Personen keine Rolle spielen. Die bei diesen Regressionen mitgemessenen Wirkungen des Schmuggels sind quantitativ mit einem Verhältnis zur Steuerarbitrage von 1:10.000 unbedeutend.

Die Zahl der mitgeführten Zigaretten liegt deutlich über den Werten des grenznahen Verkehrs, hier dürften sich die unterschiedlichen Freibeträge widerspiegeln: Im grenznahen Reiseverkehr dürfen nur 40 Zigaretten statt sonst 200 Zigaretten – also nur ein Fünftel – mitgenommen werden. Damit liefern die Aufgriffsstatistiken einen ersten Anhaltspunkt zur Rolle der Entfernung des Wohnortes des Schmugglers/Steuerabitrageurs *(Fragenkreis 3: Bestimmungsgründe der Steuerarbitrage).* Allerdings sind die nach „grenznaher" und „grenzferner Verkehr" geschichteten Aufgriffszahlen nicht dafür geeignet, eine Aussage zur quantitativen Höhe des

Einflusses der Entfernung auf die Höhe des Schmuggels bzw. der Steuerarbitrage zu geben.

Ein für die Prognose der im seit 1993 eingerichteten Binnenmarkt zu erwartenden Steuerarbitrage entscheidender Faktor hat sich in den Totalkontrollen herausgestellt: Die Höhe der Freibeträge bzw. der Freimengen. Die geringen aufgedeckten Überschreitungen dieser Grenzen durch die Mehrzahl der Reisenden (über 99,9% aller Reisenden haben sich mit ihren Direktimporten an die Freimengen bei der Tabaksteuer gehalten) weist darauf hin, dass die Höhe der Direktimporte stark von der gewährten Freizügigkeit abhängen wird.

3.1.1.4 Schmuggelaufgriffe der OBERFINANZDIREKTIONEN CHEMNITZ und COTTBUS an den östlichen Außengrenzen der Neuen Bundesländer (1991-96)

Um auch die Außengrenzen der Europäischen Union zu betrachten, die durch die Verwirklichung der Deutschen Einheit gegenüber den östlichen Nachbarn, der Tschechischen Republik und der Republik Polen, entstanden sind, wurde eine, der Analyse im vorangegangenen Abschnitt analoge, Auswertung der Zollaufgriffe durch die OBERFINANZDIREKTIONEN CHEMNITZ[483] und COTTBUS (1991-96) zusammengestellt[484].

Folgende Preisdifferenzen, die im wesentlichen auf Steuersatzunterschiede zurückzuführen sind, waren in den Jahren von 1991 bis 1996 zu beobachten:

Tabelle 70: Mittlerer Preis (absolut und relativ) einer Stange Zigaretten in Deutschland, der tschechischen Republik und in Polen (1991-96)[a]

	Deutschland	Polen	rel. Preis	Deutschland	Tsch.Rep.	rel. Preis
	(1)	(2)	(3) = (2-1)/(1)	(4)	(5)	(6) = (5-4)/(4)
	DM/Stange	DM/Stange	in %	DM/Stange	DM/Stange	in %
1991	46,-	17,-	63,0%	46,-	17,-	63,0%
1992	46,-	17,-	63,0%	46,-	17,-	63,0%
1993	46,-	17,-	63,0%	46,-	17,-	63,0%
1994	46,-	18,-	60,9%	46,-	18,-	60,9%
1995	46,-	18,-	60,9%	46,-	18,-	60,9%
1996	46,-	22,-	52,2%	46,-	19,-	58,7%

[a] Quelle: OBERFINANZDIREKTION CHEMNITZ, Preisaufschreibungen der Zolldienststellen, eigene Berechnungen.

[483] Der Verfasser dankt Herrn Oberamtsrat Vinmans von der OFD CHEMNITZ für die Unterstützung bei der Erhebung der Daten und für die Erläuterung der institutionellen Rahmenbedingungen in den betrachteten Jahren.

[484] Nicht berücksichtigt wurden die Hauptzollämter Mecklenburgs-Vorpommern, weil hier keine vergleichbaren Daten erhältlich waren.

Die ermittelten Preisunterschiede für Zigaretten sind im Vergleich zu den an den Grenzen der alten Bundesländer in den Jahren 1970 bis 1990 zu beobachtenden Preisdifferenzen deutlich höher. Eine Ursache sind die Steuersatzunterschiede bei der allgemeinen Umsatzsteuer und bei der Tabaksteuer. Eine andere Ursache stellt jedoch nach Aussagen der OFD Chemnitz die mangelnde Durchsetzung der inländischen Steuer in den östlichen Nachbarländern in den ersten Jahren des letzten Jahrzehnts dar. Erst durch die Einführung einer Banderolensteuer (im Jahre 1996 in Polen) ist es nach den Angaben des deutschen Zolls in einem höheren Umfang gelungen, die Erhebung der Tabak- und Umsatzsteuer durchzusetzen. Dies lässt sich nicht zuletzt an den sich verringernden Preisdifferenzen in den Jahren ab 1994 ablesen. Beispielsweise verringerte sich die Preisdifferenz zwischen einer Stange Zigaretten in Polen und Deutschland von 29 DM (dies entspricht einer relativen Preisdifferenz von 63%) auf nur noch 24 DM (relativ 52,2%).

Für die Untersuchung der Aufgriffszahlen der OBERFINANZDIREKTIONEN ist es erforderlich, die auf der Ebene der Hauptzollämter erhobenen Daten den Grenzen zu Polen und zur Tschechischen Republik zuzuordnen. Für das Dreiländereck bei Zittau und die beiden angrenzenden HZA Löbau und Pirna gibt es bei dieser Zuordnung ggfs. Überschneidungen, da sowohl diese sowohl die polnische als auch die tschechische Grenze tangieren. Dennoch wurde im weiteren Gang der Untersuchung eine Zuordnung zu jeweils nur einem Grenzabschnitt vorgenommen. Zu der Zuordnung der HZA-Bezirke zu den beiden Grenzabschnitten kann folgende Übersicht gegeben werden:

Abbildung 12: Zurechnung Hauptzollämter zu Grenzabschnitten - neue Bundesländern

Bundesland	Hauptzollämter	Grenzabschnitte
Brandenburg	HZA Cottbus	Polen
	HZA Schwedt	
	HZA Frankfurt/Oder	
Freistaat Sachsen	HZA Löbau	
Freistaat Sachsen	HZA Pirna	Tschechische Republik
	HZA Plauen	
	HZA Chemnitz	
Freistaat Sachsen	HZA Dresden	nicht berücksichtigt
	HZA Leipzig	
		Summe Grenzabschnitte

Die Hauptzollämter Dresden und Leipzig, die beide keinen direkten Kontakt zur Grenze aufweisen, sind in den folgenden tabellarischen Darstellungen nicht berücksichtigt worden, weil nach den Angaben des Zolls nicht unerhebliche Aufgriffe von geschmuggelten Zigaretten auf den Bundesautobahnen erfolgen. Auf die Hinzurechnungen dieser Aufgriffe wurde verzichtet, da es sich bei den mit Kleintransportern bzw. ganzen Lkw um einen bandenmäßig und gewerbsmäßig organisierten Schmuggel handelt, der nach Auffassung des Autors nicht als Indikator für die Steuerarbitrage verwendet werden kann.

Die Aufgriffszahlen der beiden für die mittlere und südliche Ostgrenze Deutschlands verantwortlichen Oberfinanzdirektionen lassen sich in folgender Übersicht darstellen:

Tabelle 69: Schmuggelaufgriffe der OFD COTTBUS und der OFD CHEMNITZ an der Grenze zu Polen (1991-96) – Zigaretten (Tsd. Stück)[a]

	Frankfurt/O.	Cottbus	Schwedt	Löbau	gesamt
1991	36.719	12.054	7.112	8.072	63.958
1992	37.019	21.836	5.083	14.951	78.888
1993	83.808	41.283	12.752	20.873	158.716
1994	93.687	14.941	41.776	29.714	180.119
1995	140.919	15.539	54.324	38.963	249.745
1996	128.276	12.617	32.813	30.408	204.114

a. Quelle: OBERFINANZDIREKTION CHEMNITZ, OBERFINANZDIREKTION COTTBUS.

Es zeigen sich an der deutsch-polnischen Grenze in den Jahren 1991 bis 1995 stark ansteigende Schmuggelaufgriffe: Die Zahl der insgesamt aufgegriffenen Zigaretten steigt von 64 Mio. Stück im Jahre 1991 auf 250 Mio. Stück im Jahre 1995. Im Jahre 1996 zeigt sich eine auf 204 Mio. Stück absinkende Zahl. Der Anstieg der Schmuggelaufgriffe ist z. T. auf die nach der Deutschen Einheit erst allmählich effektiver werdenden Fahndungsmethoden zurückzuführen, dieser Zusammenhang kann jedoch nicht quantifiziert werden.

Vom Ausmaß der Schmuggelaufgriffe *(Fragenkreis 1: Ausmaß der Steuerarbitrage)* her sind von 1991 bis 1996 deutlich mehr Schmuggelaufgriffe an den betrachteten östlichen Grenzen als an den Grenzen der westlichen Bundesländer in der Zeit von 1976 bis 1986 festzustellen. Über den Zeitraum von 1991 bis 1996 wurden im Durchschnitt 155.023 Tsd. geschmuggelte Zigaretten an der Grenze zu Polen vom Zoll aufgegriffen. Dort wurden durchschnittlich 19.964 Tsd. geschmuggelte Zigaretten jährlich an den Grenzen der westlichen Bundesländer (insgesamt!) entdeckt.

Die regional nach Hauptzollamtsbezirken unterschiedenen Aufgriffszahlen an der polnischen Grenze weisen erhebliche Disparitäten auf. So ist der Höhepunkt der

Schmuggelaufgriffe an der im HZA-Bezirk Plauen liegenden bereits im Jahre 1994 zu verzeichnen, in den anderen HZA-Bezirken dagegen erst im Jahre 1995. Eine plausible Erklärung dafür konnte vom Zoll nicht gegeben werden.

Die auf die Hauptzollamtsbezirke disaggregierte Darstellung lässt sich graphisch wie folgt veranschaulichen:

Abbildung 13: Zigarettenschmuggel am polnischen Grenzabschnitt

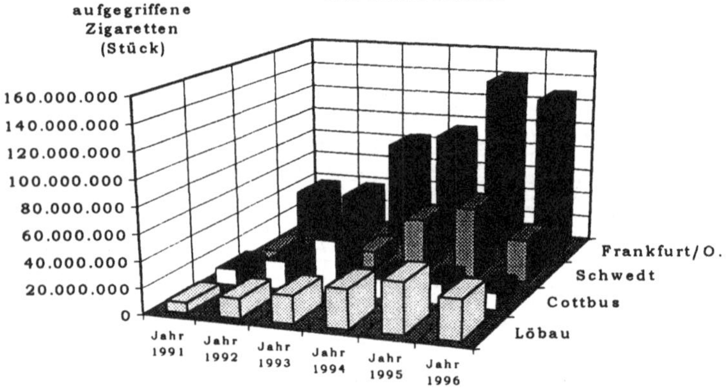

Die Entwicklung an der deutsch-tschechischen Grenze ist wie folgt darzustellen:

Tabelle 72: Schmuggelaufgriffe der OFD CHEMNITZ an der Grenze zur Tschechischen Republik (1991-96) - Zigaretten (Tsd. Stück)[a]

	Pirna	Chemnitz	Plauen	Leipzig	Dresden	gesamt
1991	1.129	2.253	1.164	25	0	4.571
1992	5.973	3.063	633	52	1.676	11.397
1993	6.359	2.670	229	57	849	10.164
1994	3.586	3.078	274	469	403	7.810
1995	3.494	1.955	1.099	1.282	138	7.968
1996	3.414	647	761	584	3	5.409

a. Quelle: OBERFINANZDIREKTION CHEMNITZ.

Die absoluten Aufgriffszahlen zeigen ein deutlich niedrigeres Schmuggelniveau an. In dem hier betrachteten Zeitraum von 1991 bis 1996 wurden durchschn. lediglich 3.894 Tsd. geschmuggelte Zigaretten an der deutsch-tschechischen Grenze ermittelt. Dies ist nach Angaben des Zolls möglicherweise darin begründet, dass Schmuggler aus der tschechischen Republik erst bei Kontrollen im Inland festgestellt wurden. Die graphische Darstellung des regional disaggregierten Schmuggels an der deutsch-tschechischen Grenze zeigt, wie auch schon der Schmuggel aus Polen nach Deutschland, ein uneinheitliches Bild.

Abbildung 14: Schmuggel am tschechischen Grenzabschnitt

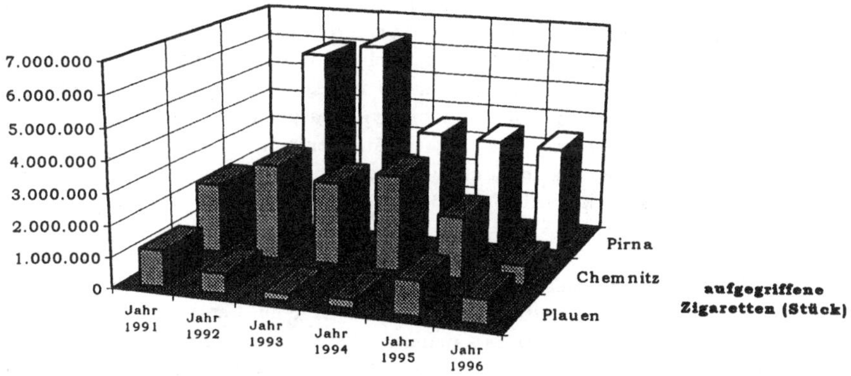

Die Schmuggelaufgriffe im HZA Pirna weisen in den beiden ersten Jahren 1991 und 1992 die höchsten Aufgriffszahlen auf. Dagegen sinken die Schmuggelaufgriffe im HZA Chemnitz nach einem Gipfel im Jahre 1995 wieder ab. Die Aufgriffe des HZA Plauen verlaufen ohne erkennbares Muster.

Wegen des insbesondere an der deutsch-polnischen Grenze deutlich höheren Schmuggelniveaus und der ermittelten Uneinheitlichkeit der Schmuggelaufgriffe, die sich insbesondere bei der disaggregierten graphischen Analyse zeigt, hält der Verfasser es zum jetzigen Zeitpunkt noch nicht für sinnvoll, ökonometrischen Untersuchungen des zu beobachtenden Schmuggels auf Steuersatzunterschiede zu unternehmen.

Wegen der gezeigten Instabilität des äußeren Datenkranzes und der gegebenen Niveauunterschiede im Schmuggelverhalten wird desweiteren auf eine ökonometrische Untersuchung von weiteren Datenquellen, wie z.B. der Umsatzsteuerstatistik, im Hinblick auf die Steuerarbitrage abgesehen. Eine Sonderauswertung der Umsatzsteuerstatistik nach Kreisen bzw. kreisfreien Städten erscheint zum derzeitigen Zeitpunkt nicht sinnvoll zu sein.

3.1.2 Indirekte Ermittlung der Steuerarbitrageströme (Warenströme)

Diese Arbeit hat sich zur Aufgabe gestellt, die für den US-amerikanischen und kanadischen Binnenmarkt und Irland vorliegenden empirischen Schätzungen über die Höhe und Bestimmungsgründe der Steuerarbitrage auch für deutsche Grenzabschnitte vorzunehmen. Als größtes Hindernis, eine solche Untersuchung für die Grenze Deutschlands zu seinen Nachbarn vorzunehmen, stellte sich die äußerst dürftige Datenbasis heraus. Für die Auswertung der wenigen verfügbaren Daten wird in den folgenden Kapiteln mit einem Standardschätzmodell nach der Kleinst-quadrate-Methode geschätzt[485]. Dabei wurde das SAS-Programm für Personalcomputer mit seinen vorgegebenen Standardauswertungen verwendet[486]. Die Dürftigkeit der zur Verfügung stehenden bis auf Kreisebene disaggregierten Daten hat die Analyse – genau wie die im Survey über die vorliegenden empirischen Analysen im Schrifttum – beschränkt auf einige wenige Teilaspekte der Steuerarbitrage. Eine ausgefeiltere, aus theoretischer Sicht wünschenswerte, Untersuchungsmethodik konnte zudem wegen des unmittelbar bevorstehenden Termins, zu dem der Europäische Binnenmarkt eingerichtet wird (1.1.1993), nicht verwendet werden.

Wegen der Schwierigkeiten, statistische Angaben über den Umsatz einzelner den indirekten in- und ausländischen Steuern unterworfenen Warengruppen zu erhalten, ist die indirekte Ermittlung der Steuerarbitrage auf wenige Güter aus dem Bereich der speziellen Verbrauchsbesteuerung beschränkt[487]. Eine Schätzung der allgemeinen Einzelhandelsumsätze erscheint angesichts der Befragungsergebnisse der EG-KOMMISSION aus dem Jahre 1991, die darauf hindeuten, dass Waren mit einem Wert oberhalb von 200 DM nicht wesentlich von der Steuerarbitrage erfaßt sind, wenig sinnvoll..

Empirische Ergebnisse der Fragebogenuntersuchungen (etwa des INSTITUTS FÜR GRENZLANDFORSCHUNG und des INSTITUTS FÜR WELTWIRTSCHAFT weisen darauf hin, dass die Steuerarbitrage insbesondere bei den speziell besteuerten Warengütern bedeutsam ist. Schließlich können die im vorangegangenen Abschnitt dargestellten Schmuggelaufgriffe und Totalkontrollen des deutschen Zolls als weiterer Beleg dafür angeführt werden, dass der Schwerpunkt der Steuerarbitrage von Endverbrauchern bei solchen Waren liegt, die zusätzlich zur allgemeinen Umsatzsteuer von einer speziellen Verbrauchsteuer (Tabak-, Alkohol-, Mineralöl-, Kaffee-/Teesteuer) getrof-

---

485 Vgl. den in jedem Statistiklehrbuch dargestellten Ansatz, etwa bei SCHAICH (1982) Statistik für Volkswirte, Betriebswirte und Soziologen, 2. Aufl. München, S. 190 ff.

486 Die Regressionen sind mit dem SAS-Programm (6.03) berechnet worden.

487 Nur für Tabakwaren, Diesel und Benzin gelang es, eine Statistik zu finden, deren Beobachtungswerte mit der Bemessungsgrundlage einer speziellen Verbrauchsteuer zeitlich, sachlich und räumlich übereinstimmen. Z.B. muss der steuerpflichtige Umsatz aus der Umsatzsteuerstatistik für einen Tabakeinzelhändler mit der Bemessungsgrundlage der Ta-

fen sind.

Im folgenden werden die beiden Bereiche mit regressionsanalytischen Methoden untersucht, für die eine befriedigende Datenlage festzustellen ist: der Tabakeinzelhandel sowie der Einzelhandel mit Kraftstoffen an Tankstellen.

3.1.2.1 Indirekte Ermittlung der Steuerarbitrage für Tabakwaren

Im wesentlichen stehen für die indirekte Ermittlung der Arbitrage wegen Tabaksteuerdifferenzen zwei Statistiken als Quellen zur Verfügung: Einmal die Handelszählungen und zum anderen die Umsatzsteuerstatistik. Die Handelszählungen weisen drei Merkmale nach, die Zahl der Arbeitsstätten, die Beschäftigung und die Umsätze. Die Umsatzsteuerstatistik kann dagegen nur die Zahl der Unternehmer und ihre Umsätze nachweisen.

3.1.2.1.1 Arbeitsstätten, Beschäftigte und Umsätze laut Handelszählungen

Die für diese Untersuchung ausgewerteten beiden Handelszählungen (HZ) stammen aus den Jahren 1979 und 1985. Sie enthalten als Merkmale die Anzahl der Arbeitsstätten, der Beschäftigten und den Wert der Umsätze des Tabakeinzelhandels.

In den einleitenden Kapiteln dieser Arbeit sind die wenigen Variablen beschrieben worden, die sich auf Kreisebene disaggregieren lassen.

Als zu erklärende Variablen wurden Daten über die Zahl der Tabakeinzelhändler, die Beschäftigten im Tabakeinzelhandel und die Tabakumsätze verwendet.

Diesen Daten des Tabakeinzelhandels wird als zentrale Steuerarbitragevariable die Steuerdifferenz zwischen In- und Ausland gegenübergestellt. Als weitere Variablen, die jeweils auf Kreisebene disaggregiert vorliegen müssen, konnten die Bevölkerungszahl, die Fläche resp. Die Bevölkerungsdichte, das Pro-Kopf Einkommen und die Entfernung eines Kreises herangezogen werden. Mit diesem Set an endogenen und exogenen Variablen wird in diesem Kapitel ein Modellansatz berechnet, wie er aus der empirischen Literatur für die Vereinigten Staaten, Kanada bzw. Irland vorliegt.

---

baksteuer übereinstimmen.

Das zur Schätzung der Bestimmungsfaktoren der Steuerarbitrage verwendete Grundmodell lautet:

$$Ast^{Tab} = \beta_0 + \beta_1 Ast^{Eh} + \beta_2 \frac{Einw}{km^2} + \beta_3 \frac{Y}{Einw} + \beta_4 Entf + \beta_5 P_{rel}^{1979} + \beta_6 P_{rel}^{1985} + u$$

$$Besch^{Tab} = \beta_0 + \beta_1 Besch^{Eh} + \beta_2 \frac{Einw}{km^2} + \beta_3 \frac{Y}{Einw} + \beta_4 Entf + \beta_5 P_{rel}^{1979} + \beta_6 P_{rel}^{1985} + u$$

$$S^{Tab} = \beta_0 + \beta_1 S^{Eh} + \beta_2 \frac{Einw}{km^2} + \beta_3 \frac{Y}{Einw} + \beta_4 Entf + \beta_5 P_{rel}^{1979} + \beta_6 P_{rel}^{1985} + u$$

ASt	: Arbeitsstätten
Besch	: Beschäftigte
S	: Umsätze
Entf	: durchschnittliche Entfernung eines Kreises zur Grenze
P^{1979}	: Relative Preisdifferenz für Zigaretten 1979
P^{1985}	: Relative Preisdifferenz für Zigaretten 1985
Tab, Eh	: Index für den Tabakeinzelhandels- bzw. Einzelhandelswert
u	: Fehlerterm mit den üblichen Annahmen, E[u]=o, u ~ (N,s)

Die Variable für die relative Preisdifferenz ist in diesem Schätzansatz (und in allen weiteren hier erfolgenden Schätzungen) wie folgt definiert

$$P_{rel}^{Tab} = \frac{P_i^{Tab} - P_a^{Tab}}{P_i^{Tab}} \cdot 100$$

$P_{i,a}$: inländischer bzw. ausländischer Zigarettenpreis

Den Werten für Arbeitsstätten, Beschäftigte und Umsätzen aus den beiden Jahren 1979 und 1985 werden in der Schätzung Preisunterschiede aus den jeweiligen Vorjahren zugeordnet, weil in der Handels- und Gaststättenzählung die Vorjahresumsätze erfragt worden sind. Die Zahl der Arbeitsstätten und der Beschäftigten wird ebenfalls auf den Vorjahreswert bezogen[488].

Dieses Grundmodell ist wie sich in einer Voruntersuchung zeigte, die für die beiden Grenzabschnitte nur eine einheitliche Entfernungs- und Preisvariable verwendete und zu weniger zufriedenstellenden Schätzergebnissen kam, für zwei grundverschiedenen Arten von Grenzabschnitten – die mit positiver Steuersatzdifferenz und die mit negativer Steuersatzdifferenz – wie folgt näher spezifiziert worden:

---

488 Der Unterschied zwischen der erhobenen Beschäftigung am Jahresanfang und dem Durchschnittswert des Vorjahres wird als nicht erheblich angesehen. Der in Kauf genommene Fehler für die Zahl der Arbeitsstätten dürfte ebenfalls gering sein, da in der HZ ohnehin nur die bereits (seit einigen Jahren !!) existierenden Unternehmen einbezogen werden können.

Liegt eine positive Steuersatzdifferenz vor, ist also der inländische Steuersatz höher als der ausländische, sind über den unmittelbar grenznahen Raum bis ins Hinterland hinein abströmende inländische Konsumenten zu erwarten. Sie kaufen im Ausland billiger Zigaretten ein und verursachen einen geringeren Tabakeinzelhandelsumsatz im grenznahen Inland. Die meßbare Abnahme der Käufe von Inländern wird sich kontinuierlich von den unmittelbar grenzbenachbarten *Kreisen bis ins mittelbar grenznahe Hinterland* fortsetzen. Den Zahlen für die Einzelhandelsaktivität von Kreisen, die einer Grenze mit positiver Steuersatzdifferenz naheliegen, werden dementsprechend die beiden folgenden erklärenden Variablen zugeordnet:

- die Höhe der relativen Preis-/resp. Steuersatzdifferenz und
- die Entfernung eines Kreises.

Im umgekehrten Fall einer *negativen* Steuersatzdifferenz sind ins Inland hineinströmende Ausländer zu erwarten. Es ist aus den besseren Schätzergebnissen und verschiedenen Vortests zu vermuten, dass die hineinströmenden Ausländer – im reinen Arbitragefall - nur bis zum ersten Tabakeinzelhändler *unmittelbar hinter der Grenze* fahren und keine meßbaren Spuren im weiteren Hinterland hinterlassen. Den Arbeitsstätten, Beschäftigten und Umsatzzahlen der grenznahen Kreise, die einer Grenze mit negativer Differenz *unmittelbar* benachbart sind, wird nur eine Variable zugeordnet:

- die Höhe der relativen Preis-/resp. Steuersatzdifferenz.

Es wird also angenommen, dass sich herein- oder hinausströmende Warenströme von der Struktur her unterschiedlich auf die Einzelhandelsaktivität auswirken: Die hinausströmenden Ströme lassen sich bis tief ins Hinterland hinein feststellen; die hineinströmenden nur unmittelbar diesseits der Grenze. Die Entfernungsvariable zur Erklärung der Steuerarbitrage kann dann nur im ersten Fall sinnvolle Ergebnissen tragen.

Folgende Übersicht zeigt den Wertebereich für die beiden die Steuerarbitrage erklärenden Variablen.

Abbildung 15: Wertebereich der Entfernungs- und Steuerdifferenzvariablen					
	$(P_i - P_a)/ P_i$	Steuerarbitragevariablen		Einbezogene Kreise	ökonomischer Hintergrund
Steuerdifferenz		Entfernung	Steuerdifferenz		
Positiv	> 0	$Entf_+$	P_{rel+}	Grenzgebiet + Hinterland	Arbitragestrom hinaus
Negativ	< 0	0	P_{rel+}	Grenzgebiet	Arbitragestrom herein

Die Regression der verfügbaren Daten aus den zwei Handelszensen kommt zu folgendem Ergebnis:

$$ASt^{Tab} = -22{,}580 + 0{,}045\ ASt^{Eh^{**}} + 0{,}037\ \frac{Einw}{km^2}^{**} - 0{,}026\ \frac{Y^+}{Einw} + 0{,}059\ Entf_+^{1979^*} + 0{,}015\ Entf_+^{1985} -$$
$$(32{,}563) \quad (15{,}811) \quad (1{,}348) \quad (1{,}854) \quad (0{,}487)$$

$$-\ 0{,}200\ P_{rel+}^{1979+} + 0{,}152\ P_{rel+}^{1985} + 0{,}048\ P_{rel-}^{1979} + 0{,}132\ P_{rel-}^{1985}$$
$$(1{,}336) \quad (1{,}118) \quad (0{,}295) \quad (0{,}618)$$

$n = 460 \quad korr.R^2 = 0{,}847 \quad F = 282{,}615$

$$Besch^{Tab} = -27{,}461 + 0{,}019\ Besch^{Eh^{**}} + 0{,}059\ \frac{Einw}{km^2}^{**} - 0{,}063\ \frac{Y^+}{Einw} + 0{,}053\ Entf_+^{1979} + 0{,}031\ Entf_+^{1985^*} -$$
$$(33{,}382) \quad (9{,}916) \quad (1{,}378) \quad (0{,}710) \quad (0{,}418)$$

$$-\ 0{,}634\ P_{rel+}^{1979^*} + 0{,}377\ P_{rel+}^{1985+} + 0{,}301\ P_{rel-}^{1979} + 0{,}488\ P_{rel-}^{1985}$$
$$(1{,}789) \quad (1{,}538) \quad (0{,}786) \quad (0{,}972)$$

n = 460 korr.R^2 = 0,853 F = 296,806

$$S^{Tab\cdot} = -8.791{,}709 + 0{,}022\ S^{Eh^{**}} + 3{,}810\ \frac{Einw}{km^2}^{**} + 10{,}828\ \frac{Y^+}{Einw} + 11{,}721\ Entf_+^{1979} + 6{,}196\ Entf_+^{1985} -$$
$$(33{,}387) \quad (2{,}687) \quad (0{,}964) \quad (0{,}640) \quad (0{,}344)$$

$$+\ 28{,}257\ P_{rel+}^{1979} + 28{,}564\ P_{rel+}^{1985^{**}} + 31{,}144\ P_{rel-}^{1979^{**}} + 137{,}869\ P_{rel-}^{1985^{**}}$$
$$(0{,}327) \quad (0{,}386) \quad (0{,}333) \quad (1{,}121)$$

n = 460 korr.R^2 = 0,789 F = 191,981

* = sign.0,1 * = sign.0,05 ** = sign.0,01

- Die ersten beiden beobachteten zu erklärenden Variablen Anzahl Tabakeinzelhandelsarbeitsstätten und -beschäftigte weisen mit 0,847 ein höheres korrigiertes Bestimmtheitsmaß als die Umsätze mit 0,789 auf.
- Die Koeffizienten für die jeweiligen Werte im Einzelhandel insgesamt und für die Bevölkerungsdichte sind in allen Fällen positiv und signifikant. Mit zunehmender Einzelhandelstätigkeit und Bevölkerungsdichte steigen die Werte für den Tabakeinzelhandel also an, das bedeutet zum einen, dass in größeren und stärker bevölkerten Kreisen auch trivialerweise mehr Tabakhändler zu finden sind, und zum anderen bestätigt dieses Ergebnis das sog. "Law of Retail Gravitation", dass nämlich größere Städte umso mehr Käufer von kleineren Städten anziehen, je größer ihre Bevölkerungszahl ist[489].
- Das Pro-Kopf Einkommen weist in den beiden ersten Gleichungen einen negativen Koeffizienten aus, d.h. dass für die Zahl der Tabakeinzelhändler und die Beschäftigten eine negative Einkommenselastizität gilt; der darauf hinweist, dass in den Kreisen mit einem höheren Anteil an Personen mit geringem Einkommen, mehr Tabakeinzelhändler und – beschäftigte zu beobachten sind. Der Wert ist in beiden Fällen signifikant zum 10 %-Niveau. In der Schätzgleichung für die Umsätze ist das Vorzeichen der Einkommensvariable unbestimmt.
- Die nur für die Grenzabschnitte mit positiver Steuerdifferenz eingesetzte Entfernung hat nur im Jahre 1979 in der ersten Gleichung einen zum 5%igen Vertrauensintervall signifikant von Null verschiedenen Koeffizienten. Das positive Vorzeichen deutet in die erwartete Richtung: Für den Fall, dass eine durch den relativen Preisterm gekennzeichnete steuerlich ungünstige Situation gegeben ist ($P_i - P_a > 0$), erhöht sich die Zahl der Tabakeinzelhandelsarbeitstätten (ASt) und mit zunehmender Entfernung von der Grenze weg (km).
- In der Schätzung für die Zahl der Arbeitstätten besitzt die relative Preisvariable für die positiven Differenzen im Jahre 1979 einen signifikanten negativen Koeffizienten: Wie zu erwarten war, sinkt die Zahl der inländischen Tabakeinzelhändler mit steigendem relativen inländischen Tabaksteuersatz resp. Zigarettenpreis. Der (positive) Koeffizient für die Preisdifferenz im Jahre 1985 ist hingegen nicht signifikant.
- In der Gleichung für die Beschäftigten ist 1979 ein ebenfalls negativer Koeffizient signifikant (zum 5%igen Vertrauensbereich). Der Wert des entsprechenden Koeffizienten aus dem Jahre 1985 wird allerdings positiv, wenn auch nur zum 90 %igen Konfidenzbereich.
- In der Ergebnisgleichung des Umsatzes sind beide Koeffizienten nicht signifikant von Null verschieden.
- Die relative Preisvariable für die *negativen* Differenzen weist weder für die Arbeitsstätten noch die Beschäftigten oder die Umsätze einen signifikant von Null verschiedenen Koeffizienten auf.

Als Ergebnis für die Daten der Tabakeinzelhändler nach den Handelszählungen kann also festgehalten werden, da sich lediglich der Einfluß der Steuerarbitrage aus der Bundesrepublik Deutschland hinaus (und zwar für die beiden Variablen „Arbeitsstätten“ und „Beschäftigte“) nachweisen lässt.

Für eine Berechnung der Effekte im gesamten hier untersuchten Gebiet ist zunächst die empirische Lage der hier betrachteten Kreise darzustellen:

---

489 Vgl. MCALLISTER und CONVERSE oben, Fn. 56. „Zentrale Orte“ bei CHRISTALLER (1966) Central Places in Southern Germany, Englewood Cliffs (N.J.).

Tabelle 73: Anzahl Kreise und durchschnittliche Entfernung nach Bundesländern und Grenzabschnitten

Nach Bundesländern	Grenze zu	Kreise Anzahl	Entfernung durchschn.	Kreise Anzahl	Entfernung durchschn.	Kreise Anzahl	Entfernung durchschn.	Kreise Anzahl	Entfernung durchschn.
SH	Dän	4	21,75	5	80,40	5	100,00	14	70,64
NS	NL	6	21,5	9	65,67	8	132,88	23	77,52
	NL	17	27,53	2	70,77	9	125,56	48	65,73
NRW	B	1	28,00	2	55,00	0	0,00	3	46,00
	Lux	5	24,00	9	75,00	0	0,00	14	56,79
RLP	F	13	30,00	7	75,71	0	0,00	20	46,00
	Lux	1	12,00	0	0,00	0	0,00	1	12,00
Saar	F	5	19,00	0	0,00	0	0,00	5	19,00
	F	10	21,20	20	71,35	6	131,17	36	67,39
BW	Ch	5	14,20	0	0,00	0	0,00	5	14,20
	Ch	4	23,50	1	53,00	0	0,00	5	29,40
Bay	Ö	15	25,40	11	81,36	5	130,00	31	62,13
Summe Bund		86	24,27	86	72,56	33	125,15	205	60,77
nach Grenzabschnitten	Grenze zu								
SH	Dän	4	21,75	5	80,40	5	100,00	14	70,64
NS + NRW	NL	23	25,96	31	69,29	17	129	71	69,55
NRW	B	1	28,00	2	55,00	0	0,00	3	46,00
RLP + Saar	Lux	6	22,00	9	75,00	0	0,00	15	53,80
Saar+BW+RLP	F	28	24,89	27	72,48	6	131,17	61	56,41
BW + Bay	Ch	9	18,33	1	53,00	0	0,00	10	21,80
Bay	Ö	15	25,40	11	81,36	5	130,00	31	62,13
Summe Bund		86	24,27	86	72,56	33	125,15	205	60,77

Die Einteilung der betrachteten sieben Bundesländer in Grenzabschnitte ist erforderlich, weil für einige speziell besteuerte Gütergruppen an einigen Grenzabschnitten - aus Sicht des Einzelhandels bzw. des heimischen Fiscus eine „günstige"[490] Preisdifferenz - (-)-Differenz - und für andere Güter an anderen Grenzabschnitten eine ungünstige Steuerdifferenz - (+)-Differenz - bestanden hat. Dieser Unterscheidung folgt auch die Modellierung in Kreise, denen eine Variable (relative Steuerdifferenz) bzw. Kreise denen zwei Variablen (Entfernung zur Grenze und relative Steuerdifferenz) gegenüber gestellt werden.

Die durchschnittliche Entfernung eines Grenzabschnittes ist als arithmetisches Mittel der Entfernung der zu diesem Grenzabschnitt zugehörigen Kreise ermittelt worden[491].

Das Gesamtniveau der Steuerarbitrage lässt sich berechnen, wenn man die Anzahl der Kreise entlang einer jeweils „günstigen" bzw. „ungünstigen Grenze", die Entfer-

490 Die Notation (-) bzw. (+) stammt aus der Definition der relativen Preisdifferenz $P_{rel} = (P_i - P_a)/ P_i$ mit i = Inlands- und a = Auslandspreis. Das (-)-Vorzeichen steht für die aus Sicht des Fiscus günstige Steuerdifferenz, denn wenn der inländische Preis niedriger ist als der ausländische ist mit zusätzlichen hineinströmenden Arbitrageuren aus dem Nachbarland zu rechnen.

491 Vgl. zur Berechnung der Entfernung eines Kreises als gewichteter Durchschnitt die Ausführungen in Abschnitt 2.6 „Entfernung" dieses dritten Teiles.

nung eines Kreises zu dieser Grenze und die dort zu beobachtende relative Preisdifferenz in die Schätzgleichung einsetzt.

(1) Die Zahl der Arbeitsstätten im Tabakeinzelhandel steigt nach dem Datenmaterial und der verwendeten Methode im Jahre 1979, wenn man das Schätzergebnis für die Entfernungsvariable betrachtet, um 0,059 je Kreis, wenn man sich um einen Kilometer vom niedriger besteuernden Nachbarland entfernt. Die (partielle) Elastizität[492] beträgt 23,9%, d.h. dass wenn sich die Entfernung um 1 Prozent erhöht, die Umsätze um 23,9% steigen. Damit ist es gelungen, den Bestimmungsfaktor Entfernung mittels einer ökonometrischen Berechnung nachzuweisen *(Fragenkreis 3).*

Um die Darstellung der Schätzergebnisse für die Steuerarbitrage übersichtlich zu gestalten, wird in den Ergebnistabellen nicht das von dem Signifikanzniveau abhängige Intervall, in dem der zu schätzende Wert liegt, sondern jeweils nur die Intervallmitte angegeben. Aus den Angaben der unter jeder Ergebnisgleichung wiedergegebenen Schätzstatistik (Signifikanzniveau und t-Wert resp. Standardabweichung) lassen sich die Intervallgrenzen jederzeit berechnen. Es werden nur die Koeffizienten dargestellt, die mindestens das 10%-Konfidienzniveau erreichen. Anhand der Zahl der Arbeitsstätten kann die Wirkung der Steuerarbitrage quantitativ dargestellt werden *(Fragenkreis 1: Ausmaß der Steuerarbitrage).*

Auf die gesamte Breite des Grenzabschnittes mit positiver Steuerdifferenz bezogen (i.e. 190 Kreise entlang der westlichen, südlichen und nördlichen Grenzen Deutschlands) erhöht sich die Zahl der Tabakeinzelhändler um 11,21 je Kilometer. Betrachtet man zusätzlich die Steuerdifferenzvariable, sinkt die Zahl der Tabakeinzelhändler 1979 in jedem Kreis um 0,2 je Prozentpunkt Differenz. Im Jahre 1979 betrug die Differenz 26, 34, 30 und 18 Punkte gegenüber Holland, Luxemburg, Frankreich und der Schweiz. Multipliziert man die Zahl der jeweiligen Kreise der Grenzabschnitte mit der Steuerdifferenz und mit dem Koeffizienten, errechnet sich die Minderung der Tabakeinzelhändler via Steuersatzvariable: 101 * 26 + 15 * 34 + 58 * 30 + 13 * 18 = 5.110[493]. Die Elastizität beträgt -39,6%.

[492] Im folgenden werden ausschließlich partielle Elastizitäten gezeigt. Für die Berechung der partiellen Elastizität einer Einflussgröße werden alle anderen Faktoren mit ihrem Durchschnittswert angesetzt. Vgl. zu den Berechnungsgrundlagen für die partielle Elastizität WASCHKAU (1974) Statistische Elastizitätsfunktionen und ihre Bedeutung für die ökonomisch-statistische Analyse, Potsdam, S. 84 ff.

[493] Dieses Schätzergebnis kann größenordnungsmäßig mit der Grobschätzung des Beratungsunternehmens PIEDA (1994), aaO, S. 11, verglichen werden. Dort wurde der Verlust an Arbeitsplätzen bei klein- und mittelständischen Unternehmen in drei Szenarien für das Jahr 1993 berechnet: Es ergab sich eine Prognose für den Verlust von 880 Arbeitslätzen im niedrigen Szenario und von 1.900 Arbeitsplätzen im mittleren Szenario. Im Szenario mit hohen Verlusten wurde ein Zahl von 4.600 Arbeitsplätze angegeben. Beim Vergleich der eigenen Schätzergebnisse für die Grenzen der alten Bundesländer (ohne die mitteldeutsche und deutsch-tschechische Grenze) mit den Angaben von PIEDA ist darüber hinaus zu beachten, dass im Jahre 1979 neben anderen Steuersätzen (als 1993 und als in Großbritannien) auch

Damit kann für die relative Steuerdifferenz als weiterer Bestimmungsfaktor eine quantitative Angabe zur Höhe der Beeinflussung der Steuerarbitrage *(Fragenkreis 3)* gegeben werden.

(2) Für die Beschäftigung im Tabakeinzelhandel besitzt der Preiskoeffizient 1979 ein negatives und 1985 ein positives Vorzeichen. Es kann also nur im Jahre 1979 eine Aussage entsprechend der o.g. Aussage zur Zahl der Tabakeinzelhändler getroffen werden. Die Beschäftigung sinkt, berechnet mit dem Koeffizienten (= -0,634) um 16.199 Beschäftigte.

Im Jahre 1985 hingegen ergibt sich nach dem hier untersuchten Datenmaterial ein positiver Koeffizient der relativen Preisvariablen und damit eine absolut an den betrachteten Grenzabschnitten um 1.283 erhöhte Beschäftigung.

(3) Für den Umsatz im Tabakeinzelhandel ist wegen der nicht signifikanten Koeffizienten keine Aussage möglich. Das Ergebnis dieses Abschnittes lässt sich in folgender Tabelle zusammenfassen:

Tabelle 74: Steuerarbitrage im Tabakeinzelhandel nach den Handelszählungen 1979 und 1985[a]

Variable	Koeffizient für Kreis mit positiver Steuerdifferenz				Koeffizient für Kreis mit negativer Steuerdifferenz			
	1979		1985		1979		1985	
	Entfernung	Relativer Preis	Entfernung	Relativer Preis	Entfernung	Relativer Preis	Entfernung	Relativer Preis
Arbeitsstätten	+0,059/km	-0,200	-	-	-	-	-	-
Beschäftigte		-0,634	-	+0,377	-	-	-	-
Umsatz	-	-	-	-	-	-	-	-

a. Signifikanzniveau mindestens 10 % (einseitig).

Als Erklärungshypothese für die signifikanten Koeffizienten aus dem Jahre 1979, deren Vorzeichen mit den aus theoretischer Sicht zu erwartenden Steuerarbitragevermutungen übereinstimmen, und die nicht signifikanten Koeffizienten bei den Arbeitstätten 1985 und den positiven Preiskoeffizienten bei der Beschäftigung 1985 ließe sich möglicherweise die in dem oben dargestellten Literaturüberblick gefundenen Niveauthese anführen: Das durchschnittliche Niveau der relativen Steuerdifferenz war im Jahre 1978 mit - 88% (Dänemark), + 14% (Belgien), + 26% (Niederlande), + 36% (Luxemburg), + 30% (Frankreich), + 36% (Schweiz) und - 21 % (Österreich) höher als im zweiten betrachteten Jahr 1984: - 68% (Dänemark), + 19% (Bel-

ein anderes institutionelles Setting (keine vollkommene Freizügigkeit der Endverbraucher) gegolten hat. Diese Problematik wird hier als *Fragenkreis 4* definiert.

gien), + 27% (Niederlande), + 45% (Luxemburg), + 33% (Frankreich), + 21% (Schweiz) und - 9 % (Österreich). Das arithmetische Mittel der relativen Preisabweichung (ohne Berücksichtigung der Vorzeichen) ist 1978 mit 35,9% höher als 1984 mit 31,7% gewesen. Die Niveauthese besagt nun aber, dass erst ab einem gewissen Mindestniveau an relativer Preisdifferenz Steuerzahler zum Ausweichen animiert werden[494]. Einschränkend ist jedoch anzumerken, dass die Differenz zwischen den beiden Mittelwerten nur bei 4,2% Punkten liegt und damit absolut bei einem Preis von 3,00 DM je Packung nur ca. 12 Pfg. ausmacht!

Es muss jedoch zum Schluss festgehalten werden, dass die Schätzergebnisse für 1979 und 1985 insbesondere wegen der unterschiedlich signifikanten Koeffizienten unbefriedigend sind.

3.1.2.1.2 Steuerpflichtige und Umsätze laut Umsatzsteuerstatistik

Die Umsatzsteuerstatistik bietet die Grundlage für häufigere und zeitnähere Beobachtungen als der nur alle sechs bis sieben Jahre erfolgende Zensus im Einzelhandel. Dafür sind die Ergebnisse mit größerer Unschärfe belastet, weil grundsätzlich nicht alle Betriebe oder Verkaufsstellen regional korrekt zugeordneten Eingang in die Umsatzsteuerstatistik finden[495].

Das Schätzmodell ist analog dem Modell für die Handelszählung formuliert:

$$Stpf^{Tab} = \beta_0 + \beta_1 Stpf^{Eh} + \beta_2 \frac{Einw}{km^2} + \beta_3 \frac{Y}{Einw} + \beta_4 Entf + \beta_5 P_{rel}^{Tab} + \beta_6 Stpf_{BRD}^{Tab} + u$$

$$S^{Tab} = \beta_0 + \beta_1 S^{Eh} + \beta_2 \frac{Einw}{km^2} + \beta_3 \frac{Y}{Einw} + \beta_4 Entf + \beta_5 P_{rel}^{Tab} + \beta_6 Stpf_{BRD}^{Tab} + u$$

$Stpfl^{Tab}$: Steuerpflichtige Unternehmen des Tabakeinzelhandels eines Kreises
$Stpfl^{BRD}$: Steuerpflichtige Unternehmen in der Bundesrepublik insgesamt
S^{Tab} : Steuerpflichtige Umsätze des Tabakeinzelhandels eines Kreises
S^{BRD} : Steuerpflichtige Umsätze in der Bundesrepublik insgesamt

---

494 Das ECONOMIC AND SOCIAL RESEARCH INSTITUTE hatte bei der 1995 vorgenommenen Auswertung der Befragungsergebnisse festgestellt, dass für ein Bündel von Direktimportsgüter erst ein gewisses Mindestniveau an Steuersatzdifferenzen erreicht sein muss, bevor (für einen Warenkorb) eine solche Einsparung erreicht ist, die die Transaktions- und Fahrtkosten übersteigt, vgl. ESRI (1995), aaO, S. 15 f bzw. die Darstellung oben im zweiten Teil, Kapitel 2.2.3.3 „ECONOMIC AND SOCIAL RESEARCH INSTITUTE (1995)".

495 Im Abschnitt über die Problembereiche der statistischen Erhebung ist auf die grundsätzliche Steuerpflicht des umsatzsteuerlichen Unternehmers hingewiesen worden. Arbeitsstätten, Verkaufsstellen bzw. Organunternehmen außerhalb des Kreises des Mutterunternehmens werden also nicht im Kreis der Verkaufsaktivität abgebildet sondern in die Umsatzsteuererklärung des Mutterunternehmens - und damit in den Kreis des Hauptsitzes des Mutterunternehmens - konsolidiert.

Um die langfristigen Entwicklungen des Tabakeinzelhandels - sowohl durch z.B. die in unserem Zeitraum ab 1970 einsetzenden Aufklärungskampagnen über die schädlichen Folgen des Nikotinkonsums von der Verbraucherseite her als auch durch Neuklassifikation der Statistik[496] von der Unternehmensseite her - zu berücksichtigen, ist eine Proxi-Variable für den jeweils geschätzten Wert der Bundesrepublik Deutschland insgesamt angesetzt worden; dabei ist bei dieser Modellierung davon auszugehen, dass die Entwicklung der Zahl der Steuerpflichtigen bzw. des Umsatzes im Tabakeinzelhandel in der Bundesrepublik Deutschland insgesamt ($Stpfl^{BRD}$, S^{BRD}) die strukturelle Veränderung des Raucherverhaltens in der gesamten Bundesrepublik einfängt.

Vorgehen bei den Grenzabschnitten mit positiver Steuerdifferenz
Die Kreise, die zu einem Staat, zu dem eine *positive* Steuer- bzw. Preisdifferenz besteht, benachbart sind, erhalten analog zum Schätzmodell mit Daten der Handelszählungen eine Entfernungsvariable und eine relative Preisdifferenzvariable zugeordnet. Es werden sowohl Kreise in unmittelbarer Grenznähe als auch Kreise aus dem Hinterland berücksichtigt.
Die Entfernungsvariable ist für alle anderen Kreise gleich null.
Vorgehen bei den Grenzabschnitten mit negativer Steuerdifferenz
Aus den übrigen Kreisen, die an ein Nachbarland mit höheren Steuersätzen angrenzen, für die eine *negative* Steuerdifferenz vorliegt, werden diejenigen mit unmittelbarem Grenzkontakt herausgesucht und mit der relativen Preisdifferenzvariable verbunden.
Die restlichen Kreise, die weder an einer Grenze mit positiver Steuerdifferenz noch einer Grenze mit negativer Steuerdifferenz liegen, erhalten bei der Steuerdifferenz eine Null..

Es ergeben sich für die Variablen folgende Ergebnisse:

$$Stpf^{Tab} = -64{,}764 + 0{,}033\, Stpf^{Eh^{**}} + 0{,}016 \frac{Einw}{km^2}^{**} - 0{,}0084 \frac{Y^*}{Einw} + 0{,}033\, Entf^{**} - 0{,}057\, P^*_{rel+} -$$
$$(67{,}781) \qquad (18{,}896) \qquad (0{,}683) \qquad (5{,}064) \qquad (4{,}178)$$
$$-\,0{,}064\, P^+_{rel-} + 0{,}005\, Stpf^{Tab\,**}_{BRD}$$
$$(1{,}618) \qquad (8{,}266)$$

n = 1.128 korr.R^2 = 0,866 F = 1.036,603

$$S^{Tab} = -7.630.868 + 0{,}007\, S^{Eh^{**}} + 51{,}176\, Einw^{**} + 4{,}839 \frac{Einw}{km^2}^{**} + 14{,}363 \frac{Y^*}{Einw} - 10{,}163\, Entf_+ +$$
$$(14{,}137) \qquad (9{,}279) \qquad (4{,}612) \qquad (1{,}855) \qquad (0{,}910)$$
$$+\,4{,}936\, P^+_{rel+} - 69{,}543\, P^+_{rel-} + 0{,}0002\, Stpf^{Tab\,**}_{BRD}$$
$$(0{,}673) \qquad (1{,}408) \qquad (0{,}241)$$

n = 1.128 korr.R^2 = 0,552 F = 174,377
+ = sign.0,1 * = sign.0,05 ** = sign.0,01

[496] Im Jahre 1980 wurde die Abschneidegrenze für Kleinunternehmer von 12.000 DM auf 20.000 DM Jahresumsatz erhöht. Gleichzeitig ist der Branchenschlüssel reformiert worden.

- Die Schätzgleichung für die *Zahl der Steuerpflichtigen* (erste Schätzgleichung) kommt zu einem statistisch bewertet besseren Ergebnis als die Gleichung für die Umsätze. Die Variablen erzielen einen höheren t-Wert, und das Schätzmodell erreicht mit 0,866 gegenüber 0,552 ein höheres korrigiertes Bestimmtheitsmaß.
- Die Zahl der Steuerpflichtigen wird ähnlich wie bei der Schätzung mit Daten des Handelszensus positiv von der Zahl der Einzelhändler, der Tabakeinzelhändler in der Bundesrepublik insgesamt und der Bevölkerungsdichte und negativ von der Höhe des Pro-Kopf Einkommens eines Kreises beeinflusst.
- Der Koeffizient der relativen Preisvariable hat in den Kreisen, die einer Grenze mit *positiven* Steuerdifferenzen benachbart sind, für die Zahl der Unternehmen ein signifikant negatives Vorzeichen: -0,057 (Konfidenzniveau: 5%).
- Die Entfernungsvariable in den Kreisen mit *positiver* Steuerdifferenz besitzt ebenfalls einen hoch signifikanten positiven Koeffizienten in der Gleichung für die Unternehmen auf: +0,033 (Konfidenzniveau: 1%).
- Bei *negativen* Steuerdifferenzen lässt sich nachweisen, dass in den unmittelbar grenznahen Kreisen die Zahl der Steuerpflichtigen höher ist als durch die restlichen exogenen Variablen erklärt. Der negative Koeffizient beträgt: -0,064 (Konfidenzniveau: 10%), d.h. dass je Prozentpunkt relativer Preisdifferenz ($P_i - P_a < 0$), in einem Kreis durchschnittlich 0,064 steuerpflichtige Tabakeinzelhandelsarbeitsstätten zu verzeichnen sind.
- Die Umsätze im Tabakeinzelhandel (zweite Schätzgleichung) werden positiv von den Umsätzen im Einzelhandel eines Kreises, von der Population, der Bevölkerungsdichte und dem Pro-Kopf Einkommen bestimmt. Die Umsätze in der Bundesrepublik Deutschland insgesamt haben keinen von Null verschiedenen Einfluß.
- Die Variable Einwohner ist in den Schätzansatz aufgenommen worden, weil der Ansatz alleine mit der Zahl der Einzelhändler eines Kreises zu einem zu niedrigeren R^2 geführt hätte. Als Erklärungsthese lässt sich anführen, dass die Konsolidierung gerade im Bereich der großen Warenhäuser (Aldi in Mülheim, Karstadt in Essen, Kaufhof in Köln, Kaiser's in Viersen), die sich in der Höhe der Einzelhandelsumsätze niederschlägt[497], die Eignung als Variable zur Beschreibung der sonstigen Einflüsse mindert. Zwangsläufig wird mit der zusätzlichen Variable Einwohner eines Kreises eine Variable mit relativ hoher Korrelation (0,7195) zu den Einzelhandelsumsätzen eines Kreises eingeführt.
- Die Ergebnisse für die Umsätze in den Kreisen mit *positiver* Steuerdifferenz sind gegenüber den Ergebnissen für die Zahl der Steuerpflichtigen nicht signifikant.
- Lediglich für die Kreise entlang der Grenzen mit *negativer* Steuerdifferenz lässt sich das erwartete Vorzeichen mit dem erforderlichen statistischen Konfidenzniveau nachweisen. Der Koeffizient von -69,543 deutet darauf hin, dass in den unmittelbar grenznahen Kreisen je Prozentpunkt negativer relativer Steuerdifferenz knapp 70.000 DM höherer Umsatz in einem Kreis zu erwarten ist.

Aus den Schätzergebnissen auf Basis der Umsatzsteuerstatistik können nun sowohl für die Zahl der Tabakeinzelhändler als auch für die Umsätze im Tabakeinzelhandel insgesamt die Auswirkungen der Steuerarbitrage für die Bundesrepublik Deutsch-

---

[497] In der Gleichung für die Zahl der Steuerpflichtigen ist dieser Effekt nicht so groß, weil in den Kreisen, in denen ein großer Kaufhauskonzern seinen Deutschland-*Umsatz* konsolidiert angibt, keine Verzerrung auftritt. In den anderen Kreisen fehlt zwar die Zahl der Arbeitsstätten der Kaufhausketten, jedoch scheint sich diese Lücke relativ gleichmäßig und damit für unsere Querschnittsanalyse unschädlich über die Kreise zu verteilen.

land insgesamt an den Grenzabschnitten mit positiven und negativen Steuerdifferenzen berechnet werden.

(1a) Der Schätzansatz für die Zahl der Steuerpflichtigen (erste Gleichung) bestätigt die für die Arbeitsstättenzählung gefundenen Ergebnisse, dass sich *die positiven Steuersatzdifferenzen* – statistisch meßbar mittels der Entfernungsvariablen und der Höhe der Steuerdifferenz – auf die Zahl der Tabakeinzelhandelsgeschäfte auswirken. Der Unterschied zwischen Arbeitsstätte und Unternehmen (das als Obergesellschaft der umsatzsteuerlichen Organschaft der Umsatzsteuererklärung und damit der Meldung zur Umsatzsteuerstatistik zugrundeliegt) kann diesen Zusammenhang nicht aufheben.

Die Koeffizienten betragen -0,057 (Steuerdifferenz) und +0,033 (Entfernung). Nähert man sich innerhalb eines Kreises um 30 km der Grenze, verringert sich die Zahl der Tabakeinzelhandelsunternehmen um 1 je Kreis. Bezogen auf die Breite des Grenzabschnittes mit positiven Steuerdifferenzen (39 Kreise) ermittelt sich eine Variation der Zahl der Tabakhändler um 1,287 je Kilometer. Der Koeffizient der relativen Preisdifferenz von -0,057 lässt sich z.B. im Jahre 1988 auf zusätzlich -0,057 * (101 * 24 + 15 * 34 + 58 * 29 + 3 * 19) = -277 Tabakeinzelhändler schließen.

Die partielle Elastizität nimmt für die beiden Einflussfaktoren folgende Werte an: -3,97% (Steuerdifferenz) und +5,77% (Entfernung). Dies bedeutet, dass für eine Erhöhung der relativen Steuersatzdifferenz (zulasten des Inlandes) gegenüber dem Ausland um 1% die heimischen Tabakhändleranzahl – und zwar zusammengenommen für alle hier betrachteten Kreise - um 3,97% sinkt. Der Einfluss der steigenden Entfernung zur Grenze zeigt sich darin, dass die Händlerzahl um 5,77% steigt bei einer um 1 %igen Erhöhung der Entfernung zur Grenze.

(1b) Derselbe Schätzansatz ergibt einen Koeffizienten für die Grenzabschnitte mit *negativer Steuersatzdifferenz* von -0,064. Das bedeutet für das Jahr 1988, dass an den Grenzen zu Dänemark und Österreich mit einem relativen Preisaufschlag von 76 bzw. 16 Prozent und 3 bzw. 14 unmittelbar grenznahen Kreisen -0,064 * (3 * (-76) + 14 * (-16)) = 29 Tabakeinzelhändler zusätzlich zu finden sind.

Die entsprechende partielle Elastizität beträgt 0,64%. In den unmittelbar grenzbenachbarten Kreisen bewirkt eine 1 %ige Erhöhung der relativen Preise (zugunsten des Inlandes) eine 0,64%ige Erhöhung der Anzahl der in dieser Grenzregion befindlichen Tabakeinzelhändler.

(2) Der Schätzansatz der Umsätze (zweite Gleichung) hat nur im Falle der hereinströmenden Käufer, also an den Grenzabschnitten mit negativen Steuerdifferenzen, einen signifikant von Null verschiedenen Koeffizienten: -69,543. Er deutet für 1988

auf einen Umsatzgewinn der inländischen Einzelhändler i.H.v. -69,543 * (3 * (-76) + 14 * (-16)) = 31.433.436 DM hin. Dies ist größenordnungsmäßig nur ein geringer Wert, worauf auch die partielle Elastizität von -0,002% hindeutet.

Tabelle 75: Steuerarbitrage im Tabakeinzelhandel nach der Umsatzsteuerstatistik (1974-88) am Beispiel des Jahres 1988[a]

Variable	Koeffizient für Kreis mit positiver Steuerdifferenz		Summe aller positiven Grenzabschnitte	
	1988		1988	
	Entfernung	Relativer Preis	Entfer-nung	Relativer Preis
Steuerpflichtige	+0,033/km	-0,057	1,287/km	-277
Umsatz (DM)	-	-	-	-
Variable	Koeffizient für Kreis mit negativer Steuerdifferenz		Summe aller negativen Grenzabschnitte	
	Relativer Preis		Relativer Preis	
	1988		1988	
Steuerpflichtige	-0,064		+29	
Umsatz (DM)	-69,543		+31.433.436	

a. Signifikanzniveau mindestens 10 % (einseitig).

Tabelle 75 veranschaulicht, wie bei Vorliegen positiver und negativer Steuerdifferenzen gleichzeitig Steuerarbitrageströme ins Land herein und aus dem Land hinaus fließen.

Will man die (aus Sicht des deutschen Einzelhandels und Fiskus[498]) „günstigen" hereinströmenden Käufer gegen die aus deutscher Sicht „ungünstigen" hinausfliessenden Ströme aufrechnen, ist dies nur für die Zahl der steuerpflichtigen Tabakeinzelhändler möglich. Vergleicht man die zusätzlichen Einzelhändler in den grenznahen Kreisen mit negativer Steuersatzdifferenz (+29) mit den verringerten Händlerzahlen entlang den Grenzen mit positivem Steuersatzgefälle (-277), so erkennt man, dass sich die Freimengen im Personenverkehr, die ja überhaupt erst die Steuerarbitrage ermöglichen, per Saldo zu Lasten der Bundesrepublik Deutschland ausgewirkt haben. Bei insgesamt ca. 7.000 Tabakeinzelhändlern in dem Untersuchungsgebiet erreicht die ermittelte verlorengegangene Zahl der Tabakeinzelhändler mit ca. 4 % eine nicht zu vernachlässigende Größenordnung. Für die Abschätzung des Ausmaßes und der Zusammensetzung der Steuerarbitrageströme *(Fragenkreise 1 und 2)* ist nach den hier ermittelten Regressionen zu beachten, dass zu einem Zeitpunkt gleichzeitig eine heraus- und hineinfließende Steuerarbitrage beobachtet werden

[498] Hier wird bei der Verwendung des Wortes „günstig" der Standpunkt der Einzelhändler und des Steuerempfängers verwendet, aus Sicht des rauchenden Steuerzahlers werden natur-

kann. Dafür ist erforderlich, dass zu einem Zeitpunkt Nachbarländer mit höheren und niedrigeren Steuern resp. Preise vorkommen müssen.

Die Umsätze dagegen haben nur für den Fall der negativen Grenzabschnitte eine signifikant von Null verschiedene Arbitragevariable. Es ist also keine Gegenüberstellung von zusätzlicher Nachfrage und verloren gegangener Nachfrage möglich.

Die – statistisch bewerteten – wenig zufriedenstellenden Schätzergebnisse in den Gleichungen für die Umsätze können theoretisch folgendermaßen begründet werden:

- Im theoretischen Angebots- und Nachfragemodell werden Angebots- und Nachfragefunktionen auf ihre Preiselastizität hin untersucht. Es wäre von daher zu fordern, dass in dieser Untersuchung Reaktionen entlang dieser Funktionen ermittelt werden.
- Abgesehen davon, dass hier empirisch immer nur ex post das Zusammentreffen von Angebot und Nachfrage auf dem Markt ermittelt werden kann, ist von der Verfügbarkeit der Daten her zu bemängeln, dass Umsatzwerte und nicht umgesetzte Mengen ermittelt werden. Steigt beispielsweise der Preis um 20% und sinkt die nachgefragte Menge um 20 %, bleibt der in der Statistik ausgewiesene Umsatzwert trotz erheblicher Nachfrageverschiebungen weiter konstant.
- Aus den Umsätzen der beiden verwendeten Statistiken lassen sich die Mengenreaktionen nicht einfach durch Deflationieren mit dem Zigarettenpreisniveau errechnen, weil ein Tabakeinzelhandelsgeschäft nicht einheitlich hundert Prozent seiner Umsätze mit Tabakwaren erzielt.
- Man könnte zwar den Preisdeflator für die Umsätze im Tabakeinzelhandel insgesamt nehmen, der auch noch die Preisentwicklung anderer Warengruppen (beispielsweise Zeitungen und Süßwaren) berücksichtigt. Dann würden aber immer noch räumliche strukturelle Verschiebungen des Tabakwarenanteils am Umsatz aufgrund der Möglichkeit der Steuerarbitrage unberücksichtigt bleiben. Darüber hinaus wären auch Strukturverschiebungen innerhalb der Tabakwarennachfrage zu beachten, beispielsweise wenn wegen einer Tabaksteuersatzanhebung teurer gewordenen Fabrikzigaretten durch selbstgedrehte Zigaretten substituiert werden würden.
- Dass die Arbeitsstätten- und Unternehmenszahlen und die Beschäftigtenzahl stärker auf Preisdifferenzen als Umsätze ansprechen, ließe sich möglicherweise auch dadurch erklären, dass die Händler (und damit auch die Beschäftigten) eher auf verringerte Verkaufschancen im Inland bei ungünstigen Steuerdifferenzen durch Schließen von Geschäften reagieren als die Umsätze.

---

gemäß niedrigere Steuern vorteilhaft eingeschätzt.

Immerhin erlaubt die hier verwendete Methode, nach dem gleichen Schätzverfahren der Untersuchungen in den Vereinigten Staaten von Amerika, Kanada und Irland, die ebenfalls nur am Markt realisierte Umsätze gemessen haben, vorzugehen und Ergebnisse über die Höhe und die Bestimmungsgründe der Steuerarbitrage zu liefern. In den genannten Studien ist es jedoch in keinem Fall gelungen, einen so langen Zeitraum zu betrachten wie in der hier vorgenommenen Berechung.

3.1.2.1.3 Ergebnis: Indirekte Ermittlung der Steuerarbitrage für Tabakwaren

Die beiden Datenquellen für die Arbitrage bei Tabakwaren, die nur alle sechs Jahre erhobenen Handelszählungen 1979 und 1985 und die zweijährlich erhobene Umsatzsteuerstatistik kommen zu grundsätzlich gleichgerichteten Ergebnissen:

Es lassen sich erhebliche Verschiebungen der Anzahl der Tabakeinzelhändler und der Tabakeinzelhandelsumsätze entlang der bundesdeutschen Grenze als Wirkung der Steuerarbitrage messen *(Fragenkreis 1)*.

Die beiden Variablen „relative Höhe der Steuerdifferenz" und „Entfernung eines Kreises zur Grenze" üben in allen Gleichungen für die Zahl der Tabakeinzelhändler und die Beschäftigten einen signifikanten Einfluß aus *(Fragenkreis 3: Bestimmungsgründe der Steuerarbitrage)*. Es kann ermittelt und quantifiziert werden, dass mit steigender Höhe der relativen Steuerdifferenz sich die Steuerarbitrage verstärkt. Hinsichtlich der Entfernung gilt, dass je näher ein Kreis zur Grenze entfernt liegt, desto höher die meßbare Beteiligung der Käufer an der Steuerarbitrage ist.

Die Hypothese der unterschiedlichen Struktur der entgegengesetzten Arbitrageströme – des Hereinströmens allein ins direkt grenzbenachbarte inländische Gebiet bei negativen Steuerdifferenzen und des Abströmens aus dem gesamten Hinterland bei positiven Steuersatzdifferenzen – konnte in allen Schätzgleichungen nicht widerlegt werden.

Für den Fall, in dem die Preisvariable sowohl an den Grenzabschnitten mit positiven als auch mit negativen Steuerdifferenzen signifikant ist, können die abfließenden mit den hereinströmenden Arbitrageuren gegenübergestellt und der Größe nach verglichen werden:

- Für Tabakwaren ist der an den absoluten Werten für das Jahr 1988 dargestellte Netto-Effekt eindeutig negativ in dem Sinne, dass mehr inländischer Umsatz und Steueraufkommen an die niedriger besteuernden Nachbarländer verloren gehen als an Grenzabschnitten, an denen Arbitrageure aus dem höher besteuernden Nachbarland hereinkommen, gewonnen werden können[499]. Zusätzlich ist zu beachten, dass neben der Steuerarbitrage, die von der relativen Preisvariable gemessen wird, bei den abströmenden Inländern eine Steuerarbitrage via Entfernungsvariable hinzukommt.

- Dieses Ergebnis kann ergänzt werden, wenn man die ermittelten partiellen Elastizitäten für die herein- und hinausströmenden Arbitrage vergleicht: Die für die Anzahl der Tabakeinzelhändler ermittelten Elastizitäten betragen +5,77% (bezogen auf die Entfernung an den Grenzabschnitten mit positiven Preisdifferenzen) bzw. -3,97% (bezogen auf die relativen Preisdifferenzen an den Grenzabschnitten mit positiven Preisdifferenzen) und -0,064% (bezogen auf die relativen Preisdifferenzen an den Grenzabschnitten mit negativen Preisdifferenzen. Die erstgenannten Elastizitäten beziehen sich auf alle Grenzabschnitte, da bei günstigerer Einkaufsmöglichkeit im Ausland aus allen Kreisen Abflüsse an inländischer Nachfrage zu erwarten sind. Die zuletzt genannte Elastizität bezieht sich nur auf die unmittelbar grenzbenachbarten Kreise. Die genannten Elastizitäten für die hinausströmenden und die hereinströmenden Arbitrageure lassen sich also nur eingeschränkt miteinander vergleichen. Offensichtlich ist jedoch, dass bezogen auf eine jeweils 1%ige Preisdifferenz für die Tabakeinzelhändlerzahlen deutlich mehr Verluste als Gewinne zu verzeichnen sind.

Ein direkter Vergleich der ermittelten partiellen Elastizitäten mit den Elastizitäten der Studien aus Irland, den Vereinigten Staaten von Amerika und Kanada ist im übrigen nicht möglich, da die genannten empirischen Untersuchungen im Schrifttum nicht zwischen hinein- und herausströmenden Arbitrageströmen unterscheiden. Den drei hier ermittelten Elastizitäten (relativer Preis der unmittelbar grenzbenachbarten und aller Kreise sowie der Entfernung) steht meist nur eine Elastizität für einen absoluten Preis bzw. Steuersatz gegenüber. Auch bei der Auswertung und weiteren Verwendung der hier gefundenen Schätzkoeffizienten und partiellen Elastizitäten muss sorgsam die exakte Definition und die gewählte Struktur der Daten beachtet werden.

Grundsätzlich sollten die hier ermittelten Schätzkoeffizienten verwendet werden können, für die betrachteten deutschen Grenzabschnitte (alte Bundesländer, außer mitteldeutsche und tschechische Grenze) die Wirkungen unterschiedlicher Steuersatzharmonisierungsszenarien mittels „Wenn-Dann-Aussagen" zu überprüfen. Ein-

[499] Es kann offen gelassen werden, ob Wohlfahrtsgewinne durch diese Steuerdifferenzen – aus Sicht der Konsumenten, die billiger im Nachbarland einkaufen können – erzielt werden. Das gleiche gilt für mögliche Einbußen aus Sicht der öffentlichen Hand. Unbestritten dagegen fallen Transportkosten an. Für eine Einordnung dieser Effekte aus wohlfahrtsökonomischer Perspektive vergleiche das obere Kapitel 3.3.2 zu den Überblick: „Theoretische Beiträge zur Steuerharmonisierung" im ersten Teil dieser Arbeit.

schränkend ist jedoch auf die unbefriedigenden Schätzergebnisse (z.B. hinsichtlich der bei den Handelszählungen nicht in beiden Jahren signifikanten Koeffizienten hinzuweisen.

3.1.2.2 Indirekte Ermittlung der Steuerarbitrage für Benzin und Diesel

Die Steuerarbitrage bei der Steuer auf Mineralölprodukte (Dieselkraftstoff und Vergaserkraftstoff) wird nur für die gehandelten Produkte, bzw. die Warenströme, ermittelt. Statistische Angaben über die Anzahl der Tankstellen und der Beschäftigung, die durch die Steuerarbitrage betroffen sind, können wegen des fehlenden Datenmaterials nicht getroffen werden.

3.1.2.2.1 Ermittlung der Steuerarbitrage mit Daten der Tankstellenabsatzstatistik des MINERALÖLWIRTSCHAFTSVERBANDES

Die abgesetzten Mengen an Diesel- und Vergaserkraftstoff aus dem Berichtskreis des MINERALÖLWIRTSCHAFTSVERBANDES (MWV)[500] erfassen die Umsätze der bundesdeutschen Tankstellen in den Landkreisen und kreisfreien Städten und damit sowohl das Tanken des ortsgebundenen oder stationären Verkehrs als auch des Transitverkehrs über Bundesautobahnen[501]. Ab 1981 liegen jährliche abgesetzte Mengen getrennt nach Diesel und Benzin vor. Die vorher ausgewiesenen Kraftstoffabsätze (Diesel und Benzin insgesamt) sind für die Analyse der Mineralölsteuer nicht brauchbar.

3.1.2.2.1.1 Ermittlung der Steuerarbitrage für Vergaserkraftstoff

Das Schätzmodell für Vergaserkraftstoffe lautet wie folgt:

$$X^{Vk} = \beta_0 + \beta_1 Pkw^{Vk} + \beta_2 \frac{Einw}{km^2} + \beta_3 Entf + \beta_4 P_{rel}^{Vk} + u$$

X^{Vk}	: jährlich abgesetzte Menge Vergaserkraftstoff
Pkw^{Vk}	: zugelassenen Personenkraftwagen mit Benzinmotor
Einw./km²	: Bevölkerungsdichte
Entf	: Entfernung eines Kreises zur Grenze

Die Notation im Set der exogenen Variablen ist wie folgt: Die erste Variable Pkw^{Vk} bezeichnet die Zahl der in diesem Kreis zugelassenen Personenkraftwagen mit Ben-

---

[500] Das sind die acht großen Mineralölunternehmen in der Bundesrepublik: Aral, BP, Shell, Texaco, Esso, Mobil Oil, Veba und Wintershall.

[501] Vgl. die Unterscheidung im Kapitel 2.3.3 „Tankstellenabsätze des MINERALÖLWIRTSCHAFTSVERBANDES".

zinmotor. Die zweite Variable steht für die Bevölkerungsdichte der Region. Die dritte Variable bezeichnet die Differenz des Kreises zur nächstgelegenen Grenze der Bundesrepublik Deutschland mit dem Ausland. Liegt ein Kreis in unmittelbarer Nachbarschaft zu zwei verschiedenen Nachbarländern, ist dem Kreis der Grenzabschnitt mit der höheren Steuerdifferenz zugeordnet worden. Dementsprechend findet sich dann auch die Entfernung zu diesem Nachbarland an dieser Stelle wieder. Die vierte Preisvariable P^{Vk}_{rel} steht für die relative Preisdifferenz zwischen dem Inland und dem benachbarten Ausland.

Wie bei den beiden vorangegangenen Schätzungen sind den Kreisen in Nachbarschaft zu positiven Preisdifferenzen zwei Variablen (Entfernung: $Entf_+$ und relativer Preis: P_+) zugeordnet worden, während aus den anderen Kreisen zunächst die Kreise in direkter Grenznähe zu Nachbarstaaten mit negativer Preisdifferenz ausgewählt wurden, um diese Untergruppe die Preisvariable P- zuzuweisen.

Als Ergebnis der Schätzung mit Werten der Jahre 1981-88 und 1990[502]. ergeben sich folgende Werte:

$$X^{Vk} = -3.632{,}658 + 0{,}694\, Pkw^{Vk^{**}} + 7{,}632 \frac{Einw}{km^2}^{**} - 6{,}217\, Entf_+ - 190{,}974\, P^{Vk}_{rel+} - 257{,}949\, P^{Vk^{**}}_{rel-}$$

$$(83{,}566) \quad (11{,}586) \quad (0{,}826) \quad (0{,}265) \quad (6{,}358)$$

n = 1.434 korr.R^2 = 0,881 F = 2.125,603 ** = sign.0,01

- Auf die Vergaserkraftstoffabsätze wirken sich der Bestand an Benzin-Pkw, die Bevölkerungsdichte und die Entfernung zur Grenze positiv aus.
- Eintausend zusätzlich zugelassene Benzin-Pkw erhöhen den Tankstellenumsatz eines Kreises um 0,694 t (= 694 kg oder – bei einer spezifischen Dichte von 0,74 kg/l – 937,84 Liter).
- Eine um 1 Einwohner je km² gestiegene Bevölkerungsdichte erhöht cet. par. den Umsatz eines Kreises um 7,632 kg (= 10,314 l).
- Die beiden Steuerarbitragevariablen, die den Grenzabschnitten mit *positiver* Steuerdifferenz zugeordnet sind, üben auf die Benzinabsätze des Samples keinen statistisch signifikant von Null verschiedenen Einfluß aus.
- Bei der Betrachtung der tatsächlichen Steuerdifferenzen ist festzustellen, dass an den wenigen Grenzabschnitten, an denen die Steuerdifferenz sich zuungunsten[503] der Bundesrepublik Deutschland auswirken (i.w. Luxemburg), keine Steuerarbitrage für Vergaserkraftstoff von Deutschland heraus nach Luxemburg vorliegt. Eine mögliche Erklärung kann darin gefunden werden, dass an eben dieser Grenze Dieselkraftstoff ebenfalls (und betragsmäßig höher) in Luxemburg billiger ist, so dass zur Steuerarbitrage entschlossene Kraftfahrzeugfahrer gleich auf die Dieselmotorvariante zurückgreifen. Die verbleibenden Halter von Benzin-Personenwagen sind in ihrem Verhalten preisunelastisch, sei es wegen Uninformiertheit über die bestehenden Arbitragemöglichkeit, sei es aus anderen Gründen

[502] Im Jahre 1989 wurden keine Absatzzahlen auf Kreisebene erstellt.
[503] Die Terminologie erfolgt wieder aus Sicht des Fiskus bzw. Einzelhandels.

(Transaktionskosten usw.).

- Dagegen ist die relative Preisvariable, die für die Steuerarbitrage im Fall *negativer* Preisdifferenzen steht, hochsignifikant negativ. Der gefundene empirische Zusammenhang kann als Beleg für die These angeführt werden, dass die relative Preis- resp. Steuersatzdifferenz einen signifikanten Einfluß auf die ins Inland hineinströmende Steuerarbitrage bei Vergaserkraftstoff hat *(Fragenkreis 3).*
- Wenn sich die negative relative Preisdifferenz sich um einen Prozentpunkt aus Sicht des Inlandes erhöht (im Ausland wird Benzin höher besteuert), steigen die Benzinabsätze im Inland um 257,949 Tonnen jährlich. Dies kann z.B. für die deutsch-holländische Grenze auf eine gesamtwirtschaftliche Zahl hochgerechnet werden: In zwölf unmittelbar grenzbenachbarten Kreisen Niedersachsens und Nordrhein-Westfalens sind bei einer Preisdifferenz von 23 Prozentpunkten zu den Niederlanden (dies ist der Wert aus dem Jahre 1990) 71.193,924 t mehr Benzin abgesetzt worden als ohne Arbitrage aus dem Ausland zu erwarten gewesen wären. Diese Berechnung ist eine Antwort auf die Frage des Umfanges der Steuerarbitrage nach Deutschland hinein - *Fragenkreis 1 (Ausmaß der Steuerarbitrage).*
- Die partielle Elastizität für die Variable „relativer Preis" beträgt für die hereinströmenden Ausländer +1,88%. Hieraus lässt sich ablesen, dass für eine Erhöhung der relativen Preisdifferenz um 1% die inländischen Benzinabsätze in den unmittelbar grenzbenachbarten Kreise um 1,88% steigen würden.

3.1.2.2.1.2 Ermittlung der Steuerarbitrage für Dieselkraftstoff

Für Diesel ist ein analoges Modell geschätzt worden. Das zu schätzende Modell lautet wie folgt:

$$X^{Dk} = \beta_0 + \beta_1 Pkw^{Dk} + \beta_2 \frac{Einw}{km^2} + \beta_3 Einw + \beta_4 Entf + \beta_5 P_{rel}^{Dk} + u$$

X^{Dk} : jährlich abgesetzte Menge Dieselkraftstoff
Pkw^{Dk} : zugelassenen Personenkraftwagen mit Dieselmotor

Zusätzlich zu den vier oben verwendeten Variablen wird in diesem Schätzansatz die Bevölkerungszahl eingeführt. Mit dieser zusätzlichen Variable wird das Bestimmtheitsmaß des Schätzansatzes erhöht.

Dies lässt sich damit begründen, dass Dieselabsätze weniger stark von der Zahl der zugelassenen Personenkraftwagen mit dieser Motorvariante erklärt werden als Benzinabsätze. Die Standardabweichung der Variable „Pkw" ist mit 0,148 viel höher bei Diesel als bei Benzinern mit 0,008; dementsprechend ist auch der zugehörige t-Wert in der Gleichung für Dieselabsätze wesentlich niedriger für Diesel (4,795) als in der Gleichung für Benzin (82,956). Eine materielle Begründung liegt wohl darin, dass sich der gewerbliche Verkehr (Pkw, Kleintransporter und Lkw) größtenteils der Dieselmotorvariante bedient. Und dieser Verkehr ist nicht an die Zulassungszahlen für private Pkw gebunden. Wenn die Bevölkerungszahl als zusätzliche Variable eingeführt wird, kann eine Erklärungshypothese lauten, dass ein Großteil des gewerblichen Verkehrs unterhalb der Lkw-Klasse für bevölkerungsnahe Transportleistungen und Dienste eingesetzt wird. Das gewerbliche Tankverhalten steht aber nicht im Mittelpunkt dieser Arbeit, und wird hier – mit Ausnahme der Ausführungen zum Tankverhalten des gewerblichen Transitverkehrs in Abschnitt 3.1.2.2.2.2.3 - nicht weiter analysiert.

Durch die zusätzliche Berücksichtigung der Bevölkerung als erklärende Variable für den Dieselabsatz eines Kreises wird zwar das Bestimmtheitsmaß des Schätzansatzes erhöht. Gleichzeitig taucht jedoch das Problem der Multikollinearität auf, d.h. dass zwischen der neu hinzugenommenen Variable und einer schon verwendeten Variable eine hohe Korrelation besteht. Aus der Korrelationsmatrix ist zu erkennen, dass die Korrelation zwischen dem Benzin-Pkw-Bestand und der Bevölkerung mit 0,988 wesentlich höher ist als für Diesel-Pkw mit 0,858. Wegen dieser unterschiedlich hohen Korrelation wird im Ansatz für die Vergaserkraftstoffe auf die Hinzunahme der Bevölkerungszahl verzichtet.

Wieder können Werte der Jahre 1981-90, mit Ausnahme 1989, in sämtlichen Kreisen Schleswig-Holsteins, Niedersachsens, Nordrhein-Westfalens, Rheinland-Pfalz', des Saarlands, Baden-Württemberg und Bayerns zugrunde gelegt werden.

$$X^{Dk} = -3.284{,}501 + 0{,}741\,Pkw^{Dk^{**}} + 134{,}251\,Einw.^{**} + 9{,}427\,\frac{Einw.}{km^2}^{**} + 52{,}964\,Entf_{+}^{**} - 336{,}138\,P_{rel+}^{Dk^{**}} - 144{,}809\,P_{rel-}^{Dk^{*}}$$

$$(4{,}945) \qquad (15{,}347) \qquad (9{,}847) \qquad (5{,}045) \qquad (4{,}158) \qquad (1{,}898)$$

n = 1.434 korr. R^2 = 0,651 F = 446,339
* = sign.0,05 ** = sign.0,01

- Auf die Dieselabsätze eines Kreises haben die Zahl der zugelassenen Diesel-Pkw, die Einwohnerzahl und die Bevölkerungsdichte einen positiven Einfluß.
- Die Bevölkerungshöhe beschreibt die Dieselabsätze trennschärfer als die Zulassungszahl, die Varianz ist sehr viel niedriger, der t-Wert sehr viel höher: Er beträgt 15,347 bei der Bevölkerungszahl und nur 4,945 bei der Zulassungszahl.
- Bei den Kreisen mit *positiver* Steuerdifferenz haben die beiden Variablen für die Steuerarbitrage nunmehr das erwartete Vorzeichen: Die Verringerung der Entfernung zum niedriger besteuernden Nachbarland bewirkt ein Sinken der heimischen Dieselkraftstoffabsätze, je Kilometer durchschnittlich um 52,964 Tonnen. Eine relativ höherer inländischer Preis (d.h. eine steigende Preisvariable) senkt die inländischen Absätze, je Prozentpunkt relativer Preisdifferenz ergibt sich eine Minderung um 336,138 Tonnen.
- Bei den Kreisen mit *negativer* Steuerdifferenz ist die relative Preisvariable ebenfalls hochsignifikant negativ: Ist im Ausland der Dieselpreis um einen Prozentpunkt relativ teurer, steigert dies den Dieselabsatz im unmittelbar grenzbenachbarten Kreis um 144,809 Tonnen.
- Vergleicht man die Höhe der Koeffizienten der relativen Preisvariable für die hereinströmende Arbitrage (negative Preisdifferenzen) und der hinausströmenden Arbitrage (positive Preisdifferenzen) beim Dieselkraftstoff, so stellt man einen etwa zehnmal höheren Koeffizienten für den abströmenden Fall fest.
- Die partiellen Elastizität für die beiden Variablen „Entfernung" und „relativer Preis" betragen für die hinausströmenden Inländer +1,12%. (Entfernung) und -1,53% (relativer Preis).
- Die partielle Elastizität für die Variable „relativer Preis" beträgt für die hereinströmenden Ausländer +0,12%.
- Beim Vergleich der Höhe der partiellen Elastizitäten ist festzustellen, dass die Elastizität

der relativen Preisvariable für die hereinströmende Arbitrage (negative Preisdifferenzen) deutlich niedriger ist als die entsprechende Elastizität für die hinausströmenden Arbitrage (positive Preisdifferenzen). Dies wird noch verstärkt dadurch, dass über die zweite Einflussgröße der hinausströmenden Steuerarbitrage, der Entfernung zur Grenze, nochmals weiterer inländischer Absatz verloren geht: Je 1%ige Annäherung an die Grenze mit der Möglichkeit jenseits billiger Diesel einzukaufen, verringert sich der inländische Kraftstoffabsatz um 1,12%.

- Dieses Ergebnis ist wichtig für die Abschätzung des Netto-Effektes, ob die Bundesrepublik Deutschland entlang der berücksichtigten Grenzen zu einer bestimmten institutionellen Situation an den verschiedenen Grenzabschnitten per Saldo Gewinner oder Verlierer ist. Neben der Höhe der Koeffizienten müssen die Gewinne und Verluste bei Diesel- und Vergaserkraftstoff unter Berücksichtigung der tatsächlichen Anzahl der Kreise und die Lage zur Grenze (welche Kreise sind unmittelbar grenzbenachbart usw.) in diese Abschätzung einfließen.

3.1.2.2.1.3 Bilanz der Steuerarbitrage für Vergaser- und Dieselkraftstoff

Zusammenfassend lässt sich für die mit den Daten DES MINERALÖLWIRTSCHAFTSVERBANDES analysierten Kraftstoffabsätze festhalten:

(1) Die Schätzungen für den Diesel- und Benzinabsatz im grenznahen Raum belegen die Existenz der Steuerarbitrage für die Mineralölsteuer. Mittels der ermittelten Regressionsgleichungen ist es möglich, dass Steuerarbitrageausmaß für Vergaser- und Dieselkraftstoffe zu berechnen *(Fragenkreis 1: Ausmaß der Steuerarbitrage)*. Erforderlich ist die Kenntnis der Höhe der jeweiligen Einflussfaktoren.

(2) Als Bestimmungsgründe der Steuerarbitrage können die Höhe der Steuersatzdifferenz (bei positiven und negativen Preisabweichungen) und die Entfernung (bei positiven Preisabweichungen) ermittelt werden *(Fragenkreis 3: Bestimmungsgründe der Steuerarbitrage)*: Je näher ein Kreis an der Grenze liegt und je höher das Steuergefälle, desto virulenter ist das Ausweichen der Kraftfahrer über die Grenze hinweg.

(3) Trennt man in grenznahe Regionen mit günstigem und ungünstigem Steuersatzgefälle, lassen sich weitere Erkenntnisse feststellen:

- Die Steuerarbitrage aus der Bundesrepublik hinaus findet hauptsächlich beim Dieselkraftstoff statt. Nur die Schätzgleichung für diese Kraftstoffart hat einen signifikanten Koeffizienten für beide Variablen „Entfernung zur Grenze" und „Höhe der Steuerdifferenz".
- Die Steuerarbitrage nach Deutschland herein lässt sich sowohl für Diesel- als auch für Vergaserkraftstoff nachweisen. Für die ausländischen Arbitrageure ist die Höhe der Steuerdifferenz die signifikante Einflußgröße. Der Koeffizient für Benzin ist betragsmäßig fast doppelt so hoch (-257,949) wie der für Diesel (-144,809).

- Die partielle Elastizität für Benzin (Steuerarbitrage nach Deutschland hinein) beträgt 1,88%: Eine 1%ige Erhöhung der relativen Preisdifferenz zulasten des Auslands bewirkt eine 1,88%ige Absatzerhöhung in den unmittelbar grenzbenachbarten inländischen Kreisen.
- Die entsprechende partielle Elastizitäten für Diesel (Steuerarbitrage nach Deutschland hinein) beträgt 0,12%. Deutlich höher ist das Niveau der partiellen Elastizitäten (Steuerarbitrage aus Deutschland heraus): Die Elastizitäten setzen sich zusammen aus der Elastizität für die relative Preisdifferenz (-1,53%) und der Elastizität für die Entfernung zur Grenze (+1,12%). Je 1%ige Erhöhung der relativen Preisdifferenz zulasten des Inlands zeigt die Elastizität eine 1,53%ige Absatzminderung in allen in die Untersuchung einbezogenen Kreisen an. Hinzu kommt der Verlust über die Entfernungsvariable: Je 1%ige Annäherung an die Grenze verringert sich der inländische Kraftstoffabsatz zusätzlich um 1,12%.

(4) Diesel und Benzinarbitrageströme zusammengenommen zeigen in einem zur Veranschaulichung gewählten Jahr (1997) ein für die Tankstellen der Bundesrepublik Deutschland bzw. für den inländischen Fiskus günstiges Bild, weil per Saldo mehr Absätze aus den benachbarten Hochsteuerländern gewonnen werden können als an das niedriger besteuernde Nachbarland abgegeben werden müssen. Dies lässt sich wie folgt veranschaulichen:

(4a) Zunächst sind die Tankstellenpreise entlang der betrachteten Grenzabschnitte aufzuzeigen. Im Jahre 1997 lassen sich – ähnlich wie im Datenerhebungszeitraum 1981 bis 1990 – Grenzabschnitte mit im Nachbarland höherer und mit im Nachbarland niedrigerer Mineralölsteuer feststellen, so dass einmal mit hereinfließender Arbitrage und zum anderen mit hinausfließender Arbitrage zu rechnen ist. Für die zusammengefaßten Absatzverluste wird dann durch Multiplikation mit dem jeweiligen Steuersatz der Steueraufkommensverlust berechnet.

Die Preise sind einer Aufstellung des ADAC für den Untersuchungszeitpunkt April 1997 entnommen[504]. Angegeben werden Preise und absolute Preisdifferenzen (alle Werte in DM/l) für Dieselkraftstoff und bleifreies Benzin (95 Oktan).

---

[504] Veröffentlicht in der Sächsischen Zeitung vom 21. April 1997.

Tabelle 76: Dieselkraftstoffpreis 1997 (DM/l)				
Grenze zu	Preis	Preis D	Differenz	Kürzel
Luxemburg	1,11	1,28	+0,17	+
Schweiz	1,48	1,28	-0,20	-
Österreich	1,36	1,28	-0,08	-
Dänemark	1,48	1,28	-0,20	-
Frankreich	1,50	1,28	-0,22	-
Belgien	1,31	1,28	-0,03	-
Niederlande	1,31	1,28	-0,03	-

Tabelle 77: Vergaserkraftstoffpreis 1997 (DM/l)				
Grenze zu	Preis	Preis D	Differenz	Kürzel
Luxemburg	1,35	1,66	0,31	+
Schweiz	1,40	1,66	0,26	+
Österreich	1,71	1,66	-0,05	-
Dänemark	1,79	1,66	-0,13	-
Frankreich	1,90	1,66	-0,24	-
Belgien	1,84	1,66	-0,18	-
Niederlande	1,85	1,66	-0,19	-

Die Kreise werden mit dem Kürzel (+) oder (-) bezeichnet danach,

- ob sie einem Nachbarland gegenüber liegen, das höhere Preise hat. Dort ist die Differenz (P_i - P_a) negativ: „(-)-Grenzabschnitte",
- ob sie einem niedriger besteuernden Nachbarland gegenüber liegen. Dort ist die Differenz (P_i - P_a) positiv: „(+)-Grenzabschnitte".

(4b) Getrennt nach diesen Grenzabschnitten mit im Inland niedrigerer und im Ausland höherer Mineralölsteuer kann nun die Steuerarbitrage bei Vergaserkraftstoff untersucht werden.

Beim Vergaserkraftstoffabsatz lässt sich für in der oben dargestellten Schätzung bezüglich der hereinströmende Arbitrage an den (-)-Grenzabschnitten ein signifikanter Koeffizient für die Variable „relative Steuersatzdifferenz" feststellen.

Die in das Inland hereinströmende Arbitrage an den (-)-Grenzabschnitten berechnet sich wie folgt:

Tabelle 78: Berechnung der Steuerarbitrage bei Vergaserkraftstoff an den (-)-Grenzabschnitten 1997

Grenze zu	Anzahl Kreise	Steuersatz-differenz (Pfg.)	Steuersatzdifferenz (%-Punkte)	Produkt (t)
Dänemark	4	13	7,8	31,200
Niederlande	12	19	11,4	136,800
Frankreich	11	24	14,5	159,500
Österreich	15	5	3,0	45,000
Belgien	2	18	10,8	21,600
Summe				394,100
*Koeffizient				257,949
=Arbitrage				101.658

Bei der Mineralölsteuer auf Benzin sind hereinströmende Arbitrageure (d.h. an den (-)-Grenzabschnitten) aus den Nachbarländern mit einem Gesamtumfang von 101.658 t Vergaserkraftstoff zu ermitteln. Für die aus dem Inland hinausströmende Arbitrage an den (+)-Grenzabschnitten lässt sich aus dem Datenmaterial von 1981-1990 für Vergaserkraftstoff kein signifikanter Koeffizient ermitteln, also entfällt eine diesbezügliche Prognose.

(4c) Wiederum getrennt nach den Grenzabschnitten mit im Inland niedrigerer und im Ausland höherer Steuer auf Diesel ist im folgenden die Steuerarbitrage beim Dieselkraftstoff zu betrachten.

Bei Dieselkraftstoff lässt sich in dem Schätzmodell auf der Basis der Daten des MINERALÖLWIRTSCHAFTSVERBANDES für die hereinströmende Arbitrage ein signifikanter Koeffizient für die Steuersatzdifferenz ermitteln. Für die hereinströmende Arbitrage an den (-)-Grenzabschnitten sind nur die unmittelbar grenznahen Kreise zu betrachten.

Tabelle 79: Berechnung der Steuerarbitrage bei Dieselkraftstoff an den (-) Grenzabschnitten 1997

Grenze zu	Anzahl Kreise	Steuersatz-differenz (Pfg.)	Steuersatzdifferenz (%-Punkte)	Produkt (t)
Österreich	15	8,00	6,25	93,750
Schweiz	5	20,00	15,63	78,125
Dänemark	4	20,00	15,63	62,500
Frankreich	11	22,00	17,19	189,063
Belgien	2	3,00	2,34	4,688
Niederlande	12	3,00	2,34	28,125
Summe				456,250
*Koeffizient				336,138
=Arbitrage				153.363

Bei Dieselkraftstoff lässt sich für die hinausströmende Arbitrage, d.h. an den (+)-Grenzabschnitten, sowohl ein signifikanter Koeffizient für die Steuersatzdifferenz als auch für die Entfernung ermitteln.

In einem ersten Schritt ist zunächst die Steuerarbitrage via relative Steuersatzdifferenz zu ermitteln:

Tabelle 80: Berechnung der Steuerarbitrage bei Dieselkraftstoff via Steuerdifferenzvariable an den (+)-Grenzabschnitten 1997

Grenze zu	Anzahl Kreise	Steuersatz-Differenz (Pfg.)	Steuersatz-Differenz (%-Punkte)	Produkt	Koeffizient	Steuerarbitrage (t)
Luxemburg	15	-17,00	-13,28	-199,219	144,809	-28.848,67

Im Jahre 1997 ist aufgrund der gegebenen Struktur der Mineralölsteuersätze in Deutschland und bei den angrenzenden Nachbarländern nur gegenüber Luxemburg eine abfließende Arbitrage zu beobachten. Sie beträgt 28.849 Tonnen.

Nun kann in einem zweiten Schritt die Arbitrage via Entfernungsvariable ermittelt werden[505]: Zunächst sind wieder die Mengen zu ermitteln, die Deutschland entlang der (+)-Grenzabschnitte vor Steuersatzerhöhung verliert:

[505] Zur Verwendung der Entfernungsvariable sind folgende Überlegungen erforderlich. Vorab ist für die Schätzung über die Entfernungsvariable eine Zusammenfassung in einzelnen Entfernungskategorien erforderlich. Es werden drei Entfernungskategorien gewählt. Die Variable „Entfernung zur Grenze" soll dann ausgedrückt werden als Differenz der jeweiligen Kreise zur durchschnittlichen Entfernung der am weitesten entfernten Kategorie. Es wird somit eine Aussage möglich: „Das Aufkommen in einem Kreis, der durchschnittlich 10 km von der Grenze entfernt ist, ist um den Betrag x niedriger als ein vergleichbarer Kreis, der z.B. 129 km von der Grenze entfernt ist"

Grenzabschnitt	Kategorie 1		Kategorie 2		Kategorie 3		Summe	
zu	Anzahl Kreise	Entf. (km)	Anzahl Kreise	Entf. (km)	Anzahl Kreise	Entf. (Km)	Anzahl Kreise	Entf. (km)
Luxemburg	6	22,00	9	75,00	0	0,00	15	53,80

Vor der Steuererhöhung sind nur die Kreise in Nachbarschaft zu Luxemburg zu betrachten.

Tabelle 81: Berechnung der Steuerarbitrage bei Dieselkraftstoff via die Entfernungsvariable an den(+)-Grenzabschnitten 1997

Entfernungs-Koeffizient =	Beschrei-bung	Anzahl Kreise	Dieselkraftstoffabsatz bei einer durchschn.	Dieselkraftstoffabsatz bei der tatsächlichen	Differenz
+ 52,964 t/km vor Erhöhung			Entfernung =129,23 km (in t)	Entfernung (in t)	(in t)
1. Kategorie	0-50 km	6	41.067	6.991	-34.076
2. Kategorie	51-100 km	9	61.601	35.751	-25.850
3. Kategorie	101-150 km	0	0	0	0
Summe	**0-150 km**	**15**	**102.668**	**42.742**	**-59.926**

Gegenüber einer Situation, in der alle hier betrachteten Kreise 129,23 km von der Grenze zu Luxemburg entfernt wären, ergibt sich bei Berücksichtigung der tatsächlichen Entfernung eine Steuerarbitrage bei Dieselkraftstoff i.H.v. 59.926 t.

(4d) Die Teilarbitrageströme für Diesel- und Vergaserkraftstoff sowie die damit verbundenen Auswirkungen auf das Steueraufkommen lassen sich wie folgt zusammenfassen.

Tabelle 82: Steuerarbitrage und Steueraufkommen bei Vergaserkraftstoff an den (-)-Grenzabschnitten 1997

Arbitrage nach Deutschland hinein	Vergaserkraftstoff	
Arbitrage an (-)-Grenze (in t)	via Steuerdifferenz	101.658
Arbitrage an (-)-Grenze (in t)	via Entfernung	0
Summe Arbitrage (in t)		101.658
*Steuersatz (DM je t)		1.063,83
=Steueraufkommensgewinn (TDM)		**108.146**

Die Steuerarbitrage nach Deutschland hinein verursacht einen Steueraufkommensgewinn von 108,1 Mio. DM.

Tabelle 83: Steuerarbitrage und Steueraufkommen bei Vergaser- und Dieselkraftstoff an den (-)-Grenzabschnitten 1997				
Arbitrage nach Deutschland hinein	Variable	Vergaser-kraftstoff	Diesel-kraftstoff	Gewinn für Deutschland
Arbitrage an (-)-Grenze (in t)	via Steuerdifferenz	101.658	153.363	
Arbitrage an (-)-Grenze (in t)	via Entfernung	0	0	
Summe Arbitrage (t)		101.658	153.363	
*Steuersatz (DM je t)		1.063,83	746,99	
Steueraufkommen (TDM)		**108.146**	**114.560**	**222.706**

Die Steuerarbitrage nach Deutschland hinein ist mit einem Steueraufkommensgewinn von 108,1 Mio. DM bei den Vergaserkraftstoffen und von 114,6 Mio. DM beim Dieselkraftstoff verbunden; insgesamt fließen im Jahre 1997 222,7 Mio. DM zusätzliches Steueraufkommen nach Deutschland herein. Es wird verursacht durch die Steuerarbitrage von Ausländern, die im niedriger besteuernden Nachbarland Deutschland tanken.

Gegen diese Gewinne müssen Steueraufkommensverluste gerechnet werden, die Deutschland durch den Abfluß von inländischen Nachfragern erleidet. Hierzu kann folgende Übersicht gegeben werden:

Tabelle 84: Steuerarbitrage und Steueraufkommen bei Vergaser- und Dieselkraftstoff an den (+)-Grenzabschnitten 1997				
Arbitrage aus Deutschland heraus	Variable	Vergaser-kraftstoff	Diesel-kraftstoff	Verlust für Deutschland
Arbitrage an (+)-Grenze (in t)	via Steuerdifferenz	0	-52.017	
Arbitrage an (+)-Grenze (in t)	via Entfernung	0	-59.926	
Summe Arbitrage (in t)		0	-111.943	
*Steuersatz (DM je t)			746,99	
=Steueraufkommen (TDM)		**0**	**-83.620**	**-83.620**

Für die hereinströmende und die hinausströmende Steuerarbitrage ergibt sich zusammengenommen für die Steueraufkommensgewinne und – verluste folgendes Bild:

Tabelle 85: Verluste und Gewinne an Steueraufkommen bei Vergaser- und Dieselkraftstoff			
1997	Gewinne	Verluste	Summe
Mineralölart	TDM	TDM	TDM
Vk (in t)	108.146	0	
Dk (in t)	114.560	-83.620	
insgesamt (in t)	**222.706**	**-83.620**	**139.086**

Im Jahre 1997 profitiert die Bundesrepublik Deutschland an den betrachteten Grenzen zu seinen nördlichen, westlichen und südlichen Nachbarn per Saldo von der Steuerarbitrage bei der Mineralölsteuer. Es werden per Saldo 139.086 Tonnen mehr durch ausländische Direktimporteure in Deutschland getankt, als Deutsche aus dem Ausland herein direktimportieren.

3.1.2.2.2 Ermittlung der Steuerarbitrage mit Daten der Autobahntankstellenabsatzstatistik der GESELLSCHAFT FÜR DIE NEBENBETRIEBE DER BUNDESAUTOBAHNEN

Weil die Absätze aus dem Berichtskreis des MINERALÖLWIRTSCHAFTSVERBANDES (MWV) nur Vergaser- und Dieselkraftstoffverkäufe insgesamt – für den stationären wie den Transitverkehr – melden können, sind die zusätzlichen Statistiken der GESELLSCHAFT FÜR DIE NEBENBETRIEBE DER BUNDESAUTOBAHNEN (GFN) von besonderem Interesse. Sie erlauben zum einen, das Tankverhalten des einen Sektors, des Transitverkehrs, zu isolieren, und zum anderen ist die Trennung in privaten Pkw-Dieselverkehr und den gewerblichen Lkw-Verkehr möglich.

Für die ökonometrischen Schätzungen des Transitverkehrs ist generell einschränkend anzumerken, dass im Rahmen dieser Arbeit nur ein geringer Teil der Variablen entschlüsselt werden konnte, die das Tanken an Autobahntankstellen beeinflussen. Die Werte des korrigierten Bestimmtheitsmaßes sind mit Werten zwischen 0,1 und 0,3 unbefriedigend niedrig. Nur eine vollständige Modellierung der Verkehrsströme des Transitverkehrs würde verbesserte Schätzergebnisse erlauben[506].

Dennoch sollen hier die Ergebnisse gezeigt werden, die sich aus einer sehr einfachen Modellierung ergeben, weil für die Variablen Entfernung und Preisdifferenz z.T. ausreichend signifikante Werte errechnet werden können.

---

506 Etwa müßten die Urlaubsströme vom Ausgangsort zum Zielort modelliert werden. Über einen durchschnittlichen Tankinhalt und einen Durchschnittsverbrauch könnten je Reiseroute (z. B. vom Ruhrgebiet nach Österreich) zu erwartende Tankstellenabsätze prognostiziert

3.1.2.2.2.1 Ermittlung der Steuerarbitrage für Vergaserkraftstoff im Transitverkehr

Das Schätzmodell für die Autobahnabsätze lautet:

$$X^{Vk}_{trans} = \beta_0 + \beta_1 DTV + \beta_2 Konk + \beta_3 X^{Vk}_{transBRD} + \beta_4 Entf + $$
$$+ \beta_5 P^{Dk}_{rel} + \beta_6 D_1 + \beta_7 D_2 + \beta_8 D_3 + \beta_9 D_4 + u$$

$X_{transBRD}$	:	jährlicher Autobahntankstellenabsatz im Transitverkehr
DTV	:	durchschnittliche tägliche Verkehrsstärke (Pkw/Tag)
$Konk_{BAB}$	:	durchschnittliche Entfernung zur nächsten Autobahntankstelle
$X_{transBRD}$	:	jährlicher Autobahntankstellenabsatz in der Bundesrepublik Deutschland insgesamt
$D_1 ... D_3$	:	Dummy-Variablen
D_1	:	= 1, falls an Autobahn ohne unmittelbaren Grenzzugang; = 0 sonst
D_2	:	= 1, falls an Grenze zur DDR; = 0 sonst
D_3	:	= 1, falls eine Tankmöglichkeit auf Landstraße vorhanden; = 0 sonst

Bei der durchschnittlichen täglichen Verkehrsstärke (DTV) handelt es sich um eine Variable, für die nur zwei Beobachtungen, und zwar aus den Jahren 1980 und 1985, vorliegen. Die Variable DTV kann also nur die Verteilung der Verkehrsströme auf die einzelnen Autobahnabschnitte darstellen und muss für alle Jahre im Durchschnitt gleich hoch sein. Die Beobachtungen aus dem Jahre 1985 sind auf das 1980 er Niveau zurückgerechnet worden.

Die jährliche Zunahme des Verkehrs in dem betrachteten zehnjährigen Zeitraum wird durch die Proxivariable Autobahntankstellenabsatz in der Bundesrepublik insgesamt abgebildet. Wieder wird (wie schon bei der Auswertung der Umsatzsteuerstatistik) der Gesamtabsatz benutzt, um die Strukturverschiebungen der Nachfrageseite abzubilden. Der Autobahntankstellenabsatz $X_{transBRD}$ steht für die alle Tankstellen betreffende Steigerung des Verkehrs und die Veränderung des Tankens der Kraftfahrer insgesamt.

Bei den Daten der GFN handelt es sich um Absatzzahlen einzelner Tankstellen. Anders als bei den aggregierten Zahlen einzelner Kreise (Daten des MWV) sind hier die relative Lage einer Tankstelle zu anderen Tankstellen – und zwar unterschieden nach der nächsten Autobahntankstelle und der nächsten Tankstelle auf der Landstraße – zu erfassen[507]:

---

werden.

[507] Vgl. hierzu die Darstellung und die Erläuterung einer Entscheidung des BUNDESKARTELLAMTES im Jahre 1974, bei: ISSING (1980) Zur Preisbildung an den Autobahntankstellen, in: HESSE (hrsg.) Arbeitsbuch Angewandte Makroökonomik, Tübingen, S. 122 ff.

Die Konkurrenzsituation einer Autobahntankstelle zu den benachbarten Autobahntankstellen wird durch die durchschnittliche Entfernung der in beiden Fahrtrichtungen nächstbenachbarten Tankstellen angegeben.

Die Konkurrenzsituation einer Autobahntankstelle zu einer Tankmöglichkeit auf der Landstraße wird mit der Dummy-Variablen D_3 dargestellt. Die Angabe der Möglichkeit, in Nähe einer Autobahnausfahrt auf der Landstraße zu tanken, stammt vom ADAC aus dem Jahre 1991. Es wird bei dieser Modellierung unterstellt, dass der Umsatz einer Autobahntankstelle von der Ausweichmöglichkeit, an einer nahegelegenen Landstraße bzw. in einem benachbarten Wohngebiet billiger tanken zu können, beeinflusst wird. Der Umstand, dass der ADAC eine solche Karte publiziert, ist immerhin schon ein erstes Indiz für einen solchen Zusammenhang.

Zwei weitere Dummy-Variablen D_1 und D_2 versuchen, die jeweilige Lage eines Autobahnabschnittes außerhalb des grenznahen Bereiches, für den die relative Preisdifferenz und die Entfernung stehen, darzustellen.

Führt eine Autobahn nicht unmittelbar ins Ausland, wird die Dummy-Variable $D_1 = 1$ gesetzt.

Die zweite Dummy-Variable versucht, eine Besonderheit aus dem Zeitraum der Datenerhebung, nämlich den innerdeutschen Grenzverkehr einzufangen. Im Gegensatz zu den anderen makroökonomischen Datenquellen, die sich räumlich auf die nördlichen, westlichen und südlichen Grenzabschnitte beschränken, wird in diesem Abschnitt auch die (zum Untersuchungszeitraum bestehende) östliche Grenze der Bundesrepublik Deutschland mit in die Betrachtung einbezogen. Liegt eine Autobahntankstelle an einer Autobahn, die in die damalige DDR führt, wird die Variable $D_2 = 1$ gesetzt, ansonsten nimmt sie den Wert 0 an.

Die Variablen, die die Steuerarbitrage im Transitverkehr erfassen sollen, sind wieder der relative Kraftstoffpreis und die Entfernung zur Grenze.

Hereinfließende und hinausfließende Arbitrageströme im hier untersuchten Transitverkehr werden gleich behandelt. Der Transitverkehr, so wird hier unterstellt, folgt damit einem anderen Muster als der stationäre Verkehr, für den in dem Schätzansatz für die Daten des MINERALÖLWIRTSCHAFTSVERBANDES unterstellt wurde, dass die hereinströmenden Konsumenten direkt hinter der Grenze tanken und die hinausströmenden Konsumenten auch aus dem Hinterland stammen. Im Transitverkehr dagegen wird auch ein hereinfahrender Arbitrageur aus einem höher besteuernden Herkunftsland bis zur nächsten Autobahntankstelle fahren, und nicht unmittelbar nach Grenzübertritt tanken – etwa indem er die Autobahn verlässt.

Zusätzlich zu der Unterscheidung nach hereinströmender und hinausströmender Arbitrage, die wie im vorangegangenen Abschnitt mit (+) bzw. (-) indiziert wird, kann nach dem hier verwendeten Datenmaterial unterschieden werden, ob auf dem Hin-

---

und den Bericht der MONOPOLKOMMISSION, in: BT-DS 7/3791, S. 42 ff.

weg ins Nachbarland oder auf dem Rückweg aus dem Nachbarland getankt wurde. Die folgende Abbildung soll die verschiedenen Fälle veranschaulichen:

Tabelle 86: Wertebereich der Entfernungs- und rel. Steuerdifferenzvariablen

Steuer-differenz	Fahrt-richtung	Arbitragevariable/Wertebereich				Ökonomischer Hintergrund	Hypothese
		Entfernung		Steuerdifferenz			
Positiv	hin	$Entf_{+}^{hin}$	>0	P_{+}^{hin}	>0	Arbitragestrom	weniger Inländer
$(p_i - p_a)/p_i>0$	zurück	$Entf_{-}^{hin}$		P_{-}^{hin}		hinaus	weniger Ausländer
Negativ	hin	$Entf_{+}^{rü}$		$P_{+}^{rü}$	<0	Arbitragestrom	mehr Inländer
$(p_i - p_a)/p_i>0$	zurück	$Entf_{-}^{rü}$		$P_{-}^{rü}$		herein	mehr Ausländer

Es sei für die Interpretation der Koeffizienten darauf hingewiesen, dass die Entfernungsvariable immer positive Werte (die Einheit ist km) während die relative Preisvariable immer gerundete ganzzahlige Prozentpunkte (z.B. 13 Prozentpunkte höherer Preis) aus dem positiven und negativen Bereich annimmt.

Die hier verwendeten Begriffe „Inländer" und „Ausländer" deuten nur auf den Start der aktuellen Fahrt hin. Ein Inländer kommt also aus dem Inland und fährt ins Ausland, ein Ausländer kommt umgekehrt aus dem Ausland und fährt ins Inland.

Die Ergebnisse der Schätzung lassen sich in der folgenden Gleichung angeben:

$$X_{trans}^{Vk} = -1.985.491 + \underset{(13,419)}{69\,DTV^{**}} + \underset{(6,307)}{31.537\,Konk^{BAB**}} + \underset{(8,763)}{3\,X_{transBRD}^{Vk**}} + \underset{(6,197)}{1.597.997\,D_1^{**}} - \underset{(1,919)}{453.698\,D_2^{*}} + \underset{(8,958)}{1.112.176\,D_3^{**}} -$$

$$\underset{(2,293)}{85.201\,Entf_{+}^{hin*}} - \underset{(2,146)}{77.815\,Entf_{+}^{rü*}} - \underset{(6,900)}{33.320\,Entf_{-}^{hin**}} - \underset{(6,166)}{29.805\,Entf_{-}^{rü**}} - \underset{(0,160)}{36.134\,P_{rel+}^{hin}} - \underset{(0,150)}{33.124\,P_{rel+}^{rü}} - \underset{(1,427)}{18.326\,P_{rel-}^{hin+}} + \underset{(0,110)}{1.420\,P_{rel-}^{rü}}$$

n = 2.141 korr.R^2 = 0,168 F = 31,807 + = sign.0,1 * = sign.0,05 ** = sign.0,01

- Das Set der exogenen Variablen erklärt die Absätze im Transitverkehr nur unzureichend. Das korrigierte Bestimmtheitsmaß beträgt lediglich 0,168. Dennoch sind die Variablen, die für die Steuerarbitrage stehen, z.T. hochsignifikant.
- Zunächst sei der Einfluß des externen Datenkranzes beschrieben: Die Tankstellenabsätze steigen mit steigendem vorbeifahrenden Verkehr (DTV), größerer Entfernung zum nächsten Konkurrenten auf der Autobahn und mit gestiegenem Jahresumsatz an allen Autobahntankstellen.
- Die Dummy-Variablen haben allesamt einen signifikant von Null verschiedenen Schätzkoeffizienten: D_1 trägt einen negativen Schätzkoeffizienten, der darauf hinweist, dass an den nicht mit dem Ausland verbundenen Autobahnen der Benzinabsatz niedriger ist. Hier zeigt sich schon der (erste) Einfluß der (fast an allen Grenzen) höheren Benzinsteuer im Ausland. Es ist zu vermuten, dass an allen mit dem Ausland direkt verbundenen Tankstellen mehr Inländer, die ins Ausland fahren, tanken. Die zweite Dummy D_2 steht für die damalige DDR: Der negative Schätzkoeffizient besagt, dass an den in die DDR führenden Auto-

bahntankstellen weniger getankt wurde, als aus den anderen exogenen Variablen zu erwarten ist. Als Grund könnte die - hier nicht modellierte - Arbitragemöglichkeit an den DDR-Rastplätzen bei der Staatsfirma „Intertank“ gesehen werden.

- Aus dem Set der die Steuerarbitrage erklärenden Variablen weist lediglich die Entfernung zur Grenze einen signifikanten Einfluß auf die Benzinumsätze auf. Es ist zu unterscheiden zwischen Grenzabschnitten mit positiven und negativen Preis-/Steuerdifferenzen:

  Grenzabschnitte mit höherer Steuer im Inland, d.h. vorliegender (+)-Differenz (eine solche lag in dem hier betrachteten Zeitraum nur für die deutsch-luxemburgische Grenze vor): hier ist der Schätzkoeffizient für die Entfernung negativ, d.h. mit zunehmender Entfernung von der Grenze weg sinken die Absätze mit Vergaserkraftstoff; und zwar in ungefähr gleicher Höhe auf beiden Seiten: - 85,201 bzw. –77.815 Tonne je km zunehmender Entfernung.

  Grenzabschnitte mit niedrigerer Steuer im Inland, d.h. vorliegender (-)-Differenz (solche lagen z.Zt. der Untersuchung ggü. Dänemark, Holland, Belgien, Frankreich, Österreich vor): hier sinken die Vergaserkraftstoffabsätze mit zunehmender Entfernung einer Tankstelle zur Grenze. Die Schätzkoeffizienten sind mit –33.320 bzw. – 29.805 wieder größenordnungsmäßig in etwa gleich hoch.

- Der negative Koeffizient an den Grenzen mit höherer Steuer im Ausland geht parallel mit der hier vertretenen Arbitragethese. In Grenznähe werden von herein- und hinausfahrenden Benzin-Pkw je Kilometer Annäherung an die Grenze ca. 30.000 t Benzin zusätzlich getankt. Dagegen überrascht der ebenfalls negative Wert für die Grenzabschnitte mit positiver Steuerdifferenz. Es ist allerdings zu beachten, dass der t-Wert für diese beiden niedriger ist als bei den negativen Differenzen.

- Die relative Preisdifferenz hat nur in einem von vier Fällen den erwarteten negativen Schätzkoeffizienten. Der Wert von –18.326 für die relative Preisdifferenz auf dem Hinweg ins höher besteuernden Nachbarland besagt, dass je absolutem ein Prozentpunkt Differenz $(P_i-P_a)/P_i \in \mathbb{N}$. der Jahresabsatz einer Tankstelle um 18.236 Tonnen steigt.

- Auf eine Berechnung der Mehr- bzw. Minderabsätze im Transitverkehr (Fragenkreis 1: Ausmaß der Steuerarbitrage) wird hier aus Platzgründen verzichtet. Die gezeigten Schätzungen bereichern die Angaben zum *Fragenkreis 3 (Bestimmungsgründe der Steuerarbitrage),* insofern der Nachweis der Bedeutung der Steuersatzdifferenzen und der Entfernung zur Grenze auch für den Transitverkehr erbracht werden konnte.

3.1.2.2.2.2 Ermittlung der Steuerarbitrage für Dieselkraftstoff im Transitverkehr

3.1.2.2.2.2.1 Absatz von Dieselkraftstoff an private Personenwagen und Lastkraftwagen

Das Schätzmodell für Dieselkraftstoffe entspricht dem Schätzmodell für Vergaserkraftstoffe. Die Schätzergebnisse lauten:

$$X_{trans}^{Dk} = -3.288.400 + \underset{(12{,}568)}{60\ DTV^{**}} + \underset{(9{,}170)}{42.326\ Konk^{BAB**}} + \underset{(10{,}847)}{4\ X_{transBRD}^{DkLkw**}} - \underset{(1{,}357)}{389.585\ D^{+}_{1}} - \underset{(3{,}196)}{697.126\ D_2^{**}} + \underset{(5{,}687)}{649.810\ D_3^{**}} -$$

$$- \underset{(0{,}142)}{1.023\ Entf_{+}^{hin}} - \underset{(4{,}371)}{31.842\ Entf_{+}^{rü**}} - \underset{(2{,}652)}{14.242\ Entf_{-}^{hin**}} - \underset{(3{,}063)}{14.908\ Entf_{-}^{rü**}} - \underset{(2{,}237)}{58.324\ P_{rel+}^{hin*}} + \underset{(3{,}824)}{101.236\ P_{rel+}^{rü**}} + \underset{(0{,}828)}{23.473\ P_{rel-}^{hin}} - \underset{(5{,}071)}{101.568\ P_{rel-}^{rü**}}$$

n = 2.141 korr. R^2 = 0,171 F = 31,807 + = sign.0,1 * = sign.0,05 ** = sign.0,01

- Der Schätzansatz hat mit dem korrigierten Bestimmtheitsmaß von 0,171 ein etwas höheres, wenn auch immer noch unbefriedigend niedriges, Bestimmtheitsmaß als der Ansatz für Benzin, die einzelnen Variablen weisen darüber hinaus eine verbesserte t-Statistik auf:
- Es fällt beim Vergleich mit den Schätzergebnissen der entsprechenden Gleichung für Vergaserkraftstoffe auf, dass nunmehr neben der Entfernung zwei relative Preisvariablen einen signifikant von Null verschiedenen Schätzkoeffizienten aufweisen.
- Der positive Schätzkoeffizient der Variable $P^{rü}_{+}$ deutet an, dass umso mehr auf dem Rückweg ins Inland getankt wurde, je höher der relative inländische Preis ist. Weiter unten wird anhand der Aufsplittung des Datenmaterials auf Absätze an Lkw und Pkw hierzu festgestellt, dass dieses der ersten Intuition widersprechende Ergebnis nur für das Tankverhalten der Lkw gilt. Für Direktimporte des gewerblichen Güterverkehrs gelten nämlich restriktive Bestimmungen, die eine zunächst zu vermutende Steuerarbitrage beim Dieselkraftstoff z.T. wenigstens nicht zulassen.
- Demgegenüber stehen die beiden $P^{rü}_{-}$ bei negativer Preisdifferenz und P^{hin}_{-} bei positiver Differenz: Sie deuten an, dass auf dem Hinweg ins niedriger besteuernde Nachbarland (Luxemburg, Dänemark bis 1986, Holland und Belgien) weniger Diesel im Inland getankt wird je höher der relative inländische Preis ist und dass an den beiden Grenzen mit negativer Preisdifferenz $(P_i - P_a)/P_i < 0$ (Dänemark ab 1987, Frankreich, Schweiz und Österreich) mehr getankt wird, je niedriger der inländische Dieselpreis ist.
- Die Schätzkoeffizienten für die Entfernung sind wie bei der Gleichung für Vergaserkraftstoffe alle signifikant negativ.
- Der höhere Parameter und die niedrigere Varianz der Konkurrenz-, DDR- und insbesondere der relativen Preisvariablen können als ein Indiz für die größere Sparsamkeit beim Diesel gewertet werden: Dieselfahrer sind eher zur Arbitrage ins Nachbarland (und an den Intertank-Tankstellen) bereit als Benzin tankenden Pendants.

Die Absatzstatistik der GFN bietet neben der Möglichkeit, die Dieselkraftstoffabsätze im Transitverkehr zu isolieren, einen weiteren abrechnungstechnischen Vorteil[508]: Es können private Pkw-Kunden von gewerblichen Lkw-Kunden unterschieden werden, da die Transportunternehmen aus Sicherheitsgründen für die Fahrer kein Bargeld zum Tanken mit auf die Reise geben sondern fast vollständig an einem Kreditkartensystem beteiligt sind. So kann mit großer Trennschärfe das Tanken im privaten Dieseltransitverkehr vom gewerblichen Verhalten unterschieden werden.

Obwohl in dieser Arbeit nur das Tankverhalten privater Steuerpflichtiger im Vordergrund stehen soll, wird im folgenden ausnahmsweise auch einmal eine Schätzgleichung für den gewerblichen Güterverkehr gezeigt. Diese Schätzung soll nämlich die Charakteristika des gewerblichen Tankverhaltens gegenüber dem privaten Tankverhalten verdeutlichen. Es ist a priori zu vermuten, dass die Steuerarbitrage von privaten Dieselfahrern deutlich ausgeprägt ist und sich nach dem relativen in- und ausländischen Dieselpreis richtet, wohingegen die Tankentscheidung im gewerblichen Lkw-Verkehr eher an die institutionelle Regelungen (besondere gesetzliche Bestimmungen für den Tankinhalt von Lkw[509]) gebunden sind.

3.1.2.2.2.2.2 Absatz von Dieselkraftstoff an private Personenkraftwagen

Das schon für Dieselabsatz insgesamt verwendet Schätzmodell zeigt auf den bar bezahlten Absatz Dieselkraftstoff, der hier mit dem privaten Pkw-Tanken gleichgesetzt wird, folgende Ergebnisse:

$$X_{trans}^{Dkl.kw} = -782.959 + \underset{(14{,}201)}{19\, DTV^{**}} + \underset{(7{,}401)}{9.699\, Konk^{BAB**}} + \underset{(16{,}789)}{3\, X_{transBRD}^{DkPkw**}} - \underset{(3{,}075)}{250.778\, D^{**}{}_1} - \underset{(1{,}812)}{112.184\, D_2^{*}} + \underset{(8{,}642)}{279.788\, D_3^{**}} -$$

$$- \underset{(0{,}115)}{235\, Entf^{hin}} - \underset{(0{,}469)}{982\, Entf^{rü}} - \underset{(7{,}918)}{12.067\, Entf_{-}^{hin**}} - \underset{(5{,}975)}{8.256\, Entf_{-}^{rü**}} - \underset{(3{,}769)}{27.897\, P_{rel}^{hin**}} - \underset{(3{,}147)}{23.651\, P_{rel}^{rü**}} + \underset{(5{,}935)}{47.775\, P_{rel-}^{hin**}} - \underset{(4{,}434)}{25.225\, P_{rel-}^{rü**}}$$

n = 2.141 korr.R^2 = 0,249 F = 51,800 * = sign.0,05 ** = sign.0,01

- Der Schätzansatz für den Dieselabsatz an Pkw hat ein höheres Bestimmtheitsmaß und eine verbesserte t-Statistik:

---

[508] In der Betrachtung des Tankverhaltens im stationären und Transitverkehr wurde schon die auffällige Schwäche des Ansatzes für den Dieselabsatz bemerkt, dort war das Bestimmtheitsmaß der Regressionsgleichung mit 0,653 wesentlich niedriger als für die entsprechende Schätzgleichung für Benzin mit 0,880.

[509] Vgl. die Richtlinie vom 8. Juli 1985 zur Änderung der Richtlinie 68/297 EWG zur Vereinheitlichung der Vorschriften über die abgabenfreie Einfuhr des in den Treibstoffbehältern der Nutzkraftfahrzeuge enthaltenen Treibstoffs, Abl EG Nr. L 183/22.

- Das korrigierte Bestimmtheitsmaß ist auf 0,249 gestiegen; dies stellt für die hier vorgenommenen Schätzungen mit Daten der GFN den besten Wert dar.
- Die Schätzkoeffizient der Entfernungsvariablen tragen im Falle der negativen Steuerdifferenzen das erwartete Vorzeichen. Der negative Wert zeigt an, dass die Dk-Absätze steigen, wenn man sich dem höher besteuernden Nachbarland nähert. An den Grenzen mit niedrigerer Steuer im Ausland sind die Entfernungskoeffizienten nicht signifikant von Null verschieden. Für private Pkw kann also festgehalten werden, dass an den Grenzen, an denen im Ausland höhere Steuern gelten, die Entfernung einer inländischen Tankstelle zur Grenze eine entscheidende Rolle für ihren Absatz von Dk an private Pkw spielt.
- Eine eindeutige Verschiebung zeigen die hochsignifikant negativen Schätzkoeffizienten der Variablen des relativen Dieselpreises an: In allen vier Fällen übertreffen die t-Werte das erforderliche Signifikanzniveau deutlich. Die Interpretation lautete wie folgt: Die heimischen Absätze an den Grenzabschnitten mit positiver Steuerdifferenz sinken mit steigendem inländischen Preis. Und umgekehrt: Die Absätze an Grenzabschnitten mit negativer Steuerdifferenz steigen mit steigenden ausländischen Dieselpreis[510].

3.1.2.2.2.2.3 Absatz von Dieselkraftstoff an gewerbliche Lastkraftwagen

Für die mit Schecks und Kreditkarten bezahlten Dieselumsätze wird das gleiche Schätzmodell wie im vorangegangenen Abschnitt verwendet:

$$X_{trans}^{DkLkw} = -2.503.224 + \underset{(9,513)}{41\, DTV^{**}} + \underset{(7,881)}{32.633\, Konk^{BAB**}} + \underset{(6,714)}{4\, X_{transBRD}^{DkLkw**}} - \underset{(0,534)}{137.481\, D_1} - \underset{(2,987)}{584.440\, D_2^{**}} + \underset{(3,607)}{369.732\, D_3^{**}} -$$

$$- \underset{(0,124)}{802\, Entf_{+}^{hin}} - \underset{(4,665)}{30.875\, Entf_{+}^{rü**}} - \underset{(0,450)}{2.168\, Entf_{-}^{hin}} - \underset{(1,519)}{6.633\, Entf_{-}^{rü+}} - \underset{(1,300)}{30.417\, P_{rel+}^{hin+}} + \underset{(5,259)}{124.901\, P_{rel+}^{rü**}} + \underset{(2,796)}{71.059\, P_{rel-}^{hin**}} - \underset{(4,256)}{76.462\, P_{rel-}^{rü**}}$$

n = 2.141 korr.R^2 = 0,119 F = 21,643 + = sign.0,1 * = sign.0,05 ** = sign.0,01

- Im Vergleich zum Tankverhalten von Diesel-Pkw zeigen sich erheblich Unterschiede: Das niedrigere Bestimmtheitsmaß (0,119 gegenüber 0,249) deutet an, dass das hier verwendete Variablenset besser zur Erklärung des Tankens von Privat-Pkws als von gewerblichen Lkw geeignet ist. Darüber hinaus entsprechen die Vorzeichen der ermittelten Schätzkoeffizienten nicht mehr dem (für die Steuerarbitrage) erwarteten Bild.
- Auffallend ist der negative Entfernungskoeffizient für die positive Preisdifferenz ($P_i - P_a > 0$) für Tankstellen, die auf der Rückfahrt aus dem Ausland angefahren werden. Er deutet darauf hin, dass ausländische Lkw in Grenznähe mehr Diesel tanken, obwohl sie aus einem Nachbarland kommen, in dem Diesel billiger ist. Dies ist nur mit den bestehenden institutionellen Regelungen über den Tankinhalt von gewerblichen Güterverkehrsfahrzeugen zu erklären, die nur einen genau bestimmten Tankinhalt über die Grenze zu führen erlauben. Da sich diese Freimenge während unseres Untersuchungszeitraumes wesentliche erhöht hat, sind die Wirkungen auf unsere Schätzergebnisse in einer eigenen Schätzreihe für beide Zeiträume getrennt zu untersuchen.

---

510 Es ist zu beachten, dass die relative Preisvariable bei positiven Preisdifferenzen größer als Null und bei negativen Preisdifferenzen kleiner als Null wird. In allen vier Fällen deutet der negative Schätzkoeffizient darauf hin, dass bei steigenden negativen Differenzen der Absatz steigt und bei steigenden positiven Differenzen der Absatz sinkt.

- Dagegen entspricht der negative Entfernungsschätzkoeffizient auf dem Rückweg aus Ländern mit negativer Preisdifferenz ($P_i - P_a < 0$) der hier vertretenen Arbitragethese: Je näher eine Tankstelle einer Grenze mit höherer Steuer im Ausland liegt (km↓), desto mehr Diesel wird dort an Lkw abgesetzt.
- Verglichen mit den Ergebnissen für die Dieselabsätze an Private hat die relative Preisvariable einen sehr viel niedrigeren Koeffizienten und ein niedrigeres Signifikanzniveau.
- Bei den vier Schätzkoeffizienten der relativen Preisdifferenz (Hinweg-Rückweg, positive und negative Differenz) ergibt sich ein auf den ersten Blick uneinheitliches Ergebnis: Nur für Tankstellen auf dem Hinweg zu niedriger besteuernden Ländern und auf dem Rückweg aus höher besteuernden Ländern ist der Schätzkoeffizient gemäß der Ausgangshypothese kleiner als Null. In den beiden anderen Fällen zeigt sich dagegen ein positiver Schätzwert.

Für das Tankverhalten der Lkw soll nun eine weitere Hypothese geschätzt werden: Es ist zu untersuchen, ob für das Tankverhalten der Lkw nicht nur die relative Preisdifferenz, sondern auch noch die speziellen, nur für Lkw geltenden, institutionellen Regelungen eine Rolle spielen. Im Jahre 1984 ist die Freimenge für den nicht dem Grenzausgleich unterworfene Tankinhalt von Lkw im Grenzverkehr erhöht worden[511].

Ein erster Schätzansatz hat in einem Vortest versucht, die Höhe der Freimenge als weitere exogene Variable einzuführen. Der ermittelte Schätzkoeffizient war jedoch nicht signifikant. Die Wirkung einer erhöhten Freimengen kann gemessen werden, wenn man die letzte Freimengenveränderung im Jahre 1984 betrachtet und die oben vorgenommene Schätzung getrennt in den beiden Zeiträumen 1981 –83 und 1984-1990 vornimmt. Die Schätzergebnisse für die beiden Zeitabschnitte von 1981-83 und von 1984-90 lauten:

$$X_{trans}8183^{DkLkw} = -3.911.388 + \underset{(5,218)}{31\,DTV^{**}} + \underset{(3,882)}{23.424\,Konk^{BAB**}} + \underset{(1,016)}{7\,X^{DkLkw}_{transBRD}} + \underset{(0,906)}{383.490\,D_1} - \underset{(1,623)}{305.491\,D_2^{+}} + \underset{(2,163)}{313.422\,D_3^{*}} -$$

$$-\underset{(1,782)}{15.144\,Entf_{+}^{hin*}} - \underset{(3,772)}{32.606\,Entf_{+}^{rü**}} + \underset{(0,842)}{8.472\,Entf_{-}^{hin}} - \underset{(0,290)}{2.510\,Entf_{-}^{rü}} + \underset{(2,376)}{82.843\,P_{rel+}^{hin**}} + \underset{(3,770)}{131.738\,P_{rel+}^{rü**}} + \underset{(0,591)}{42.656\,P_{rel-}^{hin}} - \underset{(0,603)}{33.229\,P_{rel-}^{rü}}$$

n = 629 korr.R^2 = 0,100 F = 5,973 + = sign.0,1 * = sign.0,05 ** = sign.0,01

$$X_{trans}8490^{DkLkw} = -2.166.138 + \underset{(7,644)}{43\,DTV^{**}} + \underset{(6,835)}{33.010\,Konk^{BAB**}} + \underset{(4,959)}{4\,X^{DkLkw**}_{transBRD}} - \underset{(1,664)}{583.269\,D_1^{*}} - \underset{(3,349)}{1.215.232\,D_2^{**}} + \underset{(2,879)}{379.280\,D_3^{**}} +$$

$$+\underset{(0,038)}{335\,Entf_{-}^{hin}} - \underset{(3,398)}{30.310\,Entf_{+}^{rü**}} - \underset{(1,157)}{6.587\,Entf_{-}^{hin}} - \underset{(1,655)}{8.680\,Entf_{-}^{rü*}} - \underset{(2,898)}{88.852\,P_{rel+}^{hin**}} + \underset{(3,807)}{117.170\,P_{rel+}^{rü**}} + \underset{(2,961)}{88.325\,P_{rel-}^{hin**}} - \underset{(3,214)}{67.278\,P_{rel-}^{rü**}}$$

n = 1.512 korr.R^2 = 0,128 F = 16,784 + = sign.0,1 * = sign.0,05 ** = sign.0,01

---

511 Die erste Richtlinie aus dem Jahre 1968 (68/297/EWG) ist im Jahre 1985 geändert worden. Vgl. Richtlinie vom 8. Juli 1985.

- In den beiden betrachteten Zeiträumen sind die Schätzkoeffizienten der Entfernungsvariablen an den Grenzabschnitten mit positiven Steuerdifferenzen negativ bzw. nicht signifikant. Hiermit bestätigt sich der schon für den gesamten Zeitraum gefundene und gegen die erste Intuition stehenden Zusammenhang beim Tankverhalten von Lkw: Je näher eine Tankstelle einer Grenze mit höherer Steuer im Ausland liegt (km↓), desto mehr Diesel wird dort an Lkw abgesetzt (X_{Dk}↑). In die gleiche Richtung weist der in beiden Zeiträumen positive Schätzkoeffizient für den relativen inländischen Preis ebenfalls auf dem Rückweg aus dem höher besteuernden Nachbarland: Je höher der inländische relative Preis ist ((P_i -P_a)/ P_i ↑), desto höher ist der Absatz diesseits der Grenze (X_{Dk}↑). Die nicht verwirklichte Arbitrage beim gewerblichen Tanken ist auf die derzeit gültige restriktive Freimengenregelung zurückzuführen. Es ist für die Steuerarbitrage also nicht nur die Höhe der relativen Steuerdifferenz maßgeblich sondern auch die jeweilige institutionelle Regelung für den Grenzübertritt. Dieses Ergebnis überrascht nicht, weil es sich schon bei den Totalkontrollen des Bundesfinanzministeriums gezeigt hatte, dass die Mehrzahl der Importeure (über 99,9%) die Freibeträge von 40 Zigaretten im kleinen Grenzverkehr bzw. 300 Stück im restlichen Grenzverkehr eingehalten hat.
- Dass die Lkw-Fahrer sich an geänderte institutionelle Bedingungen (erhöhte Freimengen) angepaßt haben, zeigen die ab 1984 signifikant negativen Schätzkoeffizienten der Entfernung für die negativen Grenzabschnitte: Dort wird seit der Anhebung der Freimengen mehr getankt (X_{Dk}↑), je näher man der Grenze zum höher besteuernden Nachbarland kommt (km↓).
- Die Schätzkoeffizienten der relativen Preisvariablen verzeichnen mit der Erhöhung der Freimengen ebenfalls mehrere Änderungen: Auf dem Hinweg ins höher besteuernde Nachbarland wird ab 1984 bei steigendem inländischen relativen Preis weniger getankt. Auf dem Rückweg wird dort dagegen mehr getankt.
- Ein weiteres Indiz für die wegen der angehobenen Freimengen höhere Wirkung der Steuerdifferenzen auf das Verhalten der gewerblichen Lastkraftwagen liefert das gestiegene korrigierte Bestimmtheitsmaß (für den zweiten Abschnitt 1984-90: 0,128 gegenüber 1981-83: 0,100).

3.1.2.2.2.3 Bilanz der Steuerarbitrage für Vergaser- und Dieselkraftstoff im Transitverkehr

Im folgenden sei wieder der Blickwinkel auf die privaten Kraftstoffnachfrager gerichtet, für die das Ausmaß der Steuerarbitrage (*Fragenkreis 1*) exemplarisch berechnet werden soll: Die Abschätzung der gesamtwirtschaftlichen Wirkungen der Steuerarbitrage, die hier auf indirektem Wege über die Schätzkoeffizienten der Schätzgleichungen berechnet werden können, soll in den folgenden Tabellen für die privaten Diesel- und Benzinabsätze für die Jahre 1986 und 1988 auf der Basis der Daten der GESELLSCHAFT FÜR DIE NEBENBETRIEBE DER BUNDESAUTOBAHNEN (GFN) erfolgen:

Tabelle 87: Steuerarbitrage bei Kraftstoffen im Transitverkehr (Tonnen) bei positiver Steuerdifferenz am Beispiel der Jahre 1986 und 1988[a]						
Kraftstoffart	Koeffizient für Tankstelle (Hinweg)		Summe aller positiven Grenzabschnitte (Hinweg)			
	1986/88		1986[b]		1988	
	Entfernung	relativer Preis	Entfernung	relativer Preis	Entfernung	relativer Preis
Benzin	-85.201/km	-	-85.201/km	-	-85.201/km	-
Diesel	-	-27.897	-	-7.057.941	-	-2.873.391
Kraftstoffart	Koeffizient für Tankstelle (Rückweg)		Summe aller positiven Grenzabschnitte (Rückweg)			
	1986/88		1986[b]		1988	
	Entfernung	relativer Preis	Entfernung	relativer Preis	Entfernung	relativer Preis
Benzin	-77.815/km	-	-77.815/km	-	-77.815/km	-
Diesel	-	-23.651	-	-5.983.703	-	-2.436.053

Die positiven (Tab. 87) und die negativen Steuerdifferenzen (Tab. 88) seien getrennt gezeigt.

Tabelle 88: Steuerarbitrage bei Kraftstoffen im Transitverkehr (Tonnen) bei negativer Steuerdifferenz am Beispiel der Jahre 1986 und 1988[a]						
Kraftstoffart	Koeffizient für Tankstelle (Hinweg)		Summe aller negativen Grenzabschnitte (Hinweg)			
	1986/88		1986[b]		1988	
	Entfernung	relativer Preis	Entfernung	relativer Preis	Entfernung	relativer Preis
Benzin	-33.320/km	-18.326	-766.360/km	+7.586.964	-766.360/km	+13.341.328
Diesel	-12.067/km	-47.775	-168.938/km	+15.240.223	-229.273/km	+20.782.125
Kraftstoffart	Koeffizient für Tankstelle (Rückweg)		Summe aller negativen Grenzabschnitte (Rückweg)			
	1986/88		1986[b]		1988	
	Entfernung	relativer Preis	Entfernung	relativer Preis	Entfernung	relativer Preis
Benzin	-29.805	-	-685.515/km	-	-542.271/km	-
Diesel	-8.256	-25.225	-115.584/km	+8.399.924	-156.864/km	+11.653.949

a. Signifikanzniveau mindestens 95% (einseitig).
b. Frühjahr, vor Ostern.

- In den beiden Tabellen sind die signifikanten Koeffizienten für die beiden Fahrtrichtungen (hin und zurück) und die Grenzabschnitte mit positiven und negativen Preisabweichungen eingesetzt.
- Die gesamtwirtschaftlichen Steuerarbitrageströme im Transitverkehr sind errechnet worden, indem

  (1) die Entfernungsvariable mit der Anzahl der Tankstellen an dem jeweiligen Grenzabschnitt zu einem Wert je km für alle Tankstellen (eines Grenz-

abschnitts und einer Fahrtrichtung) hochgerechnet wurde, und

(2) die relative Preisdifferenz in die Preisvariable eingesetzt und mit der jeweiligen Anzahl der Tankstellen (je Grenzabschnitt und Fahrtrichtung) multipliziert wurde.

Die Entfernungswerte sind wie folgt zu lesen: Ein negativer Koeffizient (z. B. Tabelle 88, 1. Zeile: -33.320) besagt, dass je km Entfernung von der Grenze weg sich der Kraftstoffabsatz um 33.320 Tonnen verringert. Alle Tankstellen an Grenzabschnitten mit höherer Benzinsteuer im Ausland, die in Fahrtrichtung zur Grenze hin liegen, zusammengenommen (23 Stück), ergibt sich eine Minderung des Benzinabsatzes, wenn man sich von der Grenze weg bewegt, um gesamtwirtschaftlich -766.360 Tonnen[512].

Die relative Preisdifferenz ist nur für einen Fall bei den Benzinabsätzen, dagegen in allen Fällen bei den Dieselabsätzen signifikant und ergibt z. B. an den Grenzen, für die positive Preisdifferenzen gegeben sind (Tabelle 87, 2. Spalte, -27.897), eine Gesamtminderung der heimischen Absätze an allen Tankstellen in Richtung Ausland in Höhe von -7.057.941 im Jahre 1986 bzw. -2.873.391 Tonnen im Jahre 1988.

Die Mengen an verschobener Nachfrage lassen sich wieder für die relative Preisvariable saldieren:

Tabelle 89: Bilanz der Steuerarbitrage im Transitverkehr (via relative Preisvariable) bei Diesel und Benzin 1986 und 1988 (Tonnen)

	Steuerdifferenz	Fahrtrichtung	1986		1988	
Benzin	negativ	hin	+7.586.964	+7.586.964	+13.341.328	+13.341.328
	.	.	-	-		-
Diesel	positiv	hin	-7.057.941	+8.812.282	-2.873.391	+17.908.734
	negativ		+15.240.223		+20.782.125	
	Summe		+8.182.282		+17.908.734	
	positiv	zurück	-2.873.391	+5.526.533	-2.436.053	+9.217.896
	negativ		+8.399.924		+11.653.949	
	Summe		+5.526.533		+9.217.896	
Benzin+Diesel		Summe		+21.925.779		+40.467.958

[512] Und zwar in beiden Jahren 1986 und 1988, weil die Benzinsteuererhöhung in Dänemark nicht die gleiche Wirkung hatte wie die Erhöhung der Dieselsteuer in Dänemark. Diese hatte den zwischen Deutschland und Dänemark fließenden Arbitragestrom umgedreht und demzufolge die Zusammensetzung der Grenzabschnitte mit positiven und negativen Steuerdifferenzen verändert. Beim Benzin bleibt aber die Richtung des Arbitragestroms bestehen; Dänen tanken weiterhin in Deutschland.

Bilanziert man die Gewinne an den Grenzen mit höherer Steuer im Ausland mit den Verlusten an den Grenzen mit höherer Steuer im Inland, ergibt sich (von seiten der Steuerdifferenzvariablen) ein eindeutiger Gewinn für die inländischen Tankstellen an Absatz und Steueraufkommen: 1986 i.H.v. 21.925.779 t und 1988 i.H.v. 40.467.958 t.

Die beiden gewählten Betrachtungszeiträume 1986 (zu Konditionen vor dem Osterpaket in Dänemark) und 1988 zeigen einen deutlichen Anstieg der Saldogröße, der im wesentlichen auf den umgekehrten Strom an der deutsch-dänischen Grenze zurückgeführt werden kann.

Zu den Direktimporten über den Koeffizienten der relativen Preisdifferenz ist noch der Saldo der Steuerarbitrage über den Koeffizienten der Entfernungsvariable zu addieren. Für die Entfernungsvariable kann aber keine vergleichbare aggregierte Zahl gewonnen werden[513]. Die Zahl der Tankstellen ist in die "Summe aller positiven/negativen Grenzabschnitte" eingegangen. Wenn man davon ausgeht, dass die berücksichtigten Tankstellen im Durchschnitt in den jeweiligen Fällen gleich weit von der Grenze entfernt sind, sieht man auf den ersten Blick, dass beim Benzin an den Grenzen, wo im Ausland Benzin höher besteuert wird, Gewinne vorliegen, und auch an den Grenzen zu Luxemburg mehr Umsatz in Grenznähe erfolgt. Bei Diesel ist sowieso nur im Falle der negativen Steuerdifferenzen der Koeffizient signifikant, so dass via die Entfernungsvariable nur noch weiter steigende inländische Absätze im Transitverkehr zu beobachten wären.

---

[513] Insbesondere muss darauf hingewiesen werden, dass die Koeffizienten für die Variable „Entfernung" in den zuletzt gezeigten Schätzungen für den Transitverkehr (Daten der GFN) nicht mit Koeffizienten der „Entfernung" für den stationären und Transitverkehr zusammengenommen (Daten des MWV) verglichen werden können. Dies ist darin begründet, die Variable „Entfernung zur Grenze" unterschiedlich definiert wurde: Die Entfernungsvariable im Datensatz der GFN-Statistik ist nur bei den Tankstellen, die auf dem unmittelbaren Hin- oder Rückweg ins oder aus dem Ausland mit einem Wert ausgefüllt worden. Die anderen Tankstellen haben den Wert Null zugeordnet bekommen. Dagegen ist im Datensatz der MWV-Statistik jeder Kreis mit seiner durchschnittlichen Entfernung zur Grenze versehen worden.

3.1.2.2.3 Ergebnis: Indirekte Ermittlung der Steuerarbitrage für Benzin und Diesel

(1) Auch im Bereich der Mineralölsteuer lassen sich mit der hier verwendeten indirekten Methode breite Steuerarbitrageströme nachweisen (*Fragenkreis 1*).

Dieser Nachweis gelingt für die beiden grundverschiedenen Verkehrsarten, für den stationären und dem Transitverkehr zusammengenommen (Statistik des MINERALÖLWIRTSCHAFTSVERBANDES) und dem isolierten Transitverkehr auf Bundesautobahnen (Statistik der GESELLSCHAFT FÜR DIE NEBENBETRIEBE DER BUNDESAUTOBAHNEN).

Die gefundenen Schätzergebnisse lassen somit für einen weiteren mit hohen Verbrauchsteuern belegten Bereich „wenn-dann"-Aussagen zu und stellen damit eine nicht unwesentliche Bereicherung der vorliegenden Fragebogenstudien dar. Die vorliegenden herkömmlichen mikroökonomischen Studien sind – wie im oben dargestellten Überblickskapitel über die empirischen Studien gezeigt – dagegen nur eingeschränkt für Prognosezwecke zu verwenden. Dies gilt insbesondere, wenn der zur Zeit der Studien geltende Kranz an institutionellen Rahmenbedingungen verändert werden soll, z. B. hinsichtlich anderer Steuersätze oder geänderter Entfernung einer betrachteten Region zur Grenze.

(2) Das hier verwendete Schätzmodell im örtlichen und Transitverkehr zusammengenommen erzielt einen höheren Bestimmtheitsgrad, weil die anderen exogenen Variablen des Datenkranzes außerhalb der beiden die Steuerarbitrage erklärenden Variablen des Tankverhaltens (Entfernung zur Grenze und Steuerhöhe) näher bestimmt werden konnten als im Modell des Transitverkehrs. Dennoch sind die das Steuerarbitrageverhalten beschreibenden Koeffizienten auch im simplifizierten Modell des Transitverkehrs hochsignifikant.

(3) Der Einfluß der Steuersatzunterschiede an den EG-Grenzen und zur Schweiz und zu Österreich auf das Verhalten der Autofahrer ist – wie schon bei den Zahlen des Tabakeinzelhandels – an den beiden Variablen *„relative Höhe der Steuerdifferenz" und „Entfernung des Meßpunktes zur Grenze"* gemessen worden.

Aber auch andere institutionelle Regelungen, wie z. B. die Abfertigungsmodalitäten des grenzüberschreitenden Verkehr und die Höhe der Freimengen für Dieselkraftstoff, die im gewerblichen Verkehr in Anspruch genommen werden können, spielen eine statistisch nachweisbare Rolle für die Breite und Orientierung der Steuerarbitrageströme, auch wenn es nicht in vollem Umfang gelungen ist, diese Randbedingungen als quantifizierte Größen im Schätzmodell explizit zu berücksichtigen (*Fragenkreis 3: Bestimmungsgründe der Steuerarbitrage*).

(4) Zum Fragenkreis 4 (Übertragbarkeit der Schätzergebnisse auf die Zeit ab dem 1.1.1993) sind folgende Einschränkungen anzuführen:

- Mit Öffnung der Binnengrenzen zum 1.1.1993 wird die Tendenz, die sich bei den privaten Pkw-Fahrern in den vergangenen Jahrzehnten gezeigt hat, nämlich das Tankverhalten nach den relativen inländischen und ausländischen Preisen zu richten, auch auf die gewerblichen Lkw-Fahrer ausdehnen.

- Insoweit ist das – unter Verwendung der Daten des MINERALÖLWIRTSCHAFTSVERBANDES – gefundene Ergebnis für 1997 dahingehend zu interpretieren, dass zusätzlich zu den dort aufgezeigten Verlusten und Gewinnen durch Steuerarbitrage noch die seit 1993 zusätzlich sich ergebenden Arbitrageströme im grenzüberschreitenden Lkw-Verkehr zu beachten sind.

- Über Ausmaß und Saldo kann hier jedoch ohne weitergehende statistische Untersuchungen keine Prognose abgegeben werden. Seit Öffnung der Binnengrenze und insbesondere seit der Wiedervereinigung Deutschlands hat sich insbesondere der Güterverkehr strukturelle so stark verändert, dass die Ergebnisse des Erhebungszeitraums bis 1990 nicht ohne weiteres auf die Neunziger Jahre übertragen werden können.

(5) Für zukünftige mikro- und makroökonomische Untersuchungen sind detaillierte Modellierungen erforderlich, die die jeweiligen Besonderheiten des Transitverkehrs und des stationären Verkehrs und des privaten und des gewerblichen Verkehrs berücksichtigen. Das Steuerarbitrageverhalten bezüglich der Mineralölsteuer ergibt sich jeweils spezifisch für die genannten Verkehrsarten.

(6) Für den gewählten Vergleichszeitraum 1986/88 zu Ende des hier untersuchten zwanzigjährigen Zeitabschnitts ist im Transitverkehr ein Netto-Gewinn für die betrachteten nördlichen, westlichen und südlichen Grenzabschnitte festzustellen gewesen (deutscher Überschuss: 40,4 Mio. Tonnen Kraftstoff). Für ein aktuelles Jahr 1997 errechnet sich im Transitverkehr und im stationären Verkehr zusammengenommen für das selbe Untersuchungsgebiet ebenfalls ein Netto-Gewinn für Deutschland (per-Saldo-Gewinn an Mineralölsteuer: 139,1 Mio. DM). Für die Situation ab dem 1.1.2000 nach Einführung der sog. Ökosteuer kann jedoch eine Aussage erst getroffen werden, wenn das Steuersetzungsverhalten der Anrainerstaaten (und die bisher noch nicht explizit mit ökonometrischen Modellen untersuchte Ostgrenzen der Neuen Bundesländer) mit betrachtet werden.

3.1.3 Indirekte Ermittlung der Steuerarbitrage (Geldströme)

Eine völlig anders geartete Ermittlung der Direktimportsströme auf indirektem Wege könnte über die Geldseite eines Kaufaktes erfolgen: Wenn ein Konsument des Landes X im Land Y einkauft, muß entweder er oder der Verkäufer die Währung (i.d.R. in Sorten, d.h. in Münz- oder in Papiergeld) des Landes Y gegen Hingabe der Währung des Landes X erwerben[514]. Es fließen also zu den Direktimportsströmen spiegelbildlich Direktimportsgeldströme. Die statistische Erfassung und Verbuchung der Transaktionen mit dem Ausland erfolgt in der Zahlungsbilanzstatistik.

Die Zahlungsbilanzstatistik wird in der Bundesrepublik Deutschland von der DEUTSCHEN BUNDESBANK erstellt. Sie erfasst alle Meldungen der Kreditinstitute und des Staates in die Außenhandelsbilanz ein. Wegen des Bilanzzusammenhangs müssen die Waren-, Dienstleistungs- und Kapitalaußenhandelsbilanz definitorisch immer ausgeglichen sein[515]. Jede Transaktion wird demnach zweimal verbucht. Ein gewerblicher Verkauf einer Ware ins Ausland schlägt sich als positive Größe in der Leistungsbilanz (Warenstrom) und als je nach Finanzierung negativer Posten in der Kapitalbilanz (Geldstrom) nieder[516]. Ein Direktimport betrifft strenggenommen nur das Verbringen von Zahlungsmitteln (Sorten) im Ausland und den Kauf einer Ware dort. Als negativer Posten erscheint die Geldtransaktion nur unter speziellen Bedingungen in der Zahlungsbilanzstatistik:

- Und zwar wenn sie erfasst wird, in der kurzfristigen Kapitalbilanz[517], wenn der Direktimporteur bei einem inländischen Kreditinstitut ausländische Sorten im Inland erwirbt[518], ohne spezifizierte Gegenbuchung unter einer Position der Leistungsbilanz, d.h. unter dem Saldo der nicht aufgliederbaren Transaktionen (Fall 1).
- Denkbar ist, wenn die Erfassungsgrenze von 2.000 DM unterschritten wird, eine Buchung unter den statistisch nicht aufgliederbaren Positionen

[514] Vgl. die Übersicht "Transaktionspunkte eines Direktimports - Erhebungsmöglichkeiten" in Kap. 1.2.3 des 3. Teils.

[515] STOBBE (1989) Volkswirtschaftliches Rechnungswesen, 7. Aufl., Berlin et al., S. 200 ff.

[516] Vgl. DEUTSCHE BUNDESBANK (1987) Die Zahlungsbilanzstatistik der Bundesrepublik Deutschland. Inhalt, Aufbau und methodische Grundlagen, Sonderdrucke der Deutschen Bundesbank 8, o.O., S. 28.

[517] Der Erfassung des (kurzfristigen) Kapitalverkehrs liegen die §§ 59 ff Außenwirtschaftsverordnung (AWV) zugrunde. Jeder Gebietsansässige muß alle Zahlungen an Gebietsfremde oberhalb einer Meldefreigrenze i.H.v. 2.000 DM an die Bundesbank melden. Kreditinstitute melden grundsätzlich nur Transaktionen auf eigene Rechnung und bestimmte Sondertransaktionen, wie z.B. Wertpapiertransaktionen oder die für die Untersuchung relevanten Sortenkäufe im Auslandsreiseverkehr. Inhalt der Meldung ist in jedem Fall auch der Zweck der Zahlung. Der Zahlungszweck unterscheidet neben den (1) „Zahlungsaufträgen/Zahlungen im Außenwirtschaftsverkehr", „Auslandskontenmeldungen (Ein- und Ausgänge)" - alle meldepflichtig ab 2 TDM - und die besagten "Zahlungen im Auslandsreiseverkehr"; vgl. DEUTSCHE BUNDESBANK (1987) Zahlungsbilanzstatistik, aaO, S. 43f.

[518] Bzw. bei einem Kreditinstitut im Ausland erwirbt, das seinerseits inländische Währung gegen heimische Währung verkauft.

- oder eine Buchung auf dem Konto kurzfristiger Kapitalverkehr unter den Reiseverkehrsausgaben (Fall 2).

Zahlreiche Abgrenzungsschwierigkeiten und grundsätzliche Widersprüchlichkeiten lassen von einer näheren Betrachtung dieser indirekten Ermittlungsmethode absehen: Wollte man die bei den Kreditinstituten gemeldeten Geldströme erfassen, müßte es gelingen, aus der Devisenbilanz die Beträge zu isolieren, die mit den privaten Käufen von Endverbrauchern im jeweiligen Ausland verbunden sind. Oder wenn eine Warenart vermutlich von Inländern im Ausland gegen inländische Zahlungsmittel (also gegen Deutschen Mark) gekauft wird, müßten die Beträge, die von gewerblichen Einzelhändlern im Ausland gemeldet werden, für sich genommen betrachtet werden. Die Sortenströme[519], die unterhalb der Erfassungsgrenze liegen und wohl den größten Teil der tagtäglichen Steuerarbitrage ausmachen werden, könnten in einer Analyse der statistisch nicht aufgliederbaren Positionen (Währungsart, Anzahl der Posten usw.) untersucht werden.

Die Position "Ausgaben bzw. Einnahmen im Reiseverkehr" ist in einer Voruntersuchung daraufhin untersucht worden, ob sich z.B. für das Jahr der letzten Erhöhung der speziellen Verbrauchsteuern 1982 oder für die Zeit der liberalisierten Kontrollen an den Grenzen, die vom Schengener Abkommen erfasst werden, Trends gegenüber einzelnen Nachbarländern aufzeigen ließen. Das Ergebnis dieser Voruntersuchung war so wenig erfolgversprechend, dass diese Spielart der indirekten Ermittlung der Steuerarbitrage im Rahmen dieser Arbeit nicht weiter verfolgt wurde: Einmal folgten der Saldo der Ausgaben und der Einnahmen der konjunkturellen Entwicklung in den Achtziger Jahren. Zum zweiten überlagern strukturelle Unterschiede im Reiseverhalten der Bundesbürger (etwa die Präferenz für Österreich als Urlaubsland) jedwede zu erwartende Steuerarbitrage.

Ein weiteres Caveat ist für die Verwendung aller Quellen der Geldströme als Indikator einer Steuerarbitrage vorzubringen: Die große Streuung der Verwendungszwecke der eingetauschten Fremdwährung verhindert eine notwendige Zuordnung von Steuersatzdifferenzen und arbitrierten Gütern. Wenn erstens gleichzeitig für ein Gut eine positive Steuerdifferenz und für ein anderes Gut eine negative Steuerdifferenz besteht, liefert die Analyse der Geldströme keine Ergebnisse mehr. Und zweitens werden die bei den Kreditinstituten eingetauschten Sorten auch für andere Zwecke, etwa für private Urlaubs- oder Geschäftsreisen, eingetauscht worden sein.

---

[519] Sorten sind Zahlungsmittel des baren Zahlungsverkehrs in Abgrenzung zu Devisen, die Buchgelder sind. Die reine Steuerarbitrage von Privatpersonen wird in der Regel, so sei es hier unterstellt, mit Bargeld abgewickelt. Zusätzliche Probleme der Meßmethodik entstünden, wollte man auch noch unbare Zahlungsmittel (Schecks, Kreditkarten z.B.) berücksichtigen.

3.2 Wirkungen von Steuersatzunterschieden auf die Bestandshaltung langlebiger Gebrauchsgüter am Beispiel der Personenwagen

Beim Kraftstoffverbrauch spielt für die Wahl des Einkaufsortes (Inland-Ausland) nicht nur die Satzdifferenz eine Rolle sondern auch die in der Vergangenheit getroffene Entscheidung, einen Pkw mit Benzin- oder Dieselmotor anzuschaffen.

Die Wahl des Antriebsaggregats für den privaten Personenkraftwagen - auf ihn beschränkt sich die hier vorgenommene Untersuchung - kann nun als komplexes Investitionskalkül interpretiert werden: Dem in den Anschaffungsausgaben in der ersten Periode der Nutzung teureren Dieselmotor steht in den folgenden Nutzungsjahren in fast allen Grenzregionen eine Einkaufsmöglichkeit zu einem wesentlich niedrigeren Preis zur Verfügung. Es ist demnach zu vermuten, dass in den Grenzregionen relativ mehr Diesel-Pkw zugelassen sind als im Bundesdurchschnitt, dass aber trotzdem relativ betrachtet (pro zugelassenem Dieselmotor) weniger Diesel verbraucht wird[520].

Zur Überprüfung dieser Hypothese kann die Kraftfahrzeugzulassungsstatistik des KRAFTFAHRTBUNDESAMTES herangezogen werden. Dort lassen sich die angemeldeten Personenkraftwagen nach ihrer Motorvariante und ihrem Zulassungsbezirk genau bestimmen. Bei dieser Zulassungsstatistik handelt es sich um eine ideale Grundlage für die Untersuchung des Arbitrageverhaltens der Konsumenten angesichts Steuersatzdifferenzen, weil die Wahlakte der Konsumenten im Raum ohne Streuverluste genau gekennzeichnet werden können. Analysiert man nämlich nur die räumliche Verteilung des Absatzes von Treibstoffen lassen sich die privaten Nachfrager nicht isolieren, weil z.B. der Transit-/Urlauberverkehr bzw. (besonders beim Dieselabsatz) gewerbliche Nachfrager für ein vielfältiges Bild sorgen. In gewissem Sinne kann man davon sprechen, dass die Entscheidungen der Steuerpflichtigen „earmarked" sind.

3.2.1 Bestandsstatistik für Benzin- und Dieselpersonenwagen des KRAFTFAHRTBUNDESAMTES

Die Betrachtung sei zeitlich zunächst in diesem Kapitel 3.2.1 auf die Jahre von 1981 bis 1983 beschränkt. Denn erst seit 1981 können Diesel- und Benzinbestandszahlen getrennt, jedoch nicht bis auf Kreisebene disaggregiert, ausgewiesen werden. Die Aufschlüsselung auf Kreise wäre von besonderem Interesse wegen der Vergleichbarkeit der Daten für die Analyse des Kraftstoffumsatzes in den oben betrachteten

---

520 Vgl. die Seminararbeit von v. SALMUTH (1991) Versuch einer empirischen Untersuchung über den Zusammenhang zwischen der Nachfrage nach Diesel-Pkw und der billigeren ausländischen Dieselpreises in Grenzkreisen, Typoscript, Bonn.

Grenzregionen[521]. Die Zulassungsstatistik des Kraftfahrtbundesamtes läßt sich aber erst seit 1985 auf Kreisebene nach den beiden Antriebsalternativen aufschlüsseln[522]. Die Zahlen werden im Abschnitt 3.2.2 gezeigt.

3.2.1.1 Bestände an Diesel- und Benzin-Pkw auf Regierungsbezirksebene (1981-83)

Die Bestandszahlen aus den Jahren 1981, 1982 und 1983 beruhen auf einer Sondererhebung des KRAFTFAHRTBUNDESAMTES[523].

Tabelle 90: Bestand an Diesel- und Benzin-Pkw nach Regierungsbezirken (jeweils zum 1. Juli 1981-83)[a]

	Benzin 1981	Diesel 1981	Benzin 1982	Diesel 1982	Benzin 1983	Diesel 1983
Schleswig-Holstein	827.333	71.439	827.144	83.076	836.933	92.424
RB Braunschweig	537.773	28.724	529.023	38.121	535.059	39.334
RB Hannover	673.096	36.356	667.072	44.962	673.973	49.620
RB Lüneburg	509.635	34.052	503.289	40.778	507.329	45.936
RB Weser-Ems	683.205	59.077	683.689	68.652	690.447	76.791
Niedersachsen	2.403.709	158.209	2.383.073	192.513	2.406.808	211.681
RB Düsseldorf	1.710.828	112.491	1.698.983	128.387	1.704.134	139.505
RB Köln	1.307.831	78.133	1.313.859	90.975	1.332.098	102.425
RB Münster	774.426	49.614	784.602	58.073	786.546	64.492
RB Detmold	641.574	31.414	641.764	38.198	647.086	43.479
RB Arnsberg	1.238.233	53.998	1.233.039	65.214	1.230.810	72.660
Nordrhein-Westfalen	5.672.892	325.650	5.672.247	380.847	5.700.674	422.561
RB Koblenz	491.400	22.808	496.751	27.200	500.662	30.506
RB Trier	153.519	13.729	153.656	16.813	155.616	19.606
RB Rheinhessen-Pfalz	641.294	31.888	650.117	38.014	662.775	42.107
Rheinland-Pfalz	1.286.213	68.425	1.300.524	82.027	1.319.053	92.219
Saarland	379.129	17.411	381.019	21.121	387.413	24.448
RB Stuttgart	1.189.530	90.828	1.193.260	103.675	1.211.544	108.655
RB Karlsruhe	836.196	49.470	848.465	58.518	858.291	63.311
RB Freiburg	628.958	31.256	636.319	37.749	649.258	42.843
RB Tübingen	510.115	33.375	513.147	39.612	522.313	44.434
Baden-Württemberg	3.164.799	204.929	3.191.191	239.554	3.241.406	259.243
RB Oberbayern	1.239.818	66.620	1.247.299	81.608	1.267.591	92.082
RG Schwaben	514.887	29.044	521.997	34.869	530.696	39.308
Bayern	3.693.118	190.750	3.731.782	232.776	3.790.685	264.383
BR Deutschland	20.666.628	1.197.963	20.712.384	1.430.522	20.933.363	1.590.315

a. Quelle. Sondererhebung des KRAFTFAHRTBUNDESAMTES.

---

[521] Vgl. die Erläuterungen im Kapitel 3.1.2.3 „Tankstellenabsatzstatistiken des MINERALÖLWIRTSCHAFTSVERBANDES (1981-1990)" oben. Die Zahl der zugelassenen Personenwagen geht zudem direkt in die Schätzungen der räumlichen Verteilung der Kraftstoffumsätze ein.

[522] Vgl. KRAFTFAHRTBUNDESAMT (1985) Statistische Mitteilungen des Kraftfahrtbundesamtes, 1. Ergänzungsheft: Bestand an Kraftfahrzeugen und Kraftfahrzeuganhängern am 1. Januar 1985 nach Zulassungsbezirken.

[523] An dieser Stelle möchte der Verfasser Herrn Dr. Klüglein vom KRAFTFAHRTBUNDESAMT recht herzlich für die gute Zusammenarbeit danken.

Eine Auswertung der Zulassungsstatistik ermöglicht die Abbildung des relativen Bestands an Diesel-Pkw pro Benzin-Pkw.

Tabelle 91: Anteilige Diesel-Bestände 1981-83[a]

	Relativer Bestand Diesel-Pkw (in %)		
	d81/b81	d82/b82	d83/b83
Schleswig-Holstein	8,63%	10,04%	11,04%
RB Braunschweig	5,34%	7,21%	7,35%
RB Hannover	5,40%	6,74%	7,36%
RB Lüneburg	6,68%	8,10%	9,05%
RB Weser-Ems	8,65%	10,04%	11,12%
Niedersachsen	6,58%	8,08%	8,80%
RB Düsseldorf	6,58%	7,56%	8,19%
RB Köln	5,97%	6,92%	7,69%
RB Münster	6,41%	7,40%	8,20%
RB Detmold	4,90%	5,95%	6,72%
RB Arnsberg	4,36%	5,29%	5,90%
Nordrhein-Westfalen	5,74%	6,71%	7,41%
RB Koblenz	4,64%	5,48%	6,09%
RB Trier	8,94%	10,94%	12,60%
RB Rheinhessen-Pfalz	4,97%	5,85%	6,35%
Rheinland-Pfalz	5,32%	6,31%	6,99%
Saarland	4,59%	5,54%	6,31%
RB Stuttgart	7,64%	8,69%	8,97%
RB Karlsruhe	5,92%	6,90%	7,38%
RB Freiburg	4,97%	5,93%	6,60%
RB Tübingen	6,54%	7,72%	8,51%
Baden-Württemberg	6,48%	7,51%	8,00%
RB Oberbayern	5,37%	6,54%	7,26%
RB Schwaben	5,64%	6,68%	7,41%
Bayern	5,17%	6,24%	6,97%
BR Deutschland	5,80%	6,91%	7,60%

a. Quelle. Sondererhebung des KRAFTFAHRTBUNDESAMTES, eigene Berechnungen.

- Die 1982 er Steuererhöhung (bei Benzin um 4 Prozent von 0,49 DM 1981 auf 0,51 DM 1982) und das für Treibstoffe im Zuge der zweiten Ölkrise gestiegene Preisniveau (bei Benzin von 1,17 DM 1980 auf 1,42 DM 1981) hat die Sensibilität der Autokäufer für die bestehende Arbitragemöglichkeit beim Diesel gestärkt. Das belegen die durchschnittlich höheren Zulassungsanteile für Diesel-Pkw in den Regierungsbezirken, die einem Nachbarland mit wesentlich niedrigeren Preisen für Dieseltreibstoff (Dänemark, Niederlande, Belgien und Luxemburg) angrenzen.
- Entlang der deutsch-dänischen und der deutsch-luxemburgischen Grenze sind die Bestände der Diesel-Pkw relativ zu den Benzinern mit 8,65 % (Schleswig-Holstein) und 8,94 % (RB Trier) sehr hoch.
- Entlang der deutsch-holländischen Grenze sind ebenfalls überdurchschnittliche Dieselzulassungen zu vermelden: 8,65 % im RB Weser Ems, 6,41 % im RB Münster, 6,58 % im RB Düsseldorf und 5,97 % im RB Köln.
- Die hohen Dieselquoten in Baden-Württemberg können auf den Produktionsstandort von Mercedes-Benz zurückgeführt werden: Für Belegschaftsmitglieder besteht jährlich die Möglichkeit, einen Mercedes verbilligt zum Mitarbeitertarif zu kaufen. Es ist zu vermuten,

dass es wegen des höheren Wiederverkaufswertes für Dieselfahrzeuge besonders attraktiv ist, einen Mercedes mit Dieselmotor als Jahreswagen zu vermitteln.

In den beiden folgenden Abschnitten sollen die Ergebnisse der ökonometrischen Analyse der Bestandsstatistik des KRAFTFAHRTBUNDESAMTES in Flensburg dargestellt werden. In die ökonometrischen Untersuchungen sind die Jahre ab 1984 einbezogen worden, für die nämlich überhaupt Pkw-Zulassungszahlen getrennt nach Diesel- und Benzinantrieb auf Kreisebene vorliegen.

3.2.1.2 Bestandshaltung von Personenwagen auf Kreisebene (1984-90)

Die feiner nach Kreisen untergliederten Tabellen lassen sich nicht mehr auf einen Blick wie die Werte auf Regierungsbezirksbasis - in relativen Dieselzulassungen z.B. - auswerten. Stattdessen ist eine detaillierte ökonometrische Analyse möglich.

Wie schon in der Betrachtung der Arbitrageströme beim Diesel- und Benzinabsatz ist zwischen den abströmenden und den hereinströmenden Arbitrageuren zu unterscheiden. In dem hier verwendeten Schätzansatz für Kraftstoffabsatz laut der Statistik des MINERALÖLWIRTSCHAFTSVERBANDES wird der aus dem gesamten grenznahen Raum (einschließlich des Hinterlandes) abfließende Strom an inländischen Arbitrageuren, wenn jenseits der Grenze billiger getankt werden kann, vom im umgekehrten Fall hereinfließenden Strom ausländischer Arbitrageure, der sich ja nur in unmittelbarer Grenznähe niederschlägt, getrennt.

Weil sich diese Bestandsaufnahme der Steuerarbitrage auf die Analyse der Effekte auf inländische Datenquellen beschränkt, kann die Analyse der Bestandshaltung der Benzin- und Diesel-Personenwagen nur auf die abströmenden Inländer bezogen sein. Eine verstärkte Bestandshaltung von Ausländern, die ins Inland zum Direktimport hereinströmen, lässt sich nicht mit der *inländischen* Zulassungsstatistik ermitteln.

Die hier untersuchten Regionen sind identisch mit den Regionen, die in den Regressionen zur Wirkung der Tabak- und Mineralölsteuer auf die Steuerarbitrage in Kapitel 3.1.2, d.h. es werden die Grenzen zu Dänemark, den Niederlanden, Belgien, Luxemburg, Frankreich, der Schweiz und Österreich untersucht. Aus diesen Kreisen sind für Benzin die grenznahen Regionen zu Luxemburg und zur Schweiz (ab 1989) und für Dieselkraftstoff zu Dänemark (bis 1986), den Niederlanden, Belgien und Luxemburg als Grenzregionen mit positiven Steuerdifferenzen zu isolieren. Diesen Kreisen wird eine entsprechende Steuerdifferenz und eine Entfernungsvariable zu geordnet, während für alle anderen Kreise diese beiden Variablen den Wert Null annehmen.

3.2.1.2.1 Bestandshaltung von Benzin-Personenwagen

Das Grundmodell der Schätzung bezieht den Bestand an Benzin-Pkws auf demographische und ökonomische Variablen (Bevölkerung, Bevölkerungsdichte und Pro-Kopf Einkommen) und testet, inwieweit darüber hinaus die Lage eines Kreises zu anders besteuernden Nachbarstaaten und die Höhe dieser Steuerdifferenz die Veränderung abhängigen Variable „Bestand an Benzin-Pkws" über die Zeit und über die ca. zweihundert Kreise und kreisfreien Städte erklären kann. Vom verwendeten Datenmaterial her handelt es sich wieder um den Typus der gemischten Cross-Sectional und Time-Series-Analyse:

$$Pkw^{Vk} = \beta_0 + \beta_1 Einw + \beta_2 \frac{Einw}{km^2} + \beta_3 \frac{Y}{Einw} + \beta_4 Entf + \beta_5 P_{rel}^{Vk} + u$$

Als Ergebnisse der Schätzung für den Zeitraum von 1985 bis 1990 ergeben sich:

$$Pkw^{Vk} = \underset{(247{,}715)}{-245{,}760} + \underset{(14{,}299)}{3{,}956\, Einw^{**}} - \underset{(16{,}252)}{4{,}678 \frac{Einw}{km^2}^{**}} + 2{,}345 \frac{Y^{**}}{Einw} + \underset{(6{,}127)}{71{,}004\, Entf_{+}^{**}} - \underset{(3{,}092)}{389{,}796\, P_{rel}^{Vk**}}$$

n = 1.434 korr.R^2 = 0,983 F = 16.247,228 ** = sign.0,01

- Die Bevölkerung und das Pro-Kopf Einkommen üben einen positiven Einfluss auf den Bestand an Benzin-Pkw aus. Eine steigende Bevölkerungsdichte vermindert die Zahl der zugelassenen Benzin-Pkw. Dies läßt darauf schließen, das in dichter besiedelten Gebieten eine Substitution durch andere Verkehrsmittel (z.B. den ÖPNV) erfolgt.
- Aus dem die Steuerarbitrage erklärenden Variablenpaar haben sowohl die Steuerdifferenz als auch die Entfernung einen signifikant von Null verschiedenen Einfluss. Unerwartet sind allerdings das Vorzeichen des Entfernungskoeffizienten und das negative Vorzeichen der Steuerdifferenz. Sie deuten darauf hin, dass je weiter man sich der für den untersuchten Zeitraum relevanten luxemburgischen Grenze mit den Arbitragemöglichkeiten für Fahrzeughalter nähert und je höher die Preisdifferenz ist, umso stärker die Zahl der Benzin-Pkw sinkt. Betrachtet man alleine die Kaufentscheidung für ein Benzinauto und den inländischen und ausländischen Benzinpreis, so müßte eigentlich zu erwarten sein, dass mit geringerer Entfernung zur Grenze und mit höherem Preisvorteil im niedriger besteuernden Land die Zahl der Benzin-Pkw steigt.
- Eine mögliche Erklärung für diesen ungewöhnlichen Sachverhalt kann durch die Kreuzbeziehung zwischen Diesel und Benzin gegeben sein: Zwar ist jenseits der luxemburgischen Grenze Benzin billiger als in Deutschland; dieser Anreiz, in der Nähe Luxemburgs einen Benziner zu halten, wird aber von dem relativ[524] größeren Anreiz, dort einen Diesel-Pkw zu fahren, überlagert. Wegen der hohen Substitutionalität zwischen Diesel- und Benzinmotorisierung kann es wohl zu dem obigen inversen Ergebnis kommen, dass je niedriger die Steuer im benachbarten Staat ist, desto niedriger die Zahl der entsprechenden Benzin-

---

[524] Der Benzinpreis ist in Deutschland gegenüber Luxemburg um 4 – 12% höher gewesen, der Dieselpreis jedoch um 16 – 29 %, also mehr als doppelt so hoch.

Pkw. Für den deutsch-schweizerischen Grenzabschnitt lässt sich ab 1989 eine niedrige Preisdifferenz zulasten Deutschlands aufzeigen (vgl. oben Tabelle 54). Die niedrige Preisdifferenz wirkt sich nicht auf die Bestandshalteentscheidung aus.

3.2.1.2.2 Bestandshaltung von Diesel-Personenwagen

Das Schätzmodell für zugelassene Diesel-Bestände lautet analog:

$$Pkw^{Dk} = \beta_0 + \beta_1\, Einw + \beta_2 \frac{Einw}{km^2} + \beta_3 \frac{Y}{Einw} + \beta_4 Entf + \beta_5\, P^{Dk}_{rel} + u$$

Die Ergebnisse der Schätzung für die Bestandshaltung von Dieselfahrzeugen lauten:

$$Pkw^{Dk} = 1.146{,}834 + 0{,}504\, Einw^{**} - 2{,}272 \frac{Einw}{km^2}^{**} + 1{,}030 \frac{Y}{Einw}^{**} - 10{,}754\, Entf^{**}_{+} + 17{,}778\, P^{Dk*}_{rel}$$

$$(69{,}229) \qquad (15{,}186) \qquad (15{,}376) \qquad (6{,}357) \qquad (1{,}672)$$

n = 1.434 korr.R^2 = 0,804 F = 1.173,237 + = sign.0,1 ** = sign.0,01

- Die Bevölkerung und das Pro-Kopf-Einkommen steigern die Zahl der Diesel-Pkw. Mit steigender Bevölkerungsdichte vermindert sich die Zahl der zugelassenen Diesel-Pkw. Das Verhalten der Diesel-Bestände entspricht von daher dem der Benzin-Pkw-Bestandshaltung.
- Die beiden Variablen, die für die Arbitragemöglichkeit stehen, weisen nun – im Unterschied zum Benzin-Schätzansatz – die erwarteten Vorzeichen auf.
- Die Entfernung zur Grenze mit der jeweils niedrigeren Steuer auf Diesel wirkt wie folgt: Je weiter man sich von der Grenze weg bewegt, umso niedriger werden die Zahlen für zugelassene Diesel-Pkw. Für eine zusätzliche Distanz von 1 km zur Grenze sinkt die Zahl der angemeldeten Dieselfahrzeuge um 19,754 je Kreis.
- Hochgerechnet auf die 16 unmittelbar grenznahen Kreise (von Aurich in Niedersachsen bis Merzig-Wadern im Saarland) und die nächsten 17 mittelbar grenznahen Kreise (von Wittmund bis Sankt-Wendel) kann der Einfluss der Entfernung wie folgt veranschaulicht werden: Die durchschnittliche Entfernung steigt von 15 km der unmittelbar grenznahen Kreise auf 43 km der folgenden Kategorie. Also verändert sich die Zahl der zugelassenen Diesel-Pkw um 28 km * 17 Kreise * 10,754 = 5.119 Diesel-Pkw von seiten der Entfernungsvariable.
- Von seiten der Steuersatzvariablen ergibt sich für das Frühjahr 1986 veranschaulicht folgendes Bild:

  - an der deutsch-dänischen Grenze 15 schleswig-holsteinische Kreise * 25 %-Punkte * 17,778 = 6.667,
  - an der deutsch-holländischen Grenze 101 niedersächsische und nordrhein-westfälische Kreise * 26 %-Punkte * 17,778 = 46.685 und an der
  - deutsch-luxemburgischen Grenze 16 rheinland-pfälzische Kreise (+ Merzig-Wadern im Saarland) * 29 %-Punkte * 17,778 = 8.249.

Insgesamt sind in den betrachteten Kreisen 61.601 mehr Diesel-Pkw zugelassen als ohne die Steuerarbitragemöglichkeit zu erwarten gewesen wäre.

Als Ergebnis dieses Abschnitts kann festgehalten werden, dass sich die Möglichkeit zur Steuerarbitrage bei der Mineralölsteuer auch auf die Bestandshalteentscheidung, welche Motorvariante präferiert wird, statisch messbar auswirkt. Dies wurde oben bei der Analyse der Kraftstoffabsätze bereits vermutet.

An den Grenzen, an denen insbesondere Dieselkraftstoff billiger im Ausland getankt werden kann (*positive* Steuerdifferenz), finden sich erheblich mehr Dieselfahrzeuge als durch die anderen Variablen des Modells erklärt wird. Dagegen ist an einer Grenze (i.e. Luxemburg), an der auch Benzin im Ausland billiger getankt werden kann, ein inverser Zusammenhang ermittelt worden. Es ist zu vermuten, dass wegen der an der luxemburgischen Grenze höheren Preisdifferenz zugunsten des Diesel-Kraftstoffes die eigentlich zu erwartende Reaktion der Benzin-Pkw-Halter überlagert wird von der sich stärker lohnenden Arbitragemöglichkeit beim Diesel.

Das Resultat verstärkt die im Abschnitt 3.1.2.2.1 wiedergegebenen Ergebnisse der Regressionen für den Kraftstoffabsatz im ortsgebundenen und Transitverkehr (Statistik des Mineralölwirtschaftsverbandes der GFN!), weil dort die Absätze der jeweiligen Kraftstoffart (Vk und Dk) den Motorvarianten der privaten Pkw-Bestände (Benzin- und Diesel-Pkw) zugeordnet wurden. Wenn z.B. in Luxemburg Dieselkraftstoff billiger ist, finden sich auf deutscher Seite *mehr* Diesel-Pkw und gleichzeitig *weniger* Dieselabsätze bezogen auf diesen Diesel-Pkw-Bestand.

Darüber hinaus legen die statistischen Resultate nahe, dass sich in den Kreisen entlang der luxemburgischen Grenze, in denen sich Arbitragemöglichkeiten sowohl für Diesel- als auch für Benzin-PKW ergeben, die Kraftfahrzeughalter sich nach der Höhe der Steuersatzdifferenz richten: Dort wo die Arbitragemöglichkeit auch für Benziner bestünde (Luxemburg), sind keine vermehrten Benzin-Pkw-Zulassungen zu messen.

Neben der Betrachtung des absoluten Bestandes an Diesel- und Benzin-Personenwagen soll im folgenden auch der Saldo aus Neuzulassungen und Abmeldungen, also die erste Ableitung der Bestände, auf die Reagibilität gegenüber dem Variablenset getestet werden. Zusätzlich informiert der Saldo der Netto-Neuzulassungen über die Entscheidung der Neuwagenkäufer, sich mit der Wahl der Motorvariante auf Preisdifferenzen beim Kraftstoff diesseits und jenseits der Grenze einzustellen.

3.2.3 Saldo aus Neuzulassungen und Abmeldungen von Personenwagen auf Kreisebene (1985-90)

3.2.3.1 Neuzulassungen minus Abmeldungen bei Benzin-Personenwagen

Das Schätzmodell für den Saldo aus Zugängen minus Abgängen der Bestände an Benzin-Pkw lautet:

$$\Delta Pkw^{Vk} = \beta_0 + \beta_1 Einw + \beta_2 \frac{Einw}{km^2} + \beta_3 \frac{Y}{Einw} + \beta_4 Entf + \beta_5 P^{Vk}_{rel} + u$$

Δ : Neuzulassungen - Abmeldungen

Die Ergebnisse dieses Ansatzes lauten:

$$\Delta Pkw^{Vk} = -406{,}896 + 0{,}065\, Einw^{**} - 0{,}570 \frac{Einw}{km^2}^{**} + 2{,}282 \frac{Y}{Einw}^{*} + 3{,}623\, Entf_{+} - 91{,}946\, P^{Vk\,+}_{rel+}$$

$$\qquad (9{,}078) \qquad (3{,}582) \qquad (1{,}895) \qquad (0{,}694) \qquad (1{,}321)$$

n = 956 korr.R^2 = 0,097 F = 21,442 + = sign.0,1 * = sign.0,05 ** = sign.0,01

- Auf die Netto-Zugänge von Benzin-Pkw üben die Bevölkerungszahl und das Pro-Kopf Einkommen einen positiven und die Bevölkerungsdichte einen negativen Einfluss aus.

- Aus dem Variablenset, das für die Steuerarbitrage steht, ist bei dem Ansatz für Benzin-Pkw nur die relative Preisvariable, wieder mit nicht erwartetem negativen Vorzeichen signifikant von Null verschieden. Für die Erklärung dieses Umstands ist auf die Ausführungen über Absolutzahlen zu verweisen.

- Das korrigierte Bestimmtheitsmaß ist für diesen Schätzansatz allerdings sehr niedrig: 0,097.

3.2.3.2 Neuzulassungen minus Abmeldungen für Diesel-Personenwagen

Analog ergibt sich als Schätzmodell für die Zugänge minus den Abgängen für Diesel-Fahrzeuge:

$$\Delta Pkw^{Dk} = \beta_0 + \beta_1 Einw + \beta_2 \frac{Einw}{km^2} + \beta_3 \frac{Y}{Einw} + \beta_4 Entf + \beta_5 P_{rel}^{Dk} + u$$

Für Diesel-Kraftfahrzeuge lauten die Ergebnisse:

$$\Delta Pkw^{Dk} = -15{,}100 + 0{,}069\, Einw^{**} - 0{,}395 \frac{Einw}{km^2}^{**} + 0{,}859 \frac{Y}{Einw}^{**} - 2{,}318\, Entf_+^{**} + 9{,}206\, P_{rel+}^{Vk\ **}$$

$$(32{,}418) \qquad (8{,}198) \qquad (2{,}338) \qquad (4{,}765) \qquad (3{,}083)$$

n = 956 korr. R^2 = 0,576 F = 260,943 ** = sign.0,01

Das korrigierte Bestimmtheitsmaß steigt im Ansatz für Dieselneuzulassungen erheblich gegenüber dem Ansatz für Benzin-Pkw auf 0,576. Aus den hier nicht weiter untersuchten Variablen des Datenkranzes übt die Bevölkerung und das Pro-Kopf Einkommen einen positiven Einfluss und die Bevölkerungsdichte einen negativen Einfluss auf die Höhe der Pkw-Bestände eines Kreises aus.

Für die Grenzen, an denen eine substantielle Steuerarbitrage nachgewiesen werden kann, findet sich auch ein hochsignifikantes Ergebnis für das Set derjenigen erklärenden Variablen, die im Zusammenhang mit dem Steuersatzgefälle stehen:

- Mit steigender Entfernung von der Grenze verringert sich die Zunahme des Diesel-Pkw-Bestandes. Der Koeffizient beträgt -2,318 und hat mit 4,765 einen recht hohen t-Wert.
- Die Zunahme des Dieselbestandes vollzieht sich besonders rasch an den Grenzen mit hohen relativen Preisdifferenzen. Der Koeffizient von 9,206 deutet darauf hin, dass je Prozentpunkt relativer Preisdifferenz $(p_i - p_a)/p_i$ sich die Zahl des Diesel-Pkw-Bestands um knapp 10 Pkw je Kreis erhöht. Beispielsweise kann nun abgeleitet werden, dass für die höchste Steuerdifferenz des Samples, nämlich 1989 gegenüber Luxemburg mit 29 %, in jedem Luxemburg zugeordneten Kreis (Bitburg-Prüm, Daun, Trier, Trier-Saarburg und Merzig-Wadern) jeweils über 300 Diesel-Pkw zum Fahrzeugbestand von je Kreis durchschnittlich 10.863 Dieselfahrzeugen hinzugekommen sind.

3.2.4 Ergebnis: Bestandshaltung von Personenwagen bei Steuerdifferenzen

Als Ergebnis der Untersuchung der Bestandshaltung und der Veränderung der Bestandshaltung in grenznahen Regionen kann festgehalten werden:

(1) In Grenzregionen und für die Dieselantriebsvariante, für die die Möglichkeit zur Steuerarbitrage besteht, bestätigt sich die Hypothese, dass sich die Differenzen bei den Steuersätzen erhöhend auf den Bestand an mit Dieselmotor angetriebenen Personenwagen auswirkt.

(2) Der Existenzbeweis der Steuerarbitrage kann sowohl für die Bestände im untersuchten Zeitraum von 1985 bis 1990 als auch für die Veränderung dieses Bestandes geführt werden.

(3) Darüber hinaus richten sich die Kraftfahrzeughalter nach der Höhe der Steuerdifferenz: Dort wo sowohl Diesel als auch Benzin billiger jenseits der Grenze getankt werden kann, finden sich mehr tendenziell Dieselfahrzeuge (absolut und in den ersten Differenzen), weil die Steuerdifferenz für Diesel höher ist.

4. Ausblick: Die zu erwartende Rolle der Steuerarbitrage für die Harmonisierung der Umsatz- und Verbrauchsteuern im Europäischen Binnenmarkt – Prognose unter Verwendung der Schätzergebnisse

Die hier vorgelegte Analyse der Steuerarbitrage hat mit Daten der vergangenen drei Jahrzehnte den Umfang, die Zusammensetzung und ausgewählte Bestimmungsfaktoren der wegen der Umsatz- und Verbrauchsteuerdifferenzen verschobenen Aktivität im grenznahen Raum analysiert. Dabei stand die Steuerarbitrage, die wegen Differenzen bei den Verbrauchsteuern vorgenommen wurde, im Mittelpunkt der Betrachtung. Seit Anfang der Siebziger Jahre des letzten Jahrhunderts können die Endverbraucher an den innergemeinschaftlichen Grenzen bestimmte Freibeträge bzw. Freimengen für die im Nachbarland gekauften Waren nutzen. Da sich diese Freibeträge und die institutionellen Regelungen für die Freizügigkeit des grenzüberschreitenden Personen- und Warenverkehrs schrittweise erhöht haben, stellen die innergemeinschaftlichen Grenzen ein ideales Beobachtungsfeld für die Steuerarbitrage bei indirekten Steuern dar. Dies umso mehr als weiterhin nicht unerhebliche Preisunterschiede an den hier betrachteten Grenzabschnitten gegeben sind. Unterschiede bei den speziellen Verbrauchsteuern spielen für die Preisunterschiede eine wesentliche Rolle.

Beobachtet wurde in dieser Untersuchung, wie sich der grenzüberschreitende Warenverkehr von privaten Direktimporteuren - bzw. als Reflex hierauf der Absatz an im Nachbarland höher oder niedriger besteuerten Waren in den grenznahen Regionen – angesichts der sich entwickelnden Freizügigkeit bei weiterhin vorhandenen Preisdifferenzen entwickelt. Die betrachteten Datenquellen weisen eine nicht unerhebliche Steuerarbitrage bei den speziell besteuerten Warengruppen, insbesondere bei Tabakwaren, Alkohol und Mineralöl, Kaffee und Tee, nach. Unterschiede im allgemeinen Umsatzsteuersatz sind hier dagegen nicht schwerpunktmäßig untersucht worden.

> Unterschiede in der Höhe des allgemeinen MwSt-Satzes schlagen sich nicht unmittelbar in entsprechenden Preisunterschieden nieder, weil einmal der Wechselkursmechanismus (bis zur Einführung des EURO am 1.1.1999) zu einem Ausgleich der Kaufkraftparitäten führen kann, wenn die Paritätsschwankungen außerhalb der zulässigen Bandbreite lägen, und zum anderen weil neben der Höhe der MwSt im In- und Ausland noch weitere Faktoren (Überwälzung, Standortqualität, Zusammensetzung des Steuersystems aus direkten und indirekten Steuern, Betriebsgröße und Lohnniveau) die Kalkulation des Einzelhandels bestimmen[525].

---

[525] In der theoretischen Literatur ist darauf hingewiesen worden, dass Unterschiede in der durchschnittlichen indirekten Steuerbelastungen durch Wechselkurs- bzw. Preis- und Lohnanpassungen kompensiert werden können. Auf finanzpolitischer Ebene sind die ausgleichenden Wirkungen der Wechselkurse schon seit Zusammentreten des TINBERGEN-Ausschusses diskutiert worden. Zur theoretischen Analyse vgl. etwa auf JOHNSON/KRAUSS (1970) Border, Tax Adjustments, Comparative Advantages, and the Balance of Payments, in: Canadian Journal of Economics 3, S. 595 ff oder LOCKWOOD/DE MEZA/MYLES (1994a). Vgl. zu anderen preisbeeinflussenden Faktoren im Einzelhandel die Aufzählung im Weißbuch (1985) der EU-KOMMISSION, aaO, S. 44, Rz. 186, bzw. die Ausführungen bei RATZINGER (1998), aaO, S. 206 ff.

Unerledigt blieb darüber hinaus für das Untersuchungsgebiet der allgemeinen Umsatzsteuer die Aufgabe, Strukturunterschiede zu untersuchen, die sich für die Vergangenheit z.B. gegenüber Österreich, Belgien oder Frankreich durch die dort erhöhten Mehrwertsteuersätze auf bestimmte Warengruppen als sog. Luxusteuer ergaben. Eine Voruntersuchung mit Daten der Handels- und Gaststättenzählungen und der Umsatzsteuerstatistik für ein ausgewähltes Bundesland hat keine signifikanten Ergebnisse geliefert, die geeignet wären, die genannte These zu verifizieren. Es ließ sich bspw. nicht nachweisen, dass der Umsatz im Einzelhandel mit Schmuck, Radio- oder TV-Geräten oder Pelzen in Nordrhein-Westfalen in den gegenüber Belgien (dort wird eine Luxusteuer erhoben) liegenden Kreisen höher war als im Landesdurchschnitt. Im Europäischen Binnenmarkt ab dem 1.1.1993 sind keine erhöhten Umsatzsteuersätze mehr möglich, so dass von daher eine Quelle für hohe Preisunterschiede bei Luxusgütern beseitigt wurde.

Somit liegt der Schwerpunkt dieser Arbeit bei den Gütergruppen, die mit speziellen Verbrauchsteuern (auf Tabak, auf Diesel- und Vergaserkraftstoff) belegt sind. Aus datentechnischen Gründen können für die Alkoholsteuer keine Untersuchungen vorgenommen werden.

Die hier vorgenommene Analyse kann für die wichtigsten mit spezifischen Verbrauchsabgaben besteuerten Waren (außer alkoholischen Getränken) eine Abschätzung über das Ausmaß (*Fragenkreis 1*) und die Bestimmungsgründe (*Fragenkreis 3*) im beobachteten Zeitraum und – unter weiteren Annahmen hinsichtlich des Fortgeltens der äußeren Rahmenbedingungen – eine statistisch gestützte Prognose für das Geschehen im Binnenmarkt nach Wegfall der Grenzkontrollen (*Fragenkreis 4*) liefern.

- Wenn die hier ermittelten Koeffizienten aus den Schätzgleichungen für die Steuerarbitrage zur Abschätzung der sich derzeit im Binnenmarkt (ab 1993) ergebenden Steuerarbitrage verwendet werden sollen, sind neben den die Steuerarbitrage erklärenden Variablen auch die restlichen exogenen Einflußfaktoren und Bestandteile des institutionellen Rahmens zu betrachten.
- Sowohl die in den Totalkontrollen des Zolls ermittelten Zigarettenimporte als auch die Elastizität der inländischen Umsätze bezüglich der Entfernung zur Grenze und der Preisdifferenz zur Grenze zwischen Inland und Nachbarland sind jeweils bedingt durch die während des Meßzeitraums geltenden Rahmenbedingungen. Wenn die Steuerarbitragemengen und die Koeffizienten zur Prognose der räumlichen Verzerrungen im Binnenmarkt verwendet werden sollen, müssen strenggenommen auch die Rahmenbedingungen des Messzeitraums für den Prognosezeitraum konstant gehalten werden sog. *ceteris paribus* Bedingung).
- Zu den wesentlichen Bestandteilen des Datenkranzes gehören die gesetzliche und tatsächliche Ausgestaltung der Freizügigkeit des Grenzübertritts und die Transaktionskosten der Steuerarbitrage. Die Freizügigkeit wird u.a. bestimmt von Freibeträgen im privaten Reiseverkehr, der Kontrolldichte und der Strafe für Schmuggler, deren Risikoaversion. Die Transaktionskosten werden u.a. von Informations- und Suchkosten, Kauf- und Gewährleistungskonditionen, Sprach- und Währungsunterschieden sowie weiteren mentalitätsbedingten Faktoren beeinflußt. Für die Prognose der Steuerarbitrage im Binnenmarkt ab dem 1.1.1993 ist nun aber diese Konstanz der äußeren Rahmenbedingungen grundsätzlich nicht mehr gegeben. Der Binnenmarkt ist gerade durch die erhöhte Freizügigkeit der Endverbraucher gekennzeichnet. Die Festschreibung der Währungsparitäten und die Einführung des Euro als Buchgeld ab dem 1.1.1999 sowie die Abschaffung unterschiedlicher nationaler Sorten (Papier und Münzgeld) im ersten Halbjahr 2002 senkt bisher bestehende Transaktionskosten in nicht unerheblichem Maße weiter ab. Mit der bereits seit 1993 geltenden erhöhten Freizügigkeit und der vorgesehenen Beseiti-

gung der Währungsgrenzen wird die Mentalität der Endverbraucher, wegen höherer inländischer indirekter Steuern im Nachbarland einzukaufen, sicher weiter steigen.

Insofern sollten die Ergebnisse dieser aus der Vergangenheit gewonnene statistischen Abschätzung der Höhe der Steuerarbitrage bei Tabakwaren und der Reagibilität der Nachfrage nach Tabakwaren und Mineralölprodukten nicht ohne weiteres zur Prognose der aktuellen Steuerarbitrage verwendet werden. Immerhin können die für den hier betrachteten Meßzeitraum gefundenen Zusammenhänge als *untere Grenze* für das Arbitrageverhalten der privaten Endverbraucher im Binnenmarkt gelten: Mindestens die damals schon vorliegenden Verlagerungen sind für die derzeitige Situation zu erwarten.

Im folgenden sollen für die Verbrauchssteuerarten, für die ökonometrische Schätzungen möglich waren (Tabak, Diesel-, Benzinkraftstoff) aufgezeigt werden, welchen Umfang die Steuerarbitrage unter Zugrundelegen der Ergebnisse der empirischen Schätzungen haben werden. Dabei werden folgende Ausgangsbedingungen zugrunde gelegt:

(1) Einmal sollen die vor Öffnung des Binnenmarktes zu beobachtenden Unterschiede entlang der bundesdeutschen Grenze berücksichtigt werden. Dabei sind die Umsatz- und die Verbrauchsteuersätze sowie die institutionellen und mentalitätsmäßigen Gegebenheiten, wie sie damals zu beobachten waren, zugrunde zu legen. Für Tabakwaren war auf der Basis der Handelszählungen für die beiden Erhebungsjahre 1979 und 1985 berechnet worden, wie viele Tabakeinzelhändler wegen der Steuerarbitrage weniger ansässig waren. Auf der Grundlage der Schätzkoeffizienten aus der Regressionsrechnung mit Daten der Umsatzsteuerstatistik wurde für ein Jahr am Ende des Beobachtungszeitraumes (1988) ebenfalls für die Zahl der steuerpflichtigen Tabakeinzelhändler und zusätzlich für die Umsätze die Wirkung der Steuerarbitrage auf den inländischen grenznahen Tabakeinzelhandel berechnet.

    Für Vergaser- und Dieselkraftstoff wurde für den stationären und den Transitverkehr insgesamt (mit Daten des Mineralölwirtschaftsverbandes, exemplarisch für das Jahr 1997) und für den Transitverkehr alleine (mit Daten der Bundesautobahntankstellen für die Jahre 1986 und 1988) die Höhe der zu- und abfließenden Kraftstoffarbitrage ermittelt.

(2) Zum anderen soll eine Prognose der Direktimporte für die Zeit nach Wegfall der Grenzkontrollen gegeben werden.

    Dabei sollen neben Simulationen auf der Basis der Ergebnisse der Totalerhebungen des deutschen Zoll auch verschiedene Steuersatzangleichungsszenarien betrachtet werden. Basis hierfür können die (später nicht verwirklichten) Kommissionsvorschlägen zur Angleichung der Verbrauchsteuersätze sein. Diese können als Veranschaulichung von Steuersatzharmonisierungsszenarien gelten

4.1 Prognose der Steuerarbitrage bei Tabakwaren

Die Prognose der Wirkungen der Öffnung der Binnengrenzen stützt sich auf die Totalkontrollen des BUNDESMINISTERIUMS DER FINANZEN und auf die Regressionsergebnisse der Daten der Handelszählungen für den Tabakeinzelhandel.

Die Totalkontrollen erscheinen als erste Datenquellen gut geeignet zu sein, die quantitativen Wirkungen der Erhöhung der Freibeträge für Privatreisende abzuschätzen, die sich nach den damaligen Kommissionsvorschlägen für alle Warengruppen ergeben sollten.

Eine völlige Freizügigkeit wäre als eine Aufhebung der Freibeträge zu modellieren, und ließe auf eine Ausweitung der Steuerarbitrage in Höhe des gesamten inländischen Tabakkonsums in den Hochsteuerländern schließen, wenn der Transport kostenlos und die anderen Transaktionskosten von Tabakwaren aus dem Niedrigsteuerkaufland in die umliegenden Hochsteuerkonsumländer gleich null wäre.

Oben wurde jedoch gezeigt, dass die Vorschläge zur Steuerharmonisierung einen Kompromiß zwischen dem Ursprungslandprinzip und dem Bestimmungslandprinzip als Aufteilungsprinzip für die Steueraufkommen aus gewerblichem und privaten grenzüberschreitenden Transaktionen vorsehen:

Nur für Privatpersonen gilt die Freizügigkeit in bezug auf *private* Direktimporte. Der Zoll kontrolliert zwar ab dem 1.1.1993 nicht mehr jeden Reisenden, unterscheidet bei Verdacht aber doch zwischen einem noch privaten Einkauf des Direktimporteurs und einem Direktimport mit gewerblichem (Wiederverkaufs)charakter mit sog. *Richtmengen.*

Weil diese Richtmengen im öffentlichen Bewußtsein weiterhin als – wenn auch sehr stark erhöhte – Freibeträge im privaten Reiseverkehr fortbestehen, erscheint hier die Prognose auf der Grundlage der Totalkontrollen nicht ohne Bezug zur Wirklichkeit zu sein.

Als zweite Datenquelle werden die Handelszählungen und die Schätzergebnisse der hier dargestellten Regressionsrechnungen zur Prognose der Wirkungen der vorgenommenen Grenzöffnung verwendet. Das Schwergewicht dieser Prognose liegt nicht auf der Abschätzung der Wirkung von erhöhten Freibeträgen, sondern auf der Simulation der zu erwartenden Steuerarbitrage angesichts fortbestehender Preisdifferenzen.

Hier ist von zwei verschiedenen Szenarien für die Anpassung der Steuersätze auszugehen, wie sie damals diskutiert wurden:

(1) Die zur Zeit der Grenzöffnung existierenden Steuersätze bestehen weiter fort, die Preisdifferenzen bleiben damit zu Beginn des Binnenmarktes unverändert.

(2) Die Vorschläge der EU-Kommission zur Angleichung der Steuersätze werden verwirklicht, d.h. die Staaten, deren Tabaksteuersätze unterhalb der Mindeststeuersätze liegen, heben ihre Sätze an.

4.1.1 Prognose der Steuerarbitrage bei Tabakwaren nach den Totalkontrollen des BUNDESMINISTERIUMS DER FINANZEN

Die Aufgriffsstatistiken des Zolls aus den Jahren 1982 bis 1984 sind vom BUNDESMINISTERIUMS DER FINANZEN selbst schon im Jahre 1984 für eine Hochrechnung der jährlich fließenden Arbitrageströme verwendet worden. Diese Hochrechnung erfolgte über die Zahl der Reisenden an den Kontrolltagen und der Zahl der Reisenden im Laufe eines Jahres. Zu den institutionellen Bedingungen, die bis Ende des Jahres 1992 gültig waren, gehört die Unterscheidung des „kleinen Grenzverkehrs" (Reisende aus Orten, die weniger als 15 km von der Grenze entfernt sind) und des „großen Grenzverkehrs" (Reisende aus Orten, die mehr als 15 km von der Grenze entfernt sind). Für die jeweils gültigen Freimengen von 40 Stück bzw. 300 Stück für die EU-Grenzen ist oben für die Beteiligung an der Steuerarbitrage folgendes geschätzt worden:

Tabelle 92: Steuerarbitrage für Zigaretten nach den Totalkontrollen des Zolls (1982 - 1984)

	kleiner Grenzverkehr		großer Grenzverkehr	
Prognosebasis	Anzahl der Arbitrageure	Direktimporte (1.000 Stück)	Anzahl der Arbitrageure	Direktimporte (1.000 Stück)
05/1982	7.179.337	208.950	61.592.446	8.932.596
09/1982	7.248.953	258.458	74.448.063	12.749.765
05/1983	7.857.845	211.379	91.251.952	10.537.397
05/1984	8.592.925	234.134	114.853.457	9.758.570
Ø 1982-1984	**7.719.765**	**228.230**	**85.536.477**	**10.494.582**

Die Hochrechnung berücksichtigt, dass die Reisenden im kleinen Grenzverkehr häufiger ins Nachbarland fahren, indem der Jahreswert, der die häufigeren Fahrten der Einwohner der Grenzbezirke beinhaltet, für die beiden Verkehrsarten zur Hochrechnung verwendet wird. Die Totalerhebung aller Grenzübertritte hatte neben den Zahlen über die mitgeführten Zigaretten ergeben, dass nur ein verschwindender Teil der Reisenden mehr Zigaretten importiert als nach den gesetzlich bestimmten Freimengen, (40 bzw. 300 Stücke) erlaubt ist.

Wenn man die erhöhte Freizügigkeit des Grenzübertritts als Ausweitung der Freibeträge auffaßt, könnte man – unter Vernachlässigung aller weiteren Faktoren – aus einer Verdoppelung der Freibeträge auf ein Verdoppelung der Direktimporte bei gleichgebliebener Zahl von Steuerarbitrageuren schließen: Die in den drei Jahren als arithmetisches Mittel geschätzten 7.719.765 Arbitrageure aus den Zollgrenzbezirken (kleiner Grenzverkehr) würden bei verdoppelten Freibeträge unter dieser Annahme 456.460.000 Zigaretten importieren. Zusätzlich würden die

85.536.477 Arbitrageure aus dem großen Grenzverkehr, unter dieser Annahme, 20.989.164.000 Zigaretten importieren[526].

Über die Höhe der aus Deutschland direktexportierten Zigaretten über die deutsch-dänische und deutsch-österreichische Grenze kann aufgrund der Totalkontrollen des Zolls keine Aussage getroffen werden, weil der Blickwinkel der Erhebung des deutschen Zolls nur auf die hereinströmende Arbitrage gerichtet war. Die hier wiedergegebenen Prognosewerte dürften also nicht mit dem insgesamt – per Saldo – zu erwartenden Gewinnen/Verlusten Deutschlands insgesamt gleichgesetzt werden.

Die Modellierung der Effekte im Binnenmarkt zu Beginn der Öffnung der Grenzen als Erhöhung der Freibeträge im grenzüberschreitenden privaten Reiseverkehr kann sich auf einen Vorschlag der EU-Kommission aus dem Jahre 1989 berufen, nach dem die Freibeträge für die allgemeine Umsatzsteuer schon vor Abschaffung der Grenzkontrollen schrittweise zum 1.7.1989 auf 390 ECU, zum 1.1.1990 auf 800 ECU, zum 1.1.1991 auf 1.200 ECU und zum 1.1.1992 auf 1.600 ECU erhöht werden sollten[527]. Dementsprechend sollten die Freimengen für die verbrauchsteuerpflichtigen Waren in drei Schritten verdoppelt werden.

Neben dieser Verdoppelung der Freibeträge bis zum 1.1.1992 ließe sich eine zusätzliche Basis für eine weitere Prognose des Geschehens im Binnenmarkt auf Grundlagen der Totalerhebungen des Zolls aus dem Kompromißpaket des ECOFIN aus dem Dezember 1991 finden. In diesem Kompromiß haben sich die Wirtschafts- und Finanzminister darauf geeinigt, mittels sog. "Richtmengen" die Unterscheidung zwischen privaten und gewerblichen Steuerarbitrageuren zu treffen. Denn während der Übergangszeit bis 1996 sollen nur für die privaten Direktimporteure die Direktimporte unbeschränkt möglich sein. Wer mehr als beispielsweise 800 Zigaretten einführt, wird als gewerblicher Schmuggler eingestuft und muss, falls er beim Grenzübertritt erwischt wird, die Steuer des Bestimmungslandes entrichten[528].

Die Anhebung der Freimengen von 40/200 Stück auf einheitlich 800 Stück bedeutet für den grenznahen Verkehr eine Verzwanzigfachung und für den Fernverkehr eine Vervierfachung. Für den kleinen Grenzverkehr muss allerdings berücksichtigt werden, dass dem niedrigeren Freibetrag bis Ende 1992 die Möglichkeit, häufiger ins Nachbarland zu fahren, gegenübersteht. Hier wird das Freibetragsverhältnis von 1:5 dahingehend interpretiert, dass die Reisenden im kleinen Grenzverkehr etwa fünfmal häufiger im Jahr ins Nachbarland fahren als die Reisenden im großen Grenzverkehr[529]. Ab dem 1. Januar 1993 durften auch im kleinen

---

[526] Es sei in Erinnerung gerufen, dass sich diese Aussage auf die Außengrenzen der alten Bundesländer bezieht.

[527] Vgl. den Vorschlag für eine Richtlinie des Rates zur Änderung der Richtlinie 69/169 EWG durch Anhebung der realen Reisefreimengen im innergemeinschaftliche Reiseverkehr, KOM (1989) 331 endg.

[528] Vgl. Vorschlag für eine Richtlinie des Rates über das allgemeine Verbrauchsteuersystem sowie über den Besitz, die Beförderung und die Kontrolle verbrauchsteuerpflichtiger Waren, DOK 9935/1/91 REV 1.

[529] Die Aufwendungen an Fahrtzeit und Reisekosten werden im einzelnen hier nicht betrachtet. Es wird zur Vereinfachung angenommen, dass das alte Verhältnis der Freibeträge aus der ersten Umsatzsteuerrichtlinie die günstigere Möglichkeit für Personen aus Zollgrenzbezirken korrekt durch höhere Freibeträge für die restlichen Einwohner kompensiert.

Grenzverkehr 800 Zigaretten je Fahrt mitgenommen werden. Allerdings waren dann - gemäß der hier vertretenen Annahme - auch entsprechend weniger Fahrten ins Nachbarland zu erwarten: Es sei unterstellt, dass sich die Zahl der Arbitrageure um das Fünffache – also im reziproken Verhältnis wie die Freibeträge erhöht wurden – verringert. Im Durchschnitt werden sich dann nur noch 1.543.953 Arbitrageure aus den grenznahen Kreisen an der Steuerarbitrage beteiligen. Der Vervierfachung der mitgenommenen Zigaretten ergibt eine Steuerarbitrage (bei ansonsten unveränderter Zahl der Reisenden) von nun mehr 1.543.953 Arbitrageuren aus dem grenznahen Bereich und 912.920.000 Zigaretten. Aus dem Grenzbereich Deutschlands (alte Bundesländer) wären gleichviel Arbitrageure (85.536.477 Personen) mit vervierfachten Zigarettenzahlen zu erwarten (41.978.328.000 Stück).

Die Prognoseergebnisse nach den Totalkontrollen des Zolls gibt folgende Tabelle - einmal für die Verdoppelung und zum anderen für die Vervierfachung der Freimengen - zusammengefasst wieder:

Tabelle 93: Prognose der Steuerarbitrage für Zigaretten im Binnenmarkt nach den 1982 – 1984 erfolgten Totalkontrollen des Zolls

		kleiner Grenzverkehr		großer Grenzverkehr	
Freimengen	Prognose-basis	Anzahl Arbitrageure	Direktimporte (1.000 Stück)	Anzahl Arbitrageure	Direktimporte (1.000 Stück)
Verdoppelung	1982-84	7.179.337	456.460	85.536.477	20.989.164
Vervierfachung	1982-84	1.543.943	912.920	85.536.477	41.978.328

Die bisher wiedergegebenen eigenen Schätzungen erfolgten für die Steuerarbitrage, d.h. für die privaten Direktimporte und nicht für den gewerblichen Weiterverkauf. Eine Möglichkeit der Abschätzung des Tabakwarenschmuggels, d.h. dem gewerbs- und bandenmäßigen Verbringen von unversteuerten Waren ins Inland zum Weiterverkauf) könnte in der Methode von PIEDA (1994) gesehen werden[530]. Wie im Abschnitt 2.2.2.11 „PIEDA (1994)" erläutert, wird dort davon ausgegangen, dass der britische Zoll etwa 5% der tatsächlichen Schmuggels aufdecken kann, so dass für die Prognose des tatsächlichen Schmuggels die Aufgriffe (z.B. in Deutschland 1998 595 Mill. Zigaretten[531]) auf einen zwanzigfachen Schmuggelwert von 11,9 Mrd. Stück hindeuten könnten. Bei einem so prognostizierten Gesamtvolumen von ca. 175 Mrd. Stück in Deutschland macht der Anteil der geschmuggelten Zigaretten ca. 7% aus.

Zur Zuverlässigkeit einer solchen, mit einer äußerst groben Schätzmethode vorgenommen, Hochrechnung wurde allerdings bereits oben ausgeführt, dass es sich nur um eine erste Annäherung an die Größenordnung des Phänomens handeln kann, ganz zu schweigen davon, dass die Verhältnisse, die für den britischen Zoll gelten, von den dortigen Kontroll- und Aufdeckungsparametern beeinflußt sind

[530] Vgl. PIEDA (1994), aaO.

[531] Vgl. den Artikel „Zigarettenschmuggel bleibt auch 1998 auf hohem Niveau" in: Die Tabakzeitung Nr. 109/13 vom 1. April 1999.

und nicht ohne weiteres auf Deutschland übertragen werden können. Z.B. darf die Insellage Großbritanniens gerade beim Thema Zoll und Schmuggel nicht außer Acht gelassen werden.

4.1.2 Prognose der Steuerarbitrage bei Tabakwaren nach den Handelszählungen

Die Ergebnisse für Tabakwaren aus den Schätzungen mit Daten der Handels- und Gaststättenzählung aus 1985 lassen weitere Schlüsse auf die Steuerarbitrage im Binnenmarkt zu. Allerdings ist vorweg darauf hinzuweisen, dass die gefundenen Schätzergebnisse auf die institutionellen Bedingungen der zwanzig Jahre vor Öffnung des Binnenmarktes bezogen sind. Da unzweifelhaft die Freizügigkeit des Grenzübertritts durch die Einrichtung des Binnenmarktes weiter erhöht wurde, stellen die Schätzergebnisse nur die untere Grenze für das derzeit zu beobachtende Steuerarbitrageniveau dar.

- Die Schätzgleichung für die Arbeitsstätten hat ergeben, dass die Entfernung (+0,059) und die relative Preisvariable (-0,200) nur im ersten Beobachtungszeitpunkt 1979 und für die (+)-Differenzen signifikante Koeffizienten getragen haben.
- Die Schätzgleichung für die Beschäftigtenzahl hat zwar in beiden Zeitpunkten, jedoch nur entlang der (+)-Grenzabschnitte und für nur die eine Variable relative Preisdifferenz eine signifikanten Koeffizienten gezeigt (1979: (-0,634 1985: +0,377).
- Für die Umsätze im Tabakeinzelhandel ist keiner der Koeffizienten signifikant von Null verschieden gewesen; es sind also keine Aussagen über die Höhe der verschobenen Umsätze möglich.

Es wird hier als Bezugsjahr das Jahr 1979 gewählt. Wenn die Schätzgleichung für die Zahl der Arbeitsstätten gewählt wird, können die indirekten Effekte, die von der Steuerarbitrage auf die Beschäftigung im betroffenen Einzelhandel veranschaulicht werden. Zunächst wird die Steuerarbitrage über die Entfernungsvariable berechnet. Anschließend werden die über die relative Preisvariable zu prognostizierenden Steuerarbitragewerte in zwei Szenarien für die Steuersatzharmonisierung berechnet. Im Szenario I wird untersucht, wie sich die Ende des Jahres 1992 bestehenden Steuersatzdifferenzen auf die Steuerarbitrage auswirken. Im Szenario 2 wird der hypothetische Fall berechnet, dass gemäß dem damaligen Kommissionsvorschlag die unterhalb eines Mindestsatzes liegenden Steuersätze in Niedrigsteuerländern angehoben werden.

Der Einfluss der Entfernung wird mit den oben definierten drei Entfernungskategorien dargestellt:

Tabelle 94: Anzahl Kreise und durchschnittliche Entfernung nach Bundesländern und Grenzabschnitten

nach (+) /(-) Grenzabschnitten	Grenze zu	Kreise Anzahl	Entfernung durchschn.	Kreise Anzahl	Entfernung durchschn	Kreise Anzahl	Entfernung durchschn	Kreise Anzahl	Entfernung durchschn.
Summe Bund		86	24,27	86	72,56	33	125,15	205	60,77
SH	Dän	4	21,75	5	80,40	5	100,00	14	70,64
Bay	Ö	15	25,40	11	81,36	5	130,00	31	62,13
Summe (-)-Differenzen		19	24,63	16	81,06	10	115,00	45	64,78
NS + NRW	NL	23	25,96	31	69,29	17	129	71	69,55
NRW	B	1	28,00	2	55,00	0	0,00	3	46,00
RLP + Saar	Lux	6	22,00	9	75,00	0	0,00	15	53,80
Saar+BW+RLP	F	28	24,89	27	72,48	6	131,17	61	56,41
BW + Bay	Ch	9	18,33	1	53,00	0	0,00	10	21,80
Summe (+)-Differenzen		67	24,16	70	70,61	23	129,57	160	60,60

Das erste Szenario sieht den Beginn des Binnenmarktes ohne vorherige Steuersatzharmonisierung vor. Die Verschiebung der Nachfrage hat sich in dem ermittelten OLS-Schätzergebnis in den beiden Variablen „Entfernung eines Kreises zur Grenze" (allerdings nur, falls eine (+)-Differenz vorliegt, also wegen $p_i > p_a$ mit abströmenden Inländern zu rechnen ist) und „Höhe der relativen Preisdifferenz" niedergeschlagen. Um die Wirkungen der beiden Szenarien berechnen zu können, muss in die Variable „relative Preisdifferenz" einmal das Ende 1992 vor Harmonisierung und zum anderen das hypothetisch nach dem Szenario „Steuersatzharmonisierung" sich ergebende Preisgefälle eingefügt werden. Es wird hier davon ausgegangen, dass der Koeffizient der Entfernungsvariablen in beiden Fällen in gleicher Höhe verwendet werden kann[532].

Nun soll für die beiden Szenarien die Verringerung der Zahl der Arbeitsstätten im Tabakeinzelhandel mittels der gefundenen Koeffizienten von + 0,059 Ast/km simuliert werden. Als Vergleichsmaßstab wird angenommen, dass alle Kreise des Samples so weit von der Grenze entfernt lägen, wie der Durchschnitt der Kreise der dritten Entfernungskategorie, also 129,57 km. Wenn man die tatsächlich ermittelte Zahl der Arbeitsstätten und die wirkliche Entfernung der Kreise mit dem gefundenen Koeffizienten für die Entfernungsvariable multipliziert, ergibt sich die verschobene Beschäftigung im Tabakeinzelhandel:

[532] Für diese Annahme spricht natürlich nicht viel, weil davon auszugehen ist, dass die Verringerung der Preisvariablen auch die Höhe der Entfernungskoeffizienten verändern wird. Da hier allerdings (1) keine alternativen zur Verfügung stehen und (2) die Prognose mit Koeffizienten, die aus der Vergangenheit stammen und nur für einen bestimmten Datenkranz gelten, sowieso schon eine vergröbernde Vereinfachung darstellen, sollen die Ergebnisse dieser Schätzung gezeigt werden, obwohl erhebliche Einwände vorgebracht werden können. Es wird ausdrücklich auf diese Einwände hingewiesen.

Tabelle 95: Steuerarbitrage – via Entfernungsvariable 1979 - bei Tabakwaren in den Kreisen mit (+)-Steuersatzdifferenz (gültig für beide Szenarien)					
		Arbeitsstätten			
Entfernungskoeffizient 1979 = + 0,059 Ast/km		Anzahl Kreise	Ø Entfernung = 129,57 km	tatsächliche Entfernung	Differenz
1. Kategorie	0 - 50 km	67	512	96	-416
2. Kategorie	51 - 100 km	70	535	292	-243
3. Kategorie	101 - 151 km	23	176	176	0
Summe	0 - 151 km	160	1.223	564	-659

Aus Tabelle 94 ist ersichtlich, dass gegenüber dem gewählten Vergleichsmaßstab eine Reduktion von insgesamt 659 Tabakeinzelhandelsarbeitsstätten über den Einfluß der Entfernungsvariable zu beobachten ist. Sie teilt sich auf die beiden Entfernungskategorien so auf, dass die unmittelbar grenznahen Kreise am meisten Arbeitsstätten verlieren (-416), also fast doppelt so viele wie die mittelbar grenznahen Kreise (-243). Die dritte Kategorie weist eine unveränderte Arbeitsstättenzahl auf, weil die Entfernung dieser Kreise ja gerade dem Durchschnitt des Vergleichsmaßstabes entspricht[533].

Die hier vorgenommenen Vergleichsrechnung bezüglich des Einflusses der relativen Preisdifferenz auf die Zahl der Tabakhändler werden die Koeffizienten des Jahres 1979 zugrunde gelegt. In die Schätzergebnisse (Koeffizient 1979: -0,634) werden nur die Steuerdifferenzen aus dem Jahre 1992 und die Differenzen, die sich nach Verwirklichung der Kommissionsvorschläge ergeben hätten, eingesetzt[534]. Die folgende Tabelle zeigt die Ergebnisse der Simulationsrechnungen. Dabei wird das oben entwickelte Tabellenschema beibehalten, d.h. die Effekte werden unterteilt nach Entfernungsklassen wiedergegeben.

An den Grenzen zu den Niederlanden, Belgien, Luxemburg, Frankreich und der Schweiz sind als relative Preisdifferenzen des ersten Szenarios 1992 (=1993): + 39, +24, +42, +28, und +41 Prozentpunkte verwendet worden. Mit der Anzahl der jeweils betroffenen Kreise (71, 3, 15, 61 und 10) errechnet sich als Steuerarbitragewert: (39*71 + 24*3 + 42*15 + 28*61 + 41*10) * (-0,200) = -5.589, d.h. dass 5.589 weniger Tabakeinzelhändler zu Beginn des Binnenmarktes gegenüber einer Situation ohne Steuerdifferenzen zu erwarten wäre.

533 Der Entfernungskoeffizient darf nur als lokales Maß der Entfernungselastizität der Arbeitsstätten interpretiert werden. Dies bedeutet in dem hier analysierten Zusammenhang, dass die Steuerdifferenzen nicht zu stark vom Differenzniveau des Jahres 1979 abweichen dürfen.

534 Wegen der Schwierigkeit, aus Steuerdifferenzen auf Preisunterschiede zu schließen, werden die zur Verfügung stehenden Preisaufschreibungen des BUNDESMINISTERIUMS DER FINANZEN aus dem Jahre 1991 verwendet. Die zum 1.4.1992 erfolgte Steuersatzerhöhung in Deutschland, die den Preis einer Packung Zigaretten auf DM 5,00 je Packung angehoben hat, ist bereits eingerechnet. Die in Deutschland zum 1.4.1992 und die anschließend in Luxemburg erfolgte Anhebung des Mehrwertsteuersatzes auf 15% sind ebenfalls berücksichtigt.

Weil nur der Koeffizient an den Grenzen mit höherer inländischer Steuer signifikant ist, läßt sich aus den Daten der Handelszählungen nur die Wirkung der abströmenden Arbitrage prognostizieren.

Die Realisation des damaligen Vorschlags der KOMMISSION würde die Verluste bezüglich der Anzahl deutscher Tabakeinzelhändler erheblich mindern[535]. Zunächst sind hier die Vorschläge, die sich auf eine Angleichung der Steuersätze beziehen, in angeglichene Preise umzurechnen. Weil ohne Kenntnis der Netto-Preise für Zigaretten die Angabe der Steuersätze und der spezifischen Anteile die Brutto-Preise nicht zu errechnen sind, soll hier dieses Steuerharmonisierungsszenario so modelliert werden, dass die höchste relative Abweichung des Preises (Deutschland zu Luxemburg: i.e. 42%) halbiert werden soll. Dass bedeutet für die hier verwendeten Brutto-Preise einen Mindestverkaufspreis von DM 3,05 je Packung. Die Länder, die einen niedrigeren Verkaufspreis aufweisen, müssen die Tabaksteuer so anheben, dass die hier zum Vergleich gewählte Zigarettenschachtel (in Deutschland handelsüblich: z.B. "Ernte 23" oder "Marlboro") im Einzelhandel mindestens DM 3,05 je Packung kostet. Unter dieser Annahme soll nun die Steuerarbitrage geschätzt werden, und zwar für die Variable „Arbeitsstätten im Tabakeinzelhandel".

Die Zahl der betroffenen Kreise an den Grenzen zu Niederlanden, Belgien, Luxemburg, Frankreich und der Schweiz bleibt gleich. Die relative Preisdifferenz verringert sich für alle Nachbarländer auf 21 Prozentpunkte. Es errechnet sich als Steuerarbitragewert: (21*71 + 21*3 + 21*15 + 21*61 + 21*10) * (-0,200) = -672 weniger Arbeitsstätten im Tabakeinzelhandel gegenüber einer Situation ohne Steuerarbitrage.

Das Ergebnis der Prognose kann für die beiden Szenarien in folgender Tabelle zusammengefaßt werden:

Tabelle 96: Prognose der durch die Steuerarbitrage sich ergebenden Verluste an Arbeitsstätten zum 1.1.1993 für die beiden Szenarien

	Szenario 1992 = 1993	Szenario Steuerharmonisierung
via Entfernungsvariable	-659 Ast.	-659 Ast.
via Preisdifferenzvariable	-5.589 Ast.	-672 Ast.
Summe	-6.248 Ast.	-1.331 Ast.

Es wird deutlich, welche Bedeutung die relative Preisdifferenz, und damit die Steuerdifferenz zwischen inländischem und ausländischem Gebiet, für die Steuerarbitrage hat. Über die Einflußschiene „Entfernungsvariable" ist gegenüber einem Ver-

[535] Vgl. die Mitteilung der Kommission an den Rat. Neuer Ansatz der Kommission im Bereich der Verbrauchsteuern vom 9. November 1989, KOM (89) 551 endg.; die Vorschläge zur Tabaksteuer finden sich in dem geänderten Vorschlag für eine Annäherung der Tabaksteuer vom 7. Dezember 1989 (KOM (89) 525. Dort sind als Mindeststeuer für den Proportionalsatz 15 ECU je 1.000 Stück und für den proportionalen Anteil (incl. MwSt) mindestens 45% vom Kleinverkaufspreis vorgeschlagen worden.

gleichszustand, in dem alle Kreise gleich weit von der Grenze entfernt sind (soweit wie der Durchschnitt der hier verwendeten dritten Entfernungskategorie), eine Reduktion der Tabakhandelsarbeitsstätten um -659 zu verzeichnen. Werden die Grenzen ohne vorherige Steuersatzharmonisierung geöffnet (Szenario I), sind in allen Kreisen noch einmal 5.589 weniger Arbeitsstätten zu erwarten. Wären die Steuersatzdifferenzen durch die Vorgabe von Mindeststeuersätzen (Szenario II) - wie hier modelliert auf die Hälfte der bisherigen Differenz gegenüber Luxemburg - reduziert, verringerten sich die Verluste um ca. 5.000 Arbeitsstätten im Tabakeinzelhandel.

Für Tabakwaren sind die Koeffizienten in den (-)-Grenzregionen, für die Gewinne, die aus der Steuerarbitrage durch im Inland kaufende Ausländer zu erwarten gewesen wären, nicht signifikant. Es können deshalb keinen Gewinne aus dieser Arbitrage berechnet werden. Dieser Verlust an Vollständigkeit der Betrachtung ist allerdings nicht sehr bedeutsam, weil alle deutschen Tabaksteuersätze - nicht zuletzt wegen der Steuererhöhung zur Finanzierung der Sonderlasten der deutschen Einheit - am oberen Ende der innereuropäischen Belastungsskala angelangt sind.

Aus der Analyse der partiellen Elastizitäten für die hereinströmenden und hinausströmenden Arbitrageströme ergibt sich ebenfalls, dass die Steuerarbitrage aus den hier betrachteten deutschen Kreis hinaus deutlich elastischer reagiert als die Steuerarbitrage nach Deutschland hinein.

Neben den hier aus Datenverfügbarkeitsgründen im Vordergrund stehenden westlichen Grenzabschnitten sind die Steuerarbitrageeffekte an den Grenzabschnitten der neuen Bundesländer nicht zu vernachlässigen. Gegenüber Polen und der Tschechischen Republik sind wegen der sehr niedrigen Tabaksteuern und der hohen Zahl nach Osteuropa exportierter und ins Inland zurück geschmuggelter Zigaretten vergleichsweise noch höhere Preisunterschiede als an den westlichen Grenzabschnitten anzunehmen. Darüber hinaus weisen die Zollaufgriffsstatistiken darauf hin, dass nicht nur entlang der Grenzen höhere Direktimporte zu beobachten sind, sondern dass auch im Binnenland unversteuerte (i.e. unverzollte) Zigaretten unter dem offiziellen Preis verkauft werden[536].

---

[536] Vgl. die vom VERBAND DER CIGARETTENINDUSTRIE in Auftrag gegebenen Untersuchungen des Marktforschungsunternehmens MSI im Abschnitt 2.2.2.12 des zweiten Teils.

4.2 Prognose der Steuerarbitrage bei Benzin und Diesel

Wie im vorangegangenen Abschnitt werden nun für Mineralöl die im Binnenmarkt sich ergebenden Steuerarbitrageeffekte auf der Grundlage der bisher verwendeten Szenarien mit zu Beginn des Binnenmarktes aktuellen Kraftstoffpreisdifferenzen (Szenario II) und mit harmonisierten Preisdifferenzen (Szenario II) geschätzt.

Grundlegend ist zunächst wieder die Einteilung in Grenzabschnitte nach positiven und negativen Preisdifferenzen. Dabei sind die beiden Kraftstoffarten Benzin und Diesel getrennt zu betrachten. Für Benzin ergeben sich folgende Kreisanzahlen und Entfernungswerte je Entfernungskategorien:

Tabelle 97: Anzahl Kreise und durchschnittliche Entfernung in drei Kategorien für die Steuerdifferenzen bei der Steuer auf Vergaserkraftstoff

Grenzabschnitte		Kategorie 1		Kategorie 2		Kategorie 3		Summe	
nach Bundes-	zu	0-50 km		51-100km		101-150km		0-150 km	
ländern		Anzahl	Entf.	Anzahl	Entf.	Anzahl	Entf.	Anzahl	Entf.
		Kreise	Ø	Kreise	Ø	Kreise	Ø	Kreise	Ø
SH	Dän	4	21,75	5	80,40	5	100,00	14	70,64
Saar + BW+RLP	F	28	24,89	27	72,48	6	131,17	61	56,41
NRW NS	NL	23	25,96	31	69,29	17	129,00	71	69,55
Summe (1)		55	25,13	63	71,54	28	124,40	146	64,16
NRW	B	1	28,00	2	55,00	0	0,00	3	46,00
RLP + Saar	Lux	6	22,00	9	75,00	0	0,00	15	53,80
Bay	Ö	15	25,40	11	81,36	5	130,00	31	62,13
BW + Bay	Ch	9	18,33	1	53,00	0	0,00	10	21,80
Summe (+)		31	22,77	23	77,34	5	130,	59	52,34

Jetzt kann die Steuerarbitrage für die hereinströmenden und die hinausströmenden Pkw-Fahrer ermittelt werden.

Die hereinströmenden Nachfrager nach Benzin aus höher besteuernden Nachbarstaaten kommen nach der hier durchgängig vorgenommenen Modellierung nur in die unmittelbar grenznahen Kreise, die Dänemark, Frankreich und den Niederlanden benachbart sind. Es handelt sich um 4, 11 und 12 Kreise. Dort werden sowohl im Szenario I als auch im Szenario II die gleichen relativen Preisdifferenzen i.H.v. 12, 4 und 2 Prozentpunkten für den 1.1.1993 zugrundegelegt, weil Deutschland mit seinen Mineralölsteuersätzen über den geforderten Mindeststeuersätzen liegt[537]. Multipliziert mit den Koeffizienten für die negative Preisdifferenz ergibt sich((-12)*4 + (-4)*11 + (-2)*12))*(-257,949) = 29.922,084 Tonnen zusätzlicher Absatz von Vergaserkraftstoff an den deutschen grenznahen Tankstellen.

[537] Vgl. den geänderten Vorschlag für eine Annäherung der Mineralölsteuer vom 7. Dezember 1989, KOM (89), 526 endg. Als Mindestsätze sind für Benzin 337 ECU/hl und für Diesel 287 ECU/hl vorgeschlagen worden.

Die hinausströmende Arbitrage muss theoretisch über die beiden Variablen „Entfernung" und „relative Preisdifferenz" berechnet werden. Die hier vorgenommene Schätzung hat jedoch für die Benzin-Absätze keine von Null verschiedene signifikanten Koeffizienten an den (+)-Grenzabschnitten berechnen können.

Als Ergebnis für die Simulation der Steuerarbitrage für Vergaserkraftstoffe kann also festgehalten werden, dass Deutschland sowohl bei der Öffnung der Grenzen ohne Steuersatzangleichung als auch unter dem Szenario angeglichener Steuersätze an den hier betrachteten nördlichen, westlichen und südlichen Grenzen netto einen Gewinn an ausländischer Direktimportnachfrage i.H.v. knapp 30.000 t Benzinabsatz verzeichnen kann.

Nun zur Steuerarbitrage für Dieselkraftstoff: Die Einteilung der Kreise in die drei Entfernungskategorien bezüglich der (-)- und (+)-Differenzen, die sich für die Steuer auf Dieselkraftstoff ergibt, lautet folgendermaßen:

Tabelle 98: Anzahl Kreise und durchschnittliche Entfernung in drei Kategorien für die Steuerdifferenzen bei der Steuer auf Dieselkraftstoff

Grenzabschnitte nach Bundesländern	zu	Kategorie 1 0-50 km Anzahl Kreise	Entf. Ø	Kategorie 2 51-100km Anzahl Kreise	Entf. Ø	Kategorie 3 101-150km Anzahl Kreise	Entf. Ø	Summe 0-150 km Anzahl Kreise	Entf. Ø
BW + Bay	Ch	9	18,33	1	53,00	0	0,00	10	21,80
Summe (-)		9	18,33	1	53,00	0	0,00	10	21,80
SH	Dän	4	21,75	5	80,40	5	100,00	14	70,64
Saar + BW+RLP	F	28	24,89	27	72,48	6	131,17	61	56,41
NRW NS	NL	23	25,96	31	69,29	17	129,00	71	69,55
NRW	B	1	28,00	2	55,00	0	0,00	3	46,00
RLP + Saar	Lux	6	22,00	9	75,00	0	0,00	15	53,80
Bay	Ö	15	25,40	11	81,36	5	130,00	31	62,13
Summe (+)		77	25,00	85	72,29	33	125,15	195	62,78

An den (-)-Grenzabschnitten müssen zur Berechnung der Steuerarbitrage die beiden Preisszenarien in die Preisdifferenzvariable eingesetzt werden. Für die (+)-Grenzabschnitten sind die Preisdifferenzvariable und die Entfernungsvariable zu verwenden. Nach der im Jahre 1992 vorgenommenen Erhöhung der deutschen Mineralölsteuer ist nur noch ein Grenzabschnitt vorhanden, an dem mit hereinströmenden Ausländern zu rechnen ist: der Abschnitt zur Schweiz. Der Schweiz unmittelbar benachbart sind 6 Kreise in Baden-Württemberg.

In den beiden Szenarien I und II ist wie bei Benzin mit denselben Preisdifferenzen zu rechnen, weil der deutsche Steuersatz auf Dieselkraftstoff oberhalb des von der KOMMISSION vorgeschlagenen Mindeststeuersatzes liegt. Die relative Preisdifferenz hat zu diesem Zeitpunkt gegenüber der Schweiz -21 Prozentpunkte betragen. Daraus ermittelt sich eine Steuerarbitrage in die Bundesrepublik Deutschland hinein i.H.v. (-21) * 6 * 336,138 = 42.353,388 t Diesel.

An den (+)-Grenzabschnitten verliert die Bundesrepublik Deutschland einmal in beiden Szenarien denselben Betrag über die Entfernungsvariable:

Tabelle 99: Steuerarbitrage – via Entfernungsvariable 1985 – bei Dieselkraftstoff in den Kreisen mit (+)-Steuersatzdifferenz (Basis 1993)

Entfernungs-koeffizient = + 52,964 t/km	Beschrei-bung	Anzahl Kreise	Dieselkraftstoffabsatz (kg) bei einer ØEntfernung = 125, 15	Dieselkraftstoffabsatz (kg) bei der tatsächlichen Entfernung	Differenz (kg)
1. Kategorie	0-50 km	77	510.159	101.910	-408.249
2. Kategorie	51-100 km	85	563.162	327.548	-235.614
3. Kategorie	101-150 km	33	218.640	218.640	0
Summe	0-150 km	195	1.291.961	648.098	-643.863

Für die zweite Variable „relative Preisdifferenz" sind zum anderen die beiden Szenarien getrennt zu betrachten:

Es sind *alle* Kreise, die einem Land mit (+)-Differenz (d.h. $p_i > p_a$) gegenüber liegen, zu berücksichtigen. Grenznah sind im einzelnen zur deutsch-dänischen Grenze 14 Kreise, zur deutsch-holländischen Grenze 71 Kreise, zur deutsch-belgischen Grenze 3 Kreise, zur deutsch-luxemburgischen Grenze 15 Kreise, zur deutsch-französischen Grenze 61 Kreise und zur deutsch-österreichischen Grenze 31 Kreise.

Via die Steuer-/Preisdifferenzvariable verliert das Inland unter dem Szenario I folgende Absatzmenge: Das Produkt aus Anzahl der Kreise, unveränderter Preisdifferenz (1992 = 1993) und dem Koeffizienten der oben dargestellten Schätzung mit Daten des MINERALÖLWIRTSCHAFTSVERBANDES beträgt (jeweils Dän, NL, B. Lux, F und Ö): (14*4 + 71*20 + 3*17 + 15*33 + 61*5 + 31*3) * (-144,809) = -350.437,78 Tonnen weniger Dieselabsatz als ohne die Möglichkeit zur Steuerarbitrage.

Die oben unterschiedenen beiden Verkehrsarten (Transit- und stationärer Verkehr) werden hier nicht einzeln betrachtet, weil die Datenquelle des MINERALÖLWIRTSCHAFTSVERBANDES das Tanken beider Verkehrsarten zusammen erfaßt. Darüber hinaus sind die Schätzergebnisse für die Zahlen der GFN mit sehr niedrigerem R^2 unbefriedigend, dass sie sich nur beschränkt für die Prognose der Steuerarbitrage eignen.

Das Ergebnis der Simulation für die 1993er Steuerdifferenzen lautet zusammengefaßt:

Tabelle 100: Bilanz der Steuerarbitrage (kg) bei Benzin und Diesel für Deutschland insgesamt bei Öffnung der Grenzen ohne Steuersatzharmonisierung (Szenario I)					
Kraftstoffart	Steuerdifferenz	relativer Preis	Entfernung	insgesamt	Summe
	positiv	-	-	-	
Benzin	negativ	29.922.084	-	-	
	Summe	29.922.084	-	29.922.084	29.922.084
	positiv	-350.437.780	-643.863.000	-994.300.780	
Diesel	negativ	42.353.388	-	42.353.388	
	Summe	-308.084.392	-643.863.000	-951.947.392	-951.947.392
Benzin + Diesel	Summe				-922.025.308

Insgesamt betrachtet würde Deutschland insbesondere wegen der hohen Verluste an den (+)-Grenzabschnitten beim Dieselkraftstoff einen Verlust an Absatz durch die Steuerarbitrage i.H.v. 922.025.306 kg im Jahr erleiden.

Die Bilanz der herein- und hinausströmenden Steuerarbitrage hätte sich wie folgt verändert, wenn die Harmonisierungsvorschläge der KOMMISSION umgesetzt worden wären und die Verluste an Dieselkraftstoff in entsprechender Weise wie bei der Variante I berechnet würden:

Tabelle 101: Bilanz der Steuerarbitrage (kg) bei Benzin und Diesel für Deutschland insgesamt bei Öffnung der Grenzen mit Mindestsatzharmonisierung (Szenario II)					
Kraftstoffart	Steuerdifferenz	relativer Preis	Entfernung	insgesamt	Summe
	positiv	-	-	-	
Benzin	negativ	29.922.084	-	-	
	Summe	29.922.084	-	29.922.084	29.922.084
	positiv	-144.809.00	-643.863.000	- 644.007.809	
Diesel	negativ	42.353.388	-	42.353.388	
	Summe	-102.455.612	-643.863.000	- 746.318.612	-746.318.612
Benzin + Diesel	Summe				-716.396.528

Der saldierte Verlust an Kraftstoff durch die Steuerarbitrage würde auf nur noch 716.396.528 kg verringert.

Vergleicht man den Erfolg der Steuersatzharmonisierung bei Tabakwaren und bei Mineralöl, so ist festzustellen, dass der Effekt einer Harmonisierung bei den Tabakwaren deutlich höher ist. Dies lässt sich möglicherweise dadurch begründen, dass die Steuerarbitrage bei Tabakwaren (in den grenznahen Regionen der alten Bundesländer) sehr stark auf die luxemburgische Grenze konzentriert ist, während sich die Steuerarbitrage bei Dieselkraftstoff auf die gesamte Grenzregion von Nord nach Süd verteilt. Verringert man nun die enorme Preisdifferenz zu Luxemburg, ergibt sich eine besonders starke Verringerung der Steuerarbitrage.

Aus deutscher (fiskalischer) Sicht kann als Ergebnis dieser Simulationen mit verschiedenen Preisdifferenzen festgehalten werden, dass insbesondere wegen des hohen Gefälles für den Dieselkraftstoff dort eine Harmonisierung angestrebt werden sollte. Ansonsten ergeben sich nicht unerhebliche räumliche Ausweichhandlungen mit ihren Konsequenzen auf den Einzelhandel und die Steuereinnahmen sowie eine überflüssige Ressourcenverschwendung.

Will man das Argument der Wettbewerbsverzerrungen aus normativ-theoretischer Sicht nicht anerkennen, sondern spiegelbildlich auf eine Lösung der Steuerharmonisierungsfrage durch den Markt vertrauen (Steuerwettbewerb), so ist gerade auf dem Markt der Mineralölbesteuerung ein erheblicher politischer Druck auf die Steuergesetzgebung hin zu einem angeglichenen Steuersatzgefüge aus den betroffenen Grenzregionen zu erwarten[538].

Aus anderer Sicht ist festzustellen, dass die Mineralölsteuer als Kandidat für eine Gegenfinanzierung z.B. einer inländischen Rentenversicherungsbeitragskürzung nur beschränkt geeignet erscheint[539].

Diese beiden Simulationen - so muss abschließend einschränkend angemerkt werden - beziehen sich auf die institutionellen Bedingungen, wie sie im mit Regressionsrechnungen untersuchten Zeitraum von 1981 - 1990 entlang der betrachteten Grenzabschnitte gegeben waren. Wenn sich die Freizügigkeit an den Binnengrenzen seit Beginn des Binnenmarktes gegenüber dieser institutionellen Situation vor (vollständiger) Öffnung der Grenzen erhöht haben sollte, ist mit ebenfalls gestiegenen Steuerarbitrageströmen – in beiden Richtungen – zu rechnen. Ähnliches gilt für die Zeit ab Einführung einer einheitlichen Währung (zunächst als Buchgeld ab dem 1.1.1999), aber insbesondere ab Einführung europaweit einheitlicher Sorten als Zahlungsmittel ab dem ersten Halbjahr 2002. Der negative Saldo für inländische Tankstellenpächter und für den deutschen Fiskus würde sich weiter erhöhen.

Eine weitere Einschränkung ist darüber hinaus erforderlich, da nur die Nord-, West- und Südgrenzen der Alten Bundesländer berücksichtigt werden.

---

538 Vgl. für eine Beschreibung einer solchen Wettbewerbslösung das Kapital 3.3.2.2.4 „Private Direktimporte in Modellen zum Steuerwettbewerb bei Güterbesteuerung" oben im ersten Teil. Für die Beschreibung des politischen Drucks auf die Steuerpolitik vgl. FRATIANNI/CHRISTIE (1981), aaO, S. 425 oder das Weißbuch der EU-KOMMISSION (1985), aaO, S. 44, Rz. 186.

539 Vgl. LENK/VOGELBUSCH (1999) Steuerarbitrage bei der Mineralölsteuer – Wie wirkt eine Anhebung der Mineralölsteuer um 18 Pfg. je l im Zuge der geplanten Steuer- und Rentenreform auf das Tankverhalten im grenznahen Raum?, ifo-Studien S. 323 ff.

5. Zusammenfassung und Ausblick

5.1 Zusammenfassung

Im ersten Teil dieser Arbeit wurde die Relevanz der Steuerarbitrage für das seit Öffnung der Binnengrenzen 1.1.1993 besonders aktuelle Thema der Steuerharmonisierung im Europäischen Binnenmarkt herausgearbeitet. Noch bevor die Harmonisierung der Definition der Bemessungsgrundlagen und die Annäherung der indirekten Steuersätze abgeschlossen waren, ist die Freizügigkeit der privaten Endverbraucher schrittweise erhöht, und mittlerweile im Binnenmarkt nahezu vollständig hergestellt worden.

Hierdurch wurden für die Endverbraucher (legale) Direktimporte, die sog. Steuerarbitrage, möglich. Denn Steuer- resp. Preisdifferenzen blieben parallel zu der sich ergebenden Freizügigkeit weiter bestehen. Für die Finanzpolitik und die sie begleitenden finanztheoretischen Arbeiten müssen die Höhe, die Zusammensetzung und die Bestimmungsgründe dieser Steuerarbitrage von zentralem Interesse sein. Auch für die Frage, ob aus den sich ergebenden Steuerarbitrageaktivitäten ein Druck hin zu vereinheitlichten Steuersätzen ergibt, ist die Kenntnis des Umfanges der Steuerarbitrage (*Fragenkreis 1*), der Zusammensetzung (*Fragenkreis 2*) und die sie beeinflussenden Faktoren (*Fragenkreis 3*) erforderlich.

Dies lässt sich exemplarisch am Beispiel der im ersten Teil in Kapitel 3.3.2.5 „Angewandte Generelle Gleichgewichts-Modelle zu den Effekten des Abbaus der Binnengrenzen“ zeigen. Im Literatursurvey wurden mehrere angewandte Generelle-Gleichgewichts-Modelle dargestellt, die die Steuerarbitrage für verschiedene Steuersatzharmonisierungsszenarien bzw. für die verschiedenen diskutierten indirekten Besteuerungssysteme in Simulationsrechnungen untersuchen. Da den Autoren jedoch keine empirischen Kenntnisse der Steuerarbitrage zur Verfügung stehen, versuchen sie mit Grobannahmen an das Ausmaß und Verhalten der Steuerarbitrage diese Kenntnislücke zu schließen:

- FEHR/ROSENBERG/WIEGARD setzen in einer Monographie aus dem Jahre 1995 die Steuerarbitrage gleich der Hälfte der innergemeinschaftlichen Ausfuhren an den örtlichen Einzelhandel und nehmen damit an, dass die Hälfte aller Ausfuhren über Cross-Border-Shopping wieder re-importiert wird. Auf der Basis dieser „best guesses“, gewonnen während „coffee table conversations“, berechnen sie die maßgeblichen Schlüsselgrößen für ihre Bewertung der verschiedenen Vorschläge für ein endgültiges Besteuerungssystem im Europäischen Binnenmarkt.
- VAN LEUWEN/TANG untersuchen in einem Aufsatz aus dem Jahre 1995, welche Effekte eine Anhebung der luxemburgischen Mehrwert- und Verbrauchsteuersätze auf ein zwischenzeitlich von der EU-Kommission vorgeschlagenes Mindestniveau auf die Steuerarbitrage hätte. Dabei unterstellen sie – ebenfalls in Ermangelung von Kenntnissen über die Höhe und Beeinflussung der Steuerarbitrage von der Steuersatzhöhe –, dass wegen der Anhebung der Steuersätze

um wenige Prozentpunkte auf das Mindestniveau die *gesamte* Steuerarbitrage eingestellt werden würde.

Insbesondere diese beiden genannten Untersuchungen zeigen somit den Bedarf für eine empirische grundlegende Untersuchung der Steuerarbitrage auf.

Im zweiten Teil dieser Untersuchung wurden die Erkenntnisse zu den vier Fragenkreisen, die sich in den bisherigen empirischen Untersuchungen zur Steuerarbitrage finden, zusammengetragen.

Eine analoge Übertragung der empirischen Untersuchungsergebnisse des US-amerikanischen Binnenmarktes auf den Binnenmarkt der Europäischen Union ist nicht möglich. Aus Kanada liegt ein Hinweis auf hemmende Wirkungen der Sprachunterschiede vor; diese sind im Europäischen Binnenmarkt ebenfalls allgegenwärtig.

Eine Befragung der EU-KOMMISSION, die noch vor Öffnung der Binnengrenzen in Auftrag gegeben wurde, kommt zu dem Ergebnis, dass es entscheidend bei der Beurteilung der für den Binnenmarkt zu erwartenden Steuerarbitrage sei, welche Warengruppen von Steuersatzdifferenzen betroffen sind. Für die Warengruppe mit einem Wert oberhalb von DM 200 komme der Möglichkeit der Steuerarbitrage nur eine untergeordnete Bedeutung zu. Die für den Europäischen Binnenmarkt mittlerweile in erheblichem Umfang vorliegenden empirischen Studien sind von ihrer Methodik her regelmäßig als Befragungen von Einwohnern, Unternehmern oder Reisenden gefaßt. Auf diese Art und Weise kann zu einem Zeitpunkt und zu jeweils gegebenen Steuersatzunterschieden auf die Höhe und die Bestimmungsgründe der Steuerarbitrage geschlossen werden.

Das ESRI (1995) ermittelt in einer Befragung, dass nur für ein Warenbündel insgesamt (Warenwert mindestens 100 ECU) und wenn nennenswerte Preisdifferenzen (oberhalb von 10%) zu beobachten sind, eine Direktimportsfahrt überhaupt initiiert wird.

Inwiefern sich bei unterschiedlichen Steuerdifferenzen Unterschiede im Ausweichverhalten ergeben, kann allenfalls für verschiedene Grenzabschnitte zum jeweiligen Zeitpunkt ermittelt werden. Eine Lücke entsteht in der Beantwortung der Frage, was wäre, wenn die Steuersatzunterschiede verringert bzw. erhöht werden würden. Solche hypothetischen Fragestellungen können nur aufgrund von Verhaltensgleichungen beantwortet werden, die aus der ökonometrischen Beobachtung von Zeitreihen- und räumlichen Querschnitten abgeleitet werden können. Während für den Raum der Vereinigten Staaten von Amerika und Kanada eine Vielzahl solcher ökonometrischen Studien vorliegen, gibt es erst eine einzige Studie in Europa, und die ist begrenzt auf eine besondere Situation (die Studie vom ESRI (1988) für Irland). Eine weitere Lücke ergibt sich, dadurch dass keine direkten Erhebungen von grenzüberschreitenden Reisenden vorgenommen wurde.

Im dritten Teil sind eigene ökonometrische Untersuchungen zu den Warengruppen vorgenommen worden, die unterhalb des erwähnten Warenwertes von DM 200 liegen. Gerade im Bereich der speziellen Verbrauchsteuern finden sich erhebliche

Steuersatzdifferenzen (entgegen dem von der EU-KOMMISSION verbreiteten Einschätzungen), aus denen sich erhebliche Steuerausweichhandlungen erwarten lassen. Die an verschiedenen Erhebungspunkten ansetzende – z.T. auf Sonderauswertungen beruhenden und hier erstmals veröffentlichten – Statistiken konnten für folgende Warengruppen eine substantielle Steuerarbitrage nachweisen: Tabakwaren, Branntwein, Diesel- und Vergaserkraftstoff, Kaffee und Tee. Damit sind nicht unwesentliche Antworten auf die Fragenkreise 1 (*Umfang der Steuerarbitrage*) und 2 (*Zusammensetzung der Steuerarbitrage*) gegeben.

- Die graphische Auswertung der Aufgriffsstatistiken des Zolls zeigt darüber hinaus ein besonderes zeitliches Muster der Steuerarbitrage in Folge der 1982 er Verbrauchsteuererhöhung in der Bundesrepublik Deutschland: Zunächst steigen Steuerwiderstand und Steuerarbitrage in die niedriger besteuernden Nachbarländer sprunghaft an. Im Laufe der folgenden Monate sinken der Steuerwiderstand und die damit einhergehende Steuerarbitrage, weil sich die Verbraucher an die höhere Steuerbelastung zu gewöhnen beginnen. Dieser Zusammenhang ist vom Zoll für die ertappten (illegalen) Schmuggler nachgewiesen worden, dürfte jedoch auch für die legalen Steuerarbitrageure gelten.
- Eine wegen der Verbrauchsteuererhöhung im Jahre 1982 vorgenommene Totalkontrolle des BUNDESMINISTERIUMS DER FINANZEN bestätigt zum einen das erwähnte zeitliche Verlaufsmuster der Steuerarbitrage in Folge der Erhöhung der Steuersatzunterschiede. Zum anderen kommt die Auswertung der Totalkontrollen zu dem überraschenden Ergebnis, dass an allen vier Erhebungstagen weniger als 0,1 Prozent aller Reisenden mehr Zigaretten importierten als gesetzlich erlaubt. Die damals bestehenden Freimengen wurden also von den nach Deutschland einreisenden Personen peinlich genau eingehalten. Diese Totalkontrollen stellen erstmalig für Deutschland Material aus einer direkten Erhebung an der gesamten (west)deutschen Grenze zur Verfügung.

Die Regressionen mit auf Kreisebene disaggregierten Daten erlauben für die Tabakwaren und Kraftstoffe eine quantitative Angabe der Höhe der Beeinflussung und damit auch eine Prognosemöglichkeit für nicht beobachtete Szenarien bzw. zukünftige Steuersatzdifferenzen.

- Die ökonometrische Auswertung der Steuerstatistiken bzw. der Handelszählungen für den Tabakeinzelhandel ermittelt für die beiden die Steuerarbitrage beschreibenden Variablen „Entfernung eines Kreises zur Grenze" und „relative Preisdifferenz" Koeffizienten, die erste Teilergebnisse liefern, um die die Abhängigkeit der Steuerarbitrage von ihren hier betrachteten Bestimmungsfaktoren zu quantifizieren. Die Schätzergebnisse für die Tabakwaren bleiben jedoch insgesamt unbefriedigend.
- Für die Mineralölsteuer auf Diesel und Benzin liegen entsprechende Schätzungen für zwei unterschiedliche Verkehrsarten („Transitverkehr" sowie „stationärer Verkehr und Transitverkehr zusammen"). Es kann darüber hinaus mit einer ökonometrischen Schätzung gezeigt werden, dass sich Preisunterschiede beim Kraftstoff auch auf die Bestandshalteentscheidung der Pkw-Fahrer auswirken. Bei den Pkw läßt sich zusammenfassen, dass in Nähe einer Grenze mit Arbitragemöglichkeit für die Inländer mehr Diesel-Pkw zugelassen sind und sich gleichzeitig weniger Dieselumsatz je zugelassenen Diesel-Pkw feststellen läßt.

Folgende Erkenntnisse werden durch die hier vorgenommenen eigenen ökonometrischen Schätzungen gewonnen:

(1) Für Tabakwaren und Mineralölerzeugnisse können partielle Elastizitäten berechnet werden, die es erlauben, näherungsweise und für kleine Abweichungen

vom Durchschnittswert die Reaktion der Direktimporteure auf geänderte Steuersätze zu bestimmen. Aus den Generellen Gleichgewichts-Modellen ist im übrigen zu entnehmen, dass anhand der Elastizitäten in einem ersten Analyseschritt brauchbare Voraussagen für die Wirkungen von geänderten Steuersätzen bzw. Besteuerungsprinzipien im internationalen Handel gewonnen werden können. Näherungsweise erlaubt auch die Partialanalyse eine ausreichende Information über die Veränderung der ökonomischen Aktivität. Zumindest dürfte eine solche, empirisch gestützte Partialaussage eine gleiche Existenzberechtigung haben wie Grobschätzungen in mit viel methodischem Aufwand aufgestellten Angewandten Generellen Gleichgewichts-Modellen.

(2) Die ermittelten Schätzkoeffizienten können verwendet werden, um unter Ansatz von tatsächlichen Steuersätzen in Deutschland und in den Nachbarländern und unter Berücksichtigung der Zahl und Lage der jeweiligen Kreise die Wirkung der Steuerarbitrage auf die Zahl der heimischen Einzelhändler bzw. des inländischen Einzelhandelsumsatzes zu schätzen. Diese Schätzungen ergänzen die im 2. Teil dieser Arbeit zusammen getragenen Befragungen von Konsumenten bzw. Einzelhändlern.

(3) Für exemplarisch ausgewählte Zeitpunkte kann berechnet werden, ob Deutschland (bezüglich der hier betrachteten grenznahen Regionen der Alten Bundesländer) per Saldo durch die Steuerarbitrage gewinnt oder verliert.

Mit diesen Schätzungen wird eine Erkenntnislücke für den Europäischen Binnenmarkt geschlossen, jedenfalls hinsichtlich der untersuchten Gütergruppen.

Die ermittelten Schätzgleichungen ermöglichen die darüber hinaus, Hypothesen zu verschiedenen Steuersatzangleichungsszenarien zu testen. Die im letzten Kapitel vorgenommene Prognose für die Zeit seit Öffnung der Binnengrenzen benutzt die empirischen Schätzergebnisse. So wird einmal aus dem genauen Einhalten der Freimengen zu Zeiten der 1982 er Verbrauchsteuererhöhung geschlossen, dass eine allmähliche Anhebung der Freimengen, wie sie in einem früheren Arbeitspapier der EU-Kommission vorgeschlagen worden ist, in einer entsprechenden allmählichen Ausweitung der Steuerarbitrage - unterschieden für den großen und kleinen Grenzverkehr - ihren Niederschlag gefunden hätte.

Die Simulation verschiedener Tabaksteuer- und Mineralölsteuersatzszenarien für den Beginn des Binnenmarktes deutet darauf hin, dass einmal die jeweiligen topographischen Gegebenheiten eines Landes (Zahl der Kreise zu einem Nachbarland, Entfernung zur Grenze) neben der Höhe der jeweiligen Preisdifferenz und weiteren hier nicht modellierten Faktoren (rechtliche, sprachliche und Währungsunterschiede) betrachtet werden müssen. In den alten Bundesländern fällt bei Tabakwaren die Steuerarbitrage in den Luxemburg gegenüber liegenden Kreisen besonders ins Gewicht. Bei Kraftstoffen ist insbesondere die Steuerarbitrage beim Dieselkraftstoff beachtlich.

Im Hinblick auf die betrachteten Grenzabschnitte ist allerdings anzumerken, dass für die beabsichtigten ökonometrischen Schätzungen mit langjährigen Zeitreihen- und Querschnittszahlen nur bezüglich die Alten Bundesländer ausreichendes Statistikmaterial gefunden werden konnte. In den neuen Bundesländern ist nach Zurückdrängen des zu unmittelbaren Nachwendezeiten bestehenden (illegalen) Schmuggels bei Zigaretten derzeit mit ähnlichen (legalen) Ausweichhandlungen bei den hoch besteuerten Waren Tabak und Mineralöl zu rechnen. Wegen der Instabilität des äußeren Datenkranzes ist es jedoch zum derzeitigen Zeitpunkt nicht möglich, die ökonometrischen Schätzungen aus den Grenzregionen der Alten Bundesländer auf die Grenzregionen der Neuen Bundesländer zu übertragen.

5.2 Ausblick

(1) Einmal ergeben sich aufgrund der hier vorgenommenen ökonometrischen Untersuchungen empirische Erkenntnisse, die für weitere finanzpolitische und finanztheoretische Untersuchungen hinsichtlich der Harmonisierung der indirekten Steuern im Europäischen Binnenmarkt von Interesse sein könnten.

- Für die finanztheorischen Untersuchungen ist festzustellen, dass sämtliche vorgelegten Modellierungen auf die allgemeine Umsatzsteuer abstellen. Die Erfassung nur einer generellen Steuer wird mit der besseren Handhabbarkeit von Mehr-Länder-Modellen begründet.

  Zu fragen ist jedoch angesichts des empirischen Bildes der institutionellen Verhältnisse, ob diese Schwerpunktsetzung in den theoretischen Modellierungen zur Steuerharmonisierung beibehalten werden sollte.

  Für die Relevanz von Steuerarbitragehandlungen ausschließlich bei Differenzen in der allgemeinen Umsatzsteuer konnten in dieser Arbeit keine Belege gefunden werden. Wie eingangs erwähnt wurde von der Europäischen Kommission selber wurde kurz vor Öffnung der Binnengrenzen eine Untersuchung vorgelegt, derzufolge bei der Umsatzsteuer keine wesentlichen Verzerrungen wegen der Abschaffung der Steuergrenzen für Güter mit einem Wert oberhalb von DM 200 zu erwarten seien. Die im 2. Teil dieser Arbeit dargestellten Befragungen im europäischen Binnenmarkt haben dagegen darauf hingewiesen, dass insbesondere bei den speziellen Verbrauchsteuern erhebliche Direktimporte wegen Steuersatzdifferenzen zu beobachten sind. Diese Befragungsergebnisse haben sich in den eigenen Untersuchungen bestätigt.

- Wünschenswert wäre es, wenn die theoretischen Modellaussagen anhand der hier gefundenen empirischen Erkenntnisse überprüft werden könnten. Wegen der genannten Orientierung alleine auf die allgemeine Umsatzsteuer ist eine Überprüfung von theoretischen Modellaussagen jedoch nur eingeschränkt möglich. Für zukünftige finanztheoretische Modellbildungen wäre zu fordern, dass verstärkt die in der Realität relevanten Steuerarbitragehandlungen bei den speziellen Verbrauchsteuern Beachtung finden würden.

- Für die Politikberatung sind verschiedene auf die empirische Wirklichkeit abzielende Untersuchungen vorgelegt worden. In diesen Untersuchungen konnte jedoch mangels Kenntnissen über die empirische Situation bei der Steuerarbitrage das Phänomen der Direktimporte nur mit unbefriedigender Tiefe behandelt werden. Für die vorgelegten Berechnungen in Angewandten ökonomischen Modellen ist daher die hier vorgelegte Untersuchung bedeutsam.

Mit den hier vorgelegten Untersuchungsergebnissen können nunmehr ökonomisch fundiertere Aussagen für solche Politikempfehlungen zugrunde gelegt werden.

(2) Darüber hinaus sind mit dieser Arbeit erste Schritte gegangen worden, um das Phänomen der Steuerarbitrage ökonometrisch zu untersuchen. Ziel ist es gewesen, Erkenntnisse zu den Bestimmungsfaktoren der Steuerarbitrage zusammenzutragen, um für hypothetische Fragestellungen, etwa was wäre, wenn das Land xy seinen Steuersatz um 10% erhöht oder senkt?, Antworten parat zu haben.

Eine quantitative Aufdeckung der Bestimmungsfaktoren ist in den Vereinigten Staaten von Amerika und in Kanada mit Hilfe von Regressionsuntersuchungen zum dort sog. „Cross-border Effect" erreicht worden. Im 2. Teil dieser Arbeit ist für den europäischen Binnenmarkt eine Lücke hinsichtlich solcher empirischen Untersuchungen der Phänomens der Steuerarbitrage mit makroökonomischen Daten festgestellt worden. Es liegen im Schrifttum lediglich Befragungen zur Höhe der Steuerarbitrage zu einem bestimmten Zeitpunkt und für einen bestimmten Grenzabschnitt vor. Aus den Befragungsergebnissen können nur sehr eingeschränkt Voraussagen zu zur beobachteten Zeit nicht gegebenen Steuersatzdifferenzen gegeben werden.

Mit der hier vorgelegten Untersuchung wird eine ausführliche ökonometrische Untersuchung mit makroökonomischen Daten für den Europäischen Binnenmarkt unternommen. Mit Hilfe der Schätzergebnisse sind Wenn-Dann-Aussagen möglich, die verschiedene Steuerharmonisierungsszenarien (z.B. Steuersatzangleichung auf Steuerdifferenzen von maximal 10%, maximal 5% usw.) bzw. die Wirkungen von Steuersatzdifferenzen auf die grenznahen Regionen (z.B. die Messung von Abflüssen in Niedrigsteuerländern in Entfernung von 0-50 km, von 0-100 km usw.) zu untersuchen erlauben. Damit wird ein Beitrag zur Schließung dieser Lücke geleistet.

Weitere Untersuchungen zu diesem Phänomen sollten sich an die hier vorgenommenen ersten Analysen anschließen.

(3) Da sich die Lücke wegen der nicht unerheblichen praktischen Probleme bei der Datengenerierung aufgetan hat, sind für weitere Untersuchungen der Steuerarbitrage die einleitenden methodischen Hinweise zu den Problembereichen zu beachten.

Anlage 1: Tabellen zu Datenquellen der Steuerarbitrage

1. Arbeitsstätten (Steuerpflichtige), Beschäftigung und Umsatz im Einzelhandel insgesamt und im Tabakeinzelhandel

Weil die in diesem Anhang darzustellenden Daten entweder aus Sonderaufbereitungen der Statistischen Landesämter oder aus den Veröffentlichungen der Landesämter stammen, sollen die Ergebnisse grundsätzlich nach Bundesländern und nicht nach Grenzabschnitten eingeteilt gezeigt werden[A1].

1.1 Handels- und Gaststättenzählungen

Die Statistiken für die Anzahl der Arbeitstsätten/steuerpflichtige Unternehmen, Umsätze und Beschäftigte je Bundesland werden in der Reihenfolge geordnet von Norden nach Süden abgebildet. Es werden jeweils Summen für Regierungsbezirke und für die Bundesländer gezeigt, weil in den Regressionen alle Ebenen benutzt werden.

Tabelle A1: Arbeitsstätten (Ast), Beschäftigte (Besch) und Umsätze (in 1.000 DM) in Schleswig Holstein lt. Handelszählungen 1979 und 1985[a]

	Tabakeinzelhandel 1979			Tabakeinzelhandel 1985			Einzelhandel 1979			Einzelhandel 1985		
Kreis[b]	Ast	Besch	Umsätze	Ast	Besch	Umsätze	Ast	Besch	Umsätze	Ast	Besch	Umsätze
FL	44	97	16.151	33	67	14.869	711	5.786	926.006	715	4.931	1.004.020
KI	140	337	77.781	121	526	109.883	1.583	14.958	2.124.085	1.533	12.569	2.506.424
HL	95	239	33.753	101	242	41.884	1.429	10.931	1.720.218	1.344	10.248	1.997.278
NMS	31	73	13.376	23	70	10.156	572	4.173	579.480	554	3.760	782.382
HEI	31	69	15.204	30	63	11.860	1.005	5.385	796.406	928	5.086	1.018.072
RZ	32	77	10.917	32	90	15.409	871	4.354	637.811	858	4.963	917.574
NF	32	78	15.293	25	61	15.788	1.341	7.360	1.160.194	1.344	7.021	1.439.139
OH	39	113	17.185	34	79	13.812	1.442	7.373	1.066.480	1.392	6.829	1.337.419
PI	69	194	29.304	69	206	37.551	1.630	9.408	1.427.693	1.608	9.151	1.861.277
PLÖ	17	41	5.257	15	37	7.817	684	3.163	494.912	630	3.253	661.760
RD	37	95	10.532	36	111	19.344	1.324	7.671	1.170.237	1.351	7.642	1.446.041
SL	32	57	7.766	22	48	7.446	977	5.425	861.681	926	5.235	1.122.357
SE	27	104	18.155	41	113	22.221	1.130	9.107	1.595.913	1.198	9.601	2.162.503
IZ	27	73	9.998	32	75	13.308	921	4.774	752.868	871	4.838	902.287
OD	45	120	18.900	47	141	32.325	1.056	5.556	899.022	1.099	6.191	1.195.891
SH	698	1.767	299.572	661	1.929	373.673	16.676	105.424	16.213.004	16.371	101.318	20.354.424

a. Quelle: Sonderauswertung des Statistschen Landesamtes Schleswig-Holstein.
b. Die Abkürzungen der Kreise entsprechen den Kfz-Kennzeichen.
c. S = Stadtkreis, L = Landkreis

Tabelle A2: Arbeitsstätten (Ast), Beschäftigte (Besch) und Umsätze (in 1.000 DM) im Saarland lt. Handelszählungen 1979 und 1985[a]

	Tabakeinzelhandel 1979			Tabakeinzelhandel 1985			Einzelhandel 1979			Einzelhandel 1985		
Kreis	Ast	Besch	Umsätze	Ast	Besch	Umsätze	Ast	Besch	Umsätze	Ast	Besch	Umsätze
Saar	305	745	194.665	290	689	144.389	7.734	41.083	6.283.918	8.591	43.760	8.353.715

a. Quelle: Statistisches Amt des Saarlandes, Ergebnisse der Handels- und Gaststättenzählung, 1979 und 1985.

[A1] Gegen die Zuordnung zu Grenzabschnitten spricht auch, daß einige Kreise nicht eindeutig dem einen oder dem anderen Grenzabschnitt zugerechnet werden können.

Tabelle A3: Ast, Besch und Umsätze in Niedersachsen lt. Handelszählungen 1979 und 1985[a]

	Tabakeinzelhandel 1979			Einzelhandel 1985			Tabakeinzelhandel 1979			Einzelhandel 1985		
Kreise	Ast	Besch	Umsätze	Ast	Besch	Umsätze	Ast	Besch	Umsätze	Ast	Besch	Umsätz e
BS	116	286	43.349	1.661	14.849	2.239.008	83	199	37.847	1.578	13.596	2.677.830
SZ	29	71	7.963	693	4.479	603.030	31	82	11.056	660	3.808	733.798
WOB	47	133	27.172	663	5.679	715.473	25	85	16.827	638	5.037	928.023
GF	11	25	3.324	638	3.630	501.833	11	30	3.536	612	3.322	625.779
GÖ	56	146	23.856	1.454	9.101	1.362.245	43	115	24.879	1.455	9.100	1.818.730
GS	54	127	20.792	1.405	6.968	947.367	45	104	15.676	1.272	6.497	1.177.880
HE	22	37	4.805	613	3.109	400.688	10	21	3.448	535	2.879	566.476
NOM	33	70	9.373	1.051	4.876	649.481	26	52	10.150	1.017	5.006	940.489
OHA	17	39	7.399	777	3.462	507.827	22	48	11.030	705	3.333	627.975
PE	16	44	6.747	684	3.528	487.950	12	33	7.177	655	3.630	649.410
WF	30	61	7.621	722	3.504	521.532	24	52	9.161	662	3.151	538.526
RB B	431	1.039	162.401	10.361	63.185	8.936.434	332	821	150.787	9.789	59.359	11.284.916
H/S	238	526	74.706	3.874	27.790	4.677.926	209	452	82.805	3.749	26.376	5.366.575
DH	16	43	7.818	1.172	5.329	805.789	16	38	7.487	1.212	5.983	1.234.398
HM	40	85	15.341	1.204	6.434	889.900	31	103	28.531	1.145	6.223	1.144.317
H/L	96	226	32.393	2.843	14.412	2.224.511	67	171	30.938	3.129	16.418	3.314.168
HI	74	173	45.991	1.749	10.177	1.559.576	45	126	43.832	1.722	10.088	2.041.151
HOL	17	31	4.214	620	2.750	390.516	12	26	6.164	581	2.528	478.159
NI	15	36	17.493	773	4.008	586.593	12	30	12.206	743	3.900	693.806
SHA	24	47	7.392	1.053	6.042	823.723	25	58	8.677	1.034	5.336	1.003.269
RB H	520	1.167	205.348	13.288	76.942	11.958.534	417	1.004	220.640	13.315	76.852	15.275.843
CE	41	90	14.317	1.015	6.134	934.719	33	87	27.776	1.067	6.240	1.239.107
CUX	25	55	6.933	1.233	5.844	845.535	23	58	10.372	1.216	5.598	1.103.756
WL	16	41	5.943	988	4.897	768.393	21	44	10.080	1.137	5.846	1.126.232
DAN	6	11	1.967	330	1.446	190.805	7	17	2.367	324	1.498	246.843
LÜN	31	83	11.584	757	5.286	782.559	29	80	13.861	773	5.173	994.384
OHZ	11	21	3.829	505	2.979	520.968	8	19	4.611	540	3.328	678.132
ROH	14	26	4.151	852	4.565	685.800	15	36	5.827	883	4.510	807.497
SFA	19	41	6.520	857	4.409	640.389	12	26	5.050	873	4.496	822.505
STD	19	48	8.263	966	5.898	932.336	20	57	10.672	1.008	6.208	1.282.838
UE	20	37	6.364	596	3.679	498.994	21	58	26.198	585	3.482	634.463
VER	14	35	4.679	638	4.299	768.552	15	30	5.675	664	4.449	1.078.252
RB L	216	488	74.550	8.737	49.436	7.569.050	204	512	122.489	9.070	50.828	10.014.009
DEL/S	17	144	22.745	473	3.583	526.227	16	51	7.344	486	3.311	629.307
EMD/S	12	21	2.594	379	2.360	309.045	8	10	2.447	369	2.157	371.050
OL	49	130	16.264	948	8.286	1.219.079	41	116	17.278	946	7.016	1.464.356
OS/S	79	177	24.153	1.114	8.670	1.366.012	70	150	25.430	1.188	8.520	1.650.022
WHVS	35	75	8.896	603	4.654	660.894	36	85	11.325	574	3.836	719.527
WST	11	21	2.320	534	2.820	394.373	6	18	1.896	560	2.762	512.193
AUR	18	47	21.974	1.222	5.866	864.529	13	32	11.743	1.260	6.095	1.129.585
CLP	8	9	1.718	833	3.606	526.640	6	8	1.048	833	3.762	708.869
EL	26	47	7.796	1.560	7.741	1.145.428	19	51	11.637	1.609	8.008	1.528.626
FRI	18	40	5.852	671	3.225	477.857	27	70	9.980	687	3.228	606.329
BEN	17	38	7.165	869	4.014	585.899	13	30	6.504	852	3.977	759.489
LER	18	42	6.592	1.085	4.974	729.083	14	33	6.455	996	4.825	930.596
OLD	6	15	3.598	447	2.008	281.482	5	13	1.762	529	2.369	415.796
OS/L	20	39	5.282	1.778	7.697	1.124.267	28	85	16.117	1.871	8.301	1.664.870
VE	11	31	14.364	715	3.067	481.851	7	26	13.550	791	3.346	683.528
BRA	15	33	6.528	568	2.861	410.190	12	30	4.139	539	2.682	481.281
WTM	8	14	2.142	372	1.632	248.393	2	6	2.021	379	1.576	291.959
RB WE	368	923	159.983	14.171	77.064	11.351.249	323	814	150.675	14.469	75.771	14.547.383
NS	1.535	3.617	602.282	46.557	266.627	39.815.267	1.276	3.151	644.591	46.643	262.810	51.122.151

a. Quelle: Sondererhebung des Niedersächsischen Landesverwaltungsamtes - Statistik.

Tabelle A4: Ast, Besch und Umsätze in den nordrhein-westfälischen Regierungsbezirken Düsseldorf (RB D) und Köln (RB K) lt. Handelszählungen 1979 und 1985[a]

	Tabakeinzelhandel 1979			Tabakeinzelhandel 1985			Einzelhandel 1979			Einzelhandel 1985		
Kreise	Ast	Besch	Umsätze	Ast	Besch	Umsätze	Ast	Besch	Umsätze	Ast	Besch	Umsätze
D	339	802	150.709	420	936	189.884	4.916	30.860	4.954.461	4.596	27.185	5.659.839
Du	257	561	70.784	331	814	94.675	3.536	22.329	3.651.905	3.192	18.608	3.548.397
E	305	694	88.271	401	977	140.226	4.322	28.951	4.289.305	4.070	26.523	5.342.847
KR	115	256	30.600	103	266	48.834	1.617	10.882	1.813.251	1.617	9.881	2.138.741
MG	120	214	27.476	126	312	89.940	2.056	12.063	1.934.390	1.820	10.488	2.348.083
MH	69	152	20.259	88	209	31.078	1.186	8.771	1.334.175	1.112	7.515	1.665.666
OB	101	225	29.950	146	330	44.240	1.537	8.830	1.389.905	1.439	8.268	1.520.017
RS	62	139	18.977	51	128	19.974	842	5.119	773.281	746	4.395	860.478
SG	89	204	32.739	75	170	27.192	1.274	7.458	1.161.555	1.185	6.435	1.212.413
W	197	412	75.573	198	422	95.176	2.672	17.518	2.664.361	2.462	14.288	2.962.378
KLE	61	107	11.908	53	110	15.084	2.038	8.702	1.348.942	1.911	8.721	1.744.038
ME	144	338	51.944	170	433	76.314	2.727	15.394	2.318.566	2.681	15.131	3.090.987
NE	111	261	33.575	160	353	64.099	2.345	14.180	2.501.966	2.314	12.624	2.903.773
VIE	80	161	26.059	51	114	21.731	1.901	8.173	1.201.130	1.777	7.791	1.494.953
WES	101	225	28.331	161	363	48.410	2.666	15.758	2.377.971	2.715	15.213	3.093.020
RB D	2.151	4.751	697.155	2.534	5.937	1.006.857	35.635	214.988	33.715.165	33.637	193.066	39.585.630
AC/S	96	223	34.078	66	162	32.705	1.828	12.436	2.088.232	1.732	11.505	2.543.535
BN	120	306	63.732	133	317	65.154	1.949	14.190	2.186.796	1.967	12.920	2.628.372
K	535	1.221	215.777	586	1.395	292.966	7.136	44.379	7.638.699	6.817	40.599	8.948.156
LEV	53	139	16.758	83	230	31.633	969	7.424	1.140.454	909	6.210	1.261.909
AC/L	84	214	76.686	73	173	25.028	2.081	9.342	1.420.313	1.952	9.379	1.840.154
DN	59	156	40.427	57	175	67.331	1.649	8.464	1.318.255	1.449	7.379	1.561.065
BM	102	237	41.306	108	256	47.125	2.464	11.550	1.787.200	2.343	11.316	2.178.525
EU	19	55	6.958	22	47	9.372	1.097	5.167	889.834	1.031	5.301	1.179.562
HS	43	95	29.472	38	94	27.702	1.647	6.851	1.029.629	1.489	6.815	1.412.548
GM	54	159	49.456	52	173	79.472	1.587	7.972	1.253.064	1.511	7.623	1.559.495
GL	52	127	21.349	57	139	26.742	1.561	8.154	1.219.472	1.579	8.127	1.642.587
SU	81	197	36.857	94	326	149.814	2.659	12.828	2.084.107	2.653	13.276	3.107.070
RB K	1.298	3.129	632.856	1.369	3.487	855.044	26.627	148.757	24.056.055	25.432	140.450	29.862.978
Zw∑	3.449	7.880	1.330.011	3.903	9.424	1.861.901	62.262	363.745	57.771.220	59.069	333.516	69.448.608

a. Quelle: Landesamt für Datenverarbeitung und Statistik Nordrhein-Westfalen, Ergebnisse der Handels- und Gaststättenzählung, 1979 und 1985

(Fortsetzung Tabelle A4:) Ast, Besch und Umsätze in nordrhein-westfälischen Regierungsbezirken Münster (RB MS), Detmold (RB DT) und Arnsberg (RB A) lt. Handelszählungen 1979 und 1985

	Tabakeinzelhandel 1979			Tabakeinzelhandel 1985			Einzelhandel 1979			Einzelhandel 1985		
Kreise	Ast	Besch	Umsätze	Ast	Besch	Umsätze	Ast	Besch	Umsätze	Ast	Besch	Umsätze
Übert.	3.499	7.880	1.330.011	3.093	9.424	1.861.901	62.262	363.745	57.771.220	59.069	333.516	69.448.608
BOT	57	135	16.164	68	193	25.576	830	4.689	599.277	747	4.195	704.670
GE	144	371	47.292	193	482	67.589	2.161	14.555	2.001.190	1.878	11.517	2.137.392
MS	79	198	35.089	71	183	31.470	1.546	11.190	1.936.943	1.612	11.482	2.274.629
BOR	36	72	10.512	34	76	13.676	2.031	10.470	1.541.604	2.073	10.958	2.081.682
COE	23	44	6.979	32	84	31.410	1.154	5.653	897.203	1.165	5.841	1.200.780
RE	219	562	66.518	257	700	95.665	4.183	25.672	3.677.101	3.890	23.520	4.380.753
ST	53	124	16.781	50	118	20.651	2.606	13.483	1.971.400	2.469	12.467	2.352.911
WAF	37	72	14.428	53	126	26.496	1.727	8.267	1.209.956	1.656	7.933	1.501.402
RB MS	648	1.578	213.763	758	1.962	312.533	16.238	93.979	13.834.674	15.490	87.913	16.634.220
BI	110	239	36.215	101	288	77.626	2.029	14.309	2.348.299	1.914	13.229	2.661.096
GT	38	79	12.089	31	97	49.858	1.996	10.041	1.715.904	1.948	9.920	2.215.727
HF	47	133	50.282	50	156	75.989	1.795	9.249	1.469.717	1.640	8.650	1.743.008
HX	16	36	5.497	21	65	28.939	1.013	4.704	692.214	928	4.746	961.046
Lippe	68	176	22.807	64	192	41.678	2.589	11.794	1.683.983	2.294	10.524	2.066.041
MI	51	128	18.935	40	99	18.820	2.116	12.551	1.912.936	1.976	11.157	2.191.044
PB	38	94	13.332	31	115	49.294	1.428	7.803	1.266.701	1.384	7.944	1.714.809
RB DT	368	885	159.157	338	1.012	342.204	13.966	70.451	11.089.753	12.084	66.170	13.552.771
BO	162	381	53.968	210	594	90.199	2.534	18.472	2.992.572	2.336	16.277	3.170.017
DO	272	642	82.607	320	804	110.357	3.698	27.509	4.281.688	3.322	23.631	4.800.078
HA	98	242	36.427	93	248	43.062	1.359	10.482	1.686.555	1.239	8.773	1.794.916
HAM	49	99	13.715	82	182	27.261	1.082	7.295	1.173.408	1.081	6.622	1.349.934
HER	64	153	20.525	109	281	35.894	1.167	7.270	931.609	1.034	6.072	1.104.673
EN	133	313	56.315	136	359	60.812	2.205	12.578	1.814.477	2.074	12.018	2.219.610
HSK	48	104	15.868	38	104	39.328	1.988	9.504	1.433.700	1.841	8.862	1.764.026
MK	135	326	75.780	115	362	128.478	2.745	14.915	2.258.849	2.530	14.468	3.074.912
OL	20	40	10.509	22	61	13.837	817	3.738	564.975	792	3.940	844.413
SI	52	144	24.235	43	114	29.188	1.989	11.752	1.864.554	1.761	10.262	2.155.514
SO	51	132	19.435	59	162	37.207	1.752	10.051	1.495.150	1.704	9.526	1.953.679
UN	124	274	34.538	154	378	63.789	2.326	13.326	1.843.971	2.182	12.481	2.451.936
RB A	1.208	2.850	443.922	1.381	3.649	679.412	23.662	146.892	22.341.5092	21.896	132.932	26.683.708
NRW	5.673	13.193	2.146.854	6.380	16.047	3.196.050	115.128	675.067	105.037.155	108.539	620.531	126.319.308

Quelle: Landesamt für Datenverarbeitung und Statistik Nordrhein-Westfalen, Ergebnisse der Handels- und Gaststättenzählung, 1979 und 1985

Tabelle A5: Ast, Besch und Umsätze in den rheinland-pfälzischen Regierungsbezirken Koblenz (RG KO), Trier (RB Trier) und Rheinhessen-Pfalz (RB RPf) lt. Handelszählungen 1979 und 1985[a]

	Tabakeinzelhandel 1979			Tabakeinzelhandel 1985			Einzelhandel 1979			Einzelhandel 1985		
Kreise	Ast	Besch	Umsätze	Ast	Besch	Umsätze	Ast	Besch	Umsätze	Ast	Besch	Umsätze
KO	51	148	35.831	44	143	37.217	686	5.820	867.393	699	5.111	852.196
AW	23	36	5.130	19	37	10.570	818	2.939	359.634	771	3.151	36.695
AK	16	33	4.935	17	57	10.525	733	3.021	369.940	736	3.961	756.372
KRZ	24	44	6.324	16	35	5.803	883	6.583	916.354	841	6.047	1.162.481
BIR	14	36	9.106	13	25	5.634	539	2.164	307.580	538	2.215	389.191
COC	7	14	1.714	10	21	4.286	426	1.655	222.885	405	1.445	254.079
MYK	47	124	45.276	35	101	57.119	1.073	4.792	644.881	1.033	4.586	782.750
NW	58	99	15.580	34	66	10.119	1.027	4.859	593.408	979	4.567	708.163
SIM	14	50	21.528	12	40	15.516	568	2.066	285.201	543	2.326	417.655
EMS	k.A.											
WW	17	45	14.824	11	31	13.256	931	3.889	515.183	910	4.712	848.951
RB KO	271	629	160.248	211	556	170.045	7.684	37.788	5.082.459	7.455	38.121	6.208.533
TR/S	29	63	17.005	20	76	28.952	631	5.143	728.536	611	5.260	1.239.226
WIL	13	61	21.119	10	20	8.456	742	2.774	390.414	681	2.961	485.346
BIT	3	7	652	4	17	5.793	578	2.118	323.367	561	2.474	514.380
DAU	7	13	1.483	6	10	1.407	321	1.181	153.329	324	1.363	213.044
TR/L	11	25	2.612	4	9	1.369	532	1.771	248.325	525	2.185	373.367
RB TR	63	169	42.871	44	132	45.977	2.804	12.987	1.843.971	2.702	14.243	2.825.363
FT	k.A.	k.A.	k.A.	13	33	6.583	222	1.255	173.403	232	1.236	195.841
KL/S	27	58	7.789	34	89	14.008	630	4.216	607.431	635	3.366	792.578
LD	39	159	21.190	33	159	30.454	269	2.221	329.266	281	2.171	396.924
LU/S	64	143	34.192	63	178	40.651	806	3.352	420.738	752	7.214	1.541.899
MZ	49	119	27.702	38	109	36.310	929	5.677	788.609	960	5.203	928.648
NW	8	23	2.736	10	31	3.901	328	1.613	213.591	326	1.585	268.098
PI/S	24	45	11.089	21	41	12.624	405	2.110	290.913	395	2.456	428.886
SP	9	20	5.837	7	15	2.300	265	1.384	177.806	260	1.322	212.133
WO	25	72	28.021	24	71	33.314	497	2.710	454.935	484	2.933	590.727
ZW	8	15	2.034	8	13	2.266	213	1.064	151.748	206	1.096	176.051
AZ	8	31	11.357	7	31	16.152	457	7.138	1.692.028	507	9.274	3.492.092
DÜW	9	22	13.707	10	38	9.670	689	2.720	362.211	632	2.646	456.883
KIB	k.A.											
GER	5	10	1.861	9	22	3.505	565	1.684	190.833	535	1.904	297.764
KL/L	8	15	1.592	6	14	1.841	502	1.718	204.253	505	1.880	293.741
KUS	3	8	856	5	9	976	441	1.707	225.930	375	1.590	264.464
LU/L	k.A.											
SÜW	8	13	1.387	7	22	2.822	604	1.921	225.485	583	2.471	470.809
BIN	15	32	4.377	11	26	3.103	764	3.804	680.179	773	3.567	743.670
PI/L	k.A.			10	35	12.505	608	1.867	244.131	572	3.124	733.000
RB RPf	309	785	175.727	316	936	232.985	9.194	48.161	7.433.490	9.013	55.038	12.284.208
RLP	710	1.722	416.925	620	1.719	479.217	21.419	106.643	15.797.608	20.828	60.260	23.397.110

a. Quelle: Statistisches Landesamt Rheinland-Pfalz, Ergebnisse der Handels- und Gaststättenzählung, 1979 und 1985.
k.A. = Geheimgehaltene Ergebnisse wegen des Datenschutzes.

Tabelle A6: **Ast, Besch und Umsätze in den baden-württembergischen Regierungsbezirken Stuttgart (RB S), Karlsruhe (RB K), Freiburg (RB FR) und Tübingen (RB TÜ) lt. Handelszählungen 1979 und 1985[a]**

	Tabakeinzelhandel 1979			Tabakeinzelhandel 1985			Einzelhandel 1979			Einzelhandel 1985		
Kreise	Ast	Besch	Umsätze	Ast	Besch	Umsätze	Ast	Besch	Umsätze	Ast	Besch	Umsätze
S	155	481	136.891	187	510	131.878	3.648	29.758	5.076.961	3.452	27.084	6.015.454
BB	29	79	11.244	35	128	49.318	1.480	7.696	1.354.949	1.614	10.843	2.343.623
ES	36	120	25.695	52	176	52.671	2.258	12.541	2.095.122	2.351	13.437	2.945.757
GP	22	72	7.311	22	84	15.508	1.299	6.333	702.824	1.333	7.207	1.471.732
LB	37	100	20.984	51	167	69.547	1.898	10.516	1.786.289	2.113	12.681	2.695.861
BK	31	114	29.702	44	138	31.870	1.724	9.782	1.735.020	1.889	10.850	2.460.529
HN/S	15	44	7.129	17	53	15.631	716	6.725	1.219.269	692	6.105	1.369.961
HN/L	13	83	10.658	13	102	106.130	1.085	4.156	733.001	1.083	5.373	1.218.957
KUN	2	6	894	3	8	1.829	435	2.148	340.025	423	2.166	443.813
SHA	6	44	34.469	7	39	44.364	866	3.971	617.732	875	4.334	1.004.780
FH	11	27	5.778	12	44	25.821	770	3.373	490.340	748	3.235	634.573
HDH	9	21	2.341	9	72	71.248	687	3.731	788.933	667	4.026	816.580
AA	20	59	9.982	22	69	16.649	1.522	7.688	1.739.241	1.567	8.408	1.739.548
RB S	386	1.250	303.078	474	1.590	632.464	18.388	108.418	18.679.706	18.807	115.749	25.161.168
BAD	18	59	12.018	10	23	6.522	488	2.311	365.203	450	2.313	426.193
KA/S	42	88	10.599	82	192	47.345	1.629	12.990	232.462	1530	14.607	3.518.043
KA/L	33	95	38.760	30	131	93.973	1.999	8.676	1.343.579	1971	9.743	2.150.748
RA	19	69	18.517	16	47	16.200	1.177	5.391	882.501	1147	5.681	1.109.317
HD/S	30	81	12.000	37	96	21.220	1.008	7.054	1.122.071	989	7.167	1.528.906
MA	121	240	34.471	159	395	66.149	1.829	13.884	2.562.083	1817	13.714	2.904.368
MOS	9	17	7.064	8	24	6.912	778	3.328	557.199	697	3.327	760.548
HD/S	68	155	40.236	67	171	40.485	2.560	11.708	1.855.596	2677	12.586	2.632.554
PF/S	29	63	8.880	26	60	14.123	728	8.893	2.034.184	769	7.893	2.646.899
LW	5	13	1.962	10	25	5.642	781	3.114	466.195	837	3.635	745.053
PF/L	16	37	3.943	9	29	4.648	836	2.953	414.307	816	3.325	684.309
FDS	10	19	2.217	12	29	11.444	727	2.907	428.010	770	3.305	767.405
RB KA	400	936	190.667	466	1.227	334.663	14.540	83.209	12.263.390	14.470	87.296	19.874.343
FR/S	41	117	26.162	53	136	24.114	1.161	10.844	1.857.728	1.101	9.237	1.993.644
FR/L	16	37	5.170	18	48	7.475	1.070	4.521	825.826	1.098	4.676	921.950
EM	14	52	20.299	13	41	9.663	778	3.441	539.499	711	3.386	675.378
OG	33	94	10.191	33	98	30.333	2.347	12.350	1.849.209	2.119	11.172	2.339.921
RW	12	43	17.304	10	34	17.781	839	3.627	551.815	805	3.878	846.770
VS	28	89	19.384	32	104	31.324	1.201	6.297	929.644	1.200	6.028	1.264.724
TUT	9	19	3.103	16	38	9.464	662	3.033	492.965	627	2.864	688.951
KN	21	59	7.413	31	121	66.838	1.409	8.773	1.389.614	1.413	8.500	1.883.275
LÖ	21	74	21.144	19	67	16.435	1.078	8.153	1.387.719	1.049	7.395	1.793.408
WT	10	30	5.510	8	20	3.352	856	4.595	732.663	812	4.441	881.541
RB FR	205	614	135.680	233	707	216.779	11.401	65.634	10.556.682	10.935	61.577	13.289.562
RT	18	81	23.584	22	60	11.659	1.303	7.241	1.220.147	1.263	7.321	1.415.963
TÜ	17	44	8.546	11	33	6.421	759	4.045	609.972	761	4.368	813.450
BL	16	33	7.763	15	58	28.679	1.192	4.984	859.105	1.090	5.098	1.085.157
U/S	20	60	8.576	25	100	14.350	680	7.540	1.152.165	643	6.620	1.295.212
U/L	9	20	6.021	7	21	7.239	783	3.428	512.994	797	3.391	680.194
BC	12	32	7.588	10	29	5.589	851	3.556	601.764	880	3.931	732.364
FN	24	49	9.705	23	65	9.741	1.079	5.433	784.343	1.154	5.797	1.189.393
RV	17	41	12.707	17	52	11.067	1.453	8.039	1.191.689	1.418	7.944	1.564.121
SIG	13	33	9.391	11	33	14.645	706	2.705	449.731	687	3.142	644.249
RB TÜ	146	393	93.881	141	451	109.390	8.806	46.971	7.381.910	8.693	47.612	9.420.103
BW	1.137	3.193	723.306	1.314	3.970	1.293.296	53.135	304.232	48.881.688	52.905	312.234	67.745.176

a. Quelle: Sondererhebung des Statistischen Landesamtes Baden-Württemberg.

Tabelle A7: Arbeitsstätten (Ast), Beschäftigte (Besch) und Umsätze laut Handelzählungen 1979/85 in den bayerischen Regierungsbezirken Oberbayern (RB O) und Schwaben (RB S)[a]

	Tabakeinzelhandel 1979			Tabakeinzelhandel 1985			Einzelhandel 1979			Einzelhandel 1985		
Kreise	Ast	Besch	Umsätze	Ast	Besch	Umsätze	ASt	Besch	Umsätze	ASt	Besch	Umsätze
IN	8	15	4.183	17	44	14.351	595	4.515	665.074	757	4.787	963.970
M/S	399	923	169.904	431	1.205	344.272	8.925	59.031	10.228.586	10.738	61.899	14.190.528
RO/S	6	23	5.445	9	31	6.167	445	3.573	529.845	601	4.422	921.612
AÖ	7	19	4.787	8	17	2.700	658	3.089	437.420	809	3.657	694.639
BGL	14	55	13.285	18	79	45.951	820	3.796	510.674	994	4.799	845.411
TÖL	9	17	2.811	17	39	10.326	679	2.920	420.541	927	3.804	718.539
DAH	5	16	2.700	11	31	4.540	518	2.431	381.838	702	2.834	532.742
EBE	7	14	1.853	7	18	3.262	497	1.963	299.314	626	2.338	464.897
EI	3	18	19.250	4	27	31.622	476	1.882	169.457	578	1.733	285.542
ED	7	24	10.063	9	26	16.639	485	2.137	302.181	589	2.481	490.172
FS	7	16	2.794	7	17	3.177	602	3.203	480.889	793	3.631	807.221
FFB	16	58	13.192	25	62	19.054	832	3.962	577.234	1.177	5.149	993.899
GAP	11	22	5.300	14	37	13.734	841	3.624	499.045	945	4.001	745.638
LL	4	7	836	4	8	2.217	508	1.916	253.721	670	2.316	415.004
MB	13	26	5.100	17	34	6.619	744	2.951	424.534	940	3.415	642.722
MÜ	5	5	920	11	43	17.554	627	2.739	359.668	800	3.147	582.692
M/L	29	68	19.085	32	73	23.904	1.138	4.994	876.068	1.675	7.397	1.819.032
ND	4	6	1.922	7	16	4.364	491	2.182	286.667	577	2.348	410.371
PAF	6	20	11.760	6	24	24.673	529	1.953	271.378	668	2.324	453.668
RO/L	11	41	14.971	22	75	41.798	1.231	4.637	658.553	1.530	5.767	1.101.486
STA	11	27	6.455	17	41	9.117	655	2.516	392.372	942	3.532	743.284
TS	17	44	10.998	17	44	12.350	1.155	4.837	654.123	1.380	5.554	1.009.948
WM	8	15	2.275	14	36	9.537	661	3.457	520.377	913	4.367	822.464
RB O	607	1.479	329.889	724	2.027	667.928	24.112	128.308	20.199.559	30.331	145.702	30.655.481
A/S	64	149	20.843	78	212	45.661	1.557	12.114	1.707.110	1.851	12.701	2.420.292
KF	5	14	2.787	5	14	3.372	317	2.152	300.263	362	2.140	372.153
KE	8	29	11.100	11	43	15.146	467	4.220	606.056	522	4.452	840.286
MM	5	13	4.115	6	14	5.708	330	2.524	356.254	369	2.823	533.408
AIC	5	15	5.448	6	18	6.342	454	1.977	283.600	647	2.452	454.461
A/L	7	19	5.370	13	34	10.284	939	3.565	504.090	1.177	4.414	853.705
DLG	5	14	2.078	3	9	1.798	567	2.050	252.850	714	2.662	433.035
GZ	8	17	4.714	9	32	8.078	828	2.999	390.746	904	3.287	567.551
NU	11	26	5.228	13	42	28.550	686	3.509	575.715	881	4.459	993.640
LI	3	7	716	9	23	3.844	539	2.347	321.995	597	2.460	454.540
OAL	9	26	3.360	9	25	9.893	785	3.429	460.291	903	3.841	624.004
MN	5	12	2.234	12	32	6.311	754	2.785	407.423	893	3.429	617.026
DON	7	14	2.218	13	49	34.643	736	3.195	439.017	923	4.005	727.913
OA	11	22	4.876	10	23	5.580	845	4.102	598.902	1.046	4.657	860.174
RB Sch	153	377	75.087	197	570	185.210	9.804	50.968	7.204.312	11.789	57.782	10.752.188
Rest	541	1.361	348.260	679	1.913	718.794	36.913	187.366	29.010.669	43.936	210.541	44.508.093
Bay	1.301	3.217	753.236	1.600	4.510	1.571.932	70.829	366.642	56.414.540	86.056	414.025	85.915.762

a. Quelle: Sondererhebung des Bayerischen Landesamtes für Statistik und Datenverarbeitung.

1.2 Umsatzsteuerstatistik

1.2.1 Einzelhandel insgesamt

1.2.1.1 Einzelhändler

Tabelle A8: Einzelhändler in Schleswig-Holstein 1970-1988[a]

	1970	1972	1974	1976	1978	1980	1982	1984	1986	1988
Flensburg (Stadt)	691	617	571	562	567	576	621	665	672	660
Kiel	1.575	1.491	1.303	1.265	1.248	1.381	1.313	1.350	1.378	1.391
Lübeck	1.492	1.257	1.136	1.105	1.123	1.205	1.214	1.279	1.314	1.297
Neumünster	614	538	472	458	454	484	479	500	503	475
Dithmarschen	1.058	987	899	866	831	862	852	870	858	841
Hzgtm. Lauenburg	942	876	775	755	743	815	821	858	879	831
Nordfriesland	1.161	1.115	1.045	1.020	1.054	1.146	1.187	1.234	1.301	1.316
Ostholstein	1.264	1.211	1.124	1.116	1.128	1.234	1.261	1.308	1.353	1.365
Pinneberg	1.382	1.387	1.311	1.309	1.354	1.489	1.481	1.546	1.581	1.626
Plön	662	658	601	599	588	613	606	594	618	628
Rendsburg-Eckernförde	1.323	1.244	1.116	1.093	1.103	1.187	1.225	1.250	1.273	1.299
Schleswig/Flensburg[b]	1.013	965	850	828	822	928	875	893	931	920
Segeberg	884	884	859	889	954	1.092	1.120	1.192	1.250	1.317
Steinburg	897	854	774	754	734	806	799	833	829	832
Stormarn	914	847	803	852	908	1.002	1.032	1.105	1.126	1.137
SH insgesamt	15.872	14.931	13.639	13.471	13.611	14.820	14.886	15.477	15.866	15.955

a. Quelle: Sonderauswertung des Statistischen Landesamtes Schleswig-Holstein.
b. Die beiden Landkreise Flensburg/L und Schleswig sind mit der Gebietsreform 1974 zusammengelegt worden, hier werden die Werte von 1970 an für beide Kreise gemeinsam addiert.

Tabelle A9: Einzelhändler in Niedersachsen 1980-1988[a]

	1980	1982	1984	1986	1988
Braunschweig	1.386	1.360	1.464	1.455	1.484
Salzgitter	533	560	540	531	540
Wolfsburg	513	512	532	490	485
Gifhorn	561	566	623	624	628
Göttingen	1.316	1.318	1.366	1.389	1.368
Goslar	1.140	1.153	1.182	1.154	1136
Helmstedt	472	484	465	471	476
Northeim	881	900	959	907	891
Osterode	604	593	603	595	571
Peine	548	582	592	582	575
Wolfenbüttel	556	589	591	582	587
Regierungsbezirk Braunschweig	8.510	8.617	8.917	8.780	8.741
Hannover/S	3.131	3.201	3.354	3.391	3.438
Diepholz	1.091	1.083	1.132	1.142	1.163
Hameln-Pyrmont	1.034	1.040	1.075	1.074	1.063
Hannover/L	2.517	2.618	2.848	2.883	2.920
Hildesheim	1.553	1.618	1.637	1.618	1.574
Holzminden	512	494	491	488	491
Nienburg (Weser)	642	637	650	671	671
Schaumburg	879	903	927	946	919
Regierungsbezirk Hannover	11.359	11.594	12.114	12.213	12.239
Celle	926	936	965	957	931
Cuxhaven	1.098	1.102	1.120	1.106	1.111
Harburg	981	1.080	1.203	1.269	1.355
Lüchow-Dannenberg	304	317	315	301	314
Lüneburg	662	687	718	707	761
Osterholz	457	465	505	516	566
Rotenburg (a.d.W.)	731	759	799	821	841
Soltau-Fallingbostel	771	797	820	833	801
Stade	861	876	930	947	956
Ülzen	507	521	532	536	546
Verden	549	616	675	697	746
Regierungsbezirk Lüneburg	7.847	8.156	8.582	8.690	8.928
Delmenhorst/S	411	411	401	420	424
Emden (Stadt)	314	290	316	307	299
Oldenburg(Oldenburg)/S	760	804	891	909	958
Osnabrück/S	1.029	1.030	1.102	1.137	1.149
Wilhelmshaven	495	492	510	507	472
Ammerland	477	532	597	650	692
Aurich	1.121	1.126	1.184	1.172	1.197
Cloppenburg	745	722	753	751	750
Emsland	1.428	1.467	1.507	1.515	1.533
Friesland	644	653	713	718	720
Grafschaft Bentheim	813	832	858	873	901
Leer	983	941	926	913	938
Oldenburg(Oldenburg)/L	478	533	572	604	649
Osnabrück/L	1.619	1.696	1.802	1.814	1.803
Vechta	632	693	735	753	751
Wesermarsch	518	496	477	475	483
Wittmund	325	325	342	350	376
Regierungsbezirk Weser-Ems	12.792	13.043	13.686	13.874	14.095
Niedersachsen	40.508	41.410	43.299	43.557	44.003

a: Quelle: Sondererhebung des Niedersächsischen Landesverwaltungsamtes - Statistik.

Tabelle A10: Nordrhein-Westfälische Einzelhändler in den Regierungsbezirken Düsseldorf und Köln 1970-74 (alte Kreise)[a]

	1970	1972	1974
Düsseldorf	3.977	4.266	4.151
Duisburg	2.460	2.317	2.123
Essen	3.817	3.836	3.692
Krefeld	1.427	1.387	1.306
Leverkusen	512	490	488
Mönchengladbach	1.211	1.189	1.109
Mülheim an der Ruhr	1.100	1.073	1.011
Neuss	606	612	596
Oberhausen	1.409	1.331	1.234
Remscheid	812	805	764
Rheydt	736	680	635
Solingen	1.219	1.254	1.196
Wuppertal	2.679	2.709	2.629
Dinslaken	611	620	603
Düsseldorf-Mettmann	1.803	2.093	2.114
Geldern	741	687	691
Grevenbroich	1.513	1.566	1.564
Kempen-Krefeld	1.875	1.855	1.762
Kleve	801	775	765
Moers	2.032	1.946	1.910
Rees	726	731	754
Rhein-Wupper-Kreis	1.403	1.395	1.386
Regierungsbezirk Düsseldorf	33.470	33.617	32.483
Bonn	1.764	1.723	1.694
Köln/S	5.503	5.817	5.742
Bergheim (Erft)	732	761	1.450
Euskirchen	790	1.218	1.215
Köln/L	1.478	1.532	1.492
Oberbergischer Kreis	1.034	1.044	997
Rheinisch Bergischer Kreis	1.495	1.589	1.588
Rhein-Sieg-Kreis	2.172	2.287	2.737
Regierungsbezirk Köln	14.968	15.971	16.915
Aachen/S	1.231	1.573	1.546
Aachen/L	1.904	1.956	1.822
Düren	1.068	1.490	1.450
Erkelenz	741		
Jülich	475		
Monschau	219		
Schleiden	438		
Selfkantkreis/Heinsberg	1.102		
Regierungsbezirk Aachen[b]	7.178	5.019	4.818
Bocholt	337	351	349
Bottrop	599	581	519
Gelsenkirchen	1.871	1.865	1.784
Gladbeck	354	401	388
Münster/S	1.097	1.136	1.078
Recklinghausen/S	780	745	726
Zwischensumme	45.686	43.715	42.145

a. Quelle: Landesamt für Datenverarbeitung und Statistik des Landes Nordrhein-Westfalen (Hrg.) Umsätze und Umsatzsteuer in Nordrhein-Westfalen 1970, 1972, 1974.

b. Ab 1972 greift die Gemeindereform in Nordrhein-Westfalen: Zunächst wird der Regierungsbezirk Aachen zugunsten der Regierungsbezirke Köln und Düsseldorfs aufgelöst. Die Kreisergebnisse aus dem Jahre 1970 der aufnehmenden Regierungsbezirke Köln und Düsseldorf sind nicht mit den Angaben von 1972 und 1974 vergleichbar.

Tabelle A11: Nordrhein-Westfälische Einzelhändler in den Regierungsbezirken Münster, Detmold und Arnsberg

	1970	1972	1974
Übertrag	45.686	43.715	42.145
Ahaus	886	870	802
Beckum	998	1.030	1.038
Borken	599	591	606
Coesfeld	635	611	616
Lüdinghausen	769	781	788
Münster/L	598	636	647
Recklinghausen/L	1.989	1.993	1.928
Steinfurt	1.266	1.253	1.213
Tecklenburg	746	756	744
Warendorf	490	489	390
Regierungsbezirk Münster	107.356	103.491	99.880
Bielefeld/S	1.253	1.211	1.871
Bielefeld/L	886	864	
Büren	303	322	324
Detmold	1.038	1.039	
Halle (Westf.)	418	397	
Herford	1.568	1.501	1.514
Höxter	599	590	592
Lemgo	1.053	1.057	
Lübbecke	582	599	
Minden	1.271	1.275	
Paderborn	869	896	901
Warburg	273	270	247
Wiedenbrück	1.134	1.146	
Regierungsbezirk Detmold[b]	11.247	11.167	5.449
Bochum	1.745	1.723	1.661
Castrop-Rauxel	453	461	445
Dortmund	3.257	3.322	3.141
Hagen	1.111	1.078	999
Hamm	601	566	515
Herne	624	613	538
Iserlohn	331	345	327
Lünen	446	434	420
Wanne-Eickel	547	516	491
Wattenscheid	398	426	424
Witten	600	598	472
Arnsberg	927	925	899
Brilon	645	607	597
Ennepe-Ruhr-Kreis	1.507	1.511	1.378
Iserlohn	1.086	1.172	1.123
Lippstadt	606	591	579
Lüdenscheid	1.419	1.398	1.319
Meschede	391	401	395
Olpe	702	688	678
Siegen	1.409	1.410	1.384
Soest	673	691	691
Unna	1.136	1.159	1.140
Wittgenstein	286	298	292
Regierungsbezirk Arnsberg	20.899	20.933	19.917
Nordrhein-Westfalen	101.776	102.440	99.570

a. Quelle: wie Tabelle A10.
b. Die Gemeindereform in Nordrhein-Westfalen verändert die Kreiseinteilung schon 1974 im Regierungsbezirk Detmold, es werden hier nur die Ergebnisse der Städte ohne regionale Veränderung gezeigt.

Tabelle A12: Nordrhein-Westfälische Einzelhändler in den Regierungsbezirken Düsseldorf und Köln 1976-1988 (neue Kreise)[a]

	1976	1978	1980	1982	1984	1986	1988
Düsseldorf	4.349	4.525	4.637	4.566	4.648	4.625	4.683
Duisburg	2.807	2.942	3.034	2.921	2.939	2.897	2.908
Essen	3.757	3.781	3.992	3.950	3.922	3.868	3.808
Krefeld	1.401	1.422	1.471	1.531	1.572	1.564	1.579
Mönchengladbach	1.837	1.810	1.812	1.811	1.929	1.937	1.918
Mülheim an der Ruhr	1.003	1.010	1.055	1.053	1.085	1.080	1.105
Oberhausen	1.260	1.279	1.296	1.275	1.315	1.292	1.306
Remscheid	756	755	798	772	803	791	786
Solingen	1.218	1.180	1.164	1.148	1.209	1.208	1.235
Wuppertal	2.610	2.606	2.560	2.487	2.541	2.526	2.520
Kleve	1.767	1.804	1.861	1.883	1.952	1.983	2060
Mettmann	2.317	2.504	2.564	2.597	2.620	2.750	2835
Neuss	2.127	2.236	2.234	2.266	2.397	2.466	2533
Viersen	1.746	1.718	1.715	1.762	1.807	1.800	1857
Wesel	2.171	2.204	2.387	2.470	2.543	2.574	2.688
Reg.bez. Düsseldorf	31.126	31.776	32.580	32.492	33.282	33.361	33.821
Aachen/S	1.581	1.595	1.661	1.741	1.817	1.782	1.819
Bonn	1.727	1.769	1.818	1.843	1.961	1.991	2.076
Köln	6.613	6.665	6.778	6.832	6.957	7.194	7.308
Leverkusen	802	810	836	850	846	824	838
Aachen/L	1.760	1.758	1.832	1.792	1.862	1.885	1.900
Düren	1.426	1.366	1.416	1.427	1.438	1.422	1.411
Erftkreis	2.111	2.206	2.232	2.253	2.399	2.504	2.619
Euskirchen	996	986	985	1.002	1.041	1.032	1.080
Heinsberg	1.460	1.462	1.490	1.488	1.508	1.476	1.504
Oberberg. Kreis	1.508	1.495	1.506	1.517	1.570	1.523	1.553
Rh.-Berg. Kreis	1.433	1.431	1.552	1.627	1.713	1.787	1.827
Rhein-Sieg-Kreis	2.278	2.378	2.520	2.592	2.703	2.803	2.909
Reg.bez. Köln	23.695	23.921	24.626	24.964	25.815	26.223	26.844
Zwischensumme	54.821	55.697	57.206	57.456	59.097	59.584	60.665

a. Quelle: Landesamt für Datenverarbeitung und Statistik des Landes NRW (Hrg) Umsätze und Umsatzsteuer in Nordrheinwestfalen 1976-1988.

Tabelle A13: Nordrhein-westfälische Einzelhändler in den Regierungsbezirken Münster, Detmold und Arnsberg 1976-1988 (neue Kreise)[a]

	1976	1978	1980	1982	1984	1986	1988
Übertrag	54.821	55.697	57.206	57.456	59.097	59.584	60.665
Bottrop	641	689	703	690	703	712	706
Gelsenkirchen	1.759	1.701	1.796	1.674	1.677	1.678	1.604
Münster	1.314	1.336	1.417	1.450	1.536	1.596	1.631
Borken	1.820	1.855	1.903	1.929	2.033	2.123	2.165
Coesfeld	971	976	1.032	1.081	1.133	1.157	1.182
Recklinghausen	3.359	3.340	3.526	3.607	3.776	3.768	3.760
Steinfurt	2.130	2.170	2.217	2.231	2.306	2.351	2.341
Warendorf	1.515	1.504	1.500	1.534	1.587	1.595	1.612
Reg.bez. Münster	13.509	13.571	14.094	14.196	14.751	14.980	15.001
Bielefeld	1.844	1.854	1.778	1.750	1.877	1.903	1.921
Gütersloh	1.792	1.831	1.794	1.866	1.951	2.000	2.066
Herford	1.496	1.548	1.588	1.611	1.687	1.687	1.680
Höxter	825	819	845	835	830	821	854
Lippe	2.181	2.204	2.188	2.178	2.239	2.282	2.300
Minden-Lübbecke	1.859	1.872	1.867	1.880	1.866	1.889	1.928
Paderborn	1.192	1.213	1.217	1.300	1.387	1.393	1.424
Regierungsbezirk Detmold	11.189	11.341	11.277	11.420	11.837	11.975	12.173
Bochum	2.070	2.054	2.172	2.099	2.106	2.138	2.180
Dortmund	3.098	3.055	3.179	3.120	3.151	3.140	3.078
Hagen	1.189	1.108	1.178	1.178	1.235	1.219	1.222
Hamm	904	891	921	915	949	963	946
Herne	947	901	943	900	911	915	838
Ennepe-Ruhr-Kreis	1.918	1.911	1.985	1.968	2.093	2.082	2.112
Hochsauerlandkreis	1.662	1.661	1.655	1.675	1.702	1.664	1.708
Märkischer Kreis	2.314	2.265	2.334	2.317	2.383	2.368	2.407
Olpe	634	627	674	707	751	740	780
Siegen-Wittgenstein	1.642	1.664	1.694	1.690	1.702	1.715	1.713
Soest	1.434	1.419	1.517	1.530	1.609	1.606	1.633
Unna	1.915	1.936	2.049	2.083	2.177	2.159	2.154
Reg.bez. Arnsberg	19.727	19.492	20.301	20.182	20.769	20.709	20.771
Nordrhein-Westfalen	99.246	100.101	102.878	103.254	106.454	107.269	108.610

a. Quelle: wie A12.

Tabelle A14 : Einzelhändler in Rheinland-Pfalz 1970-1986[a]

	1970	1972	1974	1976	1978	1980	1982	1984	1986
KO[b]	803	738	712	732	725	699	745	823	805
AW	955	902	838	842	818	803	806	802	814
AK	900	796	777	766	756	731	741	757	761
KRZ	1.070	993	910	846	839	817	836	858	889
BIR	736	708	628	585	584	563	550	581	574
COC	637	582	519	478	481	422	415	434	427
MYK	1.316	1.168	1.079	1.091	1.127	1.049	1.053	1.111	1.106
NW	1.233	1.091	1.050	1.049	1.074	988	998	1.046	1.072
NW	688	639	610	578	564	557	572	589	603
SIM	801	738	686	700	685	681	686	687	719
WW	1.158	1.025	923	898	929	916	907	995	1.015
RB KO	10.297	9.380	8.732	8.565	8.582	8.226	8.309	8.683	8.785
TR/S	775	701	640	666	687	640	624	667	684
WIL	975	908	822	791	776	729	699	711	718
BIT	710	663	632	634	612	560	546	589	600
DAU	412	389	386	356	371	325	314	351	340
TR/L	702	662	609	613	613	558	568	585	579
RB TR	3.574	3.323	3.089	3.060	3.059	2.812	2.751	2.903	2.921
FT	234	229	226	214	226	229	238	252	245
KL/S	710	691	612	599	624	626	653	686	686
LD	255	281	261	259	257	254	268	304	311
LU/S	936	845	805	819	842	808	814	817	807
MZ	930	892	871	2.115[c]	2.163[c]	903	919	969	971
NW	389	370	347	316	321	324	319	351	363
PI/S	509	486	416	411	418	437	406	431	452
SP	273	236	218	226	241	266	261	286	313
WO	549	506	485	487	492	942	952	995	994
ZW	417	246	233	212	199	208	207	201	214
AZ	584	523	488	k.A.	k.A.	k.A.	k.A.	k.A.	k.A.
DÜW	825	762	720	677	674	675	667	678	698
DON	449	403	377	355	360	351	366	359	336
GER	595	536	518	513	552	548	552	553	568
KL/L	599	582	527	535	562	521	533	581	576
KUS	608	506	472	453	441	390	394	400	385
LU/L	751	667	599	609	647	652	575	703	700
SÜW	772	652	617	588	607	600	789	599	608
BIN	917	839	814	k.A.	k.A.	779	645	823	835
PI/L	607	664	634	594	600	593	598	599	578
RB RPf	11.909	10.916	10.240	9.982	10.226	10.106	10.156	10.587	10.640
RLP	25.780	23.619	22.061	21.607	21.687	21.144	21.216	22.173	22.346

a. Quelle: Statistisches Landesamt Rheinland-Pfalz (Hrg.) Der Umsatz und seine Besteuerung in Rheinland-Pfalz

b. Abkürzungen für die Kreise sind die Kfz-Kennzeichen.

c. Einschl. Alzey-Worms und Mainz-Bingen.

Das Saarland ist als Bundesland so klein, daß eine zusätzliche Disaggregation auf Kreisebene wegen der Geheimhaltung nicht möglich ist. Die Ergebnisse der Umsatzsteuerstatistik werden deshalb nur für das Bundesland insgesamt gezeigt.

Tabelle A15: Einzelhändler im Saarland 1970-1986[a]

	1970	1972	1974	1976	1978	1980	1982	1984	1986
Saarland	7.215	6.501	6.403	6.285	6.362	6.981	7.073	6.881	6.985

a. Quelle: Statistisches Amt des Saarlandes (Hrsg) Umsätze und ihre Besteuerung 1970-1988.

Auch für das Land Baden-Württemberg liegt eine Sondersituation vor, diesmal allerdings von der Seite der Veröffentlichung her. Weil keine Ergebnisse auf Kreisebene für dengesamten Zeitraum verfügbar sind, wurden nur ausgewählte grenznahe Kreise zur Schweiz und zu Frankreich in einer Sondererhebung des Statistischen Landesamtes Baden-Württembergs ermittelt:

Tabelle A16: Einzelhändler in ausgewählten Kreisen Baden-Württembergs 1970-1988[a]

	1970	1972	1974	1976	1978	1980	1982	1984	1986	1988
RA	1.183	1.154	1.096	1.122	1.099	1.168	1.165	1.197	1.239	1.289
BB	477	471	465	446	457	473	460	467	480	493
OG	2.239	2.155	2.044	2.155	2.130	2.210	2.190	2.199	2.256	2.322
EM	658	629	630	678	707	733	776	758	826	863
FR/S	949	985	943	927	985	1.056	1.072	1.180	1.231	1.292
FR/L	933	920	927	965	1.025	1.107	1.162	1.165	1.214	1.282
LÖ	961	917	897	941	912	1.032	1.051	1.061	1.103	1.148
Grenze F	7.400	7.231	7.002	7.234	7.315	7.779	7.876	8.027	8.349	8.689
FR/S	949	985	943	927	985	1.056	1.072	1.180	1.231	1.292
FR/L	933	920	927	965	1.025	1.107	1.162	1.165	1.214	1.282
LÖ	961	917	897	941	912	1.032	1.051	1.061	1.103	1.148
WT	795	778	751	786	807	804	796	823	866	876
KN	1.317	1.307	1.249	1.288	1.311	1.277	1.446	1.395	1.493	1.536
FN	898	889	888	930	996	1.009	995	1.017	1.094	1.150
Grenze Ch	5.853	5.796	5.655	5.837	6.036	6.285	6.522	6.641	7.001	7.284
Rest	37.719	37.924	38.239	37.891	38.116	38.267	39.362	40.616	42.899	44.031
BW	48.129	48.129	48.129	48.129	48.545	49.136	50.475	51.878	54.701	56.282

a. Quelle: 1970-78: Statistisches Landesamt Baden-Württemberg (Hrg.) Umsätze der Unternehmen; restliche Jahre: Sondererhebung des Statistischen Landesamtes Baden-Württemberg.

Tabelle A17: Bayerische Einzelhändler in den Regierungsbezirken Schwaben und Oberbayern 1980-88[a]

	1980	1982	1984	1986	1988
Ingolstadt	616	645	673	693	694
München/S	9.830	10.039	10.440	10.448	10.558
Rosenheim	510	529	558	569	586
Altötting	660	664	662	671	678
Berchtesg. Land	874	913	960	973	998
Bad Tölz/Wolfratsh.	789	806	839	864	911
Dachau	645	643	670	703	707
Ebersberg	602	619	648	664	667
Eichstätt	501	532	523	532	521
Erding	540	542	559	565	586
Freising	685	704	753	769	832
Fürstenfeldbruck	961	1.037	1.120	1.103	1.164
Garmisch-Part.	905	920	923	927	929
Landsberg a.L.	569	599	614	633	670
Miesbach	881	868	969	955	946
Mühldorf a.Inn	625	638	677	689	691
München/L	1.446	1.560	1.667	1.741	2.000
Neuburg-Schrobenh.	464	484	488	489	477
Pfaffenhofen	571	581	591	597	610
Rosenheim/L	1.468	1.521	1.621	1.654	1.676
Starnberg	793	831	904	950	952
Traunstein	1.215	1.232	1.341	1.323	1.348
Weilheim-Sch.	764	804	839	840	871
RB Oberbayern	26.914	27.711	29.039	29.352	30.072
Augsburg	1.611	1.613	1.740	1.808	1.798
Kaufbeuren	281	292	305	324	327
Kempten (Allgäu)	444	406	467	464	474
Memmingen	305	278	299	306	343
Aichach-Friedb.	496	544	574	625	640
Augsburg/L	974	1.020	1.076	1.085	1.080
Dillingen a.d.D.	532	517	544	562	555
Günzburg	715	727	754	743	779
Neu-Ulm	769	844	908	927	912
Lindau	542	506	590	568	585
Ostallgäu	790	817	858	863	855
Unterallgäu	793	801	803	808	843
Donau-Ries	721	700	726	718	714
Oberallgäu	920	870	994	986	1.056
RB Schwaben	9.893	9.935	10.638	10.787	10.961
Rest	68.124	67.585	68.675	67.528	66.826
Bayern	104.931	105.231	108.352	107.667	107.859

a: Sondererhebung des Bayerischen Statistischen Landesamtes.

1.2.1.2 Umsatz im Einzelhandel

Tabelle A18: Umsätze im Einzelhandel Schleswig-Holsteins (in 1.000 DM) 1970-1986[a]

	1970	1972	1974	1976	1978	1980	1982	1984	1986	1988
FL	316.585	340.654	403.818	454.453	484.026	597.864	555.367	634.037	688.777	747.757
KI	946.440	1.223.586	1.437.916	2.013.804	2.381.794	2.332.403	2.428.481	2.665.219	2.899.833	3.117.409
HL	827.122	915.295	945.286	1.185.554	1.256.729	1.460.038	1.496.361	1.636.169	1.757.301	1.364.675
NMS	210.649	227.432	254.217	295.587	323.543	374.510	354.717	386.671	542.527	823.924
HEI	311.896	364.273	438.521	477.089	538.996	599.983	661.855	642.191	829.018	874.024
RZ	272.162	325.696	376.985	422.827	494.407	584.061	597.220	604.091	629.494	660.231
NF	419.617	512.306	572.628	674.466	787.088	954.568	981.365	1.003.534	1.096.637	1.182.023
OH	406.430	477.480	502.518	591.353	667.920	808.898	891.565	911.019	1.027.445	1.185.372
PI	586.422	732.098	759.988	975.513	1.126.476	1.234.217	1.202.369	1.470.108	1.634.290	1.611.021
PLÖ	182.778	219.053	230.561	273.307	294.314	319.824	334.479	367.636	362.189	428.114
RD	457.866	538.892	563.683	700.649	805.571	847.901	855.392	885.783	961.821	1.061.710
SL	339.604	391.451	414.380	535.359	622.042	740.309	766.706	824.253	929.843	1.019.691
SE	637.539	872.447	985.151	1.259.649	1.575.055	1.959.613	1.809.048	1.769.644	1.618.538	1.989.625
IZ	319.942	331.384	364.950	467.525	514.874	692.476	664.696	622.176	581.595	648.729
OD	286.763	337.390	391.076	957.823	642.525	995.537	1.010.637	1.045.565	1.219.859	966.583
SH	6.521.815	7.809.437	8.641.678	11.284.958	12.515.360	14.502.203	14.610.258	15.458.096	16.779.166	17.680.887

a. Quelle: wie A8.

Tabelle A19: Umsätze im Einzelhandel Niedersachsens (in 1.000 DM) 1980-1988[a]

	1980	1982	1984	1986	1988
Braunschweig	1.335.367	1.465.912	1.597.479	1.701.269	2.040.109
Salzgitter	317.506	299.046	295.049	310.383	326.556
Wolfsburg	517.207	567.934	675.057	545.774	533.161
Gifhorn	439.100	457.888	470.329	471.788	489.619
Göttingen	1.472.598	1.545.783	1.677.717	1.833.634	1.847.410
Goslar	857.556	856.150	976.504	1.169.903	782.850
Helmstedt	292.482	296.819	298.092	340.780	353.330
Northeim	515.833	548.012	587.263	686.961	862.340
Osterode	447.898	459.995	466.074	482.922	518.765
Peine	355.495	376.546	389.657	416.397	450.364
Wolfenbüttel	297.223	306.238	319.582	329.674	346.456
Regierungsbezirk Braunschweig	6.848.265	7.180.323	7.752.803	8.289.485	8.550.960
Hannover/S	4.326.761	4.545.598	5.002.991	5.511.926	6.210.980
Diepholz	810.722	802.491	859.164	894.115	993.714
Hameln-Pyrmont	801.794	782.502	812.738	843.479	881.192
Hannover/L	1.920.484	2.056.575	2.248.648	2.492.776	2.921.502
Hildesheim	1.279.836	1.371.212	1.518.350	1.612.517	1.635.007
Holzminden	332.562	323.325	340.766	344.279	348.536
Nienburg (Weser)	718.676	605.890	605.593	627.411	672.218
Schaumburg	740.576	731.910	761.524	819.554	870.530
Regierungsbezirk Hannover	10.931.411	11.219.503	12.149.774	13.146.057	14.533.679
Celle	680.666	675.862	744.306	814.544	923.912
Cuxhaven	780.939	845.468	998.532	1.045.636	1.166.892
Harburg	712.015	792.581	871.558	920.356	1.070.192
Lüchow-Dannenberg	170.606	172.835	169.854	168.906	182.881
Lüneburg	554.658	570.149	587.752	565.105	601.342
Osterholz	410.005	425.240	489.912	479.842	558.892
Rotenburg (a.d.W.)	637.069	642.145	662.603	693.529	801.935
Soltau-Fallingbostel	544.538	593.779	654.431	678.403	659.587
Stade	834.273	832.471	878.314	890.198	971.654
Ülzen	385.759	390.284	402.231	428.243	466.935
Verden	700.671	792.309	938.574	1.081.262	1.231.326
Regierungsbezirk Lüneburg	6.411.199	6.733.123	7.398.067	7.766.024	8.635.548
Delmenhorst	341.146	344.366	356.699	409.352	513.412
Emden	277.237	231.314	207.886	221.903	272.665
Oldenburg(Oldenburg)/S	877.766	920.931	988.761	1.070.682	1.373.443
Osnabrück/S	1.488.869	1.583.455	1.684.436	1.973.942	2.222.014
Wilhelmshaven	697.004	826.412	805.514	831.293	378.932
Ammerland	381.233	461.402	453.112	535.497	626.165
Aurich	760.784	959.336	862.547	903.585	1.041.314
Cloppenburg	458.074	471.374	497.936	529.261	577.976
Emsland	1.012.046	1.066.798	1.136.305	1.261.638	1.446.778
Friesland	416.293	404.075	459.867	502.572	596.630
Grafschaft Bentheim	549.984	589.233	623.574	635.066	702.337
Leer	982.151	1.000.063	1.089.559	1.175.984	1.268.467
Oldenburg(Oldenburg)/L	298.074	352.744	381.625	400.976	441.152
Osnabrück/L	983.487	1.158.378	1.344.251	1.489.588	1.747.004
Vechta	421.445	521.413	491.622	531.001	564.280
Wesermarsch	278.835	277.353	287.810	313.285	325.800
Wittmund	183.614	196.100	198.068	205.761	223.143
Regierungsbezirk Weser-Ems	10.408.042	11.364.747	11.869.572	12.991.386	14.321.512
Niedersachsen	34.598.917	36.497.696	39.170.216	42.192.952	46.041.699

a. Quelle: wie A9.

Tabelle A20: Umsätze im nordrhein-westfälischen Einzelhandel in den Regierungsbezirken Düsseldorf und Köln (in 1.000 DM) 1970-74 (alte Kreise)[a]

	1970	1972	1973
Düsseldorf	6.842.188	8.262.846	9.627.233
Duisburg	1.126.808	1.247.310	1.191.842
Essen	6.120.246	7.639.164	9.545.873
Krefeld	600.854	601.376	606.124
Leverkusen	202.770	204.024	235.722
Mönchengladbach	530.369	797.262	1.048.260
Mülheim an der Ruhr	2.597.322	4.354.739	6.212.640
Neuss	267.896	315.418	331.745
Oberhausen	513.950	569.642	563.061
Remscheid	373.474	431.802	450.526
Rheydt	263.505	318.283	348.542
Solingen	397.338	467.294	546.532
Wuppertal	1.121.506	1.552.849	1.832.746
Dinslaken	232.321	270.954	278.459
Düsseldorf-Mettmann	610.386	846.412	1.124.510
Geldern	136.942	151.526	208.633
Grevenbroich	384.255	472.672	585.254
Kempen-Krefeld	1.198.313	485.623	551.082
Kleve	188.269	227.109	281.193
Moers	617.099	761.697	908.229
Rees	211.935	256.793	360.286
Rhein-Wupper-Kreis	446.660	564.147	622.609
Regierungsbezirk Düsseldorf	24.984.406	30.798.942	37.461.101
Bonn	734.799	957.466	1.017.380
Köln/S	6.799.826	8.379.200	9.604.815
Bergheim (Erft)	188.646	285.080	651.340
Euskirchen	289.369	448.596	498.114
Köln/L	435.056	828.839	711.006
Oberbergischer Kreis	348.789	411.366	456.266
Rheinisch-Bergischer Kreis	455.622	593.342	687.050
Rhein-Sieg-Kreis	638.300	853.703	995.956
Regierungsbezirk Köln	9.890.407	12.757.592	14.621.927
Aachen/S	401.771	737.551	908.314
Aachen/L	560.109	702.548	723.566
Düren	350.746	531.604	651.340
Erkelenz	180.787		
Jülich	105.592		
Monschau	45.139		
Schleiden	74.942		
Selfkantkreis/Heinsberg	253.704		
Regierungsbezirk Aachen	2.062.790	1.971.706	2.283.220
Bocholt	143.173	190.793	261.035
Bottrop	209.245	245.302	276.803
Gelsenkirchen	837.983	1.035.737	1.114.851
Gladbeck	134.692	166.666	196.022
Münster	728.405	895.402	1.000.346
Recklinghausen/S	345.314	451.214	481.043
Zwischensumme	29.446.008	35.755.762	43.074.421

Quelle: wie A10.

Tabelle A21: Umsätze im nordrhein-westfälischen Einzelhandel in den Regierungsbezirken Münster, Detmold und Arnsberg (in 1.000 DM) 1970-74 (alte Kreise)[a]

	1970	1972	1974
Übertrag	29.446.008	35.755.762	43.074.421
Ahaus	248.669	355.815	355.545
Beckum	292.636	372.547	460.625
Borken	139.794	189.232	224.801
Coesfeld	183.396	224.426	270.409
Lüdinghausen	189.154	235.263	281.226
Münster	179.754	257.217	302.153
Recklinghausen/L	1.483.791	2.449.891	3.825.422
Steinfurt	323.145	435.349	525.707
Tecklenburg	237.081	304.872	356.802
Warendorf	163.388	201.371	205.226
Regierungsbezirk Münster	64.731.636	79.522.621	96.286.858
Bielefeld/S	539.930	706.737	1.309.791
Bielefeld/L	241.160	440.439	
Büren	62.529	78.906	96.414
Detmold	301.984	395.473	
Halle (Westf.)	115.109	130.103	
Herford	613.552	747.513	835.796
Höxter	230.309	383.076	341.156
Lemgo	289.874	348.332	
Lübbecke	185.882	234.297	
Minden	497.546	628.950	
Paderborn	417.662	560.155	682.916
Warburg	65.359	75.286	82.057
Wiedenbrück	408.654	527.468	
Regierungsbezirk Detmold	3.969.550	5.256.735	3.348.130
Bochum	793.235	969.908	1.057.139
Castrop-Rauxel	147.285	180.298	214.933
Dortmund	1.876.981	2.367.624	2.475.583
Hagen	641.440	818.547	999.566
Hamm	260.736	281.419	281.580
Herne	165.542	192.983	234.758
Iserlohn	158.805	162.809	188.263
Lünen	186.365	171.337	190.403
Wanne-Eickel	147.514	293.328	203.091
Wattenscheid	118.670	190.310	202.280
Witten	260.591	330.218	413.133
Arnsberg	275.058	370.802	453.279
Brilon	147.281	172.405	211.883
Ennepe-Ruhr-Kreis	364.496	444.610	474.087
Iserlohn	401.908	446.294	534.076
Lippstadt	206.669	267.874	341.366
Lüdenscheid	449.245	528.719	605.433
Meschede	119.169	140.197	175.652
Olpe	232.980	307.555	305.218
Siegen	559.499	672.443	791.981
Soest	207.504	283.651	323.733
Unna	298.162	381.406	484.198
Wittgenstein	67.007	89.014	111.203
Regierungsbezirk Arnsberg	8.086.142	10.063.751	11.272.838
Nordrhein-Westfalen	54.832.915	69.304.741	82.104.503

a. Quelle wie A11.

Tabelle A22: **Umsätze im nordrhein-westfälischen Einzelhandel in den Regierungsbezirken Düsseldorf und Köln (in 1.000 DM) 1976-1988 (neue Kreise)[a]**

	1976	1978	1980	1982	1984	1986	1988
Düsseldorf	10.549.857	11.787.632	13.052.899	13.288.160	14.038.988	15.878.236	16.520.860
Duisburg	1.721.183	1.868.212	2.239.831	2.227.781	2.309.121	2.516.484	2.763.518
Essen	10.551.221	13.073.168	14.216.320	13.990.835	13.911.918	14.470.702	17.236.702
Krefeld	720.649	829.973	1.049.356	1.286.981	1.399.433	1.489.800	1.747.216
Mönchengladb.	1.883.894	2.341.623	3.684.124	4.259.302	4.857.953	5.368.088	5.581.016
Mülheim a.d.R.	8.057.831	9.736.046	11.771.334	10.238.693	11.469.454	12.841.420	15.956.806
Oberhausen	664.209	804.512	991.493	992.450	1.078.657	1.148.188	1.252.616
Remscheid	562.861	418.463	515.430	495.851	545.905	577.497	631.835
Solingen	617.181	673.302	947.948	818.394	925.083	999.264	1.057.100
Wuppertal	1.650.356	1.501.984	1.798.777	1.768.506	1.831.846	1.969.777	2.161.605
Kleve	920.329	1.147.170	1.241.997	1.398.602	1.583.536	1.872.576	1.615.749
Mettmann	1.268.210	1.531.512	1.820.662	1.808.185	2.103.494	2.246.421	2.798.188
Neuss	1.135.438	1.288.085	1.458.977	1.529.160	1.681.877	2.059.682	2.620.739
Viersen	724.231	844.069	1.034.107	1.016.811	962.301	1.100.082	1.301.719
Wesel	1.297.951	1.478.721	1.818.046	1.955.333	2.091.788	2.127.980	2.388.691
RB Düsseldorf	42.325.401	49.324.472	57.641.301	57.075.044	60.791.354	66.666.197	75.634.360
Aachen/S	1.065.284	1.384.120	1.721.893	1.748.607	2.003.217	2.025.735	2.368.485
Bonn	1.151.990	1.296.723	1.667.269	1.789.454	1.801.949	1.926.398	2.161.978
Köln	11.372.106	12.643.617	13.453.657	13.269.009	13.616.127	14.941.363	15.187.194
Leverkusen	517.575	554.255	656.562	762.691	807.122	867.020	841.985
Aachen/L	1.121.742	1.204.784	1.494.840	1.606.333	1.689.222	1.811.486	1.812.830
Düren	799.528	1.010.229	1.354.475	1.601.453	1.680.574	1.652.821	1.726.386
Erftkreis	1.329.509	1.617.102	1.384.629	1.621.449	1.683.168	2.089.483	2.909.878
Euskirchen	536.454	653.969	812.455	861.120	884.548	921.701	1.025.730
Heinsberg	547.154	608.326	812.985	818.129	916.729	954.501	1.084.122
Oberberg. Kreis	821.312	873.104	1.043.162	1.084.079	1.179.031	1.285.084	1.401.433
Rh. Berg. Kreis	666.685	768.664	1.379.307	1.327.531	1.638.007	1.946.526	2.195.216
Rhein-Sieg-Kreis	1.221.260	1.317.440	1.706.156	1.936.654	2.012.732	2.127.404	2.583.650
RB Köln	21.150.599	23.932.333	27.487.390	28.426.509	29.912.426	32.549.522	35.298.887
Zwischensumme	63.476.000	73.256.805	85.128.691	85.501.553	90.703.780	99.215.710	110.903.247

a. Quelle: wie A12.

Tabelle A23: Einzelhandelsumsätze in den nordrhein-westfälischen Regierungsbezirken Münster RB MS), Detmold (RB DT) und Arnsberg (RB A) (in 1.000 DM) 1976-88 (neue Kreise)[a]

	1976	1978	1980	1982	1984	1986	1988
Übertrag	63.476.000	73.256.805	85.128.691	85.501.553	90.703.780	99.215.719	110.933.247
Bottrop	372.511	407.240	472.919	498.186	479.251	513.593	530.792
Gelsenkirchen	1.230.602	1.342.796	1.523.533	1.569.557	1.598.815	1.527.613	1.545.043
Münster	1.334.838	1.629.014	1.855.706	1.986.302	2.125.431	2.197.908	2.297.780
Borken	1.015.926	1.148.666	1.840.731	1.986.372	2.129.147	2.358.907	2.537.329
Coesfeld	528.297	693.268	781.011	834.361	920.723	1.006.639	1.164.614
Recklinghausen	5.811.351	6.602.623	8.196.805	10.034.790	10.925.676	10.804.052	11.253.648
Steinfurt	1.192.752	1.379.182	1.470.837	2.029.686	1.773.113	2.345.720	2.716.394
Warendorf	786.799	921.810	1.072.560	1.110.357	152.009	1.183.151	1.337.310
RB Münster	12.273.076	14.124.599	17.214.102	20.049.611	20.104.165	21.937.583	23.382.910
Bielefeld	1.641.429	2.087.849	2.316.843	2.686.846	3.122.564	3.569.104	4.146.386
Gütersloh	1.068.458	1.185.362	1.348.188	1.456.077	1.538.843	1.718.402	1.959.349
Herford	857.679	987.488	1.265.034	1.204.591	1.309.323	1.355.180	1.519.291
Höxter	449.695	553.459	600.971	619.697	673.574	675.299	767.600
Lippe	1.052.932	1.169.653	1.336.651	1.346.332	1.452.139	1.445.567	1.654.047
Minden-Lübb.	1.267.305	1.449.033	1.658.135	1.770.746	1.899.323	2.045.977	2.374.794
Paderborn	860.249	1.010.777	1.226.937	1.324.860	1.507.114	1.499.393	1.617.382
RB Detmold	7.197.747	8.443.621	9.752.759	10.409.149	11.502.880	12.308.922	14.038.849
Bochum	1.424.262	1.561.913	2.034.808	2.015.689	2.126.394	2.290.870	2.440.037
Dortmund	3.083.052	3.568.407	4.135.904	4.605.557	5.063.586	5.334.575	5.872.856
Hagen	1.484.492	1.692.283	1.265.475	2.317.502	2.495.981	2.837.673	3.363.087
Hamm	496.614	498.505	591.984	605.014	656.080	706.073	783.000
Herne	532.284	588.387	557.699	566.465	582.019	593.322	593.450
Enne-pe-Ruhr-K.	1.035.109	1.146.616	1.907.680	1.499.781	1.686.895	1.725.559	1.816.892
H.sauerlandkr.	997.064	1.200.424	1.489.401	1.497.445	1.558.878	1.700.714	2.036.822
Märk. Kreis	1.260.264	1.377.650	1.713.435	1.669.656	1.711.801	1.911.654	2.136.068
Olpe	338.151	367.525	542.279	584.071	626.312	658.065	763.461
Siegen-Wittg.	1.062.220	1.213.961	1.502.780	1.591.463	1.644.225	1.695.930	1.795.710
Soest	844.411	981.602	1.236.331	1.211.021	1.260.450	1.288.193	1.412.326
Unna	1.552.866	1.846.351	1.421.843	1.405.786	1.473.680	1.631.463	1.814.693
RB Arnsberg	14.110.789	16.043.624	18.399.619	19.569.450	20.886.301	22.374.091	24.828.402
NRW	97.057.590	111.868.674	130.495.172	135.529.765	144.197.126	155.836.315	173.183.408

a. Quelle: wie A13.

Tabelle A24: Umsätze im Einzelhandel Rheinland-Pfalz (in 1.000 DM) 1970-1986

	1970	1972	1974	1976	1978	1980	1982	1984	1986
KO	531.046	609.154	741.314	850.272	838.620	845.688	913.453	919.239	871.181
AW	202.035	246.345	268.495	334.706	378.491	437.782	478.871	506.702	521.738
AK	219.268	251.217	285.949	326.669	363.170	471.902	542.427	566.887	595.549
KRZ	369.139	566.808	692.332	872.398	981.756	1.084.516	1.113.486	1.156.979	868.496
BIR	174.321	197.919	213.231	300.403	333.178	302.339	324.097	377.379	379.871
COC	117.299	136.980	139.369	185.742	229.909	245.522	238.843	238.804	270.913
MYK	296.371	391.789	413.041	495.027	564.612	621.237	642.045	729.280	832.712
NW	345.770	400.728	429.438	518.419	549.283	660.011	649.853	694.317	722.407
NW	128.464	170.631	184.687	218.285	257.427	297.457	366.910	407.201	460.566
SIM	166.721	205.957	242.138	285.449	336.716	417.008	469.504	482.943	488.464
WW	282.644	338.425	378.877	442.362	516.178	610.401	650.895	725.214	773.504
RB KO	2.833.078	3.515.953	3.988.871	4.829.732	5.349.340	5.993.863	6.390.384	6.804.945	6.785.401
TR/S	366.969	517.180	572.070	720.972	786.468	791.452	790.329	873.686	856.599
WIL	217.881	252.080	282.257	340.775	395.979	414.882	434.777	415.037	462.885
BIT	146.890	184.582	219.976	265.084	280.170	349.381	373.943	395.101	504.115
DAU	77.860	119.570	135.486	161.265	186.397	163.147	175.946	180.843	187.419
TR/L	147.060	155.714	156.155	201.956	221.245	258.591	296.698	307.765	323.042
RB TR	956.660	1.229.126	1.365.944	1.690.052	1.870.259	1.977.453	2.071.693	2.172.432	2.334.060
FT	79.072	99.002	106.557	120.655	149.589	138.998	148.808	174.206	195.241
KL/S	301.832	400.302	416.830	521.510	545.582	505.132	524.351	763.016	709.248
LD	119.651	188.542	195.687	269.888	327.690	348.542	332.807	367.158	393.287
LU/S	342.018	331.132	358.547	382.642	389.529	449.165	501.829	1.344.805	825.086
MZ	432.003	525.660	555.019	2.516.843[b]	3.057.354[b]	723.157	721.310	777.383	838.172
NW	124.887	176.115	186.665	177.401	198.744	215.553	210.301	216.057	238.250
PI/S	156.859	188.685	188.773	243.387	311.589	361.523	367.366	440.523	524.836
SP	104.213	120.036	139.235	139.185	160.926	183.275	181.075	208.511	230.518
WO	248.403	259.332	273.921	330.374	406.984	2.711.604	3.258.156	3.685.108	3.846.663
ZW	95.736	71.310	90.923	106.380	126.708	1.161.353	148.732	145.480	163.041
AZ	344.478	717.868	971.404	k.A.	k.A.	k.A.	k.A.	k.A.	k.A.
DÜW	162.527	192.379	215.794	277.042	302.846	371.145	396.180	430.310	452.500
DON	75.852	89.442	100.428	119.054	132.671	157.672	195.492	196.194	181.410
GER	115.908	131.170	144.784	170.869	200.546	222.071	240.870	267.449	287.134
KL/L	123.739	141.102	154.408	183.102	221.571	234.738	266.502	311.357	317.380
KUS	117.752	150.510	175.448	218.895	197.616	238.271	258.493	265.067	275.692
LU/L	245.078	347.037	421.928	445.470	591.645	596.221	389.620	811.371	870.299
SÜW	140.813	163.486	195.861	199.493	201.113	291.827	591.149	602.288	530.686
BIN	286.380	392.894	459.190	k.A.	k.A.	558.137	737.764	104.260	620.064
PI/L	107.925	149.943	164.778	199.819	253.916	295.396	453.956	649.347	696.695
RB RPf	3.725.126	4.835.947	5.516.180	6.622.009	7.776.619	9.763.780	9.924.761	11.759.890	12.196.202
RLP	7.514.864	9.581.226	10.870.995	13.141.793	14.996.218	16.735.099	18.386.843	21.082.985	21.315.666

a. Quelle: wie A 14.

b. Einschließlich Alzey-Worms und Mainz-Bingen.

Die Umsatzergebnisse der Umsatzsteuerstatistik werden wieder nur für das Bundesland insgesamt gezeigt.

Tabelle A25: Umsätze im Einzelhandel des Saarlandes (in 1.000 DM) 1970-1988[a]

	1970	1972	1974	1976	1978	1980	1982	1984	1986	1988
Saarland	2.253	2.500	3.236	3.761	4.738	6.133	6.490	6.878	8.715	

Quelle: wie A15.

Die Ergebnisse für Baden-Württemberg könne wieder nur für ausgewählte Kreise gezeigt werden.

Tabelle A26: Umsätze im Einzelhandel in ausgewählten Kreisen Baden-Württembergs (in 1.000 DM) 1970-1988[a]

	1970	1972	1974	1976	1978	1980	1982	1984	1986	1988
RA	335.345	384.661	428.380	512.250	631.611	776.599	802.063	835.539	954.070	1.161.519
BB	289.401	328.438	306.619	319.976	409.775	415.318	421.583	447.847	466.912	473.153
OG	735.537	872.978	1.002.643	1.261.204	1.631.265	1.783.963	1.718.264	1.898.464	2.174.638	2.579.819
EM	162.413	197.753	238.409	304.876	380.131	411.880	455.326	499.101	572.971	646.563
FR/S	908.753	1.247.713	1.228.962	1.182.155	1.344.208	1.590.673	1.746.275	1.906.713	2.077.481	2.510.153
FR/L	252.779	320.410	412.219	456.957	548.235	619.535	745.857	683.740	775.060	868.033
LÖ	376.926	435.485	414.779	499.934	621.231	709.754	752.049	867.031	967.122	1.093.609
Grenze zu F	3.061.154	3.787.438	4.032.011	4.537.352	5.566.456	6.307.722	6.641.417	7.138.435	7.988.254	9.332.849
FR/S	908.753	1.247.713	1.228.962	1.182.155	1.344.208	1.590.673	1.746.275	1.906.713	2.077.481	2.510.153
FR/L	252.779	320.410	412.219	456.957	548.235	619.535	745.857	683.740	775.060	868.033
LÖ	376.926	435.485	414.779	499.934	621.231	709.754	752.049	867.031	967.122	1.093.609
WT	279.058	328.159	382.852	481.169	585.721	665.047	724.576	773.050	839.580	898.898
KN	520.514	635.959	642.652	810.040	945.897	928.042	1.048.068	1.139.648	1.318.218	1.505.426
FN	321.889	358.722	432.636	472.689	580.514	646.062	655.897	721.749	781.249	1.018.005
Grenze zu Ch	2.659.919	3.326.448	3.514.100	3.902.944	4.625.806	5.159.113	5.672.722	6.091.931	6.758.710	7.894.124
Rest	31.464.143	30.536.480	30.156.607	29.345.508	34.986.409	39.330.789	43.926.536	48.452.124	54.649.978	62.646.945
BW	35.646.758	35.646.758	35.646.758	35.646.758	42.664.997	47.877.662	52.996.494	58.225.006	65.577.279	75.402.123

a. Quelle: wie A16.

Tabelle A27: Umsätze im bayerischen Einzelhandel in den Regierungsbezirken Schwaben und Oberbayern (in 1.000 DM) 1980-88[a]

	1980	1982	1984	1986	1988
Ingolstadt	558.256	569.719	656.923	826.377	893.837
München/S	9.825.158	11.650.486	12.114.154	13.008.076	14.179.270
Rosenheim	466.209	490.786	575.742	659.725	781.656
Altötting	441.686	454.025	486.384	465.147	505.047
Berchtesg. Land	574.194	606.841	622.244	663.236	719.307
BdTölz/Wolfratsh	410.926	430.750	491.396	551.349	621.490
Dachau	415.458	410.404	441.331	472.566	557.996
Ebersberg	897.933	1.109.290	1.256.027	1.477.181	1.765.686
Eichstätt	250.156	267.144	265.916	288.718	298.691
Erding	404.129	426.232	489.408	514.032	514.855
Freising	402.117	427.447	477.969	565.503	591.442
Fürstenfeldbruck	595.832	687.794	803.760	836.929	1.037.883
Garmisch-Part.	466.017	478.005	543.104	557.408	607.686
Landsberg a.L.	268.145	304.759	323.170	366.955	410.313
Miesbach	450.698	476.460	526.561	581.060	592.911
Mühldorf a.Inn	380.198	395.387	434.765	492.691	540.796
München/L	1.063.871	1.420.184	1.565.090	1.815.067	2.134.458
Neuburg-Schro.	272.619	284.543	301.697	313.120	326.582
Pfaffenhofen	295.776	328.816	353.135	396.391	439.991
Rosenheim/L	818.261	908.906	974.583	1.104.238	1.155.292
Starnberg	492.685	503.685	661.663	727.083	748.285
Traunstein	753.162	791.803	852.251	899.675	1.012.149
Weilheim-Sch.	540.546	525.956	560.236	598.817	661.831
RB Oberbayern	21.044.032	23.949.422	25.777.509	28.181.344	31.097.454
Augsburg	1.626.851	1.731.267	1.702.233	1.906.948	1.834.623
Kaufbeuren	187.634	200.598	383.231	539.778	570.195
Kempten (Allgäu)	820.590	530.362	936.118	972.343	1.068.029
Memmingen	428.154	337.270	392.209	414.612	433.652
Aichach-Friedb.	275.472	305.502	336.907	360.561	612.226
Augsburg/L	525.044	536.041	584.484	693.859	750.154
Dillingen a.d.D.	355.160	380.509	367.240	401.365	428.006
Günzburg	428.229	455.186	493.593	518.387	569.843
Neu-Ulm	665.804	572.613	753.529	830.716	948.926
Lindau	320.426	288.887	365.535	377.744	402.245
Ostallgäu	442.266	484.351	491.431	532.404	553.316
Unterallgäu	428.960	457.528	599.136	482.875	601.324
Donau-Ries	783.996	718.146	770.096	807.766	561.129
Oberallgäu	552.111	460.648	616.606	630.938	691.481
RB Schwaben	7.840.705	7.458.908	8.792.348	9.470.296	10.025.149
Rest	35.767.138	36.005.045	37.371.081	41.073.763	43.187.437
Bayern	64.651.875	67.413.375	71.940.938	78.725.403	84.310.040

a. Quelle: wie A17.

1.2.2 Tabakeinzelhandel

1.2.2.1 Tabakeinzelhändler

Tabelle A28: Tabakeinzelhändler in Schleswig-Holstein[a]

	1970	1972	1974	1976	1978	1980	1982	1984	1986	1988
FL	72	60	55	37	32	27	27	20	18	7
KI	161	142	127	121	122	119	93	92	89	75
HL	103	84	82	93	81	73	72	74	70	56
NMS	28	25	22	21	17	21	21	15	17	14
HEI	38	35	34	34	28	21	19	16	16	12
RZ	37	30	32	31	27	30	28	22	15	17
NF	44	41	46	38	36	23	21	20	19	14
OH	62	59	53	45	51	31	24	26	29	20
PI	67	75	66	62	52	59	56	53	52	51
PLÖ	15	17	15	13	18	16	15	16	17	13
RD	37	32	29	29	32	34	32	28	24	24
SL	31	33	27	31	25	24	18	18	17	16
SE	25	25	27	23	23	26	30	27	23	24
IZ	27	27	21	22	19	24	19	17	17	13
OD	37	38	35	29	28	34	33	32	29	30
SH	784	723	671	629	591	562	508	476	452	386

a. Quelle: wie A8.

Tabelle A29: Tabakeinzelhändler in Niedersachsen 1980-1988[a]

	1980	1982	1984	1986	1988
Braunschweig	79	63	66	59	52
Salzgitter	4	12	15	13	10
Wolfsburg	29	24	23	19	13
Gifhorn	9	8	8	11	11
Göttingen	46	46	38	37	23
Goslar	37	35	36	27	25
Helmstedt	14	15	13	10	9
Northeim	25	23	20	21	16
Osterode	13	12	12	11	12
Peine	10	11	13	12	7
Wolfenbüttel	9	16	12	12	11
Regierungsbezirk Braunschweig	275	265	256	232	189
Hannover /S	175	140	119	98	79
Diepholz	11	11	12	11	11
Hameln-Pyrmont	23	21	24	22	17
Hannover/L	59	67	55	44	37
Hildesheim	43	37	33	31	30
Holzminden	7	9	6	5	5
Nienburg (Weser)	12	9	10	8	10
Schaumburg	19	13	14	14	12
Regierungsbezirk Hannover	349	307	273	233	201
Celle	13	23	21	22	19
Cuxhaven	18	20	20	14	13
Harburg	15	13	16	19	16
Lüchow-Dannenberg	4	7	5	5	4
Lüneburg	22	17	16	21	22
Osterholz	7	7	8	11	6
Rotenburg (a.d.W.)	10	8	10	8	7
Soltau-Fallingbostel	14	13	13	13	11
Stade	15	12	10	6	7
Ülzen	18	15	13	11	10
Verden	11	14	11	12	13
Regierungsbezirk Lüneburg	147	149	143	142	128
Delmenhorst	9	5	5	4	2
Emden	9	3	3	3	1
Oldenburg(Oldenburg)/S	12	23	19	18	11
Osnabrück/S	57	53	46	42	41
Wilhelmshaven	23	15	13	9	6
Ammerland	2	6	5	3	3
Aurich	12	11	11	7	6
Cloppenburg	5	1	1	1	-
Emsland	18	15	14	15	10
Friesland	15	15	13	11	6
Grafschaft Bentheim	13	13	12	13	14
Leer	10	10	9	8	7
Oldenburg (Oldenburg)/L	4	4	5	4	4
Osnabrück/L	17	11	12	13	13
Vechta	4	6	7	5	4
Wesermarsch	11	15	11	8	8
Wittmund	6	6	4	4	1
Regierungsbezirk Weser-Ems	227	212	190	168	137
Niedersachsen	998	933	862	775	655

a. Quelle: wie A9.

Tabelle A30: **Nordrhein-Westfälischer Tabakeinzelhändler in den Regierungsbezirken Düsseldorf und Köln 1970-74 (Alte Kreise)[a]**

	1970	1972	1974
Düsseldorf	276	267	205
Duisburg	93	86	65
Essen	156	145	110
Krefeld	120	109	101
Leverkusen	19	16	11
Mönchengladbach	75	70	60
Mülheim an der Ruhr	33	28	24
Neuss	34	30	20
Oberhausen	52	36	22
Remscheid	65	64	54
Rheydt	33	25	23
Solingen	70	78	63
Wuppertal	217	193	155
Dinslaken	12	10	3
Düssldorf-Mettmann	70	73	61
Geldern	33	34	26
Grevenbroich	73	68	45
Kempen-Krefeld	78	65	57
Kleve	35	34	31
Moers	48	42	35
Rees	26	23	20
Rhein-Wupper-Kreis	45	41	42
Regierungsbezirk Düsseldorf	1.663	1.537	1.233
Bonn	125	112	95
Köln/S	335	323	285
Bergheim (Erft)	36	38	31
Euskirchen	19	27	22
Köln/L	62	68	58
Oberberg. Kreis	29	29	30
Rheinisch-Bergischer Kreis	53	51	50
Rhein-Sieg-Kreis	74	68	49
Regierungsbezirk Köln	733	716	620
Aachen/S	102	110	93
Aachen/L	91	82	69
Düren	46	45	44
Erkelenz	16		
Jülich	9		
Monschau/Schleiden	k.A.		
Selfkantkrreis/Heinsberg	24		
Regierungsbezirk Aachen	288	237	206
Bocholt	10	8	
Bottrop	12	14	11
Gelsenkirchen	69	64	56
Gladbeck	12	12	
Münster	91	95	78
Recklinghausen	28	21	17
Zwischensumme	2.173	1.988	1.601

a. Quelle: wie A10.

Tabelle A31: Nordrhein-westfälische Tabakeinzelhändler in den Regierungsbezirken Münster, Detmold und Arnsberg 1970-74 (alte Kreise)[a]

	1970	1972	1974
Übertrag	2.173	1.988	1.601
Ahaus	12	16	11
Beckum	39	34	19
Borken	15	14	14
Coesfeld	17	15	15
Lüdinghausen	20	17	12
Münster/L	16	19	18
Recklinghausen/L	61	55	53
Steinfurt	26	29	26
Tecklenburg	13	14	12
Warendorf	10	10	7
Regierungsbezirk Münster	6.767	6.385	5.525
Bielefeld/S	82	70	70
Bielefeld/L	26	24	
Büren	k.A.	k.A.	
Detmold	39	40	
Halle (Westf.)	9	6	
Herford	41	42	
Höxter	17	17	
Lemgo	27	22	
Lübbecke	10	9	
Minden	55	53	
Paderborn	24	27	
Warburg	k.A.	k.A.	
Wiedenbrück	25	30	
Regierungsbezirk Detmold	355	340	70
Bochum	78	71	59
Castrop-Rauxel	11	12	5
Dortmund	109	95	70
Hagen	81	79	71
Hamm	29	26	16
Herne	24	24	16
Iserlohn	21	22	16
Lünen	12	12	10
Wanne-Eickel	16	14	11
Wattenscheid	19	15	12
Witten	29	24	19
Arnsberg	31	30	26
Brilon	8	9	7
Ennepe-Ruhr-Kreis	98	89	72
Iserlohn	57	50	48
Lippstadt	72	70	61
Lüdenscheid	12	12	8
Meschede	17	16	k.A.
Olpe	16	21	19
Siegen	45	39	35
Soest	26	20	15
Unna	28	29	22
Wittgenstein	5	6	k.A.
Regierungsbezirk Arnsberg	844	785	618
Nordrhein-Westfalen	4.351	4.094	3.376

a. Quelle: wie A11.

Tabelle A32: Nordrhein-Westfälischer Tabakeinzelhändler in den Regierungsbezirken Düsseldorf und Köln 1976-88 (neue Kreise)[a]

	1976	1978	1980	1982	1984	1986	1988
Düsseldorf	191	163	244	202	181	158	145
Duisburg	65	69	178	140	116	103	93
Essen	103	88	184	170	134	124	106
Krefeld	101	90	104	85	71	59	53
Mönchengladbach	86	78	84	69	61	52	43
Mülheim an der Ruhr	22	19	43	32	25	20	19
Oberhausen	27	26	74	62	43	37	36
Remscheid	50	43	49	44	41	26	27
Solingen	65	54	67	59	57	50	54
Wuppertal	133	118	157	139	125	120	121
Kleve	63	58	49	45	42	35	34
Mettmann	70	57	110	101	92	76	70
Neuss	55	53	80	67	52	47	40
Viersen	53	45	55	51	49	45	45
Wesel	36	33	72	59	48	39	39
Regierungsbezirk Düsseldorf	1.120	994	1.550	1.325	1.137	991	925
Aachen/S	93	87	91	78	65	49	40
Bonn	93	94	96	83	82	81	80
Köln/S	303	281	421	380	326	288	255
Leverkusen	k.A.	k.A.	k.A.	k.A.	k.A.	22	19
Aachen/L	65	60	82	72	62	57	50
Düren	45	36	47	48	46	48	45
Erftkreis	66	65	83	71	66	62	53
Euskirchen	k.A.	k.A.	k.A.	k.A.	k.A.	17	14
Heinsberg	27	26	29	28	26	23	24
Oberbergischer Kreis	42	33	46	45	38	39	41
Rheinisch-Bergischer Kreis	40	35	43	41	33	30	34
Rhein-Sieg-Kreis	47	51	75	75	64	55	56
Regierungsbezirk Köln	821	768	1.013	921	808	771	711
Zwischensumme	1.941	1.762	2.563	2.246	1.945	1.762	1.636

a. Quelle wie A11.

Tabelle A33: Nordrhein-Westfälischer Tabakeinzelhändler in den Regierungsbezirken Münster, Detmold und Arnsberg 1976-88 (neue Kreise)[a]

	1976	1978	1980	1982	1984	1986	1988
Übertrag	1.941	1.762	2.563	2.246	1.945	1.762	1.636
Bottrop	9	k.A.	14	15	k.A.	k.A.	10
Gelsenkirchen	52	46	95	75	64	59	54
Münster	84	73	70	63	56	k.A.	k.A.
Borken	23	21	27	29	27	53	55
Coesfeld	20	k.A.	21	24	k.A.	29	33
Recklinghausen	84	78	142	123	112	k.A.	18
Steinfurt	43	41	44	38	39	103	90
Warendorf	21	20	31	27	24	37	38
Regierungsbezirk Münster	336	279	444	394	322	23	25
Bielefeld	72	70	89	79	74	304	323
Gütersloh	32	34	35	38	33	70	62
Herford	32	29	38	31	36	32	28
Höxter	21	21	13	12	12	29	26
Lippe	59	51	56	51	42	12	13
Minden-Lübbecke	44	41	45	50	40	39	35
Paderborn	22	24	30	26	19	38	39
Regierungsbezirk Detmold	282	270	306	287	256	16	18
Bochum	75	70	113	100	94	236	221
Dortmund	68	61	169	136	118	81	77
Hagen	68	62	74	70	62	106	87
Hamm	20	19	37	33	28	49	43
Herne	26	19	44	37	27	26	24
Ennepe-Ruhr-Kreis	82	71	108	100	92	24	21
Hochsauerlandkreis	35	32	37	33	28	77	73
Märkischer Kreis	98	87	100	82	78	30	26
Olpe	18	17	18	15	14	73	63
Siegen-Wittgenstein	37	36	42	37	36	11	13
Soest	29	27	41	36	36	32	30
Unna	37	36	83	70	67	36	32
Regierungsbezirk Arnsberg	593	537	866	749	680	57	49
Nordrhein-Westfalen	3.187	2.906	4.233	3.725	3.283	602	538

a. Quelle: wie A12.

Tabelle A34: Tabakeinzelhändler in Rheinland-Pfalz 1970-1988

	1970	1972	1974	1976	1978	1980	1982	1984	1986
KO	54	56	49	45	42	35	38	45	36
AW	33	36	33	32	29	22	19	18	19
AK	18	14	15	12	10	15	15	17	17
KRZ	23	24	22	20	17	19	18	21	23
BIR	15	11	5	9	8	10	9	6	6
COC	6	6	11	5	4	7	6	6	6
MYK	45	36	37	36	36	38	39	37	32
NW	58	51	49	50	46	46	41	37	34
SIM	11	11	11	8	6	15	10	10	11
EMS	32	28	27	29	28	25	21	19	21
WW	22	16	14	13	14	16	14	12	13
RB KO	317	289	273	259	240	248	230	228	218
TR//S	53	45	40	37	34	22	21	23	20
WIL	16	16	13	13	13	12	13	9	8
BIT	6	4	4	5	3	4	3	3	3
DAU	7	5	4	4	6	7	6	4	4
TR/L	11	8	9	12	12	8	8	6	6
RB TR	93	78	70	71	68	53	51	45	41
FT	9	4	2	2	2	7	7	9	7
KL/S	21	17	15	12	11	24	23	20	17
LD	11	12	11	9	8	7	7	8	8
LU/S	43	36	31	32	32	54	45	36	44
MZ	53	49	46	66[b]	57[b]	41	36	36	38
NW	8	9	11	8	7	9	8	9	9
PI/S	33	34	26	28	25	22	20	17	17
SP	6	6	4	4	4	8	7	7	5
WO	19	17	14	12	15	20	17	18	18
ZW	9	6	6	6	5	7	5	5	2
AZ	6	8	6	k.A.	k.A.	8	4	k.A.	k.A.
DÜW	10	9	8	6	6	8	8	10	10
DON	3	3	3	2	2	6	3	3	3
GER	5	5	5	4	4	4	5	7	6
KL/L	8	5	7	6	4	8	9	9	6
KUS	4	3	3	3	4	4	5	4	3
LU/L	9	9	8	1	k.A.	9	10	12	k.A.
SÜW	10	7	3	7	6	6	6	5	5
BIN	18	12	15	k.A.	k.A.	14	12	11	9
PI/L	4	9	8	10	9	7	10	9	7
RB RPf[a]	289	260	232	218	201	273	247	235	214
RLP	699	627	575	548	509	574	528	508	473

a. Quelle: wie A 14.
b. Einschließlich Alzey-Worms und Mainz-Bingen.

Die Umsatzergebnisse der saarländischen Umsatzsteuerstatistik werden wieder nur für das Bundesland insgesamt gezeigt.

Tabelle A35: Tabakeinzelhändler im Saarland (in 1.000 DM) 1970-1986[a]

	1970	1972	1974	1976	1978	1980	1982	1984	1986
Saarland	310	284	261	262	266	k.A.	k.A.	240	238

a. Quelle: wie A15.

Die baden-württembergischen Ergebnisse liegen wieder nur für ausgewählte Kreise in Grenznähe vor.

Tabelle A36 : Tabakeinzelhändler in ausgewählten Kreisen Baden-Württembergs 1976-1988[a]

	1970	1972	1974	1976	1978	1980	1982	1984	1986	1988
RA	11	12	8	6	8	14	11	9	10	11
BB	13	10	8	7	4	k.A.	k.A.	k.A.	k.A.	k.A.
OG	39	33	31	30	31	23	24	19	20	17
EM	6	k.A.	k.A.	5	4	k.A.	5	6	5	6
FR/S	40	31	26	27	27	27	23	29	26	32
FR/L	14	k.A.	k.A.	13	10	k.A.	12	10	12	13
LÖ	9	8	9	6	6	12	12	8	8	
Grenze F	132	94	82	94	90	76	87	81	81	79
FR/S	40	31	26	27	27	27	23	29	26	32
FR/L	14	k.A.	k.A.	13	10	k.A.	12	10	12	13
LÖ	9	8	9	6	6	12	12	8	8	k.A.
WT	7	8	6	5	5	5	6	7	6	k.A.
KN	26	22	17	14	14	9	6	9	11	11
FN	19	18	14	17	17	16	11	k.A.	9	6
Grenze CH	115	87	72	82	82	69	70	63	72	62
Rest	784	725	596	530	617	608	490	569	524	523
BW	968	867	715	660	743	714	600	666	631	619

a. Quelle: wie A16.

Tabelle A37: Bayerische Tabakeinzelhändler in den Regierungsbezirken Schwaben und Oberbayern 1980-88[a]

	1980	1982	1984	1986	1988
Ingolstadt	8	5	4	3	3
München/S	365	321	312	282	263
Rosenheim	5	5	5	6	7
Altötting	7	3	3	2	2
Berchtesgadener Land	14	14	13	12	12
Bad-Tölz Wolfratshausen	12	11	12	9	9
Dachau	4	5	4	5	5
Ebersberg	9	5	7	7	6
Eichstätt	2	2	2	2	2
Erding	8	7	6	4	4
Freising	7	6	7	5	5
Fürstenfeldbruck	11	10	9	11	9
Garmisch-Partenkirchen	11	10	9	8	7
Landsberg a.Lech	3	k.A.	k.A.	k.A.	1
Miesbach	13	11	11	12	10
Mühldorf a.Inn	1	1	2	3	5
München (Land)	22	24	26	23	25
Neuburg-Schrobenhausen	2	1	k.A.	k.A.	k.A.
Pfaffenhofen a.d.Ilm	4	5	4	5	5
Rosenheim (Land)	10	8	13	12	14
Starnberg	10	10	9	9	8
Traunstein	16	13	13	12	12
Weilheim-Schongau	11	10	9	8	8
Regierungsbezirk Oberbayern	555	487	480	440	422
Augsburg	62	60	60	57	58
Kaufbeuren	2	2	2	3	2
Kempten (Allgäu)	7	7	6	6	6
Memmingen	2	1	1	1	2
Aichach-Friedberg	5	4	6	7	5
Augsburg (Land)	7	8	9	8	6
Dillingen a.d.D.	4	4	3	2	2
Günzburg	4	4	2	3	3
Neu-Ulm	8	6	8	8	8
Lindau (Bodensee)	3	4	4	4	3
Ostallgäu	7	7	7	5	7
Unterallgäu	5	4	3	3	5
Donau-Ries	5	4	5	6	4
Oberallgäu	6	7	5	5	4
Regierungsbezirk Schwaben	127	122	121	118	115
Rest	1.357	1.259	1.235	1.180	1.124
Bayern	2.039	1.868	1.836	1.738	1.661

a. Quelle: wie A17.

1.2.2.2 Umsatz im Tabakeinzelhandel

Tabelle A38: Umsätze im Tabakeinzelhandel Schleswig Holsteins (in 1.000 DM) 1970-1988[a]

	1970	1972	1974	1976	1978	1980	1982	1984	1986	1988
Flensburg (Stadt)	10.325	10.704	10.592	12.739	11.993	7.222	6.599	5.084	4.190	2.288
Kiel	29.933	30.097	28.731	29.230	30.403	33.384	80.856	85.861	92.876	33.885
Lübeck	26.712	31.006	28.423	30.462	28.164	30.390	51.046	51.603	32.255	21.672
Neumünster	3.998	4.184	5.166	5.422	4.028	11.339	11.545	10.887	10.885	11.778
Dithmarschen	5.781	6.062	6.478	6.485	6.450	6.561	7.286	6.897	7.041	5.487
Hzgtm. Lauenb.	12.236	5.530	6.510	16.633	16.599	9.742	9.999	8.345	7.654	7.503
Nordfriesland	6.758	8.232	10.134	8.732	8.792	11.891	13.030	14.893	19.924	6.548
Ostholstein	11.398	12.742	10.712	10.822	14.489	15.704	16.703	24.926	32.626	29.331
Pinneberg	13.305	18.162	19.400	19.329	18.599	25.019	27.245	26.481	26.813	24.531
Plön	3.750	4.761	4.709	4.196	4.498	4.962	6.418	6.120	6.281	4.992
Rendsburg-Eck.	5.605	4.869	5.397	6.719	7.584	10.559	12.438	10.877	12.936	11.439
Schleswig/Fl.	8.462	6.248	23.742	69.644	68.429	6.038	4.257	4.519	4.889	10.529
Segeberg	8.192	10.308	15.084	15.697	16.457	14.291	17.046	16.486	14.818	14.924
Steinburg	5.982	7.134	6.930	6.715	6.486	50.789	7.154	9.453	10.184	14.772
Stormarn	6.764	8.199	8.885	9.543	10.462	17.651	18.947	19.517	17.464	18.267
SH	159.201	168.158	190.893	252.368	253.443	255.542	290.568	301.947	300.837	217.944

a. Quelle: wie A8.

Tabelle 39: Umsätze im Tabakeinzelhandel Niedersachsens (in 1.000 DM) 1980-1988[a]

	1980	1982	1984	1986	1988
Braunschweig	32.083	27.963	32.975	25.476	20.985
Salzgitter	1.589	4.239	4.812	4.930	k.A.
Wolfsburg	30.378	32.070	35.158	33.081	29.738
Gifhorn	6.908	3.993	4.646	7.262	7.117
Göttingen	20.820	22.614	21.608	20.942	13.533
Goslar	15.038	14.943	17.364	15.646	13.520
Helmstedt	4.450	5.178	4.252	4.079	3.832
Northeim	6.729	6.980	6.733	6.091	4.309
Osterode	7.180	7.554	7.234	7.609	7.939
Peine	3.930	5.559	6.151	6.316	k.A.
Wolfenbüttel	1.820	7.196	6.052	5.280	4.755
Regierungsbezirk Braunschweig	130.925	138.289	146.985	136.712	114.648
Hannover/S	55.631	46.704	35.225	28.110	23.439
Diepholz	7.298	7.893	8.468	4.706	4.142
Hameln-Pyrmont	15.673	18.974	k.A.	k.A.	22.799
Hannover/L	27.341	29.185	27.255	23.607	14.598
Hildesheim	17.596	15.684	14.163	14.836	14.832
Holzminden	3.688	3.535	k.A.	k.A.	2.586
Nienburg (Weser)	4.170	3.508	3.462	3.220	8.462
Schaumburg	5.701	5.250	4.858	5.504	4.769
Regierungsbezirk Hannover[b]	137.098	130.733	93.431	79.983	95.627
Celle	6.723	18.519	12.848	12.252	14.413
Cuxhaven	6.062	7.172	6.491	4.865	4.616
Harburg	12.501	15.275	k.A.	k.A.	22.202
Lüchow-Dannenberg	1.191	1.756	1.670	1.575	k.A.
Lüneburg	8.701	8.769	9.026	9.034	9.566
Osterholz	3.037	3.066	4.158	8.740	k.A.
Rotenburg (a.d.W.)	6.722	4.938	5.059	3.232	3.392
Soltau-Fallingbostel	5.834	7.958	5.963	5.082	4.472
Stade	6.483	5.821	3.045	2.841	4.287
Ülzen	6.384	6.818	5.959	6.166	5.736
Verden	4.424	17.252	k.A.	k.A.	27.177
Regierungsbezirk Lüneburg[c]	68.062	97.344	54.219	53.787	103.240
Delmenhorst	24.467	k.A.	k.A.	k.A.	k.A.
Emden	1.904	k.A.	k.A.	k.A.	k.A.
Oldenburg(Oldenburg)/S	3.453	8.597	7.547	6.771	4.427
Osnabrück/L	18.082	20.318	18.980	17.391	16.031
Wilhelmshaven	5.548	4.559	3.616	3.535	2.193
Ammerland	k.A.	1.110	708	k.A.	k.A.
Aurich	21.615	k.A.	k.A.	k.A.	k.A.
Cloppenburg	k.A.	k.A.	k.A.	k.A.	-
Emsland	5.967	5.905	5.849	6.133	3.202
Friesland	4.356	4.626	3.870	3.316	1.859
Grafschaft Bentheim	5.809	5.768	k.A.	5.518	12.256
Leer	3.781	3.932	2.931	2.874	3.111
Oldenburg (Oldenburg)/L	1.246	1.633	1.707	1.428	1.430
Osnabrück/L	5.231	4.740	5.471	5.742	6.223
Vechta	13.112	k.A.	k.A.	k.A.	k.A.
Wesermarsch	3.203	3.746	2.967	2.342	2.282
Wittmund	1.673	1.828	1.410	1.481	k.A.
Regierungsbezirk Weser-Ems[d]	119.447	66.762	55.056	56.531	98.749
Niedersachsen	456.466	500.971	481.771	447.973	412.265

a: Quelle: wie in A39.
b: Wg. zu geringer Besetzung eines Kreises geheimgehaltene Umsätze 1984: 23.631 und 1986: 49.042
c: 1984: 36.710 und 1986: 46.509. d: 1980: 934, 1982: 67.845, 1984: 71.738 und 1986: 49.042

Tabelle 42: Umsätze im nordrhein-westfälischen Tabakeinzelhandel in den RB Düsseldorf, Köln und Aachen (in 1.000 DM) 1970-74 (Alte Kreise)[a]

	1970	1972	1974
Düsseldorf	142.675	163.511	216.219
Duisburg	15.360	15.509	13.812
Essen	29.003	29.673	27.212
Krefeld	15.978	15.408	16.347
Leverkusen	3.723	3.639	2.993
Mönchengladbach	10.765	11.745	11.013
Mülheim an der Ruhr	5.570	5.355	5.235
Neuss	8.270	10.142	11.165
Oberhausen	13.306	13.745	10.046
Remscheid	10.622	11.802	12.622
Rheydt	3.804	3.319	3.694
Solingen	16.028	19.202	20.956
Wuppertal	50.318	54.042	52.919
Dinslaken	2.290	2.250	876
Düsseldorf-Mettmann	12.148	15.000	15.099
Geldern	3.228	3.997	3.661
Grevenbroich	8.898	9.987	9.214
Kempen-Krefeld	10.020	11.052	13.748
Kleve	3.955	4.207	4.638
Moers	6.975	6.052	6.575
Rees	3.365	3.521	2.930
Rhein-Wupper-Kreis	6.796	8.686	9.232
Regierungsbezirk Düsseldorf	383.097	421.844	470.206
Bonn	21.855	14.816	23.552
Köln/S	68.534	84.989	79.237
Bergheim (Erft)	6.661	9.068	12.241
Euskirchen	2.911	5.127	5.602
Köln/L	13.805	19.234	20.278
Oberbergischer Kreis	5.930	6.325	7.659
Rheinisch-Bergischer Kreis	8.980	10.576	11.056
Rhein-Sieg-Kreis	10.877	12.764	12.797
Regierungsbezirk Köln	139.553	162.899	172.422
Aachen/S	12.839	15.538	15.337
Aachen/L	17.276	18.398	17.628
Düren	9.816	11.183	11.260
Erkelenz	2.428		
Jülich	1.007		
Monschau/Schleiden	k.A.		
Selfkantkreis/Heinsberg	5.171	7.924	8.794
Regierungsbezirk Aachen	48.537	53.043	53.019
Bocholt	1.605	1.293	
Bottrop	1.515	1.287	1.443
Gelsenkirchen	15.191	13.929	12.922
Gladbeck	1.887	1.912	
Münster	19.612	21.019	21.919
Recklinghausen/S	5.451	5.576	5.337
Zwischensumme	476.895	519.903	564.846

a. Quelle: wie in A40.

Tabelle A42: Umsätze im nordrhein-westfälischen Tabakeinzelhandel in den Regierungsbezirken Münster, Detmold und Arnsberg (in 1.000 DM) 1970-74 (alte Kreise)[a]

	1970	1972	1974
Übertrag	476.895	519.903	564.846
Ahaus	2.470	2.919	2.022
Beckum	5.308	4.810	4.463
Borken	2.469	3.447	3.812
Coesfeld	2.368	2.588	2.696
Lüdinghausen	2.571	2.937	2.259
Münster/L	2.570	7.093	4.387
Recklinghausen/L	10.449	10.937	12.240
Steinfurt	3.381	4.559	5.439
Tecklenburg	2.236	2.916	2.637
Warendorf	1.008	1.581	1.583
Regierungsbezirk Münster	1.033.881	1.128.609	1.212.851
Bielefeld/S	13.388	16.174	16.853
Bielefeld/L	3.470	3.278	
Büren	k.A.	k.A.	k.A.
Detmold	8.447	10.718	8.815
Halle (Westf.)	1.592	1.756	
Herford	8.544	11.146	
Höxter	3.818	4.794	4.675
Lemgo	4.569	4.408	
Lübbecke	5.209	3.052	
Minden	10.438	10.685	
Paderborn	4.853	6.458	6.650
Warburg	k.A	k.A.	k.A.
Wiedenbrück	4.118	5.802	
Regierungsbezirk Detmold	68.446	78.271	36.993
Bochum	12.008	20.307	20.290
Castrop-Rauxel	3.731	4.451	1.480
Dortmund	25.870	28.304	17.943
Hagen	16.321	18.524	21.175
Hamm	6.575	7.400	5.578
Herne	3.295	3.794	2.630
Iserlohn	7.846	9.851	5.094
Lünen	1.947	2.144	2.166
Wanne-Eickel	2.829	3.011	3.008
Wattenscheid	3.438	4.016	2.926
Witten	5.819	4.441	4.721
Arnsberg	5.297	5.435	5.835
Brilon	1.673	2.173	2.202
Ennepe-Ruhr-Kreis	17.488	22.318	18.173
Iserlohn	8.261	11.765	11.966
Lippstadt	12.463	14.360	15.422
Lüdenscheid	2.340	3.223	1.871
Meschede	3.569	4.073	k.A.
Olpe	3.420	6.314	6.266
Siegen	12.868	14.874	16.036
Soest	3.400	3.767	3.419
Unna	4.350	5.784	4.225
Wittgenstein	982	3.352	k.A.
Regierungsbezirk Arnsberg	165.790	203.681	172.426
Nordrhein-Westfalen	891.386	1.022.885	1.039.206

a. Quelle: wie in A43.

Tabelle A42: Umsätze im nordrhein-westfälischem Tabakeinzelhandel in den Regierungsbezirken Düsseldorf und Köln (in 1.000 DM) 1976-88 (neue Kreise)[a]

	1976	1978	1980	1982	1984	1986	1988
Düsseldorf	250.886	261.988	344.868	375.018	364.421	360.176	378.692
Duisburg	16.988	20.959	50.775	43.046	33.141	31.571	37.393
Essen	30.458	26.454	57.133	57.318	47.844	50.467	41.186
Krefeld	20.256	20.209	29.334	26.439	21.769	18.791	17.514
Mönchengladbach	16.229	15.880	64.651	65.718	81.023	84.697	13.312
Mülheim an der Ruhr	5.179	5.441	15.601	11.786	10.442	6.959	7.200
Oberhausen	13.661	13.758	26.817	29.005	24.704	22.448	21.151
Remscheid	12.865	12.389	14.819	15.134	13.502	10.515	9.608
Solingen	25.494	26.017	21.445	20.488	20.328	18.516	17.724
Wuppertal	53.569	57.389	74.700	73.175	76.100	97.918	98.792
Kleve	10.312	10.905	9.988	10.642	10.415	10.386	10.957
Mettmann	20.749	22.021	36.566	40.537	40.175	36.659	34.197
Neuss	18.250	19.654	23.355	21.914	18.654	16.995	16.253
Viersen	12.397	10.328	21.930	22.573	18.291	17.595	17.275
Wesel	7.481	7.159	21.299	19.457	15.473	12.622	13.327
Reg.bez. Düsseldorf	514.774	530.551	813.281	832.250	796.282	796.315	734.581
Aachen/S	17.855	20.700	38.933	32.922	29.379	19.396	18.368
Bonn	23.929	26.282	53.094	42.286	45.546	48.195	46.204
Köln/S	89.056	93.646	167.572	144.947	137.689	131.210	118.291
Leverkusen	k.A.	k.A.	k.A.	k.A.	k.A.	7.871	6.251
Aachen/L	57.409	70.843	102.074	96.099	107.784	120.055	13.997
Düren	12.449	11.791	30.843	29.871	30.918	18.109	17.818
Erftkreis	24.536	18.448	30.571	37.758	30485	25.402	22.679
Euskirchen	k.A.	k.A.	k.A.	k.A.	k.A.	7.448	6.838
Heinsberg	9.939	10.737	27.104	25.461	32.380	36.031	38.518
Oberbergischer Kreis	13.157	11.288	51.208	49.209	56.645	68.821	65.901
Rheinisch-Bergischer Kreis	11.702	11.416	21.819	19.510	14.844	15.004	15.276
Rhein-Sieg-Kreis	14.069	17.149	37.205	47.913	31.476	27.333	31.139
Reg.bez. Köln	274.101	292.300	560.420	525.976	517.146	524.875	401.280
Zwischensumme	788.875	822.851	1.373.704	1.358.226	1.313.428	1.321.190	1.135.861

a. Quelle: wie A12.

Tabelle A43: Umsätze im nordrhein-westfälischen Tabakeinzelhandel in den Regierungsbezirken Münster, Detmold und Arnsberg (in 1.000 DM) 1976-88 (neue Kreise)[a]

	1976	1978	1980	1982	1984	1986	1988
Übertrag	788.875	822.851	1.373.704	1358226	1.313.428	1.321.190	1.135.861
Bottrop	1.620	k.A.	3.610	4013	k.A.	k.A.	2.883
Gelsenkirchen	14.676	14.516	34.476	31441	26.665	25.418	23.935
Münster	27.884	28.601	30.499	30749	28.883	k.A.	k.A.
Borken	5.574	5.682	21.390	24346	25.974	26.769	24.089
Coesfeld	3.719	k.A.	6.411	8334	k.A.	25.586	23.546
Recklinghausen	27.933	27.198	43.584	45179	43.168	k.A.	7.326
Steinfurt	10.800	11.710	15.357	15031	k.A.	40.135	35.276
Warendorf	5.193	4.829	13.135	14232	k.A.	14.176	15.997
Regierungsbezirk Münster	97.399	92.536	168.462	173325	124.690	13.913	14.046
Bielefeld	19.484	20.660	30.001	29565	28.440	145.997	147.098
Gütersloh	9.606	10.869	24.387	29827	13.297	26.102	23.937
Herford	11.880	11.779	36.932	14601	15.698	13.958	14.190
Höxter	4.963	5.613	5.313	5984	5.562	14.933	13.443
Lippe	20.053	20.562	22.701	22634	22.793	5.146	5.348
Minden-Lübbecke	12.435	12.635	15.588	25101	16.647	20.574	20.960
Paderborn	7.090	8.569	12.237	12286	9.604	16.174	16.419
Regierungsbezirk Detmold	85.511	90.687	147.159	139998	112.041	8.631	10.419
Bochum	27.081	27.342	43.015	38811	37.899	105.518	104.716
Dortmund	19.741	18.751	77.166	44902	54.983	34.186	30.218
Hagen	22.829	23.848	32.194	29267	24.814	47.886	38.931
Hamm	7.441	7.576	10.415	9990	9.097	23.413	19.621
Herne	6.714	5.759	11.571	11716	7.798	8.613	6.408
Ennepe-Ruhr-Kreis	26.431	26.029	44.177	47055	49.430	8.199	9.086
Hochsauerlandkreis	13.594	16.579	19.191	20288	12.659	42.110	
Märkischer Kreis	30.279	28.925	52.956	35287	34.436	12.632	12.337
Olpe	6.984	6.833	10.045	9629	9.973	31.532	29.643
Siegen-Wittgenstein	21.175	24.518	21.545	21458	23.601	9.928	9.987
Soest	6.827	6.760	17.779	14600	15.550	21.619	20.891
Unna	8.298	8.311	21.821	20994	18.771	15.408	14.309
Regierungsbezirk Arnsberg	197.394	201.231	361.875	303997	299.011	24.663	24.381
Nordrhein-Westfalen	1.178.545	1.223.030	2.070.230	1993871	1.904.355	284.381	257.922

a. Quelle: wie A13.

Tabelle A44: Tabakeinzelhandelsumsätze in Rheinland-Pfalz (in 1.000 DM) 1970-1988[a]

	1970	1972	1974	1976	1978	1980	1982	1984	1986
KO	22.495	31.070	37.199	60.069	36.922	42.103	39.422	42.610	43.245
AW	3.733	5.888	7.227	7.270	7.189	5.878	5.939	5.871	5.915
AK	2.458	2.066	2.302	3.582	2.451	5.878	6.892	7.060	7.781
KRZ	8.631	15.544	18.542	25.312	k.A.	5.865	6.676	6.833	7.205
BIR	3.048	3.440	3.770	3.632	3.777	4.414	3.250	3.037	3.126
COC	993	1.543	1.709	1.654	1.066	1.629	1.539	1.627	1.412
MYK	15.477	19.435	21.093	25.061	k.A.	39.831	47.836	42.830	49.454
NW	13.697	10.154	12.287	25.673	13.073	12.969	13.194	12.320	13.158
SIM	2.489	3.020	3.330	3.789	3.260	13.277	11.369	13.624	13.571
EMS	3.863	4.232	5.127	10.522	11.535	7.222	7.311	7.160	6.853
WW	4.747	3.998	4.240	5.166	6.327	15.458	15.598	16.487	16.528
RB KO	81.631	100.390	116.826	171.730	85.600	154.524	159.026	159.459	168.248
TR//S	11.214	14.964	18.254	29.298	29.931	14.715	12.242	12.197	12.523
WIL	7.636	11.442	k.A.	16.163	18.547	21.740	23.217	k.A.	22.995
BIT	586	571	540	4.384	k.A.	1.666	k.A.	k.A.	k.A.
DAU	1.199	695	k.A.	903	k.A.	1.491	k.A.	k.A.	k.A.
TR/L	3.093	1.039	k.A.	2.544	2.492	2.669	3.125	2.901	2.901
RB TR	23.728	28.711	32.340	53.292	50.970	42.281	38.584	15.098	38.419
FT	3.337	3.690	k.A.	k.A.	k.A.	3.430	4.609	3.852	2.269
KL/S	3.876	4.502	5.059	4.755	3.356	7.130	7.001	6.365	5.563
LD	18.586	19.964	22.612	22.900	25.020	k.A.	k.A.	k.A.	k.A.
LU/S	8.620	35.656	37.955	37.088	13.266	20.219	19.137	17.249	35.311
MZ	16.463	24.742	44.658	65.422	48.299	27.359	29.966	33.271	35.221
NW	2.762	5.137	6.206	4.963	2.440	2.986	3.371	k.A.	3.544
PI/S	5.946	6.271	6.685	8.587	9.173	5.589	6.226	5.025	5.471
SP	3.517	3.660	k.A.	k.A.	k.A.	k.A.	2.451	2.293	2.063
WO	13.873	30.010	51.511	36.073	57.836	26.830	26.664	38.858	36.099
ZW	3.828	1.210	k.A.	1.408	1.062	1.820	1.404	1.541	k.A.
AZ	6.326	13.335	k.A.	k.A.	k.A.	11.553	10.894	k.A.	k.A.
DÜW	2.515	3.044	3.684	2.631	3.025	5.363	6.143	8.229	7.722
DON	1.521	1.464	1.960	k.A.	k.A.	1.230	k.A.	k.A.	k.A.
GER	1.054	1.161	1.102	1.228	1.249	1.834	2.369	2.527	2.679
KL/L	1.796	275	357	478	358	1.427	2.022	k.A.	1.956
KUS	512	613	696	748	880	804	k.A.	k.A.	k.A.
LU/L	587	940	677	k.A.	k.A.	15.717	14.435	19.760	k.A.
SÜW	971	677	312	709	797	k.A.	1.163	1.291	1.309
BIN	19.430	21.517	k.A.	k.A.	k.A.	4.454	4.197	2.928	2.821
PI/L	2.865	7.546	8.371	9.244	9.923	11.622	10.615	11.001	8.328
RB RPf[c]	118.385	185.414	198.946	202.681	176.684	149.367	152.667	154.190	150.356
RLP	223.744	314.515	348.112	427.703	341.472	372.811	388.629	400.587	398.079

a. Quelle: wie A14.

Die saarländischen Umsatzergebnisse der Umsatzsteuerstatistik werden wieder nur für das Bundesland insgesamt gezeigt.

Tabelle A45: Umsätze im Tabakeinzelhandel des Saarlandes (in 1.000 DM) 1970-1986[a]

	1970	1972	1974	1976	1978	1980	1982	1984	1986
Saarland	81	80	81	88	88	k.A.	k.A.	114	123

Quelle: wie A15.

Und für den Tabakeinzelhandel Baden-Württembergs ist wieder nur auf die grenznahen Kreise zurückzugreifen.

Tabelle A46: Tabakeinzelhandelsumsätze in Baden-Württemberg 1976-1978[a]

	1970	1972	1974	1976	1978	1980	1982	1984	1986	1988
RA	4.686	5.178	5.873	1.402	4.864	27.337	12.161	12.799	12.451	9.258
BB	6.226	5.582	3.879	2.653	1.897	k.A.	k.A.	k.A.	k.A.	k.A.
OG	9.958	10.652	11.996	10.904	10.592	8.881	12.901	7.655	7.555	6.758
EM	2.088	k.A.	k.A.	2.582	1.505	k.A.	7.719	6.577	5.061	4.898
FR/S	14.546	17.321	18.647	18.853	12.635	14.847	13.918	15.245	8.378	17.847
FR/L	4.429	k.A.	k.A.	7.550	3.325	k.A.	6.708	6.026	6.355	5.985
LÖ	1.942	2.026	2.346	2.250	1.670	7.166	9.390	7.752	7.794	k.A.
Grenze F	43.875	40.759	42.741	46.194	36.488	58.231	62.797	56.054	47.594	44.746
FR/S	14.546	17.321	18.647	18.853	12.635	14.847	13.918	15.245	8.378	17.847
FR/L	4.429	k.A.	k.A.	7.550	3.225	k.A.	6.708	6.026	6.355	5.985
LÖ	1.942	2.026	2.346	2.250	2.250	7.166	9.390	7.752	7.794	k.A.
WT	2.003	2.290	2.346	2.530	3.133	2.684	2.954	7.095	6.969	k.A.
KN	17.569	19.412	10.462	2.020	2.151	4.062	3.692	4.860	5.506	6.181
FN	3.791	3.576	3.170	4.612	4.421	3.791	3.180	k.A.	4.798	2.956
Grenze CH	44.280	44.625	36.971	37.815	27.815	32.550	39.842	40.978	39.800	32.969
Rest	274.020	304.627	296.889	244.711	289.957	297.754	302.008	384.559	322.696	349.169
BW	341.258	370.664	355.608	300.067	336.150	366.522	374.631	452.568	387.563	403.052

a. Quelle: wie A16.

Für die nun folgende Tabelle mit den bayerischen Umsätzen ist erläuternd anzumerken, daß wegen der Geheimhaltung viele Kreisergebnisse nicht veröffentlicht werden dürfen. In Bayern scheint die Regionalgliederung wegen der niedrigen Bevölkerungsdichte in vielen ländlich geprägten Kreisen etliche Kreise mit z.T. sehr niedriger Einzelhandeslbesetzung nach sich zu ziehen.

Die Sondererhebung des Bayerischen Statistischen Landesamtes hat die Ergebnisse aber nach Möglichkeit dennoch veröffentlicht: Die einzeln und für sich geheimzuhaltenen Ergebnisse sind in Kreisen gleicher Entfernungszonen - und zwar einmal zur schweizerischen und zum anderen zur österreichischen Grenze - zusammengefaßt worden, so daß sowohl dem Datenschutz Genüge getan worden ist und als auch brauchbare Ergebnisse für unsere Schätzung entstanden sind.

Deshalb sind für jedes Jahr in der folgenden Tabelle zwei Spalten erforderlich.

Tabelle A47: **Umsätze im bayerischen Tabakeinzelhandel in den Regierungsbezirken Schwaben und Oberbayern (in 1.000 DM) 1980-88***

	1980		1982		1984		1986		1988	
	Umsätze (Ch)	Umsätze (Ö)	Umsätze (Ch)	Umsätze (Ö)	Umsätze (Ch)	Umsätze (Ö)	Umsätze (Ch)	Umsätze (Ö)	Umsätze (Ch)	Umsätze (Ö)
Ingolstadt	2.438	k.A.	k.A.	k.A.	k.A.	k.A.	k.A.	k.A.	k.A.	k.A.
München/S	187.269	187.269	177.623	177.623	156.753	156.753	214.269	214.269	247.807	247.807
Rosenheim	3.149	3.149	5.362	3.767	11.458	3.788	12.277	4.049	12.866	5.129
Altötting	9.225	9.225	22.700	22.700	k.A.	24.291	k.A.	k.A.	k.A.	k.A.
Bercht. Land	13.147	13.147	k.A.	k.A.	15.389	k.A.	17.005	26.064	12.221	21.347
Bd Tölz-W.	k.A.	12.836	k.A.	13.368	12.681	12.681	k.A.	17.663	k.A.	k.A.
Dachau	15.082	k.A.	16.141	7.731	k.A.	k.A.	k.A.	k.A.	k.A.	k.A.
Ebersberg	2.925	13.371	2.273	14.138	2.579	13.998	3.542	k.A.	2.169	k.A.
Eichstätt	k.A.	k.a.	k.A.	k.A.	k.A.	k.A.	k.A.	k.A.	k.A.	k.A.
Erding	34.700	k.A.	37.092	k.A.	47.075	k.A.	k.A.	15.287	52.422	k.A.
Freising	4.079	6.325	4.958	k.A.	5.567	5.567	2.115	2.115	2.739	2.739
Fürstenfeldb	13.720	13.720	14.758	14.758	19.779	19.779	17.524	17.524	20.487	18.078
Garmisch-P.	5.814	5.815	6.268	6.268	6.242	6.242	k.A.	6.139	5.084	5.084
Landsberg	304	304	k.A.	k.A.	k.A.	k.A.	k.A.	k.A.	k.A.	k.A.
Miesbach	4.960	4.960	5.462	5.462	4.846	4.846	5.019	5.019	4.081	16.512
Mühldorf	k.A.	k.A.	k.A.	k.A.	k.A.	k.A.	1.356	1.356	k.A.	17.837
München/L	10.596	10.596	11.664	11.664	24.289	24.289	21.989	21.989	17.770	17.770
Neubg-Sch.	k.A.	I.A.	k.A.	k.A.	k.A.	k.A.	k.A.	k.A.	k.A.	k.A.
Pfaffenhofen	2.060	28.752	k.A.	29.084	2.504	36.928	53.143	43.307	4.719	42.984
Rosenheim/L	13.893	13.893	18.985	k.A.	21.998	21.998	30.838	30.838	33.111	33.111
Starnberg	6.528	6.528	6.914	6.914	7.041	7.041	21.538	6.208	18.285	5.854
Traunstein	10.422	10.422	10.689	27.412	11.039	11.039	7.479	7.479	7.405	7.405
Weilheim	6.278	6.278	6.225	6.225	6.234	6.234	11.212	k.A.	4.381	3.890
RB Obay.	346.589	346.590	347.114	347.114	355.474	355.474	419.306	419.306	445.547	445.547
Augsburg	28.594	28.594	31.910	31.910	30.937	30.937	29.471	29.471	27.195	27.195
Kaufbeuren	k.A.	k.A.	k.A.	k.A.	k.A.	k.A.	k.A.	k.A.	k.A.	k.A.
Kempten	k.A.	16.642	k.A.	17.787	k.A.	18.169	k.A.	18.857	k.A.	18.700
Memmingen	k.A.	k.A.	k.A.	k.A.	k.A.	k.A.	k.A.	k.A.	k.A.	k.A.
Aichach-F.	5.526	5.526	k.A.	k.A.	k.A.	k.A.	k.A.	10.556	k.A.	16.743
Augsburg/L	6.342	6.342	k.A.	13.737	k.A.	19.112	6.612	7.923	k.A.	k.A.
Dillingen	1.393	1.393	9.418	1.485	11.699	k.A.	11.153	k.A.	k.A.	k.A.
Günzburg	k.A.	k.A.	k.A.	k.A.	7.413	k.A.	k.A.	k.A.	7.010	k.A.
Neu-Ulm	4.777	4.777	10.986	5.182	5.045	5.045	6.966	6.252	4.748	4.748
Lindau	15.742	427	17.203	k.A.	k.A.	k.A.	17.908	1.403	1.047	1.047
Ostallgäu	3.298	3.298	3.191	3.191	3.019	3.019	k.A.	2.567	7.458	4.180
Unterallgäu	4.114	2.787	4.010	2.470	3.813	2.105	7.140	2.221	2.714	2.714
Donau-Ries	2.399	2.399	2.499	2.499	2.217	2.217	2.366	2.366	11.928	2.195
Oberallgäu	3.430	3.430	3.699	4.655	20.335	3.874	2.737	2.737	18.163	2.741
RB Schw.	75.615	75.615	82.916	82.916	84.478	84.478	84.353	84.353	80.263	80.263
Rest	323.182	323.181	326.301	326.301	352.636	352.636	343.225	343.225	333.269	333.269
Bayern	745.386	745.386	756.331	756.331	792.588	792.588	846.884	846.884	859.079	859.079

Quelle: wie A17.

2. Kraftstoffabsatzstatistik des MINERALÖLWIRTSCHAFTSVERBANDES

Tab. A48: Benzinabsatz nach Kreisen (Tonnen) 1981-1990[a]

	b 1981	b 1982	b 1983	b 1984	b 1985	b 1986	b 1987	b 1988[c]	b 1990
FL[b]	30.166	25.881	25.032	26.171	27.454	35.243	37.112	44.397	46723
KI	74.063	72.736	64.632	62.600	63.117	65.712	68.935	71.817	86984
HL	62.079	61.161	62.416	62.905	77.555	65.310	59.208	59.098	65877
NMS	22.789	17.233	17.495	18.749	19.611	19.359	18.767	20.140	23535
HEI	45.076	40.570	40.006	38.625	40.003	37.338	29.588	30.916	34199
RZ	49.124	48.113	45.979	46.039	40.291	42.673	44.895	45.805	53132
NF	49.951	46.694	45.276	44.649	51.766	56.938	59.776	61.436	65503
OH	57.918	53.294	56.604	57.125	61.346	65.002	67.273	68.821	76101
PI	83.270	74.334	62.652	68.755	70.422	68.237	72.742	71.037	77016
PLÖ	32.770	31.224	28.010	26.204	25.695	27.121	27.571	29.907	29653
RD	80.203	73.939	69.624	69.840	72.979	75.174	79.815	84.478	91279
SL	46.375	43.300	42.297	43.898	52.692	54.705	50.572	52.950	56235
SE	60.960	63.096	66.845	61.604	65.885	67.311	74.625	75.819	84343
IZ	31.742	26.250	24.804	23.575	22.704	24.595	27.214	29.022	29871
OD	51.238	48.042	49.638	47.862	50.323	48.327	64.782	68.409	75081
SH	777.724	725.867	701.310	698.601	741.843	753.045	782.875	814.052	895.532
BS	89.220	82.532	84.077	84.051	85.684	104.648	90.339	92.222	96.148
SZ	35.936	34.377	32.650	31.527	31.922	32.845	34.196	36.258	36664
WOB	44.219	40.758	41.672	43.022	45.492	47.865	49.970	53.567	50802
GF	24.384	21.854	19.260	20.445	21.972	25.185	27.920	28.133	28589
GÖ	74.912	70.265	70.703	68.095	80.174	86.907	89.409	86.193	97298
GS	55.636	56.032	52.842	54.183	56.213	56.574	57.273	60.307	73254
HE	29.784	28.435	25.177	24.514	26.075	30.219	29.761	34.960	53243
NOM	39.469	36.647	32.744	33.406	34.804	36.140	44.160	47.745	50940
OHA	26.032	22.241	21.634	22.380	21.153	22.754	21.583	23.698	32380
PE	27.119	26.083	26.545	27.397	26.538	27.600	26.267	26.870	27912
WF	28.594	24.986	26.453	26.935	27.841	31.812	30.682	36.057	35386
RG B	475.305	444.210	433.757	435.955	457.868	502.549	501.560	526.010	582.616
H/S	182.000	188.452	170.412	189.201	182.459	208.777	184.094	174.262	198745
DH	51.989	50.792	50.560	52.118	60.069	60.256	62.635	67.839	80630
HM	38.989	37.745	38.247	39.052	42.725	44.265	43.554	44.606	48336
H/L	140.443	145.529	141.738	144.455	139.284	147.944	154.958	166.563	184031
HI	76.300	94.336	63.137	59.611	80.408	87.663	82.880	77.985	88679
HOL	21.797	20.172	20.057	21.068	13.941	16.284	13.693	16.457	18473
NI	36.032	37.208	35.272	33.671	32.698	36.213	30.697	35.283	41794
SHA	49.335	47.099	44.852	45.316	45.333	50.868	57.456	54.096	62305
RG H	596.885	621.333	564.275	584.492	596.917	652.270	629.967	637.091	722.993
CE	48.709	45.762	48.412	45.035	46.006	47.705	49.323	49.998	49709
CUX	40.381	43.565	40.868	40.255	47.908	51.288	47.289	50.112	53018
WL	52.342	51.268	49.859	49.149	56.249	56.233	58.944	63.704	70505
DAN	11.056	10.736	10.022	9.244	9.397	10.484	10.152	10.077	10751
LÜN	44.206	41.584	40.621	33.667	44.806	49.383	50.308	44.569	47897
OHZ	29.179	28.204	30.362	33.653	36.466	49.966	49.846	45.022	43256
ROH	44.554	42.969	42.724	44.975	49.386	51.480	56.750	56.452	77784
SFA	58.069	52.804	52.135	43.502	46.712	49.730	51.732	62.263	72875
STD	44.463	38.880	37.804	36.225	44.460	45.285	40.176	40.608	42159
UE	24.942	23.988	22.814	21.900	33.464	24.260	19.222	19.998	24370
VER	32.232	35.114	37.313	37.359	36.062	39.762	39.768	38.094	41012
RB L	430.133	414.874	412.934	394.964	450.916	475.576	473.510	480.897	533.336
ZwSum	2.280.047	2.206.284	2.112.276	2.114.012	2.247.544	2.383.440	2.387.912	2.458.050	2.734.477

a. Quelle: Kreisdaten des Mineralölwirtschaftsverbandes.
b. Die Kreise sind mit den Kraftfahrzeug-Kennzeichen der Zulassungsbezirke bezeichnet.
c. Die Kreisdaten sind im Jahre 1989 nicht erstellt worden.

(Fortsetzung Tab. A48) Benzinabsatz nach Kreisen

	b 1981	b 1982	b 1983	b 1984	b 1985	b 1986	b 1987	b 1988	b 1990
Übertg.	2.280.047	2.206.284	2.112.276	2.114.012	2.247.544	2.383.440	2.387.912	2.458.050	2.734.477
DEL/S	22.657	21.610	21.777	22.755	21.367	21.030	21.448	21.569	22756
EMD/S	11.853	10.397	9.400	9.041	10.666	11.675	15.285	19.474	23431
OL	43.451	38.917	35.518	39.601	30.774	33.304	48.079	38.972	40833
OS/S	74.662	75.052	62.313	65.513	91.849	117.202	63.277	59.841	62455
WHV/S	26.207	21.673	19.689	19.566	20.849	24.202	20.937	23.607	26841
WST	21.218	19.098	20.002	21.465	23.825	24.246	21.908	24.757	25746
AUR	29.911	29.565	29.201	26.096	27.533	29.454	30.355	30.850	35885
CLP	22.473	18.970	19.986	21.636	27.815	32.592	23.001	29.398	30610
EL	47.559	46.526	47.070	58.763	77.278	109.186	82.392	95.338	118376
FRI	24.040	22.280	23.661	21.498	19.791	23.634	21.949	26.354	30112
BEN	27.128	24.299	25.036	25.201	24.208	34.174	37.624	36.410	34004
LER	32.592	30.915	30.486	32.637	35.240	38.614	39.529	42.492	40345
OLD	29.996	30.755	31.826	36.172	31.062	32.171	33.553	33.607	37208
OS/L	69.764	67.592	74.369	86.098	85.423	118.549	109.858	109.127	120314
VE	30.626	29.001	29.054	30.286	28.371	29.095	30.686	41.084	45515
BRA	16.391	14.604	14.962	14.618	17.339	18.672	22.769	20.401	19542
WTM	7.758	7.825	7.622	7.789	7.675	8.920	7.792	8.917	9975
RB WE	538.286	509.079	501.972	538.735	581.065	706.720	630.442	662.198	723.948
NS	2.040.609	1.989.496	1.912.938	1.954.146	2.086.766	2.337.115	2.235.479	2.306.196	2.562.893
D	175.505	184.971	155.268	170.632	171.614	181.942	207.514	188.666	187374
DU	160.204	150.012	132.359	130.720	119.531	107.276	113.391	122.384	115433
E	151.900	162.638	137.073	145.686	165.403	179.908	153.552	164.598	168989
KR	53.596	57.128	54.715	55.154	55.370	55.515	60.901	62.039	65287
MG	55.054	57.595	56.660	53.383	58.196	61.921	60.301	63.675	66281
MH	26.805	29.534	36.572	26.802	43.062	55.707	44.555	38.517	45079
OB	53.379	56.730	54.690	57.169	56.113	56.838	55.929	57.406	60014
RS	29.545	26.920	29.164	29.432	31.932	33.923	31.114	30.443	33489
SG	40.158	37.519	36.302	45.887	51.471	55.996	44.704	51.358	44870
W	106.775	100.555	95.171	97.618	87.741	87.854	92.387	93.694	96296
KLE	49.199	48.031	50.244	47.965	54.913	54.461	76.016	83.589	78870
ME	95.426	97.531	96.232	100.590	108.094	110.747	119.451	124.163	137442
NE	90.381	98.999	100.658	106.723	101.511	100.267	111.935	121.528	128456
VIE	51.404	58.318	61.851	65.666	64.507	71.969	85.734	94.375	97269
WES	95.513	95.295	94.582	99.378	97.550	113.294	113.980	116.278	124778
RB D	1234844	1261776	1.191.541	1.232.805	1.267.008	1.327.618	1.371.464	1.412.713	1.449.927
AC/S	75.219	69.004	66.819	69.831	69.579	73.899	04.054	00.040	00072
BN	82.315	90.419	86.021	90.294	87.319	86.622	93.832	98.301	109277
K	272.065	272.444	270.717	264.444	250.618	277.887	257.258	257.786	274216
LEV	30.542	32.886	30.392	32.161	36.126	35.626	36.313	35.322	37371
AC/L	64.047	57.766	58.642	59.720	59.551	62.775	68.737	75.555	85726
DN	52.875	52.500	57.478	59.429	61.666	57.888	58.721	58.254	60146
BM	84.893	86.122	91.038	91.364	86.984	92.351	104.226	113.343	127694
EU	41.441	37.623	37.269	36.490	34.777	36.755	38.353	42.917	40035
HS	44.101	46.320	48.452	45.732	55.878	62.386	88.488	97.128	103192
GM	50.429	49.153	48.882	49.452	52.645	56.037	48.958	51.190	55459
GL	78.343	87.356	88.797	88.450	82.888	88.178	87.202	89.061	96267
SU	89.902	90.847	94.077	96.051	95.138	103.787	109.378	116.744	127020
RB K	966.172	972.440	978.584	983.418	973.169	1.034.191	1,075.820	1.122.244	1.202.475
BOT	26.428	27.704	25.754	26.204	30.426	26.542	27.520	29.008	29507
GE	68.927	68.514	62.613	59.736	66.340	69.741	67.941	68.777	77642
MS	149.213	164.193	186.811	180.751	152.554	99.360	73.994	163.093	117066
BOR	46.213	50.092	50.371	51.902	55.418	55.865	64.894	70.984	68316
COE	28.211	27.056	27.921	27.821	30.851	30.915	28.165	32.260	41843
RE	128.601	128.335	122.623	126.165	128.104	142.912	136.885	141.398	152076
ST	69.735	79.189	79.262	83.371	80.937	90.596	91.313	94.987	95375
WAF	44.855	45.264	45.627	46.243	47.549	50.372	50.846	55.025	57079
RB MS	562.183	590.347	600.982	602.193	592.179	566.303	541.558	655.532	638.904
ZwS	5.581.532	5.539.926	5.385.355	5.471.163	5.660.965	6.018.272	6.007.196	6.310.737	6.749.731

(Fortsetzung Tab. A48) Benzinabsatz nach Kreisen

	b 1981	b 1982	b 1983	b 1984	b 1985	b 1986	b 1987	b 1988	b 1990
Über-trag	5.581.532	5.539.926	5.385.355	5.471.163	5.660.965	6.018.272	6.007.196	6.310.737	6.749.731
BI	148.100	149.142	148.620	145.153	137.074	142.401	151.375	151.937	155191
GT	73.996	73.667	80.149	80.533	72.490	70.760	76.238	81.510	84884
HF	52.163	51.109	52.004	54.182	65.907	67.690	74.479	70.709	73981
HX	30.658	31.716	30.157	29.853	28.867	31.615	30.049	33.298	37633
LIPPE	63.622	65.310	65.995	64.397	72.449	74.550	78.264	87.605	94500
MI	65.944	68.920	70.249	70.763	71.992	81.302	74.448	80.200	75636
PB	52.318	48.583	47.718	43.951	54.947	55.808	57.924	65.603	60456
RB DT	486.801	488.447	494.892	488.832	503.726	524.126	542.777	570.862	582.281
BO	114.092	101.921	95.836	94.691	97.876	114.670	107.661	103.624	113784
DO	142.099	146.574	143.382	147.709	145.264	159.408	161.131	161.997	174845
HA	55.701	54.448	53.761	50.828	53.367	49.521	53.178	54.767	60409
HAM	39.793	40.314	40.512	36.402	34.247	37.251	35.718	40.779	46065
HER	28.000	28.319	27.459	25.671	21.296	25.854	21.240	20.381	25755
EN	78.551	80.565	80.241	85.133	78.520	83.166	84.724	88.839	101063
HSK	66.026	65.918	64.584	71.806	76.448	101.339	112.910	87.409	87458
MK	99.424	104.428	103.165	104.036	109.117	108.923	113.595	115.733	122059
OL	28.791	30.394	28.973	28.841	28.552	28.567	29.624	29.664	31407
SI	80.985	81.226	80.470	83.004	78.955	81.861	85.763	88.073	94847
SO	65.862	65.231	64.785	66.702	71.243	72.283	78.765	77.823	85560
UN	79.678	80.093	80.188	83.944	80.248	84.167	90.109	93.549	95055
RB A	879.002	879.431	863.356	878.767	875.133	947.010	974.418	962.638	1038307
NRW	4.129.002	4.192.441	4.129.355	4.186.015	4.211.215	4.399.248	4.506.037	4.723.989	4.911.894
KO	40.984	40.064	38.840	36.462	35.352	36.612	40.039	35.155	36930
AW	26.743	29.895	29.890	34.443	38.177	32.751	33.219	34.469	40007
AK	31.865	36.012	36.129	32.686	31.148	28.125	33.105	31.641	37034
KRZ	39.025	32.830	31.819	30.273	37.912	39.291	42.109	43.010	45436
BIR	19.981	20.123	18.537	19.221	20.429	22.256	21.645	19.871	18878
COC	15.332	18.028	16.678	17.234	16.567	16.970	16.249	17.439	14782
MYK	45.328	45.498	40.972	46.593	45.501	55.254	48.753	43.559	46715
NW	36.003	36.789	36.141	35.390	31.691	32.292	34.604	38.278	42099
SIM	20.598	24.377	22.095	20.479	19.322	20.406	22.784	24.360	24806
EMS	30.997	31.220	32.519	32.262	27.918	30.685	39.116	38.044	44120
WW	56.062	60.442	56.768	56.560	50.815	53.679	61.761	63.189	70840
RB KO	362.918	375.278	360.388	361.603	354.832	368.321	393.384	389.015	421.647
TR/S	58.958	56.997	52.680	56.281	28.269	36.177	47.826	35.780	36257
WIL	21.666	21.394	21.972	20.076	24.541	25.809	25.726	26.220	28346
BIT	11.242	10.258	9.605	9.066	9.172	9.262	8.289	9.029	8766
DAU	9.019	10.590	9.792	9.194	9.142	9.542	10.365	10.157	10398
TR/L	14.521	15.120	13.670	11.828	16.055	17.935	15.428	19.579	21265
RB TR	115.406	114.359	107.719	106.445	87.179	98.725	107.634	100.765	105.032
FT	14.418	16.005	15.088	15.754	16.362	16.581	15.658	16.461	15028
KL/S	24.574	24.794	25.232	28.231	28.816	29.724	28.248	29.417	29538
LD	16.145	19.952	15.531	15.939	14.683	16.838	17.334	17.247	18379
LU/S	46.530	49.725	52.523	48.586	48.756	51.314	54.699	53.047	51228
MZ	55.117	57.591	67.802	71.783	74.932	78.910	63.904	62.102	71183
NW	11.545	12.211	13.017	14.046	12.524	13.301	13.430	15.108	15936
PI/S	15.519	15.186	13.632	13.109	16.376	15.825	16.097	15.178	13923
SP	13.901	13.946	17.805	13.955	13.120	14.642	14.544	14.126	15347
WO	25.953	28.261	28.683	27.924	29.805	30.592	30.727	31.322	32724
ZW	14.117	13.937	6.705	6.959	7.957	8.384	8.590	8.612	9446
ZwSum	7.663.478	7.649.049	7.467.728	7.563.096	7.745.166	8.232.565	8.288.640	8.596.637	9.169.730

(Fortsetzung Tab. A48) Benzinabsatz nach Kreisen

	b 1981	b 1982	b 1983	b 1984	b 1985	b 1986	b 1987	b 1988	b 1990
Übertrg.	7.663.478	7.649.049	7.467.728	7.563.096	7.745.166	8.232.565	8.288.640	8.596.637	9.169.730
	11853	15.957	15.014	14.804	16.471	21.464	19.352	21.752	24280
DÜW	21.390	20.565	24.450	26.020	27.302	27.517	27.858	30.966	30228
KIB	7.859	8.833	9.550	9.655	11.972	11.460	11.974	14.031	13003
GER	20.448	21.298	21.490	21.155	22.008	23.235	25.075	25.760	27657
KL/L	24.453	24.252	31.209	31.368	36.055	39.135	36.922	35.193	39711
KUS	13.653	14.345	16.460	16.671	16.359	18.632	21.403	20.676	21347
LU/L	18.111	18.792	17.740	20.466	20.073	20.654	22.032	22.835	24155
SÜW	17.943	20.114	20.080	19.175	20.700	22.718	25.602	26.048	24073
BIN	29.407	30.711	31.577	33.802	40.101	41.842	45.898	47.346	47223
PI/L	15.506	15.445	29.235	22.062	17.071	19.389	18.326	16.162	14636
RB RPF	418.442	441.920	472.823	471.464	491.443	522.157	517.673	523.389	539.045
RLP	896.766	931.557	940.930	939.512	933.454	989.203	1.018.691	1.013.169	1.065.724
SB	118.722	97.189	88.462	92.476	115.315	125.000	143.655	136.173	119.118
MZG	19.525	15.884	15.830	15.307	13.961	15.082	15.968	17.734	17.679
NK	41.157	36.889	38.333	39.294	36.826	39.626	43.314	44.702	46.720
SLS	40.821	35.201	36.104	34.987	39.787	42.881	48.510	50.620	47.557
HOM	40.286	35.587	36.147	35.315	38.179	38.411	37.736	38.162	38.111
WND	18.863	14.365	14.061	14.477	17.513	18.791	19.978	20.566	21.441
SAAR	279.374	235.115	228.937	231.856	261.581	279.791	309.161	307.957	290.626
S	200.608	214.275	191.000	198.841	194.181	214.691	199.826	202.981	209.174
BB	90.004	92.455	87.507	95.689	94.737	99.830	107.213	104.377	105.264
ES	96.318	96.776	98.415	99.388	105.488	109.644	120.092	125.198	127.571
GP	79.751	51.759	50.884	50.976	98.804	52.585	53.250	53.587	53.253
LB	101.679	103.154	99.806	102.531	109.919	118.369	124.222	134.591	129.440
BK	65.817	62.691	63.138	66.675	71.236	74.473	81.674	75.508	78.076
HN/S	32.234	37.887	37.498	38.325	32.380	32.430	34.314	32.275	35.219
HN/L	53.326	56.144	56.402	58.732	59.606	71.171	71.474	75.979	86.476
KUN	22.919	24.538	21.869	22.201	25.788	30.545	23.998	28.439	32.363
SHA	28.833	29.811	29.632	32.451	31.605	31.486	29.435	31.779	38.226
FH	28.291	30.858	31.519	33.623	41.116	34.739	30.864	37.840	47.207
HDH	28.904	29.103	27.892	30.478	29.146	30.635	34.562	33.888	37.124
AA	47.180	49.053	47.928	47.944	48.900	50.653	54.998	69.299	76.064
RB S	875.864	878.504	843.490	877.854	942.906	951.251	965.922	1.005.741	1.055.457
BAD	22.205	21.374	18.415	17.531	17.233	19.091	18.380	19.397	18.633
KA/S	82.544	75.163	62.783	62.543	74.062	75.272	70.799	70.720	64.872
KA/L	80.321	83.065	95.011	96.766	96.088	112.234	128.703	126.861	142.659
RA	43.855	41.063	35.278	36.451	36.027	38.705	38.394	40.595	43.044
HD/S	39.493	40.272	39.154	39.984	38.965	40.349	40.245	40.715	41.612
MA	85.407	81.047	80.776	111.845	91.266	100.400	89.122	86.370	149.995
MOS	28.437	27.177	25.304	25.069	23.442	24.300	27.320	26.258	27.144
HD/S	112.862	116.724	102.661	112.668	116.384	120.107	127.833	130.637	135.518
PF/S	26.829	27.478	25.861	24.844	27.631	27.024	26.243	26.560	24.829
LW	30.508	30.793	30.341	29.644	34.255	38.028	42.206	55.186	65.648
PF/L	30.349	29.197	29.244	28.614	27.523	25.342	26.396	27.248	27.010
FDS	21.839	22.015	19.200	17.416	21.632	20.858	20.256	20.039	14.149
RB KA	604.649	595.368	564.028	603.375	604.508	641.710	655.897	670.586	755.113
FR/S	62.307	64.508	59.479	55.604	66.999	86.620	97.372	82.319	74.271
FR/L	58.209	62.045	59.727	60.340	63.393	72.918	78.675	81.799	83.538
EM	21.822	21.249	21.243	22.319	27.869	25.131	24.657	25.741	26.659
OG	99.147	99.940	92.425	96.725	104.712	111.832	122.487	128.757	132.071
RW	56.457	64.127	70.973	74.974	35.470	58.359	48.024	42.945	51.661
RW	43.077	42.468	41.256	40.723	47.099	45.400	48.001	56.172	58.957
TUT	19.757	22.033	25.577	20.806	28.431	28.712	30.978	26.003	19.116
KN	57.665	66.536	47.976	54.660	53.223	55.094	56.137	56.166	59.995
LÖ	42.355	46.295	42.162	41.929	45.882	51.252	54.834	58.907	57.040
WT	29.204	30.301	28.425	26.651	30.288	32.825	37.175	38.591	38.161
RB FR	490.000	519.502	489.243	494.731	503.366	568.143	598.340	597.400	601.469
ZwSum	9.814.804	9.832.925	9.581.484	9.754.424	10.024.248	10.639.905	10.763.431	11.131.323	11.848.272

(Fortsetzung Tab. A48) Benzinabsatz nach Kreisen

	b 1981	b 1982	b 1983	b 1984	b 1985	b 1986	b 1987	b 1988	b 1990
Übertrag	9.814.804	9.832.925	9.581.484	9.754.424	10.024.248	10.639.905	10.763.431	11.131.323	11.848.272
RT	46.869	49.633	50.007	49.437	52.130	52.468	50.584	51.032	52.576
TÜ	33.200	34.439	36.462	36.462	35.174	34.993	36.131	37.302	38.232
BL	36.345	34.584	33.228	33.727	40.943	38.862	39.048	38.137	35.415
U/S	39.269	48.522	47.692	48.804	41.820	41.444	55.085	45.282	47.115
U/L	16.444	18.366	17.776	13.367	21.349	24.294	28.170	30.272	32.638
BC	21.344	19.781	20.168	26.649	27.401	27.080	32.742	33.941	36.258
FN	34.381	36.179	40.823	26.823	44.379	42.776	43.740	47.193	47.859
RV	58.497	65.865	71.354	73.140	73.893	71.759	74.959	78.533	82.765
SIG	20.569	19.822	20.448	19.703	21.613	21.597	24.404	23.005	23.848
RB TÜ	306.918	327.191	337.958	328.112	358.702	355.273	384.863	384.697	396.706
BW	2.277.431	2.320.565	2.234.719	2.304.072	2.409.482	2.516.377	2.605.022	2.658.424	2.808.745
IN	32.812	36.599	32.285	39.206	45.737	52.561	48.099	48.629	42.034
M/S	431.944	409.734	420.353	417.180	410.714	395.969	408.141	407.547	457.195
RO/S	9.886	11.484	12.418	12.617	11.626	12.474	15.401	15.584	15.780
AÖ	18.907	21.224	19.365	19.136	21.197	22.074	23.557	27.237	25.214
BGL	36.903	43.657	42.272	49.403	58.494	56.452	57.109	68.905	68.263
TÖL	24.352	26.194	29.733	30.367	28.099	28.977	30.523	31.122	31.078
DAH	19.042	19.216	19.043	19.360	20.128	20.688	22.325	24.096	25.605
EBE	22.296	24.520	25.504	23.581	19.341	20.759	21.499	22.823	20.980
EI	16.895	18.634	19.854	20.627	24.831	22.760	22.808	25.930	37.407
ED	15.718	16.619	16.960	17.045	15.748	16.114	18.008	20.574	22.970
FS	21.652	21.681	22.896	23.477	23.316	25.014	28.319	32.116	34.261
FFB	24.944	24.374	27.735	27.547	27.310	27.734	36.551	35.778	31.223
GAP	33.803	36.252	36.658	41.014	40.226	39.627	39.588	39.993	43.753
LL	14.525	17.126	16.704	18.446	18.654	19.694	26.538	22.214	20.896
MB	33.035	35.710	36.518	38.825	41.801	44.361	47.880	47.596	47.511
MÜ	23.874	24.333	25.297	24.776	24.898	25.136	24.956	23.742	24.387
M/L	61.052	65.903	64.191	65.994	75.373	81.293	73.308	78.921	77.052
ND	10.886	12.782	14.675	15.767	20.571	21.083	18.044	21.127	17.898
PAF	40.021	36.695	31.347	36.328	34.900	38.291	35.878	35.686	40.459
RO/L	59.145	66.534	64.489	64.477	73.279	79.894	84.699	86.941	81.284
STA	24.228	25.992	26.569	27.202	27.468	30.536	30.791	32.738	34.886
TS	48.024	62.807	62.468	63.783	54.422	86.629	63.276	58.664	57.398
WM	20.941	21.571	22.795	22.301	20.328	20.958	20.184	21.692	22.928
RB O	1.044.885	1.079.641	1.090.129	1.118.459	1.138.461	1.189.078	1.197.482	1.229.655	1.280.462
A/S	74.961	88.072	92.726	94.974	62.432	64.935	88.765	65.892	69.449
KF	10.863	11.876	11.189	11.265	9.412	9.847	9.557	10.528	12.495
KE	28.760	31.164	26.149	21.664	25.990	25.891	30.138	31.136	38.067
MM	17.805	20.232	16.821	17.815	15.208	15.370	22.711	16.853	17.120
AIC	15.807	18.417	18.535	20.020	19.300	20.365	18.799	22.652	26.220
A/L	27.149	30.443	28.606	34.414	57.419	57.811	41.958	74.695	79.969
DLG	13.873	15.858	13.484	12.736	15.882	16.613	16.447	17.512	18.918
GZ	39.224	33.936	34.254	34.765	30.367	29.748	26.523	30.685	35.957
NU	31.640	33.155	28.199	28.799	44.647	51.286	33.888	43.756	47.748
LI	16.088	18.519	18.744	19.641	24.204	25.230	19.152	32.779	34.022
OAL	23.357	27.188	27.415	25.378	26.244	28.758	26.357	34.393	36.605
MN	18.984	20.011	20.726	22.270	23.492	24.731	21.794	26.204	28.057
DON	22.297	22.342	24.079	26.028	24.345	23.878	26.956	26.220	30.886
OA	44.485	46.593	52.609	53.485	42.007	43.731	54.424	42.858	47.023
RB SW	385.293	417.806	413.536	423.254	420.949	438.194	437.469	476.163	522.536
BAY	2.941.714	3.137.526	3.131.838	3.331.045	3.281.704	3.424.013	3.482.083	3.644.795	3.987.945
BRDeu	15.978.512	16.261.590	16.069.851	16.491.866	16.783.052	17.524.988	17.902.408	18.443.002	19.949.430

Tab. A49: Dieselabsatz nach Kreisen (Tonnen) 1981-90[a]

	d 1981	d 1982	d 1983	d 1984	d 1985	d 1986	d 1987	d 1988	d 1990
FL	22.283	29.662	23.182	26.923	25.611	36.418	39.375	43.396	45.431
KI	82.511	79.421	87.431	78.728	78.043	74.042	87.040	85.524	109.324
HL	38.384	42.435	46.291	47.634	55.154	55.887	50.759	53.755	56.655
NMS	14.544	16.656	16.066	17.319	17.500	18.607	23.777	24.849	31.698
HEI	57.261	61.173	68.304	58.803	45.023	76.019	70.002	62.556	81.840
RZ	26.280	24.564	24.728	32.248	34.085	34.590	36.593	33.680	32.026
NF	37.970	40.566	40.216	35.914	38.767	42.771	46.140	47.780	49.661
OH	32.611	31.008	30.505	26.050	28.141	31.903	33.639	27.820	27.960
PI	32.270	35.300	25.153	30.212	31.317	25.703	30.028	34.921	37.233
PLÖ	13.668	13.010	13.344	16.603	15.459	16.163	15.769	14.792	14.180
RD	66.623	64.184	63.066	47.767	39.152	46.289	52.359	50.540	61.601
SL	19.054	18.169	19.418	21.151	27.262	29.739	18.758	19.722	22.905
SE	19.710	20.266	19.756	20.524	24.721	24.763	26.779	27.242	34.162
IZ	38.789	39.343	37.525	36.416	34.397	32.400	33.438	37.087	38.613
OD	16.578	15.251	14.491	15.131	19.456	18.277	30.876	31.444	36.379
SH	518.536	531.008	529.476	511.423	514.088	563.571	595.332	595.108	679.668
BS	53.851	50.741	51.898	53.067	51.646	60.638	58.575	57.059	61.315
SZ	13.917	15.685	14.823	12.237	13.778	12.497	11.158	10.996	12.007
WOB	13.267	15.158	11.137	10.454	12.059	18.022	16.976	16.334	13.956
GF	16.336	18.913	23.117	26.435	30.313	35.814	38.732	26.002	17.174
GÖ	27.443	30.949	31.834	35.832	40.363	45.354	46.711	42.798	38.752
GS	22.291	42.841	38.027	34.256	34.585	35.100	34.802	34.434	33.428
HE	17.659	19.215	18.233	15.995	16.335	20.018	21.269	21.411	31.155
NOM	26.092	29.998	23.794	25.162	27.828	29.100	32.663	31.970	25.613
OHA	10.505	14.222	12.990	12.603	12.090	11.611	12.766	11.882	12.566
PE	9.137	9.583	9.166	9.340	10.833	10.584	11.461	13.991	15.985
WF	16.956	7.105	8.573	8.066	9.135	8.874	8.969	10.779	10.627
RG B	227.454	254.410	243.592	243.447	258.965	287.612	294.082	277.656	272.578
H/S	127.723	135.498	137.224	143.192	141.932	150.825	146.433	148.766	262.756
DH	27.161	27.672	32.246	37.199	43.207	45.581	44.934	48.961	62.557
HM	21.012	22.005	24.344	29.918	35.439	34.397	31.706	32.319	27.079
H/L	55.397	56.235	43.615	43.392	53.198	61.224	67.822	75.578	82.987
HI	48.680	59.159	56.633	60.599	66.672	77.156	77.444	64.307	57.937
HOL	9.179	9.592	10.103	8.041	7.012	8.900	8.391	8.848	8.435
NI	28.700	29.927	27.727	28.336	31.693	34.760	32.404	20.902	00.500
SHA	18.373	27.035	13.867	12.793	14.300	17.651	20.826	19.370	24.469
RG H	336.225	367.123	345.759	363.470	393.453	430.494	430.040	427.081	556.729
CE	29.420	31.092	35.655	32.078	25.360	33.006	36.789	32.701	20.148
CUX	50.507	54.645	60.967	62.105	57.305	36.445	41.493	32.294	44.840
WL	13.352	12.672	13.492	13.595	13.769	17.490	19.251	18.827	24.745
DAN	6.494	6.608	7.685	6.166	7.438	9.054	6.869	5.692	4.459
LÜN	24.240	23.404	27.643	27.430	28.457	29.954	32.899	32.596	29.917
OHZ	15.853	25.322	34.732	29.116	11.062	38.305	34.675	29.634	30.981
ROH	40.495	45.631	45.795	48.997	47.446	43.917	52.254	57.430	73.737
SFA	22.965	26.026	21.817	21.956	28.530	29.565	29.064	28.770	35.748
STD	28.553	30.890	29.455	29.080	30.558	34.344	29.846	27.230	24.934
UE	16.513	19.198	17.375	12.321	13.437	15.930	13.637	13.279	12.727
VER	17.891	12.996	20.930	12.876	12.341	12.814	15.698	15.912	19.004
RB L	266.283	288.484	315.546	295.720	275.703	300.824	312.475	294.365	321.240
ZwSum	1.348.498	1.441.025	1.434.373	1.414.060	1.442.209	1.582.501	1.631.929	1.594.210	1.830.215

a. Quelle: Kreisdaten des Mineralölwirtschaftsverbandes.
b. Die Kreise sind mit ihren Kraftfahrzeug-Kennzeichen abgekürzt.

(Fortsetzung Tab. A49) Dieselabsatz nach Kreisen

	d 1981	d 1982	d 1983	d 1984	d 1985	d 1986	d 1987	d 1988	d 1990
Über-trag	1.348.498	1.441.025	1.434.373	1.414.060	1.442.209	1.582.501	1.631.929	1.594.210	1.830.215
DEL/S	5.282	8.044	4.551	3.951	4.911	5.667	5.228	7.202	5.777
EMD/S	27.261	29.793	25.038	22.670	19.312	15.975	14.395	12.312	12.124
OL	48.515	48.460	45.845	51.623	53.204	54.401	53.803	42.190	40.640
OS/S	92.807	102.057	104.952	101.198	105.783	116.221	101.819	93.591	105.021
WHV/S	21.763	22.867	19.287	16.333	17.340	14.670	11.646	13.526	16.912
WST	15.233	13.474	16.318	16.184	13.625	13.436	11.619	13.961	12.294
AUR	23.042	26.570	23.672	25.423	25.989	23.845	24.479	28.913	28.767
CLP	10.231	7.720	7.719	8.003	14.853	17.118	12.042	13.726	13.723
EL	83.793	88.437	98.928	103.263	108.007	113.882	110.110	120.752	124.342
FRI	15.716	10.385	10.033	9.156	10.590	8.263	7.773	9.241	10.849
BEN	23.882	25.211	20.962	21.146	18.898	21.813	23.181	21.202	27.465
LER	29.078	33.494	29.358	32.560	26.962	29.554	33.840	32.134	39.583
OLD	16.799	16.832	16.846	16.436	16.989	15.547	16.540	16.763	21.810
OS/L	42.797	44.860	44.124	40.408	54.199	63.552	65.899	67.334	71.220
VE	33.728	36.175	34.006	37.181	42.793	40.894	42.875	53.767	63.269
BRA	10.121	5.895	8.895	5.096	4.777	6.412	7.292	13.489	14.861
WTM	2.349	4.411	3.874	5.055	4.314	3.301	3.465	3.718	4.166
RB WE	502.397	524.685	514.408	515.686	542.546	564.551	546.006	563.821	612.823
NS	1.332.359	1.434.702	1.419.305	1.418.323	1.470.667	1.583.481	1.582.603	1.562.923	1.763.370
D	67.098	72.173	66.425	76.403	66.569	81.077	87.967	86.911	208.388
DU	204.409	194.456	173.001	153.136	158.169	140.284	127.823	153.250	141.811
E	81.514	86.221	76.291	86.580	96.427	108.448	109.227	119.908	75.128
KR	32.755	31.022	30.623	31.875	34.632	34.379	34.157	32.937	32.845
MG	22.784	25.536	26.688	28.432	30.154	34.117	35.985	39.241	36.801
MH	10.363	10.224	9.931	16.385	24.126	30.896	28.740	25.352	32.695
OB	26.646	28.076	23.589	18.664	16.610	17.556	18.375	18.877	17.644
RS	10.697	11.804	10.943	10.881	14.585	11.777	9.622	12.201	12.806
SG	12.895	10.954	11.797	13.984	15.978	21.455	15.606	22.773	19.371
W	51.514	46.714	33.943	28.119	33.325	32.625	37.140	34.087	34.376
KLE	35.616	24.824	23.038	22.542	21.602	15.881	16.281	17.077	18.426
ME	59.893	54.810	54.718	57.098	58.046	55.980	53.872	61.032	46.212
NE	50.153	57.248	65.385	63.952	72.717	72.763	80.660	86.055	75.935
VIE	17.617	17.517	21.451	23.052	19.273	22.370	26.338	29.121	30.302
WES	55.672	71.911	50.688	44.025	46.364	51.502	54.768	55.465	58.886
RB D	739.626	743.490	678.511	675.128	708.577	731.110	736.561	794.287	841.626
AC/S	37.129	44.996	52.467	37.526	39.431	41.050	45.445	43.232	33.673
BN	37.957	25.692	30.072	29.873	25.462	29.752	30.739	39.841	39.489
K	152.923	181.564	161.829	159.639	170.830	204.138	199.580	189.114	258.780
LEV	7.327	6.258	5.726	7.314	10.002	10.228	9.538	10.038	14.615
AC/L	31.483	27.709	21.775	21.205	29.829	25.715	31.961	30.656	35.121
DN	27.748	18.991	28.630	33.690	35.442	38.396	37.502	39.185	44.063
BM	30.343	32.101	30.643	29.219	32.288	35.756	37.824	45.282	57.269
EU	32.039	27.943	28.047	26.354	23.024	23.556	24.811	30.585	10.840
HS	17.548	17.030	16.535	16.806	20.843	17.477	18.959	20.489	23.555
GM	19.171	12.700	18.334	19.907	26.258	29.435	19.872	22.908	25.978
GL	29.219	29.311	23.178	20.930	26.928	21.139	21.347	22.422	26.454
SU	19.418	19.969	20.882	25.477	28.745	32.054	37.833	41.810	49.212
RB K	442.305	444.264	438.118	427.940	469.082	508.696	515.411	535.562	619.049
BOT	6.705	5.964	6.053	4.315	6.263	5.989	7.988	8.293	8.251
GE	35.746	30.408	26.543	21.902	25.449	37.902	20.711	17.045	24.582
MS	137.714	143.777	144.769	147.005	144.144	115.287	100.539	161.206	139.066
BOR	41.896	46.194	51.348	57.036	55.662	64.160	64.195	62.856	64.929
COE	11.966	11.110	9.622	10.038	14.506	17.104	16.566	17.532	18.786
RE	60.792	60.215	58.417	57.617	54.555	58.837	72.246	78.519	87.475
ST	48.507	51.654	53.429	62.256	67.417	68.301	75.644	85.843	83.526
WAF	26.018	26.559	28.907	26.484	27.609	31.661	30.137	32.593	32.522
RB MS	369.344	375.881	379.088	386.653	395.605	399.241	388.026	463.887	459.137
ZwSum	3.402.170	3.529.345	3.444.498	3.419.467	3.558.019	3.786.099	3.817.933	3.951.767	4.362.850

(Fortsetzung Tab. A49) Dieselabsatz nach Kreisen

	d 1981	d 1982	d 1983	d 1984	d 1985	d 1986	d 1987	d 1988	d 1990
Über-trag	3.402.170	3.529.345	3.444.498	3.419.467	3.558.019	3.786.099	3.817.933	3.951.767	4.362.850
BI	80.099	87.099	85.807	96.583	89.850	107.195	104.709	106.730	81.045
GT	33.064	31.576	32.180	33.952	32.494	34.718	41.917	45.230	50.152
HF	31.462	34.502	34.145	31.725	49.117	49.519	49.578	49.226	53.548
HX	20.995	26.874	20.226	29.867	28.701	38.687	37.918	45.954	53.840
LIPPE	27.365	26.813	25.734	26.276	33.084	34.784	37.172	37.881	32.745
MI	51.585	51.274	53.708	59.392	64.951	66.168	61.910	59.598	52.941
PB	30.287	26.326	28.794	31.234	36.968	40.483	38.690	42.734	46.003
RB DT	274.857	284.464	280.594	309.029	335.165	371.554	371.894	387.353	370.274
BO	43.784	31.869	30.930	47.020	54.392	52.535	55.316	58.389	69.275
DO	76.613	82.292	83.196	100.038	115.769	120.522	122.892	117.121	126.200
HA	40.926	43.858	43.102	49.328	60.036	56.439	52.954	52.684	55.144
HAM	43.598	39.473	44.194	38.885	38.285	42.337	40.479	38.749	28.784
HER	13.705	14.713	12.690	11.270	11.510	11.200	11.761	11.761	11.096
EN	28.892	29.292	26.105	25.097	36.277	39.088	36.733	36.545	47.813
HSK	46.761	46.662	45.618	63.462	61.472	63.904	58.106	60.792	65.174
MK	46.183	43.756	51.642	51.841	52.290	56.779	54.885	67.873	55.019
OL	11.018	10.605	11.401	9.417	10.324	10.464	10.788	20.130	14.743
SI	46.164	42.073	43.910	44.117	47.675	53.287	44.401	53.090	51.173
SO	53.885	53.052	52.627	50.731	55.210	60.027	50.347	61.912	55.078
UN	23.315	22.850	22.846	23.621	25.024	29.945	30.587	31.027	37.415
RB A	474.844	460.495	468.261	514.827	568.264	596.527	569.249	610.073	616.914
NRW	2.300.976	2.308.594	2.244.572	2.313.577	2.476.693	2.607.128	2.581.141	2.791.162	2.907.000
KO	49.402	36.231	39.241	38.274	43.977	40.410	36.100	35.250	30.315
AW	17.193	19.997	21.503	20.092	21.343	23.534	24.130	24.901	29.798
AK	47.803	52.037	49.192	40.443	37.978	39.158	38.754	33.096	40.268
KRZ	17.907	18.667	14.438	13.624	16.155	15.785	15.336	14.475	18.662
BIR	11.779	10.874	11.896	12.036	13.414	14.104	12.160	11.180	7.575
COC	7.439	6.227	6.599	6.227	7.205	6.749	8.026	9.241	8.824
MYK	39.601	38.248	34.197	39.345	37.360	36.003	33.633	42.938	39.888
NW	27.584	23.348	28.494	28.161	30.395	32.153	26.529	27.775	32.138
SIM	12.072	12.320	13.947	15.300	12.904	13.028	14.181	15.068	12.886
EMS	13.482	10.650	10.489	10.353	9.385	11.086	17.853	15.737	21.889
WW	23.325	24.352	19.901	20.000	25.076	29.725	20.463	30.824	35.961
RB KO	267.587	252.951	249.927	243.885	255.492	261.735	256.155	260.485	278.204
TR/S	38.258	39.738	35.529	30.244	25.952	28.458	37.014	32.465	34.793
WIL	10.028	7.458	6.060	5.805	8.058	9.391	8.389	9.373	10.288
BIT	3.706	2.621	3.163	3.076	3.827	3.366	2.845	4.143	4.856
DAU	12.384	12.163	13.026	10.559	11.949	11.778	13.025	10.370	10.486
TR/L	6.467	4.829	3.755	2.703	4.342	7.347	9.516	12.142	12.032
RB TR	70.843	66.809	61.533	52.387	54.128	60.340	70.789	68.493	72.455
FT	5.306	5.674	5.990	6.423	7.641	7.343	7.195	5.595	4.409
KL/S	20.938	21.723	25.293	31.771	21.633	22.317	20.644	26.707	21.583
LD	20.157	23.475	24.297	22.099	18.626	25.249	21.679	23.285	23.467
LU/S	24.445	28.899	31.143	35.284	36.287	42.262	41.599	40.297	25.753
MZ	34.652	28.571	29.357	32.771	31.721	38.985	35.895	38.499	52.130
NW	13.539	13.127	10.355	7.466	4.002	3.825	3.820	4.466	5.555
PI/S	2.478	7.107	4.497	6.848	9.363	8.595	8.023	3.408	2.724
SP	2.873	2.913	2.768	2.394	2.658	3.583	3.956	4.166	4.163
WO	20.779	24.224	26.837	26.179	30.187	31.049	30.936	37.134	33.605
ZW	3.092	3.782	1.726	1.436	3.166	2.490	2.422	2.455	1.743
ZwSum	4.638.560	4.753.559	4.667.076	4.712.266	4.936.352	5.261.953	5.262.189	5.464.183	5.875.829

(Fortsetzung Tab. A49) Dieselabsatz nach Kreisen

	d 1981	d 1982	d 1983	d 1984	d 1985	d 1986	d 1987	d 1988	d 1990
Übert.	4.638.560	4.753.559	4.667.076	4.712.266	4.936.352	5.261.953	5.262.189	5.464.183	5.875.829
	2.775	8.383	4.444	7.030	9.801	10.344	9.498	8.594	7.814
DÜW	3.840	4.791	10.813	12.423	13.030	11.829	8.717	10.055	10.037
KIB	4.133	4.788	4.638	6.370	9.990	12.431	9.364	10.665	6.863
GER	10.905	11.202	11.741	8.614	9.721	9.390	9.955	12.828	7.311
KL/L	7.375	7.357	9.389	9.457	16.881	20.427	18.350	18.819	16.286
KUS	4.353	5.582	6.162	6.294	7.569	8.142	6.118	7.746	6.314
LU/L	9.428	4.536	5.418	5.058	4.845	6.177	7.300	7.412	7.795
SÜW	7.457	6.732	6.363	6.412	6.052	6.567	9.015	9.317	5.591
BIN	16.305	15.323	15.966	17.759	19.437	26.627	24.347	20.470	18.726
PI/L	7.271	2.003	8.538	5.722	6.335	4.805	4.994	5.054	5.555
RB RPF	222.101	230.192	245.735	257.810	268.945	302.437	283.827	296.972	267.424
RLP	560.531	549.952	557.195	554.082	578.565	624.512	610.771	625.950	618.083
SB	51.617	45.734	48.539	46.705	64.695	67.314	77.623	71.327	60.444
MZG	7.827	6.649	6.164	5.548	5.141	5.319	5.189	4.506	5.404
NK	9.156	5.871	6.315	6.816	7.188	8.697	11.766	12.209	12.164
SLS	17.000	11.509	13.982	12.199	15.457	14.377	15.973	14.600	13.224
HOM	19.927	14.868	15.484	15.973	17.328	19.461	19.008	18.736	17.901
WND	6.519	10.832	11.776	8.292	10.828	11.066	11.273	10.092	7.697
SAAR	112.046	95.463	102.260	95.533	120.637	126.234	140.832	131.470	116.834
S	128.870	138.660	145.830	167.912	159.601	161.441	144.846	150.229	160.867
BB	36.149	34.341	36.522	38.925	46.286	49.093	57.999	55.837	61.917
ES	34.929	31.157	35.957	38.035	40.812	54.585	53.958	57.740	59.219
GP	52.294	47.744	46.345	51.253	81.389	54.453	50.542	55.541	49.284
LB	44.418	47.791	55.792	57.024	53.626	56.662	61.093	61.608	56.838
BK	22.784	18.691	17.552	17.230	21.652	26.097	23.796	24.398	26.390
HN/S	54.882	57.509	55.397	50.397	46.759	46.682	59.723	47.115	52.863
HN/L	13.437	12.171	12.797	18.233	25.153	39.645	32.439	32.660	37.820
KUN	14.598	13.846	12.224	12.910	14.607	16.271	14.196	18.372	21.911
SHA	33.233	35.542	38.970	36.159	39.023	39.515	37.676	38.139	55.546
FH	20.163	22.141	20.478	23.703	28.147	22.741	23.692	24.963	31.412
HDH	30.766	35.492	32.338	31.961	19.619	20.593	21.506	23.998	25.254
AA	21.618	21.872	21.433	22.023	21.851	23.367	21.678	31.001	35.811
RB S	508.141	516.957	531.635	565.765	598.525	611.145	603.144	621.601	675.132
BAD	2.890	4.425	2.388	2.203	3.101	2.921	3.483	4.109	7.118
KA/S	82.676	71.979	63.266	74.012	58.212	63.309	43.758	51.914	83.563
KA/L	42.412	48.208	56.677	57.181	63.314	78.862	81.702	71.033	87.008
RA	33.469	29.091	25.721	28.894	44.603	57.341	45.692	31.614	19.008
HD/S	11.149	11.528	12.204	12.586	12.453	13.419	14.085	14.943	10.426
MA	102.669	88.092	97.544	132.750	102.518	91.701	79.217	77.931	200.047
MOS	20.314	20.256	21.839	21.023	23.748	21.743	21.989	19.837	14.251
HD/S	57.331	58.245	41.613	47.168	48.685	63.638	73.145	73.199	72.736
PF/S	18.481	19.096	19.479	20.285	26.769	25.813	24.204	24.389	14.080
LW	14.033	13.552	13.642	13.884	16.281	20.949	20.360	24.233	23.323
PF/L	10.143	9.224	7.262	6.564	8.562	8.110	7.441	8.541	7.560
FDS	14.824	17.377	18.316	13.242	17.652	19.268	17.174	15.208	17.711
RB KA	410.391	391.073	379.951	429.792	425.898	467.074	432.250	416.951	556.831
FR/S	49.885	54.128	61.640	49.910	56.938	75.654	85.303	83.357	65.120
FR/L	21.740	18.075	17.172	17.831	20.519	23.959	28.852	30.057	31.950
EM	3.763	3.577	4.366	5.005	9.957	8.351	8.209	8.970	7.150
OG	56.955	59.501	60.268	68.667	70.608	81.510	94.621	105.325	100.490
RW	24.415	21.915	22.471	23.492	21.148	30.359	26.216	25.116	29.423
RW	35.540	36.301	37.586	33.950	42.225	40.393	42.747	49.963	48.313
TUT	11.783	10.235	9.603	6.566	13.077	14.376	16.242	12.397	6.629
KN	48.234	52.569	47.678	43.212	46.403	52.378	53.630	53.079	45.569
LÖ	21.302	21.819	24.353	28.077	32.767	36.575	25.112	28.776	24.079
WT	22.861	22.598	21.783	17.044	23.040	24.265	25.248	25.855	23.035
RB FR	296.478	300.718	306.920	293.754	336.682	387.820	406.180	422.895	381.758
ZwSum	5.927.602	6.033.194	5.969.244	6.086.906	6.401.308	6.844.921	6.811.611	7.036.780	7.582.032

(Fortsetzung Tab. A49) Dieselabsatz nach Kreisen

	d 1981	d 1982	d 1983	d 1984	d 1985	d 1986	d 1987	d 1988	d 1990
Übert.	5.927.602	6.033.194	5.969.244	6.086.906	6.401.308	6.844.921	6.811.611	7.036.780	7.582.032
RT	33.523	32.432	35.229	34.751	33.913	36.291	33.722	34.509	35.803
TÜ	7.907	8.170	10.059	10.098	10.899	11.958	11.620	11.742	10.443
BL	18.808	18.271	18.671	19.907	23.669	26.572	27.133	21.616	18.891
U/S	43.958	43.213	44.224	49.966	44.767	50.171	49.403	46.728	34.789
U/L	12.238	15.068	16.198	15.516	14.343	19.177	20.256	20.891	23.884
BC	22.721	22.669	22.263	21.175	21.191	24.138	25.589	26.667	31.097
FN	13.664	16.109	16.812	17.972	23.710	21.965	20.408	16.903	15.890
RV	34.146	37.832	43.321	43.817	46.113	48.501	46.995	50.497	48.583
SIG	13.109	14.468	12.910	10.492	9.379	12.021	13.816	16.320	18.570
RB TÜ	200.074	208.232	219.687	223.694	227.984	250.794	248.942	245.873	237.950
BW	1.415.084	1.416.980	1.438.193	1.513.005	1.589.089	1.716.833	1.690.516	1.707.320	1.851.671
IN	30.018	33.079	36.498	33.265	35.621	38.483	35.988	41.582	33.199
M/S	246.059	207.599	232.563	246.390	273.712	295.587	264.224	262.781	421.780
RO/S	17.078	15.981	12.367	13.148	12.397	15.258	14.904	13.622	11.324
AÖ	6.672	6.024	5.747	4.043	5.227	7.003	7.378	8.524	5.295
BGL	19.054	17.220	14.801	16.150	12.196	14.964	16.528	18.082	19.288
TÖL	3.987	4.464	4.501	4.478	4.108	5.086	6.896	7.396	7.747
DAH	11.159	12.412	12.816	12.644	13.014	13.391	14.216	13.727	13.757
EBE	12.991	14.289	10.694	9.138	6.282	7.719	7.252	7.231	7.162
EI	11.503	11.866	11.272	9.409	11.264	10.747	10.268	11.135	18.119
ED	13.740	12.793	11.888	10.380	10.139	13.259	13.685	15.644	8.881
FS	10.521	10.714	10.603	9.534	9.787	11.861	13.345	14.487	11.400
FFB	7.482	8.538	9.098	8.916	9.545	10.416	10.643	10.815	36.855
GAP	15.217	14.673	19.904	24.435	22.557	18.993	19.849	19.886	19.752
LL	9.770	10.450	10.025	11.231	11.840	12.407	14.501	14.059	13.139
MB	13.953	13.837	14.719	16.693	20.239	23.136	25.031	26.806	29.905
MÜ	29.714	31.018	26.897	23.568	23.374	26.362	33.820	24.781	23.057
M/L	34.677	41.635	46.493	48.306	49.877	66.753	74.118	52.838	40.328
ND	16.590	15.822	14.722	14.130	16.397	16.228	12.940	13.038	11.188
PAF	25.122	19.862	16.385	16.413	16.923	20.064	19.038	21.083	24.727
RO/L	36.089	37.282	48.263	34.329	67.286	76.903	80.244	77.680	77.581
STA	10.598	11.187	10.960	10.899	10.692	13.009	13.254	19.809	9.452
TS	28.284	27.935	27.738	25.654	32.288	38.280	40.053	33.515	39.228
WM	10.028	9.968	9.436	8.096	8.514	8.873	8.963	9.632	13.701
RB O	620.306	588.648	618.390	611.249	683.279	764.782	757.138	738.153	896.865
A/S	52.670	53.542	60.545	60.421	54.972	71.199	60.384	43.873	32.397
KF	15.524	17.365	14.364	17.094	6.263	7.635	6.784	7.565	5.891
KE	39.056	40.827	33.755	25.594	27.089	35.509	37.469	36.199	32.677
MM	23.852	26.631	27.443	21.901	17.384	18.488	20.116	17.707	17.913
AIC	6.581	8.187	10.559	9.707	9.392	13.844	11.519	13.887	15.507
A/L	28.102	34.046	29.667	31.321	41.118	33.034	26.448	40.897	37.523
DLG	7.556	7.419	7.784	8.069	10.913	14.696	13.833	13.914	4.617
GZ	22.995	21.318	21.338	22.251	31.861	34.060	31.379	32.294	24.490
NU	11.818	8.778	13.786	12.424	16.537	19.391	13.898	11.675	12.045
LI	17.336	18.318	16.459	13.509	17.449	17.918	19.118	33.438	20.486
OAL	10.064	9.770	10.439	12.023	21.131	23.641	22.262	22.568	24.574
MN	12.208	11.287	11.124	11.247	10.564	11.286	9.812	10.093	12.101
DON	36.115	38.155	39.123	35.664	33.932	33.012	29.139	27.867	28.046
OA	10.135	10.913	13.135	15.627	12.177	12.132	14.859	12.835	13.289
RB SW	294.012	306.556	309.521	296.852	310.782	345.845	317.020	324.812	281.556
BAY	2.055.359	2.112.492	2.165.732	2.118.062	2.248.090	2.432.535	2.342.045	2.313.767	2.489.154
BRDeu	10.027.729	10.142.445	10.123.957	10.400.681	10.842.524	11.497.570	11.613.925	11.642.291	12.770.301

3. Kraftfahrzeugbestand auf Kreisebene (1984-90)

3.1 Bestand an Benzin-Pkw

Tabelle A50: Bestand an Benzin-Pkw nach Kreisen (jeweils zum 1. Juli 1984-85)[a]

	b 84[b]	b 85	b 86	b 87	b 88	b 89	b 90
Flensburg	24.933	24.910	24.935	25.075	26.136	27.231	28.756
Kiel	77.734	78.543	78.749	78.294	79.762	82.557	86.096
Lübeck	68.802	69.208	69.073	69.625	70.742	72.640	75.482
Neumünster	28.203	28.493	28.395	28.882	29.152	30.528	31.080
Dithmarschen	46.790	46.834	47.572	45.961	47.049	48.220	50.108
Hztm Lauenburg	59.832	60.188	60.797	60.547	62.438	64.496	68.295
Nordfriesland	53.551	53.673	53.736	54.288	55.773	57.267	59.336
Ostholstein	67.105	67.867	68.046	69.848	70.864	73.512	76.205
Pinneberg	98.525	100.208	101.791	104.214	107.340	111.004	114.833
Plön	42.496	42.676	43.099	43.532	44.702	46.703	47.349
Rendsburg-Eckernf.	88.515	88.741	89.356	90.750	92.275	95.324	98.137
Schleswig-Flensburg	59.900	61.159	59.818	60.575	62.120	64.453	67.529
Segeberg	88.357	89.933	92.545	94.211	97.357	101.441	104.641
Steinburg	46.073	46.227	46.859	49.865	49.310	49.932	51.818
Stormarn	76.770	77.621	82.960	82.168	85.633	88.458	92.450
Schleswig-Holstein	927.586	936.281	947.731	957.835	980.653	1.013.766	1.052.115
Braunschweig	90.969	90.938	92.124	94.569	100.537	102.216	105.969
Salzgitter	43.441	43.371	43.235	44.350	45.382	46.095	49.082
Wolfsburg	51.358	49.646	48.465	51.460	55.641	65.252	62.475
Gifhorn	48.232	47.874	47.456	50.019	54.344	56.679	60.067
Göttingen	89.409	91.228	91.318	93.326	93.902	95.824	99.533
Goslar	56.543	57.062	57.345	61.049	59.648	61.153	64.581
Helmstedt	34.567	34.657	34.315	35.828	37.834	39.637	41.439
Northeim	56.046	56.655	57.160	57.802	59.214	61.079	66.733
Osterode	33.055	33.123	34.791	35.028	35.052	35.882	38.006
Peine	45.173	45.651	46.259	47.322	48.372	50.507	52.233
Wolfenbüttel	44.146	44.572	45.555	46.849	47.950	51.602	52.412
RB Braunschweig	592.939	594.777	598.023	617.602	637.876	665.926	692.530
Hannover/S	165.943	166.972	165.268	165.485	170.531	174.945	180.447
Diepholz	77.416	78.082	74.713	76.695	78.563	80.630	83.188
Hameln-Pyrmont	45.782	45.455	61.220	62.410	64.926	63.869	65.074
Hannover/L	218.914	222.040	215.189	224.312	234.880	238.267	249.213
Hildesheim	108.014	110.546	106.225	105.015	108.060	111.975	113.323
Holzminden	29.564	29.672	31.778	33.703	33.027	32.819	34.208
Nienburg (Weser)	43.734	43.482	46.340	46.578	47.579	49.371	50.526
Schaumburg	5.012	1.124	68.981	67.432	69.314	73.773	76.975
RB Hannover	745.982	753.386	769.714	781.630	806.880	825.649	852.954
Celle	63.159	63.375	64.287	64.806	66.563	68.279	70.122
Cuxhaven	72.370	73.774	74.693	75.128	77.243	77.276	78.875
Harburg	78.554	79.296	81.078	84.022	86.628	91.235	94.551
Lüchow-Dannenberg	18.053	18.121	18.382	18.755	19.143	19.845	20.646
Lüneburg	48.837	50.149	50.936	52.119	54.007	56.952	58.096
Osterholz	36.590	36.825	39.106	39.841	41.121	42.046	42.845
Rotenburg (a.d.W.)	54.556	54.845	55.565	56.804	59.443	60.054	61.775
Soltau-Fallingbostel	49.681	49.423	50.858	51.430	52.728	55.218	54.778
Stade	63.314	64.577	66.149	66.859	68.326	69.077	71.157
Ülzen	34.029	34.130	33.913	34.712	35.379	36.236	37.391
Verden	44.595	46.296	48.159	48.856	50.657	51.564	53.084
RB Lüneburg	563.738	570.811	583.126	593.332	611.238	627.782	643.320
Zwischensumme	2.830.245	2.855.255	2.898.594	2.950.399	3.036.647	3.133.123	3.240.919

a. Quelle: Statistische Mitteilungen des Kraftfahrtbundesamtes, Bestand an Kraftfahrzeugen und Kraftfahrzeuganhängern.
b. 1984 wird mit den Werten am 31.12. gezeigt.

(Fortsetzung Tab. 50) **Bestand an Benzin-Pkw nach Kreisen**

	b 84	b 85	b 86	b 87	b 88	b 89	b 90
Delmenhorst/S	26.644	26.887	27.219	28.077	28.965	28.033	31.218
Emden/S	14.784	14.703	14.720	15.194	15.574	16.200	17.266
Oldenburg (Oldenb.)/S	49.783	50.207	48.780	49.593	51.586	53.345	55.895
Osnabrück/S	55.981	56.141	58.607	58.041	58.152	59.490	61.934
Wilhelmshaven/S	30.977	31.047	31.120	31.596	32.804	33.973	33.729
Ammerland	36.105	35.935	36.208	36.991	37.722	39.322	39.737
Aurich	55.289	56.128	56.583	58.631	61.087	62.921	64.799
Cloppenburg	40.249	40.728	41.645	44.946	47.971	42.805	44.650
Emsland	85.298	85.758	87.207	87.705	88.786	90.935	94.197
Friesland	34.949	35.096	36.593	37.996	36.886	39.291	38.971
Grafschaft Bentheim	38.109	38.128	38.160	38.791	38.724	39.310	40.520
Leer	48.046	48.963	50.868	50.056	51.184	53.994	56.592
Oldenburg (Oldenb.)/L	39.034	39.571	39.130	39.412	40.793	42.528	44.826
Osnabrück/L	113.255	115.002	117.158	119.439	121.924	125.576	129.960
Vechta	36.859	37.894	39.301	41.083	42.102	44.993	44.020
Wesermarsch	31.331	31.575	31.913	32.748	33.556	34.350	35.376
Wittmund	17.812	17.974	18.232	18.761	19.571	20.072	20.757
RB Weser-Ems	754.505	761.737	773.444	789.060	807.387	827.138	854.447
Niedersachsen	2.657.164	2.680.711	2.724.307	2.781.624	2.863.381	2.946.495	3.043.251
Düsseldorf	224.813	222.455	224.269	224.470	228.312	236.448	243.355
Duisburg	178.400	178.756	177.378	179.832	184.969	199.417	204.067
Essen	224.982	226.519	228.516	229.123	234.920	238.711	243.129
Krefeld	85.223	85.546	86.547	88.346	89.633	90.703	93.224
Mönchengladbach	88.384	88.728	89.671	90.359	93.147	96.355	99.145
Mülheim an der Ruhr	71.194	71.620	70.784	74.564	76.038	78.152	77.690
Oberhausen	76.803	76.756	77.485	77.971	79.444	81.341	83.534
Remscheid	46.513	46.594	47.121	47.852	48.064	49.097	50.654
Solingen	62.107	62.874	65.100	64.369	65.377	66.960	68.603
Wuppertal	135.065	135.463	135.861	138.054	141.930	145.035	149.301
Kleve	89.014	89.802	89.032	90.238	89.857	91.136	93.828
Mettmann	188.433	190.987	196.871	198.782	204.561	209.893	216.951
Neuss	158.345	161.320	163.473	170.689	174.273	175.482	180.104
Viersen	97.580	98.234	99.544	102.033	102.646	105.288	108.353
Wesel	166.218	167.353	168.992	171.014	171.817	175.719	179.549
RB Düsseldorf	1.893.074	1.903.007	1.920.644	1.947.696	1.984.988	2.039.737	2.091.487
Aachen/S	77.361	77.746	78.382	78.627	79.698	81.105	84.084
Bonn	106.493	107.461	108.488	111.752	114.739	117.970	119.540
Köln	332.053	333.552	335.795	343.532	351.544	357.989	373.559
Leverkusen	63.994	64.416	65.889	67.117	67.991	68.322	69.497
Aachen/L	101.157	101.364	101.507	102.508	103.978	105.565	100.275
Düren	90.622	91.312	92.121	93.462	96.220	97.157	99.903
Erftkreis	160.293	161.359	165.727	166.937	172.095	176.883	181.861
Euskirchen	63.440	63.985	65.414	66.582	69.125	70.334	72.392
Heinsberg	75.875	75.803	75.655	76.161	78.176	78.830	81.268
Oberbergischer Kreis	101.421	101.762	105.356	108.380	111.280	115.995	121.039
Rh. Bergischer Kreis	106.846	108.041	110.184	114.732	119.598	120.214	122.931
Rhein-Sieg-Kreis	190.071	192.081	198.751	201.483	208.249	214.885	221.036
RB Köln	1.469.626	1.478.882	1.503.269	1.531.273	1.572.693	1.605.249	1.656.385
Bottrop	43.566	43.446	43.690	43.549	44.524	46.666	48.409
Gelsenkirchen/S	93.259	93.055	96.246	98.416	100.094	99.585	101.271
Münster	93.658	93.326	92.624	96.302	95.299	97.080	99.255
Borken	101.249	102.206	102.806	101.812	103.232	106.177	109.612
Coesfeld	63.731	63.847	64.786	65.501	67.207	69.382	72.154
Recklinghausen	231.581	233.413	236.203	239.535	246.814	251.693	258.347
Steinfurt	138.925	142.027	145.672	151.254	158.417	169.707	176.130
Warendorf	94.387	94.143	95.654	97.057	99.796	102.337	105.848
RB Münster	860.356	865.463	877.681	893.426	915.383	942.627	971.026
Zwischensumme	7.807.806	7.864.344	7.973.632	8.111.854	8.317.098	8.547.874	8.814.264

(Fortsetzung Tab. A50) Bestand an Benzin-Pkw nach Kreisen

	b 84	b 85	b 86	b 87	b 88	b 89	b 90
Übertrag	7.807.806	7.864.344	7.973.632	8.111.854	8.317.098	8.547.874	8.814.264
Bielefeld	116.169	116.612	117.850	119.100	123.847	135.650	132.217
Gütersloh	119.562	120.644	124.094	126.501	130.903	135.271	139.230
Herford	97.170	98.657	99.157	104.797	105.090	106.318	109.378
Höxter	50.398	51.336	52.161	53.440	54.731	56.262	58.626
Lippe	129.101	131.470	139.762	135.938	139.696	144.271	150.063
Mind.-Lübbecke	115.019	116.978	119.050	123.316	126.080	136.019	133.296
Paderborn	85.235	86.167	87.631	90.373	92.184	96.862	100.361
RB Detmold	712.654	721.864	739.705	753.465	772.531	810.653	823.171
Bochum	140.463	140.131	141.039	141.602	144.729	149.905	152.799
Dortmund	209.060	208.374	209.674	209.227	212.754	217.574	222.763
Hagen	77.208	77.492	78.357	80.161	81.471	86.882	85.424
Hamm	62.448	63.038	63.406	65.095	67.234	69.515	69.051
Herne	58.332	58.358	58.561	59.202	59.945	61.711	63.142
Ennepe-Ruhr-K.	136.975	139.324	139.727	144.025	151.151	150.574	151.372
Hochsauerlandk.	97.413	98.259	100.046	101.668	101.737	104.837	107.861
Märkischer Kreis	166.940	168.479	171.695	174.069	174.674	180.409	185.329
Olpe	45.442	46.093	47.304	50.843	55.120	52.211	53.146
Siegen-Wittgenst.	108.330	109.655	112.920	119.039	123.490	124.809	126.153
Soest	101.159	101.638	103.423	104.308	105.056	108.886	112.344
Unna	144.545	145.836	148.054	148.968	153.231	157.321	161.667
RB Arnsberg	1.348.315	1.356.677	1.374.206	1.398.207	1.430.592	1.464.634	1.491.051
NRW	6.284.025	6.325.893	6.415.505	6.524.067	6.676.187	6.862.900	7.033.120
Koblenz	44.477	44.994	45.165	45.304	46.761	48.463	48.221
Ahrweiler	44.339	44.545	45.792	47.010	48.500	49.988	51.154
Altenkirchen	47.971	48.561	49.823	51.606	53.543	53.793	55.649
Bad Kreuznach	56.800	58.278	59.513	60.111	61.988	63.915	65.946
Birkenfeld	37.386	36.608	39.373	40.129	39.671	39.381	39.950
Cochem-Zell	24.237	24.163	24.802	25.246	25.135	25.801	26.637
Mayen-Koblenz	74.491	75.697	76.652	77.317	78.977	81.180	84.042
Neuwied	65.542	67.315	69.392	68.439	70.517	72.272	74.108
Rhein-Hünsr.-Kr.	37.580	36.554	39.159	39.005	40.240	41.296	42.436
Rhein-Lahn-Kreis	46.651	47.363	48.465	48.971	50.259	52.155	53.986
Westerwaldkreis	72.495	74.904	77.676	75.691	78.667	81.600	82.400
RB Koblenz	551.969	558.982	575.812	578.829	594.258	609.844	624.529
Trier	32.149	31.811	31.491	31.365	31.937	32.577	33.693
Bernkastel-Wittl.	39.878	40.271	40.515	41.485	41.524	42.343	43.625
Bitburg-Prüm	30.473	30.583	30.703	31.075	31.017	31.950	33.086
Daun	22.455	23.149	23.905	23.272	23.459	24.027	25.028
Trier-Saarburg	43.324	43.261	43.598	43.375	44.061	45.156	46.778
RB Trier	168.279	169.075	170.212	170.572	171.998	176.053	182.210
Frankenthal	17.554	17.762	18.121	18.593	19.186	19.796	19.557
Kaiserslautern/S	38.813	39.530	40.010	39.678	40.594	41.378	42.491
Landau (Pfalz)	15.658	15.869	16.003	16.403	16.825	17.231	17.680
Ludwigshafen/S	60.904	61.183	62.767	63.294	64.901	66.434	68.303
Mainz	69.509	70.725	72.884	74.219	74.697	75.772	78.062
Neustadt/W.	21.386	21.552	21.707	22.506	23.169	23.831	24.633
Pirmasens/S	20.603	20.488	20.964	20.889	21.020	21.164	21.389
Speyer	18.043	18.222	18.856	18.960	19.502	20.228	20.927
Worms	28.658	29.050	29.704	30.583	31.572	32.407	33.100
Zweibrücken	13.430	13.500	14.212	13.993	14.266	14.582	15.050
Zwischensumme	10.893.581	10.978.823	11.148.795	11.332.045	11.612.209	11.941.881	12.276.417

(Fortsetzung Tab. A50) Bestand an Benzin-Pkw nach Kreisen

	b 84	b 85	b 86	b 87	b 88	b 89	b 90
Übertrag	10.893.581	10.978.823	11.148.795	11.332.045	11.612.209	11.941.881	12.276.417
Alzey-Worms	40.288	41.185	42.387	42.763	44.205	45.847	47.809
Bad Dürkheim	51.782	52.360	53.612	55.416	56.941	59.297	59.504
Donnersbergkreis	26.904	27.367	27.941	28.458	29.477	29.916	31.492
Germersheim	40.939	41.724	42.357	45.208	45.664	47.295	48.117
Kaiserslautern/L	40.400	39.667	40.489	40.849	41.911	42.843	44.775
Kusel	29.555	29.906	30.406	31.259	31.799	32.797	33.850
Ludwigshafen/L	58.467	58.469	59.861	59.921	62.036	63.106	64.369
Südl. Weinstraße	68.517	69.852	70.947	73.025	74.282	76.717	79.911
Mainz-Bingen	40.638	40.930	42.179	42.438	43.395	44.359	45.667
Pirmasens/L	39.739	40.141	41.294	42.005	42.902	44.096	45.630
RB Rheinhessen-Pfalz	741.787	749.482	766.701	780.460	798.344	819.096	842.316
Rheinland-Pfalz	1.462.035	1.477.539	1.512.725	1.529.861	1.564.600	1.604.993	1.649.055
Stadtv. Saarbrücken	140.695	141.857	143.157	143.065	145.093	153.263	154.292
Merzig-Wadern	37.644	37.974	38.401	39.600	41.823	44.385	44.269
Neunkirchen	60.643	61.955	61.788	62.336	63.624	68.506	69.733
Saarlouis	80.087	80.518	81.526	82.216	84.241	86.567	88.289
Saar-Pfalz Kreis	66.588	63.808	64.403	65.665	67.111	69.200	70.775
Sankt Wendel	31.415	35.208	35.654	36.366	37.472	37.758	39.397
Saarland	417.072	421.320	424.929	429.248	439.364	459.679	466.755
Stuttgart	209.072	213.732	214.446	214.242	219.585	226.650	233.799
Böblingen	125.221	125.587	127.498	129.353	134.372	140.953	146.729
Esslingen	187.607	189.163	192.277	196.451	202.180	209.272	217.938
Göppingen	89.456	90.208	93.015	94.775	97.606	100.982	105.178
Ludwigsburg	176.591	178.796	183.823	188.931	195.162	201.248	208.216
Rems-Murr-Kreis	140.988	145.689	145.933	149.311	154.675	159.522	165.451
Heilbronn/S	44.358	44.785	45.263	46.135	47.207	48.558	50.829
Heilbronn/L	103.220	103.932	106.985	109.922	113.932	118.350	123.178
Hohenlohekreis	34.876	35.311	36.469	37.459	38.846	40.693	42.787
Schwäbisch Hall	60.058	61.166	62.308	64.735	65.393	67.411	69.959
Main-Tauber-Kreis	46.629	46.883	47.771	48.752	50.146	51.786	54.545
Heidenheim	46.841	47.688	48.620	48.869	50.885	52.807	53.909
Ostalbkreis	105.255	106.781	109.176	113.040	116.472	119.648	124.895
RB Stuttgart	1.370.172	1.389.721	1.413.584	1.441.975	1.486.461	1.537.880	1.597.413
Baden-Baden	22.274	22.389	22.234	22.349	23.381	24.022	24.666
Karlsruhe/S	102.299	102.443	104.254	103.782	106.034	107.804	111.810
Karlsruhe/L	147.817	149.328	151.799	155.432	160.809	165.679	171.215
Rastatt	80.941	81.620	83.336	83.996	87.057	90.710	94.460
Heidelberg	47.112	47.228	48.247	49.030	49.859	50.939	52.577
Mannheim	109.933	109.534	115.522	125.259	128.389	119.754	122.344
Neckar-Odenwald-Kreis	49.417	49.693	50.643	51.423	52.820	54.434	56.324
Rhein-Neckar-Kreis	196.219	197.661	201.158	204.056	209.914	216.895	223.875
Pforzheim	39.632	39.879	39.934	41.198	42.151	43.714	45.244
Calw	51.359	52.252	55.114	53.163	54.895	57.894	58.591
Enzkreis	66.437	67.563	70.225	71.116	72.883	75.276	78.215
Freudenstadt	41.004	40.415	40.750	41.650	41.501	42.730	44.682
RB Karlsruhe	954.444	960.005	983.216	1.002.454	1.029.693	1.049.851	1.084.003
Freiburg	62.290	62.752	62.938	64.889	65.658	67.934	68.669
Brg.-Hochschwarzw.	84.173	85.928	87.740	93.133	93.724	97.205	99.449
Emmendingen	51.160	51.729	52.824	54.354	55.912	58.926	60.412
Ortenaukreis	140.635	141.503	144.969	148.310	152.899	157.720	164.083
Rottweil	49.186	49.887	51.012	53.162	53.904	55.063	56.203
Schwarz.-Baar-Kr.	77.144	78.058	80.318	81.076	81.715	84.614	88.714
Tuttlingen	42.427	43.118	44.308	44.797	46.215	48.691	50.464
Konstanz	89.716	91.011	91.492	93.854	96.731	99.882	103.919
Lörrach	74.931	75.489	76.994	79.714	81.234	83.976	87.078
Waldshut	57.718	58.326	61.275	61.321	62.813	65.080	68.476
RB Freiburg	729.380	737.801	753.870	774.610	790.805	819.091	847.467
Zwischensumme	14.801.878	14.929.271	15.175.867	15.441.674	15.831.144	16.294.655	16.773.179

(Fortsetzung Tab. A50) Bestand an Benzin-Pkw nach Kreisen

	b 84	b 85	b 86	b 87	b 88	b 89	b 90
Übertrag	14.801.878	14.929.271	15.175.867	15.441.674	15.831.144	16.294.655	16.773.179
Reutlingen	93.505	95.705	99.032	100.470	103.348	106.909	111.324
Tübingen	62.444	63.293	64.342	67.813	68.894	71.721	74.352
Zollernalbkreis	72.358	73.409	75.148	75.810	78.054	79.232	81.045
Ulm	36.860	36.990	37.799	38.802	40.310	42.455	44.411
Alb-Donau-Kreis	58.985	60.167	62.086	65.670	65.471	67.141	70.833
Biberach	57.760	58.365	59.932	62.035	63.689	65.849	68.547
Bodenseekreis	70.504	71.119	72.979	75.195	77.505	78.463	81.648
Ravensburg	89.515	90.136	91.424	93.430	96.991	101.900	104.223
Sigmaringen	43.821	44.163	44.831	45.975	47.443	48.916	51.558
RB Tübingen	585.752	593.347	607.573	625.200	641.705	662.586	687.941
Baden-Württembg	3.639.748	3.680.874	3.758.243	3.844.239	3.948.664	4.069.408	4.216.824
Ingolstadt	42.927	43.975	43.916	45.086	46.238	48.266	47.433
München/S	462.043	470.326	481.023	484.975	501.944	517.755	528.513
Rosenheim	19.600	20.098	20.524	20.745	21.400	21.822	22.469
Altötting	37.264	37.865	38.385	39.235	40.758	41.831	43.194
Berchtesgad. Land	41.844	36.257	36.882	37.556	45.284	46.356	47.695
Bd-Tölz Wolfratsh	37.143	43.783	43.542	43.570	39.525	39.939	40.873
Dachau	40.475	41.684	41.307	42.968	44.535	46.253	48.096
Ebersberg	38.252	38.406	38.871	40.663	41.798	43.490	44.826
Eichstätt	35.468	35.877	36.888	38.756	41.062	42.264	44.068
Erding	33.911	34.155	34.698	35.760	36.895	38.391	40.136
Freising	45.710	46.510	48.491	49.864	51.396	54.303	56.132
Fürstenfeldbruck	67.380	68.563	69.912	72.015	77.307	80.116	82.042
Garmisch-Partenk	31.762	32.057	32.929	33.459	34.368	35.035	36.013
Landsberg a.Lech	33.418	34.897	36.214	37.331	37.489	39.132	40.512
Miesbach	25.208	35.615	36.574	37.333	38.245	39.505	40.622
Mühldorf a.Inn	35.553	35.972	37.002	37.408	38.213	39.743	41.541
München/L	108.356	110.998	113.942	115.029	119.020	123.748	128.000
Neuburg-Schrob.	28.722	28.960	29.734	31.165	32.672	33.825	35.154
Pfaffenhofen adI	34.242	35.449	36.078	37.443	39.079	39.672	41.192
Rosenheim	74.883	75.906	77.262	79.898	82.004	85.507	88.854
Starnberg	47.083	47.939	48.914	50.753	52.616	54.073	55.257
Traunstein	58.508	58.872	60.215	61.428	62.503	64.063	66.120
Weilh.-Schongau	43.408	43.916	44.822	46.002	47.410	48.904	50.248
RB Oberbayern	1.423.160	1.458.080	1.488.125	1.518.442	1.571.761	1.623.993	1.668.990
Augsburg	86.244	87.971	89.230	91.627	93.830	97.486	99.742
Kaufbeuren	15.580	15.738	15.825	16.041	16.489	17.017	17.315
Kempten (Allgäu)	22.907	23.240	23.511	24.485	24.271	25.436	26.426
Memmingen	15.146	15.380	15.920	15.675	15.827	16.197	16.862
Aichach-Friedberg	39.355	40.052	41.477	42.879	44.088	45.279	47.115
Augsburg	74.497	76.301	78.911	81.120	81.916	84.811	89.000
Dillingen a.d.D.	29.188	29.685	30.524	31.578	32.615	33.784	34.851
Günzburg	40.635	40.962	42.346	43.130	44.319	45.872	47.629
Neu-Ulm	55.564	56.168	57.589	59.555	60.472	62.604	65.263
Lindau (Bodensee)	28.217	28.566	28.917	29.261	30.212	31.054	32.256
Ostallgäu	45.486	46.091	47.704	49.085	49.976	50.519	52.561
Unterallgäu	45.098	45.969	47.040	48.110	49.616	51.209	52.111
Donau-Ries	43.449	43.883	45.121	46.206	47.796	49.745	50.785
Oberallgäu	51.387	52.055	53.310	55.234	56.365	58.547	60.083
RB Schwaben	592.753	602.061	617.425	633.986	647.792	669.560	691.999
Bayern	4.223.091	4.291.257	4.398.708	4.511.644	4.643.392	4.791.354	4.940.529
Kreisfreie Städte	7.706.968	7.768.123	7.862.443	7.981.433	8.157.657	8.385.402	8.618.481
Landkreise	15.527.213	15.726.876	16.081.743	16.421.973	16.867.087	17.365.419	17.942.233
BR Deutschland	23.234.181	23.494.999	23.944.186	24.403.406	25.024.744	25.750.821	26.560.714

3.2 Bestand an Diesel-Pkw

Tab. A51: Bestand an Diesel-Pkw nach Kreisen (jeweils zum 1. Juli 1984-90)[a]

	d 84[b]	d 85	d 86	d 87	d 88	d 89	d 90
Flensburg	5.636	6.042	7.137	7.634	7.783	7.566	7.391
Kiel	8.206	8.936	11.246	13.022	14.160	14.612	15.097
Lübeck	5.436	5.888	7.316	8.853	9.698	10.398	10.924
Neumünster	2.776	3.003	3.626	4.337	4.789	5.149	5.206
Dithmarschen	7.751	8.137	9.565	10.450	11.304	11.859	12.333
Herzogtum Lauenburg	6.175	6.701	8.562	9.830	10.860	11.474	12.280
Nordfriesland	11.041	11.741	13.517	14.935	15.872	16.128	16.181
Ostholstein	7.731	8.451	10.540	12.515	13.693	14.193	14.698
Pinneberg	9.194	10.006	12.054	14.262	15.728	16.456	16.815
Plön	5.942	6.382	7.671	9.094	10.009	10.558	10.925
Rendsburg-Eckernförde	13.144	14.172	17.302	20.338	22.158	23.208	23.854
Schleswig-Flensburg	14.525	15.755	18.387	19.965	20.723	20.726	20.815
Segeberg	10.630	11.287	13.826	15.770	17.300	18.062	18.699
Steinburg	5.698	6.139	7.447	8.845	9.721	10.246	10.592
Stormarn	7.504	8.156	10.608	12.042	13.048	13.522	13.977
Schleswig-Holstein	121.389	130.796	158.804	181.892	196.846	204.157	209.787
Braunschweig	6.810	7.792	10.255	11.922	12.479	12.312	12.965
Salzgitter	2.743	3.107	4.134	4.942	5.266	5.356	5.543
Wolfsburg	6.249	8.247	12.125	12.364	9.388	7.823	8.836
Gifhorn	6.137	7.361	10.228	11.113	9.982	9.237	10.063
Göttingen	7.227	8.013	10.471	12.650	13.895	14.246	14.508
Goslar	4.601	5.124	6.534	7.925	8.600	8.800	9.129
Helmstedt	3.692	4.449	6.067	6.785	6.166	5.769	6.171
Northeim	4.525	5.009	6.791	7.883	8.494	8.722	8.819
Osterode	2.256	2.591	3.687	4.422	4.752	4.861	5.013
Peine	3.749	4.143	5.216	6.150	6.588	6.640	6.991
Wolfenbüttel	3.820	4.219	5.421	6.403	6.679	6.940	7.045
RB Braunschweig	51.809	60.055	80.929	92.559	92.289	90.706	95.083
Hannover/S	12.303	13.303	16.755	19.561	21.673	22.174	22.622
Diepholz	8.613	9.219	10.962	13.062	14.587	15.269	15.763
Hameln-Pyrmont	4.845	5.241	6.651	7.977	8.828	9.088	9.393
Hannover/L	17.909	19.430	24.203	28.715	31.149	31.925	33.300
Hildesheim	8.766	9.622	12.410	14.329	15.652	16.246	16.427
Holzminden	2.335	2.666	3.407	4.188	4.501	4.582	4.581
Nienburg (Weser)	4.199	4.492	5.902	6.787	7.442	7.826	8.077
Schaumburg	4.936	5.343	7.251	8.498	9.326	9.792	9.814
RB Hannover	63.906	69.316	87.541	103.117	113.158	116.902	119.977
Celle	5.754	6.271	7.967	9.322	10.260	10.794	11.026
Cuxhaven	8.235	8.867	10.905	12.519	13.883	14.540	14.948
Harburg	8.261	8.886	10.932	12.703	13.962	14.777	15.374
Lüchow-Dannenberg	2.288	2.440	2.940	3.443	3.720	4.024	4.250
Lüneburg	5.053	5.629	7.134	8.395	9.343	9.958	10.378
Osterholz	3.749	4.008	5.274	6.169	6.879	7.217	7.456
Rotenburg (a.d.W.)	7.242	7.738	9.489	11.283	12.800	13.356	13.966
Soltau-Fallingbostel	4.882	5.439	6.824	8.093	8.877	9.234	9.404
Stade	6.945	7.675	9.715	11.251	12.277	12.855	13.355
Ülzen	4.002	4.333	5.383	6.436	7.017	7.192	7.420
Verden	4.482	5.029	6.602	7.762	8.597	8.816	9.147
RB Lüneburg	60.893	66.315	83.165	97.376	107.615	112.763	116.724
Zwischensumme	297.997	326.482	410.439	474.944	509.908	524.528	541.571

a. Quelle: Statistische Mitteilungen des Kraftfahrtbundesamtes, Bestand an Kraftfahrzeugen und Kraftfahrzeuganhängern.
b. Der Wert für 1984 stammt vom 31.12.1984.

(Fortsetzung Tab. A51) Bestand an Diesel-Pkw nach Kreisen

	d 84	d 85	d 86	d 87	d 88	d 89	d 90
Übertrag	297.997	326.482	410.439	474.944	509.908	524.528	541.571
Delmenhorst/S	2.278	2.479	3.003	3.612	4.074	3.957	4.099
Emden/S	1.599	1.740	2.180	2.596	2.629	2.569	2.696
Oldenburg (Oldenb.)/S	4.939	5.404	6.559	7.651	8.560	8.884	9.309
Osnabrück/S	4.871	5.235	6.722	7.891	8.664	8.946	9.203
Wilhelmshaven/S	2.633	2.876	3.621	4.248	4.689	4.765	4.755
Ammerland	4.568	4.825	5.953	7.037	7.928	8.418	8.678
Aurich	6.832	7.535	9.422	11.198	11.688	11.951	12.430
Cloppenburg	7.668	8.072	9.327	11.112	12.554	12.808	13.773
Emsland	13.691	14.505	17.995	21.431	24.125	26.016	27.214
Friesland	4.000	4.304	5.310	6.436	7.163	7.667	7.689
Grafschaft Bentheim	7.230	7.833	9.432	11.549	13.031	13.994	14.573
Leer	6.459	6.927	8.464	9.803	10.603	11.131	11.756
Oldenburg (Oldenb.)/L	5.403	5.767	6.970	7.960	8.814	9.285	9.683
Osnabrück/L	13.209	14.221	17.288	20.067	22.336	23.412	24.283
Vechta	5.691	6.088	7.350	8.743	9.894	10.860	11.371
Wesermarsch	3.509	3.769	4.537	5.404	5.940	6.309	6.523
Wittmund	2.210	2.357	2.952	3.493	3.953	4.189	4.273
RB Weser-Ems	96.790	103.937	127.085	150.231	166.645	175.161	182.308
Niedersachsen	273.398	299.623	378.720	443.283	479.707	495.532	514.092
Düsseldorf	20.927	23.248	29.065	32.439	34.896	34.309	33.985
Duisburg	15.673	16.889	20.401	24.104	26.444	28.231	28.533
Essen	17.540	18.944	23.254	26.448	28.962	29.842	30.512
Krefeld	7.613	8.272	9.990	11.522	12.613	13.202	13.519
Mönchengladbach	10.275	11.077	13.782	15.903	17.421	18.273	18.540
Mülheim an der Ruhr	5.721	6.201	7.514	8.942	9.883	10.244	10.394
Oberhausen	6.222	6.734	8.463	10.230	11.264	11.768	12.073
Remscheid	2.942	3.200	4.168	5.118	5.646	5.794	5.899
Solingen	4.210	4.674	6.047	7.040	7.751	8.033	8.148
Wuppertal	9.663	10.653	13.310	16.323	18.103	18.580	18.881
Kleve	16.279	17.971	23.424	27.695	30.461	31.732	32.106
Mettmann	15.756	17.220	21.977	25.889	28.952	29.626	30.042
Neuss	15.299	16.488	20.352	24.598	26.903	27.850	29.081
Viersen	13.383	14.439	17.976	20.659	22.426	23.462	23.875
Wesel	19.615	21.220	26.889	31.169	33.761	34.705	35.079
RB Düsseldorf	181.118	197.230	246.612	288.079	315.486	325.651	330.667
Aachen/S	9.845	10.547	13.054	15.455	17.188	17.869	18.158
Bonn	7.380	8.104	10.537	12.744	14.141	15.018	15.307
Köln	25.080	27.656	35.021	43.473	48.225	49.821	51.541
Leverkusen	4.009	4.366	5.637	7.247	8.024	8.292	8.436
Aachen/L	13.375	14.432	18.477	21.989	24.582	25.466	25.931
Düren	9.462	10.061	12.842	15.307	17.261	18.082	18.647
Erftkreis	13.139	14.366	19.252	22.573	25.657	26.675	27.354
Euskirchen	6.031	6.639	8.765	10.368	11.864	12.655	13.357
Heinsberg	12.567	13.412	16.393	19.895	22.423	23.745	24.508
Oberbergischer Kreis	8.033	8.850	11.308	13.758	15.066	15.898	16.409
Rheinisch Bergischer Kreis	8.101	9.015	11.721	14.556	16.538	17.012	17.244
Rhein-Sieg-Kreis	14.826	16.321	21.788	26.021	29.333	30.797	31.701
RB Köln	131.848	143.769	184.795	223.386	250.302	261.330	268.593
Bottrop	3.476	3.715	4.551	5.305	5.912	6.161	6.371
Gelsenkirchen/S	6.324	6.851	9.057	10.415	11.318	11.514	11.843
Münster	8.660	9.368	11.618	14.174	15.589	16.037	16.363
Borken	15.671	17.304	22.159	27.316	30.836	32.625	33.468
Coesfeld	7.866	8.525	10.617	12.781	14.183	14.932	15.358
Recklinghausen	18.143	19.849	25.410	29.807	32.991	34.422	35.254
Steinfurt	15.603	16.959	20.917	25.591	28.928	31.123	32.188
Warendorf	8.623	9.277	11.357	13.560	15.056	15.852	16.476
RB Münster	84.366	91.848	115.686	138.949	154.813	162.666	167.321
Zwischensumme	792.119	863.266	1.084.617	1.275.589	1.397.154	1.449.336	1.490.460

(Fortsetzung Tab. 51) Bestand an Diesel-Pkw nach Kreisen

	d 84	d 85	d 86	d 87	d 88	d 89	d 90
Übertrag	792.119	863.266	1.084.617	1.275.589	1.397.154	1.449.336	1.490.460
Bielefeld	9.286	10.291	12.959	15.751	17.613	10.156	18.606
Gütersloh	10.155	11.271	13.952	17.077	19.164	20.233	20.765
Herford	7.480	8.228	10.539	12.962	14.191	14.458	14.714
Höxter	4.546	5.046	6.350	7.641	8.440	8.876	9.281
Lippe	9.727	10.876	14.496	16.881	18.755	19.658	20.224
Minden-Lübbecke	9.960	10.932	13.660	16.525	18.049	19.031	19.121
Paderborn	8.188	9.028	11.509	14.157	15.872	16.786	17.389
RB Detmold	59.342	65.672	83.465	100.994	112.084	109.198	120.100
Bochum	8.978	9.933	12.751	14.734	16.284	17.082	17.518
Dortmund	16.191	17.551	22.450	25.973	28.309	29.404	30.013
Hagen	5.660	6.111	7.546	9.080	10.212	11.051	11.288
Hamm	4.305	4.785	6.250	7.687	8.752	9.145	9.359
Herne	3.732	4.134	5.419	6.492	7.244	7.505	7.710
Ennepe-Ruhr-Kreis	9.496	10.408	13.239	16.182	18.241	18.917	19.312
Hochsauerlandkreis	8.199	9.018	11.684	13.995	15.373	16.071	16.811
Märkischer Kreis	10.784	12.024	16.012	18.967	21.118	22.475	23.344
Olpe	3.347	3.611	4.581	5.710	6.561	6.739	7.013
Siegen-Wittgenstein	7.404	8.187	10.593	13.309	14.798	15.213	15.453
Soest	9.235	10.243	13.260	15.496	17.170	18.031	18.823
Unna	10.569	11.652	15.396	18.219	20.211	21.115	21.873
RB Arnsberg	97.900	107.657	139.181	165.844	184.273	192.748	198.517
Nordrhein-Westfalen	554.574	606.176	769.739	917.252	1.016.958	1.051.593	1.085.198
Koblenz	3.010	3.330	4.254	5.112	5.731	5.965	5.963
Ahrweiler	3.522	3.840	5.124	6.226	6.973	7.486	7.871
Altenkirchen	3.643	3.925	5.033	6.151	6.888	7.217	7.418
Bad Kreuznach	4.296	4.727	6.088	7.147	8.070	8.574	8.930
Birkenfeld	2.137	2.315	3.206	3.804	4.208	4.299	4.477
Cochem-Zell	2.254	2.456	3.118	3.776	4.227	4.462	4.658
Mayen-Koblenz	5.837	6.455	8.378	10.025	11.275	11.792	12.216
Neuwied	4.631	5.130	6.786	7.875	8.787	9.231	9.533
Rhein-Hünsrück-Kreis	3.212	3.473	4.601	5.381	5.984	6.206	6.541
Rhein-Lahn-Kreis	3.089	3.429	4.030	5.555	6.174	6.412	6.716
Westerwaldkreis	5.748	6.382	8.307	9.956	11.033	11.466	11.626
RB Koblenz	41.379	45.462	59.525	71.008	79.350	83.140	85.949
Trier	4.310	4.675	5.856	6.867	7.697	7.932	8.215
Bernkastel-Wittlich	5.095	5.552	6.867	8.235	9.303	9.847	10.349
Bitburg-Prüm	6.278	6.803	8.364	10.399	11.314	11.942	12.568
Daun	2.356	2.638	3.575	4.263	4.805	5.051	5.295
Trier-Saarburg	8.198	9.133	11.513	13.573	15.292	16.265	16.942
RB Trier	26.237	28.801	36.175	43.337	48.411	51.037	53.369
Frankenthal	1.191	1.298	1.591	1.939	2.225	2.322	2.296
Kaiserslautern/S	2.575	2.730	3.430	3.942	4.235	4.350	4.385
Landau (Pfalz)	1.244	1.432	1.855	2.210	2.325	2.379	2.448
Ludwigshafen/S	3.792	4.175	5.412	6.346	7.139	7.506	7.530
Mainz	4.842	5.301	6.891	8.080	8.825	9.304	9.475
Neustadt/W.	1.504	1.629	2.004	2.412	2.662	2.802	2.923
Pirmasens/S	1.305	1.387	1.726	2.036	2.246	2.318	2.366
Speyer	1.296	1.415	1.866	2.306	2.566	2.693	2.801
Worms	2.003	2.180	2.705	3.247	3.587	3.800	3.854
Zweibrücken	981	1.046	1.408	1.615	1.797	1.877	1.947
Zwischensumme	1.037.710	1.133.451	1.431.851	1.690.905	1.858.879	1.924.810	1.988.420

(Fortsetzung Tab. A51) Bestand an Diesel-Pkw	d 84	d 85	d 86	d 87	d 88	d 89	d 90
Übertrag	1.037.710	1.133.451	1.431.851	1.690.905	1.858.879	1.924.810	1.988.420
Alzey-Worms	3.569	3.935	5.034	6.095	6.808	7.219	7.474
Bad Dürkheim	4.158	4.543	5.609	6.629	7.297	7.819	7.971
Donnersbergkreis	2.104	2.367	2.943	3.622	4.036	4.217	4.388
Germersheim	4.294	4.841	6.128	7.572	8.236	8.218	8.488
Kaiserslautern/L	3.003	3.211	4.050	4.661	5.080	5.308	5.552
Kusel	2.334	2.562	3.196	3.822	4.238	4.489	4.630
Ludwigshafen/L	4.269	4.731	5.991	7.024	7.870	8.290	8.516
Südl. Weinstraße	5.215	5.772	7.388	9.077	10.157	10.591	10.951
Mainz-Bingen	3.173	3.427	4.337	5.294	5.909	6.211	6.445
Pirmasens/L	3.994	4.314	5.570	6.504	7.247	7.450	7.743
RB Rheinhessen-Pfalz	56.846	62.296	79.134	94.433	104.485	109.163	112.183
Rheinland-Pfalz	124.462	136.559	174.834	208.778	232.246	243.340	251.501
Stadtverband Saarbrücken	9.988	11.215	15.012	17.818	19.992	21.107	21.661
Merzig-Wadern	5.081	5.614	7.253	8.916	10.323	11.249	11.617
Neunkirchen	4.227	4.788	6.328	7.937	8.896	9.573	9.898
Saarlouis	6.771	7.696	10.424	12.852	14.742	15.246	16.040
Saar-Pfalz Kreis	1.079	4.991	6.749	8.401	9.434	9.901	10.389
Sankt Wendel	6.479	3.522	4.692	5.788	6.531	6.807	7.103
Saarland	33.625	37.826	50.458	61.712	69.918	73.883	76.708
Stuttgart	21.300	24.082	29.954	34.108	37.026	37.110	37.405
Böblingen	18.322	20.533	26.708	30.785	33.171	31.788	32.385
Esslingen	20.531	23.262	30.329	35.511	38.351	38.237	38.761
Göppingen	9.098	10.063	12.967	15.318	16.962	17.574	18.065
Ludwigsburg	16.575	18.293	23.179	26.943	29.920	31.135	31.934
Rems-Murr-Kreis	15.243	17.069	21.740	25.241	27.615	28.051	28.743
Heilbronn/S	3.574	4.150	5.442	6.604	7.273	7.318	7.360
Heilbronn/L	10.007	11.367	14.742	17.415	18.625	19.131	19.945
Hohenlohekreis	3.367	3.786	5.061	6.085	6.767	7.113	7.297
Schwäbisch Hall	6.160	6.806	8.603	10.333	11.438	12.215	12.814
Main-Tauber-Kreis	4.075	4.484	5.756	6.955	7.769	8.187	8.623
Heidenheim	4.397	4.875	6.235	7.596	8.451	8.867	9.092
Ostalbkreis	10.306	11.427	14.353	17.363	19.592	20.513	21.558
RB Stuttgart	142.955	160.197	205.069	240.257	262.960	267.239	273.982
Baden-Baden	1.626	1.772	2.328	2.824	3.232	3.330	3.462
Karlsruhe/S	8.168	8.904	11.757	13.818	15.310	15.870	16.163
Karlsruhe/L	13.669	14.837	18.428	22.277	25.242	26.387	27.195
Rastatt	9.070	10.100	13.176	15.696	17.187	17.440	18.043
Heidelberg	3.603	4.053	5.151	5.989	6.399	6.595	6.749
Mannheim	8.785	9.710	12.084	14.787	16.028	15.870	15.860
Neckar-Odenwald-Kreis	5.160	5.887	7.612	9.048	9.899	10.286	10.405
Rhein-Neckar-Kreis	15.862	17.414	22.192	25.788	28.563	29.455	30.083
Pforzheim	2.791	3.147	4.005	5.003	5.711	5.919	6.128
Calw	6.074	6.803	8.952	10.672	11.954	12.312	12.754
Enzkreis	5.952	6.636	8.843	10.439	11.506	12.049	12.518
Freudenstadt	4.576	5.077	6.554	7.885	8.714	9.061	9.433
RB Karlsruhe	85.336	94.340	121.082	144.226	159.745	164.574	168.793
Freiburg	5.099	5.659	7.452	9.006	9.890	10.352	10.515
Breisgau-Hochschwarzwald	7.122	7.922	10.194	12.611	14.137	14.864	15.388
Emmendingen	4.076	4.605	5.849	7.132	7.987	8.592	9.080
Ortenaukreis	11.029	12.204	16.358	19.536	21.880	23.185	24.381
Rottweil	4.763	5.375	7.009	8.692	9.608	9.960	10.268
Schwarzwald-Baar-Kreis	6.713	7.528	9.712	11.639	12.761	13.254	13.712
Tuttlingen	4.914	5.482	6.954	8.107	8.827	9.143	9.232
Konstanz	7.943	8.888	11.461	13.584	15.206	15.835	16.379
Lörrach	5.451	6.092	8.243	10.112	11.311	11.706	11.969
Waldshut	4.731	5.276	7.281	8.687	9.766	10.346	10.830
RB Freiburg	61.841	69.031	90.513	109.106	121.373	127.237	131.754
Zwischensumme	1.397.580	1.534.548	1.949.219	2.306.506	2.539.753	2.627.555	2.711.815

(Fortsetzung Tab. A51) Bestand an Diesel-Pkw nach Kreisen

	d 84	d 85	d 86	d 87	d 88	d 89	d 90
Übertrag	1.397.580	1.534.548	1.949.219	2.306.506	2.539.753	2.627.555	2.711.815
Reutlingen	9.639	10.620	13.996	16.486	18.293	18.964	19.616
Tübingen	7.078	7.864	9.889	12.024	13.430	13.896	14.461
Zollernalbkreis	7.297	8.168	10.494	12.749	14.388	14.881	15.221
Ulm	3.380	3.695	4.711	5.752	6.396	6.821	7.094
Alb-Donau-Kreis	6.602	7.325	9.190	11.259	12.473	13.158	13.798
Biberach	6.752	7.402	9.252	11.027	12.327	13.070	13.564
Bodenseekreis	7.358	8.221	10.298	12.555	14.002	14.203	14.623
Ravensburg	9.208	10.181	12.900	15.680	17.621	18.726	19.579
Sigmaringen	4.710	5.248	6.667	8.066	8.926	9.418	9.932
RB Tübingen	62.024	68.724	87.397	105.598	117.856	123.137	127.888
Baden-Württemberg	352.156	392.292	504.061	599.187	661.934	682.187	702.417
Ingolstadt	3.215	3.989	5.915	5.623	5.195	5.157	5.440
München/S	38.325	41.901	54.631	61.510	66.338	68.340	69.683
Rosenheim	1.971	2.174	2.693	3.285	3.694	3.906	4.086
Altötting	3.199	3.510	4.597	5.505	6.199	6.493	6.798
Berchtesgadener Land	3.894	4.340	4.020	4.782	7.375	7.801	8.175
Bad-Tölz Wolfratshausen	2.752	3.089	5.487	6.506	5.471	5.815	6.062
Dachau	3.845	4.267	5.542	6.745	7.409	7.527	7.827
Ebersberg	3.594	3.940	5.035	6.021	6.577	6.957	7.105
Eichstätt	3.621	4.149	5.304	5.672	5.665	5.758	6.066
Erding	4.183	4.566	5.775	6.854	7.576	8.044	8.390
Freising	5.245	5.751	7.265	8.586	9.298	9.763	10.008
Fürstenfeldbruck	5.428	6.017	7.717	9.206	10.283	10.645	10.868
Garmisch-Partenkirchen	2.208	2.464	3.134	3.873	4.384	4.704	4.926
Landsberg a.Lech	3.113	3.397	4.211	5.008	5.733	6.214	6.538
Miesbach	3.351	3.686	4.663	5.382	5.938	6.256	6.522
Mühldorf a.Inn	3.630	4.005	5.074	6.074	6.763	7.325	7.804
München/L	9.111	10.307	13.454	15.392	16.624	17.169	17.613
Neuburg-Schrobenhausen	2.851	3.076	3.729	4.339	4.598	4.812	5.050
Pfaffenhofen a.d.Ilm	4.187	4.620	5.792	6.637	7.145	7.464	7.804
Rosenheim	7.690	8.577	10.954	13.664	15.187	16.072	16.988
Starnberg	3.818	4.174	5.364	6.472	7.109	7.406	7.558
Traunstein	5.689	6.354	8.297	9.921	11.152	11.838	12.439
Weilheim-Schongau	3.752	4.179	5.306	6.455	7.311	7.733	8.131
RB Oberbayern	128.672	142.532	183.959	213.512	233.024	243.199	251.881
Augsburg	7.191	7.788	9.475	11.423	12.823	13.525	13.778
Kaufbeuren	1.138	1.290	1.711	2.143	2.409	2.523	2.587
Kempten (Allgäu)	1.835	2.021	2.743	3.273	3.040	4.152	4.270
Memmingen	1.748	1.880	2.313	2.659	2.882	3.003	3.069
Aichach-Friedberg	4.332	4.698	5.718	6.836	7.627	8.137	8.356
Augsburg	7.062	7.744	9.679	11.465	12.651	13.378	13.896
Dillingen a.d.D.	3.180	3.445	4.172	4.955	5.511	5.797	5.891
Günzburg	3.772	4.120	5.100	6.135	6.822	7.410	7.757
Neu-Ulm	4.757	5.192	6.420	7.798	8.713	9.092	9.357
Lindau (Bodensee)	2.087	2.337	3.011	3.643	4.139	4.442	4.663
Ostallgäu	3.846	4.228	5.335	6.330	7.154	7.747	8.313
Unterallgäu	4.568	4.987	6.069	7.203	8.037	8.632	9.062
Donau-Ries	4.568	5.035	6.194	7.220	7.979	8.542	8.761
Oberallgäu	4.270	4.688	5.890	7.182	8.133	8.876	9.308
RB Schwaben	54.354	59.453	73.830	88.265	98.723	105.256	109.077
Bayern	366.295	402921	510964	601.806	663.158	698.091	726.048
Kreisfreie Städte	619.165	678.908	856.319	1.001.939	1.093.562	1.127.296	1.152.116
Landkreise	1.474.661	1.620.717	2.064.660	2.450.078	2.706.014	2.823.829	2.920.495
Bundesrep. Deutschland	2.093.826	2.299.625	2.920.979	3.452.017	3.799.576	3.951.125	4.072.611

4. Schmuggelstatistik (1980-1989)

4.1 Schmuggel an den Grenzübergängen

Die Ergebnisse der Zolltätigkeit nach Grenzabschnitten unterteilt lauten zusammengefaßt für alle Warengruppen (Zigaretten, Spirituosen, Kaffee/Tee, Diesel).

Tabelle A52: **Schmuggelaufgriffe an den Grenzübergängen nach Grenzabschnitten 1980-90[a]**

Grenze mit	1980	1981	1982	1983	1984	1985	1986	1987	1988	1989
Dänemark	9.727	8.856	8.737	8.899	8.093	9.965	8.572	9.317	10.393	12.559
Niederlande	32.134	31.185	39.966	41.036	37.423	30.498	25.767	27.074	22.875	21.899
Belgien	5.944	7.366	7.341	7.371	5.952	5.050	4.299	7.257	7.177	6.343
Luxemburg	6.879	5.648	11.116	10.091	6.901	4.645	5.671	4.892	3.081	3.208
Frankreich	4.416	2.894	3.760	3.564	2.373	1.827	2.332	2.097	1.350	1.538
Schweiz	22.730	25.424	24.322	24.821	19.448	17.026	16.190	14.277	10.112	6.936
Österreich	30.133	27.917	31.017	33.695	27.529	25.147	24.816	28.159	23.100	20.989
Summe	102.491	99.643	115.875	119.447	99.997	87.688	81.446	84.099	69.725	65.779
Bund insgesamt	109.092	111.117	126.573	130.413	111.178	98.290	91.192	97.392	84.795	84.039

a. Quelle: Sondererhebung des Bundesministeriums der Finanzen.

Durch die in Tabelle A52 ausgewiesenen Aufgriffen konnten an Schmuggelgüter festgestellt werden:

Tabelle A53: **Zigarettenschmuggel (1.000 Stück) an den Grenzübergängen[a]**

Grenze mit	1980	1981	1982	1983	1984	1985	1986	1987	1988	1989
Dänemark	1.573	1.124	1.090	1.021	1.012	1.152	1.476	1.193	1.692	2.148
Niederlande	3.779	3.323	4.181	6.238	3.601	2.995	2.449	2.503	3.189	3.342
Belgien	372	364	995	905	574	390	364	278	145	231
Luxemburg	1.146	926	4.911	3.189	1.997	1.355	1.329	1.109	630	771
Frankreich	521	302	779	864	515	413	485	327	165	295
Schweiz	1.480	7.655	1.953	2.809	1.860	1.430	1.502	1.104	504	378
Österreich	3.192	2.413	3.036	3.982	3.454	3.371	3.225	4.231	4.523	4.436
Summe	11.278	15.504	15.236	17.566	11.982	10.358	10.040	10.189	10.589	11.103
Bund insgesamt	12.957	17.132	16.685	19.130	13.266	11.631	11.144	11.933	12.525	14.104

a. Quelle: Sondererhebung des Bundesministeriums der Finanzen.

Tabelle A54: Schmuggel mit Spirituosen/alkoholischen Getränke (Liter) an den Grenzübergängen[a]

Grenze zu	1980	1981	1982	1983	1984	1985	1986	1987	1988	1989
Dänemark	6.112	1.949	2.711	1.985	2.694	4.954	3.329	3.591	8.488	4.112
Niederlande	6.580	5.471	5.997	22.695	11.101	8.518	6.038	5.333	6.665	13.626
Belgien	2.576	745	1.684	1.873	4.289	1.218	1.006	1.187	392	570
Luxemburg	6.088	3.787	4.508	3.815	2.100	2.361	976	1.170	1.225	1.012
Frankreich	8.260	3.477	4.500	3.774	2.144	2.456	1.035	1.001	570	679
Schweiz	24.111	24.833	25.780	30.404	21.385	22.458	2.405	6.279	1.504	1.037
Österreich	74.892	79.012	85.298	75.746	90.947	78.389	58.572	54.620	51.829	44.381
Summe	121.946	116.268	125.418	135.619	129.028	117.416	71.550	71.203	69.765	64.199
Bund insgesamt	129.552	123.145	130.059	143.776	134.100	121.100	75.200	77.087	75.667	72.117

a. Quelle: Sondererhebung des Bundesministeriums der Finanzen.

Tabelle A55: Schmuggel mit Dieselkraftstoff (1.000 Liter) an den Grenzübergängen[a]

Grenze zu:	1980	1981	1982	1983	1984	1985	1986	1987	1988	1989
Dänemark	262	228	284	227	265	442	302	394	349	360
Niederlande	911	742	736	845	749	722	545	1.805	1.688	1.100
Belgien	188	201	199	244	195	185	96	151	186	120
Luxemburg	252	203	188	121	52	24	47	31	67	76
Frankreich	186	145	132	81	32	10	38	9	69	40
Schweiz	24	211	218	301	205	1	0	1	0	0
Österreich	344	359	489	328	285	154	136	99	58	60
Summe	1.806	1.745	1.921	1.827	1.557	1.344	1.037	2.338	2.181	1.596
Bund insgesamt	2.040	1.822	1.988	2.035	1.872	1.663	1.202	2.518	2.330	1.793

a. Quelle: Sondererhebung des Bundesministers der Finanzen.

Tabelle A56: Kaffee-/Teeschmuggel (kg) an den Grenzübergängen[a]

	1980	1981	1982	1983	1984	1985	1986	1987	1988	1989
Dänemark	0	0	124	0	0		147	445	165	146
Niederlande	3.277	3.126	3.453	3.922	2.400		2.540	2.920	3.259	2.766
Belgien	0	572	599	878	629		829	935	549	439
Luxemburg	0	0	898	665	451		238	93	1.225	276
Frankreich	0	0	364	363	245	k.A.	52	26	570	48
Schweiz	1.589	4.197	4.133	3.433	2.331		11.531	1.268	1.143	1.068
Österreich	3.779	3.835	7.420	15.980	9.376		5.037	5.414	4.531	2.933
Summe	8.645	11.158	16.163	24.142	14.558		19.493	10.146	10.377	7.190
Bund insgesamt	k.A.	13.227	16.630	24.896	14.800		20.100	10.649	10.475	8.099

a. Quelle: Sondererhebung des Bundesministeriums der Finanzen.

4.2 Schmuggel an der Grünen Grenze

Neben dem bei den routinemäßigen Kontrollen an den Grenzübergängen aufgedeckten Schmuggel konnten im betrachteten Zeitraum Schmuggler und Warengruppen an der Grünen Grenze aufgegriffen werden:

Tabelle A57: Schmuggelaufgriffe an der Grünen Grenze[a]

Grenze zu	1980	1981	1982	1983	1984	1985	1986	1987	1988	1989
Dänemark	1.768	2.044	1.122	651	742	827	758	670	666	599
Niederlande	6.363	6.203	9.682	9.384	7.192	5.500	6.495	8.886	5.156	5.615
Belgien	2.579	2.880	6.249	6.497	4.039	3.079	3.077	4.868	1.897	1.966
Luxemburg	688	744	1.727	998	798	385	287	443	254	269
Frankreich	139	59	378	293	336	98	117	289	207	237
Schweiz	196	255	855	691	572	403	295	417	296	200
Österreich	34	35	115	68	75	93	119	120	107	67
Summe	9.054	9.283	13.505	11.797	9.385	7.210	7.960	10.538	6.479	6.750
Bund insgesamt	12.559	12.484	16.650	14.464	11.627	9.155	9.463	12.484	8.081	7.817

a. Quelle: Sondererhebung des Bundesministeriums der Finanzen.

Tabelle A58: Zigarettenschmuggel (1.000 Stück) an der Grünen Grenze[a]

Grenze zu	1980	1981	1982	1983	1984	1985	1986	1987	1988	1989
Dänemark	337	681	323	582	181	1.186	104	163	1.692	264
Niederlande	712	630	1.818	1.700	1.145	671	577	520	366	343
Belgien	292	334	1.374	1.369	724	511	414	229	182	214
Luxemburg	292	53	595	915	343	138	75	109	250	100
Frankreich	14	12	189	211	184	67	32	63	48	61
Schweiz	218	48	380	158	108	50	12	35	6	4
Österreich	0	6	13	53	49	4	4	1	1	1
Summe	1.565	1.420	3.131	3.407	1.830	2.048	772	828	2.315	713
Bund insgesamt	2.442	1.776	3.754	4.006	2.165	2.471	1.165	1.234	1.075	996

a. Sondererhebung des Bundesministeriums der Finanzen.

Tabelle A59: Schmuggel mit Spirituosen/alkoholischen Getränken (Liter) an der Grünen Grenze[a]

Grenze zu	1980	1981	1982	1983	1984	1985	1986	1987	1988	1989
Dänemark	427	630	1.640	1.174	676	2.083	223	404	492	660
Niederlande	3.295	1.282	773	841	1.165	561	642	955	407	1.005
Belgien	1.656	150	0[b]	0	0	0	0	33	3	465
Luxemburg	0	382	161	217	0	0	0	0	0	339
Frankreich	0	0	0	0	0	0	0	0	0	337
Schweiz	0	0	0	0	0	0	0	0	0	0
Österreich	0	50	239	250	0	0	0	6	6	2
Summe	3.722	2.344	2.813	2.482	1.841	2.644	865	1.365	905	2.006
Bund insgesamt	5.680	14.333	5.188	12.433	2.600	k.A.	1.600	2.597	3.015	2.386

a. Quelle: Sonderehebung des Bundesministeriums der Finanzen.

b. Die Angaben sind auf 10 gerundet.

Tabelle A60: Schmuggel mit Dieselkraftstoff (1.000 Liter) an der Grünen Grenze[a]

Grenze zu	1980	1981	1982	1983	1984	1985	1986	1987	1988	1989
Dänemark	0	0	0	0	k.A.	k.A.	0,1	0,4	0	0
Niederlande	40	27	39	48			11	4	44	3
Belgien	2	0	0	0			0	0	0	3
Luxemburg	0	0	0	0			0	0,2	65	2
Frankreich	0	0	0	0			0	0	65	2
Schweiz	0	0	0	0			0	0	0	0
Österreich	0	0	0	0			1	1	0	0
Summe	40	27	39	48			12	5	44	6
Bund insgesamt	40	27	41	k.A.			12	5	48	6

a. Quelle: Sondererhebung des Bundesministeriums der Finanzen.

Tabelle A61: Kaffee- und Teeschmuggel (kg) an der Grünen Grenze[a]

Grenze zu	1980	1981	1982	1983	1984	1985	1986	1987	1988	1989
Dänemark	0[b]	0	16	0	k.A.	k.A.	0	28	2	19
Niederlande	403	416	1.142	517			6.479	5.123	3.111	6.940
Belgien	403	0	758	293			205	197	1.717	397
Luxemburg	0	0	44	123			0	5	67	21
Frankreich	0	0	44	123			0	3	10	13
Schweiz	0	0	0	0			0	1	0	0
Österreich	0	0	0	625			0	0	0	8
Summe	403	416	1.202	1.265			6.479	5.157	3.181	6.988
Bund insgesamt	0	0	1.299	1.543			6.500	5.309	3.190	7.024

a. Quelle: Sondererhebung des Bundesministeriums der Finanzen.

b. Die Angaben sind gerundet auf volle kg.

4.3 Ordnungs- und strafrechtliche Maßnahmen gegen die Schmuggler

4.3.1 Ordnungs- und strafrechtliche Maßnahmen an den Grenzübergängen

Tabelle A62: **Ordnungsrechtliche und strafrechtliche Maßnahmen an den Grenzübergängen**[a]

	1980	1981	1982	1983	1984	1985	1986	1987	1988	1989
a) Zollzuschläge										
Dänemark	6.412	5.549	5.349	4.994	5.083	6.264	4.967	5.545	6.281	7.122
Niederlande	11.901	10.563	18.104	19.202	15.185	11.263	8.722	5.549	4.804	5.144
Belgien	1.376	1.344	2.142	2.476	1.941	1.338	1.163	847	398	318
Luxemburg	3.178	3.089	8.308	7.550	5.242	3.390	3.497	2.959	1.613	1.972
Frankreich	1.542	1.077	1.961	2.001	1.377	1.307	1.448	1.118	556	776
Schweiz	15.632	17.262	16.149	15.512	11.946	10.369	8.823	7.315	4.067	2.961
Österreich	22.003	18.986	20.976	24.597	20.740	19.847	19.609	21.358	17.526	15.475
Summe	59.627	55.750	69.306	72.366	58.523	51.373	45.846	42.935	34.404	32.760
Bund insgesamt	67.503	62.907	76.384	79.221	64.381	56.513	50.743	49.673	41.357	42.378
b) Verwarnungen										
Dänemark	2.338	2.513	2.582	2.584	2.123	2.452	2.113	2.571	3.040	4.307
Niederlande	13.849	13.149	13.882	13.189	11.798	8.882	7.073	8.377	6.886	6.228
Belgien	3.318	4.412	3.575	3.260	2.285	2.155	1.741	2.998	2.707	2.302
Luxemburg	2.682	1.766	1.568	1.322	672	256	241	574	532	485
Frankreich	2.163	1.297	1.162	1.018	613	196	173	427	418	367
Schweiz	4.362	4.439	4.266	4.866	2.822	1.639	1.616	1.825	1.707	1.035
Österreich	5.208	5.896	7.042	5.496	4.005	3.035	3.036	4.322	2.855	3.170
Summe	28.703	27.940	29.484	27.705	21.591	16.354	14.184	17.755	15.033	15.259
Bund insgesamt	30.140	29.620	30.749	29.299	24.244	19.277	17.442	21.500	19.949	20.694
c) Bußgeldverfahren										
Dänemark	450	443	425	375	366	732	623	315	324	268
Niederlande	2.003	1.996	1.970	2.047	2.312	2.217	1.741	1.480	1.121	1.506
Belgien	329	652	552	547	623	478	397	534	527	723
Luxemburg	106	91	129	182	160	84	236	56	49	83
Frankreich	113	98	148	141	194	109	277	78	62	84
Schweiz	410	557	277	273	287	303	342	155	65	52
Österreich	444	361	363	1.048	910	296	195	249	438	145
Summe	3.490	3.532	3.245	4.015	4.100	3.681	3.200	2.322	2.028	2.115
Bund insgesamt	3.731	3.761	3.300	4.340	4.356	4.112	3.655	2.645	2.488	2.396
d) Strafverfahren										
Dänemark	524	351	381	562	462	493	776	627	743	800
Niederlande	4.381	5.477	6.010	6.598	8.128	8.134	8.231	8.058	5.785	5.605
Belgien	921	958	1.072	1.088	1.103	1.079	998	1.171	984	822
Luxemburg	866	702	1.111	1.037	827	915	1.304	1.165	860	652
Frankreich	551	422	1.134	404	189	215	434	338	301	297
Schweiz	2.326	3.166	3.630	4.170	4.393	4.715	5.409	4.862	3.763	2.845
Österreich	2.478	2.674	2.636	2.554	1.874	1.969	1.692	1.807	1.853	1.864
Summe	10.621	12.421	14.485	14.977	15.724	16.254	17.446	16.537	13.015	11.773
Bund insgesamt	11.917	14.771	16.109	16.264	17.406	18.307	18.826	18.588	15.328	14.207

a. Quelle: Sondererhebung des Bundesministeriums der Finanzen.

4.3.2 Ordnungs- und strafrechtliche Maßnahmen an der Grünen Grenze

Tabelle A63: Ordnungsrechtliche- und strafrechtliche Maßnahmen an der Grünen Grenze[a]

	1980	1981	1982	1983	1984	1985	1986	1987	1988	1989
a) Zollzuschläge										
Dänemark	1.305	1.799	902	522	449	498	395	307	458	346
Niederlande	1.314	984	1.045	599	973	491	816	915	739	655
Belgien	0	0	2	2	0	0	0	0	0	0
Luxemburg	0	3	34	63	82	32	36	95	57	121
Frankreich	0	0	38	63	82	34	36	95	47	121
Schweiz	36	94	607	470	286	202	24	10	6	6
Österreich	4	6	21	13	17	8	9	17	0	0
Summe	2.659	2.886	2.613	1.667	1.807	1.233	1.280	1.344	1.260	1.128
Bund insgesamt	5.126	5.208	4.683	3.436	3.239	2.359	1.967	2.104	1.817	1.553
b) Verwarnungen										
Dänemark	407	153	170	68	194	212	226	205	116	82
Niederlande	3.854	3.871	5.768	5.439	4.065	3.372	3.884	5.990	2.884	2.461
Belgien	2.010	2.282	4.341	4.128	2.863	2.259	2.355	4.296	1.450	1.331
Luxemburg	396	537	1.082	465	345	188	109	187	51	10
Frankreich	100	28	45	43	55	19	23	98	50	10
Schweiz	80	77	77	79	84	75	90	252	203	59
Österreich	12	10	47	19	21	43	77	71	69	45
Summe	4.749	4.648	7.144	6.070	4.709	3.890	4.386	6.705	3.323	2.657
Bund insgesamt	4.906	4.844	7.375	6.252	4.942	4.083	4.539	6.988	3.484	2.800
c) Bußgeldverfahren										
Dänemark	29	15	45	7	30	78	25	22	11	104
Niederlande	278	289	1.398	1.915	858	577	526	270	119	155
Belgien	242	242	1.305	1.851	777	473	422	172	86	141
Luxemburg	17	11	44	14	3	10	14	5	0	3
Frankreich	9	4	9	7	1	6	12	3	0	3
Schweiz	12	5	3	1	7	13	3	10	15	1
Österreich	2	1	0	5	3	1	3	2	5	3
Summe	338	323	1.490	1.942	901	679	571	309	150	266
Bund insgesamt	393	364	1.670	1.958	913	690	602	359	180	289
d) Strafverfahren										
Dänemark	27	77	5	50	61	35	112	127	64	37
Niederlande	917	1.059	1.471	1.431	1.296	1.060	1.269	1.426	1.244	1.025
Belgien	327	356	601	516	399	347	300	277	301	403
Luxemburg	275	193	307	322	238	155	128	143	136	117
Frankreich	30	27	26	46	68	39	46	82	101	85
Schweiz	68	79	168	141	195	113	178	116	60	127
Österreich	16	18	47	31	24	41	30	1	32	19
Summe	1.308	1.426	1.998	1.980	1.820	1.404	1.723	1.815	1.536	1.325
Bund insgesamt	2.134	2.068	2.664	2.680	2.395	2.017	2.351	2.612	2.357	1.857

a. Quelle: Sondererhebung des Bundesministeriums der Finanzen.

Anhang:
Ergebnisse der empirischen Untersuchungen mit makroökonomischen Daten

I. Vereinigte Staaten und Kanada

1. Hamovitch (1966)

Hamovitch (1966) verwendet folgendes Schätzmodell:

$$S' = \beta_0 + \beta_1\, Y' + \beta_2\, t' + u$$

S : Änderung der zu versteuernden Umsätze
Y : Änderung des verfügbaren Einkommens
t : Änderung des Umsatzsteuersatzes

Er ermittelt folgende Regressionsgleichung für die N.Y. City Sales Tax [1]:

$$S' = 100{,}4 + 0{,}601\, Y'^{**}\ 574{,}72\, t'^{**}$$
$$(4{,}088) \qquad (4{,}750)$$

n = 16 adj.R^2 = 0,714 * = sign.0,01 F = 22,7

Quelle: Hamovitch (1966), aaO, S. 415; eigene Berechnungen.

[1] Hamovitch schätzt in ersten Ableitungen, um die serielle Korrelation zu vermeiden, vgl. Ders. (1966) Sales Taxation, aaO, S. 415 und kritisch Mikesell (1970) Central Cities, aaO, S. 207, Fn. 10.

2. LEVIN (1966)

LEVIN (1966) verwendet folgendes Schätzmodell:

$$\log S = \beta_0 + \beta_1 \log Y_A + \beta_2 \log \frac{P_A + t\,P_A}{P_B} + \beta_3 \log \frac{P_A}{P_{A'}} + u$$

P_A : Preisniveau in N.Y. State für steuerpflichtige Güter,
P_B : Preisniveau der nichtbesteuernden Anrainerstaaten für in N.Y. steuerpflichtige Güter,
$P_{A'}$: Preisniveau der nicht steuerpflichtigen Güter N.Y.s,
t : Sales Tax Rate,
Y : Verfügbares Einkommen,
u : Zufallsterm mit Erwartungswert (u) = 0.

Er kann ein Schätzergebnis für Umsätze der Branche "Konfektionswaren und Möbel" ermitteln. Es lautet wie folgt:

$$\log S = 41{,}6 + 1{,}1 \log Y_A \; 10{,}1 \log \frac{P_A + TP_A}{P_B} + 0{,}7 \log \frac{P_A}{P_{A'}}$$
$$(0{,}09) \qquad (1{,}56) \qquad (0{,}18)$$

n = 8 korr.R^2 = 0,96

Quelle: zit. nach MIKESELL (1969) Analysis of Municipal, aaO, S. 119; eigene Berechnungen.

Alle Koeffizienten sind signifikant zum 0,01 Niveau und haben, bis auf den zweiten Substitutionsterm das erwartete Vorzeichen.

Die Elastizität für die Steuersatzvariable beträgt -10,1. Wenn eine einprozentige Steuer den Quotienten von 1 auf 1,01 erhöht, sinken die Umsätze um 10,201 Prozent. Der Koeffizient der Variable (P_A + TP_A)/P_B, der das Ausweichen innerhalb New Yorks beschreibt, ist mit +0,7 wesentlich kleiner.

3. MIKESELL (1969)

Ein erstes Modell MIKESELLS schätzt relative Umsätze für die besteuernden Cities c und die steuerfreien Suburbs s:

$$ln\frac{S_c}{S_s} = f\left(ln T, ln\frac{Y_c}{Y_s}, ln\frac{D_c}{D_s}, ln\frac{Einw_c}{Einw_s}, E \right)$$

S	: City Retail Sales p.c.,
T	: Sales Tax Differential Variable $T = (1 + t_c)/(1 + t_s)$
Y	: Einkommen in der City p.c.,
Einw	: Bevölkerung.

Er errechnet folgende Koeffizienten

$$ln\frac{S_{city}}{S_{suburb}} = ln\,0{,}233\;\; 0{,}000003\,ln\,E^{**}\;\; 3{,}885\,ln\,T^{*} + 0{,}896\,ln\frac{Einw_c}{Einw_s}^{**} +$$
$$(10{,}000) \qquad (2{,}106) \qquad (14{,}780)$$

$$+\,0{,}057\,ln\frac{D_c}{D_s}^{**} + 0{,}100\,ln\frac{Y_c}{Y_s}^{*}$$
$$(3{,}271) \qquad (1{,}972)$$

n = 103 korr.R^2 = 0,938 * = sign.0,05 ** = sign.0,01

Quelle: MIKESELL (1969) aaO, S. 125; eigene Berechnungen

Die Koeffizienten sind betragsmäßig niedriger als im LEVIN-Modell, weil jetzt für relative Umsätze geschätzt wird. Die Signifikanz der Variablen ist in der Gleichung bezeichnet.

Steigt die Steuervariable um 1%, sinken die Umsätze einer Stadt in Illinois, bezogen auf die Umsätze der Suburbs um 3,9%.

Die Einkommenselastizität liegt für die geschätzten relativen Umsätze im positiven Bereich. Die Dichte einer Region beeinflußt die Umsätze ebenfalls positiv. Steigt die Größe einer City-Region relativ zum verbundenen Umland (P_c/P_s), sind höhere relative Umsätze zu beobachten.

Unerwartetes Vorzeichen trägt lediglich der Exit-Koeffizient, MIKESELL erklärt dies durch hohe Konsumneigung der Wegwandernden.

4. MIKESELL (1970)

In seiner zweiten Studie aus dem Jahre 1970 analysiert er - wieder mit einer Querschnittsregression - geographische und stadtökonomische Besonderheiten, indem er 173 Städte und deren Umgebung untersucht. Der Schätzansatz hat folgendes Aussehen:

$$\ln S = \beta_0 + \beta_{2\ldots7} D_{2\ldots7} + \beta_8 \ln T + \beta_9 \ln Y + \beta_{10} \ln \frac{Einw_{city}}{Einw_{SMSA}} + \beta_{11} \ln A$$

S	: City Retail Sales p.c.,
$D_{2\ldots7}$	:Dummy-Varaiablen für Regionen
	: Sales Tax Differential Variable,
Y	: Einkommen in der City p.c.,
$Einw_{city}/Einw_{SMSA}$	: relative Bevölkerung dder City zur Bevölkerung der SMSA,
A	: City Area (Proxi-Variable für Transportkosten).

Die Steuervariable ist definiert als:

$$T = \frac{R_c + t_c\, R_c}{R_s + ts \quad R_s}$$

R	: Retail Price Level (netto),
s,c	: Subscript für SMSA, City,

und wird vereinfacht unter den Annahmen (1) identischer Vorsteuerpreise, $R_c = R_s$ und (2) horizontaler Angebotskurve, R = konst., zu

$$T = \frac{1 + t_c}{1 + t_s}$$

Für mehrere eine Stadt umgebende Steuergebiete wird ein durchschnittlicher Steuerquotient T aus den mit Einkommensgewichten bewerteten Steuersätzen der umliegenden Regionen gebildet.

Folgende Koeffizienten weist MIKESELL als Ergebnis aus:

$$\ln S = 4{,}48 \quad 7{,}44 \ln T^{**} + 0{,}43 \ln Y \quad 0{,}11 \ln P \quad 0{,}77 \ln A$$
$$(2{,}94) \quad (0{,}10) \quad (0{,}04) \quad (0{,}02)$$

n = 172 korr.R^2 = 0,247 ** = sign.0,01

und

$$\ln S = 2{,}72 + 0{,}05 D_2 + 0{,}10 D_3 + 0{,}29 D_4 + 0{,}15 D_5 + 0{,}19 D_6 +$$
$$(0{,}05) \quad (0{,}05) \quad (0{,}05) \quad (0{,}06) \quad (0{,}06)$$

$$+ 0{,}33 D_7 \quad 6{,}33 \ln T^{**} + 0{,}65 \ln Y \quad 0{,}12 \ln Einw \quad 0{,}09 \ln A$$
$$(0{,}06) \quad (2{,}52) \quad (0{,}11) \quad (0{,}04) \quad (0{,}02)$$

n = 172 korr.R^2 = 0,483 ** = sign.0,05

Quelle: MIKESELL (1970), aaO, S. 211; eigene Berechnungen.

4. MIKESELL (1971)

MIKESELL kann in seiner dritten Schätzung den Einzelhandelsumsatz feiner nach Sparten (Gebrauchsgüter (Convenience Goods), Verkehrsgüter (Shopping Goods) und Automobilumsätze) untergliedern.

Convenience Goods Store Sales

$$S_1 = 403{,}584 - 7{,}440\,D + 36{,}020\,V^{**} + 30{,}128\,U^{**}$$
$$(0{,}728) \quad (11{,}837) \quad (3{,}678)$$

n = 85 korr.R^2 = 0,810 F = 53,064

Shopping Goods Store Sales

$$S_2 = 183{,}742 \; 26{,}223\,D^{*} + 45{,}835\,V^{**} + 79{,}937\,U^{**}$$
$$(2{,}177) \quad (13{,}133) \quad (8{,}298)$$

n = 88 korr.R^2 = 0,838 F = 68,431

Total Sales

$$S_3 = 1.321{,}510 \; 105{,}751\,D^{**} + 90{,}380\,V^{**} + 69{,}101\,U^{*}$$
$$(2{,}546) \quad (8{,}227) \quad (2{,}132)$$

n = 102 korr.R^2 = 0,6582 F = 25,846

Auto Dealer Sales

$$S_4 = 260{,}022 \; 18{,}890\,D + 16{,}025\,V^{**} + 25{,}958\,U^{**}$$
$$(1{,}666) \quad (5{,}266) \quad (2{,}889)$$

n = 99 korr.R^2 = 0,512 F = 12,422

Sales Revenues

$$T = 43{,}359 \; 3{,}777\,D^{**} + 3{,}538\,V^{**} + 2{,}062\,U^{**}$$
$$(3{,}557) \quad (12{,}591) \quad (2{,}484)$$

n = 102 korr.R^2 = 0,7970 F = 58,296

* = sign.0,05 ** = sign. 0,01

Quelle: Table 2 aus MIKESELL (1971) Sales Taxation, aaO, S.1; eigene Berechnungen.

5. FISCHER (1980)

FISHER benutzt ein Standard-Nachfragemodell mit Preis- und Einkommensvariablen:

$$S = C = \beta_0 Y^{\beta_1} \left(\frac{p_{ic}(1+t_{ic})}{p_{jc}} \right)^{\beta_2} \left(\frac{p_{ic}(1+t_{ic})}{p_{is}(1+t_{is})} \right)^{\beta_3}$$

Y : Einkommen
p_i : Preis eines in Washington besteuerten Gutes
p_j : Preis eines in Washington steuerfreien Gutes (Substitution in Washington)
$p_{s,c}, t_{s,}$: Vorsteuerpreis bzw. Steuersatz in den Suburbs, City (Substitution mit Nachbarn)

Da Washington D.C. zwei Staaten mit unterschiedlichen Umsatzsteuersätzen (Maryland und Virginia) als Nachbarn hat, für den District aber nur Umsatzstatistiken insgesamt vorliegen, muß die Umsatzsteuerdifferenz als ungewichteter Durchschnitt modelliert werden:

$$T = \frac{1}{2} \left(\frac{1+t_c}{1+t_m} + \frac{1+t_c}{1+t_v} \right)$$

m : Maryland
V : Virginia

FISHER schätzt letzendlich in logarithmischer Form (□ ist der Zufallsterm)

$$\ln S_i = \beta_0 + \beta_1 \ln I + \beta_2 \ln t_i + \beta_3 \ln T_i + \ln v_i$$

Die Ergebnisse FISHERS finden sich für die Umsatzsteuer insgesamt, für Konfektionswaren (Apparel) und für Lebensmittel als zu erklärende Variablen in seinen Tables 3 und 4.

General Tax Base

$$\ln S_1 = 13{,}84 + 0{,}35 \ln Y^* + 0{,}93 \ln t^* - 1{,}14 \ln T + 0{,}02 D_1$$
$$(5{,}00) \quad (10{,}33) \quad (0{,}797) \quad (0{,}67)$$

n = 15 korr.R^2 = 0,987* = sign.0,05 D.W. = 1,97

Food Sales

$$\ln S_2 = 11{,}23 + 0{,}39 \ln Y^+ + 0{,}84 \ln t \quad * 7{,}17 \ln T^+$$
$$(1{,}95) \quad (7{,}00) \quad (2{,}10)$$

n = 15korr.R^2 = 0,975+ = sign.0,1* = sign.0,05D.W. = 2,20

Apparal Sales

$$\ln S_3 = 7{,}88 + 0{,}56 \ln Y^* + 0{,}91 \ln t \quad * 3{,}23 \ln T$$
$$(2{,}43) \quad (3{,}25) \quad (0{,}73)$$

n = 15korr.R^2 = 0.962* = sign.0,05D.W. = 1,72

Quelle: FISHER (1980) aaO, Table 3, S. 182f; eigene Berechnungen.

6. DEFOUR/VAILLANCOURT (1982)

Das Schätzmodell lautet wie folgt:

$$ln\, S_{Qu} = -\beta_0 + \beta_1 ln\, Y + \beta_2 ln \frac{V}{1 MioEinw} + \beta_3 D_1 + u$$

Y : Einkommen
V : Anzahl Händler
D : Dummy-Varaiable (steht für hizugefügte Niedrigsteuerregion)

Die Schätzergebnisse in Quebeck und in Ontario lauten wie folgt:

Quebeck

$$ln\, S_{Qu} = -15{,}07 + 1{,}32\, ln\, Y + 1{,}37\, ln \frac{V}{1 MioEinw} + 0{,}28\, D_1$$
$$(3{,}4) \qquad (10{,}6) \qquad (0{,}91)$$

n = 29 korr.R² = * = sign.0,05 ** = sign.0,01

Ontario

$$ln\, S_{On} = 4{,}94 + 0{,}66\, ln\, Y + 0{,}71\, ln \frac{V}{1 MioEinw} + 0{,}12\, D_1$$
$$(1{,}50) \qquad (5{,}97) \qquad (0{,}55)$$

n = 27 korr.R² = * = sign.0,05 ** = sign.0,01

Quelle: DEFOUR/VAILLANCOURT (1982) Provincial and Federal Taxes, aaO, S. 424; eigene Berechnungen.

7. Mikesell/Zorn (1986)

MIKESELLS/ZORNS (1986) Schätzungen für städtische Einzelhandelsgeschäfte (V_{city}) und Pro-Händlerumsätze (S_{city}/V_{city}) auf eine Variation der exogenen Variablen (Umsätzen (S_{county}), Anzahl von Einzelhandelsgeschäften (V_{county}) und Pro-Händlerumsätze (S_{county}/V_{county}) jeweils für das County insgesamt, sowie für ein Bruttopreisverhältnis zwischen Stadt (P_{city}) und Land (P_{county}) insgesamt) ergab folgende Ergebnisse:

<u>City Sales:</u>

$$ln\, S_{city} = 3{,}114 + 0{,}649\, ln\, S_{county}^{**} - 3{,}070\, ln \frac{P_{city}}{P_{county}}^{*}$$

$$(10{,}468) \qquad (2{,}404)$$

n = 15 korr.R^2 = 0,915 F = 82,418

<u>City Vendors</u>

$$ln\, V_{city} = 1{,}637 + 0{,}614\, ln\, V_{county}^{**}\ 0{,}367\, ln \frac{P_{city}}{P_{county}}$$

$$(4{,}355) \qquad (0{,}612)$$

n = 15 korr.R^2 = 0,772 F = 17,147

<u>City Sales per Vendor</u>

$$ln \frac{S_{city}}{V_{city}} = 2{,}119 + 0{,}564\, ln \frac{S_{county}}{V_{county}}^{**}\ 1{,}990\, ln \frac{P_{city}}{P_{county}}^{**}$$

$$(15{,}667) \qquad (3{,}941)$$

n = 15 korr.R^2 = 0,974 F = 174,181

* = sign.0,05** = sign.0,01

Quelle: Table 1 aus MIKESELL/ZORN (1986) Impact of the Sales Tax Rate, S. 334; eigene Berechnungen.

8. Fox (1986)

Der Untersuchung von FOX (1986) liegen Daten aus drei Grenzregionen Tennessees (Chattanooga C, Clarksville/Hopkinsville CH und Tri Cities TC) zugrunde.

Das um diese Variablen erweiterte Nachfragemodell lautet in absoluter Formulierung

$$X_H = \alpha_0 \, Y_H^{\alpha_1} \, Einw_H^{\alpha_2} \left(\frac{p_T^s(1 + t_H)}{p_E}\right)^{\alpha_3} \cdot \left(\frac{p_T^s(1 + t_H)}{p_T^{sB}(1 + t_B) + TrKo_H}\right)^{\alpha_4}$$

$$X_B = \beta_0 \, Y^{\beta_1} \, Einw_b^{\beta_2} \left(\frac{p_T^{sB}(1 + t_B)}{p_E^B}\right)^{\beta_3} \cdot \left(\frac{p_T^{sB}(1 + t_B)}{p_T^{sH}(1 + t_H) + TrKo_B}\right)^{\beta_4}$$

und in relativer Form

$$\frac{X_H}{X_B} = \gamma_0 \left(\frac{Y_H}{Y_B}\right)^{\gamma_1} \left(\frac{Einw_H}{Einw_B}\right)^{\gamma_2} \left(\frac{(1 + t_H)}{(1 + t_B)}\right)^{\gamma_3} \cdot \left(\frac{p_T^{sH}(1 + t_H)}{p_T^{sB}(1 + t_B)} \cdot \frac{p_T^{sH}(1 + t_H) + TrKo_B}{p_T^{sB}(1 + t_B) + TrKo_H}\right)^{\gamma_4}$$

X : nachgefragte Menge
Y : pro-Kopf Einkommen
Einw : Population
p : Vorsteuerpreis
t : Umsatzsteuersatz
TrKo : Transportkosten vom Home zum Border State (et vice versa)

die Indices stehen für
B,H : Border State, Home State
E,Ts : ohne Steuer (Exemption), steuerpflichtig (Sales Tax)

Die Ergebnisse der Regression lassen sich für Umsatzjahreswerte (Table 2) und -quartalswerte (Table 3) und für Beschäftigungswerte (Tables 4 f) zusammenfassen:

Clarksville-Hopkinsville (CH):

$$ln \frac{S_H}{S_B} = \gamma_0^{CH} + 0{,}202\, ln \frac{Y_H}{Y_B} - 0{,}395\, ln \frac{Einw_H}{Einw_B} - 10{,}710\, ln \frac{1+t_H}{1+t_B} + 0{,}034\, ln \frac{t_H^{Tabak}}{t_B^{Tabak}} -$$
$$\quad (0{,}276) \qquad (0{,}395) \qquad (1{,}761) \qquad (0{,}338)$$

$$-0{,}097\, ln \frac{t_H^{Alk}}{t_B^{Alk}} + 0{,}437\, ln \frac{T^Y}{T}^{**} + 0{,}423\, ln\, TrKo^{**} + 0{,}029\, D_1$$
$$(0{,}313) \qquad (2{,}814) \qquad (2{,}772) \qquad (0{,}363)$$

D_1 : Dummy-Variable (= 1, seitdem in Kentucky Nahrungsmittel steuerfrei sind; = 0 sonst)
TrKo : Transportkosten
T_Y/T : Einkommensteueraufkommen/Steueraufkommen insgesamt

n = 18 korr.R^2 = 0,92 D.W. = 2,56 ** = sign.0,01

Tri-Cities (TC):

$$\frac{S_H}{S_B} = \gamma_0^{TC} + 9{,}137 \frac{Y \quad .H}{Y_B}^{**} + 2{,}812 \frac{Einw_H}{Einw_B}^{*} 15{,}418 \frac{1+t_H}{1+t_B}^{*} + 0{,}170 \frac{t_H^{Tabak}}{t_B^{Tabak}}$$
$$(5{,}080) \qquad (1{,}981) \qquad (2{,}615) \qquad (0{,}881)$$

$$-0{,}049 \frac{T^Y}{T} + 5{,}325\, TrKo$$
$$(0{,}528) \qquad (0{,}819)$$

n = 18 korr.R^2 = 0,86 D.W. = 1,39 * = sign.0,05 ** = sign.0,01

Quelle: FOX (1986) Tax Structure, aaO, S.

Table 3 ist in Unterkategorien für Umsätze insgesamt und vier Warengruppen eingeteilt:

Tri Cities (TC):

$$\frac{S_H^1}{S_B^1} = \gamma_0^1 + 8{,}782\,\frac{Y_H}{Y_B}^{*} + 8{,}248\,\frac{Einw_H}{Einw_B}^{**} - 34{,}307\,\frac{1+t_H}{1+t_B}^{**} + 0{,}012\,\frac{T^Y}{T} - 0{,}210\,TrKo$$

(2,364) (3,209) (3,089) (0,209) (0,282)

S^1 = Total Sales korr.R^2= 0,29 D.W. = 1,61

$$\frac{S_H^2}{S_B^2} = \gamma_0^2 + 20{,}807\frac{Y_H}{Y_B}^{**} + 14{,}900\frac{Einw_H}{Einw_B}^{**} - 64{,}966\frac{1+t_H}{1+t_B}^{**} + 0{,}197\frac{T^Y}{T}^{*} - 0{,}403 TrKo - 0{,}080 D_2$$

(3,784) (3,907) (3,945) (2,204) (0,282) (0,115)

S^2 = Furniture Sales korr.R^2 = 0,82 D.W. = 1,61

$$\frac{S_H^3}{S_B^3} = \gamma_0^3 + 0{,}966\frac{Y_H}{Y_B} + 5{,}892\frac{Einw_H}{Einw_B}^{**} - 18{,}154\frac{1+t_H}{1+t_B}^{*} + 0{,}197\frac{T^Y}{T} + 0{,}220\,TrKo + 0{,}454 D_2$$

(0,395) (3,478) (2,482) (0,136) (0,294) (1,462)

S_3 = Food at Home korr.R^2 = 0,71 D.W. = 2,25

$$\frac{S_H^4}{S_B^4} = \gamma_0^4 + 49{,}881\frac{Y_H}{Y_B}^{**} + 19{,}524\frac{Einw_H}{Einw_B}^{**} - 119{,}090\frac{1+t_H}{1+t_B}^{**} - 0{,}085\frac{T^Y}{T} - 1{,}522\,TrKo + 1{,}620 D_2$$

(5,783) (3,264) (4,611) (0,604) (0,577) (1,477)

S_4 = Apparal Sales korr.R^2 = 0,63 D.W. = 1,26

$$\frac{S_H^5}{S_B^5} = \gamma_0^5 + 7{,}621\frac{Y_H}{Y_B}^{*} + 2{,}078\frac{Einw_H}{Einw_B} - 10{,}204\frac{1+t_H}{1+t_B} + 0{,}033\frac{T^Y}{T} - 1{,}170\,TrKo + 0{,}616 D_2$$

(2,117) (0,832) (0,947) (0,566) (1,062) (1,346)

S_5 = Food Away from Home korr.R^2 = 0,37 D.W. = 1,90

Clarksville-Hopkinsville (CH):

$$\ln\frac{S_H^6}{S_B^6} = \gamma_0^6 + 1{,}114\ \ln\frac{Y_H}{Y_B}^{**} + 1{,}638\ \ln\frac{Einw_H}{Einw_B}^{**} - 10{,}498\ \ln\frac{1+t_H}{1+t_B}^{**} + 0{,}112\ \ln\frac{T^Y}{T}^{**}$$

(3,234) (5,037) (3,514) (9,306)

S_6 = Total Sales korr.R^2 = 0,55 D.W. = 1,57

$$\ln\frac{S_H^7}{S_B^7} = \gamma_0^7 + 1{,}224\ \ln\frac{Y_H}{Y_B} + 1{,}176\ \ln\frac{Einw_H}{Einw_B} - 10{,}940\ \ln\frac{1+t_H}{1+t_B} - 0{,}053\ \ln\frac{T^Y}{T} - 0{,}118\ D_2$$

(0,873) (0,834) (1,115) (0,939) (1,080)

S_7 = Furniture Sales korr.R^2 = 0,07 D.W. = 0,79

$$\ln\frac{S_H^8}{S_B^8} = \gamma_0^8 - 1{,}219\ \ln\frac{Y_H}{Y_B}^{**} - 0{,}547\ \ln\frac{Einw_H}{Einw_B} - 11{,}916\ \ln\frac{1+t_H}{1+t_B}^{**} + 0{,}486\ \ln\frac{T^Y}{T}^{**} + 0{,}109\ D_2$$

(2,760) (1,231) (3,856) (27,317) (3,154)

S_8 = Food at Home korr.R^2 = 0,42 D.W. = 1,54

$$\ln\frac{S_H^9}{S_B^9} = \gamma_0^9 + 2{,}670\ \ln\frac{Y_H}{Y_B}^{*} + 1{,}755\ \ln\frac{Einw_H}{Einw_B} - 10{,}293\ \ln\frac{1+t_H}{1+t_B} - 0{,}273\ \ln\frac{T^Y}{T} + 0{,}899\ D_2^{**}$$

(2,382) (1,557) (1,312) (0,273) (10,291)

S_9 = Apparel Sales koor.R^2 = 0,95 D.W. = 1,70

$$\ln\frac{S_H^{10}}{S_B^{10}} = \gamma_0^{10} - 0{,}640\ \ln\frac{Y_H}{Y_B} + 0{,}201\ \ln\frac{Einw_H}{Einw_B} - 10{,}460\ \ln\frac{1+t_H}{1+t_B}^{**} + 0{,}159\ \ln\frac{T^Y}{T}^{**} + 0{,}036\ D_2$$

(1,300) (0,405) (3,035) (8,045) (0,942)

S_{10} = Food Away from Home korr.R^2 = 0,20 D.W. = 1,45

* = sign.0,05 ** = sign.0,01

Quelle: FOX (1986) Tax Structure, aaO, S. 396 ff.

Die Ergebnisse für die Beschäftigten im Einzelhandel $Besch_{Eh}$ in den drei Regionen CH, TC und Cha lauten:

Clarksville-Hopkinsville (CH):

$$\frac{Besch_H^{Eh}}{Besch_B^{11}} = \gamma_0^{CH} - \underset{(0,059)}{0,070}\,\frac{Y_H}{Y_B} + \underset{(0,885)}{1,335}\,\frac{Einw_H}{Einw_B} - \underset{(1,755)}{16,913}\,\frac{1 + t_H}{1 + t_B}^{*} - \underset{(1,322)}{0,200}\,\frac{1 + t_H^{Tabak}}{1 + t_B^{Tabak}} - \underset{(0,854)}{0,403}\,\frac{1 + t_H^{Alk}}{1 + t_B^{Alk}} +$$

$$+ \underset{(1,039)}{0,245}\,\frac{T^Y}{T} + \underset{(0,737)}{0,174} TrKo + \underset{(1,512)}{0,183}\, D_1$$

n = 34 korr.R^2 = 0,70 D.W. = 2,50

Tri-Cities (TC):

$$\frac{Besch_H^{Eh}}{Besch_B^{Eh}} = \gamma_0^{12} + \underset{(3,197)}{8,018}\,\frac{Y_H}{Y_B}^{**} - \underset{(0,422)}{0,836}\,\frac{Einw_H}{Einw_B} - \underset{(0,632)}{5,193}\,\frac{1 + t_H}{1 + t_B} + \underset{(2,076)}{0,557}\,\frac{1 + t_H^{Tabak}}{1 + t_B^{Tabak}}^{*} -$$

$$- \underset{(0,039)}{0,005}\,\frac{T^Y}{T} + \underset{(0,393)}{3,559}\, TrKo$$

n = 34 korr.R^2 = 0,59 D.W. = 1,54

Chattanooga (Cha):

$$\frac{Besch_H^{Eh}}{Besch_B^{Eh}} = \gamma_0^{13} + \underset{(0,726)}{1,801}\,\frac{Y_H}{Y_B} + \underset{(0,880)}{3,464}\,\frac{Einw_H}{Einw_B} + \underset{(0,298)}{5,071}\,\frac{1 + t_H}{1 + t_B} + \underset{(0,435)}{0,153}\,\frac{1 + t_H^{Tabak}}{1 + t_B^{Tabak}} - \underset{(0,065)}{0,034}\,\frac{1 + t_H^{Alk}}{1 + t_B^{Alk}} -$$

$$- \underset{(0,525)}{0,557}\,\frac{T^Y}{T} + \underset{(0,374)}{0,273}\, TrKo$$

n = 34 korr.R^2 = 0,48 D.W. = 1,23

Die Schätzergebnisse für die Beschäftigten insgesamt in den drei Regionen lauten:

<u>Clarksville-Hopkinsville (CH):</u>

$$\frac{Besch_H}{Besch_B} = \gamma_0^{14} + \underset{(1,398)}{0,860}\frac{Y_H}{Y_B} + \underset{(0,906)}{0,712}\frac{Einw_H}{Einw_B} - \underset{(2,095)}{10,515}\frac{1+t_H}{1+t_B}^{*} - \underset{(1,967)}{0,155}\frac{1+t_H^{Tabak}}{1+t_B^{Tabak}} - \underset{(1,415)}{0,348}\frac{1+t_H^{Alk}}{1+t_{B_{Alk}}} +$$

$$+ \underset{(2,020)}{0,249}\frac{T^{Y*}}{T} + \underset{(1,332)}{0,164}\,TrKo + \underset{(1,542)}{0,097}\,D_1$$

n = 34 korr.R^2 = 0,68 D.W. = 2,06

<u>Tri-Cities (TC):</u>

$$ln\frac{Besch_H^{insg}}{Besch_B^{insg}} = \gamma_0^{15} + \underset{(7,845)}{5,628}\,ln\frac{Y_H}{Y_B}^{**} + \underset{(4,252)}{2,408}\,ln\frac{Einw_H}{Einw_B}^{**} - \underset{(4,699)}{11,047}\,ln\frac{1+t_H}{1+t_B}^{**} - \underset{(0,879)}{0,067}\,ln\frac{1+t_H^{Tabak}}{1+t_B^{Tabak}}$$

$$- \underset{(0,039)}{0,005}\,ln\frac{T^{Y}}{T} + \underset{(0,079)}{0,204}\,lnTrKo$$

n = 34 korr.R^2 = 0,94 D.W. = 2,01

<u>Chattanooga (Cha)[2]:</u>

$$\frac{Besch_H^{insg}}{Besch_B^{insg}} = \gamma_0^{16} + \underset{(1,931)}{2,089}\frac{Y_H}{Y_B}^{*} + \underset{(2,140)}{3,674}\frac{Einw_H}{Einw_B}^{*} + \underset{(0,492)}{3,654}\frac{1+t_H}{1+t_B} + \underset{(0,394)}{0,061}\frac{1+t_H^{Tabak}}{1+t_B^{Tabak}} + \underset{(0,525)}{0,120}\frac{1+t_H^{Alk}}{1+t_{B_{Alk}}} -$$

$$- \underset{(1,141)}{0,527}\frac{T^{Y}}{T} + \underset{(1,525)}{0,485}\,TrKo$$

n = 34 korr.R^2 = 0,69 D.W. = 1,78
* = sign.0,05 ** = sign.0,01

---

[2] FOX hat nicht angegeben, ob es sich um einen linearen oder logarithmisch-linearen Schätzansatz handelt: wegen der Ähnlichkeit der Ergebnisse zur CH-Region wird das Ergebnis als einfacher linearer Ansatz gezeigt.

9. Walsh/Jones (1988)

Das Walsh/Jones-Schätzmodell lehnt sich an Fishers und Fox' an:

$$S = \beta_0 Y^{\beta_1} P_{rel}^{\beta_2} TrKo^{\beta_3} \; mit$$

$$P_{rel} = \frac{p_i(1+t_i)}{p_a(1+t_a)}$$

S	= Pro-Kopf Umsätze in den Counties West Virginias
Y	= Pro-Kopf Einkommen
t_i	= Umsatzsteuersatz in West Virginia
t_a	= Umsatzsteuersatz in dem Nachbarstaat, der dem betrachteten County am nächsten liegt
p_i, p_a	= Vorsteuerpreise, als identisch angenommen
TrKo	= Transportkosten zum nächstliegenden Einzelhandel jenseits der Grenze

Für grenzbenachbarte und grenzferne Counties werden logarithmisch folgende Koeffizienten geschätzt[3]:

Border Counties

$$\ln S = 0{,}64 \ln Y^{**} \;\; 5{,}88 \ln P_{rel}^{*} + 0{,}0004 \ln TrKo$$
$$(2{,}560) \qquad (1{,}953) \qquad (0{,}067)$$

n = 129 korr.R^2 = 0,65 D.W. = 1,80

Interior Counties

$$\ln S = 1{,}1 \ln Y^{**} + 2{,}61 \ln P_{rel} + 0{,}0002 \ln TrKo$$
$$(2{,}558) \qquad (0{,}450) \qquad (0{,}020)$$

n = 99 korr.R^2 = 0,45 D.W. = 1,78

* = sign.0,05 ** = sign.0.01

Quelle: Walsh/Jones (1988), aaO, S. 264; eigene Berechnungen.

---

[3] Walsh/Jones (1988) More Evidence on the Border Tax Effect, aaO, S. 264 f benutzen keinen stochastischen Fehlerterm. Damit vermeiden die Autoren (1) einen Bias aus der Korrelation des Zufallsterms mit erklärenden Variablen des Modells und (2) träfe die Annahme einer Zufallsauswahl auf die Grenzkreise aus den 46 Counties West Virginas nicht zu, da sie sich strukturell in unserem Zusammenhang von dem Rest der Grundgesamtheit unterscheiden, so daß kein gleicher Fehlerterm modelliert werden kann. Vgl. dazu C. Hsaio (1986) Analysis of Panel Data, New York.

II. Empirische Untersuchungen für Europa

Das ECONOMIC AND SOCIAL RESEARCH INSTITUTS hat Regressionsrechnungen mit Daten aus der Steuerstatistik und der Volkswirtschaftlichen Gesamtrechnung der Republik Irland für folgende Güter erstellt: (1) Fernsehapparate (Irland hat im betrachteten Zeitraum eine Sondersteuer auf TV-Geräte erhoben), (2) Treibstoffe und (3) Spirituosen und Bier.

(1) Fernsehgeräte:

$$\log S_{TV} = 34{,}5 - \underset{(1,2)}{2{,}80 \log C_{80}} + \underset{(1,2)}{0{,}54 \log t_{UK}} - \underset{(2,4)}{1{,}18 \log t_{RI}^{**}} - \underset{(1,8)}{0{,}33 D_1^{*}} - \underset{(4,4)}{0{,}90 D_2^{**}} - \underset{(4,6)}{0{,}86 D_3^{**}}$$

korr. $R^2 = 0{,}57$ D.W. = 1,71 * = sign.0,05 ** = sign.0,01

S_{TV}	: Anzahl verkaufter Fernseher
C_{80}	: Konsumausgaben (real zu 1980 er Preisen)
t	: Steuer auf Fernseher in dem UK und in der Republik Irland
D_{1-3}	: Saisondummies (= 1 falls Quartal = Frühjahr, Sommer, Herbst, = 0 sonst)

(2) Für Treibstoffe kann keine Statistik mit ausreichend vielen Beobachtungen gefunden werden.

(3) Spirituosen:

Zwei Spirituosennachfragemodelle werden getestet: (1) das klassische logarithmisch-lineare Nachfragemodell mit Einkommensdaten[4] und Preisen für Alkohol selber und substitutive Güter (Bier und Wein) als exogene Variablen und (2) ein AIDS-Modell nach DEATON/MUELLBAUER[5].

Verwendet werden Jahresdaten und Quartalsdaten.

---

[4] Die gesamten Konsumausgaben werden als Proxi-Variable für das Einkommen gewählt.

[5] Vgl. DEATON/MUELLBAUER (1980) An Almost Ideal Demand System; in : American Economic Review 70, Vol 3, S. 312 ff.

Die Schätzung für das Modell (1) mit Jahresdaten ergibt:

$$\log S_{Alk} = -1{,}35 - 1{,}31 \log \frac{t_{RI}^{Alk}}{P_{insg}}^{**} + 1{,}06 \log \frac{t \quad NI^{Alk}}{P_{insg}}^{*} + 0{,}34 \log \frac{P_{RI}^{Bier}}{P_{insg}} + 1{,}08 \log C_{80}^{**}$$

$$(3{,}3) \qquad (2{,}1) \qquad (0{,}7) \qquad (4{,}0)$$

n = 25 korr. R^2 = 0,824 D.W. = 1,66 * = sign.0,05 ** = sign.0,01

S_{Alk} : Umsatz mit Alkoholika
t_{RI} : Steuer auf eine Flasche Spirituosen in der Republik Irland (IR.)
t_{NI} : Steuer auf eine Flasche Spirituosen in Nordirland (IR.)
P_{insg} : Preisniveau für alle Konsumgüter
C_{80} : Konsumausgaben (zu konstanten 1980er Preisen)

Als zweites schätzen die Autoren das klassische OLS-Modell (1) für Quartaldaten (1978 bis 1986):

$$\log S^{Alk} = 3{,}63\ 1{,}28 \log \frac{P_{RI}^{Alk}}{P_{RI}^{Bier}}^{**} + 0{,}98 \log \frac{P_{NI}^{Alk}}{P_{RI}^{Bier}}^{**} + 1{,}20 \log C_{80} - 0{,}64\, D_1^{**} - 0{,}57\, D_2^{**} - 0{,}39\, D_3^{**}$$

$$(4{,}4) \qquad (3{,}4) \qquad (1{,}5) \qquad (9{,}5) \quad (8{,}0) \qquad (6{,}1)$$

n = 36 korr.R^2 = 0,882 D.W. = 2,4 * = sign.0,05 ** = sign.0,01

P_{Bier} : Preisindex für Bier (Steuern inkl.)
P_{Alk}: Preisindex für Spirituosen (Steuern inkl.)

Die Schätzergebnisse für das AIDS-Modell (2) lauten für Quartalsdaten von 1979-86:

$$\frac{S^{Alk}80}{S_{insg}^{Alk}} = 0{,}81 - 0{,}21 \log \frac{P_{RI}^{Alk}}{P_{NI}^{Alk}}^{*} + 0{,}027 \log S_{insg}^{Alk} 80 - 0{,}21\, D_1^{*} + 0{,}12\, D_2 + 0{,}13\, D_3$$

$$(2{,}4) \qquad (1{,}0) \qquad (2{,}0) \quad (0{,}6) \quad (0{,}8)$$

n = 30 korr. R^2 = 0,69 D.W. = 1,86 □ = 0,50

S_{Alk80} : Umsatz Alkoholika (real zu 1980er Preisen)
S_{insg} : geschätzte Ausgaben für Alkoholika insgesamt (Mill. IR .)
S_{Alk} : geschätzter Verbrauch an Alkoholika insgesamt (real zu 1980er Preisen)

Literaturverzeichnis

ADVISORY COMMISSION ON INTERGOVERNMENTAL RELATIONS (1989) Local Revenue Diversion - Local Sales Taxes, Washington D.C., S. 3 ff

ALBACH, H. (1978) Umsatzsteuersystem und internationale Wettbewerbsneutralität, in: Festschrift für Werner Flume zum 70. Geburtstag (hrg. v. H.H. JAKOBS et. al.), 2. Band, Köln, S. 3 ff

ALBERS, W. (1965) Steuer- und Finanzprobleme in einem Gemeinsamen Markt, in: Handbuch der Finanzwissenschaft, 2. Aufl., 4. Bd., Tübingen, S. 349 ff

DERS. (1973) Steuerharmonisierung in der EWG. Wunsch und Wirklichkeit, in: Wirtschaftsdienst 63, S. 593 ff

DERS./BINDER, R./WEISE, H. (1960) Wettbewerbsverschiebungen durch die unterschiedliche Steuerbelastung von Produktionsmitteln in der europäischen Integration, Institut für Weltwirtschaft, Kieler Studien 55, Kiel

AMERICAN LEGISLATIVE EXCHANGE COUNCIL (1990) An Examination of the Tax Incentives and Economic Consequences of Cross-Border-Activity, Price Waterhouse, o.O., Juli 1990

AMMAN, G. (1999) Einige Gedanken zum evolutionären Einfluß elektronischer Kommunikation auf die Besteuerungsrealität - Das Ende der Steuern auf Einkommen und Ertrag?, in: IStR 8, S. 449 ff

ANDEL, N. (1964) Zur Harmonisierung öffentlicher Ausgaben in einem Gemeinsamen Markt, in: Finanzarchiv N.F. 24, S. 1 ff

DERS. (1967) Problems of Harmonization of Social Security Policies in a Common Market, in: Fiscal Harmonization in Common Markets (hrg. v. Carl S. SHOUP), Bd. I, New York/London, S. 353 ff

DERS. (1970/71) Die Harmonisierung der Steuern im Gemeinsamen Markt, in: Finanzarchiv N.F. 30, S. 224 ff

DERS. (1976) Bericht der Fachgruppe Steuerharmonisierung, in: Möglichkeiten und Grenzen der Europäischen Union (hrg. v. H. GROEBEN/H. MÖLLER), Bd. 3 (Transnationale Kooperation, Steuerharmonisierung), Baden-Baden, S. 69 ff

DERS. (1983) Directions of Tax Harmonisation in the EEC, in: Comparative Tax Studies. Essays in Honor of Richard Goode (hrg. v. S. CNOSSEN), Amsterdam/New York/Oxford, S. 295 ff

DERS. (1986) Sollte man in der EG im Rahmen der Mehrwertsteuer zum Ursprungslandprinzip übergehen? Bemerkungen zu einem Vorschlag des Wissenschaftlichen Beirats beim Bundesministerium der Wirtschaft, in: Finanzarchiv N.F. 45, S. 484 ff

DERS. (1990) Public Finance and Trade: The European Community, in: Public Finance, Trade, and Developement. Proceedings of the 44th Congress of the International Institute of Public Finance: Istanbul, 1988, Detroit (Michigan), S. 171 ff

DERS. (1998) Finanzwissenschaft, 4. Aufl., Tübingen

ARNOTT, R./GRIESON, R.E. (1981) Optimal Fiscal Policy for a State or Local Government, in: Journal of Urban Economics 9, S. 23 ff.

AUJEAN, M./VIS, P. (1992) VAT in the Single Market: the Transitional Arrangement Explained, EC Tax Review 2, S. 117 ff

BAGHWATI, J. (1971) The Generalized Theory of Distortions and Welfare, in: Trade, Balance of Payments and Growth (hrg. v. J. BHAGWATI/JONES, R.), Amsterdam, S. 69 ff

BALDWIN, R. E. (1948) Equilibrium in International Trade: A Diagrammatic Analysis, in: Quarterly Journal of Economics 62, S. 748 ff

BAYINDIR-UPMANN, T. (1995) Interjurisdictional Tax Competition, Provision of Public Goods, and Environmental Policy, , in: Finanzarchiv N.F., Bd. 52, S. 380 ff

BEERMANN, A. (1993), Das Verbrauchsteuer-Binnenmarktgesetz, DStZ 81, S. 257 ff

BERGLAS, E. (1974) Devaluation, Monetary Policy, and Border Tax Adjustments, in: The Canadian Journal of Economics 7, S. 1 ff

DERS. (1981) Harmonization of Commodity Taxes. Destination, Origin and Restricted Origin Principle, in: Journal of Public Economics 16, S. 377 ff

BIEHL, D. (1969) Ausfuhrland-Prinzip, Einfuhrland-Prinzip, Gemeinsamer-Markt-Prinzip, Köln et.al.

DERS. (1983) Towards a General Theory of Taxing International Transactions - A Taxonomy of International Taxation Principles, in: Public Finance 37, S. 189 ff

DERS. (1986) Die Beseitigung der Steuergrenzen in der EG, in: Wirtschaftsdienst 10/1986, S. 518 ff

DERS. (1988) On Maximal versus Optimal Tax Harmonization, in: 1992: One European Market? (hrg. v. R. BIEBER/R. DEHOUSSE/J. PINDER/J. WEILER), Baden-Baden, S. 261 ff

BIRD, R. M. /GENDRON, P. P. (1998) Dual VATs and Cross-Border Trade: Two Problems, One Solution? in: International Tax and Public Finance 5, S. 429 ff.

BIRKENFELD, W./FORST C. (1994) Das Umsatzsteuerrecht im Europäischen Binnenmarkt, 2. Auflage, Bielefeld,

BLEUEL, J./STEWEN, M. (1998) Grundlegende Probleme der Besteuerung von Internet-Transaktionen, in: Wirtschaftsdienst 78, S. 104 ff

BOADWAY, R. M./MAITAL, S./PRACHOWNY, M. (1973) Optimal Tariffs, Optimal Taxes, and Public Goods, in: Journal of Public Economics 2, S. 391 ff

BOADWAY, R. M./MARCHAND, M. /PESTIEAU, P. (1994) Toward a Theory of the Direct-Indirect Tax Mix, in: Journal of Public Economics 55, S. 71 ff

BODE, E./KRIEGER-BODEN, C./LAMMERS, K. (1994) Cross-Border Activities, Taxation and the European Single Market, Institut für Weltwirtschaft an der Universität Kiel, zit. als INSTITUT FÜR WELTWIRTSCHAFT (1994)

BOMBACH, G. (1962) Das Problem der optimalen internationalen Arbeitsteilung bei unterschiedlicher Struktur der Steuersysteme, in: Schriftenreihe der Wirtschaftsvereinigung Eisen und Stahlindustrie, H. 4, Düsseldorf

BOSKIN, M. J. (1973) Local Government Tax and Product Competition and the Optimal Provision of Public Goods, in: Journal of Political Economy 81, S. 203 ff

BOSS, A. (1989) Steuerharmonisierung und Realisierung des EG-Binnenmarktes, Wirtschaftsdienst 5/1989, S. 249 ff

BOSVERT, M./THIRSK, W.R.(1994) Border Taxes, Cross-Border Shopping, and the Differential Incidence of the GST, in: Canadian Tax Journal 42, S. 1276 ff

BOUCHARD, P./BEAUCHAMP-ACHIM, S. (1980) Le Français, Langues des Commerces et des Services Publics, Conseil de la Langue Français, Québec

BRODMANN, W. (1974) Wettbewerbswirkungen unterschiedlicher Steuersysteme im internationalen Handel, Zürich

BUCHANAN, J. (1950) Federalism and Fiscal Equity, in: American Economic Review 40, S. 583 ff

DERS. (1961) Approaches to a Fiscal Theory of Political Federalism: Comment, in: Public Finances: Needs, Sources, and Utilization, NBER, Princeton

DERS. (1972) Efficiency Limits of Fiscal Mobility: An Assessment of the Tiebout Model, in: Journal of Public Economics 1, S. 1 ff

BUCOVETSKY, S. (1991) Asymmetric Tax Competition, in: Journal of Urban Economics 24, S. 167 ff

DERS./WILSON, J.D. (1991) Tax Competition with Two Instruments, in: Regional Science and Urban Economics 21, S. 333 ff

BÜNDER, H. (1991) Verbraucherumfrage: Beim Einkaufen noch immer national, in: EG-Magazin 12/1991, S. 12 f

BYGVRA, S. (1990) Border Shopping Between Denmark and West Germany, Contemporary drug problems, Winter 1990, S. 595 - 611, zit. als INSTITUT FÜR GRENZLANDFORSCHUNG (1990)

DERS. (1992a) Graensehandelen ved proten til Europa, Institute for Graenseregionsforskning, Aabenraa, zit. als INSTITUT FÜR GRENZLANDFORSCHUNG (1992a)

DERS. (1992b) Graensehandelen ok statskassen, pluk fra forskning i Sonderjyland 3, S. 15 - 21, zit. als INSTITUT FÜR GRENZLANDFORSCHUNG (1992b).

DERS. (1995) Kundeadfaerd i det dansk-tyske graenseomrade, Notat 61, Institute for Gaenseregionsforskning, zit. als INSTITUT FÜR GRENZLANDFORSCHUNG (1995).

CAESAR, R./GOETZKE, H. J./MACKSCHEIDT, K. (1983) Finanzwissenschaftliche Analyse der Tabaksteuerharmonisierung in der Europäischen Gemeinschaft, Finanzwissenschaftliches Forschungsinstitut an der Universität zu Köln, NF 53

CECCINI, P. (1988) Europa '92: Der Vorteil des Binnenmarktes, Baden-Baden

CHRISTALLER, W. (1968) Die zentralen Orte in Süddeutschland. Eine ökonomisch-geographische Untersuchung über die Gesetzmäßigkeit der Verbreitung und Entwicklung der Siedlungen mit städtischen Funktionen, unveränderter Nachdruck der 1. Aufl. von 1933, Darmstadt

CHRISTIANSEN, V. (1994) Cross-Border Shopping and the Optimum Commodity Tax in a Competitive and in an Monopoly Market, in: Scandinavan Journal of Economics 96, S. 329 ff

CLEMENS, R./PAULINI, M. (1991) Steuerharmonisierung, Schriften des Instituts für Mittelstandsforschung NF 40, Bonn

CNOSSEN, S. (1981) Dutch Experience with the Value-Added Tax, in: Finanzarchiv N.F. 39, S. 223 ff

DERS. (1983) Harmonization of Indirect Taxes in the EEC, in: Tax Assignment in Federal Countries (hrg. v. C. E. MCLURE), Canberra, S. 150 ff

DERS. (1983) The Irrelevance of the Restricted Origin Principle, in: Tax Notes, August 15, S. 521 ff

DERS. (1988) Day of Reckoning Approaches for the European Community, in: Tax Policy for the Twenty-First Century (hrg. v. H. STEIN), New York, S. 125 ff

DERS. (1989) The Role of Excises in OECD Member Countries, in: Changes in Revenue Structures. Proceedings of the 42th Congress of the International Institute of Public Finance: Athens, 1986, Detroit (Michigan), S. 285 ff

DERS. (1990) More Tax Competition in the European Community?, in: Public Finance, Trade, and Developement. Proceedings of the 44th Congress of the International Institute of Public Finance: Istanbul, 1988, Detroit (Michigan), S. 153 ff

DERS. (1990) The Case for Tax Diversity in the European Community, in: European Economic Review 34, S. 471 ff

DERS./SHOUP, C. S. (1987) Coordination of Value Added Taxes, in: Tax Coordination in the European Community (hrg. von S. CNOSSEN), Deventer et.al., S. 59 ff

COMMITTEE FOR ECONOMIC DEVELOPMENT" (1962) Reducing Tax Rates for Production and Growth, oO

COSCIANI, C. (1963) Gemeinsamer Markt: Besteuerung im Ursprungsland oder im Bestimmungsland, in: Weltwirtschaftliches Archiv 90, S. 224 ff

COWELL, F. A. (1990) Cheating the Government: The Economics of Evasion, Cambridge (Mass.)

CRAWFORD, I./TANNER, S. (1995) Bringing it all back Home: Alcohol Taxation and Cross-Border Shopping, in: Fiscal Studies 16, S. 94 ff

CROMBRUGGHE, A. de/TULKENS, H. (1990) On Pareto Improving Commodity Tax Changes Under Fiscal Competition, in: Journal of Public Economics 41, S. 335 ff

DASGUPTA, P. S./STIGLITZ, J. E. (1974) Benefit-Cost-Analysis and Trade-Policies, in: Journal of Political Economy 82, S. 1 ff

DAVIES, D. D. (1963) A Further Reappraisal of Sales Taxation, in: National Tax Journal 16, S. 410 ff

DEATON, A./MUELLBAUER, J. (1980) An Almost Ideal Demand System, in: American Economic Review 70, S. 312 ff

DEHMER, H. /BATKE-SPITZER, B. (1998) Die Einführung des Euro zum 1.1.1999, in: DStR 36, S. 36 ff.

DEPATER, J./MYERS, G.M. (1994) Strategic Capital Tax Competition: A Pecuniary Externality and a Corrective Device, in: Journal of Urban Economics 36, S. 66 ff

DEUTSCHE BUNDESBANK (1987) Die Zahlungsbilanzstatistik der Bundesrepublik Deutschland. Inhalt, Aufbau und methodische Grundlagen, Sonderdrucke der DEUTSCHEN BUNDESBANK, Heft 8, Frankfurt/Main

DIXIT, A. (1985) Tax Policy in Open Economies, in: , in: Handbook of Public Economics (hrg. v. AUERBACH A.J./FELDSTEIN, M.S.), S. 313 ff

DORNBUSCH, R. (1971) Optimal Commodity and Trade Taxes, in: Journal of Political Economy 79, S. 1360 ff

DOSSER, D. (1964) Welfare Effects of Tax Unions, in: Review of Economic Studies 31, S. 179 ff

DERS. (1967) Economic Analysis of Tax Harmonization, in: Fiscal Harmonization in Common Markets (hrg.v. C. S. SHOUP), New York/London, S. 1 ff

DRAKOS, G. E. (1972) Taxation Generale et Non-Generale, les Principes de l'Origine et de la Destination, et la Balance des Paiements, in: Public Finance/Finances Publiques 27, S. 438 ff

DUE, J. F. (1972) The Case for the Use of the Retail Form of Sales Tax in Preference to the Value Added Tax, Committee for Economic Developement, oO (unveröff. Manuskript)

DERS./MIKESELL, J. L. (1983) Sales Taxation: State and Local Structure and Administration, Baltimore

DUFOUR, J.-M./VAILLANCOURT, F. (1982) Provincial and Federal Sales Taxes: Evidence of Their Effect and Prospect Change, in: Tax Policy Options in the 1980s (hrg. v. R. T. WAYNE/J. WHALLEY) CANADIAN TAX FOUNDATION, Canadian Tax Paper 66, Toronto, S. 408 ff

DUPONT, H. (1988) Fiscalité et Construction Européenne: Les Cas de la T.V.A. et des Accises, Diss. Université de Lille

EASSON, A. (1988) The Elimination of Fiscal Frontiers, in: 1992: One European Market? (hrg. v. R. BIEBER/R. DEHOUSSE/J. PINDER/J. WEILER), Baden-Baden, S. 241 ff

EDWARDS, J./KEEN, M.(1996) Tax Competition and Leviathan, in: European Economic Review 40, S. 113 ff

EMERSON, A. (1980) The Economics of 1992: An Asessment of the Potential Economic Effects of Completion the Internal Market of the European Community, in: European Economy o.Jg., S. 35 ff

ERNST & WHINNEY (1988) The "Cost of Non-Europe": Border Related Controls and Administrative Formalities, Research on the "Cost of Non-Europe" Basic Findings Vol 4. Document. Commission of the European Communities, Luxemburg

ESSER, J. (1962) Die steuerliche Belastung der Eisen- und Stahlindustrie in der Bundesrepublik Deutschland und in Frankreich, in: Schriftenreihe der Wirtschaftsvereinigung Eisen- und Stahlindustrie, Heft 5, Düsseldorf

ECONOMIC AND SOCIAL RESEARCH INSTITUTE (1988), siehe: FITZGERALD ET.AL. (1988)

ECONOMIC AND SOCIAL RESEARCH INSTITUTE (1995), siehe: FITZGERALD ET.AL. (1995)

EUROPÄISCHE GEMEINSCHAFT FÜR KOHLE UND STAHL - HOHE BEHÖRDE (1953) Bericht über die durch die Umsatzsteuer aufgeworfenen Probleme auf dem gemeinsamen Markt (TINBERGEN-Bericht), Brüssel

EUROPEAN COMISSION (1997) A Package to Tackle Harmful Tax Competition in the EU, Brüssel

FALTHAUSER, K. (1991) Der aktuelle Stand der Harmonisierung der Mehrwertsteuer in der EG, in: Steuer und Wirtschaft 68, S. 324 ff

FEHR, H./ROSENBERG, C./WIEGARD, W. (1991) Quantitative Aspekte einer Harmonisierung der Umsatzsteuern in der EG, Vortrag, gehalten vor der 34. Tagung des Finanzwissenschaftlichen Ausschusses des Vereins für Socialpolitik in München, 22.-24. Mai 1991

DERS. (1991) A Multi-Country Applied General Equilibrium Model for the Examination of VAT-Harmonization Proposals in the European Community. Modelling, Calibration and Construction of a Microconsistent Dataset, Universität Regensburg, Diskussionspapier 236

DERS. (1993) Value Added Tax in the EC after 1992. Some Applied General Equilibrium Calculations, in: European Economic Review 37, S. 1483 ff

DERS. (1994) Should the EU Adopt the Origin Principle for VAT after 1997? in: Finanzarchiv N.F. 51, S. 1 ff

DERS. (1995) Welfare Effects of Value-Added Tax Harmonization in Europe. A Computable General Equilibrium Analysis, Berlin et.al.

FICHTNER, U. (1988) Grenzüberschreitende Verflechtungen und regionales Bewußtsein in der Regio, Schriften der Regio 10, Basel.

FISHER, R. C. (1980) Local Sales Taxes: Tax Rate Differentials, Sales Loss, and Revenue Estimation, in: Public Finance Quarterly 8, S. 171 ff

FITZGERALD, J.D./QUINN, T.P./WHELAN, B.J./WILLIAMS, J.A. (1988) An Analysis of Cross-Border Shopping, The Economic and Social Research Institute, Discussion Paper 137, Dublin, zit. als ESRI (1988)

FITZGERALD ET.AL. (1995) siehe ESRI (1995)

FLUME, W. /SCHMIDT, K. (1962) Die steuerliche Behandlung des grenzüberschreitenden Verkehrs nach Montanunion- und EWG-Vertrag, in: Schriftenreihe der Wirtschaftsvereinigung Eisen- und Stahlindustrie, H. 3, Düsseldorf

FORST, C. (1993) Erste Erfahrungen der Finanzverwaltung mit dem Umsatzsteuer-Binnenmarktgesetz, insbesondere mit dem Kontrollverfahren, in: UR42, S. 339 ff

FOX, W. F. (1986) Tax Structure and the Location of Economic Activity Along State Borders, in: National Tax Journal 39, S. 387 ff

FRATIANNI, M./CHRISTIE, H. (1981) Abolishing Fiscal Frontiers Within the EEC, in: Public Finance/Finances Publiques 36, S. 411 ff

FREY, B. S. (1989) Intergovernmental Tax Competition, Vortrag, gehalten auf dem VIII. Münchener Symposium für Internationale Besteuerung des Vereins für Internationale Steuern und Finanzen, 3.7.1989 (unveröff. Manuskript)

FRIEDLAENDER, A. F./VANDENDORPE, A. L. (1968) Excise Taxes and the Gains from Trade, in: Journal of Political Economy 76, S. 1058 ff

FRIEDLAENDER, A. F./SWANSON, G. J./DUE, J. F. (1973) Estimating Sales Tax Revenue Changes in Response to Changes in Personal Income and Sales Tax Rates, in: National Tax Journal 26, S. 103

GADDUM, J. W. (1998) Zur Reform des Einkommensteuerrechts mit Blick auf die Europäische Währungsunion, DStZ 86, S. 195 ff

GAMMELGÅRD, G./JEPPESEN, S./THERKILDSEN, O. (1978) Der über die deutsch-dänische Landgrenze verlaufende Grenzhandel. Regionale Auswirkungen einer teilweisen EG-Harmonisierung, INSTITUT FÜR GRENZLANDFORSCHUNG, Aabenraa

GAMMELGÅRD, G./THERKILDSEN, S. (1982) Grenzhandel - Eine Einkaufsform und ihre Auswirkungen, INSTITUT FÜR GRENZLANDFORSCHUNG, Aabenraa

GEHRELS, F. (1956/57) Customs Union From a Single Country Viewpoint, in: Review of Economic Studies 24, S. 61 ff

GEHRKENS, P. (1970) EWG ohne Grenzkontrollen. Unterschiede allgemeiner Verbrauchbesteuerung in Einzelstaaten einer Gemeinschaft, dargestellt am Beispiel der USA, Düsseldorf

GENDRON, P.-P./MINTZ, J./WILSON, T. (1996) VAT Harmonization in Canada: Recent Developements and the Need for Flexibility, in: International VAT Monitor 7, S. 332 ff.

GENSER, B. (1992) Tax Competition and Tax Harmonization in Federal conomies, in: VOSGERAU, H.J. (Hrg.) European Integration in the World Economy, Heidelberg, S. 200 ff

DERS. (1994) Das Problem der Steuerharmonisierung aus allokativer Sicht, in: Europäische Integrationsprobleme aus wirtschaftswissenschaftlicher Sicht (hrg. v. B. GAHLEN/ H. HESSE/H.J.RAMSER), Tübingen, S. 65 ff

DERS. (1996) A Generalized Equivalence Property of Mixed International Tax Regimes, in: Scandinavian Journal of Economics 98 (2), S. 253 ff

DERS. (1997) Auf der Suche nach einer föderativen Finanzverfassung für Europa, in: Zentrum und Peripherie – Zur Entwicklung der Arbeitsteilung in Europa (hrg. von H. -J. VOSGERAU), SchdVfSocPol NF Bd. 250, Berlin, S. 101 ff

DERS. (1998a) Patterns of Tax Arbitrage and Decentralized Tax Autonomy, in: Topics in Public Economics (hrg. v. D. PINES/E. SADKA/I. ZILCHA), Cambridge, S. 262 ff

DERS. (1998b) Wieviel Umsatzsteuerautonomie bleibt im EU-Binnenmarkt?, in: Zur Zukunft der Staatsfinanzierung (hrg. v. K.-D. HENKE), Berliner Abhandlungen zur Staatswissenschaft, Berlin, S. 1 ff

DERS. (1999) Ist der Verlust der Besteuerungsautonomie der Preis für die Europäische Integration?, in: Probleme der Besteuerung II (hrg. v. N. ANDEL), SchrdVfSocPol, Berlin, NF Bd. 259 I, S. 9 ff

DERS./HAUFLER, A. (1996) On the Optimal Tax Policy Mix when Consumers and Firms are Imperfectly Mobile, in: Finanzarchiv N.F. 53, S. 411 ff

DERS. (1998) Tax Policy and the Location Decision of Firms, in: Trade, Growth, and Economic Policy in Open Economies (hrg. v. K. JÄGER/KOCH, K.-J.), Berlin et. al.

GENSER, B./HAUFLER, A. /SØRENSEN, P. (1995) Indirect Taxation in an Integrated Europe: Is there a Way of Avoiding Trade Distortions without Sacrifying National Tax Autonomy, in: Journal of Economic Intergration 10, S. 178 ff

GEORGAKOPOULOS, T. (1972), Tax Harmonization and International Income Distribution, in: National Tax Journal 25, S. 541 ff

DERS. (1974a) Trade Creation and Trade Diversion in Tax Unions and Customs Unions, in: Public Finance Quarterly 2, S. 411 ff

DER. (1974b) The "Excess Burden" Controversy in a Trading World: A Case for Special Indirect Taxes, in: Public Finances/Finances Publiques 29, S. 152 ff

DERS. (1989) Harmonisation of Commodity Taxes, in: Journal of Public Economics 39, S. 137 ff

GEORGAKOPOULOS, T./HITIRIS, T. (1992) On the Superiority of the Destination over the Origin Principle of Taxation for Intra-Union Trade, in: Economic Journal 102, S. 117 ff,

GERLING, K. (1956) Der Schmuggel als finanzpolitisches Problem. Ein Beitrag zur Lehre von den Steuerwiderständen, Finanzwissenschaftliches Forschungsinstitut an der Universität zu Köln, Finanzwissenschaftliche Forschungsarbeiten NF 12, Köln

GIERSCH, H. (1962) Zur Frage der Anwendbarkeit des Ursprungs- oder Bestimmungslandprinzips bei der Umsatzsteuer im Gemeinsamen Markt, in: Schriftenreihe der Wirtschaftsvereinigung Eisen- und Stahlindustrie, H. 1, Düsseldorf

GORDON, R. H. (1983) An Optimal Taxation Approach to Fiscal Federalism, in: Quarterly Journal of Economics 98, S. 566 ff

GORDON, R.H./NIELSEN, S.B. (1997) Tax Avoidance and Value added-Tax vs. Invome Taxation in a Open Economy, in: Journal of Public Economics 55, S. 173 ff

GOTTFRIED, P. /WIEGARD, W. (1991) Exemption versus Zero Rating. A Hidden Problem of VAT, in: Journal of Public Economies 46, S. 307 ff

GROSSMANN, G. M. (1980) Border Tax Adjustments. Do They Distort Trade?, in: Journal of International Economics 10, S. 117 ff

HÄRTEL, H.H. (1997) Steuerdumping und Steuerwettbewerb, Wirtschaftsdienst 77, S. 1 ff

HÄUSER, K. (1972) Steuerausgleich an der Grenze versus Wechselkursänderung, in: Besteuerung und Zahlungsbilanz (hrg. v. W. ALBERS), SchdVfS NF 68, S. 9 ff

HAGEMANN, G. (1968) Aufkommenselastizitäten ausgewählter Steuern in der Bundesrepublik Deutschland 1950-63, Institut für Weltwirtschaft an der Universität Kiel, Kieler Studien 85, Tübingen

HAHN, W. (1988) Steuerpolitische Willensbildungsprozesse in der Europäischen Gemeinschaft. das Beispiel der Umsatzsteuerharmonisierung, Finanzwissenschaftliche Schriften, Bd. 37, Frankfurt/M.

HAIG, R. M./SHOUP, C. S. (1934) The Sales Taxes in the American States, New York, S. 470 ff

HALPER, H./LABOVITZ, J.M. (1968) Federal Revenues and Expenditures in Several States, Washington

HAMM, R. /WIENERT, H. (1991) Simulation von regionalen Binnenmarkt- und Vereinigungseffekten mit Hilfe des einfachen Top-Down-Modells für Westdeutschland, Ruhr-Forschungsinstitut für Innovations- und Strukturpolitik e.V., 2/1991 ql 420 h 224

HAMOVITCH, W. (1966) Sales Taxation: An Analysis of the Effects of Rate Increases in Two Contrasting Cases, in: National Tax Journal 19, S. 411 ff

HANSEN, A./HANSEN, C. (1986) Der Grenzhandel und seine Preisempfindlichkeit (deutsche Übersetzung), INSTITUT FÜR GRENZLANDFORSCHUNG, Aabenraa, zit. als INSTITUT FÜR GRENZLANDFORSCHUNG (1986)

HARBERGER, A. C. (1962) The Incidence of the Corporation Income Tax, in: Journal of Political Economy 70, S. 215 ff

DERS. (1964) Taxation, Resource Allocation and Welfare, in: The Role of Direct and Indirect Taxes in Federal Systems, NBER, Washington, S. 25 ff

HATTA, T. (1986) Welfare Effects of Changing Commodity Taxes Toward Uniformity, in: Journal of Public Economics 29, S. 99 ff

HAUFLER, A. (1990) Die Abschaffung der Steuergrenzen im Gemeinsamen Markt: EG-Vorschläge 1989 und alternative Lösungen, in: Umsatz- und Verkehrsteuerrecht 5/1990, S. 131 ff

DERS. (1990) General Consumption Taxes and International Trade: A Duality Approach, in: Diskussionsbeiträge des SFB 178, Nr. 112, Uni Konstanz

DERS. (1991) Unilateral Tax Reform Under the Restricted Origin Principle, in: Diskussionsbeiträge des SFB 178, Nr. 142, Uni Konstanz

DERS. (1993) Commodity Tax Harmonization in the European Community, A General Equilibrium Analysis of Tax Policy Options in the Internal Market, Heidelberg

DERS. (1996a) Tax Differentials and External Tariffs in an Trade Deflection Model, in: S. 47 ff,

DERS. (1996b) Tax Coordination with Different Preferences for Public Goods: Conflict or Harmony of Interests?, in: International Tax and Public Finance 3, S. 5 ff

DERS./NIELSEN, S.B. (1997) Dynamic Effects of an Anticipated Switch from Destination- to Origin-Based Commodity Taxation, in: Journal of Economics/Zeitschrift für Nationalökonomie 66, S. 43 ff

HEDTKAMP, G. (1968) Lehrbuch der Finanzwissenschaft, Neuwied/Berlin

HEINEMANN, F. (1997) Steuerwettbewerb oder Steuerharmonisierung in Europa, Orientierungen zur Wirtschafts- und Gesellschaftspolitik 73, Ort

HELMSTÄDTER, H.-G./VOGELBUSCH, F. (1991) Die Mittelstandsstichprobe des IfM - Aufbau, Aussagefähigkeit, Ergebnisse, Institut für Mittelstandsforschung, ifm-Materialien 81, Bonn

HERZIG, N. (Hrg.) (1994) Harmonisierung der Körperschaftsteuersysteme in den EU-Staaten, Köln

HIRSCHMAN, A. O. (1970) Exit, Voice, Loyality, Cambridge (Mass.)

HOTZE, H. (1988) Europa als Chance, in: Wirtschaftswoche 5/1988, S. 30

HOHE BEHÖRDE DER EUROPÄISCHEN GEMEINSCHAFT FÜR KOHLE UND STAHL (1953a) Bericht über die durch die Umsatzsteuer aufgeworfenen Probleme auf dem gemeinsamen Markt, Luxemburg (zit. als TINBERGEN-Bericht (1953))

HOMBURG, S. (1997) Allgemeine Steuerlehre, München

HÜSCHENS, F. (1998) Die Entwicklung des EG-Umsatzsteuerrechts im Jahre 1997, in: EuZW 9, S. 357/362

DERS. (1999) Die Entwicklung des Mehrwertsteuerrechts im Jahre 1998, in: EuZW 10, S. 357 ff.

INMAN, R.P./D.L. RUBINFELD (1996) Designing Tax Policy in a Federalist Economy. An Overview, in: Journal of Public Economics 60, S. 307 ff

INSTITUT FÜR GRENZLANDFORSCHUNG (1986) Der Grenzhandel und seine Preisempfindlichkeit, (deutsche Übersetzung), Aabenraa

INSTITUT FÜR GRENZLANDFORSCHUNG(1990), (1992 a), (1992 a), (1995), siehe: BYGVRA (1990), (1992 a), (1992 a), (1995)

INSTITUT FÜR HANDELSFORSCHUNG (1995) Auswirkungen des EU-Beitrittes und zur Frage nicht eingetretener Preisänderungen in ausgewählten EH-Branchen für die Bundesländer Kärnten/Tirol/Salzburg/Oberösterreich, Endbericht, Wien

INSTITUT FÜR WELTWIRTSCHAFT (1994): Siehe BODE (1994) et. al.

ISSING, O. (1980) Zur Preisbildung an den Autobahntankstellen, in: Arbeitsbuch Angewandte Makroökonomik (hrg. v. H. HESSE), Tübingen, S. 122 ff

JANEBA, E. (1989) Ökonomische Probleme der Steuerharmonisierung, Europäisches Parlament, Generaldirektion Wissenschaften, Sammlung Wissenschaft und Dokumentation. Reihe Wirtschaftsfragen, Luxemburg

DERS. (1997) International Tax Competition, Tübingen

JOHNSON, H. G./KRAUSS, M. (1970) Border Taxes, Border Tax Adjustments, Comparative Advantage, and the Balance of Payments, in: Canadian Journal of Economics 3, S. 595 ff

KANBUR, R. /KEEN, M. (1993) Jeux sans Frontiers: Tax Competition and Tax Cordination when Countries Differ in Size, in: American Economic Review 83, S. 877 ff

KAUFFMANN, H. (1975) Überwälzung und Inzidenz der Nettoumsatzsteuer, Frankfurt/Main

KAY, J./KEEN, M. (1987) Alcohol and Tobacco Taxes: Criteria for Harmonisation, in: Tax Coordination in the European Community (hrg. v. S. CNOSSEN), Deventer, S. 85 ff

KEEN, M. (1987) Welfare Effects of Commodity Tax Harmonization, in: Journal of Public Economics 33, S. 107 ff

DERS. (1989) Pareto-Improving Indirect Tax Harmonisation, in: European Economic Review 33, S. 1 ff

DERS. (1993) The Welfare Economics of Tax Co-Ordination in the European Community: A Survey, Fiscal Studies 14/2, S. 15 ff

KEEN, M./SMITH, S. (1996) The Future of Value Added Taxation in the European Union, in: European Policy 23, S. 375 ff

KELLER, T. (1964) Steuerharmonisierung in der Europäischen Wirtschaftsgemeinschaft nach den Vorschlägen des Sozial- und Finanzausschusses, in: Außenwirtschaft 19, S. 95 ff

KEUSCHNIGG, C. (1987) Ein kleines numerisches Gleichgewichtsmodell für Österreich, Institut für Finanzwissenschaft der Universität Innsbruck, Finanzwissenschaftliche Diskussionsreihe 4, Innsbruck

KLEZATH, P. (1992) Umsatzsteuer und Binnenmarkt – Die Übergangsregelung zum 1.1.1993, in: UR 41, S. 61 ff

KNUDSEN, P.B./SWITALLA, D. (1992) Harmonisierung der Verbrauchsteuern, in: ZfZ o.Jg., S. 220 ff

KOELLREUTER, C. (1973) Zur Theorie der internationalen Steuerinzidenz, Zürich

KOLK, T. (1993) Alkoholkonsumtionens „mörkertal“. Analys och beräkning, 25. Mars 1993, oO

KOMMISSION DER EUROPÄISCHEN WIRTSCHAFTSGEMEINSCHAFT (EWG) (1962) Bericht des Steuer- und Finanzausschusses, Brüssel (zit. als NEUMARK-Bericht (1962))

DIES. (1962) General Report of the Sub-Groups A, B and C, inoffizielle Übersetzung von H. THURSTON vom International Bureau of Fiscal Documentation, Amsterdam 1960 (zit. als GENERAL REPORT OF THE SUB-GROUPS A, B AND C (1962))

KOMMISSION DER EUROPÄISCHEN GEMEINSCHAFTEN (1986) Vollendung des Binnenmarktes, Weißbuch der EG-Kommission an den Europäischen Rat, KOM (85) 310 endg.

KOMMISSION DER EUROPÄISCHEN GEMEINSCHAFTEN (1990) Mitteilungen der Kommission der Europäischen Gemeinschaften an das Parlament und den Rat über Leitlinien der Unternehmensbesteuerung, Bundesrats-Drucksache 360/90 vom 18.5.1990

KOMMISSION DER EUROPÄISCHEN GEMEINSCHAFTEN (1991) Consumer Behavior in the Internal Market, Brüssel

KOMMISSION DER EUROPÄISCHEN GEMEINSCHAFTEN (1992) Mitteilungen der Kommission an den Rat und das Europäische Parlament im Anschluß an die Schlußfolgerungen des unabhängigen Sachverständigenausschusses über die Leitlinien für die Unternehmensbesteuerung im Rahmen der Vertiefung des Binnenmarktes,

KOMMISSION DER EUROPÄISCHEN GEMEINSCHAFTEN - RAT (1992) Richtlinie 92/77/EWG des Rates zur Ergänzung des gemeinsamen Mehrwertsteuersystems und zur Änderung der Richtlinie 77/388/EWG (Annäherung der MwSt-Sätze), Amtsblatt der Europäischen Gemeinschaften L 316

KRAUSE-JUNK, G. (1983) Finanzwirtschaftliche Verteilungspolitik, in: Handbuch der Finanzwissenschaft, Bd. III, 3. Aufl., Tübingen, S. 257 ff

DERS. (1990) Ein Plädoyer für das Ursprungslandprinzip, in: Finanzwissenschaft im Dienste der Wirtschaftspolitik (hrg. v. F.X. BEA und W. KITTERER), FS Pohmer, Tübingen, S. 253 ff

DERS. (1992) Die europäische Mehrwertsteuer und das Ursprungslandprinzip, in Finanzarchiv N.F. 49, S. 141 ff

DERS. (1999) Preisdumping und Steuerdumping – wie weit reicht die Parallele? in: Finanzarchiv N.F. 56, S. 86 ff

KRAUSS, M. (1967) Balance of Payments Aspects of Tax Harmonization, in: National Tax Journal 20, S. 29 ff

DERS. (1968) Tax Harmonization and Allocative Efficiency in Economic Unions, in: Public Finances/Finances Publiques 23, S. 367 ff

KRAWITZ, N. (1993) Stand der EG-Steuerharmonisierung, in: Steuer und Studium 13, S. 93 ff

KREBS, H.-J. (1990) Die Harmonisierung der direkten Steuern für Unternehmen in der Europäischen Gemeinschaft, in: Betriebsberater 45, S. 45 ff

KUHN, M.A./WHITE, G.W. (1985) Examination of Differences in U.S. and State/Local Taxation as They Relate to Interstate Commerce, in: Intertax 5/1986, S. 110 ff

LANGER, C. (1987) Produktionsverflechtung in der EG. Ein interregionales Input-Output Modell für die Staaten der Europäischen Gemeinschaft, HWWA, Hamburg

LANGER, M. (1992) Umsatzsteuer im Binnenmarkt, Herne/Berlin,

LARBIG (1998) Perspektiven des europäischen Steuerwettbewerbs, in: Wirtschaftsdienst 78, S. 743 ff

LAUX-MEISELBACH, W. (1985) Bestimmungs- und Ursprungslandprinzip der Besteuerung bei Existenz von Zwischenprodukten, Institut für Ausländisches und Internationales Finanz- und Steuerwesen der Universität Hamburg, Diskussionspapier, Hamburg

LAWSON, N. (1988) Besteuerung im einheitlichen Binnenmarkt. Ein marktorientiertes Konzept (dt. Übersetzung), Britische Botschaft, Europäische Notizen aus Großbritannien, Dokument E 15/88,

LEE, C./PEARSON, M./SMITH, S. (1988) Fiscal Harmonisation: An Analysis of the European Commis-sion's Proposals, The Institute for Fiscal Studies, London

LEISE, H. (1972) "Schmuggel" im Handwörterbuch des Steuerrechts (hrg. v. G. FELIX u.a), München/Bonn, S. 923

LENK, T./VOGELBUSCH, F. (1999) Steuerarbitrage bei der Mineralölsteuer - Wie wirkt eine Anhebung der Mineralölsteuer um 18 Pfg. je 1 im Zuge der geplanten Steuer- und Rentenreform auf das Tankverhalten im grenznahen Raum?, ifo-Studien S. 323 ff

LEONTIADES, M. (1966) The Logic of Border Taxes, in: National Tax Journal 19, S. 173 ff

LERNER, A.P. (1936) The Symmetry Between Import and Export Taxes, in: Economica 11, S. 306 ff

LEVIN, H. M. (1966) An Analysis of the Economic Effects of the New York City Sales Tax, in: Financing Government in New York City, Graduate School of Public Administration of New York City University, Report to the Temporary Commission on City Finances, New York, S. 635 ff

LONDON ECONOMICS (1994) The Cross-Border Purchase of Excise Products – Evidence from Europe and North America, London

LOCHNER, N. (1962) Was bedeuten die Begriffe Harmonisierung, Koordinierung und gemeinsame Politik in den Europäischen Verträgen, in: Zeitschrift für die gesamte Staatswissenschaft 118, S. 35 ff

LOCKWOOD, B. /DEMEZA, D. /MYLES, G. (1994a) When are Origin and Destination Regimes Equivalent?, in: International Tax and Public Finance 1, S. 5 ff

DERS. (1994b) The Equivalence Between Destination and Non-Reciprocal Restrictes Origin Tax Regimes, in: Scandinavian Journal of Economics 96, S. 311 ff

ders. (1995) On the European Union VAT Proposals: The Superiority of Origin over Destination Taxation, in: Fiscal Studies 16, S. 1 ff

LONGO, C.A. (1978) Tax Coordination Under Benefit Taxation, in: National Tax Journal 31, S. 385 ff

MÄSTLE, A. (1987) Die Steuerunion. Probleme der Harmonisierung spezifischer Gütersteuern, Frankfurt a.M./Bern/New York

MALIET, L. D. (1955) A Comparative Study of the Illinois Retailers' Occupation Tax and the Iowa Retail Sales and Use Tax, Diss. University of Illinois

MAYER, W. (1981) Theoretical Considerations on Negotiated Tariff Adjustments, in: Oxford Economic Papers 33, S. 135 ff

MCALLISTER, H. E. (1961) The Border Tax Problem in Washington, in: National Tax Journal 14, S. 362 ff

MCLURE, C. E. (1964) Commodity Tax Incidence in Open Economies, in: National Tax Journal 17, S. 189 ff

DERS. (1967) The Interstate Exporting of State and Local Taxes: Estimates for 1962, in: National Tax Journal 20, S. 49 ff

DERS. (1980) Tax Competition: Is What's Good for the Private Goose Also Good for the Public Gander? in: National Tax Journal 39, S. 341 ff

ders. (1997) Electronic Commerce, States Sales Taxation, and Intergovernmental Fiscal Relations, in: National Tax Journal 50, S.

MEADE, J.E. (1952) A Geometry of International Trade, London

DERS. (1953): Problems of Economic Union, Chicago

DERS. (1955a) The Theory of International Economic Policy, Vol. II: Trade and Welfare, London/New York/Toronto

DERS. (1955b) The Theory of International Economic Policy, Vol. II: Trade and Welfare - Mathematical Supplement, London/New York/Toronto

MELVIN, J.R. (1970) Commodity Taxation as a Determination of Trade, in: Canadian Journal of Economics 3, S. 62 ff

MENNER, S./HAUFLER, A. (1991) Wettbewerbsverzerrungen und Harmonisierung der Umsatzsteuer im Europäischen Binnenmarkt, in: Diskussionsbeiträge des SFB 178, Nr. 127, Uni Konstanz

MESENBERG, H. (1970) Der steuerliche Ausgleich beim Grenzübergang im internationalen Handel, Heidelberg

DERS. (1977) Exportneutrale Mehrwertsteuer, Institut für Finanzen und Steuern, Grüner Brief 171

MESSERE, K. (1979) A Defense of the Present Border Tax Adjustment Practises, in: National Tax Journal 32, S. 481 ff

METTE, S. (1994) Europäischer Binnenmarkt und Mehrwertsteuerharmonisierung Entscheidungsprozesse in der Europäischen Gemeinschaft, Nomos, Baden-Baden

MEYDING, B. (1991), Umsatzbesteuerung im Europäischen Binnenmarkt, Baden-Baden

MEYER, W. (1967) Wettbewerbsverzerrungen im Internationalen Handel, Freiburg i.Br.

MICK, M. (1995) Harmonisierung der Umsatzsteuer, in: Handbuch des Europäischen Steuer- und Abgabenrechts (hrg. v. D. BIRK), Berlin, S. 679 ff

MIKESELL, J. L. (1969) An Analysis of Municipal Sales Taxation, Diss. Urbana (Illinois)

DERS. (1970) Central Cities and Sales Tax Rate Differentials: The Border City Problem, in: National Tax Journal 23, S. 209

DERS. (1971) Sales Taxation and the Border County Problem, in: Quarterly Review of Economics and Business 11, S. 23 ff

DERS. (1977) Income Elasticities of State Sales Tax Base Components, in: Quarterly Review of Economics and Business 17, S. 83 ff

DERS./ZORN, C. K. (1986) Impact of the Sales Tax Rate on its Base: Evidence from a Small Town, in: Public Finance Quarterly 14, S. 329 ff

MILHØJ, A. (1993) Virkningen af afgiftsnedsætetelser på Øl – og vinsalget i Danmark, Nordisk alkoholtidskrift 10 (6), S. 319 ff

MINTZ, J./TULKENS, H. (1986) Commodity Tax Competition Between Member States of a Federation: Equilibrium and Efficiency, in: Journal of Public Economics 29, S. 133 ff

MÖLLER, H. (1968) Ursprungs- und Bestimmungslandprinzip. Ein Beitrag zur Lehre von den Steuerwirkungen auf die internationalen Wirtschaftsbeziehungen unter Berücksichtigung des Gemeinsamen Marktes, in: Finanzarchiv N.F. 27, S. 385 ff

MOLITOR, B. (1990) Probleme der EG-Steuerharmonisierung, in: Die Verwirklichung des EG-Binnenmarktes. Auswirkungen und Herausforderungen, Beihefte der Konjunkturpolitik, H. 36, S. 97 ff

MOLLE, W. (1990) The Economics of European Integration: Theory, Practise, Politics, Aldershot/Brookfields

MSI MARKET SERVICES (1995a) Border Sales von Polen nach Deutschland, Volumens-Ermittlung (Juni 1995), Hamburg

DERS. (1995b) Ambulanter Handel mit Cigaretten in Ostdeutschland, Volumens-Ermittlung (September 1995), Hamburg

DERS. (1996a) Border Sales von Luxemburg nach Deutschland, Absatzmessung Frühjahr '96), Hamburg

DERS. (1996b) Border Sales von Tschechien nach Deutschland, Volumens-Ermittlung Mai 1996), Hamburg

MÜLLER, W. (1998) Was ist „fairer" Steuerwettbewerb und welche Regeln braucht er? in: Konjunkturpolitik 44 , S. 313 ff,.

MUSGRAVE, R. A. (1961) Fiscal Systems, New Haven/London

DERS. (1961) Approaches to a Fiscal Theory of Political Federalism, in: Needs, Sources, and Utilization, NBER, Princeton, S. 97 ff

DERS. (1958) The Theory of Public Finance, New York

DERS./DAICOFF, D.W. (1958) Who Pays the Michigan Taxes, Michigan Tax Study Papers, (hrg. v. Harvey BRAZER), Lansing (Michigan)

DERS./RICHMAN, P. B. (1964) Allocation Aspects, Domestic and International, in: The Role of Direct and Indirect Taxes in the Federal Revenue System, NBER/Brookings, Princeton, S. 81 ff

DIES. (Musgrave, R. A./Musgrave, P. B.) (1989) Fiscal Coordination and Competition in an International Setting, Vortrag, gehalten auf dem VIII. Münchener Symposium für Internationale Besteuerung des Vereins für Internationale Steuern und Finanzen, 3.7.1989

NATIONAL ECONOMIC DEVELOPMENT OFFICE (1971) Value Added Tax, Her Majesty's Stationery Office, London, 2. Aufl.

NEUMARK, F. (1963) Möglichkeiten und Grenzen einer Steuerangleichung im Gemeinsamen Markt, in: Steuerkongreß-Report, München/Berlin, S. 29 ff

NOLL, B. /RÖDDER, T. (1992) Das neue Umsatzsteuerrecht des Exports und Imports, Düsseldorf

NORMAN, V. (1989) EFTA and the Internal European Market, in: Economic Policy 9, S. 423 ff

NOWOTNY, E. (1999) Der öffentliche Sektor. Eine Einführung in die Finanzwissenschaft, unter Mitarbeit von C. SCHEER und H. WALTHER, 4. Aufl., Berlin et.al. (zit. als NOWOTNY/SCHEER (1999))

OAKLAND, W. H. (1967) The Theory of the Value-Added-Tax: I - A Comparison of Tax Bases, in: National Tax Journal 20, S. 119 ff, 270 ff

OATES, W. E. (1972) Fiscal Federalism, New York

OBERHAUSER, A. (1964) Material zur regionalen Streuung des Aufkommens einer Einzelhandelsumsatzsteuer, in: Kommunale Finanzen und Finanzausgleich, hrg. von H. TIMM und H. JECHT, SchdVfSPol 32 NF, S. 219 ff

OEHSEN, J. Hermann von (1988) Außenhandelseffekte spezieller Gütersteuern, Institut für Ausländisches und Internationales Finanz- und Steuerwesen der Universität Hamburg, Diskussionspapier, Hamburg

PARSCHE, R./SEIDEL, B./TEICHMANN, D. (1988) Die Beseitigung von Steuergrenzen in der Europäischen Gemeinschaft. Vorteile und Probleme einer Harmonisierung von Mehrwertsteuer und Verbrauchsteuern im europäischen Binnenmarkt, DIW, Sonderheft 145, Berlin

PARSCHE, R./STEINHERR, M./WALLER, S. (1996) Ursprungslandprinzip und Clearing bei der Mehrwertsteuer – ein makroökonomischer Ansatz, ifo-Studien zur Finanzpolitik 61, ifo-Institut für Wirtschaftsforschung, München.

PEARSON, M./SMITH, S. (1988) 1992: Issues in Indirect Taxation, in: Fiscal Studies 9, H. 4

PEFFEKOVEN, R. (1969) Die Besteuerung des interregionalen Handels in den USA, in: Finanzarchiv N.F. 68, Berlin, S. 415 ff

DERS. (1972) Das Bestimmungs- und Ursprungslandprinzip bei Steuern im grenzüberschreitenden Verkehr, in: Besteuerung und Zahlungsbilanz (hrg. v. K. HÄUSER et. al.), SchdVfS, NF 68, Berlin, S. 37 ff

DERS. (1975) Zur Theorie des Steuerexports, Tübingen

DERS. (1978a) Protektionistische Praktiken, in: Wirtschaftswoche 33/1978, S. 56 ff

DERS. (1978b) Die Besteuerung des internationalen Handels, WiSt 7, S. 163 ff

DERS. (1983) Probleme der internationalen Finanzordnung, in: Handbuch der Finanzwissenschaften, Bd. IV, 3. Aufl., Tübingen, S. 220 ff

DERS. (1984) Anrechnung versus Freistellung - Zur ökonomischen Analyse internationaler Besteuerungsprinzipien, in: Außenwirtschaft 39, S. 137 ff

PESMATZOGLOU, H. (1996) Die Harmonisierung der Kapitaleinkommensbesteuerung in der Europäischen Union, Europäische Hochschulschriften, Reihe V, Bd. 1970, Frankfurt/M.,

PFLUGMANN, B. (1989) Zum Abbau der Steuergrenzen in den Europäischen Gemeinschaften, in: Finanzarchiv N.F. 47, S. 324 ff

PIEDA INC.(1994) The Economic Impact of Cross-Border Shopping and Bootlegging on the Independent Tobacco Retailing Sector, Edinghburgh (zit. als PIEDA.(1994))

PIGOU, A. C. (1947) A Study in Public Finance, 3. Aufl. London/New York

PINKERNELL, R. (1999) Ertrag- und umsatzsteuerliche Besonderheiten des grenzüberschreitenden Softwarevertriebs über das Internet, in: StuW 76, S. 281 ff

POHMER, D. (1979) Zum Grenzausgleich bei der Umsatzsteuer, in: Wirtschaftswissenschaft als Grundlage staatlichen Handelns (hrg. v. P. BOHLEY/G. TOLKEMITT), FS Haller, S. 249 ff, Tübingen

POMMEREHNE, W.W./WECK-HANNEMANN, H. (1992) Steuerhinterziehung: Einige romantische, realistische und nicht zuletzt empirische Befunde, Zeitschrift für Wirtschafts- und Sozialwissenschaften 112, S. 433 ff

PRICE WATERHOUSE (1994) VAT and Excise Duties: Changes in Cross-Border-Purchasing Patterns following the Abolition of Fiscal Frontiers on 1 January 1993, Final Report to the Commission of the European Community, DGXXI/C-3, Luxembourg

RATZINGER, J. (1997) Perspektiven für die Umsatzbesteuerung in der Europäischen Union, in: Wirtschaftsdienst 77, S. 743 ff

DERS. (1998) Die Bedeutung privater Direktimporte für die Güterbesteuerung in der Europäischen Union, ifo-Studien zur Finanzpolitik 65, München

DERS. (1999) Perspektiven für die Umsatzbesteuerung – eine Erwiderung, in: Wirtschaftsdienst 79, S. 743 ff

REGUL, R. (1955/56) Wirtschaftsintegration und Steuersystem, in: Finanzarchiv N.F. 6, S. 313 ff

DERS. (1965) Internationale Finanzprobleme der Europäischen Gemeinschaft für Kohle und Stahl, in: Handbuch der Finanzwissenschaft, 2.Aufl., 4.Bd, Tübingen

RICHTER, W. (1997) An Efficiency Analysis of Consumption and Production Taxes with an Application to Value Added-Taxation, Universität Dortmund, mimeo

ROBSON, P. (1984) The Economics of International Intergration, 2. Aufl., London

ROLPH, E. R.(1955) Interregional Trade and State Excise Taxes, in: National Tax Journal 8, S. 388 ff

ROSE, K. (1981) Theorie der Außenwirtschaft, 8. Aufl., München

ROSE, M. (1987) Optimal Tax Perspective on Tax Coordination, in: Tax Coordination in the European Community (hrg. v. S. CNOSSEN), Deventer et.al., S. 113 ff

ROTH, W. V.(1968) Future United States Foreign Trade Policy; Report for the President, U.S. Office of the Special Representative for Trade Negotiations, Washington

ROUSSE, o.V./HESTER, D. O. (1938) The Sales Tax, University of Texas, Publication No. 3838

RUDING-KOMMITEE (1995) Bericht des unabhängigen Sachverständigenausschusses zur Unternehmensbesteuerung, Luxemburg

SALMUTH, J. v. (1991) Versuch einer empirischen Untersuchung über den Zusammenhang zwischen der Nachfrage nach Diesel-Pkw und dem billigeren ausländischen Dieselpreis in Grenzkreisen", Typoscript, Bonn

SANDLER, T.M./SHELTON, R.B. (1972) Fiscal Federalism, Spillovers and Export of Taxes, in: Kyklos 25, S. 736 ff

SCHEMMEL, L. (1989) Steuerharmonisierung in der Europäischen Gemeinschaft, Karl-Bräuer-Institut des Bundes der Steuerzahler e.V., H. 65, Wiesbaden

SCHMIDT, K. (1965) Zur Koordination von Steuern bei wirtschaftlicher Integration, in: Weltwirtschaftliche Probleme der Gegenwart (hrg. v. E. SCHNEIDER), SchdVfS NF 35, S. 429 ff

SCHMÖLDERS, G. (1953a) Der deutsche Zollverein als historisches Vorbild einer wirtschaftlichen Integration in Europa, in: Travaux de l'Institute International de Finances Publiques, Den Haag, S. 137 ff

DERS. (1953b) Die Angleichung der Europäischen Steuersysteme, in: Public Finance/Finances Publices 8, S. 243 ff

DERS. (1953c) Der Steuerstreit in der Montanunion, in: Archiv des öffentlichen Rechts 79, S. 105 ff

DERS. (1962) Zur Frage der steuerlichen Wettbewerbsverzerrungen im grenzüberschreitenden Warenverkehr innerhalb der Europäischen Wirtschaftsgemeinschaft, in: Schriftenreihe der Wirtschaftsvereinigung Eisen- und Stahlindustrie, H.2, Düsseldorf

SCHNEIDER, D. (1981) Ist Steuerüberwälzung meßbar?, in: Finanzarchiv N.F. 40, S. 240 ff

DERS. (1982) Was senkt die Unternehmensgewinne mehr: eine Ergänzungsabgabe oder eine Umsatz- und Verbrauchsteuererhöhung, in: Betriebsberater 37, S. 381 ff

SCHNEIDER, E. (1969) Einführung in die Wirtschaftstheorie, III. Teil: Geld, Kredit, Volkseinkommen und Beschäftigung, 11. Aufl., Tübingen

SCHRÖER-SCHALLENBERG, S. (1995) Harmonisierung der sonstigen Verbrauchsteuern, in: Handbuch des Europäischen Steuer- und Abgabenrechts (hrg. v. D. BIRK), Berlin, S. 709 ff.

SCHUBERT, W. (1956) Internationale Doppelbesteuerung bei der Umsatzsteuer in ökonomischer Hinsicht, in: Cahiers de droit fiscal international (IFA-Cahiers) 31, S. 207 ff

SCHULTE, M. D. (1961) Der Einfluß unterschiedlicher Steuersysteme auf den Wettbewerb innerhalb eines Gemeinsamen Marktes, Diss. München

DIES. (1963) Die wirtschaftspolitischen Grundlagen des Bestimmungsland- und Ursprungslandprinzips, Travaux de l'Institute International de Finances Publiques, Luxembourg, S. 1 ff

SCOTT, A. (1987) Tax Harmonization in the Comparison of Federal and other States, in: European Journal of Political Economy 3, S. 219 ff

SENF, P. (1964) Wirkungen eines kurzfristigen Abbaus der Steuergrenzen in der EWG unter den zur Zeit gegebenen steuerlichen Bedingungen, Schriftenreihe der Wirtschaftsvereinigung Eisen- und Stahlindustrie, Heft 6, Düsseldorf

SHIBATA, H. (1967) The Theory of Economic Unions: A Comparative Analysis of Customs Unions, Free Trade Areas, and Tax Unions, Fiscal Harmonisation in Common Markets (hrg. v. C. S. SHOUP), 1. Bd., New York/London, S. 145 ff

SHOUP, C. S. (1953) Taxation Aspects of International Economic Integration, in: Aspects Financier et Fiscaux de l'Integration Economique Internationale, Travaux de l'Institute International de Finances Publiques, Den Haag, S. 89 ff

DERS. (1966) The Theory of Harmonization of Fiscal Systems, in: Comparaison et Harmonisation de Systèmes des Recettes Publiques, Particulièrement des Systèmes Fiscaux, Travaux de l'Institute International de Finances Publiques, Congrés du Luxembourg, La Haye/Paris/Saarbrücken, S. 23 ff

DERS. (Hrg.) (1967) Fiscal Harmonisation in Common Markets, 2 Bde., New York/London

DERS. (1972) Factors Bearing on an Assumed Choice Between a Federal Retail Sales Tax and a Federal Value Added Tax, Committee for Economic Development, (unveröff.)

SHOVEN, J. B./WHALLEY, J. (1984) Applied General-Equilibrium Models of Taxation and International Trade - An Introduction and Survey, in: Journal of Economic Literature 22, S. 1007 ff

SIEBERT, H. (1989a) Perspektiven zur Vollendung des europäischen Binnenmarktes, in: Kyklos 42, S. 181 ff

DERS. (1989b) The Harmonization Issue in Europe: Prior Agreement or Competitive Process?, Kieler Arbeitspapiere 377, Institut für Weltwirtschaft an der Universität Kiel

DERS. (1990) The Harmonization Issue in Europe: Prior Agreement or Competitive Process? in: The Completion of the Internal Market (hrg. v. H. SIEBERT), Tübingen, S. 53 ff,

DERS./KOOP (1996) Institutional Competition, A Concept for Europe?, in: Außenwirtschaft 51, S. 439 ff

SIEVERT, O. (1963) Außenwirtschaftliche Probleme steuerlicher Ausgleichsmaßnahmen innerhalb eines Gemeinsamen Marktes, Köln et. al.

SIMONS, A.L.C. (1981) Simplification of VAT Procedures in Intra-Community Trade, in: Intertax 10/1981, S. 375 ff

SINGER, J. T./DUE, J. F. (1963) The North Dakota Sales and Use Tax, A Report Prepared for the North Dakota Legislative Research Committee, o.O.

SINN, H.-W. (1990) Tax Harmonization and Tax Competition in Europe, in: European Economic Review 34, S. 489 ff

DERS. (1996) The Subsidiarity Principle and Market Failure in System Competitions, NBER Working Papers 5411

DERS. (1997a) Das Selektionsprinzip und der Systemwettbewerb, in: Fiskalföderalismus in EUROPA (HRG. V. A. OBERHAUSER), Berlin, S. 1 ff

DERS. (1997b) Deutschland im Steuerwettbewerb, in: Jahrbücher für Nationalökonomie und Statistik 216/6, S. 672 ff

SMITH, A./VENABLES, A.J. (1988) Completing the Internal Market in the European Community, in: European Economic Review 32, S. 1501 ff

SMITH, S. (1988) Excise Duties and the Internal Market, in: Journal of Common Market Studies 27, S. 147 ff

SØRENSEN, P. B. (1989) Issues in the Theory of International Tax Coordination, Institute of Economics, University of Copenhagen, Discussion Paper, Copenhagen

SPAHN, P. B./KAISER, H. (1991) Tax Harmonization or Tax Competition as Means to Integrate Western Europe, in: Konjunkturpolitik 37, S. 1 ff

STAHL, VORNAME (1982) Location and Spatial Pricing Theory With Nonconvex Transportation Cost Schedules, in: Bell Journal of Economics 13, S. 575 ff

STATISTISCHES BUNDESAMT (1979) Die Systematik der Wirtschaftszweige, Fassung für die Statistik im Produzierenden Gewerbe (SYPRO) mit Meldenummern des Güterverzeichnisses für die Produktionsstatistiken, Wiesbaden

STEHN, J. (1992) Umsatzbesteuerung im Binnenmarkt: Von der Mehrwertsteuer zur Verkaufssteuer, in: Die Weltwirtschaft H.3/92, S. 274 ff

DERS. (1994) Turnover Taxation in the EC: Options for Future Reforms, Kiel Institute of World Economics, Kiel Working Papers 613, Februar 1994

DERS. (1999) Perspektiven für die Umsatzbesteuerung, in: Wirtschaftsdienst 79, S. 232/743 ff

STOBBE, A. (1989) Volkswirtschaftliches Rechnungswesen, 7. Aufl., Berlin et.al.

STOBBE, E. (1993) Die Harmonisierung der speziellen Verbrauchsteuern in der Europäischen Gemeinschaft (Teil 1 und 2), in: ZfZ o.Jg., S. 170 ff und S. 194 ff

STOLPER, W.F./SAMUELSON, Paul A. (1941) Protection and Real Wages, in: The Review of Economic Studies 9/10, S. 58 ff

STRUNK, G. (1997) Grenzüberschreitende Geschäftsaktivitäten durch das Internet als weißer Fleck der Besteuerung, in: Internationales Steuerrecht, 6 , S. ff

SWARTZ, B. (1992) Gränshandeln. I: Svenska Bryggareföreningen: Dokumentation, Utfrågning om alkoholpolitiken den 26. November 1992, oO

SYMONS, E./WALKER, I. (1988) The Revenue and Welfare Effects of Fiscal Harmonisation for the UK, in: Oxford Review of Economic Policy 5, S. 61 ff

TANZI, V. (1967) Tax Systems and the Balance of Payments: An Alternative Analysis, in: National Tax Journal 20, S. 39 ff

TAX SURVEY COMMISSION (1936) Report of the Tax Survey Commission on North Dakota's Tax System and its Administration, Report No. 7, o.O.

TIEBOUT, C. (1956) A Pure Theory of Local Public Expenditure, in: Journal of Political Economy 64, S. 416 ff

TIMM, H. (1964) Finanzpolitische Autonomie untergeordneter Gebietskörperschaften und Standortverteilung - Ein Beitrag zur ökonomischen Beurteilung des Finanzausgleichs, in: Kommunale Finanzen und Finanzausgleich (hrg. von H. TIMM/H. JECHT), SchdVfS NF 32, S. 9 ff

TIPKE, KLAUS/LANG, J. (1996) Steuerrecht, 15. Auflage, Köln

TRANDEL (1992) Evading the Use Tax on Cross-Border Sales: Pricing and Welfare Effects, Journal of Public Economics 49, S. 313 ff

DERS. (1994) Interstate Commodity Tax Differentials and the Distribution of Residents, Journal of Public Economics 53, S. 435 ff

UNIVERSITY OF WISCONSIN. TAX STUDY COMMISSION (1959) Wisconsin's State and Local Tax Burden, Madison (Wisc.)

URSPRUNGSLANDKOMMISSION (1994) Ausarbeitung der endgültigen Regelung für die Umsatzbesteuerung des innergemeinschaftlichen Waren- und Dienstleistungsverkehrs und für ein funktionsfähiges Clearing-Verfahren, Schriftenreihe des Bundesministeriums der Finanzen, Heft 52, Bonn

VAHRENHORST, D. (1988) Möglichkeiten zur Vereinfachung bei Ein- und Ausfuhrverfahren, in: Der mittelständische Groß- und Außenhandel im Europäischen Binnenmarkt, Schriftenreihe des Kuratoriums des Deutschen Groß- und Außenhandels e.V., Heft 18, Bonn

VANDENDORPE, A. (1972) Optimal Tax Structures in a Model with Traded and Non-Traded Goods, in: Journal of International Economics 2, S. 235 ff

WALDENBERGER, A. (1999) Electronic Commerce: Der Richtlinienvorschlag der EG-Kommission, in EuZW 10, S. 296 ff

WALSH, M./JONES, J. D. (1988) More Evidence on the "Border Tax" Effect: The Case of Western Virginia, 1979-84, in: National Tax Journal 41, S. 261 ff

WASCHKAU, Hans (1974) Statistische Elastizitätsfunktionen und ihre Bedeutung für die ökonomisch-statistische Analyse, Potsdam

WATRIN (1997) Europa der Einheit oder der Vielfalt? in: Umbruch und Wandel: Herausforderungen zur Jahrhundertwende (hrg. von C.P. CLAUSSEN), (FS ZIMMERER), oO, S. 1 ff

WEINBERG, D. (1985) Bertrand Oligopoly in a Spatial Context: The Case of Quantity independent Transportation Costs, in: Regional Science and Urban Economics 15, S. 263 ff

WELLISCH, D. (1995) Dezentrale Finanzpolitik bei hoher Mobilität, Tübingen

WHALLEY, J. (1979) Uniform Domestic Tax Rates, Trade Distortions and Economic Integration, in: Journal of Public Economics 11, S. 213 ff

DERS. (1981) Border Adjustments and Tax Harmonization: Comment on Berglas, in: Journal of Public Economics 16, S. 389 f

WHITTLESY, C.R. (1937) Excise Taxes as a Substitute for Tariffs, in: American Economic Review 27, S. 667 ff

WILDASIN, D.E. (1989) Interjurisdictional Capital Mobility: Fiscal Externality and a Corrective Subsidy, in: Journal of Urban Economics 25, S. 193 ff.

WILSON , J.D. (1986) A Theory of interregional Tax Competition, in: Journal of Urban Economics 19, S. 296 ff

DERS. (1999) Theorie of Tax Competition, in: National Tax Journal 52, S. 269 ff

WITTMANN, W. (1975) Einführung in die Finanzwissenschaft, 2. Band, 2. Aufl., Stuttgart

WÖHE, G. (1965) Betriebswirtschaftliche Steuerlehre, Bd. 2, 2. Halbbd., 2. Aufl. Berlin/Frankfurt a.M.

WREDE, M. (1996) Vertical and Horizontal Tax Competition. Will Unco-Ordinated Leviathans end up on Wrong Side of Laffer Curve? in: Finanzarchiv N.F., Bd. 53, S. 461 ff

DERS. (1998) Tax Competition and Federalism, in: Finanzarchiv N.F., Bd. 55 ?, S. 500 ff?

ZANDEN, J.B. van der/TERRA, B.J.M. (1987) The Removal of Tax Barriers: The White Paper from the Commission to the European Council, in: Intertax 6/1987, S. 130 ff

Schriften des Instituts für Finanzen
Universität Leipzig

Herausgegeben von Prof. Dr. Udo Hielscher und Prof. Dr. Thomas Lenk

Band 1 Jörg Widmayer: Produktionsstrukturen und Effizienz im öffentlichen Theatersektor. Eine wirtschaftswissenschaftliche Analyse unter Verwendung eines dualen Frontieransatzes. 2000.

Band 2 Anja Birke: Der kommunale Finanzausgleich des Freistaates Sachsen. Vertikale und horizontale Verteilungswirkungen im Rahmen eines länderbezogenen Modellvergleichs mit Baden-Württemberg. 2000.

Band 3 Stefan Wilhelm: Kapitalmarktmodelle. Lineare und nichtlineare Modellkonzepte und Methoden in der Kapitalmarkttheorie. 2001.

Band 4 Thomas Lenk: Aspekte des Länderfinanzausgleichs. Tarifgestaltung, Gemeindefinanzkraft, Fonds "Deutsche Einheit". 2001.

Band 5 Volkmar Teichmann: Die Finanzbeziehungen zwischen den öffentlich-rechtlichen Rundfunkanstalten der Bundesrepublik Deutschland. Bestandsaufnahme und Reformvorschläge. 2001.

Band 6 Friedrich Vogelbusch: Steuerarbitrage bei Umsatz- und Verbrauchsteuern im Europäischen Binnenmarkt. Eine empirische Unterschuchung. 2003.

Band 7 Frank Wolfert: Performanceanalyse als Steuerungsinstrument im Wertpapier-Managementprozess. 2003.

FSC
www.fsc.org
MIX
Papier | Fördert gute Waldnutzung
FSC® C083411

Kolibri 360 GmbH
Ferdinand-Jühlke-Straße 7
99095 Erfurt, Deutschland
produktsicherheit@kolibri360.de

Druck:
CPI Druckdienstleistungen GmbH
im Auftrag der
Kolibri 360 GmbH
Ferdinand-Jühlke-Str. 7
99095 Erfurt